박문각 공인중개사

성공을 위한 가장 확실한 선택

박문각은 1972년부터의 노하우와 교육에 대한 끊임없는 열정으로 공인중개사 합격의 기준을 제시하며 경매 및 중개실무 연계교육과 합격자 네트워크를 통해 공인중개사 합격자들의 성공을 보장합니다.

공인중개사의 시작 박문각

공인중개사 시험이 도입된 제1회부터 제36회 시험까지 수험생들의 합격을 이끌어 온 대한민국 유일의 교육기업입니다.

오랜시간 축적된 데이터

1회부터 지금까지 축적된 방대한 데이터로 박문각 공인중개사는 빠른 합격 & 최다 합격률을 자랑합니다.

업계 최고&최다 교수진 보유

공인중개사 업계 최다 교수진이 최고의 강의로 수험생 여러분의 합격을 위해 끊임없이 연구하고 있습니다.

전국 학원 수 규모 1위

전국 20여 개 학원을 보유하고 있는 박문각 공인중개사는 업계 최대 규모로서 전국 학원 수 규모 1위 입니다.

박문각 공인중개사

박문각 공인중개사

2026 합격 로드맵

합격을 향한 가장 확실한 선택

박문각 공인중개사 수험서 시리즈는 공인중개사 합격을 위한 가장 확실한 선택입니다.

---

01 기초입문

합격을 향해
기초부터 차근차근!

— 기초입문서 총 2권

합격 자신감 UP! 합격지원 플러스 교재

합격설명서 | 민법 판례 | 핵심용어집 | 기출문제해설

---

02 기본이론

기본 개념을
체계적으로 탄탄하게!

— 기본서 총 6권

---

03 필수이론

합격을 향해
저자직강
필수 이론 과정!

— 저자필수서

04 기출문제풀이

기출문제 풀이로
출제경향 체크!

—

핵심기출문제 총 2권
회차별 기출문제집 총 2권
저자기출문제

| 핵심기출문제 | | 회차별 기출문제집 | | 저자기출문제 |

05 예상문제풀이

시험에 나오는
모든 문제유형 체크!

—

합격예상문제 총 6권

06 핵심마무리

단기간 합격을 위한
핵심만을 정리!

—

핵심요약집 총 2권
파이널 패스 100선

| 핵심요약집 | | 파이널 패스 100선 |

07 실전모의고사

합격을 위한
마지막 실전 완벽 대비!

—

실전모의고사 총 2권
THE LAST 모의고사

| 실전모의고사 | | THE LAST 모의고사 |

Since 1972

1위 박문각

박문각의 유일한 목표는 여러분의 합격입니다.
1위 기업으로서의 자부심과 노력으로 수험생 여러분의 합격을 이끌어 가겠습니다.

2025
고객선호브랜드지수 1위
교육(교육서비스)부문 1위

2024
고객선호브랜드지수 1위
교육(교육서비스)부문 1위

2023
고객선호브랜드지수 1위
교육(교육서비스)부문 1위

2022
한국 브랜드 만족지수 1위
교육(교육서비스)부문 1위

2021
조선일보 국가브랜드 대상
에듀테크 부문 수상

2021
대한민국 소비자 선호도 1위
교육부문 1위

2020
한국 산업의 1등
브랜드 대상 수상

2019
한국 우수브랜드
평가대상 수상

2018
대한민국 교육산업 대상
교육서비스 부문 수상

랭키닷컴 부동산/주택
교육부문 1위 선정

브랜드스탁 BSTI
브랜드 가치평가 1위

박문각 www.pmg.co.kr

2026

전면개정 | 제37회 공인중개사 시험대비 | 방송대학TV 무료강의 | 첫방송 2026.1.12(월) 오전 7시

박문각 공인중개사

기본서 2차
부동산공법

김희상 외 박문각 공인중개사연구소 편

브랜드만족
1위
박문각

동영상강의
www.pmg.co.kr

합격까지 박문각
세대교체 혁신 기본서!

PREFACE

이 책의 머리말

부동산공법의 체계를 잡은 명품기본서!!!

부동산공법은 그 내용이 방대하고 복잡할 뿐만 아니라 법률이 자주 개정되기 때문에 쉽게 접근하기 어려운 과목이라는 것이 수험생들의 일반적인 생각입니다. 수험생들의 이러한 고민을 해결하고 부동산공법이 더 이상 공포의 과목이 아닌 즐겁고, 재미있고 친숙한 과목으로 느낄 수 있도록 하기 위하여 본서를 집필하게 되었습니다.

01 · 부동산공법의 체계를 잡도록 노력하였습니다.

저자가 항상 강조하는 부분이 부동산공법은 전체적인 체계를 공부한 후 개별적인 내용으로 접근하면서 공부하는 학습방법입니다. 최근 출제 유형을 감안하면 단순한 암기방법의 공부는 과감히 버리고 원리와 이해위주의 접근이 필요하다는 것이 저자의 생각입니다. 실제 시험에서 목표하는 점수를 받기 위해서는 "원리-체계-이해"라는 3가지 요소가 필요합니다. 따라서 이 3가지 요소를 모두 반영하여 기본서를 서술하였습니다.

02 · 기본서와 강의노트를 병행할 수 있도록 구성하였습니다.

수업을 병행하면서 모든 내용이 정리되는데 도움이 되도록 각종 도표 및 참고와 비교부분 등을 통하여 해당 페이지의 가장 중요한 내용들을 한번에 정리할 수 있도록 핵심내용을 간추려 정리하였으며, 확인문제를 통하여 이론의 내용을 다시 한 번 확인할 수 있도록 강의노트 형태와 결합하여 정리하였습니다.

03 · 복잡한 내용을 단순화하여 정리하였습니다.

부동산공법을 구성하는 개별 법률들의 기능적인 독자성과 유기적인 체계를 통하여 수험서로서의 역할을 분명히 하였으며, 출제경향에서 벗어나 있는 부분이나 큰 비중을 차지하지 않는 부분은 과감하게 생략하여, 교재의 범위를 간소화함으로써 한정된 시간에 학업 성취도를 최대한 높일 수 있도록 하였습니다.

04 · 최근의 개정법령을 완벽하게 반영하였습니다.

부동산공법 중 「국토의 계획 및 이용에 관한 법률」과 「주택법」은 다른 법률에 비하여 개정이 자주되는 법률이기 때문에 수험생 여러분은 개정될 내용에 항상 관심을 기울여야 합니다. 개정된 내용은 시험에 출제될 가능성이 매우 높기 때문입니다. 본서에는 최근 개정 법령까지 완벽하게 반영하여 수험생들이 별도로 보완하여야 하는 번거로움을 줄임으로써 학습에만 집중할 수 있도록 하였습니다.

05 · 저자의 수험생과의 약속

저자는 본서가 제37회 공인중개사 시험에서도 대한민국 최고의 기본서로서의 역할을 할 수 있도록 마지막까지 최선을 다하여 연구하고 노력할 것을 약속드립니다.

본서가 출간되기까지 많은 도움을 주신 박문각의 박용 회장님께 깊은 감사를 드리며, 많은 조언으로 기본서의 질을 향상시키는 데 도움을 주신 박문각 편집부 직원들에게도 고마운 마음을 전합니다. 그리고 전국의 학원장님과 본서를 애용해 주시는 수험생 여러분, 그리고 언제나 믿음과 격려로 함께 해주시는 선·후배 교수님들께도 진심으로 감사드립니다.

편저자 일동

GUIDE

공인중개사 개요 및 전망

"자격증만 따면 소자본만으로 개업할 수 있고
'나'의 사업을 능력껏 추진할 수 있다."

공인중개사는 자격증만 따면 개업하고, 적당히 돌아다니기만 해도 적지 않은 수입을 올릴 수 있는 자유직업. 이는 뜬구름 잡듯 공인중개사가 되려는 사람들의 생각인데 천만의 말씀이다. 예전에도 그랬고 지금은 더하지만 공인중개사는 '부동산 전문중개인다워야' 제대로 사업을 유지할 수 있고 괜찮은 소득도 올릴 수 있는 최고의 자유직업이 될 수 있다.

"자격증 취득하면 무슨 일 할까?"

공인중개사 자격증에 대해 사람들이 가장 많이 궁금해하는 점이 바로 '취득 후 무슨 일을 하나'이다. 하지만 공인중개사 자격증 취득 후 선택할 수 있는 직업군은 생각보다 다양하다.

개업공인중개사로서의 공인중개사 업무는 알선·중개 외에도 중개부동산의 이용이나 개발에 관한 지도 및 상담(부동산컨설팅)업무도 포함된다. 부동산중개 체인점, 주택 및 상가의 분양대행, 부동산의 관리대행, 경매 및 공매대상 부동산 취득의 알선 등 부동산의 전문적 컨설턴트로서 부동산의 구입에서 이용, 개발, 관리까지 폭넓은 업무를 다룰 수 있다.

GUIDE

공인중개사 시험정보

시험일정 및 시험시간

1. 시험일정 및 장소

구분	인터넷 / 모바일(App) 원서 접수기간	시험시행일	합격자발표
일정	매년 8월 2번째 월요일부터 금요일까지(2026. 8. 3 ~ 8. 7 예정)	매년 10월 마지막 주 토요일 시행(2026. 10. 31 예정)	11월 중
장소	원서 접수시 수험자가 시험지역 및 시험장소를 직접 선택		

> TIP
> 1. 제1·2차 시험이 동시접수·시행됩니다.
> 2. 빈자리 접수(2일간)는 정기접수 환불로 발생한 수용인원 범위 내에서 선착순으로만 이루어져 조기마감될 수 있습니다.

2. 시험시간

구분	교시	시험과목 (과목당 40문제)	시험시간	
			입실시간	시험시간
제1차 시험	1교시	2과목	09:00까지	09:30 ~ 11:10(100분)
제2차 시험	1교시	2과목	12:30까지	13:00 ~ 14:40(100분)
	2교시	1과목	15:10까지	15:30 ~ 16:20(50분)

* 수험자는 반드시 입실시간까지 입실하여야 함(시험 시작 이후 입실 불가)
* 개인별 좌석배치도는 입실시간 20분 전에 해당 교실 칠판에 별도 부착함
* 위 시험시간은 일반응시자 기준이며, 장애인 등은 유형에 따라 편의제공 및 시험시간 연장가능(유형별 편의제공 및 시험시간 연장 등 세부내용은 큐넷 공인중개사 홈페이지 공지사항 참조)
* 2차만 응시하는 시간연장 수험자는 1·2차 동시응시 시간연장자의 2차 시작시간과 동일 시작

> TIP 시험일시, 시험장소, 시험방법, 합격자 결정방법 및 응시수수료의 환불에 관한 사항 등은 '제37회 공인중개사 자격시험 시행공고시 고지

응시자격 및 합격자 결정방법

1. 응시자격: 제한 없음
다만, 다음의 각 호에 해당하는 경우에는 공인중개사 시험에 응시할 수 없음
① 공인중개사시험 부정행위자로 처분 받은 날로부터 시험시행일 전일까지 5년이 지나지 않은 자(공인중개사법 제4조의3)
② 공인중개사 자격이 취소된 후 합격자발표일까지 3년이 지나지 않은 자(공인중개사법 제6조)
③ 이미 공인중개사 자격을 취득한 자

2. 합격자 결정방법
제1·2차 시험 공통, 매 과목 100점 만점으로 하여 매 과목 40점 이상, 전 과목 평균 60점 이상 득점한 자

> TIP 제1·2차 시험 응시자 중 제1차 시험에 불합격한 자의 제2차 시험은 무효로 합니다(「공인중개사법 시행령」 제5조 제3항).

* 제1차 시험 면제대상자: 2025년 제36회 제1차 시험에 합격한 자

2차

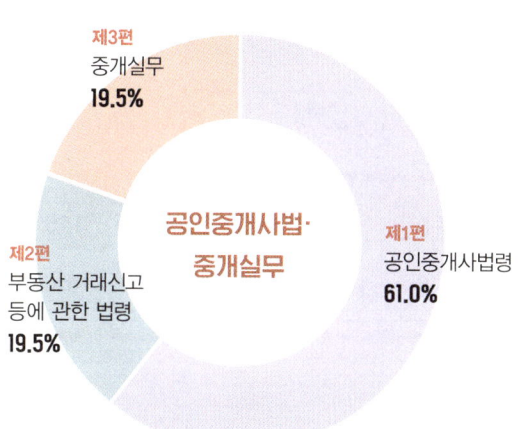

공인중개사법·중개실무는 최근 2년간의 시험보다 쉽게 출제되어 안정적인 고득점이 가능하였다.

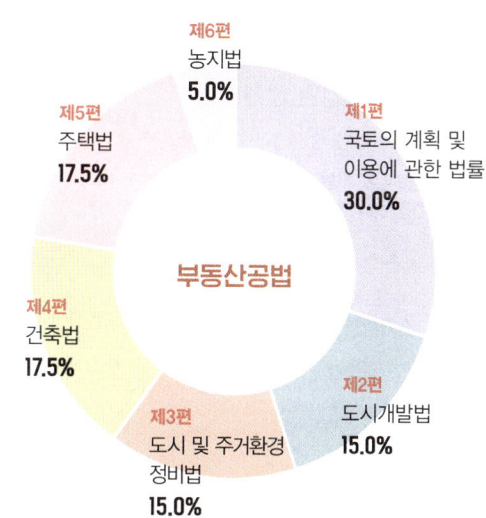

부동산공법의 전체적인 난이도는 전년도와 비슷하게 출제되었으나, 일부 법률에서 최근 출제된 적 없는 매우 지엽적인 문제가 출제되어 체감 난이도는 높아졌다.

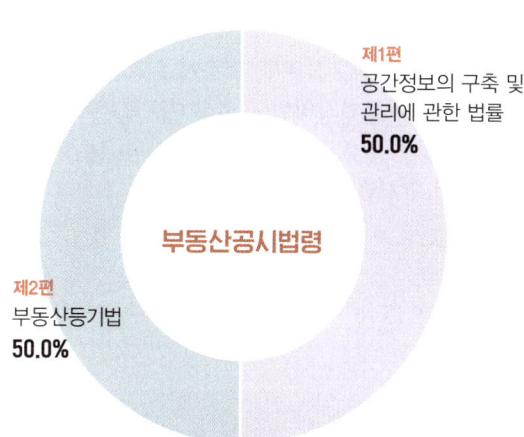

'공간정보관리법'은 기출유형을 크게 벗어나지 않은 평이한 난이도를 유지했고, '부동산등기법'은 생소한 모습의 극상 문제들이 일부 출제되어 다소 까다로웠다.

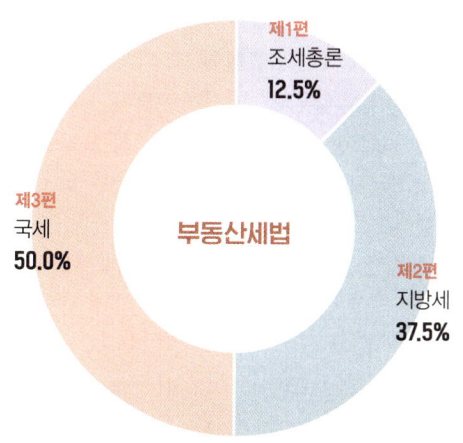

부동산세법은 기본개념을 이해하였는지를 중점적으로 물어보았고 단순 법조문을 묻는 문제, 사례형 문제, 계산문제를 혼합하여 출제하였다.

GUIDE

출제경향 분석 및 수험대책

📝 어떻게 출제되었나?

1. 부동산공법의 출제비율

구 분	제32회	제33회	제34회	제35회	제36회	총 계	비율(%)
국토의 계획 및 이용에 관한 법률	12	12	12	12	12	60	30.0
도시개발법	6	6	6	6	6	30	15.0
도시 및 주거환경정비법	6	6	6	6	6	30	15.0
건축법	7	7	7	7	7	35	17.5
주택법	7	7	7	7	7	35	17.5
농지법	2	2	2	2	2	10	5.0
총 계	40	40	40	40	40	200	100.0

2. 총평 – "이제는 버릴 줄 아는 것이 실력이다."

그런데 버릴 때 주의할 사항은 법률 전체를 버려서는 안되고 해당 법률 중에서 어려운 논점만 버려야 한다는 것이다. 각 법률마다 아주 쉬운 논점의 문제가 50%는 꼭 있었다.
"체계와 원리 중심의 학습"과 "아는 것은 반드시 맞춘다."는 "선택과 집중"이 필요하다.
이번 제36회 부동산공법 문제는 서술형 문제가 20문제, 단답형 문제가 10문제, 박스형 문제가 10문제(괄호 넣기 문제가 4문제)로 구성되었다.
각 법률별로 국토의 계획 및 이용에 관한 법률(긍정형 5문제, 부정형 5문제, 박스형 2문제), 도시개발법(긍정형 2문제, 부정형 2문제, 박스형 2문제), 도시 및 주거환경정비법(긍정형 2문제, 부정형 3문제, 박스형 1문제), 주택법(긍정형 4문제, 부정형 1문제, 박스형 2문제), 건축법(긍정형 0문제, 부정형 6문제, 박스형 1문제), 농지법(박스형 2문제)으로 구성되어 출제되었다.
전체적으로 보면 전혀 풀 수 없는 극상 문제가 10문제, 상 8문제, 중 14문제, 하 8문제, 긍정형 23문제와 부정형 17문제의 비율로 출제되었다. 어려운 10문제를 패스하고 수업시간에 강조한 중요 논점인 30문제 중 중·하급 문제인 22문제에 집중했다면 22~24개 정도의 합격점수가 가능하도록 출제된 문제였다.

3. 출제경향 – 선택과 집중이 부동산공법의 핵심이다.

최근 출제경향을 분석해 보면, 시험의 방향이 종합적인 사고와 원리를 요구하는 방향으로 전환되고 있으며, 일부 법률에서는 매우 지엽적인 문제가 출제되어 부동산공법을 고득점 하는 것은 어려웠지만 합격하는 점수에는 영향을 주는 정도는 아니었다. 그러므로 꼭 암기가 필요하다고 강조되는 부분을 제외하고는 전체적인 체계와 기본적인 원리를 학습하는 것이 중요하다. 앞으로의 시험은 한마디로 선택과 집중이 합격의 당락을 좌우할 것으로 예상된다.

🖥 이렇게 준비하자!

▶ 제1편 국토의 계획 및 이용에 관한 법률

이 법은 12문제가 출제된다. 부동산공법 중 가장 중요한 법률로서 다른 법률을 이해하기 위해서는 선행적으로 학습이 이루어져야 하는 법률이기도 하다. 전체적인 법률의 체계를 잡은 후 개별적인 내용을 정리하면서 학습하는 것이 효율적인 법률이다. 이 법에서 특히 비중을 두고 공부하여야 할 부분은 광역도시계획, 도시·군기본계획, 도시·군관리계획, 공간재구조화계획, 용도지역의 지정 특례, 용도지역에서의 행위제한, 용도지구의 의의, 용도구역(시가화조정구역, 도시혁신구역), 도시·군계획시설사업의 시행, 장기미집행 도시·군계획시설부지의 매수청구, 지구단위계획구역 지정과 지구단위계획, 개발행위허가, 성장관리계획, 개발밀도관리구역, 기반시설부담구역, 청문에 관한 부분이다.

▶ 제2편 도시개발법

이 법은 6문제가 출제되며, 도시개발사업의 시행절차에 관한 절차법이기 때문에 전체적인 체계를 정리하고 세부적인 사항으로 정리하는 학습방법이 필요한 법률이다.
이 법에서 특히 비중을 두고 공부하여야 할 부분은 개발계획 수립, 도시개발구역의 지정과 도시개발사업의 시행, 도시개발조합, 실시계획, 수용방식, 환지계획, 환지예정지, 환지처분, 체비지, 청산금, 도시개발채권 등에 관한 부분이다.

▶ 제3편 도시 및 주거환경정비법

이 법은 주거환경개선사업, 재개발사업, 재건축사업이라는 3가지 분야를 하나의 법에서 다루고 있으며, 6문제가 출제된다. 최근에 다소 난이도가 높게 출제되는 경향으로 심화학습이 필요하다. 정비사업의 개념과 전체적인 정비사업의 체계를 먼저 정리한 후 용어정의, 정비기본계획, 정비구역해제, 정비사업조합, 정비사업 시행방법, 사업시행계획, 사업시행을 위한 조치, 관리처분계획, 준공인가등에 관한 부분을 중심으로 정리하는 것이 효율적인 학습방법이다.

▶ 제4편 건축법

이 법은 7문제가 출제되며, 국토의 계획 및 이용에 관한 법률과 함께 다른 법률을 이해하기 위한 기초적인 내용이 많이 포함되어 있어 기본적인 개념을 중심으로 학습하고, 암기도 요구되기 때문에 전체적인 체계를 잡아서 숫자 중심으로 반복적인 학습이 이루어진다면 고득점이 가능한 법률이라고 할 수 있다. 이 법에서 특히 비중을 두고 공부해야 할 부분은 용어 정의, 건축물, 건축물의 건축, 대수선의 개념, 건축물의 용도분류, 건축허가, 건축물의 대지 및 도로, 면적과 높이제한, 건축협정, 특별건축구역에 관한 부분이다.

▶ 제5편 주택법

이 법은 7문제가 출제되며, 특히 비중을 두고 공부해야 할 부분은 용어 정의, 등록사업자, 주택조합, 사업계획승인, 사용검사, 주택상환사채, 분양가 상한제 적용주택, 공급질서 교란금지, 투기과열지구, 전매제한의 예외, 리모델링에 관한 부분이다.

▶ 제6편 농지법

이 법은 2문제가 출제되며, 심화학습보다는 간단히 개념정리 한다는 생각으로 정리하면 충분히 해결할 수 있다. 이 법에서 특히 비중을 두고 공부해야 되는 부분은 농지의 개념, 농지의 소유제한과 소유상한제도, 농지취득자격증명, 위탁경영 사유, 농지의 임대차, 농업진흥지역, 농지의 전용을 중심으로 정리하는 것이 효율적인 학습방법이다.

GUIDE

이 책의 구성 및 특징

핵심개념 학습

① 단원열기: 각 단원의 학습 방향을 제시하고, 중점 학습 내용을 강조하여 수험생들의 자율적 학습 강약 조절을 도움
② 본문: 출제가능성이 높은 핵심개념을 모아 이해하기 쉽도록 체계적으로 정리·구성하여 학습효율 UP!

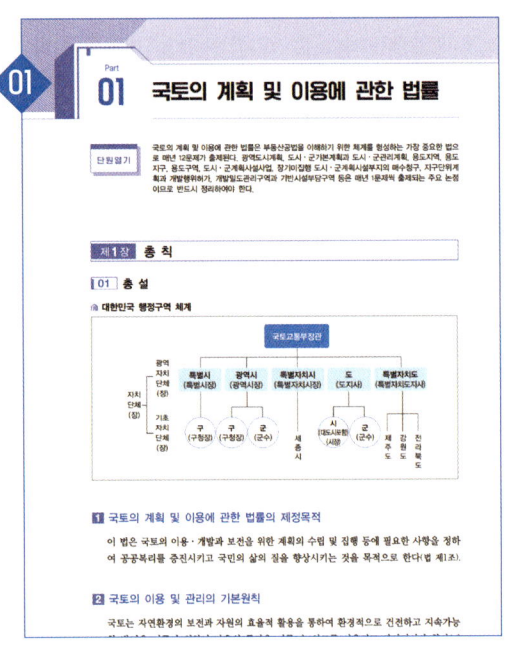

다양한 학습 tip

① 넓혀보기: 본문과 관련하여 더 알아두어야 할 내용들을 정리하여 제시함으로써 보다 폭넓은 학습 가능
② 예제: 이론학습이 끝난 뒤에 문제풀이를 통해서 완벽 마스터
③ 핵심다지기: 반드시 암기해야 하는 사항을 놓치지 않도록 체계적으로 정리
④ 한눈에 보기: 부동산공법의 중요 내용을 한눈에 파악

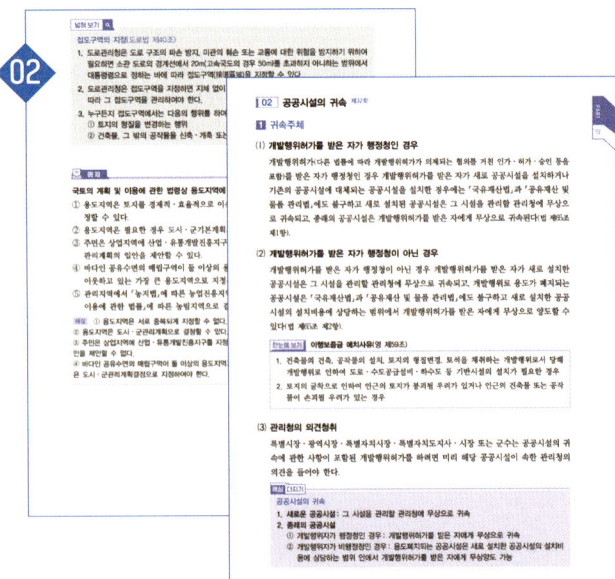

부록_기출문제

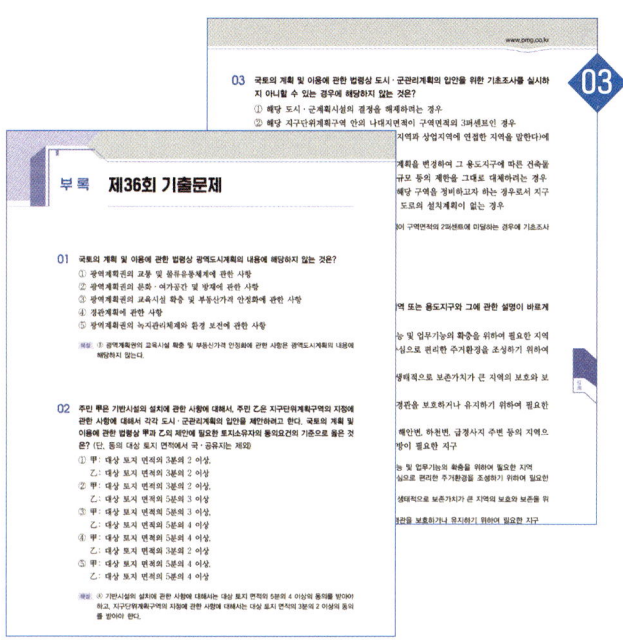

제36회 공인중개사 기출문제와 명쾌한 해설을 수록하여 기출 유형을 파악하고 실전에 대비할 수 있도록 하였다.

INDEX_찾아보기

찾아보기(색인)를 통해 공인중개사 시험을 공부하면서 접하는 생소한 용어들을 기본서 내에서 쉽고 빠르게 찾을 수 있다.

CONTENTS

이 책의 차례

PART 01 국토의 계획 및 이용에 관한 법률

제1장 총 칙	22
제2장 광역도시계획	30
제3장 도시·군기본계획	38
제4장 도시·군관리계획	44
제5장 개발행위의 허가 등	131
제6장 도시계획위원회	153
제7장 보칙 및 벌칙	155

PART 02 도시개발법

제1장 총 칙	168
제2장 개발계획의 수립 및 도시개발구역의 지정	169
제3장 도시개발사업의 시행자	182
제4장 실시계획	194
제5장 도시개발사업의 시행	198
제6장 비용부담 등	226

제1장 총 칙	···· 234
제2장 기본계획의 수립 및 정비구역의 지정	···· 238
제3장 정비사업의 시행	···· 254
제4장 비용의 부담 등	···· 305

PART 03

도시 및 주거환경정비법

제1장 총 칙	···· 314
제2장 건축물의 건축 등	···· 336
제3장 건축물의 대지와 도로	···· 360
제4장 건축물의 구조 및 재료	···· 371
제5장 지역 및 지구 안의 건축물	···· 380
제6장 특별건축구역	···· 393
제7장 건축협정 및 결합건축	···· 398
제8장 보 칙	···· 405

PART 04

건축법

CONTENTS

이 책의 차례

PART 05 주택법

제1장 총 칙	418
제2장 주택의 건설	425
제3장 주택의 공급	463
제4장 주택의 리모델링	481

PART 06 농지법

제1장 총 칙	492
제2장 농지의 소유	495
제3장 농지의 이용	504
제4장 농지의 보전	511

| 제36회 기출문제 | ···· 532 |

▶ 찾아보기　　　　　　　　　···· 554

▶ 방송시간표　　　　　　　　···· 564

부 록

박문각 공인중개사

제1장 총 칙
제2장 광역도시계획
제3장 도시·군기본계획
제4장 도시·군관리계획
제5장 개발행위의 허가 등
제6장 도시계획위원회
제7장 보칙 및 벌칙

PART

01

국토의 계획 및 이용에 관한 법률

한눈에 보는 체계도

1 계 획

1. 광역도시계획

- **의의**: 광역계획권의 장기발전방향을 제시하는 계획
  ↳ 국토교통부장관 또는 도지사가 지정
- **수립권자**: 국토교통부장관, 시·도지사, 시장·군수

2. 도시·군기본계획

- **의의**: 특별시, 광역시, 특별자치시, 특별자치도, 시 또는 군의 장기발전방향을 제시하는 종합계획
- **법적 지위**: 광역도시계획에 부합하여야 하며, 광역도시계획의 내용과 다를 때에는 광역도시계획의 내용이 우선한다.

3. 도시·군관리계획

- **의의**: 특별시, 광역시, 특별자치시, 특별자치도, 시 또는 군의 개발·정비·보전을 위하여 수립하는 계획
- **법적 지위**: 광역도시계획과 도시·군기본계획에 부합하여야 한다.
- **내용**: ① 용도지역·용도지구의 지정·변경에 관한 계획
  ↳ 도시지역, 관리지역, 농림지역, 자연환경보전지역
  ② 개발제한구역·도시자연공원구역·시가화조정구역·수산자원보호구역·도시혁신구역·복합용도구역·도시·군계획시설입체복합구역의 지정 또는 변경에 관한 계획
  ③ 기반시설의 설치·정비·개량에 관한 계획
  ④ 도시개발사업이나 정비사업에 관한 계획
  ⑤ 지구단위계획구역의 지정 또는 변경에 관한 계획과 지구단위계획
- **효과**: ① 지형도면을 고시한 날부터 효력 발생
  ② 행위제한(건축제한, 건폐율 제한, 용적률 제한)

4. 지형도면 작성·고시

- **의의**: 지적이 표시된 지형도에 도시·군관리계획에 관한 사항을 자세히 밝힌 도면
- **작성자**: [원칙] 특별시장·광역시장·특별자치시장·특별자치도지사·시장 또는 군수
  [예외] 국토교통부장관, 도지사
- **승인**: 시장(대도시 시장은 제외), 군수 ⇨ 도지사(승인)

2 이용

개발행위허가

- 허가권자: 특별시장·광역시장·특별자치시장·특별자치도지사·시장 또는 군수
- 허가대상 개발행위: ① **건축물의 건축 및 공작물의 설치**
  ② **토지의 형질변경**: 절토(땅깎기)·성토(흙쌓기)·정지(땅고르기)·포장 등의 방법으로 토지의 형상을 변경하는 행위와 공유수면의 매립(경작을 위한 토지의 형질변경은 제외)
  ③ **토석채취**: 흙·모래·자갈·바위 등의 토석을 채취하는 행위
  ④ **토지분할**
  ⑤ **물건을 쌓아놓는 행위**: 녹지지역·관리지역 또는 자연환경보전지역 안에서 건축물의 울타리 안(적법한 절차에 의하여 조성된 대지에 한한다)에 위치하지 아니한 토지에 물건을 1개월 이상 쌓아놓는 행위
- 개발밀도관리구역: [의의] 주거지역·상업지역 또는 공업지역에서의 개발행위로 기반시설의 처리·공급 또는 수용능력이 부족할 것으로 예상되는 지역 중 기반시설의 설치가 곤란한 지역
  [지정효과] ① 개발밀도관리구역에서는 대통령령으로 정하는 범위에서 건폐율 또는 용적률을 강화하여 적용한다.
  ② '대통령령으로 정하는 범위'라 함은 당해 용도지역에 적용되는 용적률의 최대한도의 50%를 말한다.
- 기반시설부담구역: [의의] 개발밀도관리구역 외의 지역으로서 개발로 인하여 도로, 공원, 녹지 등 기반시설의 설치가 필요한 지역을 대상으로 기반시설을 설치하거나 그에 필요한 용지를 확보하기 위하여 지정·고시한 지역
  [지정대상] ① 이 법 또는 다른 법령의 제정·개정으로 인하여 행위제한이 완화되거나 해제되는 지역
  ② 이 법 또는 다른 법령에 따라 지정된 용도지역 등이 변경되거나 해제되어 행위제한이 완화되는 지역
  ③ 해당 지역의 전년도 개발행위허가 건수가 전전년도 개발행위허가 건수보다 20% 이상 증가한 지역
  ④ 해당 지역의 전년도 인구증가율이 그 지역이 속하는 특별시·광역시·특별자치시·특별자치도·시 또는 군(광역시의 관할 구역에 있는 군은 제외)의 전년도 인구증가율보다 20% 이상 높은 지역

Part 01 국토의 계획 및 이용에 관한 법률

> **단원열기**
> 국토의 계획 및 이용에 관한 법률은 부동산공법을 이해하기 위한 체계를 형성하는 가장 중요한 법으로 매년 12문제가 출제된다. 광역도시계획, 도시·군기본계획과 도시·군관리계획, 용도지역, 용도지구, 용도구역, 도시·군계획시설사업, 장기미집행 도시·군계획시설부지의 매수청구, 지구단위계획과 개발행위허가, 개발밀도관리구역과 기반시설부담구역 등은 매년 1문제씩 출제되는 주요 논점이므로 반드시 정리하여야 한다.

제1장 총 칙

01 총 설

🏠 대한민국 행정구역 체계

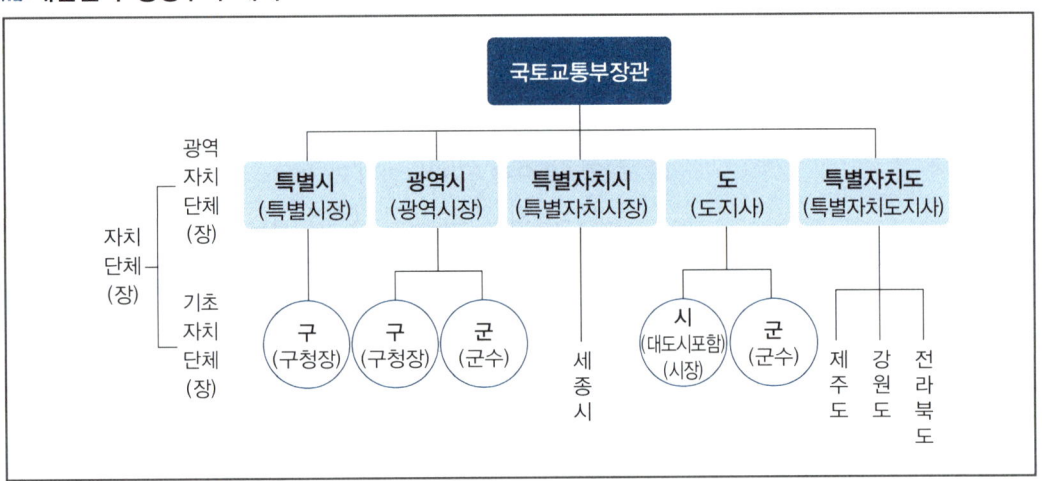

1 국토의 계획 및 이용에 관한 법률의 제정목적

이 법은 국토의 이용·개발과 보전을 위한 계획의 수립 및 집행 등에 필요한 사항을 정하여 공공복리를 증진시키고 국민의 삶의 질을 향상시키는 것을 목적으로 한다(법 제1조).

2 국토의 이용 및 관리의 기본원칙

국토는 자연환경의 보전과 자원의 효율적 활용을 통하여 환경적으로 건전하고 지속가능한 발전을 이루기 위하여 다음의 목적을 이룰 수 있도록 이용되고 관리되어야 한다(법 제3조).

① 국민생활과 경제활동에 필요한 토지 및 각종 시설물의 효율적 이용과 원활한 공급
② 자연환경 및 경관의 보전과 훼손된 자연환경 및 경관의 개선 및 복원
③ 교통·수자원·에너지 등 국민생활에 필요한 각종 기초 서비스 제공
④ 주거 등 생활환경 개선을 통한 국민의 삶의 질 향상
⑤ 지역의 정체성과 문화유산의 보전
⑥ 지역 간 협력 및 균형발전을 통한 공동번영의 추구
⑦ 지역경제의 발전과 지역 및 지역 내 적절한 기능 배분을 통한 사회적 비용의 최소화
⑧ 기후변화에 대한 대응 및 풍수해 저감을 통한 국민의 생명과 재산의 보호
⑨ 저출산·인구의 고령화에 따른 대응과 새로운 기술변화를 적용한 최적의 생활환경 제공

3 도시의 지속가능성 및 생활인프라 수준 평가

(1) 국토교통부장관은 도시의 지속가능하고 균형 있는 발전과 주민의 편리하고 쾌적한 삶을 위하여 도시의 지속가능성 및 생활인프라(교육시설, 문화·체육시설, 교통시설 등의 시설로서 국토교통부장관이 정하는 것을 말한다) 수준을 평가할 수 있다(법 제3조의2 제1항).

(2) 평가를 위한 절차 및 기준 등에 관하여 필요한 사항은 대통령령으로 정한다(법 제3조의2 제2항).

(3) 국가와 지방자치단체는 평가 결과를 도시·군계획의 수립 및 집행에 반영하여야 한다(법 제3조의2 제3항).

02 용어의 정의 등 제29회, 제30회

1 용어의 정의

이 법에서 사용하는 용어의 뜻은 다음과 같다(법 제2조).

광역도시계획	광역계획권의 장기발전방향을 제시하는 계획을 말한다.
도시·군계획	특별시·광역시·특별자치시·특별자치도·시 또는 군(광역시의 관할 구역에 있는 군은 제외)의 관할 구역에 대하여 수립하는 공간구조와 발전방향에 대한 계획으로서 도시·군기본계획과 도시·군관리계획으로 구분한다.
도시·군 기본계획	특별시·광역시·특별자치시·특별자치도·시 또는 군의 관할 구역 및 생활권에 대하여 기본적인 공간구조와 장기발전방향을 제시하는 종합계획으로서 도시·군관리계획 수립의 지침이 되는 계획을 말한다.

도시·군 관리계획	특별시·광역시·특별자치시·특별자치도·시 또는 군의 개발·정비 및 보전을 위하여 수립하는 토지 이용, 교통, 환경, 경관, 안전, 산업, 정보통신, 보건, 복지, 안보, 문화 등에 관한 다음의 계획을 말한다. ① 용도지역·용도지구의 지정 또는 변경에 관한 계획 ② 개발제한구역, 도시자연공원구역, 시가화조정구역, 수산자원보호구역의 지정 또는 변경에 관한 계획 ③ 기반시설의 설치·정비 또는 개량에 관한 계획 ④ 도시개발사업이나 정비사업에 관한 계획 ⑤ 지구단위계획구역의 지정 또는 변경에 관한 계획과 지구단위계획 ⑥ 도시혁신구역의 지정 또는 변경에 관한 계획과 도시혁신계획 ⑦ 복합용도구역의 지정 또는 변경에 관한 계획과 복합용도계획 ⑧ 도시·군계획시설입체복합구역의 지정 또는 변경에 관한 계획
지구단위계획	도시·군계획 수립 대상지역의 일부에 대하여 토지 이용을 합리화하고 그 기능을 증진시키며 미관을 개선하고 양호한 환경을 확보하며, 그 지역을 체계적·계획적으로 관리하기 위하여 수립하는 도시·군관리계획을 말한다.
성장관리계획	성장관리계획구역에서의 난개발을 방지하고 계획적인 개발을 유도하기 위하여 수립하는 계획을 말한다.
공간재구조화 계획	토지의 이용 및 건축물이나 그 밖의 시설의 용도·건폐율·용적률·높이 등을 완화하는 용도구역의 효율적이고 계획적인 관리를 위하여 수립하는 계획을 말한다.
도시혁신계획	창의적이고 혁신적인 도시공간의 개발을 목적으로 도시혁신구역에서의 토지의 이용 및 건축물의 용도·건폐율·용적률·높이 등의 제한에 관한 사항을 따로 정하기 위하여 공간재구조화계획으로 결정하는 도시·군관리계획을 말한다.
복합용도계획	주거·상업·산업·교육·문화·의료 등 다양한 도시기능이 융복합된 공간의 조성을 목적으로 복합용도구역에서의 건축물의 용도별 구성비율 및 건폐율·용적률·높이 등의 제한에 관한 사항을 따로 정하기 위하여 공간재구조화계획으로 결정하는 도시·군관리계획을 말한다.
기반시설	다음의 시설로서 대통령령으로 정하는 시설을 말한다. ① 도로·철도·항만·공항·주차장 등 교통시설 ② 광장·공원·녹지 등 공간시설 ③ 유통업무설비, 수도·전기·가스공급설비, 방송·통신시설, 공동구 등 유통·공급시설 ④ 학교·공공청사·문화시설 및 공공필요성이 인정되는 체육시설 등 공공·문화체육시설 ⑤ 하천·유수지·방화설비 등 방재시설 ⑥ 장사시설 등 보건위생시설 ⑦ 하수도, 폐기물처리 및 재활용시설, 빗물저장 및 이용시설 등 환경기초시설
도시·군 계획시설	기반시설 중 도시·군관리계획으로 결정된 시설을 말한다.

광역시설	기반시설 중 광역적인 정비체계가 필요한 다음의 시설로서 대통령령으로 정하는 시설을 말한다. ① 둘 이상의 특별시·광역시·특별자치시·특별자치도·시 또는 군의 관할 구역에 걸쳐 있는 시설 ② 둘 이상의 특별시·광역시·특별자치시·특별자치도·시 또는 군이 공동으로 이용하는 시설
공동구	전기·가스·수도 등의 공급설비, 통신시설, 하수도시설 등 지하매설물을 공동 수용함으로써 미관의 개선, 도로구조의 보전 및 교통의 원활한 소통을 위하여 지하에 설치하는 시설물을 말한다.
도시·군계획 시설사업	도시·군계획시설을 설치·정비 또는 개량하는 사업을 말한다.
도시·군 계획사업	도시·군관리계획을 시행하기 위한 다음의 사업을 말한다. ① 도시·군계획시설사업 ②「도시개발법」에 따른 도시개발사업 ③「도시 및 주거환경정비법」에 따른 정비사업
도시·군 계획사업 시행자	이 법 또는 다른 법률에 따라 도시·군계획사업을 하는 자를 말한다.
공공시설	도로·공원·철도·수도, 그 밖에 대통령령으로 정하는 공공용 시설을 말한다.
국가계획	중앙행정기관이 법률에 따라 수립하거나 국가의 정책적인 목적을 이루기 위하여 수립하는 계획 중 도시·군기본계획의 내용(제19조 제1항 제1호부터 제9호까지)이나 도시·군관리계획으로 결정하여야 할 사항이 포함된 계획을 말한다.
용도지역	토지의 이용 및 건축물의 용도, 건폐율, 용적률, 높이 등을 제한함으로써 토지를 경제적·효율적으로 이용하고 공공복리의 증진을 도모하기 위하여 서로 중복되지 아니하게 도시·군관리계획으로 결정하는 지역을 말한다.
용도지구	토지의 이용 및 건축물의 용도·건폐율·용적률·높이 등에 대한 용도지역의 제한을 강화하거나 완화하여 적용함으로써 용도지역의 기능을 증진시키고 경관·안전 등을 도모하기 위하여 도시·군관리계획으로 결정하는 지역을 말한다.
용도구역	토지의 이용 및 건축물의 용도·건폐율·용적률·높이 등에 대한 용도지역 및 용도지구의 제한을 강화하거나 완화하여 따로 정함으로써 시가지의 무질서한 확산방지, 계획적이고 단계적인 토지이용의 도모, 혁신적이고 복합적인 토지활용의 촉진, 토지이용의 종합적 조정·관리 등을 위하여 도시·군관리계획으로 결정하는 지역을 말한다.
개발밀도 관리구역	개발로 인하여 기반시설이 부족할 것으로 예상되나 기반시설을 설치하기 곤란한 지역을 대상으로 건폐율이나 용적률을 강화하여 적용하기 위하여 지정하는 구역을 말한다.

기반시설 부담구역	개발밀도관리구역 외의 지역으로서 개발로 인하여 도로, 공원, 녹지 등 대통령령으로 정하는 기반시설의 설치가 필요한 지역을 대상으로 기반시설을 설치하거나 그에 필요한 용지를 확보하게 하기 위하여 지정·고시하는 구역을 말한다.
기반시설 설치비용	단독주택 및 숙박시설 등 대통령령으로 정하는 시설의 신·증축 행위로 인하여 유발되는 기반시설을 설치하거나 그에 필요한 용지를 확보하기 위하여 부과·징수하는 금액을 말한다.

2 도시·군계획의 법적 지위

1. 국가계획, 광역도시계획 및 도시·군계획의 관계

(1) 도시·군계획은 특별시·광역시·특별자치시·특별자치도·시 또는 군의 관할 구역에서 수립되는 다른 법률에 따른 토지의 이용·개발 및 보전에 관한 계획의 기본이 된다(법 제4조 제1항).

(2) 광역도시계획 및 도시·군계획은 국가계획에 부합되어야 하며, 광역도시계획 또는 도시·군계획의 내용이 국가계획의 내용과 다를 때에는 국가계획의 내용이 우선한다. 이 경우 국가계획을 수립하려는 중앙행정기관의 장은 미리 지방자치단체의 장의 의견을 듣고 충분히 협의하여야 한다(법 제4조 제2항).

(3) 광역도시계획이 수립되어 있는 지역에 대하여 수립하는 도시·군기본계획은 그 광역도시계획에 부합되어야 하며, 도시·군기본계획의 내용이 광역도시계획의 내용과 다를 때에는 광역도시계획의 내용이 우선한다(법 제4조 제3항).

2. 부문별 계획의 기준

특별시장·광역시장·특별자치시장·특별자치도지사·시장 또는 군수가 관할 구역에 대하여 다른 법률에 따른 환경·교통·수도·하수도·주택 등에 관한 부문별 계획을 수립할 때에는 도시·군기본계획의 내용에 부합되게 하여야 한다(법 제4조 제4항).

3 국토의 용도구분

국토는 토지의 이용실태 및 특성, 장래의 토지 이용 방향, 지역 간 균형발전 등을 고려하여 다음과 같은 용도지역으로 구분한다(법 제6조).

도시지역	인구와 산업이 밀집되어 있거나 밀집이 예상되어 그 지역에 대하여 체계적인 개발·정비·관리·보전 등이 필요한 지역
관리지역	도시지역의 인구와 산업을 수용하기 위하여 도시지역에 준하여 체계적으로 관리하거나 농림업의 진흥, 자연환경 또는 산림의 보전을 위하여 농림지역 또는 자연환경보전지역에 준하여 관리가 필요한 지역
농림지역	도시지역에 속하지 아니하는 「농지법」에 따른 농업진흥지역 또는 「산지관리법」에 따른 보전산지 등으로서 농림업을 진흥시키고 산림을 보전하기 위하여 필요한 지역
자연환경보전지역	자연환경·수자원·해안·생태계·상수원 및 국가유산의 보전과 수산자원의 보호·육성 등을 위하여 필요한 지역

4 다른 법률에 따른 토지 이용에 관한 구역 등의 지정 제한 등

1. 용도지역 등 지정목적에 부합

중앙행정기관의 장이나 지방자치단체의 장은 다른 법률에 따라 토지 이용에 관한 지역·지구·구역 또는 구획 등(이하 '구역 등'이라 한다)을 지정하려면 그 구역 등의 지정목적이 이 법에 따른 용도지역·용도지구 및 용도구역의 지정목적에 부합되도록 하여야 한다(법 제8조 제1항).

2. 협의 및 승인

(1) 중앙행정기관의 장이나 지방자치단체의 장은 다른 법률에 따라 지정되는 구역 등 중 $1km^2$(도시개발구역의 경우에는 $5km^2$) 이상의 구역 등을 지정하거나 변경하려면 중앙행정기관의 장은 국토교통부장관과 협의하여야 하며 지방자치단체의 장은 국토교통부장관의 승인을 받아야 한다(법 제8조 제2항, 영 제5조 제1항).

(2) 지방자치단체의 장이 위 (1)에 따라 승인을 받아야 하는 구역 등 중 $5km^2$ 면적 미만의 구역 등을 지정하거나 변경하려는 경우 특별시장·광역시장·특별자치시장·도지사·특별자치도지사(이하 '시·도지사'라 한다)는 국토교통부장관의 승인을 받지 아니하되, 시장·군수 또는 구청장(자치구의 구청장을 말한다)은 시·도지사의 승인을 받아야 한다(법 제8조 제3항, 영 제5조 제3항).

5 다른 법률에 따른 도시·군관리계획의 변경 제한

중앙행정기관의 장이나 지방자치단체의 장은 다른 법률에서 이 법에 따른 도시·군관리계획의 결정을 의제(擬制)하는 내용이 포함되어 있는 계획을 허가·인가·승인 또는 결정하려면 시행령 제6조 제1항의 구분에 따라 중앙도시계획위원회 또는 지방도시계획위원회의 심의를 받아야 한다. 다만, 다음의 어느 하나에 해당하는 경우에는 그러하지 아니하다(법 제9조, 영 제6조 제1항).

> ① 위 4의 2.의 (1) 또는 (2)에 따라 국토교통부장관과 협의하거나 국토교통부장관 또는 시·도지사의 승인을 받은 경우
> ② 다른 법률에 따라 중앙도시계획위원회나 지방도시계획위원회의 심의를 받은 경우
> ③ 그 밖에 대통령령으로 정하는 경우

(1) 중앙도시계획위원회의 심의

지방자치단체의 장	$5km^2$ 이상의 용도지역·용도지구 또는 용도구역의 지정 또는 변경에 대한 도시·군관리계획의 결정을 의제하는 계획을 허가·인가·승인 또는 결정하고자 하는 경우
중앙행정기관의 장	$30만m^2$ 이상의 용도지역·용도지구 또는 용도구역의 지정 또는 변경에 대한 도시·군관리계획의 결정을 의제하는 계획을 허가·인가·승인 또는 결정하고자 하는 경우

(2) 지방도시계획위원회의 심의

지방자치단체의 장이 $30만m^2$ 이상 $5km^2$ 미만의 용도지역·용도지구 또는 용도구역의 지정 또는 변경에 대한 도시·군관리계획의 결정을 의제하는 계획을 허가·인가·승인 또는 결정하고자 하는 경우에는 지방도시계획위원회의 심의를 받아야 한다.

> **한눈에 보기** 용어 정의
>
> - 도시·군계획은 도시·군기본계획과 도시·군관리계획으로 구분한다.
> - 도시·군기본계획은 도시·군관리계획 수립의 지침이 되는 계획이다.
> - 지구단위계획은 도시·군계획 수립 대상지역의 일부에 대하여 수립한다.
> - 도시·군계획시설이란 기반시설 중 도시·군관리계획으로 결정된 시설을 말한다.
> - 도시·군계획시설사업이란 도시·군계획시설을 설치·정비 또는 개량하는 사업을 말한다.
> - 도시·군계획사업이란 도시·군관리계획을 시행하기 위한 사업으로서 도시·군계획시설사업, 도시개발사업, 정비사업을 말한다.
> - 용도지역이란 토지를 경제적·효율적으로 이용하고 공공복리의 증진을 도모하기 위하여 서로 중복되지 아니하게 도시·군관리계획으로 결정하는 지역을 말한다.

- 개발밀도관리구역이란 개발로 인하여 기반시설이 부족할 것으로 예상되나 기반시설을 설치하기 곤란한 지역을 대상으로 건폐율이나 용적률을 강화하여 적용하기 위하여 지정하는 구역을 말한다.
- 기반시설부담구역이란 개발밀도관리구역 외의 지역으로서 개발로 인하여 기반시설의 설치가 필요한 지역을 대상으로 기반시설을 설치하거나 그에 필요한 용지를 확보하게 하기 위하여 지정·고시하는 구역을 말한다.

한눈에 보기 국토의 용도구분

- 도시지역은 인구와 산업이 밀집되어 있거나 밀집이 예상되어 그 지역에 대하여 체계적인 개발·정비·관리·보전 등이 필요한 지역이다.
- 관리지역은 도시지역의 인구와 산업을 수용하기 위하여 도시지역에 준하여 체계적으로 관리하거나 농림업의 진흥, 자연환경 또는 산림의 보전을 위하여 농림지역 또는 자연환경보전지역에 준하여 관리할 필요가 있는 지역이다.
- 농림지역은 도시지역에 속하지 아니하는 농업진흥지역이나 보전산지 등에 지정한다.
- 자연환경보전지역은 자연환경·수자원·해안·생태계·상수원·국가유산을 보전하고 수산자원을 보호·육성하기 위하여 지정한다.

예제

국토의 계획 및 이용에 관한 법령상 도시·군관리계획을 시행하기 위한 사업으로 도시·군계획사업에 해당하는 것을 모두 고른 것은? 　　　　　　　　　　　　　　　　　　　　　　제29회

> ㉠ 도시·군계획시설사업
> ㉡ 「도시개발법」에 따른 도시개발사업
> ㉢ 「도시 및 주거환경정비법」에 따른 정비사업

① ㉠　　　　　　　　　　　　　　② ㉠, ㉡
③ ㉠, ㉢　　　　　　　　　　　　　④ ㉡, ㉢
⑤ ㉠, ㉡, ㉢

해설 ⑤ 도시·군계획사업이란 도시·군관리계획을 시행하기 위한 다음의 사업을 말한다.
1. 도시·군계획시설사업(㉠)
2. 「도시개발법」에 따른 도시개발사업(㉡)
3. 「도시 및 주거환경정비법」에 따른 정비사업(㉢)　　　　　　　　　　　▶ 정답 ⑤

제2장 광역도시계획

01 광역계획권의 지정

1 지정권자 제26회, 제29회, 제33회

국토교통부장관 또는 도지사는 둘 이상의 특별시·광역시·특별자치시·특별자치도·시 또는 군의 공간구조 및 기능을 상호 연계시키고 환경을 보전하며 광역시설을 체계적으로 정비하기 위하여 필요한 경우에는 다음의 구분에 따라 인접한 둘 이상의 특별시·광역시·특별자치시·특별자치도·시 또는 군의 관할 구역 전부 또는 일부를 대통령령으로 정하는 바에 따라 광역계획권으로 지정할 수 있다(법 제10조 제1항).

① 국토교통부장관: 광역계획권이 둘 이상의 특별시·광역시·특별자치시·도 또는 특별자치도(이하 '시·도'라 한다)의 관할 구역에 걸쳐 있는 경우
② 도지사: 광역계획권이 도의 관할 구역에 속하여 있는 경우

2 지정목적

둘 이상의 특별시·광역시·특별자치시·특별자치도·시 또는 군의 공간구조 및 기능을 상호 연계시키고 환경을 보전하며 광역시설을 체계적으로 정비하기 위하여 필요한 경우에 지정할 수 있다(법 제10조 제1항).

3 지정대상지역

(1) **원 칙**

인접한 둘 이상의 특별시·광역시·특별자치시·특별자치도·시 또는 군의 관할 구역 단위로 지정한다(영 제7조 제1항).

(2) **예 외**

국토교통부장관 또는 도지사는 인접한 둘 이상의 특별시·광역시·특별자치시·특별자치도·시 또는 군의 관할 구역의 일부를 광역계획권에 포함시키고자 하는 때에는 구·군(광역시의 관할 구역 안에 있는 군을 말한다)·읍 또는 면의 관할 구역 단위로 하여야 한다(영 제7조 제2항).

4 지정요청

중앙행정기관의 장, 시·도지사, 시장 또는 군수는 국토교통부장관이나 도지사에게 광역계획권의 지정 또는 변경을 요청할 수 있다(법 제10조 제2항).

5 지정절차

(1) **의견청취·심의**

① 국토교통부장관은 광역계획권을 지정하거나 변경하려면 관계 시·도지사, 시장 또는 군수의 의견을 들은 후 중앙도시계획위원회의 심의를 거쳐야 한다(법 제10조 제3항).

② 도지사가 광역계획권을 지정하거나 변경하려면 관계 중앙행정기관의 장, 관계 시·도지사, 시장 또는 군수의 의견을 들은 후 지방도시계획위원회의 심의를 거쳐야 한다(법 제10조 제4항).

(2) **지정통보**

국토교통부장관 또는 도지사는 광역계획권을 지정하거나 변경하면 지체 없이 관계 시·도지사, 시장 또는 군수에게 그 사실을 통보하여야 한다(법 제10조 제5항).

02 광역도시계획

1 의 의

'광역도시계획'이란 광역계획권의 장기발전방향을 제시하는 계획을 말한다(법 제2조 제1호).

2 법적 성격

(1) **비구속적 계획**

광역도시계획은 장기발전방향을 제시하는 계획이므로 일반 국민에게는 직접적인 효력이 미치지 아니하는 구속력이 없는 행정계획이다.

(2) **행정쟁송 대상 여부**

광역도시계획은 국민에게는 직접적인 효력이 미치지 않는 구속력이 없는 행정계획이므로 구체적인 처분성이 인정되지 아니한다. 따라서 일반 국민은 광역도시계획의 취소나 무효 확인을 구하는 행정심판이나 행정소송 등의 행정쟁송을 제기할 수 없다.

3 광역도시계획의 수립권자 제27회, 제28회, 제29회, 제32회

(1) 원칙적 수립권자

국토교통부장관, 시·도지사, 시장 또는 군수는 다음의 구분에 따라 광역도시계획을 수립하여야 한다(법 제11조 제1항).

> ① 광역계획권이 같은 도의 관할 구역에 속하여 있는 경우: 관할 시장 또는 군수가 공동으로 수립
> ② 광역계획권이 둘 이상의 시·도의 관할 구역에 걸쳐 있는 경우: 관할 시·도지사가 공동으로 수립
> ③ 광역계획권을 지정한 날부터 3년이 지날 때까지 관할 시장 또는 군수로부터 광역도시계획의 승인 신청이 없는 경우: 관할 도지사가 수립
> ④ 국가계획과 관련된 광역도시계획의 수립이 필요한 경우나 광역계획권을 지정한 날부터 3년이 지날 때까지 관할 시·도지사로부터 광역도시계획의 승인 신청이 없는 경우: 국토교통부장관이 수립

(2) 예외적 수립권자

다음의 경우에는 공동으로 수립하거나 단독으로 수립할 수 있다(법 제11조 제2항·제3항).

> ① 시·도지사가 요청하는 경우와 그 밖에 필요하다고 인정되는 경우: 국토교통부장관과 관할 시·도지사가 공동으로 수립
> ② 시장 또는 군수가 요청하는 경우와 그 밖에 필요하다고 인정하는 경우: 도지사와 관할 시장 또는 군수가 공동으로 수립
> ③ 시장 또는 군수가 협의를 거쳐 요청하는 경우: 도지사 단독수립

4 광역도시계획의 내용 제36회

광역도시계획에는 다음의 사항 중 그 광역계획권의 지정목적을 이루는 데 필요한 사항에 대한 정책 방향이 포함되어야 한다(법 제12조 제1항).

> ① 광역계획권의 공간 구조와 기능 분담에 관한 사항
> ② 광역계획권의 녹지관리체계와 환경 보전에 관한 사항
> ③ 광역시설의 배치·규모·설치에 관한 사항
> ④ 경관계획에 관한 사항
> ⑤ 그 밖에 광역계획권에 속하는 특별시·광역시·특별자치시·특별자치도·시 또는 군 상호 간의 기능 연계에 관한 다음의 사항(영 제9조)
>   ㉠ 광역계획권의 교통 및 물류유통체계에 관한 사항
>   ㉡ 광역계획권의 문화·여가공간 및 방재에 관한 사항

5 광역도시계획의 수립기준

광역도시계획의 수립기준은 대통령령으로 정하는 바에 따라 다음의 사항을 종합적으로 고려하여 국토교통부장관이 정한다(영 제10조).

> ① 광역계획권의 미래상과 이를 실현할 수 있는 체계화된 전략을 제시하고 국토종합계획 등과 서로 연계되도록 할 것
> ② 특별시·광역시·특별자치시·특별자치도·시 또는 군간의 기능분담, 도시의 무질서한 확산방지, 환경보전, 광역시설의 합리적 배치, 그 밖에 광역계획권안에서 현안사항이 되고 있는 특정부문 위주로 수립할 수 있도록 할 것
> ③ 여건변화에 탄력적으로 대응할 수 있도록 포괄적이고 개략적으로 수립하도록 하되, 특정부문 위주로 수립하는 경우에는 도시·군기본계획이나 도시·군관리계획에 명확한 지침을 제시할 수 있도록 구체적으로 수립하도록 할 것
> ④ 녹지축·생태계·산림·경관 등 양호한 자연환경과 우량농지, 보전목적의 용도지역, 국가유산 및 역사문화환경 등을 충분히 고려하여 수립하도록 할 것
> ⑤ 부문별 계획은 서로 연계되도록 할 것
> ⑥ 「재난 및 안전관리 기본법」에 따른 시·도안전관리계획 및 같은 법에 따른 시·군·구안전관리계획과 「자연재해대책법」에 따른 시·군자연재해저감 종합계획을 충분히 고려하여 수립하도록 할 것

6 광역도시계획의 조정

(1) 조정신청

광역도시계획을 공동으로 수립하는 시·도지사는 그 내용에 관하여 서로 협의가 되지 아니하면 공동이나 단독으로 국토교통부장관에게 조정(調停)을 신청할 수 있다(법 제17조 제1항).

(2) 재협의 권고

국토교통부장관은 단독으로 조정신청을 받은 경우에는 기한을 정하여 당사자 간에 다시 협의를 하도록 권고할 수 있으며, 기한까지 협의가 이루어지지 아니하는 경우에는 직접 조정할 수 있다(법 제17조 제2항).

(3) 심의 및 의견진술

국토교통부장관은 위 (1)에 따른 조정의 신청을 받거나 위 (2)에 따라 직접 조정하려는 경우에는 중앙도시계획위원회의 심의를 거쳐 광역도시계획의 내용을 조정하여야 한다. 이 경우 이해관계를 가진 지방자치단체의 장은 중앙도시계획위원회의 회의에 출석하여 의견을 진술할 수 있다(법 제17조 제3항).

(4) 조정결과의 반영

광역도시계획을 수립하는 자는 조정 결과를 광역도시계획에 반영하여야 한다(법 제17조 제4항).

(5) 도지사의 조정

① 광역도시계획을 공동으로 수립하는 시장 또는 군수는 그 내용에 관하여 서로 협의가 되지 아니하면 공동이나 단독으로 도지사에게 조정을 신청할 수 있다(법 제17조 제5항).

② 도지사가 광역도시계획을 조정하는 경우에는 위 (2)부터 (4)의 규정을 준용한다. 이 경우 '국토교통부장관'은 '도지사'로, '중앙도시계획위원회'는 '도의 지방도시계획위원회'로 본다(법 제17조 제6항).

7 광역도시계획의 수립 및 승인절차 제27회, 제28회, 제31회

🏠 광역도시계획의 수립·승인절차도

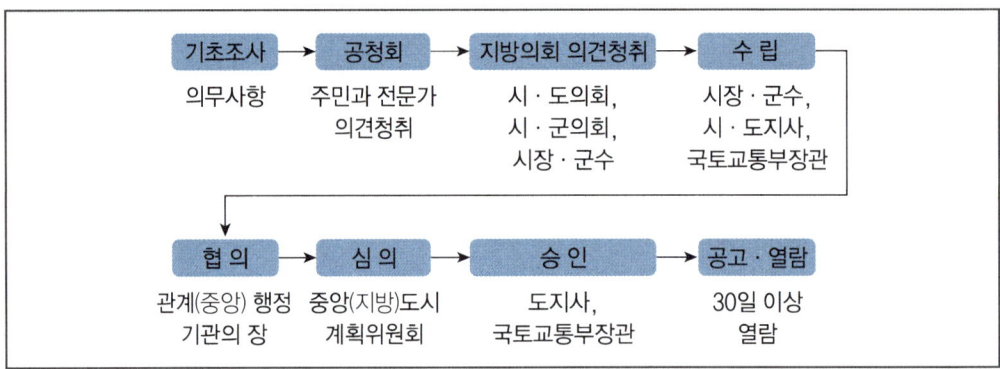

1. 기초조사

(1) 의무사항

국토교통부장관, 시·도지사, 시장 또는 군수는 광역도시계획을 수립하거나 변경하려면 미리 인구, 경제, 사회, 문화, 토지 이용, 환경, 교통, 주택, 그 밖에 대통령령으로 정하는 사항 중 그 광역도시계획의 수립 또는 변경에 필요한 사항을 대통령령으로 정하는 바에 따라 조사하거나 측량(이하 '기초조사'라 한다)하여야 한다(법 제13조 제1항).

(2) 자료제출 요청

국토교통부장관, 시·도지사, 시장 또는 군수는 관계 행정기관의 장에게 기초조사에 필요한 자료를 제출하도록 요청할 수 있다. 이 경우 요청을 받은 관계 행정기관의 장은 특별한 사유가 없으면 그 요청에 따라야 한다(법 제13조 제2항).

(3) 기초조사의 의뢰

국토교통부장관, 시·도지사, 시장 또는 군수는 효율적인 기초조사를 위하여 필요하면 기초조사를 전문기관에 의뢰할 수 있다(법 제13조 제3항).

(4) 기초조사정보체계

국토교통부장관, 시·도지사, 시장 또는 군수가 기초조사를 실시한 경우에는 해당 정보를 체계적으로 관리하고 효율적으로 활용하기 위하여 기초조사정보체계를 구축·운영하여야 한다(법 제13조 제4항).

(5) 정보현황의 확인

국토교통부장관, 시·도지사, 시장 또는 군수가 기초조사정보체계를 구축한 경우에는 등록된 정보의 현황을 5년마다 확인하고 변동사항을 반영하여야 한다(법 제13조 제5항).

2. 공청회의 개최

(1) 공청회

국토교통부장관, 시·도지사, 시장 또는 군수는 광역도시계획을 수립하거나 변경하려면 미리 공청회를 열어 주민과 관계 전문가 등으로부터 의견을 들어야 하며, 공청회에서 제시된 의견이 타당하다고 인정하면 광역도시계획에 반영하여야 한다. 공청회를 개최하려면 공청회의 개최목적 등을 일간신문, 관보, 공보, 인터넷 홈페이지 또는 방송 등의 방법으로 공청회 개최예정일 14일 전까지 1회 이상 공고해야 한다(법 제14조 제1항, 영 제12조 제1항).

(2) 구분 개최

공청회는 광역계획권 단위로 개최하되, 필요한 경우에는 광역계획권을 여러 개의 지역으로 구분하여 개최할 수 있다(영 제12조 제2항).

(3) 공청회의 주재

공청회는 국토교통부장관, 시·도지사, 시장 또는 군수가 지명하는 사람이 주재한다(영 제12조 제3항).

3. 지방의회와 지방자치단체의 의견청취

(1) 시 · 도지사, 시장 또는 군수 수립 시

시 · 도지사, 시장 또는 군수는 광역도시계획을 수립하거나 변경하려면 미리 관계 시 · 도, 시 또는 군의 의회와 관계 시장 또는 군수의 의견을 들어야 한다(법 제15조 제1항).

(2) 국토교통부장관 수립 시

국토교통부장관은 광역도시계획을 수립하거나 변경하려면 관계 시 · 도지사에게 광역도시계획안을 송부하여야 하며, 관계 시 · 도지사는 그 광역도시계획안에 대하여 그 시 · 도의 의회와 관계 시장 또는 군수의 의견을 들은 후 그 결과를 국토교통부장관에게 제출하여야 한다(법 제15조 제2항).

(3) 의견제시 기한

시 · 도, 시 또는 군의 의회와 관계 시장 또는 군수는 특별한 사유가 없으면 30일 이내에 시 · 도지사, 시장 또는 군수에게 의견을 제시하여야 한다(법 제15조 제3항).

4. 승 인

(1) 국토교통부장관의 승인

시 · 도지사는 광역도시계획을 수립하거나 변경하려면 국토교통부장관의 승인을 받아야 한다. 다만, 제11조 제3항(도지사가 관할 시장 또는 군수와 공동으로 수립하는 경우와 시장 또는 군수가 협의를 거쳐 요청하여 단독으로 수립하는 경우)에 따라 도지사가 수립하는 광역도시계획은 그러하지 아니하다(법 제16조 제1항).

(2) 협의 및 심의

① 국토교통부장관은 광역도시계획을 승인하거나 직접 광역도시계획을 수립 또는 변경(시 · 도지사와 공동으로 수립하거나 변경하는 경우를 포함한다)하려면 관계 중앙행정기관과 협의한 후 중앙도시계획위원회의 심의를 거쳐야 한다(법 제16조 제2항).

② 협의 요청을 받은 관계 중앙행정기관의 장은 특별한 사유가 없으면 그 요청을 받은 날부터 30일 이내에 국토교통부장관에게 의견을 제시하여야 한다(법 제16조 제3항).

(3) 도지사의 승인

① 시장 또는 군수는 광역도시계획을 수립하거나 변경하려면 도지사의 승인을 받아야 한다(법 제16조 제5항).

② 도지사가 광역도시계획을 승인하거나 직접 광역도시계획을 수립 또는 변경(시장·군수와 공동으로 수립하거나 변경하는 경우를 포함한다)하려면 위 (2)의 규정(협의 및 심의)을 준용한다. 이 경우 '국토교통부장관'은 '도지사'로, '중앙행정기관의 장'은 '행정기관의 장(국토교통부장관을 포함)'으로, '중앙도시계획위원회'는 '지방도시계획위원회'로 '시·도지사'는 '시장 또는 군수'로 본다(법 제16조 제6항).

5. 공고 및 열람

① 국토교통부장관은 직접 광역도시계획을 수립 또는 변경하거나 승인하였을 때에는 관계 중앙행정기관의 장과 시·도지사에게 관계 서류를 송부하여야 하며, 관계 서류를 받은 시·도지사는 지체 없이 이를 해당 시·도의 공보와 인터넷 홈페이지에 그 내용을 공고하고, 관계 서류를 30일 이상 일반이 열람할 수 있도록 해야 한다(법 제16조 제4항, 영 제13조 제3항).

② 도지사가 직접 광역도시계획을 수립 또는 변경하거나 승인하였을 때에는 관계 행정기관의 장과 시장 또는 군수에게 관계 서류를 송부하여야 하며, 관계 서류를 받은 시장 또는 군수는 지체 없이 이를 해당 시·군의 공보와 인터넷 홈페이지에 그 내용을 공고하고, 관계 서류를 30일 이상 일반이 열람할 수 있도록 해야 한다(법 제16조 제6항, 영 제13조 제3항).

예제

국토의 계획 및 이용에 관한 법령상 광역도시계획에 관한 설명으로 틀린 것은? 제31회 수정

① 도지사는 시장 또는 군수가 협의를 거쳐 요청하는 경우에는 단독으로 광역도시계획을 수립할 수 있다.
② 광역도시계획의 수립기준은 국토교통부장관이 정한다.
③ 광역도시계획의 수립을 위한 공청회는 광역계획권 단위로 개최하되, 필요한 경우에는 광역계획권을 여러 개의 지역으로 구분하여 개최할 수 있다.
④ 국토교통부장관은 광역도시계획을 수립하였을 때에는 직접 그 내용을 공고하고 일반이 열람할 수 있도록 하여야 한다.
⑤ 광역도시계획을 공동으로 수립하는 시·도지사는 그 내용에 관하여 서로 협의가 되지 아니하면 공동이나 단독으로 국토교통부장관에게 조정을 신청할 수 있다.

해설 ④ 국토교통부장관은 직접 광역도시계획을 수립 또는 변경하거나 승인하였을 때에는 관계 중앙행정기관의 장과 시·도지사에게 관계 서류를 송부하여야 하며, 관계 서류를 받은 시·도지사는 지체 없이 이를 해당 시·도의 공보와 인터넷 홈페이지에 그 내용을 공고하고, 관계 서류를 30일 이상 일반이 열람할 수 있도록 해야 한다.

▶▶ 정답 ④

🏠 **광역도시계획의 수립 및 승인절차**(시 · 도지사, 시장 · 군수 수립 시)

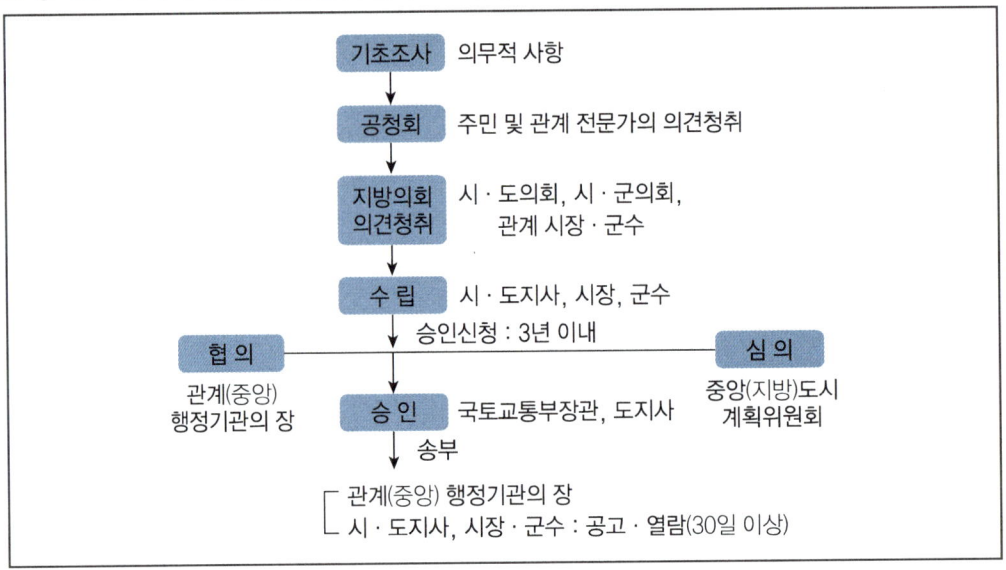

제3장 도시 · 군기본계획

01 의의 및 법적 성격

1 의 의

'도시 · 군기본계획'이란 특별시 · 광역시 · 특별자치시 · 특별자치도 · 시 또는 군(광역시의 관할 구역에 있는 군은 제외)의 관할 구역에 대하여 기본적인 공간구조와 장기발전방향을 제시하는 종합계획으로서 도시 · 군관리계획 수립의 지침이 되는 계획이다(법 제2조 제3호).

2 법적 성격

(1) **비구속적 계획**

도시 · 군기본계획은 광역도시계획과 마찬가지로 장기발전방향을 제시하는 계획이므로 일반 국민에게는 직접적인 효력이 미치지 아니하는 구속력이 없는 행정계획이다.

(2) **행정쟁송의 대상 여부**

도시 · 군기본계획은 국민에게는 직접적인 효력이 미치지 않는 구속력이 없는 행정계획이므로 구체적인 처분성이 인정되지 아니한다. 따라서 일반 국민은 도시 · 군기본계획의 취소나 무효확인을 구하는 행정심판이나 행정소송 등의 행정쟁송을 제기할 수 없다.

02 도시·군기본계획의 수립 및 확정(승인)

1 도시·군기본계획의 수립 제24회, 제31회, 제32회, 제33회

(1) 수립권자와 대상지역

특별시장·광역시장·특별자치시장·특별자치도지사·시장 또는 군수는 관할 구역에 대하여 도시·군기본계획을 수립하여야 한다. 다만, 시 또는 군의 위치, 인구의 규모, 인구감소율 등을 고려하여 대통령령으로 정하는 다음의 어느 하나에 해당하는 시 또는 군은 도시·군기본계획을 수립하지 아니할 수 있다(법 제18조 제1항, 영 제14조).

① 「수도권정비계획법」의 규정에 의한 수도권(이하 '수도권'이라 한다)에 속하지 아니하고 광역시와 경계를 같이하지 아니한 시 또는 군으로서 인구 10만명 이하인 시 또는 군
② 관할 구역 전부에 대하여 광역도시계획이 수립되어 있는 시 또는 군으로서 당해 광역도시계획에 도시·군기본계획에 포함될 사항이 모두 포함되어 있는 시 또는 군

(2) 도시·군기본계획의 연계수립

① 특별시장·광역시장·특별자치시장·특별자치도지사·시장 또는 군수는 지역여건상 필요하다고 인정되면 인접한 특별시·광역시·특별자치시·특별자치도·시 또는 군의 관할 구역 전부 또는 일부를 포함하여 도시·군기본계획을 수립할 수 있다(법 제18조 제2항).

② 특별시장·광역시장·특별자치시장·특별자치도지사·시장 또는 군수는 인접한 특별시·광역시·특별자치시·특별자치도·시 또는 군의 관할구역을 포함하여 도시·군기본계획을 수립하려면 미리 그 특별시장·광역시장·특별자치시장·특별자치도지사·시장 또는 군수와 협의하여야 한다(법 제18조 제3항).

2 도시·군기본계획의 내용

(1) 수립내용

도시·군기본계획은 다음의 사항에 대한 정책방향이 포함되어야 한다(법 제19조 제1항).

① 지역적 특성 및 계획의 방향·목표에 관한 사항
② 공간구조 및 인구의 배분에 관한 사항
③ 생활권의 설정과 생활권역별 개발·정비 및 보전 등에 관한 사항
④ 토지의 이용 및 개발에 관한 사항
⑤ 토지의 용도별 수요 및 공급에 관한 사항
⑥ 환경의 보전 및 관리에 관한 사항
⑦ 기반시설에 관한 사항
⑧ 공원·녹지에 관한 사항
⑨ 경관에 관한 사항
⑩ 기후변화 대응 및 에너지절약에 관한 사항

⑪ 방재·방범 등 안전에 관한 사항
⑫ 위 ②부터 ⑪에 규정된 사항의 단계별 추진에 관한 사항
⑬ 그 밖에 대통령령으로 정하는 사항

(2) **도시·군기본계획의 수립기준**

도시·군기본계획의 수립기준 등은 대통령령으로 정하는 바에 따라 다음의 사항을 종합적으로 고려하여 국토교통부장관이 정한다(법 제19조 제3항, 영 제16조).

① 특별시·광역시·특별자치시·특별자치도·시 또는 군의 기본적인 공간구조와 장기발전방향을 제시하는 토지 이용·교통·환경 등에 관한 종합계획이 되도록 할 것
② 여건변화에 탄력적으로 대응할 수 있도록 포괄적이고 개략적으로 수립하도록 할 것
③ 도시·군기본계획을 정비할 때에는 종전의 도시·군기본계획의 내용 중 수정이 필요한 부분만을 발췌하여 보완함으로써 계획의 연속성이 유지되도록 할 것
④ 도시와 농어촌 및 산촌지역의 인구밀도, 토지 이용의 특성 및 주변환경 등을 종합적으로 고려하여 지역별로 계획의 상세정도를 다르게 하되, 기반시설의 배치계획, 토지용도 등은 도시와 농어촌 및 산촌지역이 서로 연계되도록 할 것
⑤ 부문별 계획은 도시·군기본계획의 방향에 부합하고 도시·군기본계획의 목표를 달성할 수 있는 방안을 제시함으로써 도시·군기본계획의 통일성과 일관성을 유지하도록 할 것
⑥ 도시지역 등에 위치한 개발가능 토지는 단계별로 시차를 두어 개발되도록 할 것
⑦ 녹지축·생태계·산림·경관 등 양호한 자연환경과 우량농지, 보전목적의 용도지역, 국가유산 및 역사문화환경 등을 충분히 고려하여 수립하도록 할 것
⑧ 경관에 관한 사항에 대하여는 필요한 경우에는 도시·군기본계획도서의 별책으로 작성할 수 있도록 할 것
⑨ 「재난 및 안전관리 기본법」에 따른 시·도안전관리계획 및 같은 법에 따른 시·군·구 안전관리계획과 「자연재해대책법」에 따른 시·군자연재해저감 종합계획을 충분히 고려하여 수립하도록 할 것

(3) **생활권계획 수립의 특례**

① 특별시장·광역시장·특별자치시장·특별자치도지사·시장 또는 군수는 생활권역별 개발·정비 및 보전 등에 필요한 경우 대통령령으로 정하는 바에 따라 생활권계획을 따로 수립할 수 있다(법 제19조의2 제1항).
② 생활권계획을 수립할 때에는 도시·군기본계획의 수립절차를 준용한다(법 제19조의2 제2항).
③ 생활권계획이 수립 또는 승인된 때에는 해당 계획이 수립된 생활권에 대해서는 도시·군기본계획이 수립 또는 변경된 것으로 본다. 이 경우 생활권의 설정 및 인구의 배분에 관한 사항 등은 대통령령으로 정하는 범위에서 수립·변경하는 경우로 한정한다(법 제19조의2 제3항).

3 도시·군기본계획의 수립·확정(승인)절차 제27회, 제31회, 제35회

🏠 **도시·군기본계획의 수립 및 확정(승인)절차도**

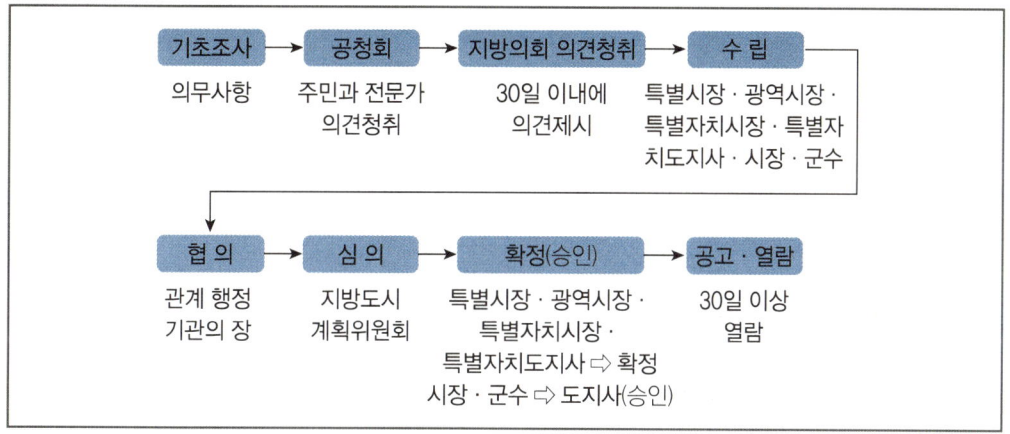

1. 기초조사 및 공청회

(1) 도시·군기본계획을 수립하거나 변경하는 경우에는 광역도시계획의 수립을 위한 기초조사·공청회에 관한 규정을 준용한다. 이 경우 '국토교통부장관, 시·도지사, 시장 또는 군수'는 '특별시장·광역시장·특별자치시장·특별자치도지사·시장 또는 군수'로, '광역도시계획'은 '도시·군기본계획'으로 본다(법 제20조 제1항).

(2) 시·도지사, 시장 또는 군수는 기초조사의 내용에 국토교통부장관이 정하는 바에 따라 실시하는 토지의 토양, 입지, 활용가능성 등 토지의 적성에 대한 평가(이하 '토지적성평가'라 한다)와 재해 취약성에 관한 분석(이하 '재해취약성분석'이라 한다)을 포함하여야 한다(법 제20조 제2항).

(3) 도시·군기본계획 입안일부터 5년 이내에 토지적성평가를 실시한 경우 등 대통령령으로 정하는 다음의 경우에는 토지적성평가 또는 재해취약성분석을 하지 아니할 수 있다(법 제20조 제3항, 영 제16조의3).

> ① 토지적성평가를 생략할 수 있는 사유
>   ㉠ 도시·군기본계획 입안일부터 5년 이내에 토지적성평가를 실시한 경우
>   ㉡ 다른 법률에 따른 지역·지구 등의 지정이나 개발계획 수립 등으로 인하여 도시·군기본계획의 변경이 필요한 경우
> ② 재해취약성분석을 생략할 수 있는 사유
>   ㉠ 도시·군기본계획 입안일부터 5년 이내에 재해취약성분석을 실시한 경우
>   ㉡ 다른 법률에 따른 지역·지구 등의 지정이나 개발계획 수립 등으로 인하여 도시·군기본계획의 변경이 필요한 경우

2. 지방의회의 의견청취

(1) 특별시장·광역시장·특별자치시장·특별자치도지사·시장 또는 군수는 도시·군기본계획을 수립하거나 변경하려면 미리 그 특별시·광역시·특별자치시·특별자치도·시 또는 군 의회의 의견을 들어야 한다(법 제21조 제1항).

(2) 특별시·광역시·특별자치시·특별자치도·시 또는 군의 의회는 특별한 사유가 없으면 30일 이내에 특별시장·광역시장·특별자치시장·특별자치도지사·시장 또는 군수에게 의견을 제시하여야 한다(법 제21조 제2항).

3. 도시·군기본계획의 확정과 승인

(1) **특별시·광역시·특별자치시·특별자치도의 도시·군기본계획의 확정**

① 특별시장·광역시장·특별자치시장 또는 특별자치도지사는 도시·군기본계획을 수립하거나 변경하려면 관계 행정기관의 장(국토교통부장관을 포함)과 협의한 후 지방도시계획위원회의 심의를 거쳐야 한다(법 제22조 제1항).

② 협의 요청을 받은 관계 행정기관의 장은 특별한 사유가 없으면 그 요청을 받은 날부터 30일 이내에 특별시장·광역시장·특별자치시장 또는 특별자치도지사에게 의견을 제시하여야 한다(법 제22조 제2항).

③ 특별시장·광역시장·특별자치시장 또는 특별자치도지사는 도시·군기본계획을 수립하거나 변경한 경우에는 관계 행정기관의 장에게 관계 서류를 송부하여야 하며, 대통령령으로 정하는 바에 따라 그 계획을 공고하고 일반인이 30일 이상 열람할 수 있도록 하여야 한다(법 제22조 제3항, 영 제16조의4).

(2) **시·군의 도시·군기본계획의 승인**

① 시장 또는 군수는 도시·군기본계획을 수립하거나 변경하려면 대통령령으로 정하는 바에 따라 도지사의 승인을 받아야 한다(법 제22조의2 제1항).

② 도지사는 도시·군기본계획을 승인하려면 관계 행정기관의 장과 협의한 후 지방도시계획위원회의 심의를 거쳐야 한다(법 제22조의2 제2항).

③ 협의 요청을 받은 관계 행정기관의 장은 특별한 사유가 없으면 그 요청을 받은 날부터 30일 이내에 도지사에게 의견을 제시하여야 한다(법 제22조의2 제3항).

④ 도지사는 도시·군기본계획을 승인하면 관계 행정기관의 장과 시장 또는 군수에게 관계 서류를 송부하여야 하며, 관계 서류를 받은 시장 또는 군수는 그 내용을 해당 시·군의 공보와 인터넷 홈페이지에 게재하는 방법에 의하여 공고하고 일반인이 30일 이상 열람할 수 있도록 하여야 한다(법 제22조의2 제4항, 영 제17조 제3항).

4 도시·군기본계획의 정비 제31회

(1) 타당성 검토

특별시장·광역시장·특별자치시장·특별자치도지사·시장 또는 군수는 5년마다 관할 구역의 도시·군기본계획에 대하여 그 타당성을 전반적으로 재검토하여 정비하여야 한다(법 제23조 제1항).

(2) 상위계획과의 관계

특별시장·광역시장·특별자치시장·특별자치도지사·시장 또는 군수는 도시·군기본계획의 내용에 우선하는 광역도시계획의 내용 및 도시·군기본계획에 우선하는 국가계획의 내용을 도시·군기본계획에 반영하여야 한다(법 제23조 제2항).

예제

국토의 계획 및 이용에 관한 법령상 도시·군기본계획에 관한 설명으로 틀린 것은? 제31회

① 시장 또는 군수는 인접한 시 또는 군의 관할 구역을 포함하여 도시·군기본계획을 수립하려면 미리 그 시장 또는 군수와 협의하여야 한다.
② 도시·군기본계획 입안일부터 5년 이내에 토지적성평가를 실시한 경우에는 토지적성평가를 하지 아니할 수 있다.
③ 시장 또는 군수는 도시·군기본계획을 수립하려면 미리 그 시 또는 군 의회의 의견을 들어야 한다.
④ 시장 또는 군수는 도시·군기본계획을 변경하려면 도지사와 협의한 후 지방도시계획위원회의 심의를 거쳐야 한다.
⑤ 시장 또는 군수는 5년마다 관할 구역의 도시·군기본계획에 대하여 타당성을 전반적으로 재검토하여 정비하여야 한다.

해설 ④ 시장 또는 군수는 도시·군기본계획을 수립하거나 변경하려면 대통령령으로 정하는 바에 따라 도지사의 승인을 받아야 한다. 도지사는 도시·군기본계획을 승인하려면 관계 행정기관의 장과 협의한 후 지방도시계획위원회의 심의를 거쳐야 한다. ▶ 정답 ④

제4장 도시·군관리계획

01 의의 및 법적 성격 제23회, 제26회

1 의 의

'도시·군관리계획'이란 특별시·광역시·특별자치시·특별자치도·시 또는 군의 개발·정비 및 보전을 위하여 수립하는 토지 이용, 교통, 환경, 경관, 안전, 산업, 정보통신, 보건, 복지, 안보, 문화 등에 관한 다음의 계획을 말한다(법 제2조 제4호).

① 용도지역·용도지구의 지정 또는 변경에 관한 계획
② 개발제한구역·도시자연공원구역·시가화조정구역·수산자원보호구역의 지정 또는 변경에 관한 계획
③ 기반시설의 설치·정비 또는 개량에 관한 계획
④ 도시개발사업이나 정비사업에 관한 계획
⑤ 지구단위계획구역의 지정 또는 변경에 관한 계획과 지구단위계획
⑥ 도시혁신구역의 지정 또는 변경에 관한 계획과 도시혁신계획
⑦ 복합용도구역의 지정 또는 변경에 관한 계획과 복합용도계획
⑧ 도시·군계획시설입체복합구역의 지정 또는 변경에 관한 계획

2 법적 성격

(1) **구속적 행정계획**

도시·군관리계획이 결정된 후 지형도면이 고시되면 그로 인하여 일반 국민에게 행위제한 등의 직접적인 효력이 발생하므로 도시·군관리계획은 계획을 수립한 행정청은 물론 국민에게도 직접 효력이 미치는 구속적 행정계획이다.

(2) **행정쟁송 대상 여부**

도시·군관리계획이 결정된 후 지형도면이 고시되면 일정한 국민에게 행위제한 등의 효과가 발생하고 그로 인하여 위법·부당하게 권익이 침해된 일반 국민은 도시·군관리계획의 취소나 무효확인을 구하는 행정심판이나 행정소송을 제기할 수 있다.

02 도시·군관리계획의 입안 및 결정 제26회, 제27회, 제28회, 제29회, 제30회, 제32회, 제34회, 제35회

1 도시·군관리계획의 입안

1. 도시·군관리계획의 입안권자

(1) **원 칙**

특별시장·광역시장·특별자치시장·특별자치도지사·시장 또는 군수이다.

① **단독입안**: 특별시장·광역시장·특별자치시장·특별자치도지사·시장 또는 군수는 관할 구역에 대하여 도시·군관리계획을 입안하여야 한다(법 제24조 제1항).

② **연계입안**: 특별시장·광역시장·특별자치시장·특별자치도지사·시장 또는 군수는 다음의 어느 하나에 해당하면 인접한 특별시·광역시·특별자치시·특별자치도·시 또는 군의 관할 구역 전부 또는 일부를 포함하여 도시·군관리계획을 입안할 수 있다 (법 제24조 제2항).

> ㉠ 지역여건상 필요하다고 인정하여 미리 인접한 특별시장·광역시장·특별자치시장·특별자치도지사·시장 또는 군수와 협의한 경우
> ㉡ 인접한 특별시·광역시·특별자치시·특별자치도·시 또는 군의 관할 구역을 포함하여 도시·군기본계획을 수립한 경우

③ **공동입안**: 인접한 특별시·광역시·특별자치시·특별자치도·시 또는 군의 관할 구역에 대한 도시·군관리계획은 관계 특별시장·광역시장·특별자치시장·특별자치도지사·시장 또는 군수가 협의하여 공동으로 입안하거나 입안할 자를 정한다(법 제24조 제3항).

④ **지정입안**: 협의가 성립되지 아니하는 경우 도시·군관리계획을 입안하려는 구역이 같은 도의 관할 구역에 속할 때에는 관할 도지사가, 둘 이상의 시·도의 관할 구역에 걸쳐 있을 때에는 국토교통부장관(수산자원보호구역의 경우 해양수산부장관을 말한다)이 입안할 자를 지정하고 그 사실을 고시하여야 한다(법 제24조 제4항).

(2) **예 외**

① **국토교통부장관**: 국토교통부장관(수산자원보호구역의 경우 해양수산부장관을 말한다)은 다음의 어느 하나에 해당하는 경우에는 직접 또는 관계 중앙행정기관의 장의 요청에 의하여 도시·군관리계획을 입안할 수 있다. 이 경우 국토교통부장관은 관할 시·도지사 및 시장·군수의 의견을 들어야 한다(법 제24조 제5항).

> ⊙ 국가계획과 관련된 경우
> ⓒ 둘 이상의 시·도에 걸쳐 지정되는 용도지역·용도지구 또는 용도구역과 둘 이상의 시·도에 걸쳐 이루어지는 사업의 계획 중 도시·군관리계획으로 결정하여야 할 사항이 있는 경우
> ⓒ 특별시장·광역시장·특별자치시장·특별자치도지사·시장 또는 군수가 조정기한까지 국토교통부장관의 도시·군관리계획 조정 요구에 따라 도시·군관리계획을 정비하지 아니하는 경우

② **도지사**: 도지사는 다음의 어느 하나의 경우에는 직접 또는 시장이나 군수의 요청에 의하여 도시·군관리계획을 입안할 수 있다. 이 경우 도지사는 관계 시장 또는 군수의 의견을 들어야 한다(법 제24조 제6항).

> ⊙ 둘 이상의 시·군에 걸쳐 지정되는 용도지역·용도지구 또는 용도구역과 둘 이상의 시·군에 걸쳐 이루어지는 사업의 계획 중 도시·군관리계획으로 결정하여야 할 사항이 포함되어 있는 경우
> ⓒ 도지사가 직접 수립하는 사업의 계획으로서 도시·군관리계획으로 결정하여야 할 사항이 포함되어 있는 경우

2. 도시·군관리계획 입안의 기준

(1) 상위계획과의 관계

도시·군관리계획은 광역도시계획과 도시·군기본계획에 부합되어야 한다(법 제25조 제1항).

(2) 입안 시 작성서류

국토교통부장관(수산자원보호구역의 경우 해양수산부장관을 말한다), 시·도지사, 시장 또는 군수는 도시·군관리계획을 입안할 때에는 대통령령으로 정하는 바에 따라 도시·군관리계획도서(계획도와 계획조서를 말한다)와 이를 보조하는 계획설명서(기초조사결과·재원조달방안 및 경관계획 등을 포함)를 작성하여야 한다(법 제25조 제2항).

(3) 차등적 입안

도시·군관리계획은 계획의 상세 정도, 도시·군관리계획으로 결정하여야 하는 기반시설의 종류 등에 대하여 도시 및 농·산·어촌 지역의 인구밀도, 토지 이용의 특성 및 주변환경 등을 종합적으로 고려하여 차등을 두어 입안하여야 한다(법 제25조 제3항).

(4) 수립기준

도시·군관리계획의 수립기준, 도시·군관리계획도서 및 계획설명서의 작성기준·작성방법 등은 대통령령으로 정하는 바에 따라 국토교통부장관이 정한다(법 제25조 제4항).

3. 도시·군관리계획 입안의 제안 제29회, 제30회, 제36회

(1) 제안대상

주민(이해관계자를 포함)은 다음의 사항에 대하여 도시·군관리계획을 입안할 수 있는 자에게 도시·군관리계획의 입안을 제안할 수 있다. 이 경우 제안서에는 도시·군관리계획도서와 계획설명서를 첨부하여야 한다(법 제26조 제1항).

> ① 기반시설의 설치·정비 또는 개량에 관한 사항
> ② 지구단위계획구역의 지정 및 변경과 지구단위계획의 수립 및 변경에 관한 사항
> ③ 개발진흥지구 중 공업기능 또는 유통물류기능 등을 집중적으로 개발·정비하기 위한 개발진흥지구로서 대통령령으로 정하는 개발진흥지구(산업·유통개발진흥지구)의 지정 및 변경에 관한 사항
> ④ 용도지구 중 해당 용도지구에 따른 건축물이나 그 밖의 시설의 용도·종류 및 규모 등의 제한을 지구단위계획으로 대체하기 위한 용도지구의 지정 및 변경에 관한 사항
> ⑤ 도시·군계획시설입체복합구역의 지정 및 변경과 도시·군계획시설입체복합구역의 건축제한·건폐율·용적률·높이 등에 관한 사항

(2) 토지소유자의 동의

도시·군관리계획의 입안을 제안하려는 자는 다음의 구분에 따라 토지소유자의 동의를 받아야 한다. 이 경우 동의 대상 토지 면적에서 국공유지는 제외한다(영 제19조의2 제2항).

> ① 기반시설의 설치·정비 또는 개량에 관한 사항: 토지 면적의 5분의 4 이상
> ② 지구단위계획구역의 지정 및 변경과 지구단위계획의 수립 및 변경에 관한 사항: 토지 면적의 3분의 2 이상
> ③ 개발진흥지구 중 산업·유통개발진흥지구의 지정 및 변경에 관한 사항: 토지 면적의 3분의 2 이상
> ④ 용도지구 중 해당 용도지구에 따른 건축물이나 그 밖의 시설의 용도·종류 및 규모 등의 제한을 지구단위계획으로 대체하기 위한 용도지구의 지정 및 변경에 관한 사항: 토지 면적의 3분의 2 이상
> ⑤ 도시·군계획시설입체복합구역의 지정 및 변경과 도시·군계획시설입체복합구역의 건축제한·건폐율·용적률·높이 등에 관한 사항: 토지 면적의 5분의 4 이상

(3) 개발진흥지구의 지정요건

산업·유통개발진흥지구의 지정을 제안할 수 있는 대상 지역은 다음의 요건을 모두 갖춘 지역으로 한다(영 제19조의2 제3항).

> ① 지정 대상 지역의 면적은 1만㎡ 이상 3만㎡ 미만일 것
> ② 지정 대상 지역이 자연녹지지역·계획관리지역 또는 생산관리지역일 것. 다만, 계획관리지역에 있는 기존 공장의 증축이 필요한 경우로서 해당 공장이 도로·철도·하천·건축물·바다 등으로 둘러싸여 있어 증축을 위해서는 불가피하게 보전관리지역 또는 농림지역을 포함해야 하는 경우에는 전체 면적의 20% 이하의 범위에서 보전관리지역 또는 농림지역을 포함하되, 다음의 어느 하나에 해당하는 경우에는 20% 이상으로 할 수 있다.
> ㉠ 보전관리지역 또는 농림지역의 해당 토지가 개발행위허가를 받는 등 이미 개발된 토지인 경우
> ㉡ 보전관리지역 또는 농림지역의 해당 토지를 개발하여도 주변지역의 환경오염·환경훼손 우려가 없는 경우로서 해당 도시계획위원회의 심의를 거친 경우
> ③ 지정 대상 지역의 전체 면적에서 계획관리지역의 면적이 차지하는 비율이 100분의 50 이상일 것. 이 경우 자연녹지지역 또는 생산관리지역 중 도시·군기본계획에 반영된 지역은 계획관리지역으로 보아 산정한다.

(4) 결과통보

도시·군관리계획 입안의 제안을 받은 국토교통부장관, 시·도지사, 시장 또는 군수는 제안일부터 45일 이내에 도시·군관리계획 입안에의 반영 여부를 제안자에게 통보하여야 한다. 다만, 부득이한 사정이 있는 경우에는 1회에 한하여 30일을 연장할 수 있다(법 제26조 제2항, 영 제20조 제1항).

(5) 비용부담

도시·군관리계획의 입안을 제안받은 자는 제안자와 협의하여 제안된 도시·군관리계획의 입안 및 결정에 필요한 비용의 전부 또는 일부를 제안자에게 부담시킬 수 있다(법 제26조 제3항).

4. 도시·군관리계획의 입안 및 결정절차

🏠 **도시·군관리계획의 입안 및 결정절차** 제31회

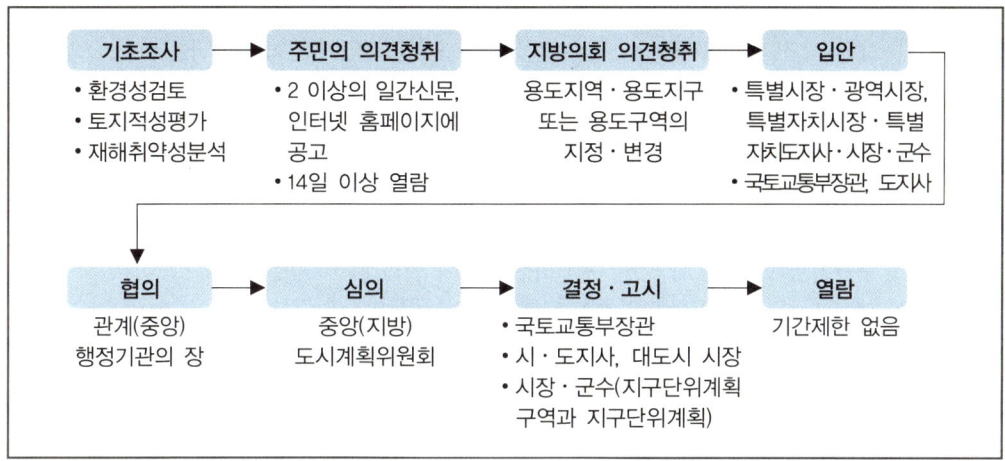

(1) **기초조사** 제36회

① **기초조사의 의무**: 도시·군관리계획을 입안하는 경우에는 광역도시계획 수립을 위한 기초조사에 관한 규정을 준용한다. 다만, 대통령령으로 정하는 경미한 사항을 입안하는 경우에는 그러하지 아니하다(법 제27조 제1항).

② **환경성 검토**: 국토교통부장관(수산자원보호구역의 경우 해양수산부장관을 말한다), 시·도지사, 시장 또는 군수는 기초조사의 내용에 도시·군관리계획이 환경에 미치는 영향 등에 대한 환경성 검토를 포함하여야 한다(법 제27조 제2항).

③ **토지적성평가와 재해취약성분석**: 국토교통부장관, 시·도지사, 시장 또는 군수는 기초조사의 내용에 토지적성평가와 재해취약성분석을 포함하여야 한다(법 제27조 제3항).

④ **기초조사 등의 생략**: 도시·군관리계획으로 입안하려는 지역이 도심지에 위치하거나 개발이 끝나 나대지가 없는 등 대통령령으로 정하는 요건에 해당하면 기초조사, 환경성 검토, 토지적성평가 또는 재해취약성분석을 하지 아니할 수 있다(법 제27조 제4항, 영 제21조 제2항).

> **넓혀 보기** 🔍

기초조사, 환경성 검토, 토지적성평가 또는 재해취약성분석의 생략 가능 사유

1. **기초조사를 실시하지 아니할 수 있는 요건**
   ① 해당 지구단위계획구역이 도심지(상업지역과 상업지역에 연접한 지역을 말한다)에 위치하는 경우
   ② 해당 지구단위계획구역 안의 나대지 면적이 구역 면적의 2%에 미달하는 경우
   ③ 해당 지구단위계획구역 또는 도시·군계획시설부지가 다른 법률에 따라 지역·지구 등으로 지정되거나 개발계획이 수립된 경우
   ④ 해당 지구단위계획구역의 지정목적이 해당 구역을 정비 또는 관리하고자 하는 경우로서 지구단위계획의 내용에 너비 12m 이상 도로의 설치계획이 없는 경우
   ⑤ 해당 도시·군계획시설의 결정을 해제하려는 경우
   ⑥ 기존의 용도지구를 폐지하고 지구단위계획을 수립 또는 변경하여 그 용도지구에 따른 건축물이나 그 밖의 시설의 용도·종류 및 규모 등의 제한을 그대로 대체하려는 경우

2. **환경성 검토를 실시하지 아니할 수 있는 요건**
   ① 위 1.의 ①부터 ⑥까지의 어느 하나에 해당하는 경우
   ② 「환경영향평가법」에 따른 전략환경영향평가 대상인 도시·군관리계획을 입안하는 경우

3. **토지적성평가를 실시하지 아니할 수 있는 요건**
   ① 위 1.의 ①부터 ⑥까지의 어느 하나에 해당하는 경우
   ② 도시·군관리계획 입안일부터 5년 이내에 토지적성평가를 실시한 경우
   ③ 주거지역·상업지역 또는 공업지역에 도시·군관리계획을 입안하는 경우
   ④ 법 또는 다른 법령에 따라 조성된 지역에 도시·군관리계획을 입안하는 경우
   ⑤ 개발제한구역에서 조정 또는 해제된 지역에 대하여 도시·군관리계획을 입안하는 경우
   ⑥ 「도시개발법」에 따른 도시개발사업의 경우
   ⑦ 지구단위계획구역 또는 도시·군계획시설부지에서 도시·군관리계획을 입안하는 경우
   ⑧ 다음의 어느 하나에 해당하는 기반시설을 설치하는 경우
      ㉠ 용도지역별 개발행위규모에 해당하는 기반시설
      ㉡ 도로·철도·궤도·수도·가스 등 선형으로 된 교통시설 및 공급시설
      ㉢ 공간시설(체육공원·묘지공원 및 유원지는 제외한다)
      ㉣ 방재시설 및 환경기초시설(폐차장은 제외한다)
      ㉤ 개발제한구역 안에 설치하는 기반시설

4. **재해취약성분석을 실시하지 않을 수 있는 요건**
   ① 위 1.의 ①부터 ⑥까지의 어느 하나에 해당하는 경우
   ② 도시·군관리계획 입안일부터 5년 이내에 재해취약성분석을 실시한 경우
   ③ 공간시설 중 녹지·공공공지를 설치하는 경우

(2) **주민 및 지방의회의 의견청취**

① **주민의 의견청취**: 국토교통부장관(수산자원보호구역의 경우 해양수산부장관을 말한다), 시·도지사, 시장 또는 군수는 도시·군관리계획을 입안할 때에는 주민의 의견을 들어야 하며, 그 의견이 타당하다고 인정되면 도시·군관리계획안에 반영하여야 한다. 다만, 국방상 또는 국가안전보장상 기밀을 지켜야 할 필요가 있는 사항(관계 중앙행정기관의 장이 요청하는 것만 해당)이거나 경미한 사항(도시지역 축소에 따른 용도지역·용도지구·용도구역 또는 지구단위계획구역의 변경)인 경우에는 그러하지 아니하다(법 제28조 제1항).

> ⊙ 공고 및 열람: 특별시장·광역시장·특별자치시장·특별자치도지사·시장 또는 군수는 도시·군관리계획의 입안에 관하여 주민의 의견을 청취하려는 때[국토교통부장관(수산자원보호구역의 경우 해양수산부장관을 말한다) 또는 도지사로부터 송부받은 도시·군관리계획안에 대하여 주민의 의견을 청취하려는 때를 포함]에는 도시·군관리계획안의 주요내용을 전국 또는 해당 특별시·광역시·특별자치시·특별자치도·시 또는 군의 지역을 주된 보급지역으로 하는 둘 이상의 일간신문과 해당 특별시·광역시·특별자치시·특별자치도·시 또는 군의 인터넷 홈페이지 등에 공고하고 도시·군관리계획안을 14일 이상 일반이 열람할 수 있도록 해야 한다(영 제22조 제2항).
>
> ⓒ 의견제출: 공고된 도시·군관리계획안의 내용에 대하여 의견이 있는 자는 열람기간 내에 특별시장·광역시장·특별자치시장·특별자치도지사·시장 또는 군수에게 의견서를 제출할 수 있다(영 제22조 제4항).
>
> ⓒ 결과통보: 국토교통부장관, 시·도지사, 시장 또는 군수는 제출된 의견을 도시·군관리계획안에 반영할 것인지 여부를 검토하여 그 결과를 열람기간이 종료된 날부터 60일 이내에 당해 의견을 제출한 자에게 통보하여야 한다(영 제22조 제5항).
>
> ⓔ 재공고 및 열람: 국토교통부장관, 시·도지사, 시장 또는 군수는 다음의 어느 하나에 해당하는 경우로서 그 내용이 해당 지방자치단체의 조례로 정하는 중요한 사항인 때에는 그 내용을 다시 공고·열람하게 하여 주민의 의견을 들어야 한다(법 제28조 제4항).
>   ⓐ 위 ①에 따라 청취한 주민 의견을 도시·군관리계획안에 반영하고자 하는 경우
>   ⓑ 관계 행정기관의 장과의 협의 및 중앙도시계획위원회의 심의, 시·도도시계획위원회의 심의 또는 시·도에 두는 건축위원회와 도시계획위원회의 공동 심의에서 제시된 의견을 반영하여 도시·군관리계획을 결정하고자 하는 경우
>
> ⓜ 도시·군관리계획안의 송부: 국토교통부장관이나 도지사는 도시·군관리계획을 입안하려면 주민의 의견청취 기한을 밝혀 도시·군관리계획안을 관계 특별시장·광역시장·특별자치시장·특별자치도지사·시장 또는 군수에게 송부하여야 한다. 도시·군관리계획안을 받은 특별시장·광역시장·특별자치시장·특별자치도지사·시장 또는 군수는 명시된 기한까지 그 도시·군관리계획안에 대한 주민의 의견을 들어 그 결과를 국토교통부장관이나 도지사에게 제출하여야 한다(법 제28조 제2항·제3항).

② **지방의회의 의견청취**: 국토교통부장관, 시·도지사, 시장 또는 군수는 도시·군관리계획을 입안하려면 대통령령으로 정하는 사항에 대하여 해당 지방의회의 의견을 들어야 한다(법 제28조 제6항, 영 제22조 제7항).

> **넓혀 보기**
>
> **지방의회의 의견청취**(의무사항)
> 1. 용도지역·용도지구 또는 용도구역의 지정 또는 변경지정. 다만, 용도지구에 따른 건축물이나 그 밖의 시설의 용도·종류 및 규모 등의 제한을 그대로 지구단위계획으로 대체하기 위한 경우로서 해당 용도지구를 폐지하기 위하여 도시·군관리계획을 결정하는 경우에는 제외한다.
> 2. 광역도시계획에 포함된 광역시설의 설치·정비 또는 개량에 관한 도시·군관리계획의 결정 또는 변경결정
> 3. 다음의 어느 하나에 해당하는 기반시설의 설치·정비 또는 개량에 관한 도시·군관리계획의 결정 또는 변경결정. 다만, 지방의회의 권고대로 도시·군계획시설결정을 해제하기 위한 도시·군관리계획을 결정하는 경우는 제외한다.
>   ① 도로 중 주간선도로(시·군 내 주요지역을 연결하거나 시·군 상호 간이나 주요지방 상호 간을 연결하여 대량통과교통을 처리하는 도로로서 시·군의 골격을 형성하는 도로를 말한다)
>   ② 철도 중 도시철도
>   ③ 자동차정류장 중 여객자동차터미널(시외버스운송사업용에 한한다)
>   ④ 공원(도시공원 및 녹지 등에 관한 법률에 따른 소공원 및 어린이공원은 제외)
>   ⑤ 유통업무설비
>   ⑥ 학교 중 대학
>   ⑦ 공공청사 중 지방자치단체의 청사
>   ⑧ 하수도(하수종말처리시설에 한한다)
>   ⑨ 폐기물처리 및 재활용시설
>   ⑩ 수질오염방지시설

5. 입안의 특례

(1) 국토교통부장관, 시·도지사, 시장 또는 군수는 도시·군관리계획을 조속히 입안하여야 할 필요가 있다고 인정되면 광역도시계획이나 도시·군기본계획을 수립할 때에 도시·군관리계획을 함께 입안할 수 있다(법 제35조 제1항).

(2) 국토교통부장관(수산자원보호구역의 경우 해양수산부장관을 말한다), 시·도지사, 시장 또는 군수는 필요하다고 인정되면 도시·군관리계획을 입안할 때에 협의하여야 할 사항에 관하여 관계 중앙행정기관의 장이나 관계 행정기관의 장과 협의할 수 있다. 이 경우 시장이나 군수는 도지사에게 그 도시·군관리계획(지구단위계획구역의 지정·변경과 지구단위계획의 수립·변경에 관한 도시·군관리계획은 제외)의 결정을 신청할 때에 관계 행정기관의 장과의 협의 결과를 첨부하여야 한다(법 제35조 제2항).

2 도시·군관리계획의 결정 제29회, 제31회

1. 결정권자

(1) 원칙 − 시·도지사 또는 대도시 시장

도시·군관리계획은 시·도지사가 직접 또는 시장·군수의 신청에 따라 결정한다. 다만, 「지방자치법」에 따른 서울특별시와 광역시 및 특별자치시를 제외한 인구 50만 이상의 대도시(이하 '대도시'라 한다)의 경우에는 해당 대도시 시장이 직접 결정하고, 다음의 도시·군관리계획은 시장 또는 군수가 직접 결정한다(법 제29조 제1항).

① 시장 또는 군수가 입안한 지구단위계획구역의 지정·변경과 지구단위계획의 수립·변경에 관한 도시·군관리계획
② 지구단위계획으로 대체하는 용도지구 폐지에 관한 도시·군관리계획[해당 시장(대도시 시장은 제외) 또는 군수가 도지사와 미리 협의한 경우에 한정]

(2) 예외 − 국토교통부장관

다음의 도시·군관리계획은 국토교통부장관(다만, ④의 경우에는 해양수산부장관)이 결정한다(법 제29조 제2항).

① 국토교통부장관이 입안한 도시·군관리계획
② 개발제한구역의 지정 및 변경에 관한 도시·군관리계획
③ 국가계획과 연계하여 지정할 필요가 있는 경우 시가화조정구역의 지정 및 변경에 관한 도시·군관리계획
④ 수산자원보호구역의 지정 및 변경에 관한 도시·군관리계획

2. 결정절차

(1) 사전협의

① **관계 행정기관의 장과의 협의**: 시·도지사는 도시·군관리계획을 결정하려면 관계 행정기관의 장과 미리 협의하여야 하며, 국토교통부장관(수산자원보호구역의 경우 해양수산부장관을 말한다)이 도시·군관리계획을 결정하려면 관계 중앙행정기관의 장과 미리 협의하여야 한다. 이 경우 협의 요청을 받은 기관의 장은 특별한 사유가 없으면 그 요청을 받은 날부터 30일 이내에 의견을 제시하여야 한다(법 제30조 제1항).

② **국토교통부장관과의 협의**: 시·도지사는 국토교통부장관이 입안하여 결정한 도시·군관리계획을 변경하거나 그 밖에 대통령령으로 정하는 중요한 사항에 관한 도시·군관리계획을 결정하려면 미리 국토교통부장관과 협의하여야 한다(법 제30조 제2항).

(2) 도시계획위원회의 심의

국토교통부장관(수산자원보호구역의 경우 해양수산부장관을 말한다)은 도시·군관리계획을 결정하려면 중앙도시계획위원회의 심의를 거쳐야 하며, 시·도지사가 도시·군관리계획을 결정하려면 시·도도시계획위원회의 심의를 거쳐야 한다. 다만, 시·도지사가 지구단위계획(지구단위계획과 지구단위계획구역을 동시에 결정할 때에는 지구단위계획구역의 지정 또는 변경에 관한 사항을 포함할 수 있다)이나 지구단위계획으로 대체하는 용도지구 폐지에 관한 사항을 결정하려면 대통령령으로 정하는 바에 따라 「건축법」에 따라 시·도에 두는 건축위원회와 도시계획위원회가 공동으로 하는 심의를 거쳐야 한다(법 제30조 제3항).

(3) 협의와 심의절차의 생략

국토교통부장관이나 시·도지사는 국방상 또는 국가안전보장상 기밀을 지켜야 할 필요가 있다고 인정되면(관계 중앙행정기관의 장이 요청할 때만 해당) 그 도시·군관리계획의 전부 또는 일부에 대하여 협의와 심의절차를 생략할 수 있다(법 제30조 제4항).

(4) 변경절차의 준용

결정된 도시·군관리계획을 변경하려는 경우에는 협의와 심의절차의 규정을 준용한다. 다만, 다음의 어느 하나에 해당하는 경우(다른 호에 저촉되지 않는 경우로 한정)에는 협의와 심의를 거치지 않고 도시·군관리계획(지구단위계획 및 입지규제최소구역계획은 제외)을 변경할 수 있다(법 제30조 제5항, 영 제25조 제3항).

① 단위 도시·군계획시설부지 면적 또는 도시·군계획시설입체복합구역 면적의 5% 미만의 변경인 경우. 다만, 다음의 어느 하나에 해당하는 시설은 해당 요건을 충족하는 경우만 해당한다.

> ㉠ 도로: 시작지점 또는 끝지점이 변경(해당 도로와 접한 도시·군계획시설의 변경으로 시작지점 또는 끝지점이 변경되는 경우는 제외)되지 않는 경우로서 중심선이 종전에 결정된 도로의 범위를 벗어나지 않는 경우
> ㉡ 공원 및 녹지: 다음의 어느 하나에 해당하는 경우
> ⓐ 면적이 증가되는 경우
> ⓑ 최초 도시·군계획시설 결정 후 변경되는 면적의 합계가 1만m^2 미만이고, 최초 도시·군계획시설 결정 당시 부지 면적의 5% 미만의 범위에서 면적이 감소되는 경우. 다만, 「도시공원 및 녹지 등에 관한 법률」 제35조 제1호의 완충녹지(도시지역 외의 지역에서 같은 법을 준용하여 설치하는 경우를 포함)인 경우는 제외한다.

② 지형사정으로 인한 도시·군계획시설의 근소한 위치변경 또는 비탈면 등으로 인한 시설부지의 불가피한 변경인 경우

③ 이미 결정된 도시·군계획시설의 세부시설을 변경하는 경우로서 세부시설 면적, 건축물 연면적 또는 건축물 높이의 변경[50% 미만으로서 시·도 또는 대도시(지방자치법 제198조 제1항에 따른 서울특별시·광역시 및 특별자치시를 제외한 인구 50만 이상 대도시를 말한다. 이하 같다)의 도시·군계획조례로 정하는 범위 이내의 변경은 제외하며, 건축물 높이의 변경은 층수변경이 수반되는 경우를 포함한다]이 포함되지 않는 경우

④ 도시지역의 축소에 따른 용도지역·용도지구·용도구역 또는 지구단위계획구역의 변경인 경우

⑤ 도시지역 외의 지역에서 「농지법」에 의한 농업진흥지역 또는 「산지관리법」에 의한 보전산지를 농림지역으로 결정하는 경우

⑥ 「자연공원법」에 따른 공원구역, 「수도법」에 의한 상수원보호구역, 「문화유산의 보존 및 활용에 관한 법률」에 따라 지정된 지정문화유산과 그 보호구역 또는 「자연유산의 보존 및 활용에 관한 법률」에 따라 지정된 천연기념물등과 그 보호구역을 자연환경보전지역으로 결정하는 경우

⑦ 체육시설(영 제2조 제3항에 따라 세분된 체육시설을 말한다. 이하 같다) 및 그 부지의 전부 또는 일부를 다른 체육시설 및 그 부지로 변경(둘 이상의 체육시설을 같은 부지에 함께 결정하기 위하여 변경하는 경우를 포함)하는 경우

⑧ 문화시설(영 제2조 제3항에 따라 세분된 문화시설을 말하되, 국토교통부령으로 정하는 시설은 제외한다. 이하 같다) 및 그 부지의 전부 또는 일부를 다른 문화시설 및 그 부지로 변경(둘 이상의 문화시설을 같은 부지에 함께 결정하기 위하여 변경하는 경우를 포함)하는 경우

⑨ 장사시설(영 제2조 제3항에 따라 세분된 장사시설을 말한다. 이하 같다) 및 그 부지의 전부 또는 일부를 다른 장사시설 및 그 부지로 변경(둘 이상의 장사시설을 같은 부지에 함께 결정하기 위하여 변경하는 경우를 포함)하는 경우

(5) 고시 및 열람

국토교통부장관이나 시·도지사는 도시·군관리계획을 결정하면 대통령령으로 정하는 바에 따라 그 결정을 고시하고, 국토교통부장관이나 도지사는 관계 서류를 관계 특별시장·광역시장·특별자치시장·특별자치도지사·시장 또는 군수에게 송부하여 일반이 열람할 수 있도록 하여야 하며, 특별시장·광역시장·특별자치시장·특별자치도지사는 관계 서류를 일반이 열람할 수 있도록 하여야 한다(법 제30조 제6항).

(6) 규정의 준용

시장 또는 군수가 도시·군관리계획을 결정하는 경우에는 위 (1)부터 (5)까지의 규정을 준용한다. 이 경우 '시·도지사'는 '시장 또는 군수'로, '시·도도시계획위원회'는 '시·군·구도시계획위원회'로, '「건축법」에 따라 시·도에 두는 건축위원회'는 '「건축법」에 따라 시 또는 군에 두는 건축위원회'로, '특별시장·광역시장·특별자치시장·특별자치도지사'는 '시장 또는 군수'로 본다(법 제30조 제7항).

3 도시·군관리계획 결정의 효력 제24회, 제28회, 제31회

1. 효력발생 시기

도시·군관리계획 결정의 효력은 지형도면을 고시한 날부터 발생한다(법 제31조 제1항).

2. 기득권 보호

(1) 원 칙

도시·군관리계획 결정 당시 이미 사업이나 공사에 착수한 자(이 법 또는 다른 법률에 따라 허가·인가·승인 등을 받아야 하는 경우에는 그 허가·인가·승인 등을 받아 사업이나 공사에 착수한 자를 말한다)는 그 도시·군관리계획 결정과 관계없이 그 사업이나 공사를 계속할 수 있다(법 제31조 제2항).

(2) 예 외

시가화조정구역이나 수산자원보호구역의 지정에 관한 도시·군관리계획 결정이 있는 경우에는 도시·군관리계획결정의 고시일부터 3월 이내에 그 사업 또는 공사의 내용을 관할 특별시장·광역시장·특별자치시장·특별자치도지사·시장 또는 군수에게 신고하고 그 사업이나 공사를 계속할 수 있다(법 제31조 제2항, 영 제26조 제1항).

3. 규정의 준용

위 1.에서 규정한 사항 외에 도시·군관리계획 결정의 효력발생 및 실효 등에 관하여는 「토지이용규제 기본법」 제8조 제3항부터 제5항까지의 규정에 따른다(법 제31조 제3항).

4. 지형도면의 작성 및 고시

(1) 지형도면의 작성

① 특별시장·광역시장·특별자치시장·특별자치도지사·시장 또는 군수는 도시·군관리계획 결정이 고시되면 지적(地籍)이 표시된 지형도에 도시·군관리계획에 관한 사항을 자세히 밝힌 도면을 작성하여야 한다(법 제32조 제1항).

② 시장(대도시 시장은 제외)이나 군수는 지형도에 도시·군관리계획(지구단위계획구역의 지정·변경과 지구단위계획의 수립·변경에 관한 도시·군관리계획은 제외)에 관한 사항을 자세히 밝힌 도면(이하 '지형도면'이라 한다)을 작성하면 도지사의 승인을 받아야 한다. 이 경우 지형도면의 승인 신청을 받은 도지사는 그 지형도면과 결정·고시된 도시·군관리계획을 대조하여 착오가 없다고 인정되면 30일 이내에 그 지형도면을 승인하여야 한다(법 제32조 제2항, 영 제27조).

③ 국토교통부장관(수산자원보호구역의 경우 해양수산부장관을 말한다)이나 도지사는 도시·군관리계획을 직접 입안한 경우에는 관계 특별시장·광역시장·특별자치시장·특별자치도지사·시장 또는 군수의 의견을 들어 직접 지형도면을 작성할 수 있다(법 제32조 제3항).

(2) 지형도면의 고시

국토교통부장관, 시·도지사, 시장 또는 군수는 직접 지형도면을 작성하거나 지형도면을 승인한 경우에는 이를 고시하여야 한다(법 제32조 제4항).

(3) 준용규정

지형도면의 작성기준 및 방법과 지형도면의 고시방법 및 절차 등에 관하여는 「토지이용규제 기본법」 제8조 제2항 및 제6항부터 제9항까지의 규정에 따른다(법 제32조 제5항).

5. 도시·군관리계획의 정비

(1) 타당성 검토

특별시장·광역시장·특별자치시장·특별자치도지사·시장 또는 군수는 5년마다 관할 구역의 도시·군관리계획에 대하여 대통령령으로 정하는 바에 따라 그 타당성을 전반적으로 재검토하여 정비하여야 한다(법 제34조 제1항).

(2) 도시·군계획시설결정의 타당성 검토

특별시장·광역시장·특별자치시장·특별자치도지사·시장 또는 군수는 법 제34조 제1항에 따라 도시·군관리계획을 정비하는 경우에는 다음의 사항을 검토하여 그 결과를 도시·군관리계획 입안에 반영하여야 한다(영 제29조 제1항).

① 도시·군계획시설에 대한 도시·군관리계획결정(이하 '도시·군계획시설결정'이라 한다)의 고시일부터 3년 이내에 해당 도시·군계획시설의 설치에 관한 도시·군계획시설사업의 전부 또는 일부가 시행되지 아니한 경우 해당 도시·군계획시설결정의 타당성
② 도시·군계획시설결정에 따라 설치된 시설 중 여건 변화 등으로 존치 필요성이 없는 시설에 대한 해제 여부
③ 지정목적을 달성하거나 여건 변화 등으로 존치 필요성이 없는 용도지구에 대한 변경 또는 해제 여부
④ 해당 용도지구와 중첩하여 지구단위계획구역이 지정되어 지구단위계획이 수립되거나 다른 법률에 따른 지역·지구 등이 지정된 경우 해당 용도지구의 변경 및 해제 여부 등을 포함한 용도지구 존치의 타당성
⑤ 둘 이상의 용도지구가 중첩하여 지정되어 있는 경우 용도지구의 지정목적, 여건 변화 등을 고려할 때 해당 용도지구를 법 제52조 제1항 제1호의2에 규정된 사항을 내용으로 하는 지구단위계획으로 대체할 필요성이 있는지 여부

(3) **장기발전구상 포함의무**

도시·군기본계획을 수립하지 아니하는 시·군의 시장·군수는 도시·군관리계획을 정비하는 때에는 계획설명서에 당해 시·군의 장기발전구상을 포함시켜야 하며, 공청회를 개최하여 이에 관한 주민의 의견을 들어야 한다(영 제29조 제3항).

◆ **도시·군기본계획과 도시·군관리계획의 비교**

구 분	도시·군기본계획	도시·군관리계획
수립(입안) 권자	특별시장·광역시장·특별자치시장·특별자치도지사·시장 또는 군수가 수립(6명만)	• 원칙: 특별시장·광역시장·특별자치시장·특별자치도지사·시장 또는 군수 • 예외: 국토교통부장관(해양수산부장관), 도지사
수립(입안) 대상지역	관할 구역	관할 구역
타당성 검토	5년마다 타당성 검토	5년마다 타당성 검토
수립(입안) 및 승인(결정) 절차	• 수립: 기초조사, 공청회, 지방의회의 의견청취를 거쳐 수립 • 승인: 관계 행정기관의 장과 협의, 지방도시계획위원회의 심의를 거쳐 승인(도지사)	• 입안: 기초조사, 공고·열람, 지방의회의 의견청취를 거쳐 입안 • 결정: 관계 (중앙)행정기관의 장과 협의, 지방(중앙)도시계획위원회의 심의를 거쳐 결정(국토교통부장관, 시·도지사, 대도시 시장, 시장 또는 군수)
구속력 여부	일반 국민에게는 구속력이 없고, 관계 행정기관에게 구속력이 있는 행정규칙적 성격을 갖는 비구속적 행정계획 ⇨ 행정쟁송 대상(×)	일반 국민에게 구속력이 있는 행정처분적 성격을 갖는 구속적 행정계획 ⇨ 행정쟁송 대상(○)

예제

국토의 계획 및 이용에 관한 법률상 도시·군관리계획의 결정에 관한 설명으로 틀린 것은?

제31회

① 시장 또는 군수가 입안한 지구단위계획구역의 지정·변경에 관한 도시·군관리계획은 시장 또는 군수가 직접 결정한다.
② 개발제한구역의 지정에 관한 도시·군관리계획은 국토교통부장관이 결정한다.
③ 시·도지사가 지구단위계획을 결정하려면 「건축법」에 따라 시·도에 두는 건축위원회와 도시계획위원회가 공동으로 하는 심의를 거쳐야 한다.
④ 국토교통부장관은 관계 중앙행정기관의 장의 요청이 없어도 국가안전보장상 기밀을 지켜야 할 필요가 있다고 인정되면 중앙도시계획위원회의 심의를 거치지 않고 도시·군관리계획을 결정할 수 있다.
⑤ 도시·군관리계획 결정의 효력은 지형도면을 고시한 날부터 발생한다.

해설 ④ 국토교통부장관은 관계 중앙행정기관의 장이 요청하는 경우에만 국가안전보장상 기밀을 지켜야 할 필요가 있다고 인정되면 중앙도시계획위원회의 심의를 거치지 않고 도시·군관리계획을 결정할 수 있다.

▶ 정답 ④

03 공간재구조화계획의 입안

1 공간재구조화계획의 입안권자: 특별시장·광역시장·특별자치시장·특별자치도지사·시장 또는 군수

① 특별시장·광역시장·특별자치시장·특별자치도지사·시장 또는 군수는 다음의 용도구역을 지정하고 해당 용도구역에 대한 계획을 수립하기 위하여 공간재구조화계획을 입안하여야 한다(법 제35조의2 제1항).

  ㉠ 도시혁신구역 및 도시혁신계획
  ㉡ 복합용도구역 및 복합용도계획
  ㉢ 도시·군계획시설입체복합구역(㉠ 또는 ㉡과 함께 구역을 지정하거나 계획을 입안하는 경우로 한정한다)

② 공간재구조화계획의 입안과 관련하여 도시·군관리계획의 규정을 준용한다. 이 경우 "도시·군관리계획"은 "공간재구조화계획"으로 본다(법 제35조의2 제2항).

③ 국토교통부장관은 도시의 경쟁력 향상, 특화발전 및 지역 균형발전 등을 위하여 필요한 때에는 관할 특별시장·광역시장·특별자치시장·특별자치도지사·시장 또는 군수의 요청에 따라 공간재구조화계획을 입안할 수 있다(법 제35조의2 제3항).

④ 공간재구조화계획을 입안하려는 국토교통부장관, 시·도지사, 시장 또는 군수(이하 "공간재구조화계획 입안권자"라 한다)는 공간재구조화계획도서(계획도와 계획조서를 말한다) 및 이를 보조하는 계획설명서(기초조사결과·재원조달방안 및 경관계획을 포함한다)를 작성하여야 한다(법 제35조의2 제4항).

⑤ 공간재구조화계획의 입안범위와 기준, 공간재구조화계획도서 및 계획설명서의 작성기준·작성방법 등은 국토교통부장관이 정한다(법 제35조의2 제5항).

2 공간재구조화계획의 입안제안

(1) 제안대상

주민(이해관계자를 포함)은 다음의 용도구역 지정을 위하여 공간재구조화계획 입안권자에게 공간재구조화계획의 입안을 제안할 수 있다. 이 경우 제안서에는 공간재구조화계획도서와 계획설명서를 첨부하여야 한다(법 제35조의3 제1항).

> ① 도시혁신구역: 대상 토지면적의 3분의 2 이상
> ② 복합용도구역: 대상 토지면적의 3분의 2 이상
> ③ 도시·군계획시설입체복합구역(① 또는 ②와 함께 구역을 지정하거나 계획을 입안하는 경우로 한정한다): 대상 토지면적의 5분의 4 이상

(2) 제안내용의 공고

공간재구조화계획의 입안을 제안받은 공간재구조화계획 입안권자는 「국유재산법」·「공유재산 및 물품 관리법」에 따른 국유재산·공유재산이 공간재구조화계획으로 지정된 용도구역 내에 포함된 경우 등 대통령령으로 정하는 경우에는 제안자 외의 제3자에 의한 제안이 가능하도록 제안 내용의 개요를 공고하여야 한다. 다만, 제안받은 공간재구조화계획을 입안하지 아니하기로 결정한 때에는 그러하지 아니하다(법 제35조의3 제2항).

(3) 입안에의 반영 및 통보

① **반영**: 공간재구조화계획 입안권자는 최초 제안자의 제안서 및 제3자 제안서에 대하여 토지이용계획의 적절성 등 대통령령으로 정하는 바에 따라 검토·평가한 후 제출한 제안서 내용의 전부 또는 일부를 공간재구조화계획의 입안에 반영할 수 있다(법 제35조의3 제3항).

② **통보**: 공간재구조화계획 입안권자가 제안서 내용의 채택 여부 등을 결정한 경우에는 그 결과를 제안자와 제3자에게 알려야 한다(법 제35조의3 제4항).

(4) 비용부담

공간재구조화계획 입안권자는 제안자 또는 제3자와 협의하여 제안된 공간재구조화계획의 입안 및 결정에 필요한 비용의 전부 또는 일부를 제안자에게 부담시킬 수 있다(법 제35조의3 제5항).

3 공간재구조화계획의 내용

공간재구조화계획에는 다음의 사항을 포함하여야 한다(법 제35조의4).

① 도시혁신구역 지정 위치 및 도시혁신계획 등에 관한 사항
② 복합용도구역 지정 위치 및 복합용도계획 등에 관한 사항
③ 도시·군계획시설입체복합구역(① 또는 ②와 함께 구역을 지정하거나 계획을 입안하는 경우로 한정한다)의 지정 위치
④ 용도구역을 지정함에 따라 인근 지역의 주거·교통·기반시설 등에 미치는 영향 등 대통령령으로 정하는 사항

4 공간재구조화계획의 결정

(1) 결정권자

공간재구조화계획은 시·도지사가 직접 또는 시장·군수의 신청에 따라 결정한다. 다만, 국토교통부장관이 입안한 공간재구조화계획은 국토교통부장관이 결정한다(법 제35조의6 제1항).

(2) 결정절차

① **협의 및 심의**: 국토교통부장관 또는 시·도지사가 공간재구조화계획을 결정하려면 미리 관계 행정기관의 장(국토교통부장관을 포함한다)과 협의하고 다음에 따라 중앙도시계획위원회 또는 지방도시계획위원회의 심의를 거쳐야 한다. 이 경우 협의 요청을 받은 기관의 장은 특별한 사유가 없으면 그 요청을 받은 날부터 30일(도시혁신구역 지정을 위한 공간재구조화계획 결정의 경우에는 근무일 기준으로 10일) 이내에 의견을 제시하여야 한다(법 제35조의6 제2항).

다음의 어느 하나에 해당하는 사항은 중앙도시계획위원회의 심의를 거친다.
㉠ 국토교통부장관이 결정하는 공간재구조화계획
㉡ 시·도지사가 결정하는 공간재구조화계획 중 도시혁신구역, 복합용도구역, 도시·군계획시설입체복합구역(도시혁신구역 또는 복합용도구역과 함께 구역을 지정하거나 계획을 입안하는 경우로 한정한다) 지정 및 입지 타당성 등에 관한 사항

② **고시 및 열람**: 국토교통부장관 또는 시·도지사는 공간재구조화계획을 결정하면 대통령령으로 정하는 바에 따라 그 결정을 고시하고, 국토교통부장관이나 도지사는 관계 서류를 관계 특별시장·광역시장·특별자치시장·특별자치도지사·시장 또는 군수에게 송부하여 일반이 열람할 수 있도록 하여야 하며, 특별시장·광역시장·특별자치시장·특별자치도지사는 관계 서류를 일반이 열람할 수 있도록 하여야 한다(법 제35조의6 제3항).

5 공간재구조화계획 결정의 효력

(1) 효력발생시기

공간재구조화계획 결정의 효력은 지형도면을 고시한 날부터 발생한다. 다만, 지형도면이 필요 없는 경우에는 공간재구조화계획 결정을 고시한 날부터 효력이 발생한다(법 제35조의7 제1항).

(2) 기득권 보호

공간재구조화계획결정을 고시를 할 당시에 이미 사업이나 공사에 착수한 자(이 법 또는 다른 법률에 따라 허가·인가·승인 등을 받아야 하는 경우에는 그 허가·인가·승인 등을 받아 사업이나 공사에 착수한 자를 말한다)는 그 공간재구조화계획 결정과 관계없이 그 사업이나 공사를 계속할 수 있다(법 제35조의7 제4항).

(3) 관리 및 준용규정

① 위 (1)에 따라 고시된 공간재구조화계획의 내용은 도시·군계획으로 관리하여야 한다(법 제35조의7 제5항).

② 지형도면 고시 등에 관하여는 도시·군관리계획의 규정을 준용한다(법 제35조의7 제3항).

(4) 의 제

위 (1)에 따라 고시를 한 경우에 해당 구역 지정 및 계획 수립에 필요한 내용에 대해서는 고시한 내용에 따라 도시·군기본계획의 수립·변경(인구의 배분에 관한 계획은 전체 인구 규모의 5% 미만의 범위에서 변경하는 경우로 한정)과 도시·군관리계획의 결정(변경결정을 포함한다) 고시를 한 것으로 본다(법 제35조의7 제2항).

04 용도지역 제26회, 제29회, 제30회, 제33회, 제35회, 제36회

1 용도지역의 지정

1. 용도지역의 의의

'용도지역'이란 토지의 이용 및 건축물의 용도, 건폐율, 용적률, 높이 등을 제한함으로써 토지를 경제적·효율적으로 이용하고 공공복리의 증진을 도모하기 위하여 서로 중복되지 아니하게 도시·군관리계획으로 결정하는 지역을 말한다(법 제2조 제15호).

2. 용도지역의 종류

국토교통부장관, 시·도지사 또는 대도시 시장은 다음의 어느 하나에 해당하는 용도지역의 지정 또는 변경을 도시·군관리계획으로 결정한다(법 제36조 제1항).

(1) 도시지역

인구와 산업이 밀집되어 있거나 밀집이 예상되어 그 지역에 대하여 체계적인 개발·정비·관리·보전 등이 필요한 지역이다.

주거지역	거주의 안녕과 건전한 생활환경의 보호를 위하여 필요한 지역
상업지역	상업이나 그 밖의 업무의 편익을 증진하기 위하여 필요한 지역
공업지역	공업의 편익을 증진하기 위하여 필요한 지역
녹지지역	자연환경·농지 및 산림의 보호, 보건위생, 보안과 도시의 무질서한 확산을 방지하기 위하여 녹지의 보전이 필요한 지역

(2) 관리지역

도시지역의 인구와 산업을 수용하기 위하여 도시지역에 준하여 체계적으로 관리하거나 농림업의 진흥, 자연환경 또는 산림의 보전을 위하여 농림지역 또는 자연환경보전지역에 준하여 관리할 필요가 있는 지역이다.

보전관리지역	자연환경 보호, 산림 보호, 수질오염 방지, 녹지공간 확보 및 생태계 보전 등을 위하여 보전이 필요하나, 주변 용도지역과의 관계 등을 고려할 때 자연환경보전지역으로 지정하여 관리하기가 곤란한 지역
생산관리지역	농업·임업·어업생산 등을 위하여 관리가 필요하나, 주변의 용도지역과의 관계 등을 고려할 때 농림지역으로 지정하여 관리하기가 곤란한 지역
계획관리지역	도시지역으로의 편입이 예상되는 지역이나 자연환경을 고려하여 제한적인 이용·개발을 하려는 지역으로서 계획적·체계적인 관리가 필요한 지역

(3) **농림지역**

도시지역에 속하지 아니하는 「농지법」에 따른 농업진흥지역 또는 「산지관리법」에 따른 보전산지 등으로서 농림업을 진흥시키고 산림을 보전하기 위하여 필요한 지역이다.

(4) **자연환경보전지역**

자연환경·수자원·해안·생태계·상수원 및 국가유산의 보전과 수산자원의 보호·육성 등을 위하여 필요한 지역이다.

3. 용도지역의 세분

(1) 국토교통부장관, 시·도지사 또는 대도시의 시장은 도시·군관리계획결정으로 주거지역·상업지역·공업지역 및 녹지지역을 다음과 같이 세분하여 지정할 수 있다(영 제30조 제1항).

법률	대통령령		구체적 내용
주거지역	전용주거지역	제1종 전용주거지역	단독주택 중심의 양호한 주거환경을 보호하기 위하여 필요한 지역
		제2종 전용주거지역	공동주택 중심의 양호한 주거환경을 보호하기 위하여 필요한 지역
	일반주거지역	제1종 일반주거지역	저층주택[4층 이하(단지형 연립주택 및 단지형 다세대주택인 경우에는 5층 이하)]을 중심으로 편리한 주거환경을 조성하기 위하여 필요한 지역
		제2종 일반주거지역	중층주택을 중심으로 편리한 주거환경을 조성하기 위하여 필요한 지역
		제3종 일반주거지역	중·고층주택을 중심으로 편리한 주거환경을 조성하기 위하여 필요한 지역
	준주거지역		주거기능을 위주로 이를 지원하는 일부 상업기능 및 업무기능을 보완하기 위하여 필요한 지역
상업지역	중심상업지역		도심·부도심의 상업기능 및 업무기능의 확충을 위하여 필요한 지역
	일반상업지역		일반적인 상업기능 및 업무기능을 담당하게 하기 위하여 필요한 지역
	유통상업지역		도시 내 및 지역 간 유통기능의 증진을 위하여 필요한 지역
	근린상업지역		근린지역에서의 일용품 및 서비스의 공급을 위하여 필요한 지역

공업지역	전용공업지역	주로 중화학공업 · 공해성 공업 등을 수용하기 위하여 필요한 지역
	일반공업지역	환경을 저해하지 아니하는 공업의 배치를 위하여 필요한 지역
	준공업지역	경공업 그 밖의 공업을 수용하되, 주거기능 · 상업기능 및 업무기능의 보완이 필요한 지역
녹지지역	보전녹지지역	도시의 자연환경 · 경관 · 산림 및 녹지공간을 보전할 필요가 있는 지역
	생산녹지지역	주로 농업적 생산을 위하여 개발을 유보할 필요가 있는 지역
	자연녹지지역	도시의 녹지공간의 확보, 도시확산의 방지, 장래 도시용지의 공급 등을 위하여 보전할 필요가 있는 지역으로서 불가피한 경우에 한하여 제한적인 개발이 허용되는 지역

(2) 시 · 도지사 또는 대도시 시장은 해당 시 · 도 또는 대도시의 도시 · 군계획조례로 정하는 바에 따라 도시 · 군관리계획결정으로 위 (1)에 따라 세분된 주거지역 · 상업지역 · 공업지역 · 녹지지역을 추가적으로 세분하여 지정할 수 있다(영 제30조 제2항).

4. 용도지역의 지정절차 제26회

(1) **원 칙**

국토교통부장관, 시 · 도지사 또는 대도시 시장은 용도지역의 지정 또는 변경을 도시 · 군관리계획으로 결정한다(법 제36조 제1항).

(2) **예외 - 용도지역 지정절차상의 특례**

① 용도지역의 지정 의제

㉠ 공유수면(바다만 해당)의 매립 목적이 그 매립구역과 이웃하고 있는 용도지역의 내용과 같으면 도시 · 군관리계획의 입안 및 결정 절차 없이 그 매립준공구역은 그 매립의 준공인가일부터 이와 이웃하고 있는 용도지역으로 지정된 것으로 본다. 이 경우 관계 특별시장 · 광역시장 · 특별자치시장 · 특별자치도지사 · 시장 또는 군수는 그 사실을 지체 없이 고시하여야 한다(법 제41조 제1항).

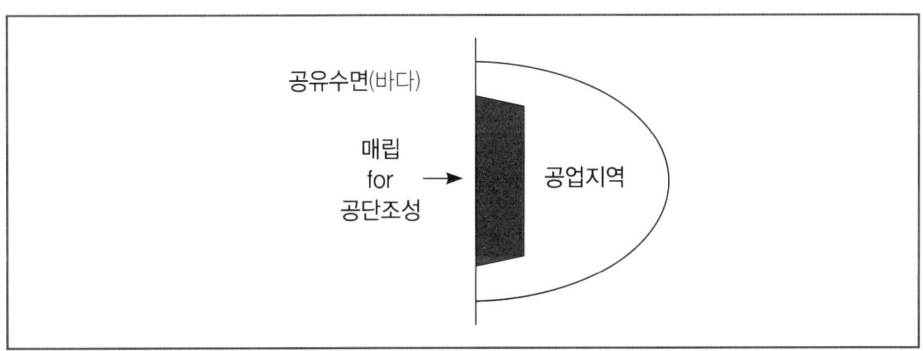

    ⓛ 공유수면의 매립 목적이 그 매립구역과 이웃하고 있는 용도지역의 내용과 다른 경우 및 그 매립구역이 둘 이상의 용도지역에 걸쳐 있거나 이웃하고 있는 경우 그 매립구역이 속할 용도지역은 도시·군관리계획결정으로 지정하여야 한다(법 제41조 제2항).

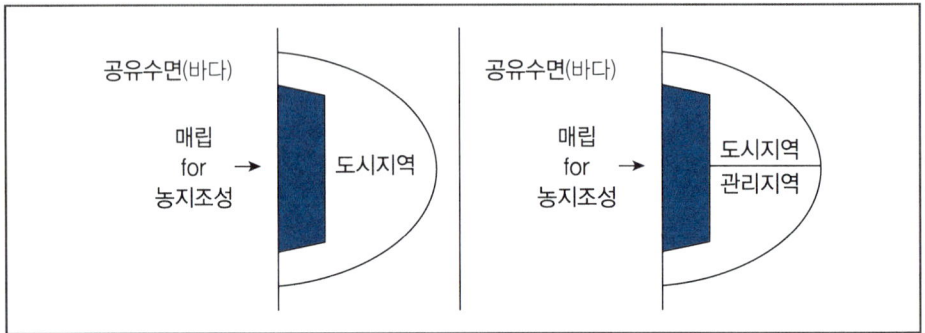

    ⓒ 관계 행정기관의 장은 「공유수면 관리 및 매립에 관한 법률」에 따른 공유수면 매립의 준공검사를 하면 국토교통부령으로 정하는 바에 따라 지체 없이 관계 특별시장·광역시장·특별자치시장·특별자치도지사·시장 또는 군수에게 통보하여야 한다(법 제41조 제3항).

② **용도지역의 결정·고시의 의제**

    ㉠ 도시지역으로 결정·고시 의제: 다음의 어느 하나의 구역 등으로 지정·고시된 지역은 이 법에 따른 도시지역으로 결정·고시된 것으로 본다(법 제42조 제1항).

> ⓐ 「항만법」에 따른 항만구역으로서 도시지역에 연접한 공유수면
> ⓑ 「어촌·어항법」에 따른 어항구역으로서 도시지역에 연접한 공유수면
> ⓒ 「산업입지 및 개발에 관한 법률」의 규정에 따른 국가산업단지, 일반산업단지 및 도시첨단산업단지
> ⓓ 「택지개발촉진법」에 따른 택지개발지구
> ⓔ 「전원개발촉진법」에 따른 전원개발사업구역 및 예정구역(수력발전소 또는 송·변전설비만을 설치하기 위한 전원개발사업구역 및 예정구역은 제외)

    ㉡ 관리지역에서의 결정·고시 의제: 관리지역에서 「농지법」에 따른 농업진흥지역으로 지정·고시된 지역은 이 법에 따른 농림지역으로, 관리지역의 산림 중 「산지관리법」에 따라 보전산지로 지정·고시된 지역은 그 고시에서 구분하는 바에 따라 이 법에 따른 농림지역 또는 자연환경보전지역으로 결정·고시된 것으로 본다(법 제42조 제2항).

    ㉢ 용도지역 등의 환원: 구역·단지·지구 등(이하 '구역 등'이라 한다)이 해제되는 경우(개발사업의 완료로 해제되는 경우는 제외) 이 법 또는 다른 법률에서 그 구역 등이 어떤 용도지역에 해당되는지를 따로 정하고 있지 아니한 경우에는 이를

지정하기 이전의 용도지역으로 환원된 것으로 본다. 이 경우 지정권자는 용도지역이 환원된 사실을 대통령령으로 정하는 바에 따라 고시하고, 그 지역을 관할하는 특별시장·광역시장·특별자치시장·특별자치도지사·시장 또는 군수에게 통보하여야 한다(법 제42조 제4항).

ㄹ. 용도환원 시 기득권 보호 : 용도지역이 환원되는 당시 이미 사업이나 공사에 착수한 자(허가·인가·승인 등을 받아 사업이나 공사에 착수한 자를 말한다)는 그 용도지역의 환원과 관계없이 그 사업이나 공사를 계속할 수 있다(법 제42조 제5항).

2 용도지역 지정의 효과

1. 용도지역에서의 행위제한 제23회, 제24회, 제29회, 제30회

한눈에 보기 용도지역의 행위제한 체계

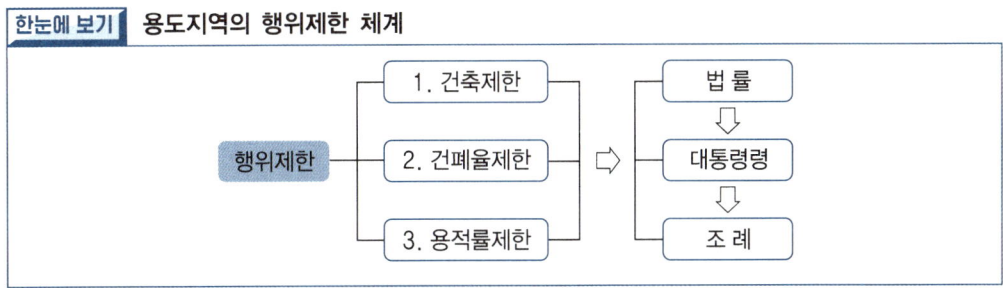

(1) **건축물의 건축제한**

용도지역에서의 건축물이나 그 밖의 시설의 용도·종류 및 규모 등의 제한에 관한 사항은 대통령령으로 정한다(법 제76조 제1항).

① **제1종 전용주거지역**(영 제71조 제1항 제1호 [별표 2])

건축할 수 있는 건축물	도시·군계획조례가 정하는 바에 따라 건축할 수 있는 건축물
1. 단독주택(다가구주택 제외) 2. 제1종 근린생활시설로서 해당 용도에 쓰이는 바닥면적의 합계가 1,000m² 미만인 것 　(1) 식품·잡화·의류·완구·서적·건축자재·의약품·의료기기 등 일용품을 판매하는 소매점으로서 같은 건축물(하나의 대지에 두 동 이상의 건축물이 있는 경우에는 이를 같은 건축물로 본다. 이하 같다)에 해당 용도로 쓰는 바닥면적의 합계가 1,000m² 미만인 것	1. 단독주택 중 다가구주택 2. 공동주택 중 연립주택 및 다세대주택 3. 제1종 근린생활시설로서 해당 용도에 쓰이는 바닥면적의 합계가 1,000m² 미만인 것 　(1) 공중화장실·대피소, 그 밖에 이와 비슷한 것 및 지역아동센터 　(2) 변전소, 도시가스배관시설, 통신용 시설, 정수장, 양수장 등 주민의 생활에 필요한 에너지공급·통신서비스제공이나 급수·배수와 관련된 시설

건축할 수 있는 건축물	
(2) 휴게음식점, 제과점 등 음료·차(茶)·음식·빵·떡·과자 등을 조리하거나 제조하여 판매하는 시설(제4호 너목 또는 제17호에 해당하는 것은 제외)로서 같은 건축물에 해당 용도로 쓰는 바닥면적의 합계가 300m² 미만인 것 (3) 이용원, 미용원, 목욕장, 세탁소 등 사람의 위생관리나 의류 등을 세탁·수선하는 시설(세탁소의 경우 공장에 부설되는 것과 대기환경보전법, 물환경보전법 또는 소음·진동관리법에 따른 배출시설의 설치 허가 또는 신고의 대상인 것은 제외) (4) 의원, 치과의원, 한의원, 침술원, 접골원(接骨院), 조산원, 안마원, 산후조리원 등 주민의 진료·치료 등을 위한 시설 이하 생략	4. 제2종 근린생활시설 중 종교집회장 5. 문화 및 집회시설 중 박물관·미술관·체험관(한옥으로 건축하는 것만 해당) 및 기념관으로서 그 용도에 쓰이는 바닥면적의 합계가 1,000m² 미만인 것 6. 종교시설에 해당하는 것으로서 그 용도에 쓰이는 바닥면적의 합계가 1,000m² 미만인 것 7. 교육연구시설 중 유치원·초등학교·중학교 및 고등학교 8. 노유자시설 9. 자동차 관련 시설 중 주차장

② **제2종 전용주거지역**(영 제71조 제1항 제2호 [별표 3])

건축할 수 있는 건축물	도시·군계획조례가 정하는 바에 따라 건축할 수 있는 건축물
1. 단독주택 2. 공동주택 3. 제1종 근린생활시설로서 당해 용도에 쓰이는 바닥면적의 합계가 1,000m² 미만인 것	1. 제2종 근린생활시설 중 종교집회장 2. 문화 및 집회시설 중 박물관·미술관·체험관(한옥으로 건축하는 것만 해당) 및 기념관으로서 그 용도에 쓰이는 바닥면적의 합계가 1,000m² 미만인 것 3. 종교시설에 해당하는 것으로서 그 용도에 쓰이는 바닥면적의 합계가 1,000m² 미만인 것 4. 교육연구시설 중 유치원·초등학교·중학교 및 고등학교 5. 노유자시설 6. 자동차 관련 시설 중 주차장

③ **제1종 일반주거지역** : 4층 이하(주택법 시행령에 따른 단지형 연립주택 및 단지형 다세대주택인 경우에는 5층 이하를 말하며, 단지형 연립주택의 1층 전부를 필로티 구조로 하여 주차장으로 사용하는 경우에는 필로티 부분을 층수에서 제외하고, 단지형 다세대주택의 1층 바닥면적의 2분의 1 이상을 필로티 구조로 하여 주차장으로 사용하고 나머지 부분을 주택 외의 용도로 쓰는 경우에는 해당 층을 층수에서 제외)의 건축물만 해당한다. 다만, 4층 이하의 범위에서 도시·군계획조례로 따로 층수를 정하는 경우에는 그 층수 이하의 건축물만 해당한다(영 제71조 제1항 제3호 [별표 4]).

건축할 수 있는 건축물	도시·군계획조례가 정하는 바에 따라 건축할 수 있는 건축물
1. 단독주택 2. 공동주택(아파트 제외) 3. 제1종 근린생활시설 4. 교육연구시설 중 유치원·초등학교·중학교 및 고등학교 5. 노유자시설	1. 제2종 근린생활시설(단란주점 및 안마시술소는 제외) 2. 문화 및 집회시설(공연장 및 관람장은 제외) 3. 종교시설 4. 판매시설 중 소매시장 및 상점(일반게임제공업의 시설은 제외)에 해당하는 것으로서 해당 용도에 쓰이는 바닥면적의 합계가 2,000㎡ 미만인 것(너비 15m 이상의 도로로서 도시·군계획조례가 정하는 너비 이상의 도로에 접한 대지에 건축하는 것에 한한다)과 기존의 도매시장 또는 소매시장을 재건축하는 경우로서 인근의 주거환경에 미치는 영향, 시장의 기능회복 등을 고려하여 도시·군계획조례가 정하는 경우에는 해당 용도에 쓰이는 바닥면적의 합계의 4배 이하 또는 대지면적의 2배 이하인 것 5. 의료시설(격리병원은 제외) 6. 교육연구시설 중 유치원·초등학교·중학교 및 고등학교에 해당하지 아니하는 것 7. 수련시설(유스호스텔의 경우 특별시 및 광역시 지역에서는 너비 15m 이상의 도로에 20m 이상 접한 대지에 건축하는 것에 한하며, 그 밖의 지역에서는 너비 12m 이상의 도로에 접한 대지에 건축하는 것에 한함) 8. 운동시설(옥외 철탑이 설치된 골프연습장은 제외) 9. 업무시설 중 오피스텔로서 그 용도에 쓰이는 바닥면적의 합계가 3,000㎡ 미만인 것

10. 공장 중 인쇄업, 기록매체복제업, 봉제업(의류편조업을 포함), 컴퓨터 및 주변기기제조업, 컴퓨터 관련 전자제품조립업, 두부제조업, 세탁업의 공장 및 지식산업센터로서 다음의 어느 하나에 해당하지 아니하는 것
    (1) 「대기환경보전법」에 따른 특정대기유해물질이 동법 시행령 제11조 제1항 제1호에 따른 기준 이상으로 배출되는 것
    (2) 「대기환경보전법」에 따른 대기오염물질배출시설에 해당하는 시설로서 동법 시행령 [별표 1]에 따른 제1종 사업장 내지 제4종 사업장에 해당하는 것
    (3) 「물환경보전법」에 따른 특정수질유해물질이 같은 법 시행령 제31조 제1항 제1호에 따른 기준 이상으로 배출되는 것(다만, 동법 제34조에 따라 폐수무방류배출시설의 설치허가를 받아 운영하는 경우는 제외)
    (4) 「물환경보전법」에 따른 폐수배출시설에 해당하는 시설로서 동법 시행령 [별표 13]에 따른 제1종 사업장부터 제4종 사업장까지에 해당하는 것
    (5) 「폐기물관리법」에 따른 지정폐기물을 배출하는 것
    (6) 「소음·진동관리법」에 따른 배출허용기준의 2배 이상인 것
11. 공장 중 떡 제조업 및 빵 제조업(이에 딸린 과자 제조업을 포함한다. 이하 같다)의 공장으로서 다음의 요건을 모두 갖춘 것
    (1) 해당 용도에 쓰이는 바닥면적의 합계가 1,000㎡ 미만일 것
    (2) 「악취방지법」에 따른 악취배출시설인 경우에는 악취방지시설 등 악취방지에 필요한 조치를 하였을 것
    (3) 위 10.의 (1)부터 (6)까지의 어느 하나에 해당하지 아니할 것(다만, 도시·군계획조례로 대기환경보전법, 물환경보전법 및 소음·진동관리법에 따른 설치 허가·신고 대상 시설의 건축을 제한한 경우에는 그 건축제한시설에도 해당하지 아니하여야 함)

(4) 해당 특별시장·광역시장·특별자치시장·특별자치도지사·시장 또는 군수가 해당 지방도시계획위원회의 심의를 거쳐 인근의 주거환경 등에 미치는 영향 등이 적다고 인정하였을 것
12. 창고시설
13. 위험물저장 및 처리시설 중 주유소, 석유판매소, 액화가스 취급소·판매소, 도료류 판매소,「대기환경보전법」에 따른 저공해자동차의 연료공급시설, 시내버스차고지에 설치하는 액화석유가스충전소 및 고압가스충전·저장소
14. 자동차 관련 시설 중 주차장 및 세차장
15. 동물 및 식물 관련 시설 중 화초 및 분재 등의 온실
16. 교정시설
17. 국방·군사시설
18. 방송통신시설
19. 발전시설
20. 야영장 시설

④ **제2종 일반주거지역**: 경관관리 등을 위하여 도시·군계획조례로 건축물의 층수를 제한하는 경우에는 그 층수 이하의 건축물로 한정한다(영 제71조 제1항 제4호 [별표 5]).

건축할 수 있는 건축물	도시·군계획조례가 정하는 바에 따라 건축할 수 있는 건축물
1. 단독주택 2. 공동주택 3. 제1종 근린생활시설 4. 종교시설 5. 교육연구시설 중 유치원·초등학교·중학교 및 고등학교 6. 노유자시설	1. 제2종 근린생활시설(단란주점 및 안마시술소는 제외) 2. 문화 및 집회시설(관람장은 제외) 3. 판매시설 중 소매시장 및 상점(일반게임제공업의 시설은 제외)에 해당하는 것으로서 당해 용도에 쓰이는 바닥면적의 합계가 2,000m^2 미만인 것(너비 15m 이상의 도로로서 도시·군계획조례가 정하는 너비 이상의 도로에 접한 대지에 건축하는 것에 한함)과 기존의 도매시장 또는 소매시장을 재건축하는 경우로서 인근의 주거환경에 미치는 영향, 시장의 기능회복 등을 고려하여 도시·군계획조례가 정하는 경우에는 당해 용도에 쓰이는 바닥면적의 합계의 4배 이하 또는 대지면적의 2배 이하인 것

4. 의료시설(격리병원은 제외)
5. 교육연구시설 중 유치원·초등학교·중학교 및 고등학교에 해당하지 아니하는 것
6. 수련시설(유스호스텔의 경우 특별시 및 광역시 지역에서는 너비 15m 이상의 도로에 20m 이상 접한 대지에 건축하는 것에 한하며, 그 밖의 지역에서는 너비 12m 이상의 도로에 접한 대지에 건축하는 것에 한함)
7. 운동시설
8. 업무시설 중 오피스텔·금융업소·사무소 및 공공업무시설에 해당하는 것으로서 해당 용도에 쓰이는 바닥면적의 합계가 3,000m² 미만인 것
9. 공장
10. 창고시설
11. 위험물저장 및 처리시설 중 주유소, 석유판매소, 액화가스 취급소·판매소, 도료류 판매소, 「대기환경보전법」에 따른 저공해자동차의 연료공급시설, 시내버스차고지에 설치하는 액화석유가스충전소 및 고압가스충전·저장소
12. 자동차 관련 시설 중 「여객자동차 운수사업법」, 「화물자동차 운수사업법」 및 「건설기계관리법」에 따른 차고 및 주기장과 주차장 및 세차장
13. 동물 및 식물 관련 시설 중 작물재배사, 종묘배양시설, 화초 및 분재 등의 온실, 식물과 관련된 작물재배사·종묘배양시설·화초 및 분재 등의 온실과 비슷한 것(동·식물원은 제외)
14. 교정시설
15. 국방·군사시설
16. 방송통신시설
17. 발전시설
18. 야영장 시설

⑤ **제3종 일반주거지역**(영 제71조 제1항 제5호 [별표 6])

건축할 수 있는 건축물	도시·군계획조례가 정하는 바에 따라 건축할 수 있는 건축물
1. 단독주택 2. 공동주택 3. 제1종 근린생활시설 4. 종교시설 5. 교육연구시설 중 유치원·초등학교·중학교 및 고등학교 6. 노유자시설	1. 제2종 근린생활시설(단란주점 및 안마시술소는 제외) 2. 문화 및 집회시설(관람장은 제외) 3. 판매시설 중 소매시장 및 상점(일반게임제공업의 시설은 제외)에 해당하는 것으로서 당해 용도에 쓰이는 바닥면적의 합계가 2,000㎡ 미만인 것(너비 15m 이상의 도로로서 도시·군계획조례가 정하는 너비 이상의 도로에 접한 대지에 건축하는 것에 한함)과 기존의 도매시장 또는 소매시장을 재건축하는 경우로서 인근의 주거환경에 미치는 영향, 시장의 기능회복 등을 고려하여 도시·군계획조례가 정하는 경우에는 당해 용도에 쓰이는 바닥면적의 합계의 4배 이하 또는 대지면적의 2배 이하인 것 4. 의료시설(격리병원은 제외) 5. 교육연구시설 중 유치원·초등학교·중학교 및 고등학교에 해당하지 아니하는 것 6. 수련시설(유스호스텔의 경우 특별시 및 광역시 지역에서는 너비 15m 이상의 도로에 20m 이상 접한 대지에 건축하는 것에 한하며, 그 밖의 지역에서는 너비 12m 이상의 도로에 접한 대지에 건축하는 것에 한함) 7. 운동시설 8. 업무시설로서 그 용도에 쓰이는 바닥면적의 합계가 3,000㎡ 이하인 것 9. 공장 10. 창고시설 11. 위험물저장 및 처리시설 중 주유소, 석유판매소, 액화가스 취급소·판매소, 도료류 판매소, 「대기환경보전법」에 따른 저공해자동차의 연료공급시설, 시내버스차고지에 설치하는 액화석유가스충전소 및 고압가스충전·저장소

제1편 국토의 계획 및 이용에 관한 법률

12. 자동차 관련 시설 중 「여객자동차 운수사업법」, 「화물자동차 운수사업법」 및 「건설기계관리법」에 따른 차고 및 주기장과 주차장 및 세차장
13. 동물 및 식물 관련 시설 중 작물재배사, 종묘배양시설, 화초 및 분재 등의 온실, 식물과 관련된 작물재배사·종묘배양시설·화초 및 분재 등의 온실과 비슷한 것(동·식물원은 제외)
14. 교정시설
15. 국방·군사시설
16. 방송통신시설
17. 발전시설
18. 야영장 시설

⑥ **준주거지역**(영 제71조 제1항 제6호 [별표 7])

건축할 수 없는 건축물	지역 여건 등을 고려하여 도시·군계획조례로 정하는 바에 따라 건축할 수 없는 건축물

1. 제2종 근린생활시설 중 단란주점
2. 판매시설 중 일반게임제공업의 시설
3. 의료시설 중 격리병원
4. 숙박시설[생활숙박시설로서 공원·녹지 또는 지형지물에 따라 주택 밀집지역과 차단되거나 주택 밀집지역으로부터 도시·군계획조례로 정하는 거리(건축물의 각 부분을 기준으로 한다) 밖에 건축하는 것은 제외]
5. 위락시설
6. 공장으로서 다음의 어느 하나에 해당하는 것
  (1) 「대기환경보전법」 제2조 제9호에 따른 특정대기유해물질이 동법 시행령 제11조 제1항 제1호에 따른 기준 이상으로 배출되는 것
  (2) 「대기환경보전법」 제2조 제11호에 따른 대기오염물질배출시설에 해당하는 시설로서 동법 시행령 [별표 1]에 따른 제1종 사업장 내지 제4종 사업장에 해당하는 것
	1. 제2종 근린생활시설 중 안마시술소
	2. 문화 및 집회시설(공연장 및 전시장은 제외)
	3. 판매시설
	4. 운수시설
	5. 숙박시설 중 생활숙박시설로서 공원·녹지 또는 지형지물에 의하여 주택 밀집지역과 차단되거나 주택 밀집지역으로부터 도시·군계획조례로 정하는 거리(건축물의 각 부분을 기준으로 한다) 밖에 건축하는 것
	6. 공장(왼쪽 6.에 해당하는 것은 제외)
	7. 창고시설
	8. 위험물저장 및 처리시설(왼쪽 7.에 해당하는 것은 제외)
	9. 자동차 관련 시설(왼쪽 8.에 해당하는 것은 제외)
	10. 동물 및 식물 관련 시설(왼쪽 9.에 해당하는 것은 제외)
	11. 교정시설
	12. 국방·군사시설
	13. 발전시설

⑶ 「물환경보전법」제2조 제8호에 따른 특정수질유해물질이 동법 시행령 제31조 제1항 제1호에 따른 기준 이상으로 배출되는 것(다만, 동법 제34조에 따라 폐수무방류배출시설의 설치허가를 받아 운영하는 경우는 제외)
⑷ 「물환경보전법」제2조 제10호에 따른 폐수배출시설에 해당하는 시설로서 동법 시행령 [별표 13]에 따른 제1종 사업장부터 제4종 사업장까지에 해당하는 것
⑸ 「폐기물관리법」제2조 제4호에 따른 지정폐기물을 배출하는 것
⑹ 「소음·진동관리법」제7조에 따른 배출허용기준의 2배 이상인 것
7. 위험물저장 및 처리시설 중 시내버스차고지 외의 지역에 설치하는 액화석유가스 충전소 및 고압가스 충전소·저장소(환경친화적 자동차의 개발 및 보급 촉진에 관한 법률의 수소연료공급시설은 제외)
8. 자동차 관련 시설 중 폐차장
9. 동물 및 식물 관련 시설 중 축사·도축장·도계장과 축사·도축장 또는 도계장과 비슷한 것(동·식물원은 제외)
10. 자원순환 관련 시설
11. 묘지관련시설
14. 관광휴게시설
15. 장례시설

(2) 건축제한에 관한 특별규정

다음의 어느 하나에 해당하는 경우의 건축물이나 그 밖의 시설의 용도·종류 및 규모 등의 제한에 관하여는 용도지역, 용도지구 안에서의 건축물, 그 밖의 시설의 용도·종류 및 규모 등의 제한에도 불구하고 다음에서 정하는 바에 따른다(법 제76조 제5항).

① 취락지구에서는 취락지구의 지정목적 범위에서 대통령령으로 따로 정한다.
② 개발진흥지구에서는 개발진흥지구의 지정목적 범위에서 대통령령으로 따로 정한다.
③ 복합용도지구에서는 복합용도지구의 지정목적 범위에서 대통령령으로 따로 정한다.
④ 「산업입지 및 개발에 관한 법률」규정에 의한 농공단지 안에서는 「산업입지 및 개발에 관한 법률」에서 정하는 바에 따른다.

⑤ 농림지역 중 농업진흥지역, 보전산지 또는 초지인 경우에는 각각 「농지법」, 「산지관리법」 또는 「초지법」에서 정하는 바에 따른다.
⑥ 자연환경보전지역 중 「자연공원법」에 따른 공원구역, 「수도법」에 따른 상수원보호구역, 「문화유산의 보존 및 활용에 관한 법률」에 따라 지정된 지정문화유산과 그 보호구역, 「자연유산의 보존 및 활용에 관한 법률」에 따라 지정된 천연기념물 등, 「자연유산의 보존 및 활용에 관한 법률」과 그 보호구역, 「해양생태계의 보전 및 관리에 관한 법률」에 따른 해양보호구역인 경우에는 각각 「자연공원법」, 「수도법」 또는 「문화유산의 보존 및 활용에 관한 법률」 등, 「자연유산의 보존 및 활용에 관한 법률」 또는 「해양생태계의 보전 및 관리에 관한 법률」에서 정하는 바에 따른다.
⑦ 자연환경보전지역 중 수산자원보호구역인 경우에는 「수산자원관리법」에서 정하는 바에 따른다.

2. 건폐율 제한

(1) 건폐율의 의의

① **의의**: 건폐율이란 대지면적에 대한 건축면적(대지에 건축물이 둘 이상 있는 경우에는 이들 건축면적의 합계로 한다)의 비율을 말한다(건축법 제55조 본문).

  ㉠ 건폐율 $= \dfrac{건축면적}{대지면적} \times 100\%$

  ㉡ 대지면적의 산정: 대지면적은 원칙적으로 대지의 수평투영면적으로 한다(건축법 시행령 제119조 제1항 제1호 본문).

  ㉢ 건축면적의 산정: 건축면적은 원칙적으로 건축물의 외벽의 중심선으로 둘러싸인 부분의 수평투영면적으로 한다(건축법 시행령 제119조 제1항 제2호 본문).

② **사례**: 면적이 1,000㎡인 대지에 건축면적 500㎡인 건축물을 건축하는 경우, 이 건축물의 건폐율은 '건축면적(500㎡)/대지면적(1,000㎡) × 100%'로 산정하므로 50%가 된다.

③ **제한목적**: 건축물의 건폐율을 제한하는 목적은 대지 안에서 건축물의 수평적 확대를 억제함으로써 건축물의 사용이나, 건축물에 화재 등의 재난발생시 소화·피난 등을 위한 공지를 확보하는 데에 있다(건축물의 수평적 밀도 규제).

(2) 용도지역에서의 건폐율

용도지역에서 건폐율의 최대한도는 관할 구역의 면적과 인구 규모, 용도지역의 특성 등을 고려하여 다음의 범위에서 대통령령으로 정하는 기준에 따라 특별시·광역시·특별자치시·특별자치도·시 또는 군의 조례로 정한다(법 제77조 제1항).

용도지역	세분된 용도지역	건폐율
도시지역	주거지역	70% 이하
	상업지역	90% 이하
	공업지역	70% 이하
	녹지지역	20% 이하
관리지역	보전관리지역	20% 이하
	생산관리지역	20% 이하
	계획관리지역	40% 이하
농림지역	–	20% 이하
자연환경보전지역	–	20% 이하

(3) 세분된 용도지역에서의 건폐율 제24회, 제25회, 제27회, 제29회

세분된 용도지역에서의 건폐율은 다음의 범위에서 특별시·광역시·특별자치시·특별자치도·시 또는 군의 도시·군계획조례가 정하는 비율 이하로 한다(법 제77조 제2항, 영 제84조 제1항).

용도지역	세분된 용도지역		건폐율
도시지역	주거지역	제1종 전용주거지역	50% 이하
		제2종 전용주거지역	50% 이하
		제1종 일반주거지역	60% 이하
		제2종 일반주거지역	60% 이하
		제3종 일반주거지역	50% 이하
		준주거지역	70% 이하
	상업지역	중심상업지역	90% 이하
		일반상업지역	80% 이하
		유통상업지역	80% 이하
		근린상업지역	70% 이하

		전용공업지역	70% 이하
	공업지역	일반공업지역	70% 이하
		준공업지역	70% 이하
		보전녹지지역	20% 이하
	녹지지역	생산녹지지역	20% 이하
		자연녹지지역	20% 이하
	보전관리지역	−	20% 이하
관리지역	생산관리지역	−	20% 이하
	계획관리지역	−	40% 이하
농림지역	−	−	20% 이하
자연환경보전지역	−	−	20% 이하

(4) 건폐율에 관한 특별규정 제29회, 제36회

다음의 지역에서의 건폐율은 다음에서 정한 범위에서 특별시·광역시·특별자치시·특별자치도·시 또는 군의 도시·군계획조례로 정하는 비율 이하로 한다(법 제77조 제3항, 영 제84조 제4항).

① 자연취락지구: 60% 이하
② 도시지역 외의 지역에 지정된 개발진흥지구: 40% 이하. 다만, 계획관리지역에 지정된 산업·유통개발진흥지구의 경우에는 60% 이하로 한다.
③ 자연녹지지역에 지정된 개발진흥지구: 30% 이하
④ 수산자원보호구역: 40% 이하
⑤ 「자연공원법」에 따른 자연공원: 60% 이하
⑥ 「산업입지 및 개발에 관한 법률」에 따른 농공단지: 70% 이하. 다만, 해당 지방도시계획위원회의 심의를 거쳐 도로·상수도·하수도 등의 기반시설이 충분히 확보되었다고 인정되거나 도시·군계획조례로 정하는 기반시설 확보 요건을 갖춘 경우는 80%로 한다.
⑦ 공업지역에 있는 「산업입지 및 개발에 관한 법률」에 따른 국가산업단지, 일반산업단지, 도시첨단산업단지 및 준산업단지: 80% 이하

3. 용적률 제한

(1) 용적률의 의의

① **의의**: 용적률이란 대지면적에 대한 연면적(대지에 건축물이 둘 이상 있는 경우에는 이들 연면적의 합계로 한다)의 비율을 말한다(건축법 제56조 본문).

㉠ 용적률 $= \dfrac{\text{연면적}}{\text{대지면적}} \times 100\%$

㉡ **대지면적의 산정**: 대지면적은 원칙적으로 대지의 수평투영면적으로 한다(건축법 시행령 제119조 제1항 제1호 본문).

㉢ **연면적의 산정**: 연면적은 하나의 건축물 각 층의 바닥면적의 합계로 하되, 용적률을 산정할 때에는 다음에 해당하는 각 면적은 제외한다(건축법 시행령 제119조 제1항 제4호).

> ⓐ 지하층의 면적
> ⓑ 지상층의 주차용(해당 건축물의 부속용도인 경우만 해당)으로 쓰는 면적
> ⓒ 초고층 건축물과 준초고층 건축물에 설치하는 피난안전구역의 면적
> ⓓ 건축물의 경사지붕 아래에 설치하는 대피공간의 면적

② **사례**: 면적이 1,000㎡인 대지에 각 층의 바닥면적이 모두 500㎡인 5층의 건축물을 건축하는 경우(단, 용적률을 산정할 때에 제외되는 면적은 없는 것으로 가정), 이 건축물의 용적률은 '연면적(500㎡×5)/대지면적(1,000㎡)×100%'로 산정하므로 250%가 된다.

③ **제한목적**: 건축물의 용적률을 제한하는 목적은 대지 안에서 건축물의 수직적 확대를 억제함으로써 건축물의 총규모를 규제하고자 하는 데에 있다. 한편, 건축물의 용적률을 제한함으로써 건축물의 층수나 높이가 간접적으로 제한되는 효과가 있음을 유의하여야 한다(건축물의 수직적 밀도 규제).

(2) 용도지역에서의 용적률

용도지역에서 용적률의 최대한도는 관할 구역의 면적과 인구 규모, 용도지역의 특성 등을 고려하여 다음의 범위에서 대통령령으로 정하는 기준에 따라 특별시·광역시·특별자치시·특별자치도·시 또는 군의 조례로 정한다(법 제78조 제1항).

용도지역	세분된 용도지역	용적률
도시지역	주거지역	500% 이하
	상업지역	1,500% 이하
	공업지역	400% 이하
	녹지지역	100% 이하

관리지역	보전관리지역	80% 이하
	생산관리지역	80% 이하
	계획관리지역	100% 이하
농림지역	–	80% 이하
자연환경보전지역	–	80% 이하

(3) 세분된 용도지역에서의 용적률 제28회, 제30회, 제32회, 제33회, 제36회

세분된 용도지역 안에서의 용적률은 다음의 범위에서 관할 구역의 면적, 인구 규모 및 용도지역의 특성 등을 고려하여 특별시·광역시·특별자치시·특별자치도·시 또는 군의 도시·군계획조례가 정하는 비율을 초과할 수 없다(영 제85조 제1항).

용도지역	세분된 용도지역		용적률
도시지역	주거지역	제1종 전용주거지역	50% 이상 100% 이하
		제2종 전용주거지역	50% 이상 150% 이하
		제1종 일반주거지역	100% 이상 200% 이하
		제2종 일반주거지역	100% 이상 250% 이하
		제3종 일반주거지역	100% 이상 300% 이하
		준주거지역	200% 이상 500% 이하
	상업지역	중심상업지역	200% 이상 1,500% 이하
		일반상업지역	200% 이상 1,300% 이하
		유통상업지역	200% 이상 1,100% 이하
		근린상업지역	200% 이상 900% 이하
	공업지역	전용공업지역	150% 이상 300% 이하
		일반공업지역	150% 이상 350% 이하
		준공업지역	150% 이상 400% 이하
	녹지지역	보전녹지지역	50% 이상 80% 이하
		생산녹지지역	50% 이상 100% 이하
		자연녹지지역	50% 이상 100% 이하
관리지역	보전관리지역	–	50% 이상 80% 이하
	생산관리지역	–	50% 이상 80% 이하
	계획관리지역	–	50% 이상 100% 이하
농림지역	–	–	50% 이상 80% 이하
자연환경보전지역	–	–	50% 이상 80% 이하

(4) 용적률에 관한 특별규정

다음의 지역 안에서의 용적률은 다음에서 정한 범위 안에서 특별시·광역시·특별자치시·특별자치도·시 또는 군의 도시·군계획조례가 정하는 비율을 초과하여서는 아니된다(영 제85조 제6항).

> ① 도시지역 외의 지역에 지정된 개발진흥지구: 100% 이하
> ② 수산자원보호구역: 80% 이하
> ③ 「자연공원법」에 따른 자연공원: 100% 이하
> ④ 「산업입지 및 개발에 관한 법률」에 따른 농공단지(도시지역 외의 지역에 지정된 농공단지에 한함): 150% 이하

4. 용도지역 미지정 또는 미세분 지역에서의 행위제한 등 제26회

(1) 용도지역이 미지정된 지역

도시지역·관리지역·농림지역 또는 자연환경보전지역으로 용도가 지정되지 아니한 지역에 대하여는 건축물의 건축제한, 건폐율, 용적률의 규정을 적용할 때에 자연환경보전지역에 관한 규정을 적용한다(법 제79조 제1항).

(2) 용도지역이 미세분된 지역

도시지역 또는 관리지역이 세부 용도지역으로 지정되지 아니한 경우에는 건축물의 건축제한, 건폐율, 용적률의 규정을 적용할 때에 해당 용도지역이 도시지역인 경우에는 보전녹지지역에 관한 규정을 적용하고, 관리지역인 경우에는 보전관리지역에 관한 규정을 적용한다(법 제79조 제2항, 영 제86조).

(3) 도시지역에서의 다른 법률의 적용 배제

도시지역에 대하여는 다음의 법률 규정을 적용하지 아니한다(법 제83조).

> ① 「도로법」에 따른 접도구역
> ② 「농지법」에 따른 농지취득자격증명. 다만, 녹지지역의 농지로서 도시·군계획시설사업에 필요하지 아니한 농지에 대하여는 그러하지 아니하다.

> **넓혀 보기**
>
> **접도구역의 지정**(도로법 제40조)
> 1. 도로관리청은 도로 구조의 파손 방지, 미관의 훼손 또는 교통에 대한 위험을 방지하기 위하여 필요하면 소관 도로의 경계선에서 20m(고속국도의 경우 50m)를 초과하지 아니하는 범위에서 대통령령으로 정하는 바에 따라 접도구역(接道區域)을 지정할 수 있다.
> 2. 도로관리청은 접도구역을 지정하면 지체 없이 이를 고시하고, 국토교통부령으로 정하는 바에 따라 그 접도구역을 관리하여야 한다.
> 3. 누구든지 접도구역에서는 다음의 행위를 하여서는 아니 된다.
>   ① 토지의 형질을 변경하는 행위
>   ② 건축물, 그 밖의 공작물을 신축·개축 또는 증축하는 행위

예제

국토의 계획 및 이용에 관한 법령상 용도지역에 관한 설명으로 옳은 것은? 제35회

① 용도지역은 토지를 경제적·효율적으로 이용하기 위하여 필요한 경우 서로 중복되게 지정할 수 있다.
② 용도지역은 필요한 경우 도시·군기본계획으로 결정할 수 있다.
③ 주민은 상업지역에 산업·유통개발진흥지구를 지정하여 줄 것을 내용으로 하는 도시·군관리계획의 입안을 제안할 수 있다.
④ 바다인 공유수면의 매립구역이 둘 이상의 용도지역과 이웃하고 있는 경우 그 매립구역은 이웃하고 있는 가장 큰 용도지역으로 지정된 것으로 본다.
⑤ 관리지역에서 「농지법」에 따른 농업진흥지역으로 지정·고시된 지역은 「국토의 계획 및 이용에 관한 법률」에 따른 농림지역으로 결정·고시된 것으로 본다.

해설 ① 용도지역은 서로 중복되게 지정할 수 없다.
② 용도지역은 도시·군관리계획으로 결정할 수 있다.
③ 주민은 상업지역에 산업·유통개발진흥지구를 지정하여 줄 것을 내용으로 하는 도시·군관리계획의 입안을 제안할 수 없다.
④ 바다인 공유수면의 매립구역이 둘 이상의 용도지역과 이웃하고 있는 경우 그 매립구역이 속할 용도지역은 도시·군관리계획결정으로 지정하여야 한다. ▶ **정답** ⑤

05 용도지구

1 용도지구의 지정 제28회

1. 용도지구의 의의

'용도지구'란 토지의 이용 및 건축물의 용도·건폐율·용적률·높이 등에 대한 용도지역의 제한을 강화하거나 완화하여 적용함으로써 용도지역의 기능을 증진시키고 경관·안전 등을 도모하기 위하여 도시·군관리계획으로 결정하는 지역을 말한다(법 제2조 제16호).

2. 용도지구의 종류

국토교통부장관, 시·도지사 또는 대도시 시장은 다음의 용도지구의 지정 또는 변경을 도시·군관리계획으로 결정한다(법 제37조 제1항).

종 류	내 용
경관지구	경관의 보전·관리 및 형성을 위하여 필요한 지구
보호지구	국가유산, 중요 시설물[항만, 공항, 공용시설(공공업무시설, 공공필요성이 인정되는 문화시설·집회시설·운동시설 및 조례로 정하는 시설), 교정시설·군사시설을 말한다] 및 문화적·생태적으로 보존가치가 큰 지역의 보호와 보존을 위하여 필요한 지구
복합용도지구	지역의 토지 이용 상황, 개발 수요 및 주변 여건 등을 고려하여 효율적이고 복합적인 토지 이용을 도모하기 위하여 특정시설의 입지를 완화할 필요가 있는 지구
개발진흥지구	주거기능·상업기능·공업기능·유통물류기능·관광기능·휴양기능 등을 집중적으로 개발·정비할 필요가 있는 지구
고도지구	쾌적한 환경 조성 및 토지의 효율적 이용을 위하여 건축물 높이의 최고한도를 규제할 필요가 있는 지구
취락지구	녹지지역·관리지역·농림지역·자연환경보전지역·개발제한구역 또는 도시자연공원구역의 취락을 정비하기 위한 지구
방재지구	풍수해, 산사태, 지반의 붕괴, 그 밖의 재해를 예방하기 위하여 필요한 지구
방화지구	화재의 위험을 예방하기 위하여 필요한 지구
특정용도 제한지구	주거 및 교육 환경 보호나 청소년 보호 등의 목적으로 오염물질 배출시설, 청소년 유해시설 등 특정 시설의 입지를 제한할 필요가 있는 지구

3. 용도지구의 세분 제25회, 제30회, 제31회, 제33회, 제34회, 제35회, 제36회

(1) 대통령령에 의한 세분

국토교통부장관, 시·도지사 또는 대도시 시장은 필요하다고 인정되면 대통령령으로 정하는 바에 따라 용도지구를 도시·군관리계획결정으로 다시 세분하여 지정하거나 변경할 수 있다(법 제37조 제2항, 영 제31조 제2항).

① 경관지구

자연경관지구	산지·구릉지 등 자연경관을 보호하거나 유지하기 위하여 필요한 지구
시가지경관지구	지역 내 주거지, 중심지 등 시가지의 경관을 보호 또는 유지하거나 형성하기 위하여 필요한 지구
특화경관지구	지역 내 주요 수계의 수변 또는 문화적 보존가치가 큰 건축물 주변의 경관 등 특별한 경관을 보호 또는 유지하거나 형성하기 위하여 필요한 지구

② 보호지구

역사문화환경 보호지구	국가유산·전통사찰 등 역사·문화적으로 보존가치가 큰 시설 및 지역의 보호와 보존을 위하여 필요한 지구
중요시설물 보호지구	중요시설물(항만, 공항, 공용시설, 교정시설, 군사시설)의 보호와 기능의 유지 및 증진 등을 위하여 필요한 지구
생태계 보호지구	야생동식물서식처 등 생태적으로 보존가치가 큰 지역의 보호와 보존을 위하여 필요한 지구

③ 개발진흥지구

주거 개발진흥지구	주거기능을 중심으로 개발·정비할 필요가 있는 지구
산업·유통 개발진흥지구	공업기능 및 유통·물류기능을 중심으로 개발·정비할 필요가 있는 지구
관광·휴양 개발진흥지구	관광·휴양기능을 중심으로 개발·정비할 필요가 있는 지구
복합 개발진흥지구	주거기능, 공업기능, 유통·물류기능 및 관광·휴양기능 중 2 이상의 기능을 중심으로 개발·정비할 필요가 있는 지구
특정 개발진흥지구	주거기능, 공업기능, 유통·물류기능 및 관광·휴양기능 외의 기능을 중심으로 특정한 목적을 위하여 개발·정비할 필요가 있는 지구

④ 취락지구

자연취락지구	녹지지역·관리지역·농림지역 또는 자연환경보전지역 안의 취락을 정비하기 위하여 필요한 지구
보호취락지구	녹지지역·관리지역·농림지역 또는 자연환경보전지역 안의 취락을 농촌의 주거환경 보호와 주거기능 강화를 목적으로 정비하기 위한 지구
집단취락지구	개발제한구역 안의 취락을 정비하기 위하여 필요한 지구

⑤ 방재지구

시가지방재지구	건축물·인구가 밀집되어 있는 지역으로서 시설 개선 등을 통하여 재해 예방이 필요한 지구
자연방재지구	토지의 이용도가 낮은 해안변, 하천변, 급경사지 주변 등의 지역으로서 건축제한 등을 통하여 재해 예방이 필요한 지구

(2) **조례에 의한 세분**

시·도지사 또는 대도시 시장은 지역여건상 필요한 때에는 해당 시·도 또는 대도시의 도시·군계획조례로 정하는 바에 따라 경관지구를 추가적으로 세분(특화경관지구의 세분을 포함한다)하거나 중요시설물보호지구 및 특정용도제한지구를 세분하여 지정할 수 있다(영 제31조 제3항).

4. 조례로 정하는 용도지구

시·도지사 또는 대도시 시장은 지역여건상 필요하면 대통령령으로 정하는 다음의 기준에 따라 그 시·도 또는 대도시의 조례로 용도지구의 명칭 및 지정목적, 건축이나 그 밖의 행위의 금지 및 제한에 관한 사항 등을 정하여 법령에서 정한 용도지구 외의 용도지구의 지정 또는 변경을 도시·군관리계획으로 결정할 수 있다(법 제37조 제3항, 영 제31조 제4항).

① 용도지구의 신설은 법에서 정하고 있는 용도지역·용도지구·용도구역·지구단위계획구역 또는 다른 법률에 따른 지역·지구만으로는 효율적인 토지 이용을 달성할 수 없는 부득이한 사유가 있는 경우에 한할 것
② 용도지구 안에서의 행위제한은 그 용도지구의 지정목적 달성에 필요한 최소한도에 그치도록 할 것
③ 당해 용도지역 또는 용도구역의 행위제한을 완화하는 용도지구를 신설하지 아니할 것

5. 방재지구의 재해저감대책

시·도지사 또는 대도시 시장은 연안침식이 진행 중이거나 우려되는 지역 등 대통령령으로 정하는 지역에 대해서는 방재지구의 지정 또는 변경을 도시·군관리계획으로 결정하여야 한다. 이 경우 도시·군관리계획의 내용에는 해당 방재지구의 재해저감대책을 포함하여야 한다(법 제37조 제4항).

2 용도지구에서의 행위제한 제23회, 제29회

1. 건축제한의 원칙

용도지구에서의 건축물이나 그 밖의 시설의 용도·종류 및 규모 등의 제한에 관한 사항은 이 법 또는 다른 법률에 특별한 규정이 있는 경우 외에는 대통령령으로 정하는 기준에 따라 특별시·광역시·특별자치시·특별자치도·시 또는 군의 조례로 정할 수 있다(법 제76조 제2항).

2. 구체적 건축제한

(1) **경관지구 안에서의 건축제한**

① 경관지구 안에서는 그 지구의 경관의 보전·관리·형성에 장애가 된다고 인정하여 도시·군계획조례가 정하는 건축물을 건축할 수 없다. 다만, 특별시장·광역시장·특별자치시장·특별자치도지사·시장 또는 군수가 지구의 지정목적에 위배되지 아니하는 범위 안에서 도시·군계획조례가 정하는 기준에 적합하다고 인정하여 해당 지방자치단체에 설치된 도시계획위원회의 심의를 거친 경우에는 그러하지 아니하다(영 제72조 제1항).

② 경관지구 안에서의 건축물의 건폐율·용적률·높이·최대너비·색채 및 대지 안의 조경 등에 관하여는 그 지구의 경관의 보전·관리·형성에 필요한 범위 안에서 도시·군계획조례로 정한다(영 제72조 제2항).

③ 위 ① 및 ②에도 불구하고 다음의 어느 하나에 해당하는 경우에는 해당 경관지구의 지정에 관한 도시·군관리계획으로 건축제한의 내용을 따로 정할 수 있다(영 제72조 제3항).

  ㉠ 위 ① 및 ②에 따라 도시·군계획조례로 정해진 건축제한의 전부를 적용하는 것이 주변지역의 토지 이용 상황이나 여건 등에 비추어 불합리한 경우. 이 경우 도시·군관리계획으로 정할 수 있는 건축제한은 도시·군계획조례로 정해진 건축제한의 일부에 한정하여야 한다.

ⓒ 위 ① 및 ②에 따라 도시·군계획조례로 정해진 건축제한을 적용하여도 해당 지구의 위치, 환경, 그 밖의 특성에 따라 경관의 보전·관리·형성이 어려운 경우. 이 경우 도시·군관리계획으로 정할 수 있는 건축제한은 규모(건축물 등의 앞면 길이에 대한 옆면길이 또는 높이의 비율을 포함한다) 및 형태, 건축물 바깥쪽으로 돌출하는 건축설비 및 그 밖의 유사한 것의 형태나 그 설치의 제한 또는 금지에 관한 사항으로 한정한다.

(2) 보호지구 안에서의 건축제한

보호지구 안에서는 다음의 구분에 따른 건축물에 한하여 건축할 수 있다. 다만, 특별시장·광역시장·특별자치시장·특별자치도지사·시장 또는 군수가 지구의 지정목적에 위배되지 아니하는 범위 안에서 도시·군계획조례가 정하는 기준에 적합하다고 인정하여 관계 행정기관의 장과의 협의 및 당해 지방자치단체에 설치된 도시계획위원회의 심의를 거친 경우에는 그러하지 아니하다(영 제76조).

역사문화환경 보호지구	「국가유산기본법」의 적용을 받는 국가유산을 직접 관리·보호하기 위한 건축물과 문화적으로 보존가치가 큰 지역의 보호 및 보존을 저해하지 아니하는 건축물로서 도시·군계획조례가 정하는 것
중요시설물 보호지구	중요시설물의 보호와 기능 수행에 장애가 되지 아니하는 건축물로서 도시·군계획조례가 정하는 것. 이 경우 공항시설에 관한 보호지구를 세분하여 지정하려는 경우에는 공항시설을 보호하고 항공기의 이·착륙에 장애가 되지 아니하는 범위에서 건축물의 용도 및 형태 등에 관한 건축제한을 포함하여 정할 수 있다.
생태계 보호지구	생태적으로 보존가치가 큰 지역의 보호 및 보존을 저해하지 아니하는 건축물로서 도시·군계획조례가 정하는 것

(3) 복합용도지구에서의 건축제한

복합용도지구에서는 해당 용도지역에서 허용되는 건축물 외에 다음에 따른 건축물 중 도시·군계획조례가 정하는 건축물을 건축할 수 있다(영 제81조).

① **일반주거지역**: 준주거지역에서 허용되는 건축물. 다만, 다음의 건축물은 제외한다.

> ㉠ 「건축법 시행령」[별표 1] 제4호의 제2종 근린생활시설 중 안마시술소
> ㉡ 「건축법 시행령」[별표 1] 제5호 다목의 관람장
> ㉢ 「건축법 시행령」[별표 1] 제17호의 공장
> ㉣ 「건축법 시행령」[별표 1] 제19호의 위험물 저장 및 처리 시설
> ㉤ 「건축법 시행령」[별표 1] 제21호의 동물 및 식물 관련 시설
> ㉥ 「건축법 시행령」[별표 1] 제28호의 장례시설

② **일반공업지역**: 준공업지역에서 허용되는 건축물. 다만, 다음의 건축물은 제외한다.

> ㉠ 「건축법 시행령」 [별표 1] 제2호 가목의 아파트
> ㉡ 「건축법 시행령」 [별표 1] 제4호의 제2종 근린생활시설 중 단란주점 및 안마시술소
> ㉢ 「건축법 시행령」 [별표 1] 제11호의 노유자시설

③ **계획관리지역**: 다음의 어느 하나에 해당하는 건축물

> ㉠ 「건축법 시행령」 [별표 1] 제4호의 제2종 근린생활시설 중 일반음식점·휴게음식점·제과점([별표 20] 제1호 라목에 따라 건축할 수 없는 일반음식점·휴게음식점·제과점은 제외한다)
> ㉡ 「건축법 시행령」 [별표 1] 제7호의 판매시설
> ㉢ 「건축법 시행령」 [별표 1] 제15호의 숙박시설([별표 20] 제1호 사목에 따라 건축할 수 없는 숙박시설은 제외한다)
> ㉣ 「건축법 시행령」 [별표 1] 제16호 다목의 테마파크업의 시설, 그 밖에 이와 비슷한 시설

(4) 개발진흥지구 안에서의 건축제한

① 지구단위계획 또는 관계 법률에 따른 개발계획을 수립하는 개발진흥지구에서는 지구단위계획 또는 관계 법률에 따른 개발계획에 위반하여 건축물을 건축할 수 없으며, 지구단위계획 또는 개발계획이 수립되기 전에는 개발진흥지구의 계획적 개발에 위배되지 아니하는 범위에서 도시·군계획조례가 정하는 건축물을 건축할 수 있다(영 제79조 제1항).

② 지구단위계획 또는 관계 법률에 따른 개발계획을 수립하지 아니하는 개발진흥지구에서는 해당 용도지역에서 허용되는 건축물을 건축할 수 있다(영 제79조 제2항).

(5) 고도지구 안에서의 건축제한

고도지구 안에서는 도시·군관리계획으로 정하는 높이를 초과하는 건축물을 건축할 수 없다(영 제74조).

(6) **취락지구 안에서의 건축제한**

① 자연취락지구 안에서 건축할 수 있는 건축물은 국토의 계획 및 이용에 관한 법령에 의한다(영 제78조 제1항 [별표 23]).

> **자연취락지구에서 건축할 수 있는 건축물** 제31회
>
> 자연취락지구에서 건축할 수 있는 건축물(4층 이하의 건축물에 한한다. 다만, 4층 이하의 범위 안에서 도시·군계획조례로 따로 층수를 정하는 경우에는 그 층수 이하의 건축물에 한한다)은 다음과 같다.
> 1. 「건축법 시행령」 [별표 1] 제1호의 단독주택
> 2. 「건축법 시행령」 [별표 1] 제3호의 제1종 근린생활시설
> 3. 「건축법 시행령」 [별표 1] 제4호의 제2종 근린생활시설[휴게음식점, 제과점 등 음료·차(茶)·음식·빵·떡·과자 등을 조리하거나 제조하여 판매하는 시설(바닥면적의 합계가 300m^2 이상인 것), 일반음식점, 제조업소·수리점 등 물품의 제조·가공·수리 등을 위한 시설(바닥면적의 합계가 500m^2 미만인 것), 단란주점(바닥면적의 합계가 150m^2 미만인 것), 안마시술소는 제외]
> 4. 「건축법 시행령」 [별표 1] 제13호의 운동시설
> 5. 「건축법 시행령」 [별표 1] 제18호 가목의 창고(농업·임업·축산업·수산업용만 해당)
> 6. 「건축법 시행령」 [별표 1] 제21호의 동물 및 식물 관련 시설
> 7. 「건축법 시행령」 [별표 1] 제23호의 교정시설
> 8. 「건축법 시행령」 [별표 1] 제23호의2의 국방·군사시설
> 9. 「건축법 시행령」 [별표 1] 제24호의 방송통신시설
> 10. 「건축법 시행령」 [별표 1] 제25호의 발전시설

② 보호취락지구 안에서 건축할 수 있는 건축물은 국토의 계획 및 이용에 관한 법령에 의한다(영 제78조 제1항 [별표 23의2]).

> **보호취락지구에서 건축할 수 있는 건축물**
>
> 보호취락지구에서 건축할 수 있는 건축물(4층 이하의 건축물에 한한다. 다만, 4층 이하의 범위 안에서 도시·군계획조례로 따로 층수를 정하는 경우에는 그 층수 이하의 건축물에 한한다)은 다음과 같다.
> 1. 「건축법 시행령」 [별표 1] 제1호의 단독주택
> 2. 「건축법 시행령」 [별표 1] 제3호의 제1종 근린생활시설
> 3. 「건축법 시행령」 [별표 1] 제4호의 제2종 근린생활시설[휴게음식점, 제과점 등 음료·차(茶)·음식·빵·떡·과자 등을 조리하거나 제조하여 판매하는 시설(바닥면적의 합계가 300m^2 이상인 것), 일반음식점, 제조업소·수리점 등 물품의 제조·가공·수리 등을 위한 시설(바닥면적의 합계가 500m^2 미만인 것), 단란주점(바닥면적의 합계가 150m^2 미만인 것), 안마시술소는 제외]

4. 「건축법 시행령」 [별표 1] 제13호의 운동시설
5. 「건축법 시행령」 [별표 1] 제18호 가목의 창고 중 다음에 해당하는 것
   ① 해당 용도에 쓰이는 바닥면적의 합계가 $200m^2$ 이하인 농업·임업·축산업·수산업용 창고
   ② 「농업협동조합법」, 「수산업협동조합법」 또는 「산림조합법」에 따라 설립된 조합이 설치·운영하는 농업·축산업·수산업·임업용 창고
6. 「건축법 시행령」 [별표 1] 제21호의 동물 및 식물 관련 시설 중 다음의 시설
   ① 작물 재배사
   ② 종묘배양시설
   ③ 화초 및 분재 등의 온실
7. 「건축법 시행령」 [별표 1] 제23호의 교정시설
8. 「건축법 시행령」 [별표 1] 제23호의2의 국방·군사시설
9. 「건축법 시행령」 [별표 1] 제24호의 방송통신시설
10. 「건축법 시행령」 [별표 1] 제25호의 발전시설

③ 집단취락지구 안에서의 건축제한에 관하여는 개발제한구역의 지정 및 관리에 관한 특별조치법령이 정하는 바에 의한다(영 제78조 제3항).

(7) 방재지구 안에서의 건축제한

방재지구 안에서는 풍수해·산사태·지반붕괴·지진, 그 밖에 재해예방에 장애가 된다고 인정하여 도시·군계획조례가 정하는 건축물을 건축할 수 없다. 다만, 특별시장·광역시장·특별자치시장·특별자치도지사·시장 또는 군수가 지구의 지정목적에 위배되지 아니하는 범위 안에서 도시·군계획조례가 정하는 기준에 적합하다고 인정하여 당해 지방자치단체에 설치된 도시계획위원회의 심의를 거친 경우에는 그러하지 아니하다(영 제75조).

(8) 특정용도제한지구 안에서의 건축제한

특정용도제한지구 안에서는 주거기능 및 교육환경을 훼손하거나 청소년 정서에 유해하다고 인정하여 도시·군계획조례가 정하는 건축물을 건축할 수 없다(영 제80조).

(9) 그 밖의 용도지구 안에서의 건축제한

위 (1)에서 (8)까지 규정된 용도지구 외의 용도지구 안에서의 건축제한에 관하여는 그 용도지구 지정의 목적달성에 필요한 범위 안에서 특별시·광역시·특별자치시·특별자치도·시 또는 군의 도시·군계획조례로 정한다(영 제82조).

3. 건축제한의 예외

(1) 용도지역·용도지구 안에서의 도시·군계획시설에 대하여는 용도지역·용도지구 안의 건축제한에 관한 규정을 적용하지 아니한다(영 제83조 제1항).

(2) 경관지구 또는 고도지구 안에서의 「건축법 시행령」에 따른 리모델링이 필요한 건축물에 대해서는 건축물의 높이·규모 등의 제한을 완화하여 제한할 수 있다(영 제83조 제2항).

> **예제**
>
> 국토의 계획 및 이용에 관한 법령상 자연취락지구 안에서 건축할 수 있는 건축물에 해당하지 않는 것은? (단, 4층 이하의 건축물이고, 조례는 고려하지 않음)   제31회
> ① 동물 전용의 장례식장 ② 단독주택 ③ 도축장
> ④ 마을회관 ⑤ 한의원
>
> **해설** ① 단독주택, 도축장(동물 및 식물 관련 시설), 마을회관(제1종 근린생활시설), 한의원(제1종 근린생활시설)은 자연취락지구에서 건축할 수 있는 건축물에 해당한다. 동물 전용의 장례식장은 자연취락지구에서 건축할 수 있는 건축물에 해당하지 않는다.   ▶ 정답 ①

06 용도구역 제28회, 제29회, 제30회, 제31회, 제32회, 제33회, 제34회, 제35회, 제36회

'용도구역'이란 토지의 이용 및 건축물의 용도·건폐율·용적률·높이 등에 대한 용도지역 및 용도지구의 제한을 강화하거나 완화하여 따로 정함으로써 시가지의 무질서한 확산방지, 계획적이고 단계적인 토지이용의 도모, 혁신적이고 복합적인 토지활용의 촉진, 토지이용의 종합적 조정·관리 등을 위하여 도시·군관리계획으로 결정하는 지역을 말한다(법 제2조 제17호).

1 개발제한구역

(1) **개발제한구역의 지정**

국토교통부장관은 도시의 무질서한 확산을 방지하고 도시주변의 자연환경을 보전하여 도시민의 건전한 생활환경을 확보하기 위하여 도시의 개발을 제한할 필요가 있거나 국방부장관의 요청이 있어 보안상 도시의 개발을 제한할 필요가 있다고 인정되면 개발제한구역의 지정 또는 변경을 도시·군관리계획으로 결정할 수 있다(법 제38조 제1항).

(2) **행위제한 등**

① 개발제한구역에서의 행위제한이나 그 밖에 개발제한구역의 관리에 필요한 사항은 따로 법률로 정한다(법 제80조).

② 개발제한구역 안에서의 건축제한은 「개발제한구역의 지정 및 관리에 관한 특별조치법」에서 정하는 바에 따른다(영 제83조 제3항 제1호).

2 도시자연공원구역

(1) 도시자연공원구역의 지정

시·도지사 또는 대도시 시장은 도시의 자연환경 및 경관을 보호하고 도시민에게 건전한 여가·휴식공간을 제공하기 위하여 도시지역 안에서 식생(植生)이 양호한 산지(山地)의 개발을 제한할 필요가 있다고 인정하면 도시자연공원구역의 지정 또는 변경을 도시·군관리계획으로 결정할 수 있다(법 제38조의2 제1항).

(2) 행위제한 등

① 도시자연공원구역에서의 행위제한 등 도시자연공원구역의 관리에 필요한 사항은 따로 법률로 정한다(법 제80조의2).
② 도시자연공원구역 안에서의 건축제한은 「도시공원 및 녹지 등에 관한 법률」에서 정하는 바에 따른다(영 제83조 제3항 제2호).

3 시가화조정구역

1. 지정권자

시·도지사는 직접 또는 관계 행정기관의 장의 요청을 받아 도시지역과 그 주변지역의 무질서한 시가화를 방지하고 계획적·단계적인 개발을 도모하기 위하여 대통령령으로 정하는 기간 동안 시가화를 유보할 필요가 있다고 인정되면 시가화조정구역의 지정 또는 변경을 도시·군관리계획으로 결정할 수 있다. 다만, 국가계획과 연계하여 시가화조정구역의 지정 또는 변경이 필요한 경우에는 국토교통부장관이 직접 시가화조정구역의 지정 또는 변경을 도시·군관리계획으로 결정할 수 있다(법 제39조 제1항).

2. 시가화유보기간

(1) 시가화조정구역을 지정 또는 변경하고자 하는 때에는 당해 도시지역과 그 주변지역의 인구의 동태, 토지의 이용상황, 산업발전상황 등을 고려하여 5년 이상 20년 이내의 범위 안에서 도시·군관리계획으로 시가화유보기간을 정하여야 한다(영 제32조 제1항·제2항).

(2) 시가화조정구역의 지정에 관한 도시·군관리계획의 결정은 시가화유보기간이 끝난 날의 다음 날부터 그 효력을 잃는다. 이 경우 국토교통부장관 또는 시·도지사는 대통령령으로 정하는 바에 따라 그 사실을 고시하여야 한다(법 제39조 제2항).

3. 지정의 효과(행위제한)

(1) 도시·군계획사업의 시행

시가화조정구역 안에서의 도시·군계획사업은 대통령령으로 정하는 사업(국방상 또는 공익상 시가화조정구역 안에서의 사업시행이 불가피한 것으로서 관계 중앙행정기관의 장의 요청에 의하여 국토교통부장관이 시가화조정구역의 지정 목적 달성에 지장이 없다고 인정하는 도시·군계획사업을 말한다)만 시행할 수 있다(법 제81조 제1항, 영 제87조).

(2) 허가사항

① **행위허가**: 시가화조정구역에서는 도시·군계획사업의 경우 외에는 다음의 어느 하나에 해당하는 행위에 한정하여 특별시장·광역시장·특별자치시장·특별자치도지사·시장 또는 군수의 허가를 받아 그 행위를 할 수 있다(법 제81조 제2항, 영 제88조 [별표 24]).

  ㉠ 농업·임업 또는 어업용의 건축물 중 다음의 건축물이나 그 밖의 시설을 건축하는 행위

  ⓐ 축사
  ⓑ 퇴비사
  ⓒ 잠실
  ⓓ 창고(저장 및 보관시설을 포함)
  ⓔ 생산시설(단순가공시설을 포함)
  ⓕ 관리용 건축물(기존 관리용 건축물의 면적을 포함하여 $33m^2$ 이하인 경우에 한함)
  ⓖ 양어장

  ㉡ 주민의 생활을 영위하는 데에 필요한 행위로서 다음의 행위

  ⓐ 주택 및 그 부속건축물의 건축으로서 다음에 해당하는 행위

  ⅰ) 주택의 증축(기존 주택의 면적을 포함하여 $100m^2$ 이하)
  ⅱ) 부속건축물의 건축(주택 또는 이에 준하는 건축물에 부속되는 것에 한하되, 기존 건축물의 면적을 포함하여 $33m^2$ 이하)

  ⓑ 마을공동시설의 설치로서 다음에 해당하는 행위

  ⅰ) 농로·제방 및 사방시설의 설치
  ⅱ) 새마을회관의 설치
  ⅲ) 기존 정미소(개인 소유의 것을 포함)의 증축 및 이축(시가화조정구역의 인접지에서 시행하는 공공사업으로 인하여 시가화조정구역 안으로 이전하는 경우를 포함)
  ⅳ) 정자 등 간이휴게소의 설치
  ⅴ) 농기계수리소 및 농기계용 유류판매소(개인 소유의 것을 포함)의 설치
  ⅵ) 선착장 및 물양장(소형선 부두)의 설치

ⓒ 공익시설·공용시설 및 공공시설 등의 설치로서 다음에 해당하는 행위

> ⅰ) 「공익사업을 위한 토지 등의 취득 및 보상에 관한 법률」 제4조에 해당하는 공익사업을 위한 시설의 설치
> ⅱ) 국가유산의 복원과 국가유산관리용 건축물의 설치
> ⅲ) 보건소, 경찰파출소, 119 안전센터, 우체국 및 읍·면·동사무소의 설치
> ⅳ) 공공도서관·전신전화국·직업훈련소·연구소·양수장·초소·대피소 및 공중 화장실과 예비군 운영에 필요한 시설의 설치
> ⅴ) 「농업협동조합법」에 의한 조합, 산림조합 및 수산업협동조합(어촌계를 포함)의 공동구판장·하치장 및 창고의 설치
> ⅵ) 사회복지시설의 설치
> ⅶ) 환경오염방지시설의 설치
> ⅷ) 교정시설의 설치
> ⅸ) 야외음악당 및 야외극장의 설치

ⓓ 광공업 등을 위한 건축물 및 공작물의 설치로서 일정한 행위
ⓔ 기존 건축물의 동일한 용도 및 규모 안에서의 개축·재축 및 대수선
ⓕ 시가화조정구역 안에서 허용되는 건축물의 건축 또는 공작물의 설치를 위한 공사용 가설건축물과 그 공사에 소요되는 블록·시멘트벽돌·쇄석·레미콘 및 아스콘 등을 생산하는 가설공작물의 설치
ⓖ 관계 법령에 의하여 적법하게 건축된 건축물의 용도를 시가화조정구역 안에서의 신축이 허용되는 건축물로 변경하는 행위 등 일정한 용도변경 행위
ⓗ 종교시설의 증축(새로운 대지조성은 허용되지 아니하며, 증축면적은 시가화조정구역 지정 당시의 종교시설 연면적의 200%를 초과할 수 없다)

ⓒ 입목의 벌채, 조림, 육림, 토석의 채취
ⓓ 토지의 합병 및 분할

② **사전협의**: 특별시장·광역시장·특별자치시장·특별자치도지사·시장 또는 군수는 허가를 하려면 미리 다음의 어느 하나에 해당하는 자와 협의하여야 한다(법 제81조 제3항).

> ㉠ 허가에 관한 권한이 있는 자
> ㉡ 허가대상행위와 관련이 있는 공공시설의 관리자
> ㉢ 허가대상행위에 따라 설치되는 공공시설을 관리하게 될 자

③ **행위허가의 기준**
  ㉠ 특별시장·광역시장·특별자치시장·특별자치도지사·시장 또는 군수는 시가화조정구역의 지정목적 달성에 지장이 있거나 당해 토지 또는 주변토지의 합리적인 이용에 지장이 있다고 인정되는 경우에는 허가를 하여서는 아니 된다(영 제89조 제1항).

ⓒ 시가화조정구역 안에 있는 산림 안에서의 입목의 벌채, 조림 및 육림의 허가기준에 관하여는 「산림자원의 조성 및 관리에 관한 법률」의 규정에 의한다(영 제89조 제2항).

ⓒ 특별시장·광역시장·특별자치시장·특별자치도지사·시장 또는 군수는 경미한 행위 등에 대하여는 특별한 사유가 없는 한 허가를 거부하여서는 아니 된다(영 제89조 제3항).

④ **조건부 허가**: 특별시장·광역시장·특별자치시장·특별자치도지사·시장 또는 군수는 허가를 함에 있어서 시가화조정구역의 지정목적상 필요하다고 인정되는 경우에는 조경 등 필요한 조치를 할 것을 조건으로 허가할 수 있다(영 제89조 제4항).

⑤ **의견청취**: 특별시장·광역시장·특별자치시장·특별자치도지사·시장 또는 군수는 허가를 하고자 하는 때에는 당해 행위가 도시·군계획사업의 시행에 지장을 주는지의 여부에 관하여 당해 시가화조정구역 안에서 시행되는 도시·군계획사업의 시행자의 의견을 들어야 한다(영 제89조 제5항).

(3) 위반자에 대한 조치

① **원상회복명령 등**: 시가화조정구역 안에서 허가를 받지 아니하고 건축물의 건축, 토지의 형질 변경 등의 행위를 하는 자에 대하여는 특별시장·광역시장·특별자치시장·특별자치도지사·시장 또는 군수는 원상회복을 명할 수 있고, 원상회복명령을 받은 자가 원상회복을 하지 아니하는 때에는 「행정대집행법」에 따른 행정대집행에 따라 원상회복을 할 수 있다(법 제81조 제4항, 제60조 제3항·제4항).

② **행정형벌**: 위반자에 대하여는 3년 이하의 징역 또는 3,000만원 이하의 벌금에 처한다(법 제140조 제2호).

(4) 의제사항

시가화조정구역 안에서 허가가 있는 경우에는 다음의 허가 또는 신고가 있는 것으로 본다(법 제81조 제5항).

① 「산지관리법」에 따른 산지전용허가 및 산지전용신고, 같은 법에 따른 산지일시사용허가·신고
② 「산림자원의 조성 및 관리에 관한 법률」에 따른 입목벌채 등의 허가·신고

4 수산자원보호구역

(1) 수산자원보호구역의 지정

해양수산부장관은 직접 또는 관계 행정기관의 장의 요청을 받아 수산자원을 보호·육성하기 위하여 필요한 공유수면이나 그에 인접한 토지에 대한 수산자원보호구역의 지정 또는 변경을 도시·군관리계획으로 결정할 수 있다(법 제40조).

(2) 행위제한

수산자원보호구역 안에서의 건축제한에 관하여는 「수산자원관리법」에서 정하는 바에 따른다(영 제83조 제3항).

> **예제**
>
> **국토의 계획 및 이용에 관한 법령상 용도구역의 지정에 관한 설명으로 옳은 것은?** 제24회
> ① 국토교통부장관은 개발제한구역의 지정을 도시·군기본계획으로 결정할 수 있다.
> ② 시·도지사는 도시자연공원구역의 지정을 광역도시계획으로 결정할 수 있다.
> ③ 시·도지사는 도시자연공원구역에서 해제되는 구역 중 계획적인 개발이 필요한 지역의 전부 또는 일부에 대하여 지구단위계획구역을 도시·군관리계획으로 지정할 수 있다.
> ④ 시·도지사는 수산자원보호구역의 변경을 도시·군기본계획으로 결정할 수 있다.
> ⑤ 국토교통부장관은 시가화조정구역의 변경을 광역도시계획으로 결정할 수 있다.
>
> **해설** ① 국토교통부장관은 개발제한구역의 지정을 도시·군관리계획으로 결정할 수 있다.
> ② 시·도지사는 도시자연공원구역의 지정을 도시·군관리계획으로 결정할 수 있다.
> ④ 해양수산부장관은 수산자원보호구역의 변경을 도시·군관리계획으로 결정할 수 있다.
> ⑤ 시·도지사는 직접 또는 관계 행정기관의 장의 요청을 받아 시가화조정구역의 지정 또는 변경을 도시·군관리계획으로 결정할 수 있다. 다만, 국가계획과 연계하여 시가화조정구역의 지정 또는 변경이 필요한 경우에는 국토교통부장관이 직접 시가화조정구역의 지정 또는 변경을 도시·군관리계획으로 결정할 수 있다.
>
> ▶ 정답 ③

5 도시혁신구역 제35회, 제36회

(1) 도시혁신구역의 지정

공간재구조화계획 결정권자는 다음의 어느 하나에 해당하는 지역을 도시혁신구역으로 지정할 수 있다(법 제40조의3 제1항).

> ① 도시·군기본계획에 따른 도심·부도심 또는 생활권의 중심지역
> ② 주요 기반시설과 연계하여 지역의 거점 역할을 수행할 수 있는 지역
> ③ 유휴토지 또는 대규모 시설의 이전부지

(2) 도시혁신계획

① **내용**: 도시혁신계획에는 도시혁신구역의 지정 목적을 이루기 위하여 다음에 관한 사항이 포함되어야 한다(법 제40조의3 제2항).

> ㉠ 용도지역·용도지구, 도시·군계획시설 및 지구단위계획의 결정에 관한 사항
> ㉡ 주요 기반시설의 확보에 관한 사항
> ㉢ 건축물의 건폐율·용적률·높이에 관한 사항
> ㉣ 건축물의 용도·종류 및 규모 등에 관한 사항
> ㉤ 다른 법률 규정 적용의 완화 또는 배제에 관한 사항
> ㉥ 도시혁신구역 내 개발사업 및 개발사업의 시행자 등에 관한 사항
> ㉦ 그 밖에 도시혁신구역의 체계적 개발과 관리에 필요한 사항

② **고려사항**: 도시혁신구역의 지정 및 변경과 도시혁신계획은 다음의 사항을 종합적으로 고려하여 공간재구조화계획으로 결정한다(법 제40조의3 제3항).

> ㉠ 도시혁신구역의 지정 목적
> ㉡ 해당 지역의 용도지역·기반시설 등 토지이용 현황
> ㉢ 도시·군기본계획 등 상위계획과의 부합성
> ㉣ 주변 지역의 기반시설, 경관, 환경 등에 미치는 영향 및 도시환경 개선·정비 효과
> ㉤ 도시의 개발 수요 및 지역에 미치는 사회적·경제적 파급효과

③ **지정제한**: 다른 법률에서 공간재구조화계획의 결정을 의제하고 있는 경우에도 이 법에 따르지 아니하고 도시혁신구역의 지정과 도시혁신계획을 결정할 수 없다(법 제40조의3 제4항).

④ **협의기간**: 공간재구조화계획 결정권자가 공간재구조화계획을 결정하기 위하여 관계 행정기관의 장과 협의하는 경우 협의 요청을 받은 기관의 장은 그 요청을 받은 날부터 10일(근무일 기준) 이내에 의견을 회신하여야 한다(법 제40조의3 제5항).

⑤ **수립기준**: 도시혁신구역의 지정 및 변경과 도시혁신계획의 수립 및 변경에 관한 세부적인 사항은 국토교통부장관이 정하여 고시한다(법 제40조의3 제7항).

(3) 도시혁신구역에서의 다른 법률의 적용 특례

① **개별적용**: 도시혁신구역에 대하여는 다음의 법률 규정에도 불구하고 도시혁신계획으로 따로 정할 수 있다(법 제83조의3 제1항).

> ㉠ 「주택법」에 따른 주택의 배치, 부대시설·복리시설의 설치기준 및 대지조성기준
> ㉡ 「주차장법」에 따른 부설주차장의 설치
> ㉢ 「문화예술진흥법」에 따른 건축물에 대한 미술작품의 설치
> ㉣ 「건축법」에 따른 공개공지 등의 확보
> ㉤ 「도시공원 및 녹지 등에 관한 법률」에 따른 도시공원 또는 녹지 확보기준
> ㉥ 「학교용지 확보 등에 관한 특례법」에 따른 학교용지의 조성·개발 기준

② **지정의제**: 도시혁신구역으로 지정된 지역은 「건축법」에 따른 특별건축구역으로 지정된 것으로 본다(법 제83조의3 제2항).

③ **특례적용**: 시·도지사 또는 시장·군수·구청장은 도시혁신구역에서 건축하는 건축물을 특별건축구역에서 적용배제 사항을 적용하여 건축할 수 있는 건축물에 포함시킬 수 있다(법 제83조의3 제3항).

④ **도시개발구역 지정의제**: 도시혁신구역의 지정·변경 및 도시혁신계획 결정의 고시는 「도시개발법」에 따른 개발계획의 내용에 부합하는 경우 도시개발구역의 지정 및 개발계획 수립의 고시로 본다. 이 경우 도시혁신계획에서 정한 시행자는 사업시행자 지정 요건 및 도시개발구역 지정 제안 요건 등을 갖춘 경우에 한정하여 같은 법에 따른 도시개발사업의 시행자로 지정된 것으로 본다(법 제83조의3 제4항).

6 복합용도구역

(1) 복합용도구역의 지정

공간재구조화계획 결정권자는 다음의 어느 하나에 해당하는 지역을 복합용도구역으로 지정할 수 있다(법 제40조의4 제1항).

① 산업구조 또는 경제활동의 변화로 복합적 토지이용이 필요한 지역
② 노후 건축물 등이 밀집하여 단계적 정비가 필요한 지역
③ 복합용도구역으로 지정하려는 지역이 둘 이상의 용도지역에 걸치는 경우로서 토지를 효율적으로 이용하기 위해 건축물의 용도, 종류 및 규모 등을 통합적으로 관리할 필요가 있는 지역

(2) 복합용도계획

① **내용**: 복합용도계획에는 복합용도구역의 지정 목적을 이루기 위하여 다음에 관한 사항이 포함되어야 한다(법 제40조의4 제2항).

㉠ 용도지역·용도지구, 도시·군계획시설 및 지구단위계획의 결정에 관한 사항
㉡ 주요 기반시설의 확보에 관한 사항
㉢ 건축물의 용도별 복합적인 배치비율 및 규모 등에 관한 사항
㉣ 건축물의 건폐율·용적률·높이에 관한 사항
㉤ 특별건축구역계획에 관한 사항
㉥ 그 밖에 복합용도구역의 체계적 개발과 관리에 필요한 사항

② **고려사항**: 복합용도구역의 지정 및 변경과 복합용도계획은 다음의 사항을 종합적으로 고려하여 공간재구조화계획으로 결정한다(법 제40조의4 제3항).

> ㉠ 복합용도구역의 지정 목적
> ㉡ 해당 지역의 용도지역·기반시설 등 토지이용 현황
> ㉢ 도시·군기본계획 등 상위계획과의 부합성
> ㉣ 주변 지역의 기반시설, 경관, 환경 등에 미치는 영향 및 도시환경 개선·정비 효과

③ **수립기준**: 복합용도구역의 지정 및 변경과 복합용도계획의 수립 및 변경에 관한 세부적인 사항은 국토교통부장관이 정하여 고시한다(법 제40조의4 제5항).

7 도시·군계획시설입체복합구역

(1) 도시·군계획시설입체복합구역의 지정

도시·군관리계획의 결정권자는 도시·군계획시설의 입체복합적 활용을 위하여 다음의 어느 하나에 해당하는 경우에 도시·군계획시설이 결정된 토지의 전부 또는 일부를 도시·군계획시설입체복합구역으로 지정할 수 있다(법 제40조의5 제1항).

> ㉠ 도시·군계획시설 준공 후 10년이 경과한 경우로서 해당 시설의 개량 또는 정비가 필요한 경우
> ㉡ 주변지역 정비 또는 지역경제 활성화를 위하여 기반시설의 복합적 이용이 필요한 경우
> ㉢ 첨단기술을 적용한 새로운 형태의 기반시설 구축 등이 필요한 경우
> ㉣ 그 밖에 효율적이고 복합적인 도시·군계획시설의 조성을 위하여 필요한 경우로서 대통령령으로 정하는 경우

(2) 완화적용

이 법 또는 다른 법률의 규정에도 불구하고 입체복합구역에서의 도시·군계획시설과 도시·군계획시설이 아닌 시설에 대한 건축물이나 그 밖의 시설의 용도·종류 및 규모 등의 제한, 건폐율, 용적률, 높이 등은 대통령령으로 정하는 범위에서 따로 정할 수 있다. 다만, 다른 법률에 따라 정하여진 건축제한, 건폐율, 용적률, 높이 등을 완화하는 경우에는 미리 관계 기관의 장과 협의하여야 한다(법 제40조의5 제2항).

(3) 완화비율

건폐율과 용적률은 용도지역별 최대한도의 200% 이하로 한다(법 제40조의5 제3항).

07 둘 이상의 용도지역 등에 걸치는 대지에 대한 행위제한 제24회

1 하나의 대지가 둘 이상의 용도지역에 걸치는 경우

하나의 대지가 둘 이상의 용도지역·용도지구 또는 용도구역(이하 '용도지역 등'이라 한다)에 걸치는 경우로서 각 용도지역 등에 걸치는 부분 중 가장 작은 부분의 규모가 $330m^2$(도로변에 띠 모양으로 지정된 상업지역에 걸쳐 있는 토지의 경우에는 $660m^2$) 이하인 경우에는 전체 대지의 건폐율 및 용적률은 각 부분이 전체 대지면적에서 차지하는 비율을 고려하여 다음의 구분에 따라 각 용도지역 등별 건폐율 및 용적률을 가중평균한 값을 적용하고, 그 밖의 건축제한 등에 관한 사항은 그 대지 중 가장 넓은 면적이 속하는 용도지역 등에 관한 규정을 적용한다(법 제84조 제1항, 영 제94조).

> ① 가중평균한 건폐율 = (f1 × 1 + f2 × 2 + ⋯ + fn × n) / 전체 대지면적
> 이 경우 f1부터 fn까지는 각 용도지역 등에 속하는 토지 부분의 면적을 말하고, ×1부터 ×n까지는 해당 토지 부분이 속하는 각 용도지역 등의 건폐율을 말하며, n은 용도지역 등에 걸치는 각 토지 부분의 총 개수를 말한다.
> ② 가중평균한 용적률 = (f1 × 1 + f2 × 2 + ⋯ + fn × n) / 전체 대지면적
> 이 경우 f1부터 fn까지는 각 용도지역 등에 속하는 토지 부분의 면적을 말하고, ×1부터 ×n까지는 해당 토지 부분이 속하는 각 용도지역 등의 용적률을 말하며, n은 용도지역 등에 걸치는 각 토지 부분의 총 개수를 말한다.

2 건축물이 고도지구에 걸치는 경우

건축물이 고도지구에 걸쳐 있는 경우에는 그 건축물 및 대지의 전부에 대하여 고도지구의 건축물 및 대지에 관한 규정을 적용한다(법 제84조 제1항 단서).

3 건축물이 방화지구에 걸치는 경우

하나의 건축물이 방화지구와 그 밖의 용도지역·용도지구 또는 용도구역에 걸쳐 있는 경우에는 그 전부에 대하여 방화지구의 건축물에 관한 규정을 적용한다. 다만, 그 경계가 방화벽으로 구획되는 경우 그 밖의 용도지역·용도지구 또는 용도구역에 있는 부분에 대하여는 그러하지 아니하다(법 제84조 제2항).

4 대지가 녹지지역에 걸치는 경우

하나의 대지가 녹지지역과 그 밖의 용도지역·용도지구 또는 용도구역에 걸쳐 있는 경우 [규모가 가장 작은 부분이 녹지지역으로서 해당 녹지지역이 330㎡(도로변에 띠 모양으로 지정된 상업지역에 걸쳐 있는 필지의 경우에는 660㎡) 이하인 경우는 제외]에는 각각의 용도지역·용도지구 또는 용도구역의 건축물 및 토지에 관한 규정을 적용한다. 다만, 녹지지역의 건축물이 고도지구 또는 방화지구에 걸쳐 있는 경우에는 위 2 나 3 에 따른다(법 제84조 제3항).

08 기반시설과 도시·군계획시설

1 기반시설의 설치·관리

(1) **기반시설의 종류** 제25회, 제26회, 제28회, 제32회, 제33회, 제35회

기반시설이라 함은 다음의 시설을 말한다(법 제2조 제6호, 영 제2조 제1항).

교통시설	도로·철도·항만·공항·주차장·자동차정류장·궤도·차량검사 및 면허시설
공간시설	광장·공원·녹지·유원지·공공공지
유통·공급시설	유통업무설비, 수도·전기·가스·열공급설비, 방송·통신시설, 공동구·시장, 유류저장 및 송유설비
공공·문화체육시설	학교·공공청사·문화시설·공공필요성이 인정되는 체육시설·연구시설·사회복지시설·공공직업훈련시설·청소년수련시설
방재시설	하천·유수지·저수지·방화설비·방풍설비·방수설비·사방설비·방조설비
보건위생시설	장사시설·도축장·종합의료시설
환경기초시설	하수도·폐기물처리 및 재활용시설·빗물저장 및 이용시설·수질오염방지시설·폐차장

(2) **도시·군계획시설** 제26회

기반시설 중 도시·군관리계획으로 결정된 시설을 말한다(법 제2조 제7호).

(3) **기반시설의 설치** 제25회, 제33회

① **원칙**: 지상·수상·공중·수중 또는 지하에 기반시설을 설치하려면 그 시설의 종류·명칭·위치·규모 등을 미리 도시·군관리계획으로 결정하여야 한다.

② **예외**: 용도지역·기반시설의 특성 등을 고려하여 대통령령으로 정하는 다음의 경우에는 그러하지 아니하다(법 제43조 제1항, 영 제35조 제1항).

㉠ 도시지역 또는 지구단위계획구역에서 다음의 기반시설을 설치하고자 하는 경우

> ⓐ 주차장, 차량 검사 및 면허시설, 공공공지, 열공급설비, 방송·통신시설, 시장·공공청사·문화시설·공공필요성이 인정되는 체육시설·연구시설·사회복지시설·공공직업 훈련시설·청소년수련시설·저수지·방화설비·방풍설비·방수설비·사방설비·방조설비·장사시설·종합의료시설·빗물저장 및 이용시설·폐차장
> ⓑ 「도시공원 및 녹지 등에 관한 법률」의 규정에 의하여 점용허가대상이 되는 공원 안의 기반시설
> ⓒ 그 밖에 국토교통부령으로 정하는 시설

㉡ 도시지역 및 지구단위계획구역 외의 지역에서 다음의 기반시설을 설치하고자 하는 경우

> ⓐ 위 ㉠의 기반시설 중 ⓐ, ⓑ에 해당하는 시설
> ⓑ 궤도 및 전기공급설비
> ⓒ 그 밖에 국토교통부령으로 정하는 시설

③ 효율적인 토지이용을 위하여 둘 이상의 도시·군계획시설을 같은 토지에 함께 결정하거나 도시·군계획시설이 위치하는 공간의 일부를 구획하여 도시·군계획시설을 결정할 수 있다(법 제43조 제2항).

(4) 도시·군계획시설의 설치기준

도시·군계획시설의 결정·구조 및 설치의 기준 등에 필요한 사항은 국토교통부령으로 정하고, 그 세부사항은 국토교통부령으로 정하는 범위에서 시·도의 조례로 정할 수 있다. 다만, 다른 법률에 특별한 규정이 있는 경우에는 그 법률에 따른다(법 제43조 제3항).

(5) 도시·군계획시설의 관리

설치한 도시·군계획시설의 관리에 관하여 이 법 또는 다른 법률에 특별한 규정이 있는 경우 외에는 국가가 관리하는 경우에는 대통령령(중앙관서의 장)으로, 지방자치단체가 관리하는 경우에는 그 지방자치단체의 조례로 도시·군계획시설의 관리에 관한 사항을 정한다(법 제43조 제4항, 영 제35조 제2항).

(6) 도시·군계획시설의 설치기준과 보상

도시·군계획시설을 공중·수중·수상 또는 지하에 설치하는 경우 그 높이나 깊이의 기준과 그 설치로 인하여 토지나 건물의 소유권 행사에 제한을 받는 자에 대한 보상 등에 관하여는 따로 법률로 정한다(법 제46조).

2 공동구의 설치·관리 제26회, 제28회, 제29회, 제31회, 제32회, 제35회, 제36회

(1) 공동구의 의의

공동구란 전기·가스·수도 등의 공급설비, 통신시설, 하수도시설 등 지하매설물을 공동 수용함으로써 미관의 개선, 도로구조의 보전 및 교통의 원활한 소통을 위하여 지하에 설치하는 시설물을 말한다(법 제2조 제9호).

(2) 공동구의 설치

① **공동구 설치의무자**: 다음에 해당하는 지역·지구·구역 등(이하 '지역 등'이라 한다)이 200만m²를 초과하는 경우에는 해당 지역 등에서 개발사업을 시행하는 자(이하 '사업시행자'라 한다)는 공동구를 설치하여야 한다(법 제44조 제1항, 영 제35조의2).

> ㉠ 「도시개발법」에 따른 도시개발구역
> ㉡ 「택지개발촉진법」에 따른 택지개발지구
> ㉢ 「경제자유구역의 지정 및 운영에 관한 특별법」에 따른 경제자유구역
> ㉣ 「도시 및 주거환경정비법」에 따른 정비구역
> ㉤ 그 밖에 대통령령으로 정하는 지역(영 제35조의2 제2항)
>   ⓐ 「공공주택 특별법」에 따른 공공주택지구
>   ⓑ 「도청이전을 위한 도시건설 및 지원에 관한 특별법」에 따른 도청이전신도시

② **타당성 검토**: 「도로법」에 따른 도로 관리청은 지하매설물의 빈번한 설치 및 유지관리 등의 행위로 인하여 도로구조의 보전과 안전하고 원활한 도로교통의 확보에 지장을 초래하는 경우에는 공동구 설치의 타당성을 검토하여야 한다. 이 경우 재정여건 및 설치 우선순위 등을 고려하여 단계적으로 공동구가 설치될 수 있도록 하여야 한다(법 제44조 제2항).

③ **수용의무**: 공동구가 설치된 경우에는 대통령령으로 정하는 바에 따라 공동구에 수용하여야 할 시설이 모두 수용되도록 하여야 한다(법 제44조 제3항).

④ **협의 및 심의**: 개발사업의 계획을 수립할 경우에는 공동구 설치에 관한 계획을 포함하여야 한다. 이 경우 공동구에 수용되어야 할 시설을 설치하고자 공동구를 점용하려는 자(이하 '공동구 점용예정자'라 한다)와 설치 노선 및 규모 등에 관하여 미리 협의한 후 공동구협의회의 심의를 거쳐야 한다(법 제44조 제4항).

⑤ **설치비용 부담**: 공동구의 설치(개량하는 경우를 포함)에 필요한 비용은 이 법 또는 다른 법률에 특별한 규정이 있는 경우를 제외하고는 공동구 점용예정자와 사업시행자가 부담한다. 이 경우 공동구 점용예정자는 해당 시설을 개별적으로 매설할 때 필요한 비용의 범위에서 대통령령으로 정하는 바에 따라 부담한다(법 제44조 제5항).

⑥ **설치비용의 보조 및 융자**: 공동구 점용예정자와 사업시행자가 공동구 설치비용을 부담하는 경우 국가, 특별시장·광역시장·특별자치시장·특별자치도지사·시장 또는 군수는 공동구의 원활한 설치를 위하여 그 비용의 일부를 보조 또는 융자할 수 있다(법 제44조 제6항).

(3) 공동구의 관리·운영 등

① **관리의무**: 공동구는 특별시장·광역시장·특별자치시장·특별자치도지사·시장 또는 군수(이하 '공동구관리자'라 한다)가 관리한다. 다만, 공동구의 효율적인 관리·운영을 위하여 필요하다고 인정하는 경우에는 대통령령으로 정하는 기관에 그 관리·운영을 위탁할 수 있다(법 제44조의2 제1항).

② **안전 및 유지관리계획**: 공동구관리자는 5년마다 해당 공동구의 안전 및 유지관리계획을 대통령령으로 정하는 바에 따라 수립·시행하여야 한다(법 제44조의2 제2항).

③ **안전점검**: 공동구관리자는 대통령령으로 정하는 바에 따라 1년에 1회 이상 공동구의 안전점검을 실시하여야 하며, 안전점검결과 이상이 있다고 인정되는 때에는 지체 없이 정밀안전진단·보수·보강 등 필요한 조치를 하여야 한다(법 제44조의2 제3항).

④ **공동구협의회**: 공동구관리자는 공동구의 설치·관리에 관한 주요 사항의 심의 또는 자문을 하게 하기 위하여 공동구협의회를 둘 수 있다. 이 경우 공동구협의회의 구성·운영 등에 필요한 사항은 대통령령으로 정한다(법 제44조의2 제4항).

⑤ **공동구협의회의 심의대상**: 공동구가 설치된 경우에는 가스관 및 하수도관의 시설은 공동구협의회의 심의를 거쳐 수용할 수 있다(영 제35조의3).

(4) 공동구의 관리비용

① **부담비율 등**: 공동구의 관리에 소요되는 비용은 그 공동구를 점용하는 자가 함께 부담하되, 부담비율은 점용면적을 고려하여 공동구관리자가 정하며, 관리비용은 연 2회로 분할하여 납부하게 하여야 한다(법 제44조의3 제1항, 영 제39조의3).

② **점용·사용허가**: 공동구 설치비용을 부담하지 아니한 자(부담액을 완납하지 아니한 자를 포함)가 공동구를 점용하거나 사용하려면 그 공동구를 관리하는 공동구관리자의 허가를 받아야 한다(법 제44조의3 제2항).

③ **점용·사용료 납부**: 공동구를 점용하거나 사용하는 자는 그 공동구를 관리하는 특별시·광역시·특별자치시·특별자치도·시 또는 군의 조례로 정하는 바에 따라 점용료 또는 사용료를 납부하여야 한다(법 제44조의3 제3항).

3 광역시설의 설치·관리 등 제28회, 제32회

(1) 광역시설의 의의

'광역시설'이란 기반시설 중 광역적인 정비체계가 필요한 다음의 시설로서 대통령령으로 정하는 시설을 말한다(법 제2조 제8호, 영 제3조).

> ① 둘 이상의 특별시·광역시·특별자치시·특별자치도·시 또는 군의 관할 구역에 걸쳐 있는 시설: 도로·철도·광장·녹지, 수도·전기·가스·열공급설비, 방송·통신시설, 공동구, 유류저장 및 송유설비, 하천·하수도(하수종말처리시설은 제외)
> ② 둘 이상의 특별시·광역시·특별자치시·특별자치도·시 또는 군이 공동으로 이용하는 시설: 항만·공항·자동차정류장·공원·유원지·유통업무설비·문화시설·공공필요성이 인정되는 체육시설·사회복지시설·공공직업훈련시설·청소년수련시설·유수지·장사시설·도축장·하수도(하수종말처리시설에 한한다)·폐기물처리 및 재활용시설·수질오염방지시설·폐차장

(2) 광역시설의 설치 및 관리

① **원칙**: 광역시설의 설치 및 관리는 도시·군계획시설의 설치·관리의 규정에 따른다(법 제45조 제1항).

② **예외**

  ⊙ 협약 체결 또는 협의회 구성: 관계 특별시장·광역시장·특별자치시장·특별자치도지사·시장 또는 군수는 협약을 체결하거나 협의회 등을 구성하여 광역시설을 설치·관리할 수 있다. 다만, 협약의 체결이나 협의회 등의 구성이 이루어지지 아니하는 경우 그 시 또는 군이 같은 도에 속할 때에는 관할 도지사가 광역시설을 설치·관리할 수 있다(법 제45조 제2항).

  ⓒ 법인의 설치·관리: 국가계획으로 설치하는 광역시설은 그 광역시설의 설치·관리를 사업목적 또는 사업종목으로 하여 다른 법률에 따라 설립된 법인이 설치·관리할 수 있다(법 제45조 제3항).

③ **자금의 지원**: 지방자치단체는 환경오염이 심하게 발생하거나 해당 지역의 개발이 현저하게 위축될 우려가 있는 광역시설을 다른 지방자치단체의 관할 구역에 설치할 때에는 대통령령으로 정하는 바에 따라 환경오염 방지를 위한 사업이나 해당 지역 주민의 편익을 증진시키기 위한 사업을 해당 지방자치단체와 함께 시행하거나 이에 필요한 자금을 해당 지방자치단체에 지원하여야 한다. 다만, 다른 법률에 특별한 규정이 있는 경우에는 그 법률에 따른다(법 제45조 제4항).

4 도시·군계획시설사업의 시행 제27회, 제28회, 제32회, 제33회, 제35회, 제36회

1. 도시·군계획시설사업의 의의

도시·군계획시설사업이란 도시·군계획시설을 설치·정비·개량하는 사업을 말한다(법 제2조 제10호).

2. 도시·군계획시설사업의 시행절차

🏠 도시·군계획시설사업의 시행 절차도

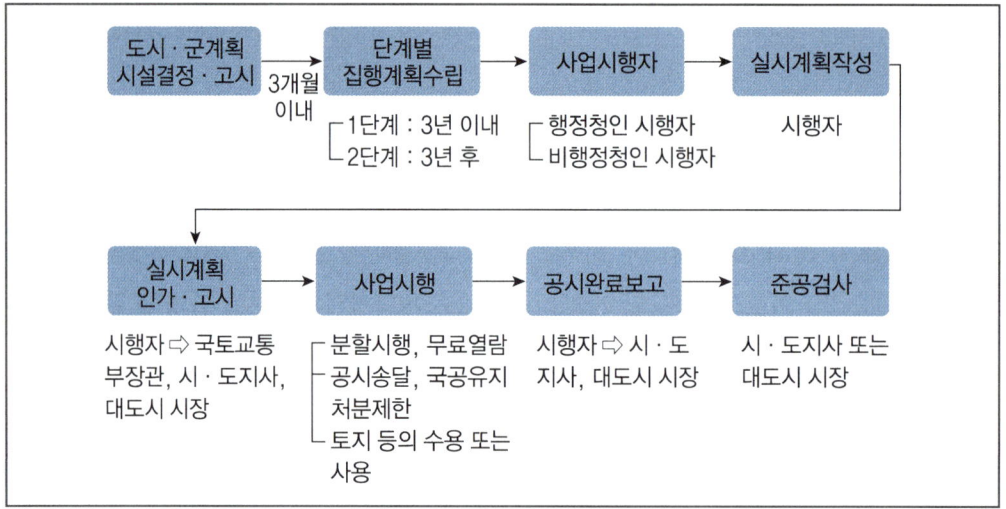

(1) 단계별 집행계획의 수립

① 수립권자

㉠ 원칙: 특별시장·광역시장·특별자치시장·특별자치도지사·시장 또는 군수는 도시·군계획시설에 대하여 도시·군계획시설결정의 고시일부터 3개월 이내에 대통령령으로 정하는 바에 따라 재원조달계획, 보상계획 등을 포함하는 단계별 집행계획을 수립하여야 한다. 다만, 대통령령으로 정하는 법률(도시 및 주거환경정비법, 도시재정비 촉진을 위한 특별법, 도시재생 활성화 및 지원에 관한 특별법)에 따라 도시·군관리계획의 결정이 의제되는 경우에는 해당 도시·군계획시설결정의 고시일부터 2년 이내에 단계별 집행계획을 수립할 수 있다(법 제85조 제1항, 영 제95조 제2항).

㉡ 예외: 국토교통부장관이나 도지사가 직접 입안한 도시·군관리계획인 경우 국토교통부장관이나 도지사는 단계별 집행계획을 수립하여 해당 특별시장·광역시장·특별자치시장·특별자치도지사·시장 또는 군수에게 송부할 수 있다(법 제85조 제2항).

② **단계별 집행계획의 구분**: 단계별 집행계획은 제1단계 집행계획과 제2단계 집행계획으로 구분하여 수립하되, 3년 이내에 시행하는 도시·군계획시설사업은 제1단계 집행계획에, 3년 후에 시행하는 도시·군계획시설사업은 제2단계 집행계획에 포함되도록 하여야 한다(법 제85조 제3항, 영 제95조 제3항).

제1단계 집행계획에 포함	3년 이내에 시행하는 도시·군계획시설사업
제2단계 집행계획에 포함	3년 후에 시행하는 도시·군계획시설사업
매년 제2단계 집행계획을 검토	특별시장·광역시장·특별자치시장·특별자치도지사·시장 또는 군수는 매년 제2단계 집행계획을 검토하여 3년 이내에 도시·군계획시설사업을 시행할 도시·군계획시설은 이를 제1단계 집행계획에 포함시킬 수 있음

③ **수립절차**

㉠ 협의 및 지방의회 의견청취: 특별시장·광역시장·특별자치시장·특별자치도지사·시장 또는 군수는 단계별 집행계획을 수립하고자 하는 때에는 미리 관계 행정기관의 장과 협의하여야 하며, 해당 지방의회의 의견을 들어야 한다(영 제95조 제1항).

㉡ 공고: 특별시장·광역시장·특별자치시장·특별자치도지사·시장 또는 군수는 단계별 집행계획을 수립하거나 송부받은 때에는 해당 지방자치단체의 공보와 인터넷 홈페이지에 게재하는 방법으로 하며, 필요한 경우 전국 또는 해당 지방자치단체를 주된 보급지역으로 하는 일간신문에 게재하는 방법이나 방송 등의 방법을 병행할 수 있다(법 제85조 제4항, 영 제95조 제4항).

(2) **도시·군계획시설사업의 시행자**

① **행정청인 시행자**

㉠ 원칙 – 특별시장·광역시장·특별자치시장·특별자치도지사·시장 또는 군수

ⓐ 특별시장·광역시장·특별자치시장·특별자치도지사·시장 또는 군수는 이 법 또는 다른 법률에 특별한 규정이 있는 경우 외에는 관할 구역의 도시·군계획시설사업을 시행한다(법 제86조 제1항).

ⓑ 도시·군계획시설사업이 둘 이상의 특별시·광역시·특별자치시·특별자치도·시 또는 군의 관할 구역에 걸쳐 시행되게 되는 경우에는 관계 특별시장·광역시장·특별자치시장·특별자치도지사·시장 또는 군수가 서로 협의하여 시행자를 정한다(법 제86조 제2항).

ⓒ 협의가 성립되지 아니하는 경우 도시·군계획시설사업을 시행하려는 구역이 같은 도의 관할 구역에 속하는 경우에는 관할 도지사가 시행자를 지정하고, 둘 이상의 시·도의 관할 구역에 걸치는 경우에는 국토교통부장관이 시행자를 지정한다(법 제86조 제3항).

- ⓛ 예외 - 국토교통부장관 또는 도지사
  - ⓐ 국토교통부장관은 국가계획과 관련되거나 그 밖에 특히 필요하다고 인정되는 경우에는 관계 특별시장·광역시장·특별자치시장·특별자치도지사·시장 또는 군수의 의견을 들어 직접 도시·군계획시설사업을 시행할 수 있다(법 제86조 제4항).
  - ⓑ 도지사는 광역도시계획과 관련되거나 특히 필요하다고 인정되는 경우에는 관계 시장 또는 군수의 의견을 들어 직접 도시·군계획시설사업을 시행할 수 있다(법 제86조 제4항).

② **비행정청인 시행자**
  - ㉠ 지정시행자: 국토교통부장관, 시·도지사, 시장·군수 외의 자는 대통령령으로 정하는 바에 따라 국토교통부장관, 시·도지사, 시장 또는 군수로부터 시행자로 지정을 받아 도시·군계획시설사업을 시행할 수 있다(법 제86조 제5항).
  - ㉡ 지정고시: 국토교통부장관, 시·도지사, 시장 또는 군수는 도시·군계획시설사업의 시행자를 지정한 경우에는 국토교통부령으로 정하는 바에 따라 그 지정 내용을 고시하여야 한다(법 제86조 제6항).
  - ㉢ 민간시행자의 지정요건: 다음에 해당하지 아니하는 자가 도시·군계획시설사업의 시행자로 지정을 받으려면 도시·군계획시설사업의 대상인 토지(국공유지는 제외) 면적의 3분의 2 이상에 해당하는 토지를 소유하고, 토지소유자 총수의 2분의 1 이상에 해당하는 자의 동의를 얻어야 한다(법 제86조 제7항, 영 제96조 제2항).

    - ⓐ 국가·지방자치단체
    - ⓑ 공공기관
    - ⓒ 「지방공기업법」에 의한 지방공사 및 지방공단
    - ⓓ 다른 법률에 의하여 도시·군계획시설사업이 포함된 사업의 시행자로 지정된 자
    - ⓔ 공공시설을 관리할 관리청에 무상으로 귀속되는 공공시설을 설치하려는 자
    - ⓕ 「국유재산법」 또는 「공유재산 및 물품 관리법」에 따라 기부를 조건으로 시설물을 설치하려는 자

③ **행정심판**: 이 법에 따른 도시·군계획시설사업 시행자의 처분에 대하여는 「행정심판법」에 따라 행정심판을 제기할 수 있다. 이 경우 행정청이 아닌 시행자의 처분에 대하여는 그 시행자를 지정한 자에게 행정심판을 제기하여야 한다(법 제134조).

(3) **실시계획**

① **실시계획의 작성**

㉠ 도시·군계획시설사업의 시행자는 다음의 사항이 포함된 도시·군계획시설사업에 관한 실시계획을 작성하여야 한다(법 제88조 제1항, 영 제97조 제1항).

> ⓐ 사업의 종류 및 명칭
> ⓑ 사업의 면적 또는 규모
> ⓒ 사업시행자의 성명 및 주소(법인인 경우에는 법인의 명칭 및 소재지와 대표자의 성명 및 주소)
> ⓓ 사업의 착수예정일 및 준공예정일

㉡ 실시계획에는 사업시행에 필요한 설계도서, 자금계획, 시행기간, 그 밖에 대통령령으로 정하는 사항(제4항에 따라 실시계획을 변경하는 경우에는 변경되는 사항에 한정)을 자세히 밝히거나 첨부하여야 한다(법 제88조 제5항).

㉢ 도시·군계획시설사업의 시행자로 지정을 받은 자(비행정청인 시행자)는 실시계획을 작성하고자 하는 때에는 미리 당해 특별시장·광역시장·특별자치시장·특별자치도지사·시장 또는 군수의 의견을 들어야 한다(영 제97조 제4항).

㉣ 도시·군계획시설사업을 분할시행하는 때에는 분할된 지역별로 실시계획을 작성할 수 있다(영 제97조 제5항).

② **실시계획의 인가**

㉠ 인가권자: 도시·군계획시설사업의 시행자(국토교통부장관, 시·도지사와 대도시 시장은 제외)는 실시계획을 작성하면 대통령령(국토교통부장관이 지정한 시행자는 국토교통부장관의 인가를 받아야 하며, 그 밖의 시행자는 시·도지사 또는 대도시 시장의 인가를 받아야 한다)으로 정하는 바에 따라 국토교통부장관, 시·도지사 또는 대도시 시장의 인가를 받아야 한다. 다만, 준공검사를 받은 후에 해당 도시·군계획시설사업에 대하여 국토교통부령으로 정하는 경미한 사항을 변경하기 위하여 실시계획을 작성하는 경우에는 국토교통부장관, 시·도지사 또는 대도시 시장의 인가를 받지 아니한다(법 제88조 제2항, 영 제97조 제2항).

㉡ 조건부 인가: 국토교통부장관, 시·도지사 또는 대도시 시장은 도시·군계획시설사업의 시행자가 작성한 실시계획이 도시·군계획시설의 결정·구조 및 설치의 기준 등에 맞다고 인정하는 경우에는 실시계획을 인가하여야 한다. 이 경우 국토교통부장관, 시·도지사 또는 대도시 시장은 기반시설의 설치나 그에 필요한 용지의 확보, 위해 방지, 환경오염 방지, 경관 조성, 조경 등의 조치를 할 것을 조건으로 실시계획을 인가할 수 있다(법 제88조 제3항).

ⓒ **이행보증금 예치**: 특별시장·광역시장·특별자치시장·특별자치도지사·시장 또는 군수는 기반시설의 설치나 그에 필요한 용지의 확보, 위해 방지, 환경오염 방지, 경관 조성, 조경 등을 위하여 필요하다고 인정되는 경우로서 대통령령으로 정하는 경우에는 그 이행을 담보하기 위하여 도시·군계획시설사업의 시행자에게 이행보증금을 예치하게 할 수 있다. 다만, 다음의 어느 하나에 해당하는 자에 대하여는 그러하지 아니하다(법 제89조 제1항).

> ⓐ 국가·지방자치단체
> ⓑ 대통령령으로 정하는 공공기관
> ⓒ 「지방공기업법」에 의한 지방공사 및 지방공단

ⓔ **경미한 변경**: 인가받은 실시계획을 변경하거나 폐지하는 경우에는 인가를 받아야 한다. 다만, 국토교통부령으로 정하는 경미한 사항을 변경하는 경우에는 그러하지 아니하다(법 제88조 제4항).

> **넓혀 보기** 🔍
>
> **국토교통부령으로 정하는 경미한 사항**(규칙 제16조)
> 1. 사업명칭을 변경하는 경우
> 2. 구역경계의 변경이 없는 범위 안에서 행하는 건축물의 연면적(구역경계 안에 「건축법 시행령」 별표 1에 따른 용도를 기준으로 그 용도가 동일한 건축물이 2개 이상 있는 경우에는 각 건축물의 연면적을 모두 합산한 면적을 말한다) 10% 미만의 변경과 「학교시설사업 촉진법」에 의한 학교시설의 변경인 경우
> 3. 다음의 공작물을 설치하는 경우
>   ① 도시지역 또는 지구단위계획구역에 설치되는 공작물로서 무게는 50톤, 부피는 50m^3, 수평투영면적은 50m^2를 각각 넘지 않는 공작물
>   ② 도시지역·자연환경보전지역 및 지구단위계획구역 외의 지역에 설치되는 공작물로서 무게는 150톤, 부피는 150m^3, 수평투영면적은 150m^2를 각각 넘지 않는 공작물
> 4. 기존 시설의 일부 또는 전부에 대한 용도변경을 수반하지 않는 대수선·재축 및 개축인 경우
> 5. 도로의 포장 등 기존 도로의 면적·위치 및 규모의 변경을 수반하지 아니하는 도로의 개량인 경우
> 6. 구역경계의 변경이 없는 범위에서 측량결과에 따라 면적을 변경하는 경우

③ **실시계획의 인가절차**

㉠ 국토교통부장관, 시·도지사 또는 대도시 시장은 실시계획을 인가하려면 미리 대통령령으로 정하는 바에 따라 그 사실을 공고하고, 관계 서류의 사본을 14일 이상 일반이 열람할 수 있도록 하여야 한다(법 제90조 제1항).

㉡ 도시·군계획시설사업의 시행지구의 토지·건축물 등의 소유자 및 이해관계인은 열람기간 이내에 국토교통부장관, 시·도지사, 대도시 시장 또는 도시·군계획시설사업의 시행자에게 의견서를 제출할 수 있으며, 국토교통부장관, 시·도지사, 대도시 시장 또는 도시·군계획시설사업의 시행자는 제출된 의견이 타당하다고 인정되면 그 의견을 실시계획에 반영하여야 한다(법 제90조 제2항).

④ **실시계획의 고시**: 국토교통부장관, 시·도지사 또는 대도시 시장은 실시계획을 작성(변경작성을 포함한다), 인가(변경인가를 포함한다), 폐지하거나 실시계획이 효력을 잃은 경우에는 대통령령으로 정하는 바에 따라 그 내용을 고시하여야 한다(법 제91조).

⑤ **인·허가 등의 의제**: 국토교통부장관, 시·도지사 또는 대도시 시장이 실시계획을 작성 또는 변경작성하거나 인가 또는 변경인가를 할 때에 그 실시계획에 대한 다음의 인·허가 등에 관하여 관계 행정기관의 장과 협의한 사항에 대하여는 해당 인·허가 등을 받은 것으로 보며, 실시계획을 고시한 경우에는 관계 법률에 따른 인·허가 등의 고시·공고 등이 있는 것으로 본다(법 제92조 제1항).

> ㉠ 「건축법」에 따른 건축허가, 같은 법에 따른 건축신고 및 같은 법에 따른 가설건축물 건축의 허가 또는 신고
> ㉡ 「산업집적활성화 및 공장설립에 관한 법률」에 따른 공장설립 등의 승인
> ㉢ 「공유수면 관리 및 매립에 관한 법률」에 따른 공유수면의 점용·사용허가, 같은 법에 따른 점용·사용 실시계획의 승인 또는 신고, 같은 법에 따른 공유수면의 매립면허, 같은 법에 따른 국가 등이 시행하는 매립의 협의 또는 승인 및 같은 법에 따른 공유수면매립실시계획의 승인
> ㉣ 「광업법」에 따른 채굴계획의 인가
> ㉤ 「국유재산법」에 따른 사용·수익의 허가
> ㉥ 「농어촌정비법」에 따른 농업생산기반시설의 사용 허가
> ㉦ 「농지법」에 따른 농지전용의 허가 또는 협의, 같은 법에 따른 농지전용의 신고 및 같은 법에 따른 농지의 타용도 일시 사용의 허가 또는 협의
> ㉧ 「도로법」에 따른 도로관리청이 아닌 자에 대한 도로공사 시행의 허가 및 같은 법에 따른 도로의 점용 허가
> ㉨ 「장사 등에 관한 법률」에 따른 무연분묘의 개장허가
> ㉩ 「사도법」에 따른 사도 개설의 허가
> ㉪ 「사방사업법」에 따른 토지의 형질 변경 등의 허가 및 같은 법에 따른 사방지 지정의 해제
> ㉫ 「산지관리법」에 따른 산지전용허가 및 산지전용신고, 같은 법에 따른 산지일시사용허가·신고, 같은 법에 따른 토석채취허가, 같은 법에 따른 토사채취신고 및 「산림자원의 조성 및 관리에 관한 법률」에 따른 입목벌채 등의 허가·신고
> 이하 생략

⑥ **사전협의**: 국토교통부장관, 시·도지사 또는 대도시 시장은 실시계획을 작성 또는 변경작성하거나 인가 또는 변경인가할 때에 그 내용에 위 ⑤의 어느 하나에 해당하는 사항이 있으면 미리 관계 행정기관의 장과 협의하여야 한다(법 제92조 제3항).

⑦ **실효**: 도시·군계획시설결정의 고시일부터 10년 이후에 위 ①의 ㉠ 또는 위 ②의 ㉠에 따라 실시계획을 작성하거나 인가(다른 법률에 따라 의제된 경우는 제외한다)받은 도시·군계획시설사업의 시행자가 실시계획 고시일부터 5년 이내에 「공익사업을 위한 토지 등의 취득 및 보상에 관한 법률」에 따른 재결신청을 하지 아니한 경우에는 실시계획 고시일부터 5년이 지난 다음 날에 그 실시계획은 효력을 잃는다. 다만, 장기미집행 도시·군계획시설사업의 시행자가 재결신청을 하지 아니하고 실시계획 고시일부터 5년이 지나기 전에 해당 도시·군계획시설사업에 필요한 토지 면적의 3분의 2 이상을 소유하거나 사용할 수 있는 권원을 확보하고 실시계획 고시일부터 7년 이내에 재결신청을 하지 아니한 경우 실시계획 고시일부터 7년이 지난 다음 날에 그 실시계획은 효력을 잃는다(법 제88조 제7항).

⑧ **고시**: 실시계획이 폐지되거나 효력을 잃은 경우 해당 도시·군계획시설결정은 다음에서 정한 날 효력을 잃는다. 이 경우 시·도지사 또는 대도시 시장은 대통령령으로 정하는 바에 따라 지체 없이 그 사실을 고시하여야 한다(법 제88조 제9항).

> ㉠ 도시·군계획시설결정의 고시일부터 20년이 되기 전에 실시계획이 폐지되거나 효력을 잃고 다른 도시·군계획시설사업이 시행되지 아니하는 경우: 도시·군계획시설결정의 고시일부터 20년이 되는 날의 다음 날
> ㉡ 도시·군계획시설결정의 고시일부터 20년이 되는 날의 다음 날 이후 실시계획이 폐지되거나 효력을 잃은 경우: 실시계획이 폐지되거나 효력을 잃은 날

(4) 사업시행을 위한 조치

① **사업의 분할시행**: 도시·군계획시설사업의 시행자는 도시·군계획시설사업을 효율적으로 추진하기 위하여 필요하다고 인정되면 사업시행대상지역 또는 대상시설을 둘 이상으로 분할하여 도시·군계획시설사업을 시행할 수 있다(법 제87조).

② **서류의 무료 열람**: 도시·군계획시설사업의 시행자는 도시·군계획시설사업을 시행하기 위하여 필요하면 등기소나 그 밖의 관계 행정기관의 장에게 필요한 서류의 열람 또는 복사나 그 등본 또는 초본의 발급을 무료로 청구할 수 있다(법 제93조).

③ **서류의 공시송달**
   ㉠ 도시·군계획시설사업의 시행자는 이해관계인에게 서류를 송달할 필요가 있으나 이해관계인의 주소 또는 거소(居所)가 불분명하거나 그 밖의 사유로 서류를 송달할 수 없는 경우에는 대통령령으로 정하는 바에 따라 그 서류의 송달을 갈음하여 그 내용을 공시할 수 있다(법 제94조 제1항).
   ㉡ 행정청이 아닌 도시·군계획시설사업의 시행자는 공시송달을 하려는 경우에는 국토교통부장관, 관할 시·도지사 또는 대도시 시장의 승인을 받아야 한다(영 제101조).
   ㉢ 서류의 공시송달에 관하여는 「민사소송법」의 공시송달의 예에 따른다(법 제94조 제2항).

④ **토지 등의 수용 및 사용**
　㉠ 수용 및 사용: 도시·군계획시설사업의 시행자는 도시·군계획시설사업에 필요한 다음의 물건 또는 권리를 수용하거나 사용할 수 있다(법 제95조 제1항).

> ⓐ 토지·건축물 또는 그 토지에 정착된 물건
> ⓑ 토지·건축물 또는 그 토지에 정착된 물건에 관한 소유권 외의 권리

　㉡ 일시 사용: 도시·군계획시설사업의 시행자는 사업시행을 위하여 특히 필요하다고 인정되면 도시·군계획시설에 인접한 다음의 물건 또는 권리를 일시 사용할 수 있다(법 제95조 제2항).

> ⓐ 토지·건축물 또는 그 토지에 정착된 물건
> ⓑ 토지·건축물 또는 그 토지에 정착된 물건에 관한 소유권 외의 권리

⑤ **「공익사업을 위한 토지 등의 취득 및 보상에 관한 법률」을 준용**
　㉠ 준용규정: 수용 및 사용에 관하여는 이 법에 특별한 규정이 있는 경우 외에는 「공익사업을 위한 토지 등의 취득 및 보상에 관한 법률」을 준용한다(법 제96조 제1항).
　㉡ 특례규정
　　ⓐ 사업인정 및 고시의 의제: 실시계획을 고시한 경우에는 「공익사업을 위한 토지 등의 취득 및 보상에 관한 법률」에 따른 사업인정 및 그 고시가 있었던 것으로 본다(법 제96조 제2항).
　　ⓑ 재결 신청기간: 재결 신청은 「공익사업을 위한 토지 등의 취득 및 보상에 관한 법률」의 규정(사업인정 및 고시가 있은 날부터 1년 이내)에도 불구하고 실시계획에서 정한 도시·군계획시설사업의 시행기간에 하여야 한다(법 제96조 제2항).

⑥ **국공유지의 처분제한**
　㉠ 도시·군관리계획결정을 고시한 경우에는 국공유지로서 도시·군계획시설사업에 필요한 토지는 그 도시·군관리계획으로 정하여진 목적 외의 목적으로 매각하거나 양도할 수 없다(법 제97조 제1항).
　㉡ 처분제한 규정을 위반한 행위는 무효로 한다(법 제97조 제2항).

(5) **공사완료**

① **공사완료보고서의 작성**: 도시·군계획시설사업의 시행자(국토교통부장관, 시·도지사와 대도시 시장은 제외)는 도시·군계획시설사업의 공사를 마친 때에는 국토교통부령(공사를 완료한 날부터 7일 이내)으로 정하는 바에 따라 공사완료보고서를 작성하여 시·도지사나 대도시 시장의 준공검사를 받아야 한다(법 제98조 제1항).

② **준공검사**: 시·도지사나 대도시 시장은 공사완료보고서를 받으면 지체 없이 준공검사를 하여야 한다(법 제98조 제2항).

③ **공사완료의 공고**
　㉠ 원칙: 시·도지사나 대도시 시장은 준공검사를 한 결과 실시계획대로 완료되었다고 인정되는 경우에는 도시·군계획시설사업의 시행자에게 준공검사증명서를 발급하고 공사완료 공고를 하여야 한다(법 제98조 제3항).
　㉡ 예외: 국토교통부장관, 시·도지사 또는 대도시 시장인 도시·군계획시설사업의 시행자는 도시·군계획시설사업의 공사를 마친 때에는 공사완료 공고를 하여야 한다(법 제98조 제4항).

④ **준공검사 등의 의제**: 준공검사를 하거나 공사완료 공고를 할 때에 국토교통부장관, 시·도지사 또는 대도시 시장이 의제되는 인·허가 등에 따른 준공검사·준공인가 등에 관하여 관계 행정기관의 장과 협의한 사항에 대하여는 그 준공검사·준공인가 등을 받은 것으로 본다(법 제98조 제5항).

3. 공공시설 등의 귀속

도시·군계획시설사업에 의하여 새로 공공시설을 설치하거나 기존의 공공시설에 대체되는 공공시설을 설치한 경우에는 법 제65조(개발행위에 따른 공공시설 등의 귀속)를 준용한다. 이 경우 '준공검사를 마친 때'는 '준공검사를 마친 때(시행자가 국토교통부장관, 시·도지사 또는 대도시 시장인 경우에는 공사완료 공고를 한 때를 말한다)'로 보고, '준공검사를 받았음을 증명하는 서면'은 '준공검사증명서(시행자가 국토교통부장관, 시·도지사 또는 대도시 시장인 경우에는 공사완료 공고를 하였음을 증명하는 서면을 말한다)'로 본다(법 제99조).

4. 조성된 대지·건축물의 처분순위

도시·군계획시설사업으로 조성된 대지와 건축물 중 국가나 지방자치단체의 소유에 속하는 재산을 처분하려면 「국유재산법」과 「공유재산 및 물품 관리법」에도 불구하고 대통령령으로 정하는 바에 따라 다음의 순위에 따라 처분할 수 있다(법 제100조).

① 해당 도시·군계획시설사업의 시행으로 수용된 토지 또는 건축물 소유자에의 양도
② 다른 도시·군계획시설사업에 필요한 토지와의 교환

5 장기미집행 도시·군계획시설부지의 매수청구 제25회, 제26회, 제27회, 제32회

(1) 매수청구권자 및 매수의무자

① **매수청구권자**: 도시·군계획시설에 대한 도시·군관리계획의 결정(이하 '도시·군계획시설결정'이라 한다)의 고시일부터 10년 이내에 그 도시·군계획시설의 설치에 관한 도시·군계획시설사업이 시행되지 아니하는 경우(실시계획의 인가나 그에 상당하는 절차가 진행된 경우는 제외) 그 도시·군계획시설의 부지로 되어 있는 토지 중 지목(地目)이 대(垈)인 토지(그 토지에 있는 건축물 및 정착물을 포함)의 소유자(법 제47조 제1항)이다.

② **매수의무자**
  ㉠ 특별시장·광역시장·특별자치시장·특별자치도지사·시장 또는 군수
  ㉡ 이 법에 따라 해당 도시·군계획시설사업의 시행자가 정하여진 경우에는 그 시행자
  ㉢ 이 법 또는 다른 법률에 따라 도시·군계획시설을 설치하거나 관리하여야 할 의무가 있는 자가 있으면 그 의무가 있는 자. 이 경우 도시·군계획시설을 설치하거나 관리하여야 할 의무가 있는 자가 서로 다른 경우에는 설치하여야 할 의무가 있는 자

(2) 매수신청

토지의 매수를 청구하고자 하는 자는 국토교통부령이 정하는 도시·군계획시설부지매수청구서(전자문서로 된 청구서를 포함)에 대상 토지 및 건물에 대한 등기사항증명서를 첨부하여 매수의무자에게 제출하여야 한다. 다만, 매수의무자는 「전자정부법」에 따른 행정정보의 공동이용을 통하여 대상 토지 및 건물에 대한 등기부등본을 확인할 수 있는 경우에는 그 확인으로 첨부서류를 갈음하여야 한다(영 제41조 제1항).

(3) 매수절차

① **매수 여부의 결정**: 매수의무자는 매수청구를 받은 날부터 6개월 이내에 매수 여부를 결정하여 토지소유자와 특별시장·광역시장·특별자치시장·특별자치도지사·시장 또는 군수(매수의무자가 특별시장·광역시장·특별자치시장·특별자치도지사·시장 또는 군수인 경우는 제외)에게 알려야 하며, 매수하기로 결정한 토지는 매수 결정을 알린 날부터 2년 이내에 매수하여야 한다(법 제47조 제6항).

② **토지의 매수가격**: 매수청구된 토지의 매수가격·매수절차 등에 관하여 이 법에 특별한 규정이 있는 경우 외에는 「공익사업을 위한 토지 등의 취득 및 보상에 관한 법률」을 준용한다(법 제47조 제4항).

(4) 매수방법

① **원칙**: 매수의무자는 매수청구를 받은 토지를 매수하는 때에는 현금으로 그 대금을 지급한다(법 제47조 제2항 본문).

② **예외**: 다음에 해당하는 경우로서 매수의무자가 지방자치단체인 경우에는 채권(이하 '도시·군계획시설채권'이라 한다)을 발행하여 지급할 수 있다(법 제47조 제2항 단서, 영 제41조 제4항).

> ㉠ 토지소유자가 원하는 경우
> ㉡ 대통령령으로 정하는 부재부동산 소유자의 토지 또는 비업무용 토지로서 매수대금이 3,000만원을 초과하는 경우 그 초과하는 금액을 지급하는 경우

③ **상환기간·이율**: 도시·군계획시설채권의 상환기간은 10년 이내로 하며, 그 이율은 채권 발행 당시 「은행법」에 따른 인가를 받은 은행 중 전국을 영업으로 하는 은행이 적용하는 1년 만기 정기예금금리의 평균 이상이어야 하며, 구체적인 상환기간과 이율은 특별시·광역시·특별자치시·특별자치도·시 또는 군의 조례로 정한다(법 제47조 제3항).

④ **준용법률**: 도시·군계획시설채권의 발행절차나 그 밖에 필요한 사항에 관하여 이 법에 특별한 규정이 있는 경우 외에는 「지방재정법」에서 정하는 바에 따른다(법 제47조 제5항).

(5) 매수거부 또는 지연 시 조치

매수청구를 한 토지의 소유자는 매수의무자가 매수하지 아니하기로 결정한 경우 또는 매수결정을 알린 날부터 2년이 지날 때까지 해당 토지를 매수하지 아니하는 경우 허가를 받아 다음의 건축물 또는 공작물을 설치할 수 있다. 이 경우 지구단위계획구역에서의 건축 등, 개발행위허가의 기준과 도시·군계획시설부지에서의 개발행위 규정은 적용하지 아니한다(법 제47조 제7항, 영 제41조 제5항).

> ① 단독주택으로서 3층 이하인 것
> ② 제1종 근린생활시설로서 3층 이하인 것
> ③ 제2종 근린생활시설(단란주점, 안마시술소, 노래연습장 및 다중생활시설은 제외)로서 3층 이하인 것
> ④ 공작물

예제

국토의 계획 및 이용에 관한 법령상 도시·군계획시설에 관한 설명으로 틀린 것은? (단, 조례는 고려하지 않음) 제32회

① 도시·군계획시설 부지의 매수의무자인 지방공사는 도시·군계획시설채권을 발행하여 그 대금을 지급할 수 있다.
② 도시·군계획시설 부지의 매수의무자는 매수하기로 결정한 토지를 매수 결정을 알린 날부터 2년 이내에 매수하여야 한다.
③ 200만m^2를 초과하는 「도시개발법」에 따른 도시개발구역에서 개발사업을 시행하는 자는 공동구를 설치하여야 한다.
④ 국가계획으로 설치하는 광역시설은 그 광역시설의 설치·관리를 사업종목으로 하여 다른 법률에 따라 설립된 법인이 설치·관리할 수 있다.
⑤ 도시·군계획시설채권의 상환기간은 10년 이내로 한다.

해설 ① 도시·군계획시설 부지의 매수의무자가 지방자치단체인 경우에 도시·군계획시설채권을 발행하여 그 대금을 지급할 수 있다. 지방공사는 지방자치단체가 아니므로 도시·군계획시설 부지의 매수의무자인 지방공사는 도시·군계획시설채권을 발행하여 그 대금을 지급할 수 없다. ▶ 정답 ①

6 도시·군계획시설결정의 실효 등 제28회, 제29회, 제30회, 제35회

1. 실효사유

도시·군계획시설결정이 고시된 도시·군계획시설에 대하여 그 고시일부터 20년이 지날 때까지 그 시설의 설치에 관한 도시·군계획시설사업이 시행되지 아니하는 경우 그 도시·군계획시설결정은 그 고시일부터 20년이 되는 날의 다음 날에 그 효력을 잃는다(법 제48조 제1항).

2. 실효고시

도시·군계획시설결정이 효력을 잃으면 국토교통부장관이 하는 경우에는 관보와 국토교통부의 인터넷 홈페이지에, 시·도지사 또는 대도시 시장이 하는 경우에는 해당 시·도 또는 대도시의 공보와 인터넷 홈페이지에 실효일자, 실효사유, 실효된 도시·군계획의 내용을 게재하는 방법으로 지체 없이 그 사실을 고시하여야 한다(법 제48조 제2항, 영 제42조 제1항).

3. 지방의회의 해제권고 등

(1) 미집행 도시·군계획시설의 보고

① 특별시장·광역시장·특별자치시장·특별자치도지사·시장 또는 군수는 도시·군계획시설결정이 고시된 도시·군계획시설(국토교통부장관이 결정·고시한 도시·군계획시설 중 관계 중앙행정기관의 장이 직접 설치하기로 한 시설은 제외)을 설치할 필요성이 없어진 경우 또는 그 고시일부터 10년이 지날 때까지 해당 시설의 설치에 관한 도시·군계획시설사업이 시행되지 아니하는 경우에는 대통령령으로 정하는 바에 따라 그 현황과 단계별 집행계획을 해당 지방의회의 정례회 또는 임시회의 기간 중에 보고하여야 한다(법 제48조 제3항, 영 제42조 제2항).

② 지방자치단체의 장은 지방의회에 보고한 장기미집행 도시·군계획시설 등 중 도시·군계획시설결정이 해제되지 아니한 장기미집행 도시·군계획시설 등에 대하여 최초로 지방의회에 보고한 때부터 2년마다 지방의회에 보고하여야 한다(영 제42조 제3항).

(2) 지방의회의 해제권고

① 보고를 받은 지방의회는 대통령령으로 정하는 바에 따라 해당 특별시장·광역시장·특별자치시장·특별자치도지사·시장 또는 군수에게 도시·군계획시설결정의 해제를 권고할 수 있다(법 제48조 제4항).

② 지방의회는 장기미집행 도시·군계획시설 등에 대하여 해제를 권고하는 경우에는 보고가 지방의회에 접수된 날부터 90일 이내에 해제를 권고하는 서면(도시·군계획시설의 명칭, 위치, 규모 및 해제사유 등을 포함)을 지방자치단체의 장에게 보내야 한다(영 제42조 제4항).

(3) 해제를 위한 도시·군관리계획의 결정

① 장기미집행 도시·군계획시설 등의 해제를 권고받은 지방자치단체의 장은 상위계획과의 연관성, 단계별 집행계획, 교통, 환경 및 주민 의사 등을 고려하여 해제할 수 없다고 인정하는 특별한 사유가 있는 경우를 제외하고는 해당 장기미집행 도시·군계획시설 등의 해제권고를 받은 날부터 1년 이내에 해제를 위한 도시·군관리계획을 결정하여야 한다. 이 경우 지방자치단체의 장은 지방의회에 해제할 수 없다고 인정하는 특별한 사유를 해제권고를 받은 날부터 6개월 이내에 소명하여야 한다(영 제42조 제5항).

② 시장 또는 군수는 도지사가 결정한 도시·군관리계획의 해제가 필요한 경우에는 도지사에게 그 결정을 신청하여야 한다(영 제42조 제6항).

③ 도시·군계획시설결정의 해제를 신청받은 도지사는 특별한 사유가 없으면 신청을 받은 날부터 1년 이내에 해당 도시·군계획시설의 해제를 위한 도시·군관리계획결정을 하여야 한다(영 제42조 제7항).

4. 도시·군계획시설결정의 해제신청 등

(1) 토지소유자의 해제신청

도시·군계획시설결정의 고시일부터 10년 이내에 그 도시·군계획시설의 설치에 관한 도시·군계획시설사업이 시행되지 아니한 경우로서 단계별 집행계획상 해당 도시·군계획시설의 실효 시까지 집행계획이 없는 경우에는 그 도시·군계획시설 부지로 되어 있는 토지의 소유자는 대통령령으로 정하는 바에 따라 해당 도시·군계획시설에 대한 도시·군관리계획 입안권자에게 그 토지의 도시·군계획시설결정 해제를 위한 도시·군관리계획 입안을 신청할 수 있다(법 제48조의2 제1항).

(2) 입안여부결정

도시·군관리계획 입안권자는 위 (1)에 따른 신청을 받은 날부터 3개월 이내에 입안 여부를 결정하여 토지소유자에게 알려야 하며, 해당 도시·군계획시설결정의 실효시까지 설치하기로 집행계획을 수립하는 등 대통령령으로 정하는 다음의 특별한 사유가 없으면 그 도시·군계획시설결정의 해제를 위한 도시·군관리계획을 입안하여야 한다(법 제48조의2 제2항, 영 제42조의2 제2항).

① 해당 도시·군계획시설결정의 실효시까지 해당 도시·군계획시설을 설치하기로 집행계획을 수립하거나 변경하는 경우
② 해당 도시·군계획시설에 대하여 실시계획이 인가된 경우
③ 해당 도시·군계획시설에 대하여「공익사업을 위한 토지 등의 취득 및 보상에 관한 법률」에 따른 보상계획이 공고된 경우(토지소유자 및 관계인에게 각각 통지하였으나 같은 조 제1항 단서에 따라 공고를 생략한 경우를 포함)
④ 신청토지 전부가 포함된 일단의 토지에 대하여「공익사업을 위한 토지 등의 취득 및 보상에 관한 법률」의 공익사업을 시행하기 위한 지역·지구 등의 지정 또는 사업계획 승인 등의 절차가 진행 중이거나 완료된 경우
⑤ 해당 도시·군계획시설결정의 해제를 위한 도시·군관리계획 변경절차가 진행 중인 경우

(3) 결정의 해제신청

도시·군계획시설결정의 해제신청을 한 토지소유자는 해당 도시·군계획시설결정의 해제를 위한 도시·군관리계획이 입안되지 아니하는 등 대통령령으로 정하는 사항에 해당하는 경우에는 해당 도시·군계획시설에 대한 도시·군관리계획 결정권자에게 그 도시·군계획시설결정의 해제를 신청할 수 있다(법 제48조의2 제3항).

(4) 해제여부결정

도시·군관리계획 결정권자는 해제신청을 받은 날부터 2개월 이내에 결정 여부를 정하여 토지소유자에게 알려야 하며, 특별한 사유가 없으면 그 도시·군계획시설결정을 해제하여야 한다(법 제48조의2 제4항).

(5) 해제심사신청

위 (3)에 따라 해제신청을 한 토지소유자는 해당 도시·군계획시설결정이 해제되지 아니하는 등 대통령령으로 정하는 사항에 해당하는 경우에는 국토교통부장관에게 그 도시·군계획시설결정의 해제심사를 신청할 수 있다(법 제48조의2 제5항).

(6) 이행의무기간

도시·군계획시설결정의 해제결정(해제를 하지 아니하기로 결정하는 것을 포함)은 다음의 구분에 따른 날부터 6개월(지방도시계획위원회의 심의만을 거쳐 도시·군계획시설결정의 해제결정을 하는 경우에는 2개월) 이내에 이행되어야 한다. 다만, 관계 법률에 따른 별도의 협의가 필요한 경우 그 협의에 필요한 기간은 기간계산에서 제외한다(법 제48조의2 제8항, 영 제42조의2 제8항).

> ① 해당 도시·군계획시설결정의 해제입안을 하기로 통지한 경우: 입안권자가 신청인에게 입안하기로 통지한 날
> ② 해당 도시·군계획시설결정을 해제하기로 통지한 경우: 결정권자가 신청인에게 해제하기로 통지한 날
> ③ 해당 도시·군계획시설결정을 해제할 것을 권고받은 경우: 결정권자가 해제권고를 받은 날

5. 비용의 부담

(1) 원칙 - 시행자의 비용부담

광역도시계획 및 도시·군계획의 수립과 도시·군계획시설사업에 관한 비용은 이 법 또는 다른 법률에 특별한 규정이 있는 경우 외에는 국가가 하는 경우에는 국가예산에서, 지방자치단체가 하는 경우에는 해당 지방자치단체가, 행정청이 아닌 자가 하는 경우에는 그 자가 부담함을 원칙으로 한다(법 제101조).

(2) 예외 - 수익자의 비용부담(지방자치단체의 비용부담)

① 국토교통부장관이나 시·도지사는 그가 시행한 도시·군계획시설사업으로 현저히 이익을 받는 시·도, 시 또는 군이 있으면 대통령령으로 정하는 바에 따라 그 도시·군계획시설사업에 든 비용의 일부를 그 이익을 받는 시·도, 시 또는 군에 부담시킬 수 있다. 이 경우 국토교통부장관은 시·도, 시 또는 군에 비용을 부담시키기 전에 행정안전부장관과 협의하여야 한다(법 제102조 제1항).

② 시·도지사는 그 시·도에 속하지 아니하는 특별시·광역시·특별자치시·특별자치도·시 또는 군에 비용을 부담시키려면 해당 지방자치단체의 장과 협의하되, 협의가 성립되지 아니하는 경우에는 행정안전부장관이 결정하는 바에 따른다(법 제102조 제2항).

③ 시장이나 군수는 그가 시행한 도시·군계획시설사업으로 현저히 이익을 받는 다른 지방자치단체가 있으면 대통령령으로 정하는 바에 따라 그 도시·군계획시설사업에 든 비용의 일부를 그 이익을 받는 다른 지방자치단체와 협의하여 그 지방자치단체에 부담시킬 수 있다. 다만, 협의가 성립되지 아니하는 경우 다른 지방자치단체가 같은 도에 속할 때에는 관할 도지사가 결정하는 바에 따르며, 다른 시·도에 속할 때에는 행정안전부장관이 결정하는 바에 따른다(법 제102조 제3항·제4항).

(3) 보조 또는 융자

① **기초조사 등에 대한 보조**: 시·도지사, 시장 또는 군수가 수립하는 광역도시·군계획 또는 도시·군계획에 관한 기초조사나 지형도면의 작성에 드는 비용은 대통령령으로 정하는 바에 따라 그 비용의 전부 또는 일부를 국가예산에서 보조할 수 있다(법 제104조 제1항).

② **도시·군계획시설사업의 보조·융자**(영 제106조 제2항)

시행자가 행정청인 경우	행정청이 시행하는 도시·군계획시설사업에 대하여는 당해 도시·군계획시설사업에 소요되는 비용(조사·측량비, 설계비 및 관리비를 제외한 공사비와 감정비를 포함한 보상비를 말한다)의 50% 이하의 범위 안에서 국가예산으로 보조 또는 융자할 수 있다.
시행자가 비행정청인 경우	행정청이 아닌 자가 시행하는 도시·군계획시설사업에 대하여는 당해 도시·군계획시설사업에 소요되는 비용(조사·측량비, 설계비 및 관리비를 제외한 공사비와 감정비를 포함한 보상비를 말한다)의 3분의 1 이하의 범위 안에서 국가 또는 지방자치단체가 보조 또는 융자할 수 있다.

(4) 취락지구에 대한 지원 제30회

국가나 지방자치단체는 대통령령으로 정하는 바에 따라 취락지구 주민의 생활 편익과 복지 증진 등을 위한 사업을 시행하거나 그 사업을 지원할 수 있다(법 제105조, 영 제107조).

① **집단취락지구**: 개발제한구역의 지정 및 관리에 관한 특별조치법령에서 정하는 바에 따른다.

② **자연취락지구**

㉠ 자연취락지구 안에 있거나 자연취락지구에 연결되는 도로·수도공급설비·하수도 등의 정비

㉡ 어린이놀이터·공원·녹지·주차장·학교·마을회관 등의 설치·정비

ⓒ 쓰레기처리장·하수처리시설 등의 설치·개량

ⓔ 하천정비 등 재해방지를 위한 시설의 설치·개량

ⓜ 주택의 신축·개량

③ **보호취락지구**: 농촌공간 재구조화 및 재생지원에 관한 법령에서 정하는 바에 따른다.

(5) 방재지구에 대한 지원

국가나 지방자치단체는 이 법률 또는 다른 법률에 따라 방재사업을 시행하거나 그 사업을 지원하는 경우 방재지구에 우선적으로 지원할 수 있다(법 제105조의2).

예제

국토의 계획 및 이용에 관한 법령상 도시·군계획시설(이하 '시설'이라 함)에 관한 설명으로 옳은 것은? 제35회

① 시설결정의 고시일부터 10년 이내에 실시계획의 인가만 있고 시설사업이 진행되지 아니하는 경우 그 부지의 소유자는 그 토지의 매수를 청구할 수 있다.
② 공동구가 설치된 경우 쓰레기수송관은 공동구협의회의 심의를 거쳐야 공동구에 수용할 수 있다.
③ 「택지개발촉진법」에 따른 택지개발지구가 200만제곱미터를 초과하는 경우에는 공동구를 설치하여야 한다.
④ 시설결정의 고시일부터 20년이 지날 때까지 시설사업이 시행되지 아니하는 경우 그 시설결정은 20년이 되는 날에 효력을 잃는다.
⑤ 시설결정의 고시일부터 10년 이내에 시설사업이 시행되지 아니하는 경우 그 부지 내에 건물만을 소유한 자도 시설결정 해제를 위한 도시·군관리계획 입안을 신청할 수 있다.

해설 ① 시설결정의 고시일부터 10년 이내에 실시계획의 인가만 있고 시설사업이 진행되지 아니하는 경우 그 부지의 소유자는 그 토지의 매수를 청구할 수 없다.
② 공동구가 설치된 경우 가스관 및 하수도관은 공동구협의회의 심의를 거쳐야 공동구에 수용할 수 있다.
④ 시설결정의 고시일부터 20년이 지날 때까지 시설사업이 시행되지 아니하는 경우 그 시설결정은 20년이 되는 날의 다음 날에 효력을 잃는다.
⑤ 시설결정의 고시일부터 10년 이내에 시설사업이 시행되지 아니하는 경우 그 부지 내에 건물만을 소유한 자는 시설결정 해제를 위한 도시·군관리계획 입안을 신청할 수 없다. ▶ 정답 ③

09 지구단위계획구역과 지구단위계획 제26회, 제27회, 제28회, 제29회, 제32회, 제34회

1 지구단위계획구역의 지정 등

1. 재량적 지정대상지역

국토교통부장관, 시·도지사, 시장 또는 군수는 다음의 어느 하나에 해당하는 지역의 전부 또는 일부에 대하여 지구단위계획구역을 지정할 수 있다(법 제51조 제1항).

① 용도지구
② 「도시개발법」에 따라 지정된 도시개발구역
③ 「도시 및 주거환경정비법」에 따라 지정된 정비구역
④ 「택지개발촉진법」에 따라 지정된 택지개발지구
⑤ 「주택법」에 따른 대지조성사업지구
⑥ 「산업입지 및 개발에 관한 법률」에 따른 산업단지와 준산업단지
⑦ 「관광진흥법」에 따라 지정된 관광단지와 같은 법에 따라 지정된 관광특구
⑧ 개발제한구역·도시자연공원구역·시가화조정구역 또는 공원에서 해제되는 구역, 녹지지역에서 주거·상업·공업지역으로 변경되는 구역과 새로 도시지역으로 편입되는 구역 중 계획적인 개발 또는 관리가 필요한 지역
⑨ 도시지역 내 주거·상업·업무 등의 기능을 결합하는 등 복합적인 토지 이용을 증진시킬 필요가 있는 지역으로서 대통령령으로 정하는 요건에 해당하는 지역[일반주거지역, 준주거지역, 준공업지역 및 상업지역에서 낙후된 도심 기능을 회복하거나 도시균형발전을 위한 중심지 육성이 필요한 경우로서 ㉠ 역세권의 체계적·계획적 개발이 필요한 지역, ㉡ 세 개 이상의 노선이 교차하는 대중교통 결절지(結節地)로부터 1km 이내에 위치한 지역]
⑩ 도시지역 내 유휴토지를 효율적으로 개발하거나 교정시설, 군사시설, 그 밖에 대통령령으로 정하는 시설을 이전 또는 재배치하여 토지 이용을 합리화하고, 그 기능을 증진시키기 위하여 집중적으로 정비가 필요한 지역으로서 대통령령으로 정하는 요건에 해당하는 지역
⑪ 도시지역의 체계적·계획적인 관리 또는 개발이 필요한 지역

2. 의무적 지정대상지역

국토교통부장관, 시·도지사, 시장 또는 군수는 다음의 어느 하나에 해당하는 지역은 지구단위계획구역으로 지정하여야 한다. 다만, 관계 법률에 따라 그 지역에 토지 이용과 건축에 관한 계획이 수립되어 있는 경우에는 그러하지 아니하다(법 제51조 제2항).

(1) 정비구역 및 택지개발지구에서 시행되는 사업이 끝난 후 10년이 지난 지역

(2) 다음에 해당하는 지역으로서 체계적·계획적인 개발 또는 관리가 필요한 지역으로서 그 면적이 30만m^2 이상인 지역(영 제43조 제5항)

> ① 시가화조정구역 또는 공원에서 해제되는 지역. 다만, 녹지지역으로 지정 또는 존치되거나 법 또는 다른 법령에 의하여 도시·군계획사업 등 개발계획이 수립되지 아니하는 경우를 제외한다.
> ② 녹지지역에서 주거지역·상업지역 또는 공업지역으로 변경되는 지역
> ③ 그 밖에 특별시·광역시·특별자치시·특별자치도·시 또는 군의 도시·군계획조례로 정하는 지역

3. 도시지역 외 지역 중 지정대상지역

도시지역 외의 지역을 지구단위계획구역으로 지정하려는 경우 다음의 어느 하나에 해당하여야 한다(법 제51조 제3항).

(1) 지정하려는 구역 면적의 100분의 50 이상이 계획관리지역으로 대통령령으로 정하는 다음의 요건에 해당하는 지역(영 제44조 제1항)

① 계획관리지역 외 지구단위계획구역으로 포함하는 지역은 생산관리지역 또는 보전관리지역일 것

② 지구단위계획구역에 보전관리지역을 포함하는 경우 해당 보전관리지역의 면적은 다음의 구분에 따른 요건을 충족할 것. 이 경우 개발행위허가를 받는 등 이미 개발된 토지, 「산지관리법」 제25조에 따른 토석채취허가를 받고 토석의 채취가 완료된 토지로서 같은 법 제4조 제1항 제2호의 준보전산지에 해당하는 토지 및 해당 토지를 개발하여도 주변지역의 환경오염·환경훼손 우려가 없는 경우로서 해당 도시계획위원회 또는 제25조 제2항에 따른 공동위원회의 심의를 거쳐 지구단위계획구역에 포함되는 토지의 면적은 다음에 따른 보전관리지역의 면적 산정에서 제외한다.

> ㉠ 전체 지구단위계획구역 면적이 10만m^2 이하인 경우: 전체 지구단위계획구역 면적의 20% 이내
> ㉡ 전체 지구단위계획구역 면적이 10만m^2 초과 20만m^2 이하인 경우: 2만m^2
> ㉢ 전체 지구단위계획구역 면적이 20만m^2를 초과하는 경우: 전체 지구단위계획구역 면적의 10% 이내

③ 지구단위계획구역으로 지정하고자 하는 토지의 면적이 다음의 어느 하나에 규정된 면적 요건에 해당할 것
  ㉠ 지정하고자 하는 지역에 「건축법 시행령」의 공동주택 중 아파트 또는 연립주택의 건설계획이 포함되는 경우에는 30만㎡ 이상일 것. 이 경우 다음의 요건에 해당하는 때에는 일단의 토지를 통합하여 하나의 지구단위계획구역으로 지정할 수 있다.

  > ⓐ 아파트 또는 연립주택의 건설계획이 포함되는 각각의 토지의 면적이 10만㎡ 이상이고, 그 총면적이 30만㎡ 이상일 것
  > ⓑ 위의 각 토지는 국토교통부장관이 정하는 범위 안에 위치하고, 국토교통부장관이 정하는 규모 이상의 도로로 서로 연결되어 있거나 연결도로의 설치가 가능할 것

  ㉡ 지정하고자 하는 지역에 「건축법 시행령」의 공동주택 중 아파트 또는 연립주택의 건설계획이 포함되는 경우로서 다음의 어느 하나에 해당하는 경우에는 10만㎡ 이상일 것

  > ⓐ 지구단위계획구역이 「수도권정비계획법」 규정에 의한 자연보전권역인 경우
  > ⓑ 지구단위계획구역 안에 초등학교 용지를 확보하여 관할 교육청의 동의를 얻거나 지구단위계획구역 안 또는 지구단위계획구역으로부터 통학이 가능한 거리에 초등학교가 위치하고 학생수용이 가능한 경우로서 관할 교육청의 동의를 얻은 경우

  ㉢ 위 ㉠ 및 ㉡의 경우를 제외하고는 3만㎡ 이상일 것
④ 당해 지역에 도로·수도공급설비·하수도 등 기반시설을 공급할 수 있을 것
⑤ 자연환경·경관·미관 등을 해치지 아니하고 국가유산의 훼손우려가 없을 것

(2) 개발진흥지구로서 다음의 요건에 해당하는 지역(영 제44조 제2항)
 ① 위 (1)의 ③부터 ⑤까지의 요건에 해당할 것
 ② 당해 개발진흥지구가 다음의 지역에 위치할 것

  > ㉠ 주거개발진흥지구, 복합개발진흥지구(주거기능이 포함된 경우에 한한다) 및 특정개발진흥지구 ⇨ 계획관리지역
  > ㉡ 산업·유통개발진흥지구 및 복합개발진흥지구(주거기능이 포함되지 아니한 경우에 한한다) ⇨ 계획관리지역·생산관리지역 또는 농림지역
  > ㉢ 관광·휴양개발진흥지구 ⇨ 도시지역 외의 지역

(3) 용도지구를 폐지하고 그 용도지구에서의 행위제한 등을 지구단위계획으로 대체하려는 지역

2 지구단위계획의 내용 등

1. 지구단위계획의 수립

(1) **고려사항**

지구단위계획은 다음의 사항을 고려하여 수립한다(법 제49조 제1항, 영 제42조의3 제1항).

> ① 도시의 정비·관리·보전·개발 등 지구단위계획구역의 지정목적
> ② 주거·산업·유통·관광휴양·복합 등 지구단위계획구역의 중심기능
> ③ 해당 용도지역의 특성
> ④ 지역 공동체의 활성화
> ⑤ 안전하고 지속가능한 생활권의 조성
> ⑥ 해당 지역 및 인근 지역의 토지 이용계획과 건축계획의 조화

(2) **수립기준**

지구단위계획의 수립기준 등은 대통령령으로 정하는 바에 따라 국토교통부장관이 정한다(법 제49조 제2항).

2. 지구단위계획의 내용

지구단위계획구역의 지정목적을 이루기 위하여 지구단위계획에는 다음의 사항 중 ③과 ⑤의 사항을 포함한 둘 이상의 사항이 포함되어야 한다. 다만, ②를 내용으로 하는 지구단위계획의 경우에는 그러하지 아니하다(법 제52조 제1항).

> ① 용도지역이나 용도지구를 대통령령으로 정하는 범위에서 세분하거나 변경하는 사항
> ② 기존의 용도지구를 폐지하고 그 용도지구에서의 건축물이나 그 밖의 시설의 용도·종류 및 규모 등의 제한을 대체하는 사항
> ③ 대통령령으로 정하는 기반시설의 배치와 규모
> ④ 도로로 둘러싸인 일단의 지역 또는 계획적인 개발·정비를 위하여 구획된 일단의 토지의 규모와 조성계획
> ⑤ 건축물의 용도제한, 건축물의 건폐율 또는 용적률, 건축물 높이의 최고한도 또는 최저한도
> ⑥ 건축물의 배치·형태·색채 또는 건축선에 관한 계획
> ⑦ 환경관리계획 또는 경관계획
> ⑧ 보행안전 등을 고려한 교통처리계획

> **넓혀 보기**
>
> **용도지역이나 용도지구에서의 세분**
> 1. 용도지역의 세분 또는 변경은 주거지역, 상업지역, 공업지역 및 녹지지역을 그 각 범위 안에서 세분 또는 변경하는 것으로 한다.
> 2. 도시지역 내 주거·상업·업무 등의 기능을 결합하는 등 복합적인 토지 이용을 증진시킬 필요가 있는 지역으로서 대통령령으로 정하는 요건에 해당하는 지역에 지정된 지구단위계획구역에서는 주거지역, 상업지역, 공업지역, 녹지지역 간의 변경을 포함한다.
> 3. 용도지구의 세분 또는 변경은 경관지구, 보호지구, 개발진흥지구, 취락지구, 방재지구를 각 범위(경관지구, 중요시설물보호지구, 특정용도제한지구가 도시·군계획조례로 세분되는 경우를 포함한다) 안에서 세분 또는 변경하는 것으로 한다.

3. 도시·군계획시설 등의 수용능력

지구단위계획은 도로, 상하수도 등 대통령령으로 정하는 도시·군계획시설의 처리·공급 및 수용능력이 지구단위계획구역에 있는 건축물의 연면적, 수용인구 등 개발밀도와 적절한 조화를 이룰 수 있도록 하여야 한다(법 제52조 제2항).

4. 법률규정의 완화 적용

지구단위계획구역에서는 다음의 각 법률의 규정에 관하여 대통령령으로 정하는 범위에서 지구단위계획으로 정하는 바에 따라 완화하여 적용할 수 있다(법 제52조 제3항).

「국토의 계획 및 이용에 관한 법률」	제76조(용도지역 및 용도지구에서의 건축제한 등)
	제77조(용도지역의 건폐율)
	제78조(용도지역에서의 용적률)
「건축법」	제42조(대지의 조경)
	제43조(공개공지 등의 확보)
	제44조(대지와 도로의 관계)
	제60조(건축물의 높이제한)
	제61조(일조 등의 확보를 위한 건축물의 높이제한)
「주차장법」	제19조(부설주차장의 설치·지정)
	제19조의2(부설주차장 설치계획서)

(1) **도시지역 내 지구단위계획구역**(영 제46조)

① **건축제한의 완화**: 도시지역 내에 지정하는 지구단위계획구역에서는 지구단위계획으로 용도지역 안에서 건축할 수 있는 건축물(도시·군계획조례가 정하는 바에 의하여 건축할 수 있는 건축물의 경우 도시·군계획조례에서 허용되는 건축물에 한한다)의 용도·종류 및 규모 등의 범위 안에서 이를 완화하여 적용할 수 있다.

② **건폐율의 완화**: 도시지역 내에 지정하는 지구단위계획구역에서는 도시·군계획조례의 규정에도 불구하고 지구단위계획으로 건폐율을 완화하여 적용할 수 있다.

③ **용적률의 완화**: 지구단위계획구역에서 건축물을 건축하고자 하는 자가 「건축법」에 따른 공개공지 또는 공개공간을 의무면적을 초과하여 설치한 경우에는 당해 건축물에 대하여 지구단위계획으로 용적률 및 높이 제한을 완화하여 적용할 수 있다.

④ **공공시설의 부지의 제공에 따른 완화**: 도시지역 내에 지정하는 지구단위계획구역에서 건축물을 건축하려는 자가 그 대지의 일부를 공공시설 등의 부지로 제공하거나 공공시설 등을 설치하여 제공하는 경우[지구단위계획구역 밖의 하수도법에 따른 배수구역에 공공하수처리시설을 설치하여 제공하는 경우(지구단위계획구역에 다른 공공시설 및 기반시설이 충분히 설치되어 있는 경우로 한정)를 포함]에는 그 건축물에 대하여 지구단위계획으로 다음의 구분에 따라 건폐율·용적률 및 높이 제한을 완화하여 적용할 수 있다. 이 경우 제공받은 공공시설 등은 국유재산 또는 공유재산으로 관리한다.

> **넓혀 보기**
>
> **대지의 일부를 공공시설부지로 제공하는 경우의 완화비율**
> 1. 완화할 수 있는 건폐율 = 해당 용도지역에 적용되는 건폐율 × [1 + 공공시설 등의 부지로 제공하는 면적(공공시설 등의 부지를 제공하는 자가 용도가 폐지되는 공공시설을 무상으로 양수받은 경우에는 그 양수받은 부지면적을 빼고 산정한다) ÷ 원래의 대지면적] 이내
> 2. 완화할 수 있는 용적률 = 해당 용도지역에 적용되는 용적률 + [1.5 × (공공시설 등의 부지로 제공하는 면적 × 공공시설 등 제공 부지의 용적률) ÷ 공공시설 등의 부지 제공 후의 대지면적] 이내
> 3. 완화할 수 있는 높이 = 「건축법」에 따라 제한된 높이 × (1 + 공공시설 등의 부지로 제공하는 면적 ÷ 원래의 대지면적) 이내

⑤ **건축물 높이제한의 완화**: 도시지역에 개발진흥지구를 지정하고 당해 지구를 지구단위계획구역으로 지정한 경우에는 지구단위계획으로 「건축법」에 따라 제한된 건축물 높이의 120% 이내에서 높이제한을 완화하여 적용할 수 있다.

⑥ **주차장 설치기준의 완화**: 도시지역 내에 지정하는 지구단위계획구역의 지정목적이 다음에 해당하는 경우에는 지구단위계획으로 「주차장법」에 의한 주차장 설치기준을 100%까지 완화하여 적용할 수 있다.

> ㉠ 한옥마을을 보존하고자 하는 경우
> ㉡ 차 없는 거리를 조성하고자 하는 경우(지구단위계획으로 보행자전용도로를 지정하거나 차량의 출입을 금지한 경우를 포함)

⑦ **완화적용의 한도**: 위 ②, ③, ④에 대하여 완화하여 적용되는 건폐율 및 용적률은 당해 용도지역 또는 용도지구에 적용되는 건폐율의 150% 및 용적률의 200%를 각각 초과할 수 없다.

(2) **도시지역 외 지구단위계획구역**(영 제47조)

① **건축제한의 완화**: 도시지역 외에 지정하는 지구단위계획구역에서는 지구단위계획으로 건축물의 용도·종류 및 규모 등을 완화하여 적용할 수 있다. 다만, 개발진흥지구(계획관리지역에 지정된 개발진흥지구는 제외)에 지정된 지구단위계획구역에 대하여는 「건축법 시행령」의 공동주택 중 아파트 및 연립주택은 허용되지 아니한다.

② **건폐율·용적률의 완화**: 도시지역 외에 지정하는 지구단위계획구역에서는 지구단위계획으로 당해 용도지역 또는 개발진흥지구에 적용되는 건폐율의 150% 및 용적률의 200% 이내에서 건폐율 및 용적률을 완화하여 적용할 수 있다.

5. 지구단위계획구역의 지정 및 지구단위계획의 실효

(1) **지구단위계획구역의 실효**

① **원칙**: 지구단위계획구역의 지정에 관한 도시·군관리계획결정의 고시일부터 3년 이내에 그 지구단위계획구역에 관한 지구단위계획이 결정·고시되지 아니하면 그 3년이 되는 날의 다음 날에 그 지구단위계획구역의 지정에 관한 도시·군관리계획결정은 효력을 잃는다(법 제53조 제1항).

② **예외**: 다른 법률에서 지구단위계획의 결정(결정된 것으로 보는 경우를 포함)에 관하여 따로 정한 경우에는 그 법률에 따라 지구단위계획을 결정할 때까지 지구단위계획구역의 지정은 그 효력을 유지한다(법 제53조 제1항).

(2) **지구단위계획의 실효**

지구단위계획(주민이 입안을 제안한 것에 한정)에 관한 도시·군관리계획결정의 고시일부터 5년 이내에 이 법 또는 다른 법률에 따라 허가·인가·승인 등을 받아 사업이나 공사에 착수하지 아니하면 그 5년이 된 날의 다음 날에 그 지구단위계획에 관한 도시·군관리계획결정은 효력을 잃는다. 이 경우 지구단위계획과 관련한 도시·군관리계획결정에 관한 사항은 해당 지구단위계획구역 지정 당시의 도시·군관리계획으로 환원된 것으로 본다(법 제53조 제2항).

(3) 실효고시

국토교통부장관, 시·도지사, 시장 또는 군수는 지구단위계획구역 지정 및 지구단위계획 결정이 효력을 잃으면 대통령령으로 정하는 바에 따라 지체 없이 그 사실을 고시하여야 한다(법 제53조 제3항).

6. 지구단위계획구역에서의 건축 등

지구단위계획구역에서 건축물(일정 기간 내 철거가 예상되는 경우 등 대통령령으로 정하는 가설건축물은 제외)을 건축 또는 용도변경하거나 공작물을 설치하려면 그 지구단위계획에 맞게 하여야 한다. 다만, 지구단위계획이 수립되어 있지 아니한 경우에는 그러하지 아니하다(법 제54조).

예제

국토의 계획 및 이용에 관한 법령상 도시지역 외 지구단위계획구역에서 지구단위계획에 의한 건폐율 등의 완화적용에 관한 설명으로 틀린 것은? 제29회

① 당해 용도지역 또는 개발진흥지구에 적용되는 건폐율의 150% 이내에서 건폐율을 완화하여 적용할 수 있다.
② 당해 용도지역 또는 개발진흥지구에 적용되는 용적률의 200% 이내에서 용적률을 완화하여 적용할 수 있다.
③ 당해 용도지역에 적용되는 건축물 높이의 120% 이내에서 높이제한을 완화하여 적용할 수 있다.
④ 계획관리지역에 지정된 개발진흥지구 내의 지구단위계획구역에서는 건축물의 용도·종류 및 규모 등을 완화하여 적용할 수 있다.
⑤ 계획관리지역 외의 지역에 지정된 개발진흥지구 내의 지구단위계획구역에서는 건축물의 용도·종류 및 규모 등을 완화하여 적용할 경우 아파트 및 연립주택은 허용되지 아니한다.

해설 ③ 당해 용도지역에 적용되는 건축물 높이의 120% 이내에서 높이제한을 완화하여 적용할 수 있는 지역은 도시지역 내에 지정하는 지구단위계획구역에서 적용되는 규정이다. ▶ 정답 ③

제5장 개발행위의 허가 등

01 개발행위허가 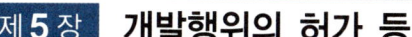제26회, 제30회, 제31회, 제33회, 제34회, 제35회

1 허가대상 개발행위

1. 허가권자

다음에 해당하는 개발행위를 하려는 자는 특별시장·광역시장·특별자치시장·특별자치도지사·시장 또는 군수의 허가를 받아야 한다. 다만, 도시·군계획사업(다른 법률에 따라 도시·군계획사업을 의제한 사업을 포함한다)에 의한 행위는 그러하지 아니하다(법 제56조 제1항, 영 제51조).

(1) 건축물의 건축 또는 공작물의 설치

① **건축물의 건축**: 「건축법」에 따른 건축물의 건축
② **공작물의 설치**: 인공을 가하여 제작한 시설물(건축법에 따른 건축물은 제외)의 설치

(2) 토지의 형질변경

절토(땅깎기)·성토(흙쌓기)·정지(땅고르기)·포장 등의 방법으로 토지의 형상을 변경하는 행위와 공유수면의 매립(경작을 위한 토지의 형질변경은 제외)

> **넓혀 보기**
>
> **허가대상**
> 1. 인접토지의 관개·배수 및 농작업에 영향을 미치는 경우
> 2. 재활용 골재, 사업장 폐토양, 무기성 오니(오염된 침전물) 등 수질오염 또는 토질오염의 우려가 있는 토사 등을 사용하여 성토하는 경우. 다만, 「농지법 시행령」에 따른 성토는 제외한다.
> 3. 지목의 변경을 수반하는 경우(전·답 사이의 변경은 제외)
> 4. 옹벽 설치(허가를 받지 않아도되는 옹벽 설치는 제외) 또는 2m 이상의 절토·성토가 수반되는 경우

(3) 토석채취

흙·모래·자갈·바위 등의 토석을 채취하는 행위(토지의 형질변경을 목적으로 하는 것은 제외)

(4) 토지분할

다음의 어느 하나에 해당하는 토지의 분할(건축법에 따른 건축물이 있는 대지는 제외)

> ① 녹지지역·관리지역·농림지역 및 자연환경보전지역 안에서 관계 법령에 따른 허가·인가 등을 받지 아니하고 행하는 토지의 분할
> ② 「건축법」에 따른 분할제한면적 미만으로의 토지의 분할
> ③ 관계 법령에 의한 허가·인가 등을 받지 아니하고 행하는 너비 5m 이하로의 토지의 분할

(5) **물건을 쌓아놓는 행위**

녹지지역·관리지역 또는 자연환경보전지역 안에서 건축물의 울타리 안(적법한 절차에 의하여 조성된 대지에 한한다)에 위치하지 아니한 토지에 물건을 1개월 이상 쌓아놓는 행위

2. 경미한 사항의 변경

개발행위허가를 받은 사항을 변경하는 경우에는 개발행위허가에 관한 규정을 준용한다. 다만, 개발행위허가를 받은 자는 다음에 해당하는 경우(다른 호에 저촉되지 않는 경우로 한정한다)에는 지체 없이 그 사실을 특별시장·광역시장·특별자치시장·특별자치도지사·시장 또는 군수에게 통지하여야 한다(법 제56조 제2항, 영 제52조 제1항·제2항).

> ① 사업기간을 단축하는 경우
> ② 다음의 어느 하나에 해당하는 경우
>   ㉠ 부지면적 또는 건축물 연면적을 5% 범위에서 축소(공작물의 무게, 부피 또는 수평투영면적(하늘에서 내려다보이는 수평 면적을 말한다) 또는 토석채취량을 5% 범위에서 축소하는 경우를 포함)하는 경우
>   ㉡ 관계 법령의 개정 또는 도시·군관리계획의 변경에 따라 허가받은 사항을 불가피하게 변경하는 경우
>   ㉢ 「공간정보의 구축 및 관리 등에 관한 법률」 및 「건축법」에 따라 허용되는 오차를 반영하기 위한 변경인 경우
>   ㉣ 「건축법 시행령」 제12조 제3항(일괄신고대상)의 변경(공작물의 위치를 1m 범위에서 변경하는 경우를 포함)인 경우

3. 개별법의 적용

토지의 형질변경 및 토석의 채취에 해당하는 개발행위 중 도시지역과 계획관리지역의 산림에서의 임도(林道) 설치와 사방사업에 관하여는 「산림자원의 조성 및 관리에 관한 법률」과 「사방사업법」에 따르고, 보전관리지역·생산관리지역·농림지역 및 자연환경보전지역의 산림에서의 토지의 형질변경(농업·임업·어업을 목적으로 하는 토지의 형질변경만 해당) 및 토석의 채취에 관하여는 「산지관리법」에 따른다(법 제56조 제3항).

2 허가를 요하지 아니하는 개발행위

다음에 해당하는 행위는 개발행위허가를 받지 아니하고 할 수 있다(법 제56조 제4항).

(1) 재해복구나 재난수습을 위한 응급조치(단, 응급조치를 한 경우에는 1개월 이내에 특별시장·광역시장·특별자치시장·특별자치도지사·시장 또는 군수에게 신고하여야 한다).

(2) 「건축법」에 따라 신고하고 설치할 수 있는 건축물의 개축·증축 또는 재축과 이에 필요한 범위에서의 토지의 형질변경(도시·군계획시설사업이 시행되지 아니하고 있는 도시·군계획시설의 부지인 경우만 가능하다)

(3) **대통령령으로 정하는 다음의 경미한 행위**(영 제53조)
① **건축물의 건축**: 「건축법」에 따른 건축허가 또는 건축신고 및 가설건축물 건축의 허가 또는 가설건축물의 축조신고 대상에 해당하지 아니하는 건축물의 건축
② **공작물의 설치**
  ㉠ 도시지역 또는 지구단위계획구역에서 무게가 50톤 이하, 부피가 50m³ 이하, 수평투영면적이 50m² 이하인 공작물의 설치. 다만, 「건축법 시행령」 제118조 제1항의 어느 하나에 해당하는 공작물의 설치는 제외한다.
  ㉡ 도시지역·자연환경보전지역 및 지구단위계획구역 외의 지역에서 무게가 150톤 이하, 부피가 150m³ 이하, 수평투영면적이 150m² 이하인 공작물의 설치. 다만, 「건축법 시행령」 제118조 제1항의 어느 하나에 해당하는 공작물의 설치는 제외한다.
  ㉢ 녹지지역·관리지역 또는 농림지역 안에서의 농림어업용 비닐하우스(비닐하우스 안에 설치하는 육상어류양식장은 제외)의 설치
  ㉣ 개발행위허가를 받아 설치한 공작물의 철거 후 재설치(보수를 포함하며, 다음의 요건을 모두 갖춘 경우로 한정한다)
    ⓐ 토지의 형질변경을 수반하지 않을 것
    ⓑ 기존의 개발행위허가 규모 이내로서 용도의 변경이 없을 것

③ **토지의 형질변경**
  ㉠ 높이 50cm 이내(여러 차례에 걸쳐 이루어지는 경우에는 누적하여 산정한다) 또는 깊이 50cm 이내(여러 차례에 걸쳐 이루어지는 경우에는 누적하여 산정한다)의 절토·성토·정지 등(포장을 제외하며, 주거지역·상업지역 및 공업지역 외의 지역에서는 지목변경을 수반하지 아니하는 경우에 한한다)
  ㉡ 도시지역·자연환경보전지역 및 지구단위계획구역 외의 지역에서 면적이 660m² 이하인 토지에 대한 지목변경을 수반하지 아니하는 절토·성토·정지·포장 등(토지의 형질변경 면적은 형질변경이 이루어지는 당해 필지의 총면적을 말한다)
  ㉢ 조성이 완료된 기존 대지에 건축물이나 그 밖의 공작물을 설치하기 위한 토지의 형질변경(지하구조물 설치를 위한 터파기 및 되메우기를 포함하되, 절토 및 성토는 제외)
  ㉣ 국가 또는 지방자치단체가 공익상의 필요에 의하여 직접 시행하는 사업을 위한 토지의 형질변경

④ 토석의 채취

> ㉠ 도시지역 또는 지구단위계획구역에서 채취면적이 25m² 이하인 토지에서의 부피 50m³ 이하의 토석채취
> ㉡ 도시지역·자연환경보전지역 및 지구단위계획구역 외의 지역에서 채취면적이 250m² 이하인 토지에서의 부피 500m³ 이하의 토석채취

⑤ 토지분할

> ㉠ 「사도법」에 의한 사도개설허가를 받은 토지의 분할
> ㉡ 토지의 일부를 국유지 또는 공유지로 하거나 공공시설로 하기 위한 토지의 분할
> ㉢ 행정재산 중 용도폐지되는 부분의 분할 또는 일반재산을 매각·교환 또는 양여하기 위한 분할
> ㉣ 토지의 일부가 도시·군계획시설로 지형도면고시가 된 당해 토지의 분할
> ㉤ 너비 5m 이하로 이미 분할된 토지의 「건축법」에 따른 분할제한면적 이상으로의 분할

⑥ 물건을 쌓아놓는 행위

> ㉠ 녹지지역 또는 지구단위계획구역에서 물건을 쌓아놓는 면적이 25m² 이하인 토지에 전체무게 50톤 이하, 전체부피 50m³ 이하로 물건을 쌓아놓는 행위
> ㉡ 관리지역(지구단위계획구역으로 지정된 지역은 제외)에서 물건을 쌓아놓는 면적이 250m² 이하인 토지에 전체 무게 500톤 이하, 전체 부피 500m³ 이하로 물건을 쌓아놓는 행위

3 개발행위허가의 절차

(1) 개발행위허가의 신청

① **원칙**: 개발행위를 하려는 자는 그 개발행위에 따른 기반시설의 설치나 그에 필요한 용지의 확보, 위해(危害)방지, 환경오염 방지, 경관, 조경 등에 관한 계획서를 첨부한 신청서를 개발행위허가권자에게 제출하여야 한다(법 제57조 제1항).

② **예외**: 개발밀도관리구역 안에서는 기반시설의 설치나 그에 필요한 용지의 확보에 관한 계획서를 제출하지 아니한다. 다만, 「건축법」의 적용을 받는 건축물의 건축 또는 공작물의 설치를 하려는 자는 「건축법」에서 정하는 절차에 따라 신청서류를 제출하여야 한다(법 제57조 제1항).

(2) 개발행위허가의 절차

① **시행자의 의견청취**: 특별시장·광역시장·특별자치시장·특별자치도지사·시장 또는 군수는 개발행위허가 또는 변경허가를 하려면 그 개발행위가 도시·군계획사업의 시행에 지장을 주는지에 관하여 해당 지역에서 시행되는 도시·군계획사업의 시행자의 의견을 들어야 한다(법 제58조 제2항).

② **관리청의 의견청취**: 특별시장·광역시장·특별자치시장·특별자치도지사·시장 또는 군수는 공공시설의 귀속에 관한 사항이 포함된 개발행위허가를 하려면 미리 해당 공공시설이 속한 관리청의 의견을 들어야 한다(법 제65조 제3항).

(3) **도시계획위원회의 심의**

① **원칙**: 관계 행정기관의 장은 건축물의 건축, 공작물의 설치, 토지의 형질변경, 토석의 채취에 해당하는 행위로서 대통령령으로 정하는 행위를 이 법에 따라 허가 또는 변경허가를 하거나 다른 법률에 따라 인가·허가·승인 또는 협의를 하려면 대통령령으로 정하는 바에 따라 중앙도시계획위원회나 지방도시계획위원회의 심의를 거쳐야 한다(법 제59조 제1항).

② **예외**: 다음의 어느 하나에 해당하는 개발행위는 중앙도시계획위원회와 지방도시계획위원회의 심의를 거치지 아니한다(법 제59조 제2항).

> ㉠ 법 제8조(다른 법률에 따른 토지 이용에 관한 구역 등의 지정제한), 법 제9조(다른 법률에 따른 도시·군관리계획의 변경제한) 또는 다른 법률에 따라 도시계획위원회의 심의를 받는 구역에서 하는 개발행위
> ㉡ 지구단위계획 또는 성장관리계획을 수립한 지역에서 하는 개발행위
> ㉢ 주거지역·상업지역·공업지역에서 시행하는 개발행위 중 특별시·광역시·특별자치시·특별자치도·시 또는 군의 조례로 정하는 규모·위치 등에 해당하지 아니하는 개발행위
> ㉣ 「환경영향평가법」에 따라 환경영향평가를 받은 개발행위
> ㉤ 「도시교통정비 촉진법」에 따라 교통영향평가에 대한 검토를 받은 개발행위
> ㉥ 「사방사업법」에 따른 사방사업을 위한 개발행위
> ㉦ 「산림자원의 조성 및 관리에 관한 법률」에 따른 산림사업

(4) **허가 또는 불허가처분**

① 특별시장·광역시장·특별자치시장·특별자치도지사·시장 또는 군수는 개발행위허가의 신청에 대하여 특별한 사유가 없으면 15일(도시계획위원회의 심의를 거쳐야 하거나 관계 행정기관의 장과 협의를 하여야 하는 경우에는 심의 또는 협의기간은 제외) 이내에 허가 또는 불허가의 처분을 하여야 한다(법 제57조 제2항, 영 제54조 제1항).

② 특별시장·광역시장·특별자치시장·특별자치도지사·시장 또는 군수는 허가 또는 불허가의 처분을 할 때에는 지체 없이 그 신청인에게 허가내용이나 불허가처분의 사유를 서면 또는 법 제128조에 따른 국토이용정보체계를 통하여 알려야 한다(법 제57조 제3항).

(5) 조건부 허가

① 특별시장·광역시장·특별자치시장·특별자치도지사·시장 또는 군수는 개발행위허가를 하는 경우에는 대통령령으로 정하는 바에 따라 그 개발행위에 따른 기반시설의 설치 또는 그에 필요한 용지의 확보, 위해 방지, 환경오염 방지, 경관, 조경 등에 관한 조치를 할 것을 조건으로 개발행위허가를 할 수 있다(법 제57조 제4항).

② 특별시장·광역시장·특별자치시장·특별자치도지사·시장 또는 군수는 개발행위허가에 조건을 붙이려는 때에는 미리 개발행위허가를 신청한 자의 의견을 들어야 한다(영 제54조 제2항).

(6) 이행보증금 예치

① **예치대상 및 사유**: 특별시장·광역시장·특별자치시장·특별자치도지사·시장 또는 군수는 기반시설의 설치나 그에 필요한 용지의 확보, 위해 방지, 환경오염 방지, 경관, 조경 등을 위하여 필요하다고 인정되는 경우로서 대통령령으로 정하는 경우에는 이의 이행을 보증하기 위하여 개발행위허가(다른 법률에 따라 개발행위허가가 의제되는 협의를 거친 인가·허가·승인 등을 포함)를 받는 자로 하여금 이행보증금을 예치하게 할 수 있다. 다만, 다음의 경우에는 그러하지 아니하다(법 제60조 제1항).

> ㉠ 국가 또는 지방자치단체가 시행하는 개발행위
> ㉡ 「공공기관의 운영에 관한 법률」에 따른 공공기관 중 대통령령으로 정하는 기관이 시행하는 개발행위
> ㉢ 그 밖에 해당 지방자치단체의 조례가 정하는 공공단체가 시행하는 개발행위

한눈에 보기 | **이행보증금 예치사유(영 제59조)**

1. 건축물의 건축, 공작물의 설치, 토지의 형질변경, 토석을 채취하는 개발행위로서 당해 개발행위로 인하여 도로·수도공급설비·하수도 등 기반시설의 설치가 필요한 경우
2. 토지의 굴착으로 인하여 인근의 토지가 붕괴될 우려가 있거나 인근의 건축물 또는 공작물이 손괴될 우려가 있는 경우
3. 토석의 발파로 인한 낙석·먼지 등에 의하여 인근지역에 피해가 발생할 우려가 있는 경우
4. 토석을 운반하는 차량의 통행으로 인하여 통행로 주변의 환경이 오염될 우려가 있는 경우
5. 토지의 형질변경이나 토석의 채취가 완료된 후 비탈면에 조경을 할 필요가 있는 경우

② **예치금액**: 이행보증금의 예치금액은 기반시설의 설치나 그에 필요한 용지의 확보, 위해의 방지, 환경오염의 방지, 경관 및 조경에 필요한 비용의 범위 안에서 산정하되 총공사비의 20% 이내(산지에서의 개발행위의 경우 산지관리법 제38조에 따른 복구비를 합하여 총공사비의 20% 이내)가 되도록 하고, 그 산정에 관한 구체적인 사항 및 예치방법은 특별시·광역시·특별자치시·특별자치도·시 또는 군의 도시·군계획조례로 정한다.

이 경우 산지에서의 개발행위에 대한 이행보증금의 예치금액은 「산지관리법」에 따른 복구비를 포함하여 정하되, 복구비가 이행보증금에 중복하여 계상되지 아니하도록 하여야 한다(영 제59조 제2항).

③ **예치방법**: 이행보증금은 현금으로 납입하되, 「국가를 당사자로 하는 계약에 관한 법률 시행령」 및 「지방자치단체를 당사자로 하는 계약에 관한 법률 시행령」 각 호의 보증서 등 또는 「한국광해광업공단법」에 따라 한국광해광업공단이 발행하는 이행보증서 등으로 이를 갈음할 수 있다(영 제59조 제3항).

④ **반환시기**: 이행보증금은 개발행위허가를 받은 자가 준공검사를 받은 때에는 즉시 이를 반환하여야 한다(영 제59조 제4항).

4 개발행위허가의 기준 제23회, 제31회

(1) 일반적 기준

특별시장·광역시장·특별자치시장·특별자치도지사·시장 또는 군수는 개발행위허가의 신청내용이 다음의 기준에 맞는 경우에만 개발행위허가 또는 변경허가를 하여야 한다(법 제58조 제1항).

① 용도지역별 특성을 고려하여 다음에서 정하는 개발행위의 규모에 적합할 것. 다만, 개발행위가 「농어촌정비법」에 따른 농어촌정비사업으로 이루어지는 경우 등 대통령령으로 정하는 경우에는 개발행위 규모의 제한을 받지 아니한다(영 제55조 제1항).

> ㉠ 도시지역
>   ⓐ 주거지역·상업지역·자연녹지지역·생산녹지지역 ⇨ 1만m^2 미만
>   ⓑ 공업지역 ⇨ 3만m^2 미만
>   ⓒ 보전녹지지역 ⇨ 5,000m^2 미만
> ㉡ 관리지역: 3만m^2 미만
> ㉢ 농림지역: 3만m^2 미만
> ㉣ 자연환경보전지역: 5,000m^2 미만
> 다만, 특별시장·광역시장·특별자치시장·특별자치도지사·시장 또는 군수는 관리지역 및 농림지역에 대하여는 위 ㉡ 및 ㉢의 규정에 의한 면적의 범위 안에서 도시·군계획조례로 따로 정할 수 있다.

② 도시·군관리계획 및 성장관리계획의 내용에 어긋나지 아니할 것

③ 도시·군계획사업의 시행에 지장이 없을 것

④ 주변지역의 토지이용실태 또는 토지이용계획, 건축물의 높이, 토지의 경사도, 수목의 상태, 물의 배수, 하천·호소·습지의 배수 등 주변환경이나 경관과 조화를 이룰 것

⑤ 해당 개발행위에 따른 기반시설의 설치나 그에 필요한 용지의 확보계획이 적절할 것

(2) 2 이상의 용도지역에 걸치는 경우

개발행위허가의 대상인 토지가 2 이상의 용도지역에 걸치는 경우에는 각각의 용도지역에 위치하는 토지 부분에 대하여 각각의 용도지역의 개발행위의 규모에 관한 규정을 적용한다. 다만, 개발행위허가의 대상인 토지의 총면적이 당해 토지가 걸쳐 있는 용도지역 중 개발행위의 규모가 가장 큰 용도지역의 개발행위의 규모를 초과하여서는 아니 된다(영 제55조 제2항).

(3) 용도별 기준

허가할 수 있는 경우 그 허가의 기준은 지역의 특성, 지역의 개발상황, 기반시설의 현황 등을 고려하여 다음의 구분에 따라 대통령령으로 정한다(법 제58조 제3항, 영 제56조).

> ① 시가화 용도: 토지의 이용 및 건축물의 용도·건폐율·용적률·높이 등에 대한 용도지역의 제한에 따라 개발행위허가의 기준을 적용하는 주거지역·상업지역 및 공업지역
> ② 유보 용도: 도시계획위원회의 심의를 통하여 개발행위허가의 기준을 강화 또는 완화하여 적용할 수 있는 계획관리지역·생산관리지역 및 녹지지역 중 자연녹지지역
> ③ 보전 용도: 도시계획위원회의 심의를 통하여 개발행위허가의 기준을 강화하여 적용할 수 있는 보전관리지역·농림지역·자연환경보전지역 및 녹지지역 중 생산녹지지역 및 보전녹지지역

5 개발행위허가의 제한

(1) 제한기간 및 지역

국토교통부장관, 시·도지사, 시장 또는 군수는 다음의 어느 하나에 해당되는 지역으로서 도시·군관리계획상 특히 필요하다고 인정되는 지역에 대해서는 대통령령으로 정하는 바에 따라 중앙도시계획위원회나 지방도시계획위원회의 심의를 거쳐 한 차례만 3년 이내의 기간 동안 개발행위허가를 제한할 수 있다. 다만, 다음의 ③부터 ⑤까지에 해당하는 지역에 대해서는 중앙도시계획위원회나 지방도시계획위원회의 심의를 거치지 아니하고 한 차례만 2년 이내의 기간 동안 개발행위허가의 제한을 연장할 수 있다(법 제63조 제1항).

> ① 녹지지역이나 계획관리지역으로서 수목이 집단적으로 자라고 있거나 조수류 등이 집단적으로 서식하고 있는 지역 또는 우량 농지 등으로 보전할 필요가 있는 지역
> ② 개발행위로 인하여 주변의 환경·경관·미관·국가유산 등이 크게 오염되거나 손상될 우려가 있는 지역

③ 도시·군기본계획이나 도시·군관리계획을 수립하고 있는 지역으로서 그 도시·군기본계획이나 도시·군관리계획이 결정될 경우 용도지역·용도지구 또는 용도구역의 변경이 예상되고 그에 따라 개발행위허가의 기준이 크게 달라질 것으로 예상되는 지역
④ 지구단위계획구역으로 지정된 지역
⑤ 기반시설부담구역으로 지정된 지역

(2) 제한절차

① **도시계획위원회의 심의**: 개발행위허가를 제한하고자 하는 자가 국토교통부장관인 경우에는 중앙도시계획위원회의 심의를 거쳐야 하며, 시·도지사 또는 시장·군수인 경우에는 당해 지방자치단체에 설치된 지방도시계획위원회의 심의를 거쳐야 한다(영 제60조 제1항).

② **의견청취**(시장·군수): 개발행위허가를 제한하고자 하는 자가 국토교통부장관 또는 시·도지사인 경우에는 중앙도시계획위원회 또는 시·도도시계획위원회의 심의 전에 미리 제한하고자 하는 지역을 관할하는 시장 또는 군수의 의견을 들어야 한다(영 제60조 제2항).

③ **제한고시**: 국토교통부장관, 시·도지사, 시장 또는 군수는 개발행위허가를 제한하려면 국토교통부장관인 경우에는 관보에, 시·도지사 또는 시장·군수인 경우에는 당해 지방자치단체의 공보에 게재하는 방법으로 제한지역·제한사유·제한대상행위 및 제한기간을 미리 고시하여야 한다(법 제63조 제2항, 영 제60조 제3항).

④ **해제고시**: 개발행위허가를 제한하기 위하여 개발행위허가 제한지역 등을 고시한 국토교통부장관, 시·도지사, 시장 또는 군수는 해당 지역에서 개발행위를 제한할 사유가 없어진 경우에는 그 제한기간이 끝나기 전이라도 지체 없이 개발행위허가의 제한을 해제하여야 한다. 이 경우 국토교통부장관, 시·도지사, 시장 또는 군수는 대통령령으로 정하는 바에 따라 해제지역 및 해제시기를 고시하여야 한다(법 제63조 제3항).

⑤ **준용규정**: 국토교통부장관, 시·도지사, 시장 또는 군수가 개발행위허가를 제한하거나 개발행위허가 제한을 연장 또는 해제하는 경우 그 지역의 지형도면 고시, 지정의 효력, 주민 의견청취 등에 관하여는 「토지이용규제 기본법」에 따른다(법 제63조 제4항).

6 도시·군계획시설부지에서의 개발행위

(1) 개발행위허가의 제한

특별시장·광역시장·특별자치시장·특별자치도지사·시장 또는 군수는 도시·군계획시설의 설치 장소로 결정된 지상·수상·공중·수중 또는 지하는 그 도시·군계획시설이 아닌 건축물의 건축이나 공작물의 설치를 허가하여서는 아니 된다. 다만, 대통령령으로 정하는 경우에는 그러하지 아니하다(법 제64조 제1항).

(2) 가설건축물 등의 건축

특별시장·광역시장·특별자치시장·특별자치도지사·시장 또는 군수는 도시·군계획시설결정의 고시일부터 2년이 지날 때까지 그 시설의 설치에 관한 사업이 시행되지 아니한 도시·군계획시설 중 단계별 집행계획이 수립되지 아니하거나 단계별 집행계획에서 제1단계 집행계획(단계별 집행계획을 변경한 경우에는 최초의 단계별 집행계획을 말한다)에 포함되지 아니한 도시·군계획시설의 부지에 대하여는 다음의 개발행위를 허가할 수 있다(법 제64조 제2항).

> ① 가설건축물의 건축과 이에 필요한 범위에서의 토지의 형질변경
> ② 도시·군계획시설의 설치에 지장이 없는 공작물의 설치와 이에 필요한 범위에서의 토지의 형질변경
> ③ 건축물의 개축 또는 재축과 이에 필요한 범위에서의 토지의 형질변경(건축법에 따라 신고하고 설치할 수 있는 건축물의 개축·증축 또는 재축과 이에 필요한 범위에서의 토지의 형질변경에 해당하는 경우는 제외)

(3) 원상회복명령과 행정대집행

① **원상회복명령**: 특별시장·광역시장·특별자치시장·특별자치도지사·시장 또는 군수는 가설건축물의 건축이나 공작물의 설치를 허가한 토지에서 도시·군계획시설사업이 시행되는 경우에는 그 시행예정일 3개월 전까지 가설건축물이나 공작물 소유자의 부담으로 그 가설건축물이나 공작물의 철거 등 원상회복에 필요한 조치를 명하여야 한다. 다만, 원상회복이 필요하지 아니하다고 인정되는 경우에는 그러하지 아니하다(법 제64조 제3항).

② **행정대집행**: 특별시장·광역시장·특별자치시장·특별자치도지사·시장 또는 군수는 원상회복의 명령을 받은 자가 원상회복을 하지 아니하면「행정대집행법」에 따른 행정대집행에 따라 원상회복을 할 수 있다(법 제64조 제4항).

7 관련 인·허가 등의 의제

(1) 의제사항

개발행위허가 또는 변경허가를 할 때에 특별시장·광역시장·특별자치시장·특별자치도지사·시장 또는 군수가 그 개발행위에 대한 다음의 인가·허가·승인·면허·협의·해제·신고 또는 심사 등(이하 '인·허가 등'이라 한다)에 관하여 미리 관계 행정기관의 장과 협의한 사항에 대하여는 그 인·허가 등을 받은 것으로 본다(법 제61조 제1항).

① 「공유수면 관리 및 매립에 관한 법률」에 따른 공유수면의 점용·사용허가, 같은 법에 따른 점용·사용 실시계획의 승인 또는 신고, 같은 법에 따른 공유수면의 매립면허 및 같은 법에 따른 공유수면매립실시계획의 승인
② 「광업법」에 따른 채굴계획의 인가
③ 「농어촌정비법」에 따른 농업생산기반시설의 사용 허가
④ 「농지법」에 따른 농지전용의 허가 또는 협의, 같은 법에 따른 농지전용의 신고 및 같은 법에 따른 농지의 타용도 일시 사용의 허가 또는 협의
⑤ 「도로법」에 따른 도로관리청이 아닌 자에 대한 도로공사 시행의 허가, 같은 법 제52조에 따른 도로와 다른 시설의 연결허가 및 같은 법 제61조에 따른 도로의 점용 허가
⑥ 「장사 등에 관한 법률」에 따른 무연분묘(無緣墳墓)의 개장(改葬) 허가
⑦ 「사도법」에 따른 사도(私道) 개설(開設)의 허가
⑧ 「사방사업법」에 따른 토지의 형질변경 등의 허가 및 같은 법에 따른 사방지 지정의 해제
⑨ 「산업집적활성화 및 공장설립에 관한 법률」에 따른 공장설립 등의 승인
⑩ 「산지관리법」에 따른 산지전용허가 및 산지전용신고, 같은 법에 따른 산지일시사용허가·신고, 같은 법에 따른 토석채취허가, 같은 법에 따른 토사채취신고 및 「산림자원의 조성 및 관리에 관한 법률」에 따른 입목벌채 등의 허가·신고

이하 생략

(2) 서류제출

인·허가 등의 의제를 받으려는 자는 개발행위허가 또는 변경허가를 신청할 때에 해당 법률에서 정하는 관련 서류를 함께 제출하여야 한다(법 제61조 제2항).

(3) 사전협의

① 특별시장·광역시장·특별자치시장·특별자치도지사·시장 또는 군수는 개발행위허가 또는 변경허가를 할 때에 그 내용에 위 (1)의 의제사항에 해당하는 사항이 있으면 미리 관계 행정기관의 장과 협의하여야 한다(법 제61조 제3항).

② 협의 요청을 받은 관계 행정기관의 장은 요청을 받은 날부터 20일 이내에 의견을 제출하여야 하며, 그 기간 내에 의견을 제출하지 아니하면 협의가 이루어진 것으로 본다(법 제61조 제4항).

③ 국토교통부장관은 의제되는 인·허가 등의 처리기준을 관계 중앙행정기관으로부터 제출받아 통합하여 고시하여야 한다(법 제61조 제5항).

8 준공검사

(1) 준공검사의 대상

다음의 개발행위허가를 받은 자는 그 개발행위를 마치면 국토교통부령으로 정하는 바에 따라 특별시장·광역시장·특별자치시장·특별자치도지사·시장 또는 군수의 준공검사를 받아야 한다(법 제62조 제1항).

> ① 건축물의 건축 또는 공작물의 설치(건축법에 따른 건축물의 사용승인을 받은 경우에는 제외)
> ② 토지의 형질변경
> ③ 토석의 채취

(2) 준공검사 등의 의제

준공검사를 받은 경우에는 특별시장·광역시장·특별자치시장·특별자치도지사·시장 또는 군수가 의제되는 인·허가 등에 따른 준공검사·준공인가 등에 관하여 관계 행정기관의 장과 협의한 사항에 대하여는 그 준공검사·준공인가 등을 받은 것으로 본다(법 제62조 제2항).

9 위반자에 대한 조치

(1) 원상회복명령

특별시장·광역시장·특별자치시장·특별자치도지사·시장 또는 군수는 개발행위허가를 받지 아니하고 개발행위를 하거나 허가내용과 다르게 개발행위를 하는 자에게는 그 토지의 원상회복을 명할 수 있다(법 제60조 제3항).

(2) 행정대집행

특별시장·광역시장·특별자치시장·특별자치도지사·시장 또는 군수는 원상회복의 명령을 받은 자가 원상회복을 하지 아니하면 「행정대집행법」에 따른 행정대집행에 따라 원상회복을 할 수 있다. 이 경우 행정대집행에 필요한 비용은 개발행위허가를 받은 자가 예치한 이행보증금을 사용할 수 있다(법 제60조 제4항).

(3) 행정형벌

개발행위허가 또는 변경허가를 받지 아니하거나, 속임수나 그 밖의 부정한 방법으로 허가 또는 변경허가를 받아 개발행위를 한 자에게는 3년 이하의 징역 또는 3,000만원 이하의 벌금에 처한다(법 제140조 제1호).

02 공공시설의 귀속 제32회

1 귀속주체

(1) 개발행위허가를 받은 자가 행정청인 경우

개발행위허가(다른 법률에 따라 개발행위허가가 의제되는 협의를 거친 인가·허가·승인 등을 포함)를 받은 자가 행정청인 경우 개발행위허가를 받은 자가 새로 공공시설을 설치하거나 기존의 공공시설에 대체되는 공공시설을 설치한 경우에는 「국유재산법」과 「공유재산 및 물품 관리법」에도 불구하고 새로 설치된 공공시설은 그 시설을 관리할 관리청에 무상으로 귀속되고, 종래의 공공시설은 개발행위허가를 받은 자에게 무상으로 귀속된다(법 제65조 제1항).

(2) 개발행위허가를 받은 자가 행정청이 아닌 경우

개발행위허가를 받은 자가 행정청이 아닌 경우 개발행위허가를 받은 자가 새로 설치한 공공시설은 그 시설을 관리할 관리청에 무상으로 귀속되고, 개발행위로 용도가 폐지되는 공공시설은 「국유재산법」과 「공유재산 및 물품 관리법」에도 불구하고 새로 설치한 공공시설의 설치비용에 상당하는 범위에서 개발행위허가를 받은 자에게 무상으로 양도할 수 있다(법 제65조 제2항).

(3) 관리청의 의견청취

특별시장·광역시장·특별자치시장·특별자치도지사·시장 또는 군수는 공공시설의 귀속에 관한 사항이 포함된 개발행위허가를 하려면 미리 해당 공공시설이 속한 관리청의 의견을 들어야 한다. 다만, 관리청이 지정되지 아니한 경우에는 관리청이 지정된 후 준공되기 전에 관리청의 의견을 들어야 하며, 관리청이 불분명한 경우에는 도로 등에 대하여는 국토교통부장관을, 하천에 대하여는 기후에너지환경부장관을 관리청으로 보고, 그 외의 재산에 대하여는 재정경제부장관을 관리청으로 본다(법 제65조 제3항).

> **핵심 다지기**
>
> **공공시설의 귀속**
> 1. **새로운 공공시설**: 그 시설을 관리할 관리청에 무상으로 귀속
> 2. **종래의 공공시설**
>   ① 개발행위자가 행정청인 경우: 개발행위허가를 받은 자에게 무상으로 귀속
>   ② 개발행위자가 비행정청인 경우: 용도폐지되는 공공시설은 새로 설치한 공공시설의 설치비용에 상당하는 범위 안에서 개발행위허가를 받은 자에게 무상양도 가능

2 귀속시기

(1) 행정청이 개발행위허가를 받은 경우

개발행위허가를 받은 자가 행정청인 경우 개발행위허가를 받은 자는 개발행위가 끝나 준공검사를 마친 때에는 해당 시설의 관리청에 공공시설의 종류와 토지의 세목(細目)을 통지하여야 한다. 이 경우 공공시설은 그 통지한 날에 해당 시설을 관리할 관리청과 개발행위허가를 받은 자에게 각각 귀속된 것으로 본다(법 제65조 제5항).

(2) 행정청이 아닌 자가 개발행위허가를 받은 경우

개발행위허가를 받은 자가 행정청이 아닌 경우 개발행위허가를 받은 자는 관리청에 귀속되거나 그에게 양도될 공공시설에 관하여 개발행위가 끝나기 전에 그 시설의 관리청에 그 종류와 토지의 세목을 통지하여야 하고, 준공검사를 한 특별시장·광역시장·특별자치시장·특별자치도지사·시장 또는 군수는 그 내용을 해당 시설의 관리청에 통보하여야 한다. 이 경우 공공시설은 준공검사를 받음으로써 그 시설을 관리할 관리청과 개발행위허가를 받은 자에게 각각 귀속되거나 양도된 것으로 본다(법 제65조 제6항).

3 수익금 사용제한

개발행위허가를 받은 자가 행정청인 경우 개발행위허가를 받은 자는 그에게 귀속된 공공시설의 처분으로 인한 수익금을 도시·군계획사업 외의 목적에 사용하여서는 아니 된다(법 제65조 제8항).

예제

국토의 계획 및 이용에 관한 법령상 개발행위허가에 관한 설명으로 틀린 것은? (단, 조례는 고려하지 않음) 제26회

① 토지 분할에 대해 개발행위허가를 받은 자가 그 개발행위를 마치면 관할 행정청의 준공검사를 받아야 한다.
② 건축물의 건축에 대해 개발행위허가를 받은 후 건축물 연면적을 5% 범위 안에서 확대하려면 변경허가를 받아야 한다.
③ 개발행위허가를 하는 경우 미리 허가신청자의 의견을 들어 경관 등에 관한 조치를 할 것을 조건으로 허가할 수 있다.
④ 도시·군관리계획의 시행을 위한 「도시개발법」에 따른 도시개발사업에 의해 건축물을 건축하는 경우에는 개발행위허가를 받지 않아도 된다.
⑤ 토지의 일부를 공공용지로 하기 위해 토지를 분할하는 경우에는 개발행위허가를 받지 않아도 된다.

해설 ① 토지 분할은 준공검사 대상에서 제외한다. ▶ **정답** ①

03 성장관리계획구역 및 성장관리계획

1 성장관리계획구역 제32회, 제33회, 제35회

(1) **지정대상지역**

특별시장·광역시장·특별자치시장·특별자치도지사·시장 또는 군수는 녹지지역, 관리지역, 농림지역 및 자연환경보전지역 중 다음의 어느 하나에 해당하는 지역의 전부 또는 일부에 대하여 성장관리계획구역을 지정할 수 있다(법 제75조의2 제1항).

① 개발수요가 많아 무질서한 개발이 진행되고 있거나 진행될 것으로 예상되는 지역
② 주변의 토지이용이나 교통여건 변화 등으로 향후 시가화가 예상되는 지역
③ 주변지역과 연계하여 체계적인 관리가 필요한 지역
④ 「토지이용규제 기본법」에 따른 지역·지구 등의 변경으로 토지이용에 대한 행위제한이 완화되는 지역
⑤ 그 밖에 난개발의 방지와 체계적인 관리가 필요한 지역으로서 대통령령으로 정하는 지역

(2) **지정절차**

① **의견청취 + 협의 + 심의**: 특별시장·광역시장·특별자치시장·특별자치도지사·시장 또는 군수는 성장관리계획구역을 지정하거나 이를 변경하려면 대통령령으로 정하는 바에 따라 미리 주민과 해당 지방의회의 의견을 들어야 하며, 관계 행정기관과의 협의 및 지방도시계획위원회의 심의를 거쳐야 한다. 다만, 대통령령으로 정하는 경미한 사항을 변경하는 경우에는 그러하지 아니하다(법 제75조의2 제2항).

② **지방의회 의견제시**: 특별시·광역시·특별자치시·특별자치도·시 또는 군의 의회는 특별한 사유가 없으면 60일 이내에 특별시장·광역시장·특별자치시장·특별자치도지사·시장 또는 군수에게 의견을 제시하여야 하며, 그 기한까지 의견을 제시하지 아니하면 의견이 없는 것으로 본다(법 제75조의2 제3항).

③ **협의기간**: 협의 요청을 받은 관계 행정기관의 장은 특별한 사유가 없으면 요청을 받은 날부터 30일 이내에 특별시장·광역시장·특별자치시장·특별자치도지사·시장 또는 군수에게 의견을 제시하여야 한다(법 제75조의2 제4항).

④ **지정고시**: 특별시장·광역시장·특별자치시장·특별자치도지사·시장 또는 군수가 성장관리계획구역을 지정하거나 이를 변경한 경우에는 관계 행정기관의 장에게 관계 서류를 송부하여야 하며, 대통령령으로 정하는 바에 따라 이를 고시하고 일반인이 열람할 수 있도록 하여야 한다. 이 경우 지형도면의 고시 등에 관하여는 「토지이용규제 기본법」 제8조에 따른다(법 제75조의2 제5항).

2 성장관리계획

(1) 내용

특별시장·광역시장·특별자치시장·특별자치도지사·시장 또는 군수는 성장관리계획구역을 지정할 때에는 다음의 사항 중 그 성장관리계획구역의 지정목적을 이루는 데 필요한 사항을 포함하여 성장관리계획을 수립하여야 한다(법 제75조의3 제1항).

① 도로, 공원 등 기반시설의 배치와 규모에 관한 사항
② 건축물의 용도제한, 건축물의 건폐율 또는 용적률
③ 건축물의 배치, 형태, 색채 및 높이
④ 환경관리 및 경관계획
⑤ 그 밖에 난개발의 방지와 체계적인 관리에 필요한 사항으로서 대통령령으로 정하는 사항

(2) 건폐율 완화규정

성장관리계획구역에서는 다음의 구분에 따른 범위에서 성장관리계획으로 정하는 바에 따라 특별시·광역시·특별자치시·특별자치도·시 또는 군의 조례로 정하는 비율까지 건폐율을 완화하여 적용할 수 있다(법 제75조의3 제2항).

① 계획관리지역 : 50% 이하
② 생산관리지역·농림지역 및 자연녹지지역·생산녹지지역 : 30% 이하

(3) 용적률 완화규정

성장관리계획구역 내 계획관리지역에서는 125% 이하의 범위에서 성장관리계획으로 정하는 바에 따라 특별시·광역시·특별자치시·특별자치도·시 또는 군의 조례로 정하는 비율까지 용적률을 완화하여 적용할 수 있다(법 제75조의3 제3항).

(4) 타당성 검토

특별시장·광역시장·특별자치시장·특별자치도지사·시장 또는 군수는 5년마다 관할 구역 내 수립된 성장관리계획에 대하여 대통령령으로 정하는 바에 따라 그 타당성 여부를 전반적으로 재검토하여 정비하여야 한다(법 제75조의3 제5항).

3 성장관리계획구역에서의 개발행위 등

성장관리계획구역에서 개발행위 또는 건축물의 용도변경을 하려면 그 성장관리계획에 맞게 하여야 한다(법 제75조의4).

04 개발행위에 따른 기반시설의 설치

1 개발밀도관리구역 제29회, 제30회, 제32회, 제33회, 제34회, 제35회

(1) 지정권자

특별시장·광역시장·특별자치시장·특별자치도지사·시장 또는 군수는 주거·상업 또는 공업지역에서의 개발행위로 기반시설(도시·군계획시설을 포함)의 처리·공급 또는 수용능력이 부족할 것으로 예상되는 지역 중 기반시설의 설치가 곤란한 지역을 개발밀도관리구역으로 지정할 수 있다(법 제66조 제1항).

(2) 지정기준

개발밀도관리구역의 지정기준, 개발밀도관리구역의 관리 등에 관하여 필요한 사항은 다음의 사항을 종합적으로 고려하여 국토교통부장관이 정한다(법 제66조 제5항, 영 제63조).

> ① 개발밀도관리구역은 도로·수도공급설비·하수도·학교 등 기반시설의 용량이 부족할 것으로 예상되는 지역 중 기반시설의 설치가 곤란한 지역으로서 다음에 해당하는 지역에 대하여 지정할 수 있도록 할 것
>   ㉠ 당해 지역의 도로서비스 수준이 매우 낮아 차량통행이 현저하게 지체되는 지역. 이 경우 도로서비스 수준의 측정에 관하여는 「도시교통정비 촉진법」에 따른 교통영향평가의 예에 따른다.
>   ㉡ 당해 지역의 도로율이 국토교통부령이 정하는 용도지역별 도로율에 20% 이상 미달하는 지역
>   ㉢ 향후 2년 이내에 당해 지역의 수도에 대한 수요량이 수도시설의 시설용량을 초과할 것으로 예상되는 지역
>   ㉣ 향후 2년 이내에 당해 지역의 하수발생량이 하수시설의 시설용량을 초과할 것으로 예상되는 지역
>   ㉤ 향후 2년 이내에 당해 지역의 학생 수가 학교수용능력을 20% 이상 초과할 것으로 예상되는 지역
> ② 개발밀도관리구역의 경계는 도로·하천, 그 밖에 특색 있는 지형지물을 이용하거나 용도지역의 경계선을 따라 설정하는 등 경계선이 분명하게 구분되도록 할 것
> ③ 용적률의 강화범위는 해당 용도지역에 적용되는 용적률의 최대한도의 50% 범위에서 기반시설의 부족 정도를 고려하여 결정할 것
> ④ 개발밀도관리구역 안의 기반시설의 변화를 주기적으로 검토하여 용적률을 강화 또는 완화하거나 개발밀도관리구역을 해제하는 등 필요한 조치를 취하도록 할 것

(3) 지정절차

① **도시계획위원회의 심의**: 특별시장·광역시장·특별자치시장·특별자치도지사·시장 또는 군수는 개발밀도관리구역을 지정하거나 변경하려면 다음의 사항을 포함하여 해당 지방자치단체에 설치된 지방도시계획위원회의 심의를 거쳐야 한다(법 제66조 제3항).

> ㉠ 개발밀도관리구역의 명칭
> ㉡ 개발밀도관리구역의 범위
> ㉢ 건폐율 또는 용적률의 강화 범위

② **지정(변경)의 고시**: 특별시장·광역시장·특별자치시장·특별자치도지사·시장 또는 군수는 개발밀도관리구역을 지정하거나 변경한 경우에는 그 사실을 지방자치단체의 공보에 게재하는 방법에 의하여 고시하고, 고시한 내용을 해당 기관의 인터넷 홈페이지에 게재하여야 한다(법 제66조 제4항, 영 제62조 제2항·제3항).

(4) 지정의 효과

① 특별시장·광역시장·특별자치시장·특별자치도지사·시장 또는 군수는 개발밀도관리구역에서는 대통령령으로 정하는 범위에서 건폐율 또는 용적률을 강화하여 적용한다(법 제66조 제2항).

② 위 ①에서 '대통령령으로 정하는 범위'라 함은 당해 용도지역에 적용되는 용적률의 최대한도의 50%를 말한다(영 제62조 제1항).

◆ 개발밀도관리구역

구 분	개발밀도관리구역
지정권자	특별시장·광역시장·특별자치시장·특별자치도지사·시장 또는 군수
대상지역	1. 개발행위로 인하여 기반시설 부족이 예상되는 지역 중 2. 주거·상업·공업지역(녹지지역×) 3. 기반시설의 설치가 곤란한 지역
지정절차	지방도시계획위원회의 심의(주민 의견청취×, 협의×)
고 시	공보 + 인터넷 홈페이지
효 과	1. 건폐율·용적률의 강화: 개발행위 억제 2. 대통령령으로 정하는 범위 ⇨ 용적률 최대한도의 50%
지정기준	국토교통부장관이 정함
특 징	1. 도시·군관리계획 × 2. 건폐율·용적률 완화 ×

2 기반시설부담구역 제27회, 제28회, 제29회, 제30회, 제32회, 제33회, 제34회, 제35회

(1) 기반시설부담구역의 지정

① **의무적 지정대상지역**: 특별시장·광역시장·특별자치시장·특별자치도지사·시장 또는 군수는 다음의 어느 하나에 해당하는 지역에 대하여는 기반시설부담구역으로 지정하여야 한다(법 제67조 제1항 본문).

> ㉠ 이 법 또는 다른 법령의 제정·개정으로 인하여 행위제한이 완화되거나 해제되는 지역
> ㉡ 이 법 또는 다른 법령에 따라 지정된 용도지역 등이 변경되거나 해제되어 행위제한이 완화되는 지역
> ㉢ 특별시장·광역시장·특별자치시장·특별자치도지사·시장 또는 군수가 기반시설의 설치가 필요하다고 인정하는 지역으로서 다음의 어느 하나에 해당하는 지역(영 제64조 제1항)
>   ⓐ 해당 지역의 전년도 개발행위허가 건수가 전전년도 개발행위허가 건수보다 20% 이상 증가한 지역
>   ⓑ 해당 지역의 전년도 인구증가율이 그 지역이 속하는 특별시·광역시·특별자치시·특별자치도·시 또는 군(광역시의 관할 구역에 있는 군은 제외)의 전년도 인구증가율보다 20% 이상 높은 지역

② **재량적 지정대상지역**: 개발행위가 집중되어 특별시장·광역시장·특별자치시장·특별자치도지사·시장 또는 군수가 해당 지역의 계획적 관리를 위하여 필요하다고 인정하면 위 ①에 해당하지 아니하는 경우라도 기반시설부담구역으로 지정할 수 있다(법 제67조 제1항 단서).

(2) 지정절차

특별시장·광역시장·특별자치시장·특별자치도지사·시장 또는 군수는 기반시설부담구역을 지정 또는 변경하려면 주민의 의견을 들어야 하며, 해당 지방자치단체에 설치된 지방도시계획위원회의 심의를 거쳐 기반시설부담구역의 명칭·위치·면적 및 지정일자와 관계 도서의 열람방법을 해당 지방자치단체의 공보와 인터넷 홈페이지에 고시하여야 한다(법 제67조 제2항, 영 제64조 제2항).

(3) 기반시설설치계획

특별시장·광역시장·특별자치시장·특별자치도지사·시장 또는 군수는 기반시설부담구역이 지정되면 다음의 내용이 포함된 기반시설설치계획을 수립하여야 하며, 이를 도시·군관리계획에 반영하여야 한다(법 제67조 제4항, 영 제65조 제1항).

> ① 설치가 필요한 기반시설의 종류, 위치 및 규모
> ② 기반시설의 설치 우선순위 및 단계별 설치계획
> ③ 그 밖에 기반시설의 설치에 필요한 사항

(4) 기반시설설치계획의 의제

지구단위계획을 수립한 경우에는 기반시설설치계획을 수립한 것으로 본다(영 제65조 제3항).

(5) 기반시설부담구역의 해제

기반시설부담구역의 지정고시일부터 1년이 되는 날까지 기반시설설치계획을 수립하지 아니하면 그 1년이 되는 날의 다음 날에 기반시설부담구역의 지정은 해제된 것으로 본다 (영 제65조 제4항).

(6) 기반시설부담구역의 지정기준

기반시설부담구역의 지정기준 등에 관하여 필요한 사항은 대통령령으로 정하는 바에 따라 국토교통부장관이 정한다. 국토교통부장관은 기반시설부담구역의 지정기준을 정할 때에는 다음의 사항을 종합적으로 고려하여야 한다(법 제67조 제5항, 영 제66조).

> ① 기반시설부담구역은 기반시설이 적절하게 배치될 수 있는 규모로서 최소 10만m^2 이상의 규모가 되도록 지정할 것
> ② 소규모 개발행위가 연접하여 시행될 것으로 예상되는 지역의 경우에는 하나의 단위구역으로 묶어서 기반시설부담구역을 지정할 것
> ③ 기반시설부담구역의 경계는 도로, 하천, 그 밖의 특색 있는 지형지물을 이용하는 등 경계선이 분명하게 구분되도록 할 것

3 기반시설설치비용

(1) 부과대상 및 산정기준

① **부과대상**: 기반시설부담구역에서 기반시설설치비용의 부과대상인 건축행위는 단독주택 및 숙박시설 등 대통령령으로 정하는 시설로서 200m^2(기존 건축물의 연면적을 포함)를 초과하는 건축물의 신축·증축 행위로 한다. 다만, 기존 건축물을 철거하고 신축하는 경우에는 기존 건축물의 건축연면적을 초과하는 건축행위만 부과대상으로 한다(법 제68조 제1항).

② **산정기준**: 기반시설설치비용은 기반시설을 설치하는 데 필요한 기반시설 표준시설비용과 용지비용을 합산한 금액에 부과대상 건축연면적과 기반시설 설치를 위하여 사용되는 총 비용 중 국가·지방자치단체의 부담분을 제외하고 민간 개발사업자가 부담하는 부담률을 곱한 금액으로 한다. 다만, 특별시장·광역시장·특별자치시장·특별자치도지사·시장 또는 군수가 해당 지역의 기반시설 소요량 등을 고려하여 대통령령으로 정하는 바에 따라 기반시설부담계획을 수립한 경우에는 그 부담계획에 따른다(법 제68조 제2항).

③ **민간사업자의 부담률**: 민간 개발사업자가 부담하는 부담률은 100분의 20으로 하며, 특별시장·광역시장·특별자치시장·특별자치도지사·시장 또는 군수가 건물의 규모, 지역 특성 등을 고려하여 100분의 25의 범위에서 부담률을 가감할 수 있다(법 제68조 제5항).

④ **감면**: 납부의무자가 다음의 어느 하나에 해당하는 경우에는 이 법에 따른 기반시설설치비용에서 감면한다(법 제68조 제6항).

> ㉠ 기반시설을 설치하거나 그에 필요한 용지를 확보한 경우
> ㉡ 「도로법」에 따른 원인자 부담금 등 대통령령으로 정하는 비용을 납부한 경우

(2) 납부 및 체납처분

① **납부의무자**: 기반시설부담구역에서 기반시설설치비용의 부과대상인 건축행위를 하는 자(건축행위의 위탁자 또는 지위의 승계자 등 대통령령으로 정하는 자를 포함한다. 이하 '납부의무자'라 한다)는 기반시설설치비용을 내야 한다(법 제69조 제1항).

② **납부시기 및 방법**

㉠ 납부시기: 특별시장·광역시장·특별자치시장·특별자치도지사·시장 또는 군수는 납부의무자가 국가 또는 지방자치단체로부터 건축허가(다른 법률에 따른 사업승인 등 건축허가가 의제되는 경우에는 그 사업승인)를 받은 날부터 2개월 이내에 기반시설설치비용을 부과하여야 하고, 납부의무자는 사용승인(다른 법률에 따라 준공검사 등 사용승인이 의제되는 경우에는 그 준공검사) 신청 시까지 이를 내야 한다(법 제69조 제2항).

㉡ 납부방법: 기반시설설치비용은 현금, 신용카드 또는 직불카드로 납부하도록 하되, 부과대상 토지 및 이와 비슷한 토지로 하는 납부(이하 '물납'이라 한다)를 인정할 수 있다(영 제70조의7 제1항).

③ **강제징수**: 특별시장·광역시장·특별자치시장·특별자치도지사·시장 또는 군수는 납부의무자가 기반시설설치비용을 내지 아니하는 경우에는 「지방행정제재·부과금의 징수 등에 관한 법률」에 따라 징수할 수 있다(법 제69조 제3항).

④ **환급**: 특별시장·광역시장·특별자치시장·특별자치도지사·시장 또는 군수는 기반시설설치비용을 납부한 자가 사용승인 신청 후 해당 건축행위와 관련된 기반시설의 추가 설치 등 기반시설설치비용을 환급하여야 하는 사유가 발생하는 경우에는 그 사유에 상당하는 기반시설설치비용을 환급하여야 한다(법 제69조 제4항).

(3) 관리 및 사용

① **특별회계의 설치**: 특별시장·광역시장·특별자치시장·특별자치도지사·시장 또는 군수는 기반시설설치비용의 관리 및 운용을 위하여 기반시설부담구역별로 특별회계를 설치하여야 하며, 그에 필요한 사항은 지방자치단체의 조례로 정한다(법 제70조 제1항).

② **용도**: 납부한 기반시설설치비용은 해당 기반시설부담구역에서 기반시설의 설치 또는 그에 필요한 용지의 확보 등을 위하여 사용하여야 한다. 다만, 해당 기반시설부담구역에 사용하기가 곤란한 경우로서 대통령령으로 정하는 경우에는 해당 기반시설부담구역의 기반시설과 연계된 기반시설의 설치 또는 그에 필요한 용지의 확보 등에 사용할 수 있다(법 제70조 제2항).

◆ **기반시설부담구역과 기반시설설치비용**

구 분	기반시설부담구역
지정권자	특별시장·광역시장·특별자치시장·특별자치도지사·시장 또는 군수
의무적 지정 대상 지역	1. 법령의 제정·개정으로 행위제한이 완화 또는 해제되는 지역 2. 용도지역 등이 변경 또는 해제되어 행위제한이 완화되는 지역 3. 해당 지역의 전년도 개발행위 건수가 전전년도 개발행위허가 건수보다 20% 이상 증가한 지역 4. 해당 지역의 전년도 인구증가율이 그 지역이 속하는 특별시·광역시·특별자치시·특별자치도·시 또는 군의 전년도 인구증가율보다 20% 이상 높은 지역
지정절차	주민 의견청취 + 지방도시계획위원회의 심의(도시·군관리계획×)
고 시	공보 + 인터넷 홈페이지
계획수립	기반시설설치계획 수립 의무: 1년 이내 ⇨ 위반 시: 1년이 되는 날의 다음 날에 기반시설부담구역은 해제(의제)
지정기준 (국토교통부 장관이 정함)	1. 최소 10만m^2 이상으로 지정 2. 소규모 연접 개발행위는 하나의 구역으로 묶어서 지정 3. 경계선이 분명하게 지정
효과 (기반시설설치 비용납부의무)	1. 부과대상: 단독주택 및 숙박시설 등의 건축물을 연면적 200m^2 초과하는 건축물의 신축·증축 2. 부과: 특별시장·광역시장·특별자치시장·특별자치도지사·시장 또는 군수는 납부의무자가 건축허가를 받은 날부터 2개월 이내에 부과 3. 납부방법: 현금, 신용카드 또는 직불카드로 납부하도록 하되, 부과대상 토지 및 이와 비슷한 토지로 하는 납부(물납)를 인정할 수 있음 4. 납부시기: 사용승인 신청 시까지 5. 강제징수: 미납 시 「지방행정제재·부과금의 징수 등에 관한 법률」에 따라 징수

> **예제**

국토의 계획 및 이용에 관한 법령상 개발밀도관리구역 및 기반시설부담구역에 관한 설명으로 옳은 것은? 제29회

① 개발밀도관리구역에서는 당해 용도지역에 적용되는 건폐율 또는 용적률을 강화 또는 완화하여 적용할 수 있다.
② 군수가 개발밀도관리구역을 지정하려면 지방도시계획위원회의 심의를 거쳐 도지사의 승인을 받아야 한다.
③ 주거·상업지역에서의 개발행위로 기반시설의 수용능력이 부족할 것으로 예상되는 지역 중 기반시설의 설치가 곤란한 지역은 기반시설부담구역으로 지정할 수 있다.
④ 시장은 기반시설부담구역을 지정하면 기반시설설치계획을 수립하여야 하며, 이를 도시·군관리계획에 반영하여야 한다.
⑤ 기반시설부담구역에서 개발행위를 허가받고자 하는 자에게는 기반시설설치비용을 부과하여야 한다.

해설 ① 개발밀도관리구역에서는 당해 용도지역에 적용되는 건폐율 또는 용적률을 강화하여 적용한다.
② 군수가 개발밀도관리구역을 지정하려면 도지사의 승인을 받지 않아도 된다.
③ 주거·상업지역에서의 개발행위로 기반시설의 수용능력이 부족할 것으로 예상되는 지역 중 기반시설의 설치가 곤란한 지역은 개발밀도관리구역으로 지정할 수 있다.
⑤ 기반시설부담구역에서 기반시설설치비용의 부과대상인 건축행위는 단독주택 및 숙박시설 등 대통령령으로 정하는 시설로서 200㎡를 초과하는 건축물의 신축·증축 행위로 한다. 다만, 기존 건축물을 철거하고 신축하는 경우에는 기존 건축물의 건축연면적을 초과하는 건축행위만 부과대상으로 한다. ▶ **정답** ④

제6장 도시계획위원회

01 중앙도시계획위원회

1 설치 및 권한

다음의 업무를 수행하기 위하여 국토교통부에 중앙도시계획위원회를 둔다(법 제106조).

① 광역도시계획·도시·군계획·토지거래계약허가구역 등 국토교통부장관의 권한에 속하는 사항의 심의
② 이 법 또는 다른 법률에서 중앙도시계획위원회의 심의를 거치도록 한 사항의 심의
③ 도시·군계획에 관한 조사·연구

2 조 직

(1) 구성원 수

중앙도시계획위원회는 위원장·부위원장 각 1명을 포함한 25명 이상 30명 이하의 위원으로 구성한다(법 제107조 제1항).

(2) 위원장과 부위원장

중앙도시계획위원회의 위원장과 부위원장은 위원 중에서 국토교통부장관이 임명하거나 위촉한다(법 제107조 제2항).

02 지방도시계획위원회

1 시·도도시계획위원회

다음의 심의를 하게 하거나 자문에 응하게 하기 위하여 시·도에 시·도도시계획위원회를 둔다(법 제113조 제1항).

> ① 시·도지사가 결정하는 도시·군관리계획의 심의 등 시·도지사의 권한에 속하는 사항과 다른 법률에서 시·도도시계획위원회의 심의를 거치도록 한 사항의 심의
> ② 국토교통부장관의 권한에 속하는 사항 중 중앙도시계획위원회의 심의대상에 해당하는 사항이 시·도지사에게 위임된 경우 그 위임된 사항의 심의
> ③ 도시·군관리계획과 관련하여 시·도지사가 자문하는 사항에 대한 조언
> ④ 그 밖에 대통령령으로 정하는 사항에 관한 심의 또는 조언

2 시·군·구도시계획위원회

도시·군관리계획과 관련된 다음의 심의를 하게 하거나 자문에 응하게 하기 위하여 시·군(광역시의 관할 구역에 있는 군을 포함) 또는 구에 각각 시·군·구도시계획위원회를 둔다(법 제113조 제2항).

> ① 시장 또는 군수가 결정하는 도시·군관리계획의 심의와 국토교통부장관이나 시·도지사의 권한에 속하는 사항 중 시·도도시계획위원회의 심의대상에 해당하는 사항이 시장·군수 또는 구청장에게 위임되거나 재위임된 경우 그 위임되거나 재위임된 사항의 심의
> ② 도시·군관리계획과 관련하여 시장·군수 또는 구청장이 자문하는 사항에 대한 조언
> ③ 개발행위의 허가 등에 관한 심의
> ④ 그 밖에 대통령령으로 정하는 사항에 관한 심의 또는 조언

3 도시·군계획상임기획단

지방자치단체의 장이 입안한 광역도시계획·도시·군기본계획 또는 도시·군관리계획을 검토하거나 지방자치단체의 장이 의뢰하는 광역도시계획·도시·군기본계획 또는 도시·군관리계획에 관한 기획·지도 및 조사·연구를 위하여 해당 지방자치단체의 조례로 정하는 바에 따라 지방도시계획위원회에 전문위원 등으로 구성되는 도시·군계획상임기획단을 둔다(법 제116조).

제7장 보칙 및 벌칙

01 시범도시의 지정·지원

1 지정권자 및 지정대상

국토교통부장관은 도시의 경제·사회·문화적인 특성을 살려 개성 있고 지속가능한 발전을 촉진하기 위하여 필요하면 직접 또는 관계 중앙행정기관의 장이나 시·도지사의 요청에 의하여 경관, 생태, 정보통신, 과학, 문화, 관광, 그 밖에 대통령령으로 정하는 분야(교육·안전·교통·경제활력·도시재생 및 기후변화 분야)별로 시범도시(시범지구나 시범단지를 포함)를 지정할 수 있다(법 제127조 제1항, 영 제126조 제1항).

2 시범도시의 지정기준

시범도시는 다음의 기준에 적합하여야 한다(영 제126조 제2항).

① 시범도시의 지정이 도시의 경쟁력 향상, 특화발전 및 지역균형발전에 기여할 수 있을 것
② 시범도시의 지정에 대한 주민의 호응도가 높을 것
③ 시범도시의 지정목적 달성에 필요한 사업(이하 '시범도시사업'이라 한다)에 주민이 참여할 수 있을 것
④ 시범도시사업의 재원조달계획이 적정하고 실현가능할 것

3 시범도시 지정절차 제28회

(1) 자료제출 요청
국토교통부장관은 관계 중앙행정기관의 장이나 시·도지사에게 시범도시의 지정과 지원에 필요한 자료를 제출하도록 요청할 수 있다(법 제127조 제3항).

(2) 의견청취
관계 중앙행정기관의 장 또는 시·도지사는 국토교통부장관에게 시범도시의 지정을 요청하고자 하는 때에는 미리 설문조사·열람 등을 통하여 주민의 의견을 들은 후 관계 지방자치단체의 장의 의견을 들어야 한다(영 제126조 제4항).

(3) 도시계획위원회의 자문
시·도지사는 국토교통부장관에게 시범도시의 지정을 요청하고자 하는 때에는 미리 당해 시·도도시계획위원회의 자문을 거쳐야 한다(영 제126조 제5항).

(4) 도시계획위원회의 심의
국토교통부장관은 시범도시를 지정하려면 중앙도시계획위원회의 심의를 거쳐야 한다(영 제126조 제7항).

(5) 공고·통보
국토교통부장관은 시범도시를 지정한 때에는 지정목적·지정분야·지정대상도시 등을 관보와 국토교통부의 인터넷 홈페이지에 공고하고 관계 행정기관의 장에게 통보해야 한다(영 제126조 제8항).

4 시범도시의 공모 제28회

(1) 국토교통부장관은 직접 시범도시를 지정함에 있어서 필요한 경우에는 국토교통부령이 정하는 바에 따라 그 대상이 되는 도시를 공모할 수 있다(영 제127조 제1항).

(2) 공모에 응모할 수 있는 자는 특별시장·광역시장·특별자치시장·특별자치도지사·시장·군수 또는 구청장으로 한다(영 제127조 제2항).

(3) 국토교통부장관은 시범도시의 공모 및 평가 등에 관한 업무를 원활하게 수행하기 위하여 필요한 때에는 전문기관에 자문하거나 조사·연구를 의뢰할 수 있다(영 제127조 제3항).

5 시범도시사업계획의 수립·시행

(1) 수립권자

시범도시를 관할하는 특별시장·광역시장·특별자치시장·특별자치도지사·시장·군수 또는 구청장은 다음의 구분에 따라 시범도시사업의 시행에 관한 계획(이하 '시범도시사업계획'이라 한다)을 수립·시행하여야 한다(영 제128조 제1항).

① 시범도시가 시·군 또는 구의 관할 구역에 한정되어 있는 경우: 관할 시장·군수 또는 구청장이 수립·시행
② 그 밖의 경우: 특별시장·광역시장·특별자치시장·특별자치도지사가 수립·시행

(2) 내 용

시범도시사업계획에는 다음의 사항이 포함되어야 한다(영 제128조 제2항).

① 시범도시사업의 목표·전략·특화발전계획 및 추진체제에 관한 사항
② 시범도시사업의 시행에 필요한 도시·군계획 등 관련계획의 조정·정비에 관한 사항
③ 시범도시사업의 시행에 필요한 도시·군계획사업에 관한 사항
④ 시범도시사업의 시행에 필요한 재원조달에 관한 사항
⑤ 주민참여 등 지역사회와의 협력체계에 관한 사항
⑥ 그 밖에 시범도시사업의 원활한 시행을 위하여 필요한 사항

(3) 수립절차

① **의견청취**: 특별시장·광역시장·특별자치시장·특별자치도지사·시장·군수 또는 구청장은 시범도시사업계획을 수립하고자 하는 때에는 미리 설문조사·열람 등을 통하여 주민의 의견을 들어야 한다(영 제128조 제3항).

② **협의**: 특별시장·광역시장·특별자치시장·특별자치도지사·시장·군수 또는 구청장은 시범도시사업계획을 수립하고자 하는 때에는 미리 국토교통부장관(관계 중앙행정기관의 장 또는 시·도지사의 요청에 의하여 지정된 시범도시의 경우에는 지정을 요청한 기관을 말한다)과 협의하여야 한다(영 제128조 제4항).

③ **고시·송부**: 특별시장·광역시장·특별자치시장·특별자치도지사·시장·군수 또는 구청장은 시범도시사업계획을 수립한 때에는 그 주요내용을 해당 지방자치단체의 공보와 인터넷 홈페이지에 고시한 후 그 사본 1부를 국토교통부장관에게 송부해야 한다(영 제128조 제5항).

6 시범도시의 지원

(1) 국토교통부장관, 관계 중앙행정기관의 장 또는 시·도지사는 지정된 시범도시에 대하여 예산·인력 등 필요한 지원을 할 수 있다(법 제127조 제2항).

(2) 국토교통부장관, 관계 중앙행정기관의 장은 시범도시에 대하여 다음의 범위에서 보조 또는 융자를 할 수 있다(영 제129조 제1항).

> ① 시범도시사업계획의 수립에 소요되는 비용의 80% 이하
> ② 시범도시사업의 시행에 소요되는 비용(보상비는 제외)의 50% 이하

(3) 시·도지사는 시범도시에 대하여 위 (2)의 범위에서 보조나 융자를 할 수 있다(영 제129조 제2항).

7 시범도시사업의 평가·조정

(1) 추진실적의 제출

시범도시를 관할하는 특별시장·광역시장·특별자치시장·특별자치도지사·시장·군수 또는 구청장은 매년말까지 당해 연도 시범도시사업계획의 추진실적을 국토교통부장관과 당해 시범도시의 지정을 요청한 관계 중앙행정기관의 장 또는 시·도지사에게 제출하여야 한다(영 제130조 제1항).

(2) 조정의 요청

국토교통부장관, 관계 중앙행정기관의 장 또는 시·도지사는 위 (1)의 규정에 의하여 제출된 추진실적을 분석한 결과 필요하다고 인정하는 때에는 시범도시사업계획의 조정요청, 지원내용의 축소 또는 확대 등의 조치를 할 수 있다(영 제130조 제2항).

02 타인토지에의 출입 등

1 타인토지에의 출입 등 제33회, 제34회

1. 출입 등의 주체 및 목적

국토교통부장관, 시·도지사, 시장 또는 군수나 도시·군계획시설사업의 시행자는 다음의 행위를 하기 위하여 필요하면 타인의 토지에 출입하거나 타인의 토지를 재료 적치장 또는 임시통로로 일시 사용할 수 있으며, 특히 필요한 경우에는 나무, 흙, 돌, 그 밖의 장애물을 변경하거나 제거할 수 있다(법 제130조 제1항).

① 도시·군계획, 광역도시계획에 관한 기초조사
② 개발밀도관리구역, 기반시설부담구역 및 기반시설설치계획에 관한 기초조사
③ 지가의 동향 및 토지거래의 상황에 관한 조사
④ 도시·군계획시설사업에 관한 조사·측량 또는 시행

2. 출입 등의 절차

(1) 출입의 사전통지

타인의 토지에 출입하려는 자는 특별시장·광역시장·특별자치시장·특별자치도지사·시장 또는 군수의 허가를 받아야 하며, 출입하려는 날의 7일 전까지 그 토지의 소유자·점유자 또는 관리인에게 그 일시와 장소를 알려야 한다. 다만, 행정청인 도시·군계획시설사업의 시행자는 허가를 받지 아니하고 타인의 토지에 출입할 수 있다(법 제130조 제2항).

(2) 일시 사용 등의 동의

① 타인의 토지를 재료 적치장 또는 임시통로로 일시 사용하거나 나무, 흙, 돌, 그 밖의 장애물을 변경 또는 제거하려는 자는 토지의 소유자·점유자 또는 관리인의 동의를 받아야 한다(법 제130조 제3항).

② 토지나 장애물의 소유자·점유자 또는 관리인이 현장에 없거나 주소 또는 거소가 불분명하여 그 동의를 받을 수 없는 경우에는 행정청인 도시·군계획시설사업의 시행자는 관할 특별시장·광역시장·특별자치시장·특별자치도지사·시장 또는 군수에게 그 사실을 통지하여야 하며, 행정청이 아닌 도시·군계획시설사업의 시행자는 미리 관할 특별시장·광역시장·특별자치시장·특별자치도지사·시장 또는 군수의 허가를 받아야 한다(법 제130조 제4항).

(3) 일시 사용 등의 사전통지

토지를 일시 사용하거나 장애물을 변경 또는 제거하려는 자는 토지를 사용하려는 날이나 장애물을 변경 또는 제거하려는 날의 3일 전까지 그 토지나 장애물의 소유자·점유자 또는 관리인에게 알려야 한다(법 제130조 제5항).

3. 출입의 제한

일출 전이나 일몰 후에는 그 토지 점유자의 승낙 없이 택지나 담장 또는 울타리로 둘러싸인 타인의 토지에 출입할 수 없다(법 제130조 제6항).

4. 수인(受忍)의무

토지의 점유자는 정당한 사유 없이 타인토지의 출입 등의 행위를 방해하거나 거부하지 못한다(법 제130조 제7항).

5. 증표제시의무

타인토지의 출입 등의 행위를 하려는 자는 그 권한을 표시하는 증표와 허가증을 지니고 이를 관계인에게 내보여야 한다(법 제130조 제8항).

6. 토지에의 출입 등에 따른 손실보상

(1) 손실보상의 의무자

타인토지의 출입과 일시 사용 및 장애물 변경·제거로 인하여 손실을 입은 자가 있으면 그 행위자가 속한 행정청이나 도시·군계획시설사업의 시행자가 그 손실을 보상하여야 한다(법 제131조 제1항).

(2) 손실보상의 절차

① **손실보상의 협의**: 손실보상에 관하여는 그 손실을 보상할 자와 손실을 입은 자가 협의하여야 한다(법 제131조 제2항).

② **재결신청**: 손실을 보상할 자나 손실을 입은 자는 협의가 성립되지 아니하거나 협의를 할 수 없는 경우에는 관할 토지수용위원회에 재결을 신청할 수 있다(법 제131조 제3항).

③ **준용규정**: 관할 토지수용위원회의 재결에 관하여는 「공익사업을 위한 토지 등의 취득 및 보상에 관한 법률」의 규정을 준용한다(법 제131조 제4항).

2 청 문 제28회, 제31회

국토교통부장관, 시·도지사, 시장·군수 또는 구청장은 다음의 어느 하나에 해당하는 처분을 하려면 청문을 하여야 한다(법 제136조).

> ① 개발행위허가의 취소
> ② 도시·군계획시설사업의 시행자 지정의 취소
> ③ 실시계획인가의 취소

3 도시·군계획의 수립 및 운영에 대한 감독 및 조정 제28회

(1) 국토교통부장관(수산자원보호구역의 경우 해양수산부장관을 말한다)은 필요한 경우에는 시·도지사 또는 시장·군수에게, 시·도지사는 시장·군수에게 도시·군기본계획과 도시·군관리계획의 수립 및 운영실태를 감독하기 위하여 필요한 보고를 하게 하거나 자료를 제출하도록 명할 수 있으며, 소속 공무원으로 하여금 도시·군기본계획과 도시·군관리계획에 관한 업무 상황을 검사하게 할 수 있다(법 제138조 제1항).

(2) 국토교통부장관은 도시·군기본계획과 도시·군관리계획이 국가계획 및 광역도시계획의 취지에 부합하지 아니하거나 도시·군관리계획이 도시·군기본계획의 취지에 부합하지 아니하다고 판단하는 경우에는 특별시장·광역시장·특별자치시장·특별자치도지사·시장 또는 군수에게 기한을 정하여 도시·군기본계획과 도시·군관리계획의 조정을 요구할 수 있다. 이 경우 특별시장·광역시장·특별자치시장·특별자치도지사·시장 또는 군수는 도시·군기본계획과 도시·군관리계획을 재검토하여 정비하여야 한다(법 제138조 제2항).

(3) 도지사는 시·군 도시·군관리계획이 광역도시계획이나 도시·군기본계획의 취지에 부합하지 아니하다고 판단되는 경우에는 시장 또는 군수에게 기한을 정하여 그 도시·군관리계획의 조정을 요구할 수 있다. 이 경우 시장 또는 군수는 그 도시·군관리계획을 재검토하여 정비하여야 한다(법 제138조 제3항).

03 벌 칙

1 행정형벌

(1) **3년 이하의 징역 또는 3,000만원 이하의 벌금**(법 제140조)

① 개발행위허가 또는 변경허가를 받지 아니하거나 속임수나 그 밖의 부정한 방법으로 허가 또는 변경허가를 받아 개발행위를 한 자

② 시가화조정구역에서 허가를 받지 아니하고 허가대상 개발행위에 해당하는 행위를 한 자

(2) **3년 이하의 징역 또는 기반시설설치비용의 3배 이하에 상당하는 벌금**(법 제140조의2)

기반시설설치비용을 면탈·경감할 목적 또는 면탈·경감하게 할 목적으로 거짓 계약을 체결하거나 거짓 자료를 제출한 자는 3년 이하의 징역 또는 면탈·경감하였거나 면탈·경감하고자 한 기반시설설치비용의 3배 이하에 상당하는 벌금에 처한다.

(3) 2년 이하의 징역 또는 2,000만원 이하의 벌금(법 제141조)

① 도시·군계획시설의 설치·관리에 관한 규정에 위반하여 도시·군관리계획의 결정이 없이 기반시설을 설치한 자
② 공동구에 수용하여야 하는 시설을 공동구에 수용하지 아니한 자
③ 지구단위계획에 맞지 아니하게 건축물을 건축하거나 용도를 변경한 자
④ 용도지역 또는 용도지구 안에서의 건축물 그 밖의 시설의 용도·종류 및 규모 등의 제한을 위반하여 건축물이나 그 밖의 시설을 건축 또는 설치하거나 그 용도를 변경한 자

(4) 1년 이하의 징역 또는 1,000만원 이하의 벌금(법 제142조)

법률 등의 위반자에 대한 허가·인가 등의 취소, 공사의 중지, 공작물 등의 개축 또는 이전 등의 처분 또는 조치명령을 위반한 자

(5) 양벌규정

법인의 대표자나 법인 또는 개인의 대리인, 사용인, 그 밖의 종업원이 그 법인 또는 개인의 업무에 관하여 위 (1)~(4)까지의 어느 하나에 해당하는 위반행위를 하면 그 행위자를 벌할 뿐만 아니라 그 법인 또는 개인에게도 해당 조문의 벌금형을 과(科)한다. 다만, 법인 또는 개인이 그 위반행위를 방지하기 위하여 해당 업무에 관하여 상당한 주의와 감독을 게을리하지 아니한 경우는 그러하지 아니하다(법 제143조).

2 행정질서벌(과태료)

(1) 1,000만원 이하의 과태료(법 제144조 제1항)

① 공동구설치비용을 부담하지 아니한 자가 허가를 받지 아니하고 공동구를 점용하거나 사용한 자
② 정당한 사유 없이 타인토지에의 출입이나 일시 사용 및 장애물의 변경·제거 행위를 방해하거나 거부한 자
③ 타인토지에의 출입 등을 위한 허가 또는 동의를 받지 아니하고 그 행위를 한 자
④ 소속공무원으로 하여금 개발행위나 도시·군계획시설사업에 관한 업무의 상황을 검사할 수 있는 규정에 의한 검사를 거부·방해하거나 기피한 자

(2) **500만원 이하의 과태료**(법 제144조 제2항)
   ① 개발행위 중 재해복구나 재난수습을 위한 응급조치를 한 후 1개월 이내에 신고를 하지 아니한 자
   ② 개발행위허가를 받은 자나 도시·군계획시설사업의 시행자에 대하여 감독상 필요한 보고를 하게 하거나 자료를 제출하도록 명할 수 있는 규정에 의한 보고 또는 자료제출을 하지 아니하거나, 거짓된 보고 또는 자료제출을 한 자

(3) **부과권자**
   과태료는 대통령령으로 정하는 바에 따라 다음의 자가 각각 부과·징수한다(법 제144조 제3항).

국토교통부장관 (수산자원보호구역의 경우 해양수산부장관), 시·도지사, 시장 또는 군수	① 정당한 사유 없이 타인토지에의 출입이나 일시 사용 및 장애물의 변경·제거 행위를 방해하거나 거부한 자 ② 소속공무원으로 하여금 개발행위나 도시·군계획시설사업에 관한 업무의 상황을 검사할 수 있는 규정에 의한 검사를 거부·방해하거나 기피한 자 ③ 개발행위허가를 받은 자나 도시·군계획시설사업의 시행자에 대하여 감독상 필요한 보고를 하게 하거나 자료를 제출하도록 명할 수 있는 규정에 의한 보고 또는 자료제출을 하지 아니하거나, 거짓된 보고 또는 자료제출을 한 자
특별시장·광역시장· 특별자치시장· 특별자치도지사· 시장 또는 군수	① 공동구설치비용을 부담하지 아니한 자가 허가를 받지 아니하고 공동구를 점용하거나 사용한 자 ② 타인토지에의 출입 등을 위한 허가 또는 동의를 받지 아니하고 그 행위를 한 자 ③ 개발행위 중 재해복구나 재난수습을 위한 응급조치를 한 후 1개월 이내에 신고를 하지 아니한 자

박문각 공인중개사

제1장 총 칙
제2장 개발계획의 수립 및 도시개발구역의 지정
제3장 도시개발사업의 시행자
제4장 실시계획
제5장 도시개발사업의 시행
제6장 비용부담 등

PART

02

도시개발법

한눈에 보는 체계도

1 개발계획 및 도시개발구역

1. 개발계획

- 수립권자: 지정권자
- 수립시기: 도시개발구역 지정 전 수립(원칙)
- 동의: 환지(면적 3분의 2 이상 + 총수 2분의 1 이상) ⇨ 시행자가 국가 또는 지방자치단체인 경우에는 동의를 받을 필요가 없다.
- 330만m² 이상(복합기능의 도시)

2. 도시개발구역

- 지정권자: [원칙] 시·도지사, 대도시 시장
  [예외] 국토교통부장관
- 지정의 효과: [의제] 도시지역 + 지구단위계획구역
  [행위제한] 「국토의 계획 및 이용에 관한 법률」상의 개발행위 + 죽목의 벌채 및 식재
  [기득권 보호] 착수 + 30일 이내 신고

2 사업시행자

1. 공공시행자

국가, 지방자치단체, 공공기관, 정부출연기관, 지방공사

2. 민간시행자

도시개발구역의 토지소유자, 조합(도시개발사업의 전부를 환지방식으로 시행하는 경우에 한한다), 이전법인, 등록사업자, 건설업자, 신탁업자, 부동산투자회사, 부동산개발업자, 공동출자법인

3. 도시개발조합

- 조합원: 토지소유자
- 인가: 면적 3분의 2 이상 + 총수 2분의 1 이상의 동의
- 등기: 성립요건(조합의 설립인가를 받은 날부터 30일 이내에 등기를 하여야 한다)
- 조합임원: 조합장, 이사, 감사
- 총회, 대의원회: 총회는 필수기관이고, 대의원회는 임의기관이다.

3 실시계획 및 사업시행

1. 실시계획인가·고시

- 실시계획에는 지구단위계획이 포함되어야 한다.
- **인가권자**: 지정권자
- **내용**: 설계도서, 자금계획, 시행기간 등
- **실시계획고시의 효과**: 도시·군관리계획이 결정되어 고시된 것으로 본다.
- **지형도면고시**: 시행기간

2. 사업시행

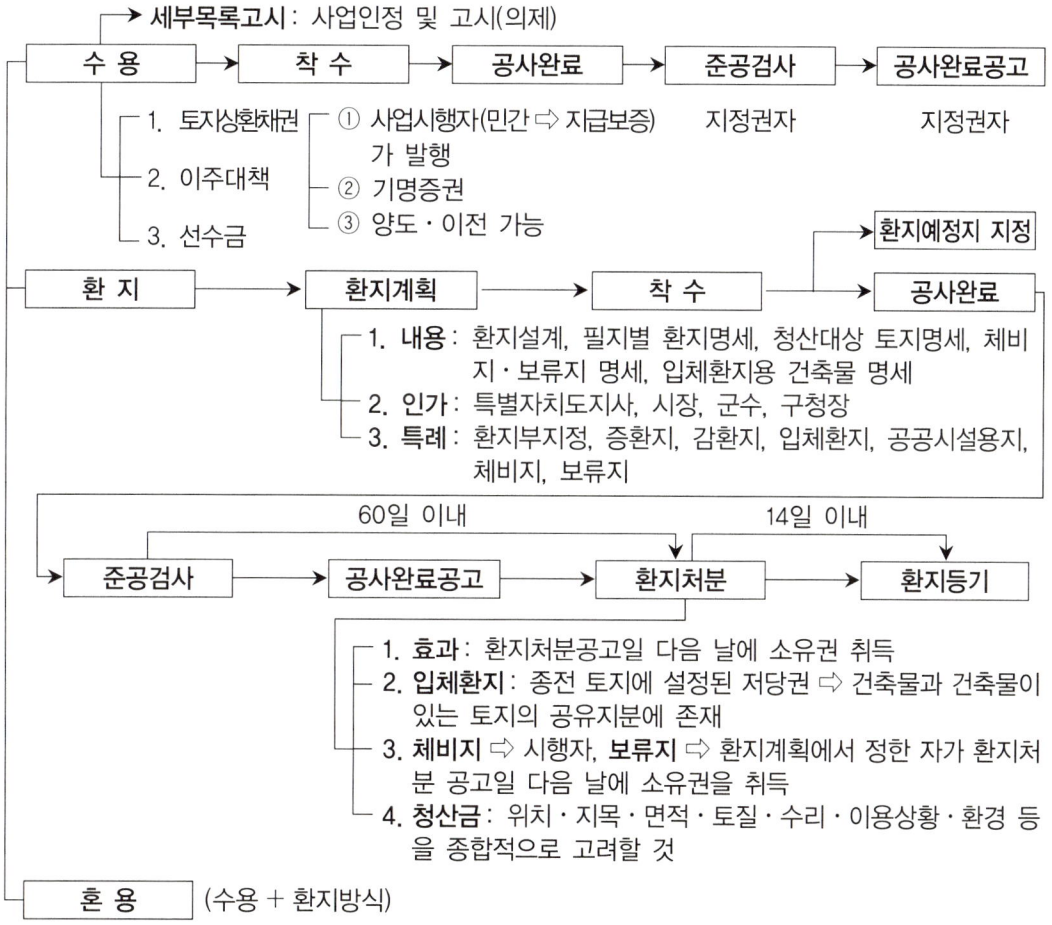

Part 02 도시개발법

단원열기

도시개발법은 현재 6문제 정도 출제되고 있다. 도시개발사업에 따른 전체적인 흐름을 잡고 부분적인 숫자만 외워두면 고득점은 문제가 없을 것으로 보인다. 특히 개발계획과 도시개발조합, 환지방식은 매년 출제하고 있으니 반드시 정리하여 두어야 하며, 수용방식, 토지상환채권, 공급방법과 동의요건도 단독문제로 많이 출제되므로 기출문제를 중심으로 살펴보아야 한다. 그리고 원형지의 공급과 개발, 입체환지는 꼭 확인해야 한다.

제1장 총 칙

01 제정목적

「도시개발법」은 도시개발에 필요한 사항을 규정하여 계획적이고 체계적인 도시개발을 도모하고 쾌적한 도시환경의 조성과 공공복리의 증진에 이바지함을 목적으로 한다(법 제1조).

02 용어의 정의

(1) 이 법에서 사용하는 용어의 뜻은 다음과 같다(법 제2조 제1항).

> ① '도시개발구역'이란 도시개발사업을 시행하기 위하여 지정·고시된 구역을 말한다.
> ② '도시개발사업'이란 도시개발구역에서 주거, 상업, 산업, 유통, 정보통신, 생태, 문화, 보건 및 복지 등의 기능이 있는 단지 또는 시가지를 조성하기 위하여 시행하는 사업을 말한다.

(2) 「국토의 계획 및 이용에 관한 법률」에서 사용하는 용어는 이 법으로 특별히 정하는 경우 외에는 이 법에서 이를 적용한다(법 제2조 제2항).

제2장 개발계획의 수립 및 도시개발구역의 지정

01 개발계획의 수립

1 개발계획의 수립시기 제26회, 제30회

(1) **원칙 – 도시개발구역 지정 전**

지정권자는 도시개발구역을 지정하려면 해당 도시개발구역에 대한 도시개발사업의 계획(이하 '개발계획'이라 한다)을 수립하여야 한다(법 제4조 제1항).

(2) **예외 – 도시개발구역 지정 후**

개발계획을 공모하거나 다음의 어느 하나에 해당하는 지역에 도시개발구역을 지정할 때에는 도시개발구역을 지정한 후에 개발계획을 수립할 수 있다(법 제4조 제1항 단서, 영 제6조 제1항).

① 자연녹지지역
② 생산녹지지역(생산녹지지역이 도시개발구역 지정면적의 100분의 30 이하인 경우만 해당)
③ 도시지역 외의 지역
④ 국토교통부장관이 지역균형발전을 위하여 관계 중앙행정기관의 장과 협의하여 도시개발구역으로 지정하려는 지역(자연환경보전지역은 제외)
⑤ 해당 도시개발구역에 포함되는 주거지역·상업지역·공업지역의 면적의 합계가 전체 도시개발구역 지정 면적의 100분의 30 이하인 지역

(3) **개발계획의 공모**

지정권자는 창의적이고 효율적인 도시개발사업을 추진하기 위하여 필요한 경우에는 대통령령으로 정하는 바에 따라 개발계획안을 공모하여 선정된 안을 개발계획에 반영할 수 있다. 이 경우 선정된 개발계획안의 응모자가 자격 요건을 갖춘 자인 경우에는 해당 응모자를 우선하여 시행자로 지정할 수 있다(법 제4조 제2항).

(4) **개발계획의 변경**

지정권자는 직접 또는 관계 중앙행정기관의 장 또는 시장(대도시 시장은 제외)·군수·구청장 또는 도시개발사업의 시행자의 요청을 받아 개발계획을 변경할 수 있다(법 제4조 제3항).

2 개발계획의 수립 동의(환지방식) 제28회, 제35회

(1) 원 칙

지정권자는 환지방식의 도시개발사업에 대한 개발계획을 수립하려면 환지방식이 적용되는 지역의 토지면적의 3분의 2 이상에 해당하는 토지소유자와 그 지역의 토지소유자 총수의 2분의 1 이상의 동의를 받아야 한다. 환지방식으로 시행하기 위하여 개발계획을 변경(대통령령으로 정하는 경미한 사항의 변경은 제외)하려는 경우에도 또한 같다(법 제4조 제4항).

> **넓혀 보기**
>
> **개발계획 변경 시 토지소유자의 동의를 받아야 하는 경우**(영 제7조 제1항)
> 1. 너비가 12m 이상인 도로를 신설 또는 폐지하는 경우
> 2. 사업시행지구를 분할하거나 분할된 사업시행지구를 통합하는 경우
> 3. 도로를 제외한 기반시설의 면적이 종전보다 100분의 10(공원 또는 녹지의 경우에는 100분의 5) 이상으로 증감하거나 신설되는 기반시설의 총면적이 종전 기반시설 면적의 100분의 5 이상인 경우
> 4. 수용예정인구가 종전보다 100분의 10 이상 증감하는 경우(변경 이후 수용예정인구가 3천명 미만인 경우는 제외)
> 5. 기반시설을 제외한 도시개발구역의 용적률이 종전보다 100분의 5 이상 증가하는 경우

(2) 예 외

지정권자는 도시개발사업을 환지방식으로 시행하려고 개발계획을 수립하거나 변경할 때에 도시개발사업의 시행자가 '국가 또는 지방자치단체'인 경우에는 토지소유자의 동의를 받을 필요가 없다(법 제4조 제5항).

(3) 조합이 시행자인 경우의 특례

지정권자가 도시개발사업의 전부를 환지방식으로 시행하려고 개발계획을 수립하거나 변경할 때에 도시개발사업의 시행자가 조합에 해당하는 경우로서 조합이 성립된 후 총회에서 도시개발구역의 토지면적의 3분의 2 이상에 해당하는 조합원과 그 지역의 조합원 총수의 2분의 1 이상의 찬성으로 수립 또는 변경을 의결한 개발계획을 지정권자에게 제출한 경우에는 토지소유자의 동의를 받은 것으로 본다(법 제4조 제6항).

(4) 동의자 수의 산정방법

동의자 수의 산정방법은 다음과 같다(법 제4조 제7항, 영 제6조 제4항).

① 도시개발구역의 토지면적을 산정하는 경우 ⇨ 국공유지를 포함하여 산정할 것

② 1필지의 토지소유권을 여럿이 공유하는 경우 ⇨ 다른 공유자의 동의를 받은 대표 공유자 1인을 해당 토지소유자로 볼 것(다만, 집합건물의 소유 및 관리에 관한 법률에 따른 구분소유자는 각각을 토지소유자 1인으로 본다)

③ 1인이 둘 이상 필지의 토지를 단독으로 소유한 경우 ⇨ 필지의 수에 관계없이 토지소유자를 1인으로 볼 것

④ 둘 이상 필지의 토지를 소유한 공유자가 동일한 경우 ⇨ 공유자 여럿을 대표하는 1인을 토지소유자로 볼 것

⑤ 공람·공고일 후에 「집합건물의 소유 및 관리에 관한 법률」에 따른 구분소유권을 분할하게 되어 토지소유자의 수가 증가하게 된 경우 ⇨ 공람·공고일 전의 토지소유자의 수를 기준으로 산정하고, 증가된 토지소유자의 수는 토지소유자 총수에 추가 산입하지 말 것

⑥ 도시개발구역의 지정이 제안되기 전에 또는 도시개발구역에 대한 도시개발사업의 계획(이하 '개발계획'이라 한다)의 변경을 요청받기 전에 동의를 철회하는 사람이 있는 경우 ⇨ 그 사람은 동의자 수에서 제외할 것

⑦ 도시개발구역의 지정이 제안된 후부터 개발계획이 수립되기 전까지의 사이에 토지소유자가 변경된 경우 또는 개발계획의 변경을 요청받은 후부터 개발계획이 변경되기 전까지의 사이에 토지소유자가 변경된 경우 ⇨ 기존 토지소유자의 동의서를 기준으로 할 것

3 개발계획의 내용 제26회, 제34회

개발계획에는 다음의 사항이 포함되어야 한다. 다만, ⑭부터 ⑰까지의 규정에 해당하는 사항은 도시개발구역을 지정한 후에 개발계획에 포함시킬 수 있다(법 제5조 제1항).

① 도시개발구역의 명칭·위치 및 면적
② 도시개발구역의 지정목적과 도시개발사업의 시행기간
③ 도시개발구역을 둘 이상의 사업시행지구로 분할하거나 서로 떨어진 둘 이상의 지역을 하나의 구역으로 결합하여 도시개발사업을 시행하는 경우에는 그 분할이나 결합에 관한 사항
④ 도시개발사업의 시행자에 관한 사항
⑤ 도시개발사업의 시행방식
⑥ 인구수용계획
⑦ 토지이용계획
⑧ 원형지로 공급될 대상 토지 및 개발 방향
⑨ 교통처리계획
⑩ 환경보전계획
⑪ 보건의료시설 및 복지시설의 설치계획
⑫ 도로, 상하수도 등 주요 기반시설의 설치계획
⑬ 재원조달계획

⑭ 도시개발구역 밖의 지역에 기반시설을 설치하여야 하는 경우에는 그 시설의 설치에 필요한 비용의 부담 계획
⑮ 수용(收用) 또는 사용의 대상이 되는 토지·건축물 또는 토지에 정착한 물건과 이에 관한 소유권 외의 권리, 광업권, 어업권, 양식업권, 물의 사용에 관한 권리(이하 '토지 등'이라 한다)가 있는 경우에는 그 세부목록
⑯ 임대주택(민간임대주택에 관한 특별법에 따른 민간임대주택 및 공공주택 특별법에 따른 공공임대주택을 말한다. 이하 같다)건설계획 등 세입자 등의 주거 및 생활안정대책
⑰ 순환개발 등 단계적 사업추진이 필요한 경우 사업추진계획 등에 관한 사항
⑱ 그 밖에 대통령령으로 정하는 사항

4 개발계획의 수립기준 등

(1) 광역도시계획 등에 부합

「국토의 계획 및 이용에 관한 법률」에 따른 광역도시계획이나 도시·군기본계획이 수립되어 있는 지역에 대하여 개발계획을 수립하려면 개발계획의 내용이 해당 광역도시계획이나 도시·군기본계획에 들어맞도록 하여야 한다(법 제5조 제2항).

(2) 복합기능의 도시

330만m² 이상인 도시개발구역에 관한 개발계획을 수립할 때에는 해당 구역에서 주거, 생산, 교육, 유통, 위락 등의 기능이 서로 조화를 이루도록 노력하여야 한다(법 제5조 제4항, 영 제9조 제3항).

(3) 개발계획의 작성 기준

개발계획의 작성 기준 및 방법은 국토교통부장관이 정한다(법 제5조 제5항).

02 도시개발구역의 지정

1 도시개발구역의 지정권자 제30회, 제32회, 제33회, 제36회

1. 원칙 – 시·도지사 또는 대도시 시장

(1) 다음의 어느 하나에 해당하는 자는 계획적인 도시개발이 필요하다고 인정되는 때에는 도시개발구역을 지정할 수 있다(법 제3조 제1항).

① 특별시장·광역시장·도지사·특별자치도지사(이하 '시·도지사'라 한다)
② 「지방자치법」에 따른 서울특별시와 광역시를 제외한 인구 50만 이상의 대도시의 시장(이하 '대도시 시장'이라 한다)

(2) 도시개발사업이 필요하다고 인정되는 지역이 둘 이상의 특별시·광역시·도·특별자치도(이하 '시·도'라 한다) 또는 「지방자치법」에 따른 서울특별시와 광역시를 제외한 인구 50만 이상의 대도시(이하 '대도시'라 한다)의 행정구역에 걸치는 경우에는 관계 시·도지사 또는 대도시 시장이 협의하여 도시개발구역을 지정할 자를 정한다(법 제3조 제2항).

2. 예외 – 국토교통부장관

국토교통부장관은 다음의 어느 하나에 해당하면 도시개발구역을 지정할 수 있다(법 제3조 제3항, 영 제4조).

① 국가가 도시개발사업을 실시할 필요가 있는 경우
② 관계 중앙행정기관의 장이 요청하는 경우
③ 공공기관의 장 또는 정부출연기관의 장이 30만m^2 이상으로서 국가계획과 밀접한 관련이 있는 도시개발구역의 지정을 제안하는 경우
④ 둘 이상의 시·도 또는 대도시의 행정구역에 걸치는 경우로서 시·도지사 또는 대도시 시장의 협의가 성립되지 아니하는 경우
⑤ 천재지변, 그 밖의 사유로 인하여 도시개발사업을 긴급하게 할 필요가 있는 경우

한눈에 보기 **정부출연기관**(영 제18조 제2항)

1. 「국가철도공단법」에 따른 국가철도공단(역세권의 개발 및 이용에 관한 법률에 따른 역세권개발사업을 시행하는 경우에만 해당)
2. 「제주특별자치도 설치 및 국제자유도시 조성을 위한 특별법」에 따른 제주국제자유도시 개발센터(제주특별자치도에서 개발사업을 하는 경우에만 해당)

3. 도시개발구역의 분할 및 결합

(1) 도시개발구역의 지정권자는 도시개발사업의 효율적인 추진과 도시의 경관 보호 등을 위하여 필요하다고 인정하는 경우에는 도시개발구역을 둘 이상의 사업시행지구로 분할하거나 서로 떨어진 둘 이상의 지역을 결합하여 하나의 도시개발구역으로 지정할 수 있다(법 제3조의2 제1항).

(2) 도시개발구역을 둘 이상의 사업시행지구로 분할할 수 있는 경우는 지정권자가 도시개발사업의 효율적인 추진을 위하여 필요하다고 인정하는 경우로서 분할 후 각 사업시행지구의 면적이 각각 1만m^2 이상인 경우로 한다(영 제5조의2 제1항).

2 도시개발구역의 지정요청

(1) 시장(대도시 시장은 제외)·군수 또는 구청장은 대통령령으로 정하는 바에 따라 시·도지사에게 도시개발구역의 지정을 요청할 수 있다(법 제3조 제4항).

(2) 시장(대도시 시장은 제외)·군수 또는 구청장이 특별시장·광역시장·도지사에게 도시개발구역의 지정을 요청하려면 「국토의 계획 및 이용에 관한 법률」에 따른 시·군·구도시계획위원회에 자문을 한 후 국토교통부령으로 정하는 서류를 특별시장·광역시장·도지사에게 제출하여야 한다. 다만, 지구단위계획구역에서 이미 결정된 지구단위계획에 따라 도시개발사업을 시행하기 위하여 도시개발구역의 지정을 요청하는 경우에는 시·군·구도시계획위원회에 자문을 하지 아니할 수 있다(영 제5조).

3 도시개발구역의 지정규모 제25회, 제29회

(1) 도시개발구역으로 지정할 수 있는 대상지역 및 규모는 다음과 같다(영 제2조 제1항).

도시지역	① 주거지역 및 상업지역: 1만m^2 이상 ② 공업지역: 3만m^2 이상 ③ 자연녹지지역: 1만m^2 이상 ④ 생산녹지지역(생산녹지지역이 도시개발구역 지정면적의 100분의 30 이하인 경우만 해당): 1만m^2 이상
도시지역 외의 지역	30만m^2 이상. 다만, 공동주택 중 아파트 또는 연립주택의 건설계획이 포함되는 경우로서 다음의 요건을 모두 갖춘 경우에는 10만m^2 이상으로 한다. ① 도시개발구역에 초등학교용지를 확보(도시개발구역 내 또는 도시개발구역으로부터 통학이 가능한 거리에 학생을 수용할 수 있는 초등학교가 있는 경우를 포함)하여 관할 교육청과 협의한 경우 ② 도시개발구역에서 「도로법」에 해당하는 도로 또는 국토교통부령으로 정하는 도로와 연결되거나 4차로 이상의 도로를 설치하는 경우

(2) **자연녹지지역, 생산녹지지역 및 도시지역 외 지역**

자연녹지지역, 생산녹지지역 및 도시지역 외의 지역에 도시개발구역을 지정하는 경우에는 광역도시계획 또는 도시·군기본계획에 의하여 개발이 가능한 지역에서만 국토교통부장관이 정하는 기준에 따라 지정하여야 한다. 다만, 광역도시계획 및 도시·군기본계획이 수립되지 아니한 지역인 경우에는 자연녹지지역 및 계획관리지역에서만 도시개발구역을 지정할 수 있다(영 제2조 제2항).

(3) 지정요건의 적용 배제

다음의 어느 하나에 해당하는 지역으로서 도시개발구역을 지정하는 자(이하 '지정권자'라한다)가 계획적인 도시개발이 필요하다고 인정하는 지역에 대하여는 위 (1) 및 (2)에 따른 제한을 적용하지 아니한다(영 제2조 제3항).

> ① 「국토의 계획 및 이용에 관한 법률」에 따른 취락지구 또는 개발진흥지구로 지정된 지역
> ② 「국토의 계획 및 이용에 관한 법률」에 따른 지구단위계획구역으로 지정된 지역
> ③ 국토교통부장관이 지역균형발전을 위하여 관계 중앙행정기관의 장과 협의하여 도시개발구역으로 지정하려는 지역(국토의 계획 및 이용에 관한 법률에 따른 자연환경보전지역은 제외)

03 도시개발구역의 지정절차

1 기초조사

(1) 임의적 절차

도시개발사업의 시행자나 시행자가 되려는 자는 도시개발구역을 지정하거나 도시개발구역의 지정을 요청 또는 제안하려고 할 때에는 도시개발구역으로 지정될 구역의 토지, 건축물, 공작물, 주거 및 생활실태, 주택수요, 그 밖에 필요한 사항에 관하여 대통령령으로 정하는 바에 따라 조사하거나 측량할 수 있다(법 제6조 제1항).

(2) 자료제출 요청

조사나 측량을 하려는 자는 관계 행정기관, 지방자치단체, 「공공기관의 운영에 관한 법률」에 따른 공공기관, 정부출연기관, 그 밖의 관계 기관의 장에게 필요한 자료의 제출을 요청할 수 있다. 이 경우 자료제출을 요청받은 기관의 장은 특별한 사유가 없으면 요청에 따라야 한다(법 제6조 제2항).

2 주민 등의 의견청취

국토교통부장관, 시·도지사 또는 대도시 시장이 도시개발구역을 지정(대도시 시장이 아닌 시장·군수 또는 구청장의 요청에 의하여 지정하는 경우는 제외)하고자 하거나 대도시 시장이 아닌 시장·군수 또는 구청장이 도시개발구역의 지정을 요청하려고 하는 경우에는 공람이나 공청회를 통하여 주민이나 관계 전문가 등으로부터 의견을 들어야 하며, 공람이나 공청회에서 제시된 의견이 타당하다고 인정되면 이를 반영하여야 한다. 도시개발구역을 변경(대통령령으로 정하는 경미한 사항은 제외)하려는 경우에도 또한 같다(법 제7조 제1항).

(1) **주민의 의견청취**

① **서류의 송부**: 국토교통부장관 또는 특별시장·광역시장·도지사·특별자치도지사(이하 '시·도지사'라 한다)는 도시개발구역의 지정에 관한 주민의 의견을 청취하려면 관계 서류 사본을 시장·군수 또는 구청장에게 송부하여야 한다(영 제11조 제1항).

② **공람**: 시장·군수 또는 구청장은 관계 서류 사본을 송부받거나 주민의 의견을 청취하려는 경우에는 전국 또는 해당 지방을 주된 보급지역으로 하는 둘 이상의 일간신문과 해당 시·군 또는 구의 인터넷 홈페이지에 공고하고 14일 이상(토요일과 「관공서의 공휴일에 관한 규정」에 따른 공휴일을 제외하고 계산한다) 일반인에게 공람시켜야 한다. 다만, 도시개발구역의 면적이 10만m^2 미만인 경우에는 일간신문에 공고하지 아니하고 공보와 해당 시·군 또는 구의 인터넷 홈페이지에 공고할 수 있다(영 제11조 제2항).

③ **의견제출**: 공고된 내용에 관하여 의견이 있는 자는 공람기간에 도시개발구역의 지정에 관한 공고를 한 자에게 의견서를 제출할 수 있다. 시장·군수 또는 구청장은 제출된 의견을 종합하여 국토교통부장관(국토교통부장관이 시장·군수·구청장에게 송부한 경우에만 해당), 시·도지사에게 제출하여야 하며, 제출된 의견이 없으면 그 사실을 국토교통부장관, 시·도지사에게 통보하여야 한다. 다만, 대도시 시장이 지정권자인 경우에는 그러하지 아니하다(영 제11조 제3항·제4항).

④ **결과통보**: 국토교통부장관, 시·도지사, 시장·군수 또는 구청장은 제출된 의견을 공고한 내용에 반영할 것인지를 검토하여 그 결과를 공람기간이 끝난 날부터 30일 이내에 그 의견을 제출한 자에게 통보하여야 한다(영 제11조 제5항).

(2) **공청회 개최의무**

① 국토교통부장관, 시·도지사, 시장·군수 또는 구청장은 도시개발사업을 시행하려는 구역의 면적이 100만m^2 이상인 경우(도시개발계획의 변경 후의 면적이 100만m^2 이상인 경우를 포함)에는 공람기간이 끝난 후에 공청회를 개최하여야 한다(영 제13조 제1항).

② 국토교통부장관, 시·도지사, 시장·군수 또는 구청장은 공청회를 개최하려면 전국 또는 해당 지방을 주된 보급지역으로 하는 일간신문과 인터넷 홈페이지에 공청회 개최 예정일 14일 전까지 1회 이상 공고하여야 한다(영 제13조 제2항).

3 협의 및 심의

(1) 지정권자는 도시개발구역을 지정하거나 개발계획을 수립하려면 관계 행정기관의 장과 협의한 후 「국토의 계획 및 이용에 관한 법률」에 따른 중앙도시계획위원회 또는 시·도도시계획위원회나 대도시에 두는 대도시도시계획위원회의 심의를 거쳐야 한다. 변경하는 경우에도 또한 같다. 다만, 대통령령으로 정하는 경미한 사항을 변경하는 경우에는 그러하지 아니하다(법 제8조 제1항).

(2) 「국토의 계획 및 이용에 관한 법률」에 따른 지구단위계획에 따라 도시개발사업을 시행하기 위하여 도시개발구역을 지정하는 경우에는 중앙도시계획위원회 또는 시·도 도시계획위원회나 대도시에 두는 대도시도시계획위원회의 심의를 거치지 아니한다(법 제8조 제2항).

(3) 지정권자는 관계 행정기관의 장과 협의하는 경우 지정하려는 도시개발구역이 50만m^2 이상 또는 국가계획과 관련되는 등 대통령령으로 정하는 경우에 해당하면 국토교통부장관과 협의하여야 한다(법 제8조 제3항, 영 제14조의2 제1항).

4 고시 및 공람

(1) 지정권자는 도시개발구역을 지정하거나 개발계획을 수립한 경우에는 대통령령으로 정하는 바에 따라 이를 관보나 공보에 고시하고, 대도시 시장인 지정권자는 관계 서류를 일반에게 공람시켜야 하며, 대도시 시장이 아닌 지정권자는 해당 도시개발구역을 관할하는 시장(대도시 시장은 제외)·군수 또는 구청장에게 관계 서류의 사본을 보내야 하며, 지정권자인 특별자치도지사와 관계 서류를 송부받은 시장(대도시 시장은 제외)·군수 또는 구청장은 해당 관계 서류를 일반인에게 공람시켜야 한다. 변경하는 경우에도 또한 같다(법 제9조 제1항).

(2) 시·도지사 또는 대도시 시장이 도시개발구역을 지정·고시한 경우에는 국토교통부장관에게 그 내용을 통보하여야 한다(법 제9조 제3항).

04 도시개발구역 지정·고시의 효과

1 도시지역 등의 결정·고시 의제

(1) 도시개발구역이 지정·고시된 경우 해당 도시개발구역은 「국토의 계획 및 이용에 관한 법률」에 따른 도시지역과 대통령령으로 정하는 지구단위계획구역으로 결정되어 고시된 것으로 본다. 다만, 「국토의 계획 및 이용에 관한 법률」에 따른 도시지역 외의 지역에 지정된 지구단위계획구역 및 취락지구로 지정된 지역인 경우에는 그러하지 아니하다(법 제9조 제2항, 영 제15조 제5항).

> **넓혀 보기**
>
> **「국토의 계획 및 이용에 관한 법률」에 따른 도시지역 외의 지역에 지정된 지구단위계획구역**
> 도시지역 외의 지역을 지구단위계획구역으로 지정하려는 경우 다음의 어느 하나에 해당하여야 한다
> (국토의 계획 및 이용에 관한 법률 제51조 제3항).
> 1. 지정하려는 구역 면적의 100분의 50 이상이 계획관리지역으로서 대통령령으로 정하는 요건에 해당하는 지역
> 2. 개발진흥지구로서 대통령령으로 정하는 요건에 해당하는 지역
> 3. 용도지구를 폐지하고 그 용도지구에서의 행위제한 등을 지구단위계획으로 대체하려는 지역

(2) 도시지역과 지구단위계획구역으로 결정·고시된 것으로 보는 사항에 대하여 「국토의 계획 및 이용에 관한 법률」에 따른 도시·군관리계획에 관한 지형도면의 고시는 도시개발사업의 시행 기간에 할 수 있다(법 제9조 제4항).

2 도시개발구역에서의 행위제한 제32회

(1) 허가대상 개발행위

도시개발구역 지정에 관한 주민 등의 의견청취를 위한 공고가 있는 지역 및 도시개발구역에서 다음의 행위를 하려는 자는 특별시장·광역시장·특별자치도지사·시장 또는 군수의 허가를 받아야 한다. 허가받은 사항을 변경하려는 경우에도 또한 같다(법 제9조 제5항, 영 제16조).

> ① 건축물의 건축 등:「건축법」에 따른 건축물(가설건축물을 포함)의 건축, 대수선 또는 용도변경
> ② 공작물의 설치: 인공을 가하여 제작한 시설물(건축법에 따른 건축물은 제외)의 설치
> ③ 토지의 형질변경: 절토(땅깎기)·성토(흙쌓기)·정지·포장 등의 방법으로 토지의 형상을 변경하는 행위, 토지의 굴착 또는 공유수면의 매립
> ④ 토석의 채취: 흙·모래·자갈·바위 등의 토석을 채취하는 행위(다만, 토지의 형질변경을 목적으로 하는 것은 위 ③에 따름)
> ⑤ 토지분할
> ⑥ 물건을 쌓아놓는 행위: 옮기기 쉽지 아니한 물건을 1개월 이상 쌓아놓는 행위
> ⑦ 죽목(竹木)의 벌채 및 식재(植栽)

(2) 시행자의 의견청취

특별시장·광역시장·특별자치도지사·시장 또는 군수는 허가를 하려는 경우에 시행자가 이미 지정되어 있으면 미리 그 시행자의 의견을 들어야 한다(영 제16조 제2항).

(3) **허용사항**

다음의 어느 하나에 해당하는 행위는 허가를 받지 아니하고 할 수 있다(법 제9조 제6항).

① 재해 복구 또는 재난 수습에 필요한 응급조치를 위하여 하는 행위

② 다음의 어느 하나에 해당하는 행위로서 「국토의 계획 및 이용에 관한 법률」에 따른 개발행위허가의 대상이 아닌 것(영 제16조 제3항)

> ㉠ 농림수산물의 생산에 직접 이용되는 것으로서 국토교통부령으로 정하는 간이공작물의 설치(비닐하우스, 버섯재배사, 퇴비장 등)
> ㉡ 경작을 위한 토지의 형질변경
> ㉢ 도시개발구역의 개발에 지장을 주지 아니하고 자연경관을 훼손하지 아니하는 범위에서의 토석채취
> ㉣ 도시개발구역에 남겨두기로 결정된 대지에서 물건을 쌓아놓는 행위
> ㉤ 관상용 죽목의 임시 식재(경작지에서의 임시 식재는 제외)

(4) **기득권 보호**

허가를 받아야 하는 행위로서 도시개발구역의 지정 및 고시 당시 이미 관계 법령에 따라 행위 허가를 받았거나 허가를 받을 필요가 없는 행위에 관하여 그 공사나 사업에 착수한 자는 도시개발구역이 지정·고시된 날부터 30일 이내에 국토교통부령으로 정하는 신고서에 그 공사 또는 사업의 진행사항과 시행계획을 첨부하여 관할 특별시장·광역시장·특별자치도지사·시장 또는 군수에게 신고한 후 이를 계속 시행할 수 있다(법 제9조 제7항, 영 제16조 제4항).

(5) **원상회복명령**

특별시장·광역시장·특별자치도지사·시장 또는 군수는 개발행위허가를 위반한 자에게 원상회복을 명할 수 있다. 이 경우 명령을 받은 자가 그 의무를 이행하지 아니하는 경우에는 특별시장·광역시장·특별자치도지사·시장 또는 군수는 「행정대집행법」에 따라 이를 대집행할 수 있다(법 제9조 제8항).

(6) **국토의 계획 및 이용에 관한 법률의 준용**

개발행위허가에 관하여 이 법으로 규정한 것 외에는 「국토의 계획 및 이용에 관한 법률」의 개발행위허가의 절차, 개발행위허가의 기준, 도시계획위원회의 심의, 이행보증금의 예치 및 준공검사에 관한 규정을 준용한다(법 제9조 제9항).

(7) **허가의 의제**

「도시개발법」에 따라 개발행위허가를 받으면 「국토의 계획 및 이용에 관한 법률」에 따라 개발행위허가를 받은 것으로 본다(법 제9조 제10항).

05 도시개발구역의 해제의제

1 해제의제 사유 제31회

(1) 도시개발구역의 지정은 다음에 규정된 날의 다음 날에 해제된 것으로 본다(법 제10조 제1항).

> ① 도시개발구역이 지정·고시된 날부터 3년이 되는 날까지 실시계획의 인가를 신청하지 아니하는 경우에는 그 3년이 되는 날
> ② 도시개발사업의 공사 완료(환지방식에 따른 사업인 경우에는 그 환지처분)의 공고일

(2) 도시개발구역을 지정한 후 개발계획을 수립하는 경우에는 다음에 규정된 날의 다음 날에 도시개발구역의 지정이 해제된 것으로 본다(법 제10조 제2항, 영 제17조 제2항).

> ① 도시개발구역이 지정·고시된 날부터 2년이 되는 날까지 개발계획을 수립·고시하지 아니하는 경우에는 그 2년이 되는 날. 다만, 도시개발구역의 면적이 330만m^2 이상인 경우에는 5년으로 한다.
> ② 개발계획을 수립·고시한 날부터 3년이 되는 날까지 실시계획 인가를 신청하지 아니하는 경우에는 그 3년이 되는 날. 다만, 도시개발구역의 면적이 330만m^2 이상인 경우에는 5년으로 한다.

2 해제의제 효과(용도지역 등의 환원 및 폐지) 제36회

도시개발구역의 지정이 해제의제된 경우에는 그 도시개발구역에 대한 「국토의 계획 및 이용에 관한 법률」에 따른 용도지역 및 지구단위계획구역은 해당 도시개발구역 지정 전의 용도지역 및 지구단위계획구역으로 각각 환원되거나 폐지된 것으로 본다. 다만, 도시개발사업의 공사완료(환지방식에 의한 사업인 경우에는 그 환지처분)로 도시개발구역의 지정이 해제의제된 경우에는 환원되거나 폐지된 것으로 보지 아니한다(법 제10조 제3항).

3 고시 및 공람

도시개발구역의 지정이 해제의제되는 경우 지정권자는 대통령령으로 정하는 바에 따라 이를 관보나 공보에 고시하고, 대도시 시장인 지정권자는 관계 행정기관의 장에게 통보하여야 하며 관계 서류를 일반에게 공람시켜야 하고, 대도시 시장이 아닌 지정권자는 관계 행정기관의 장과 도시개발구역을 관할하는 시장(대도시 시장은 제외)·군수 또는 구청장에게 통보하여야 한다. 이 경우 지정권자인 특별자치도지사와 통보를 받은 시장(대도시 시장은 제외)·군수 또는 구청장은 관계 서류를 일반인에게 14일 이상 공람시켜야 한다(법 제10조 제4항, 영 제17조 제3항).

예제

도시개발법령상 도시개발구역 지정의 해제에 관한 규정 내용이다. ( )에 들어갈 숫자를 바르게 나열한 것은? 제31회

> 도시개발구역을 지정한 후 개발계획을 수립하는 경우에는 아래에 규정된 날의 다음 날에 도시개발구역의 지정이 해제된 것으로 본다.
> - 도시개발구역이 지정·고시된 날부터 (㉠)년이 되는 날까지 개발계획을 수립·고시하지 아니하는 경우에는 그 (㉠)년이 되는 날. 다만, 도시개발구역의 면적이 330만㎡ 이상인 경우에는 5년으로 한다.
> - 개발계획을 수립·고시한 날부터 (㉡)년이 되는 날까지 실시계획 인가를 신청하지 아니하는 경우에는 그 (㉡)년이 되는 날. 다만, 도시개발구역의 면적이 330만㎡ 이상인 경우에는 (㉢)년으로 한다.

① ㉠: 2, ㉡: 3, ㉢: 3
② ㉠: 2, ㉡: 3, ㉢: 5
③ ㉠: 3, ㉡: 2, ㉢: 3
④ ㉠: 3, ㉡: 2, ㉢: 5
⑤ ㉠: 3, ㉡: 3, ㉢: 5

해설 도시개발구역을 지정한 후 개발계획을 수립하는 경우에는 아래에 규정된 날의 다음 날에 도시개발구역의 지정이 해제된 것으로 본다.
- 도시개발구역이 지정·고시된 날부터 '2'년이 되는 날까지 개발계획을 수립·고시하지 아니하는 경우에는 그 '2'년이 되는 날. 다만, 도시개발구역의 면적이 330만㎡ 이상인 경우에는 5년으로 한다.
- 개발계획을 수립·고시한 날부터 '3'년이 되는 날까지 실시계획 인가를 신청하지 아니하는 경우에는 그 '3'년이 되는 날. 다만, 도시개발구역의 면적이 330만㎡ 이상인 경우에는 '5'년으로 한다. ▶ 정답 ②

제3장 　도시개발사업의 시행자

01 　시행자의 지정 등

1 지정권자의 지정

도시개발사업의 시행자는 다음의 자 중에서 지정권자가 지정한다. 다만, 도시개발구역의 전부를 환지방식으로 시행하는 경우에는 토지소유자나 조합을 시행자로 지정한다(법 제11조 제1항).

성 격	시행자가 될 수 있는 자
공공사업 시행자	1. 국가나 지방자치단체
	2. 대통령령으로 정하는 공공기관 ① 「한국토지주택공사법」에 따른 한국토지주택공사 ② 「한국수자원공사법」에 따른 한국수자원공사 ③ 「한국농어촌공사 및 농지관리기금법」에 따른 한국농어촌공사 ④ 「한국관광공사법」에 따른 한국관광공사 ⑤ 「한국철도공사법」에 따른 한국철도공사 ⑥ 「혁신도시 조성 및 발전에 관한 특별법」에 따른 매입공공기관(같은 법에 따른 종전부동산 및 그 주변을 개발하는 경우로 한정한다) ⑦ 「한국공항공사법」에 따른 한국공항공사
	3. 대통령령으로 정하는 정부출연기관 ① 「국가철도공단법」에 따른 국가철도공단(역세권의 개발 및 이용에 관한 법률에 따른 역세권개발사업을 시행하는 경우에만 해당) ② 「제주특별자치도 설치 및 국제자유도시 조성을 위한 특별법」에 따른 제주국제자유도시개발센터(제주특별자치도에서 개발사업을 하는 경우에만 해당)
	4. 「지방공기업법」에 따라 설립된 지방공사
민간사업 시행자	5. 도시개발구역의 토지소유자(공유수면 관리 및 매립에 관한 법률에 따라 면허를 받은 자를 해당 공유수면을 소유한 자로 보고 그 공유수면을 토지로 보며, 수용 또는 사용방식의 경우에는 도시개발구역의 국공유지를 제외한 토지면적의 3분의 2 이상을 소유한 자를 말함)
	6. 도시개발구역의 토지소유자가 도시개발을 위하여 설립한 조합(도시개발사업의 전부를 환지방식으로 시행하는 경우에만 해당)
	7. 「수도권정비계획법」에 따른 과밀억제권역에서 수도권 외의 지역으로 이전하는 법인 중 과밀억제권역의 사업기간 등 대통령령으로 정하는 요건에 해당하는 법인
	8. 「주택법」에 따라 등록한 자 중 도시개발사업을 시행할 능력이 있다고 인정되는 자로서 대통령령으로 정하는 요건에 해당하는 자(주택법에 따른 주택단지와 그에 수반되는 기반시설을 조성하는 경우에만 해당)

	9. 「건설산업기본법」에 따른 토목공사업 또는 토목건축공사업의 면허를 받는 등 개발계획에 맞게 도시개발사업을 시행할 능력이 있다고 인정되는 자로서 대통령령으로 정하는 요건에 해당하는 자
	9의2. 「부동산개발업의 관리 및 육성에 관한 법률」에 따라 등록한 부동산개발업자로서 대통령령으로 정하는 요건에 해당하는 자
	10. 「부동산투자회사법」에 따라 설립된 자기관리부동산투자회사 또는 위탁관리부동산투자회사로서 대통령령으로 정하는 요건에 해당하는 자
공동출자 법인	11. 위 1.부터 9.까지, 9의2. 및 10.에 해당하는 자(위 6.에 따른 조합은 제외)가 도시개발사업을 시행할 목적으로 출자에 참여하여 설립한 법인으로서 대통령령으로 정하는 요건에 해당하는 법인

2 전부 환지방식의 시행자 제30회

(1) 원칙 - 토지소유자 또는 조합

도시개발구역의 전부를 환지방식으로 시행하는 경우에는 토지소유자나 조합을 시행자로 지정한다(법 제11조 제1항 단서).

(2) 예외 - 지방자치단체 등의 지정

지정권자는 다음에 해당하는 사유가 있으면 지방자치단체나 한국토지주택공사, 지방공사와 「자본시장과 금융투자업에 관한 법률」에 따른 신탁업자 중 「주식회사 등의 외부감사에 관한 법률」 제4조에 따른 외부감사의 대상이 되는 자(이하 '지방자치단체 등'이라 한다)를 시행자로 지정할 수 있다. 이 경우 도시개발사업을 시행하는 자가 시·도지사 또는 대도시 시장인 경우 국토교통부장관이 지정한다(법 제11조 제2항, 영 제20조).

① 토지소유자나 조합이 개발계획의 수립·고시일부터 1년(다만, 지정권자가 시행자 지정 신청기간의 연장이 불가피하다고 인정하여 6개월의 범위에서 연장한 경우에는 그 연장된 기간) 이내에 시행자 지정을 신청하지 아니한 경우 또는 지정권자가 신청된 내용이 위법하거나 부당하다고 인정한 경우
② 지방자치단체의 장이 집행하는 공공시설에 관한 사업과 병행하여 시행할 필요가 있다고 인정한 경우
③ 도시개발구역의 국공유지를 제외한 토지면적의 2분의 1 이상에 해당하는 토지소유자 및 토지소유자 총수의 2분의 1 이상이 지방자치단체 등의 시행에 동의한 경우

3 시행자의 변경 제28회, 제29회

지정권자는 다음에 해당하는 경우에는 시행자를 변경할 수 있다(법 제11조 제8항, 영 제24조).

> ① 도시개발사업에 관한 실시계획의 인가를 받은 후 2년 이내에 사업을 착수하지 아니하는 경우
> ② 행정처분으로 시행자의 지정이나 실시계획의 인가가 취소된 경우
> ③ 시행자의 부도·파산, 그 밖에 이와 유사한 사유로 도시개발사업의 목적을 달성하기 어렵다고 인정되는 경우
> ④ 도시개발구역의 전부를 환지방식으로 시행하는 시행자가 도시개발구역 지정의 고시일부터 1년(다만, 지정권자가 실시계획의 인가신청기간의 연장이 불가피하다고 인정하여 6개월의 범위에서 연장한 경우에는 그 연장된 기간) 이내에 도시개발사업에 관한 실시계획의 인가를 신청하지 아니하는 경우

4 규약 또는 시행규정의 작성

(1) 규약의 작성(민간부분 시행자)

지정권자는 토지소유자 2인 이상이 도시개발사업을 시행하려고 할 때 또는 토지소유자가 법 제11조 제1항 제7호부터 제10호까지의 규정에 해당하는 자(수도권 외의 지역으로 이전하는 법인, 등록사업자, 토목공사업 또는 토목건축공사업의 면허를 받는 등 개발계획에 적합하게 도시개발사업을 시행할 능력이 있다고 인정되는 자, 등록한 부동산개발업자, 자기관리부동산투자회사, 위탁관리부동산투자회사)와 공동으로 도시개발사업을 시행하려고 할 때에는 도시개발사업에 관한 규약을 정하게 할 수 있다(법 제11조 제3항).

(2) 시행규정의 작성(공공부분 시행자)

지방자치단체 등이 도시개발사업의 전부를 환지방식으로 시행하려고 할 때와 국가 또는 지방자치단체, 공공기관, 정부출연기관, 지방공사 또는 공동출자법인(국가 또는 지방자치단체, 공공기관, 정부출연기관, 지방공사가 100분의 50을 초과하여 출자한 경우로 한정)에 해당하는 자가 도시개발사업의 일부를 환지방식으로 시행하려고 할 때에는 대통령령으로 정하는 바에 따라 시행규정을 작성하여야 한다(법 제11조 제4항, 영 제22조 제1항).

5 도시개발구역의 지정제안 제29회, 제36회

(1) 제안의 주체
국가, 지방자치단체, 도시개발조합을 제외한 사업시행자로 지정될 수 있는 자는 도시개발구역의 지정을 제안할 수 있다(법 제11조 제5항).

(2) 제안의 상대방
① 원칙 - 특별자치도지사·시장·군수·구청장
    도시개발구역의 지정을 제안하고자 하는 자는 특별자치도지사·시장·군수·구청장에게 도시개발구역의 지정을 제안할 수 있다(법 제11조 제5항).

② 예외 - 국토교통부장관
    공공기관의 장 또는 정부출연기관의 장이 30만m^2 이상으로서 국가계획과 밀접한 관련이 있는 도시개발구역의 지정을 제안하는 경우에는 국토교통부장관에게 직접 제안할 수 있다(법 제11조 제5항 단서).

(3) 서류의 제출
① 도시개발구역의 지정을 제안하려는 자는 국토교통부령으로 정하는 도시개발구역지정 제안서를 국토교통부장관, 특별자치도지사, 시장·군수 또는 구청장에게 제출하여야 한다(영 제23조 제1항).

② 도시개발구역의 지정을 제안하려는 지역이 둘 이상의 시·군 또는 구의 행정구역에 걸쳐 있는 경우에는 그 지역에 포함된 면적이 가장 큰 행정구역의 시장·군수 또는 구청장에게 서류를 제출하여야 한다(영 제23조 제2항).

(4) 제안의 동의(민간사업시행자)
토지소유자 또는 수도권 외의 지역으로 이전하는 법인, 등록사업자, 토목공사업 또는 토목건축공사업의 면허를 받는 등 개발계획에 적합하게 도시개발사업을 시행할 능력이 있다고 인정되는 자, 등록한 부동산개발업자, 자기관리부동산투자회사, 위탁관리부동산투자회사, 공동출자법인(국가 또는 지방자치단체, 공공기관, 정부출연기관, 지방공사가 100분의 50을 초과하여 출자한 경우는 제외)에 해당하는 자가 도시개발구역의 지정을 제안하려는 경우에는 대상구역 토지면적의 3분의 2 이상에 해당하는 토지소유자(지상권자를 포함)의 동의를 받아야 한다(법 제11조 제6항, 영 제23조 제5항).

(5) 결과통보

도시개발구역 지정의 제안을 받은 국토교통부장관·특별자치도지사·시장·군수 또는 구청장은 제안 내용의 수용 여부를 1개월 이내에 제안자에게 통보하여야 한다. 다만, 관계 기관과의 협의가 지연되는 등 불가피한 사유가 있는 경우에는 1개월 이내의 범위에서 통보기간을 연장할 수 있다(영 제23조 제3항).

(6) 비용부담

특별자치도지사·시장·군수 또는 구청장은 제안자와 협의하여 도시개발구역의 지정을 위하여 필요한 비용의 전부 또는 일부를 제안자에게 부담시킬 수 있다(법 제11조 제7항).

6 도시개발사업의 대행 제28회, 제29회, 제30회, 제34회

공공사업시행자는 도시개발사업을 효율적으로 시행하기 위하여 필요한 경우에는 다음에서 정하는 바에 따라 설계·분양 등 도시개발사업의 일부를 「주택법」에 따른 주택건설사업자 등으로 하여금 대행하게 할 수 있다(법 제11조 제11항).

(1) 주택건설사업자 등에게 대행하게 할 수 있는 도시개발사업의 범위는 다음과 같다(영 제25조의2 제1항).

> ① 실시설계
> ② 부지조성공사
> ③ 기반시설공사
> ④ 조성된 토지의 분양

(2) 시행자는 도시개발사업을 대행하게 하려는 경우에는 다음의 사항을 공고하고 대행할 사업자(이하 '대행개발사업자'라 한다)를 경쟁입찰 방식으로 선정하여야 한다(영 제25조의2 제2항).

> ① 개발사업의 목적
> ② 개발사업의 종류 및 개요
> ③ 개발사업의 시행기간
> ④ 대행개발사업자의 자격요건 및 제출서류
> ⑤ 대행개발사업자의 선정기준 및 방식

(3) 시행자는 도시개발사업을 대행하게 하려는 경우에는 대행개발사업자와 대행에 관한 계약을 체결하여야 한다(영 제25조의2 제3항).

02 도시개발사업 시행의 위탁 등

1 공공시설 등의 위탁시행

시행자는 항만·철도, 그 밖에 「국토의 계획 및 이용에 관한 법률」에 따른 기반시설의 건설과 공유수면의 매립에 관한 업무를 대통령령으로 정하는 바에 따라 국가, 지방자치단체, 대통령령으로 정하는 공공기관·정부출연기관 또는 지방공사에 위탁하여 시행할 수 있다(법 제12조 제1항, 영 제26조 제1항).

> **넓혀 보기**
>
> **대통령령으로 정하는 공공기관·정부출연기관의 범위**(영 제26조 제2항)
> 1. 한국토지주택공사
> 2. 「한국수자원공사법」에 따른 한국수자원공사
> 3. 「한국농어촌공사 및 농지관리기금법」에 따른 한국농어촌공사
> 4. 「한국관광공사법」에 따른 한국관광공사
> 5. 「한국철도공사법」에 따른 한국철도공사
> 6. 「국가철도공단법」에 따른 국가철도공단
> 7. 「제주특별자치도 설치 및 국제자유도시 조성을 위한 특별법」에 따른 제주국제자유도시개발센터

2 토지매수 업무 등의 위탁

시행자는 도시개발사업을 위한 기초조사, 토지매수 업무, 손실보상 업무, 주민 이주대책 사업 등을 대통령령으로 정하는 바에 따라 관할 지방자치단체, 대통령령으로 정하는 공공기관·정부출연기관·정부출자기관 또는 지방공사에 위탁할 수 있다. 다만, 정부출자기관에 주민 이주대책 사업을 위탁하는 경우에는 이주대책의 수립·실시 또는 이주정착금의 지급, 그 밖에 보상과 관련된 부대업무만을 위탁할 수 있다(법 제12조 제2항).

> **넓혀 보기**
>
> **대통령령으로 정하는 공공기관·정부출연기관·정부출자기관의 범위**(영 제27조 제2항)
> 1. 한국토지주택공사
> 2. 「한국수자원공사법」에 따른 한국수자원공사
> 3. 「한국농어촌공사 및 농지관리기금법」에 따른 한국농어촌공사
> 4. 「국가철도공단법」에 따른 국가철도공단
> 5. 「제주특별자치도 설치 및 국제자유도시 조성을 위한 특별법」에 따른 제주국제자유도시개발센터
> 6. 「한국부동산원법」에 따른 한국부동산원

3 위탁수수료

시행자가 업무를 위탁하여 시행하는 경우에는 국토교통부령으로 정하는 요율의 위탁수수료를 그 업무를 위탁받아 시행하는 자에게 지급하여야 한다(법 제12조 제3항).

4 신탁계약에 의한 사업시행

민간사업시행자(부동산개발업의 관리 및 육성에 관한 법률에 따라 등록한 부동산개발업자와 부동산투자회사법에 따라 설립된 자기관리부동산투자회사 또는 위탁관리부동산투자회사는 제외)는 지정권자의 승인을 받아 「자본시장과 금융투자업에 관한 법률」에 따른 신탁업자와 대통령령으로 정하는 바에 따라 신탁계약을 체결하여 도시개발사업을 시행할 수 있다(법 제12조 제4항).

03 도시개발조합 제27회, 제29회, 제31회, 제33회, 제34회, 제35회, 제36회

1 도시개발조합의 설립

(1) **조합설립의 인가**

① **설립인가**: 조합을 설립하려면 도시개발구역의 토지소유자 7명 이상이 대통령령으로 정하는 사항을 포함한 정관을 작성하여 지정권자에게 조합설립의 인가를 받아야 한다(법 제13조 제1항).

② **변경인가**: 조합이 인가를 받은 사항을 변경하려면 지정권자로부터 변경인가를 받아야 한다. 다만, 대통령령으로 정하는 경미한 사항(㉠ 주된 사무소의 소재지를 변경, ㉡ 공고방법을 변경)을 변경하려는 경우에는 신고하여야 한다(법 제13조 제2항, 영 제30조).

(2) **조합설립의 동의**

조합설립의 인가를 신청하려면 해당 도시개발구역의 토지면적의 3분의 2 이상에 해당하는 토지소유자와 그 구역의 토지소유자 총수의 2분의 1 이상의 동의를 받아야 한다(법 제13조 제3항).

(3) 동의자 수의 산정방법

조합설립을 위한 동의자 수의 산정방법 및 동의절차는 다음과 같다(법 제13조 제4항, 영 제31조).

> ① 도시개발구역의 토지면적을 산정하는 경우: 국공유지를 포함하여 산정할 것
> ② 1필지의 토지소유권을 여럿이 공유하는 경우: 다른 공유자의 동의를 받은 대표 공유자 1인을 해당 토지소유자로 볼 것. 다만, 「집합건물의 소유 및 관리에 관한 법률」에 따른 구분소유자는 각각 토지소유자 1인으로 본다.
> ③ 1인이 둘 이상 필지의 토지를 단독으로 소유한 경우: 필지의 수에 관계없이 토지소유자를 1인으로 볼 것
> ④ 둘 이상 필지의 토지를 소유한 공유자가 동일한 경우: 공유자 여럿을 대표하는 1인을 토지소유자로 볼 것
> ⑤ 공람·공고일 후에 구분소유권을 분할하게 되어 토지소유자의 수가 증가하게 된 경우: 공람·공고일 전의 토지소유자의 수를 기준으로 산정하고, 증가된 토지소유자의 수는 토지소유자 총수에 추가 산입하지 말 것
> ⑥ 국공유지를 제외한 전체 사유 토지면적 및 토지소유자에 대하여 동의 요건 이상으로 동의를 받은 후에 그 토지면적 및 토지소유자 수가 법적 동의 요건에 미달하게 된 경우에는 국공유지 관리청의 동의를 받아야 한다.
> ⑦ 토지소유자는 조합설립인가의 신청 전에 동의를 철회할 수 있다. 이 경우 그 토지소유자는 동의자 수에서 제외한다.
> ⑧ 조합설립인가에 동의한 자로부터 토지를 취득한 자는 조합의 설립에 동의한 것으로 본다. 다만, 토지를 취득한 자가 조합설립인가 신청 전에 동의를 철회한 경우에는 그러하지 아니하다.

(4) 조합의 설립등기

조합의 설립인가를 받은 조합의 대표자는 설립인가를 받은 날부터 30일 이내에 주된 사무소의 소재지에서 설립등기를 하여야 한다(영 제32조 제1항).

2 조합의 법적 성격

(1) 법 인

조합은 법인으로 한다(법 제15조 제1항).

(2) 성립 시기

조합은 그 주된 사무소의 소재지에서 등기를 하면 성립한다(법 제15조 제2항).

(3) 준용규정

조합에 관하여 이 법으로 규정한 것 외에는 「민법」 중 사단법인에 관한 규정을 준용한다(법 제15조 제4항).

3 조합원

(1) 조합원의 자격

조합의 조합원은 도시개발구역의 토지소유자로 한다(법 제14조 제1항).

(2) 조합원의 권리와 의무

조합원의 권리 및 의무는 다음과 같다(영 제32조 제2항).

> ① 권리: 보유토지의 면적과 관계없는 평등한 의결권. 다만, 다른 조합원으로부터 해당 도시개발구역에 그가 가지고 있는 토지소유권 전부를 이전받은 조합원은 정관으로 정하는 바에 따라 본래의 의결권과는 별도로 그 토지소유권을 이전한 조합원의 의결권을 승계할 수 있다.
> ② 의무: 정관에서 정한 조합의 운영 및 도시개발사업의 시행에 필요한 경비의 부담

(3) 의결권 행사방법

공유 토지는 공유자의 동의를 받은 대표공유자 1명만 의결권이 있으며, 「집합건물의 소유 및 관리에 관한 법률」에 따른 구분소유자는 구분소유자별로 의결권이 있다. 다만, 영 제11조 제2항(도시개발구역 지정에 관한 주민의 의견청취)에 따른 공람·공고일 후에 「집합건물의 소유 및 관리에 관한 법률」에 따른 구분소유권을 분할하여 구분소유권을 취득한 자는 의결권이 없다(영 제32조 제3항).

4 조합의 임원

(1) 임원의 구성 및 선임

① **구성**: 조합에는 다음의 임원을 둔다(영 제33조 제1항).

> ㉠ 조합장 1명
> ㉡ 이사
> ㉢ 감사

② **선임**: 조합의 임원은 의결권을 가진 조합원이어야 하고, 정관으로 정한 바에 따라 총회에서 선임한다(영 제33조 제2항).

(2) 임원의 겸직금지

① 조합의 임원은 그 조합의 다른 임원이나 직원을 겸할 수 없다(법 제14조 제2항).
② 조합의 임원은 같은 목적의 사업을 하는 다른 조합의 임원 또는 직원을 겸할 수 없다(영 제34조 제5항).

(3) 임원의 결격사유

다음에 해당하는 자는 조합의 임원이 될 수 없다(법 제14조 제3항).

① 피성년후견인, 피한정후견인 또는 미성년자
② 파산선고를 받은 자로서 복권되지 아니한 자
③ 금고 이상의 형을 선고받고 그 집행이 끝나거나 집행을 받지 아니하기로 확정된 후 2년이 지나지 아니한 자
④ 금고 이상의 형의 집행유예를 받고 그 유예기간 중에 있는 자

(4) 임원의 자격상실

조합의 임원으로 선임된 자가 결격사유에 해당하게 된 경우에는 그 다음 날부터 임원의 자격을 상실한다(법 제14조 제4항).

(5) 임원의 직무(영 제34조)

① 조합장은 조합을 대표하고 그 사무를 총괄하며, 총회·대의원회 또는 이사회의 의장이 된다.
② 이사는 정관에서 정하는 바에 따라 조합장을 보좌하며, 조합의 사무를 분장(分掌)한다.
③ 감사는 조합의 사무 및 재산상태와 회계에 관한 사항을 감사한다.
④ 조합장 또는 이사의 자기를 위한 조합과의 계약이나 소송에 관하여는 감사가 조합을 대표한다.

5 조합원의 경비부담 등

(1) 경비의 부과·징수

조합은 그 사업에 필요한 비용을 조성하기 위하여 정관으로 정하는 바에 따라 조합원에게 경비를 부과·징수할 수 있다(법 제16조 제1항).

(2) 부과금의 산정 기준

부과금의 금액은 도시개발구역의 토지의 위치, 지목, 면적, 이용 상황, 환경, 그 밖의 사항을 종합적으로 고려하여 정하여야 한다(법 제16조 제2항).

(3) 연체료의 부과

조합은 그 조합원이 부과금의 납부를 게을리한 경우에는 정관으로 정하는 바에 따라 연체료를 부담시킬 수 있다(법 제16조 제3항).

(4) 연체료의 징수위탁

조합은 부과금이나 연체료를 체납하는 자가 있으면 대통령령으로 정하는 바에 따라 특별자치도지사·시장·군수 또는 구청장에게 그 징수를 위탁할 수 있다(법 제16조 제4항).

(5) 위탁수수료 지급

특별자치도지사·시장·군수 또는 구청장이 부과금이나 연체료의 징수를 위탁받으면 지방세 체납처분의 예에 따라 징수할 수 있다. 이 경우 조합은 특별자치도지사·시장·군수 또는 구청장이 징수한 금액의 100분의 4에 해당하는 금액을 해당 특별자치도·시·군 또는 구에 지급하여야 한다(법 제16조 제5항).

6 총회 및 대의원회 제31회

(1) 총회(최고의결기관, 필수기관)

다음의 사항은 총회의 의결을 거쳐야 한다(영 제35조).

① 정관의 변경
② 개발계획 및 실시계획의 수립 및 변경
③ 자금의 차입과 그 방법·이율 및 상환방법
④ 조합의 수지예산
⑤ 부과금의 금액 또는 징수방법
⑥ 환지계획의 작성
⑦ 환지예정지의 지정
⑧ 체비지 등의 처분방법
⑨ 조합임원의 선임
⑩ 조합의 합병 또는 해산에 관한 사항(다만, 청산금의 징수·교부를 완료한 후에 조합을 해산하는 경우는 제외)
⑪ 그 밖에 정관에서 정하는 사항

(2) 대의원회(의결대행기관, 임의기관)

① **임의적 기관**: 의결권을 가진 조합원의 수가 50인 이상인 조합은 총회의 권한을 대행하게 하기 위하여 대의원회를 둘 수 있다(영 제36조 제1항).

② **대의원의 수**: 대의원회에 두는 대의원의 수는 의결권을 가진 조합원 총수의 100분의 10 이상으로 하고, 대의원은 의결권을 가진 조합원 중에서 정관에서 정하는 바에 따라 선출한다(영 제36조 제2항).

③ **대의원회의 권한**: 대의원회는 총회의 의결사항 중 다음의 사항을 제외한 총회의 권한을 대행할 수 있다(영 제36조 제3항).

> ㉠ 정관의 변경
> ㉡ 개발계획의 수립 및 변경(개발계획의 경미한 변경 및 실시계획의 수립·변경은 제외)
> ㉢ 환지계획의 작성(환지계획의 경미한 변경은 제외)
> ㉣ 조합임원(조합장, 이사, 감사)의 선임
> ㉤ 조합의 합병 또는 해산(청산금의 징수·교부를 완료하여 조합을 해산하는 경우는 제외)에 관한 사항

예제

1. 도시개발법령상 도시개발사업을 위하여 설립하는 조합에 관한 설명으로 옳은 것은? 제29회

① 조합을 설립하려면 도시개발구역의 토지 소유자 7명 이상이 국토교통부장관에게 조합설립의 인가를 받아야 한다.
② 조합이 인가받은 사항 중 주된 사무소의 소재지를 변경하려는 경우 변경인가를 받아야 한다.
③ 조합설립의 인가를 신청하려면 해당 도시개발구역의 토지 면적의 2분의 1 이상에 해당하는 토지 소유자와 그 구역의 토지 소유자 총수의 3분의 2 이상의 동의를 받아야 한다.
④ 금고 이상의 형을 선고받고 그 집행이 끝나지 아니한 자는 조합원이 될 수 없다.
⑤ 의결권을 가진 조합원의 수가 100인인 조합은 총회의 권한을 대행하게 하기 위하여 대의원회를 둘 수 있다.

해설 ① 조합을 설립하려면 도시개발구역의 토지 소유자 7명 이상이 지정권자에게 조합설립의 인가를 받아야 한다.
② 조합이 인가받은 사항 중 주된 사무소의 소재지를 변경하려는 경우 신고를 하여야 한다.
③ 조합설립의 인가를 신청하려면 해당 도시개발구역의 토지 면적의 3분의 2 이상에 해당하는 토지 소유자와 그 구역의 토지 소유자 총수의 2분의 1 이상의 동의를 받아야 한다.
④ 금고 이상의 형을 선고받고 그 집행이 끝나지 아니한 자는 조합원이 될 수 있다. ▶▶ **정답** ⑤

2. 도시개발법령상 도시개발조합 총회의 의결사항 중 대의원회가 총회의 권한을 대행할 수 있는 사항은? 제31회

① 정관의 변경
② 개발계획의 수립
③ 조합장의 선임
④ 환지예정지의 지정
⑤ 조합의 합병에 관한 사항

해설 ④ 환지예정지의 지정은 대의원회가 총회의 권한을 대행할 수 있다. ▶▶ **정답** ④

제4장 실시계획

01 실시계획의 작성

1 실시계획의 작성

(1) 시행자는 도시개발사업에 관한 실시계획을 작성하여야 한다. 이 경우 실시계획에는 지구단위계획이 포함되어야 한다(법 제17조 제1항).

(2) 실시계획은 개발계획에 맞게 작성하여야 한다(영 제38조 제1항).

(3) 실시계획의 작성에 필요한 세부적인 사항은 국토교통부장관이 정한다(영 제38조 제3항).

2 실시계획의 내용

실시계획에는 사업시행에 필요한 설계도서, 자금계획, 시행기간 그 밖에 대통령령으로 정하는 사항과 서류를 명시하거나 첨부하여야 한다(법 제17조 제5항).

02 실시계획의 인가 제29회

1 지정권자의 인가

시행자(지정권자가 시행자인 경우는 제외)는 작성된 실시계획에 관하여 지정권자의 인가를 받아야 한다. 인가를 받은 실시계획을 변경하거나 폐지하는 경우에도 인가를 받아야 한다. 다만, 국토교통부령으로 정하는 경미한 사항을 변경하는 경우에는 그러하지 아니하다(법 제17조 제2항·제4항).

2 작성 및 인가절차(의견청취)

지정권자가 실시계획을 작성하거나 인가하는 경우 국토교통부장관이 지정권자이면 시·도지사 또는 대도시 시장의 의견을, 시·도지사가 지정권자이면 시장(대도시 시장은 제외)·군수 또는 구청장의 의견을 미리 들어야 한다(법 제17조 제3항).

3 고시 및 공람

지정권자가 실시계획을 작성하거나 인가한 경우에는 대통령령으로 정하는 바에 따라 이를 관보나 공보에 고시하고 시행자에게 관계 서류의 사본을 송부하며, 대도시 시장인 지정권자는 일반에게 관계 서류를 공람시켜야 하고, 대도시 시장이 아닌 지정권자는 해당 도시개발구역을 관할하는 시장(대도시 시장은 제외)·군수 또는 구청장에게 관계 서류의 사본을 보내야 한다. 이 경우 지정권자인 특별자치도지사와 관계 서류를 받은 시장(대도시 시장은 제외)·군수 또는 구청장은 이를 일반인에게 14일 이상 공람시켜야 한다(법 제18조 제1항, 영 제40조 제3항).

03 실시계획 고시의 효과 제29회, 제31회

1 도시·군관리계획 결정·고시의 의제

실시계획을 고시한 경우 그 고시된 내용 중 「국토의 계획 및 이용에 관한 법률」에 따라 도시·군관리계획(지구단위계획을 포함)으로 결정하여야 하는 사항은 같은 법에 따른 도시·군관리계획이 결정되어 고시된 것으로 본다. 이 경우 종전에 도시·군관리계획으로 결정된 사항 중 고시 내용에 저촉되는 사항은 고시된 내용으로 변경된 것으로 본다(법 제18조 제2항).

2 지형도면의 고시

도시·군관리계획으로 결정·고시된 사항에 대한 지형도면의 고시는 개발계획에서 정한 도시개발사업의 시행기간에 할 수 있다(법 제18조 제3항).

3 관련 인·허가 등의 의제

(1) **의제사항**

실시계획을 작성하거나 인가할 때 지정권자가 해당 실시계획에 대한 다음의 허가·승인·심사·인가·신고·면허·등록·협의·지정·해제 또는 처분 등(이하 '인·허가 등'이라 한다)에 관하여 관계 행정기관의 장과 협의한 사항에 대하여는 해당 인·허가 등을 받은 것으로 보며, 실시계획을 고시한 경우에는 관계 법률에 따른 인·허가 등의 고시나 공고를 한 것으로 본다(법 제19조 제1항).

① 「수도법」에 따른 수도사업의 인가, 같은 법에 따른 전용상수도설치의 인가
② 「하수도법」에 따른 공공하수도 공사시행의 허가
③ 「공유수면 관리 및 매립에 관한 법률」에 따른 공유수면의 점용·사용허가, 같은 법에 따른 공유수면의 매립면허, 같은 법에 따른 국가 등이 시행하는 매립의 협의 또는 승인 및 같은 법에 따른 공유수면매립실시계획의 승인
④ 「하천법」에 따른 하천공사 시행의 허가, 같은 법에 따른 하천의 점용허가 및 같은 법에 따른 하천수의 사용허가
⑤ 「도로법」에 따른 도로공사 시행의 허가, 같은 법에 따른 도로점용의 허가
⑥ 「농어촌정비법」에 따른 농업생산기반시설의 사용허가
⑦ 「농지법」에 따른 농지전용의 허가 또는 협의, 같은 법에 따른 농지의 전용신고, 같은 법에 따른 농지의 타용도 일시사용허가·협의 및 같은 법에 따른 용도변경의 승인
⑧ 「산지관리법」에 따른 산지전용허가 및 산지전용신고, 같은 법에 따른 산지일시사용허가·신고, 같은 법에 따른 토석채취허가 및 「산림자원의 조성 및 관리에 관한 법률」과 입목벌채 등의 허가·신고
⑨ 「초지법」에 따른 초지(草地) 전용의 허가
⑩ 「건축법」에 따른 허가, 같은 법에 따른 신고, 같은 법에 따른 허가·신고 사항의 변경, 같은 법에 따른 가설건축물의 허가 또는 신고
⑪ 「주택법」에 따른 사업계획의 승인

이하 생략

(2) 서류 제출

인·허가 등의 의제를 받으려는 자는 실시계획의 인가를 신청하는 때에 해당 법률로 정하는 관계 서류를 함께 제출하여야 한다(법 제19조 제2항).

(3) 사전 협의

지정권자는 실시계획을 작성하거나 인가할 때 그 내용에 위 (1)의 어느 하나에 해당하는 사항이 있으면 미리 관계 행정기관의 장과 협의하여야 한다. 이 경우 관계 행정기관의 장은 협의 요청을 받은 날부터 20일 이내에 의견을 제출하여야 하며, 그 기간 내에 의견을 제출하지 아니하면 협의한 것으로 본다(법 제19조 제3항, 영 제41조).

예제

도시개발법령상 도시개발사업의 실시계획에 관한 설명으로 옳은 것은? 제29회

① 지정권자인 국토교통부장관이 실시계획을 작성하는 경우 시장·군수 또는 구청장의 의견을 미리 들어야 한다.
② 도시개발사업을 환지방식으로 시행하는 구역에 대하여 지정권자가 실시계획을 작성한 경우에는 사업의 명칭·목적, 도시·군관리계획의 결정내용을 관할 등기소에 통보·제출하여야 한다.
③ 실시계획을 인가할 때 지정권자가 해당 실시계획에 대한 「하수도법」에 따른 공공하수도 공사시행의 허가에 관하여 관계 행정기관의 장과 협의한 때에는 해당 허가를 받은 것으로 본다.
④ 인가를 받은 실시계획 중 사업시행면적의 100분의 20이 감소된 경우 지정권자의 변경인가를 받을 필요가 없다.
⑤ 지정권자는 시행자가 도시개발구역 지정의 고시일부터 6개월 이내에 실시계획의 인가를 신청하지 아니하는 경우 시행자를 변경할 수 있다.

해설 ① 지정권자인 국토교통부장관이 실시계획을 작성하는 경우 시·도지사 또는 대도시 시장의 의견을 미리 들어야 한다.
② 도시개발사업을 환지방식으로 시행하는 구역에 대하여 지정권자가 실시계획을 작성한 경우에 도시·군관리계획의 결정내용은 관할 등기소에 통보·제출하지 않아도 된다.
④ 인가를 받은 실시계획 중 사업시행면적의 100분의 10의 범위에서 감소된 경우 지정권자의 변경인가를 받을 필요가 없다.
⑤ 지정권자는 전부 환지방식으로 시행하는 시행자가 도시개발구역 지정의 고시일부터 1년 이내에 실시계획의 인가를 신청하지 아니하는 경우 시행자를 변경할 수 있다. ▶ 정답 ③

제5장 도시개발사업의 시행

01 사업의 시행방식

1 사업시행방식의 종류

도시개발사업은 시행자가 도시개발구역의 토지 등을 수용 또는 사용하는 방식이나 환지방식 또는 이를 혼용하는 방식으로 시행할 수 있다(법 제21조 제1항).

2 사업시행방식의 기준 제27회, 제30회

시행자는 도시개발구역으로 지정하려는 지역에 대하여 다음에서 정하는 바에 따라 도시개발사업의 시행방식을 정함을 원칙으로 하되, 사업의 용이성·규모 등을 고려하여 필요하면 국토교통부장관이 정하는 기준에 따라 도시개발사업의 시행방식을 정할 수 있다(영 제43조 제1항).

◆ 도시개발사업의 시행방식

수용 또는 사용방식	계획적이고 체계적인 도시개발 등 집단적인 조성과 공급이 필요한 경우
환지방식	1. 대지로서의 효용증진과 공공시설의 정비를 위하여 토지의 교환·분할·합병, 그 밖의 구획변경, 지목 또는 형질의 변경이나 공공시설의 설치·변경이 필요한 경우 2. 도시개발사업을 시행하는 지역의 지가가 인근의 다른 지역에 비하여 현저히 높아 수용 또는 사용방식으로 시행하는 것이 어려운 경우
혼용방식	도시개발구역으로 지정하려는 지역이 부분적으로 환지방식 또는 수용 또는 사용방식의 요건에 해당하는 경우 ⇨ 사업시행지구의 분할시행 시행자가 도시개발사업을 혼용방식으로 시행하려는 경우에는 다음의 방식으로 도시개발사업을 시행할 수 있다(영 제43조 제2항). 1. 분할 혼용방식: 수용 또는 사용방식이 적용되는 지역과 환지방식이 적용되는 지역을 사업시행지구별로 분할하여 시행하는 방식 2. 미분할 혼용방식: 사업시행지구를 분할하지 아니하고 수용 또는 사용방식과 환지방식을 혼용하여 시행하는 방식. 이 경우 환지에 대해서는 환지방식에 의한 사업시행에 관한 규정을 적용하고, 그 밖의 사항에 대해서는 수용 또는 사용방식에 관한 규정을 적용한다.

3 사업시행방식의 변경 제35회

지정권자는 도시개발구역 지정 이후 다음의 어느 하나에 해당하는 경우에는 도시개발사업의 시행방식을 변경할 수 있다(법 제21조 제2항).

① 국가나 지방자치단체, 공공기관, 정부출연기관, 지방공사인 시행자가 도시개발사업의 시행방식을 수용 또는 사용방식에서 전부 환지방식으로 변경하는 경우
② 국가나 지방자치단체, 공공기관, 정부출연기관, 지방공사인 시행자가 도시개발사업의 시행방식을 혼용방식에서 전부 환지방식으로 변경하는 경우
③ 도시개발조합을 제외한 시행자가 도시개발사업의 시행방식을 수용 또는 사용방식에서 혼용방식으로 변경하는 경우

4 순환개발방식의 개발사업

(1) 순환개발방식

시행자는 도시개발사업을 원활하게 시행하기 위하여 도시개발구역의 내외에 새로 건설하는 주택 또는 이미 건설되어 있는 주택에 그 도시개발사업의 시행으로 철거되는 주택의 세입자 또는 소유자(주민 등의 의견을 듣기 위하여 공람한 날 또는 공청회의 개최에 관한 사항을 공고한 날 이전부터 도시개발구역의 주택에 실제로 거주하는 자에 한정한다. 이하 '세입자 등'이라 한다)를 임시로 거주하게 하는 등의 방식으로 그 도시개발구역을 순차적으로 개발할 수 있다(법 제21조의2 제1항).

(2) 순환용 주택의 사용

시행자는 순환개발방식으로 도시개발사업을 시행하는 경우에는 「주택법」에도 불구하고 임시로 거주하는 주택(이하 '순환용 주택'이라 한다)을 임시거주시설로 사용하거나 임대할 수 있다(법 제21조의2 제2항).

(3) 분양 또는 임대

순환용 주택에 거주하는 자가 도시개발사업이 완료된 후에도 순환용 주택에 계속 거주하기를 희망하는 때에는 대통령령으로 정하는 바에 따라 이를 분양하거나 계속 임대할 수 있다. 이 경우 계속 거주하는 자가 환지 대상자이거나 이주대책대상자인 경우에는 대통령령으로 정하는 바에 따라 환지대상에서 제외하거나 이주대책을 수립한 것으로 본다(법 제21조의2 제3항).

5 세입자 등을 위한 주거안정대책

(1) 임대주택 건설의무

시행자는 도시개발사업에 따른 세입자 등의 주거안정 등을 위하여 주거 및 생활실태 조사와 주택수요 조사 결과를 고려하여 대통령령으로 정하는 바에 따라 임대주택 건설용지를 조성·공급하거나 임대주택을 건설·공급하여야 한다(법 제21조의3 제1항).

(2) 공공시행자의 인수의무

국가나 지방자치단체, 공공기관, 정부출연기관, 지방공사에 해당하는 자 중 주택의 건설, 공급, 임대를 할 수 있는 자는 시행자가 요청하는 경우 도시개발사업의 시행으로 공급되는 임대주택 건설용지나 임대주택을 인수하여야 한다(법 제21조의3 제2항).

(3) 인수절차 및 방법

임대주택 건설용지 또는 임대주택 인수의 절차와 방법 및 인수가격 결정의 기준 등은 대통령령으로 정한다(법 제21조의3 제3항).

> **넓혀 보기**
>
> **임대주택건설계획을 수립하지 아니할 수 있는 경우**(영 제43조의3 제2항)
> 1. 도시개발구역 면적이 10만m^2 미만이거나 수용예정인구가 3천명 이하(도시개발구역 전부를 환지방식으로 시행하는 경우에는 도시개발구역 면적이 30만m^2 미만이거나 수용예정인구가 5천명 이하)인 경우
> 2. 도시개발사업으로 건설·공급되는 주거전용면적 60m^2 이하 공동주택의 수용예정인구가 도시개발구역 전체 수용예정인구의 100분의 40(수도권과 광역시 지역은 100분의 50) 이상인 경우
> 3. 계획된 임대주택이 50세대 미만인 경우

02 수용 또는 사용방식에 의한 사업시행 제27회, 제30회, 제32회, 제33회, 제34회, 제35회

도시개발사업 시행절차

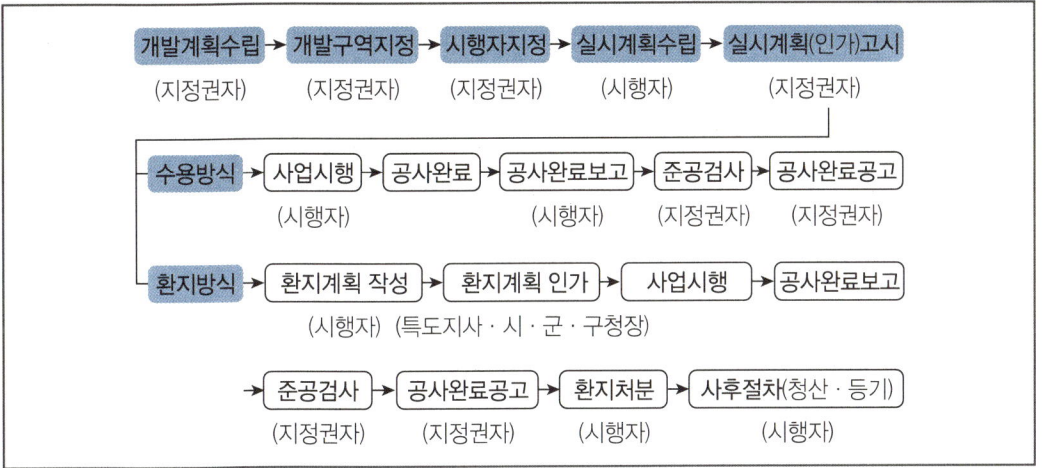

1 토지 등의 수용 또는 사용

(1) **수용의 주체**

시행자는 도시개발사업에 필요한 토지 등을 수용하거나 사용할 수 있다(법 제22조 제1항).

(2) **수용 등에 대한 동의**

① **수용의 요건**: 민간사업시행자[토지소유자, 수도권 이외의 지역으로 이전하는 법인, 등록사업자, 토목공사업의 면허를 받는 등 개발계획에 적합하게 사업을 시행할 능력이 있다고 인정하는 자, 등록한 부동산개발업자, 자기관리부동산투자회사 또는 위탁관리부동산투자회사, 공동출자법인(국가·지방자치단체, 공공기관, 정부출연기관, 지방공사가 50%를 초과하여 출자한 경우는 제외)]는 사업대상 토지면적의 3분의 2 이상에 해당하는 토지를 소유하고 토지소유자 총수의 2분의 1 이상에 해당하는 자의 동의를 받아야 한다(법 제22조 제1항 단서).

② **산정기준일**: 토지소유자의 동의요건 산정기준일은 도시개발구역 지정 고시일을 기준으로 하며, 그 기준일 이후 시행자가 취득한 토지에 대하여는 동의 요건에 필요한 토지소유자의 총수에 포함하고 이를 동의한 자의 수로 산정한다(법 제22조 제1항 단서).

(3) **공익사업을 위한 토지 등의 취득 및 보상에 관한 법률의 준용 및 특례**

① 토지 등의 수용 또는 사용에 관하여 이 법에 특별한 규정이 있는 경우 외에는 「공익사업을 위한 토지 등의 취득 및 보상에 관한 법률」을 준용한다(법 제22조 제2항).

② 「공익사업을 위한 토지 등의 취득 및 보상에 관한 법률」의 특례
  ㉠ 사업인정 및 고시의 의제: 「공익사업을 위한 토지 등의 취득 및 보상에 관한 법률」을 준용할 때 수용 또는 사용의 대상이 되는 토지의 세부목록을 고시한 경우에는 「공익사업을 위한 토지 등의 취득 및 보상에 관한 법률」에 따른 사업인정 및 그 고시가 있었던 것으로 본다(법 제22조 제3항).
  ㉡ 재결신청기간: 재결신청은 「공익사업을 위한 토지 등의 취득 및 보상에 관한 법률」에도 불구하고 개발계획에서 정한 도시개발사업의 시행기간 종료일까지 하여야 한다(법 제22조 제3항).

2 토지상환채권

(1) 토지상환채권의 발행

① **발행권자**: 시행자는 토지소유자가 원하면 토지 등의 매수 대금의 일부를 지급하기 위하여 대통령령으로 정하는 바에 따라 사업시행으로 조성된 토지·건축물로 상환하는 채권(이하 '토지상환채권'이라 한다)을 발행할 수 있다(법 제23조 제1항).

> **넓혀 보기**
>
> **토지상환채권의 발행규모**
> 토지상환채권의 발행규모는 그 토지상환채권으로 상환할 토지·건축물이 해당 도시개발사업으로 조성되는 분양토지 또는 분양건축물 면적의 2분의 1을 초과하지 아니하도록 하여야 한다(영 제45조).

② **지급보증**: 민간시행자와 공동출자법인인 시행자(법 제11조 제1항 제5호부터 제11호에 해당하는 자)는 대통령령으로 정하는 금융기관 등(은행법에 따른 은행과 보험업법에 따른 보험회사 및 건설산업기본법에 따른 공제조합)으로부터 지급보증을 받은 경우에만 이를 발행할 수 있다(법 제23조 제1항 단서, 영 제46조).

③ **지정권자의 승인**: 시행자(지정권자가 시행자인 경우는 제외)는 토지상환채권을 발행하려면 대통령령으로 정하는 바에 따라 토지상환채권의 발행계획을 작성하여 미리 지정권자의 승인을 받아야 한다(법 제23조 제2항).

④ **이율**: 토지상환채권의 이율은 발행 당시의 은행의 예금금리 및 부동산 수급상황을 고려하여 발행자가 정한다(영 제49조 제1항).

⑤ **발행방법**: 토지상환채권은 기명식 증권으로 한다(영 제49조 제2항).

(2) **토지상환채권의 이전 등**

① **이전과 대항력**: 토지상환채권을 이전하는 경우 취득자는 그 성명과 주소를 토지상환채권원부에 기재하여 줄 것을 요청하여야 하며, 취득자의 성명과 주소가 토지상환채권에 기재되지 아니하면 취득자는 발행자 및 그 밖의 제3자에게 대항하지 못한다(영 제53조 제1항).

② **질권설정과 대항력**: 토지상환채권을 질권의 목적으로 하는 경우에는 질권자의 성명과 주소가 토지상환채권원부에 기재되지 아니하면 질권자는 발행자 및 그 밖의 제3자에게 대항하지 못한다(영 제53조 제2항).

3 이주대책

시행자는 「공익사업을 위한 토지 등의 취득 및 보상에 관한 법률」로 정하는 바에 따라 도시개발사업의 시행에 필요한 토지 등의 제공으로 생활의 근거를 상실하게 되는 자에 관한 이주대책 등을 수립·시행하여야 한다(법 제24조).

4 선수금

(1) 시행자는 조성토지등과 도시개발사업으로 조성되지 아니한 상태의 토지(이하 '원형지'라 한다)를 공급받거나 이용하려는 자로부터 대통령령으로 정하는 바에 따라 해당 대금의 전부 또는 일부를 미리 받을 수 있다(법 제25조 제1항).

(2) 시행자(지정권자가 시행자인 경우는 제외)는 해당 대금의 전부 또는 일부를 미리 받으려면 지정권자의 승인을 받아야 한다(법 제25조 제2항).

> **넓혀 보기**
>
> **선수금을 받기 위한 요건**(영 제55조 제1항)
> 1. **공공사업시행자**: 개발계획을 수립·고시한 후에 사업시행 토지면적의 100분의 10 이상의 토지에 대한 소유권을 확보할 것(사용동의를 포함). 다만, 실시계획인가를 받기 전에 선수금을 받으려는 경우에는 「환경영향평가법」에 따른 환경영향평가 및 「도시교통정비 촉진법」에 따른 교통영향평가를 실시하여 「국토의 계획 및 이용에 관한 법률」에 따른 기반시설 투자계획이 구체화된 경우로 한정한다.
> 2. **민간사업시행자**: 해당 도시개발구역에 대하여 실시계획 인가를 받은 후 다음의 요건을 모두 갖출 것
>   ① 공급하려는 토지에 대한 소유권을 확보하고, 해당 토지에 설정된 저당권을 말소하였을 것. 다만, 부득이한 사유로 토지소유권을 확보하지 못하였거나 저당권을 말소하지 못한 경우에는 시행자·토지소유자 및 저당권자가 공동약정서를 공증하여 제출하여야 한다.
>   ② 공급하려는 토지에 대한 도시개발사업의 공사 진척률이 100분의 10 이상일 것
>   ③ 공급계약의 불이행 시 선수금의 환불을 담보하기 위하여 보증서 등(국가를 당사자로 하는 계약에 관한 법률 시행령에 따른 지급보증서, 증권, 보증보험증권, 정기예금증서 및 수익증권 등을 말한다)을 지정권자에게 제출할 것

5 원형지의 공급과 개발

(1) 원형지의 공급

시행자는 도시를 자연친화적으로 개발하거나 복합적·입체적으로 개발하기 위하여 필요한 경우에는 대통령령으로 정하는 절차에 따라 미리 지정권자의 승인을 받아 다음의 어느 하나에 해당하는 자에게 원형지를 공급하여 개발하게 할 수 있다. 이 경우 공급될 수 있는 원형지의 면적은 도시개발구역 전체 토지면적의 3분의 1 이내로 한정한다(법 제25조의2 제1항).

① 국가 또는 지방자치단체
② 「공공기관의 운영에 관한 법률」에 따른 공공기관
③ 「지방공기업법」에 따라 설립된 지방공사
④ 국가, 지방자치단체 또는 대통령령으로 정하는 공공기관인 시행자가 복합개발 등을 위하여 실시한 공모에서 선정된 자
⑤ 원형지를 학교나 공장 등의 부지로 직접 사용하는 자

(2) 원형지의 공급계획

① **공급계획의 작성**: 시행자는 원형지를 공급하기 위하여 지정권자에게 승인 신청을 할 때에는 원형지의 공급계획을 작성하여 함께 제출하여야 한다. 작성된 공급계획을 변경하는 경우에도 같다(법 제25조의2 제2항).

② **공급계획의 내용**: 원형지 공급계획에는 원형지를 공급받아 개발하는 자(이하 '원형지개발자'라 한다)에 관한 사항과 원형지의 공급내용 등이 포함되어야 한다(법 제25조의2 제3항).

③ **실시계획에 반영**: 시행자는 개발 방향과 승인내용 및 공급계획에 따라 원형지개발자와 공급계약을 체결한 후 원형지개발자로부터 세부계획을 제출받아 이를 실시계획의 내용에 반영하여야 한다(법 제25조의2 제4항).

(3) 조건부 승인

지정권자는 승인을 할 때에는 용적률 등 개발밀도, 토지용도별 면적 및 배치, 교통처리계획 및 기반시설의 설치 등에 관한 이행조건을 붙일 수 있다(법 제25조의2 제5항).

(4) 원형지의 매각금지

원형지개발자(국가 및 지방자치단체는 제외)는 10년의 범위에서 대통령령으로 정하는 기간(원형지에 대한 공사완료 공고일부터 5년 또는 원형지 공급계약일부터 10년 중 먼저 끝나는 기간) 안에는 원형지를 매각할 수 없다. 다만, 이주용 주택이나 공공·문화 시설 등 대통령령으로 정하는 경우(기반시설 용지, 임대주택 용지, 그 밖에 원형지 개발자가 직접 조성하거나 운영하기 어려운 시설의 설치를 위한 용지로 원형지를 사용하는 경우)로서 미리 지정권자의 승인을 받은 경우에는 예외로 한다(법 제25조의2 제6항, 영 제55조의2 제3항·제4항).

(5) **원형지 공급승인의 취소**

지정권자는 다음의 어느 하나에 해당하는 경우에는 원형지 공급승인을 취소하거나 시행자로 하여금 그 이행의 촉구, 원상회복 또는 손해배상의 청구, 원형지 공급계약의 해제 등 필요한 조치를 취할 것을 요구할 수 있다(법 제25조의2 제7항).

> ① 시행자가 원형지의 공급계획대로 토지를 이용하지 아니하는 경우
> ② 원형지개발자가 세부계획의 내용대로 사업을 시행하지 아니하는 경우
> ③ 시행자 또는 원형지개발자가 이행조건을 이행하지 아니하는 경우

(6) **원형지 공급계약의 해제**

① 시행자는 다음의 어느 하나에 해당하는 경우 대통령령으로 정하는 바에 따라 원형지 공급계약을 해제할 수 있다(법 제25조의2 제8항).

> ⊙ 원형지개발자가 세부계획에서 정한 착수 기한 안에 공사에 착수하지 아니하는 경우
> ⓒ 원형지개발자가 공사 착수 후 세부계획에서 정한 사업 기간을 넘겨 사업시행을 지연하는 경우
> ⓒ 공급받은 토지의 전부나 일부를 시행자의 동의 없이 제3자에게 매각하는 경우
> ⓔ 그 밖에 공급받은 토지를 세부계획에서 정한 목적대로 사용하지 아니하는 등 공급계약의 내용을 위반한 경우

② 시행자는 원형지 공급계약 해제 사유가 발생한 경우에 원형지개발자에게 2회 이상 시정을 요구하여야 하고, 원형지개발자가 시정하지 아니한 경우에는 원형지 공급계약을 해제할 수 있다. 이 경우 원형지개발자는 시행자의 시정 요구에 대하여 의견을 제시할 수 있다(영 제55조의2 제5항).

(7) **원형지개발자의 선정방법**

원형지개발자의 선정은 수의계약의 방법으로 한다. 다만, 학교부지 또는 공장부지에 해당하는 원형지개발자의 선정은 경쟁입찰의 방식으로 하며, 경쟁입찰이 2회 이상 유찰된 경우에는 수의계약의 방법으로 할 수 있다(영 제55조의2 제6항).

(8) **원형지 공급가격**

원형지 공급가격은 개발계획이 반영된 원형지의 감정가격에 시행자가 원형지에 설치한 기반시설 등의 공사비를 더한 금액을 기준으로 시행자와 원형지개발자가 협의하여 결정한다(영 제55조의2 제7항).

> **예제**

도시개발법령상 원형지의 공급과 개발에 관한 설명으로 옳은 것은? 제34회
① 원형지를 공장 부지로 직접 사용하는 원형지개발자의 선정은 경쟁입찰의 방식으로 하며, 경쟁입찰이 2회 이상 유찰된 경우에는 수의계약의 방법으로 할 수 있다.
② 지정권자는 원형지의 공급을 승인할 때 용적률 등 개발밀도에 관한 이행조건을 붙일 수 없다.
③ 원형지 공급가격은 원형지의 감정가격과 원형지에 설치한 기반시설 공사비의 합산금액을 기준으로 시·도의 조례로 정한다.
④ 원형지개발자인 지방자치단체는 10년의 범위에서 대통령령으로 정하는 기간 안에는 원형지를 매각할 수 없다.
⑤ 원형지개발자가 공급받은 토지의 전부를 시행자의 동의 없이 제3자에게 매각하는 경우, 시행자는 원형지개발자에 대한 시정요구 없이 원형지 공급계약을 해제할 수 있다.

해설 ② 지정권자는 원형지의 공급을 승인할 때 용적률 등 개발밀도에 관한 이행조건을 붙일 수 있다.
③ 원형지 공급가격은 원형지의 감정가격과 원형지에 설치한 기반시설 공사비의 합산금액을 기준으로 시행자와 원형지개발자가 협의하여 정한다.
④ 원형지개발자인 지방자치단체는 10년의 범위에서 대통령령으로 정하는 기간 안에도 원형지를 매각할 수 있다.
⑤ 원형지개발자가 공급받은 토지의 전부를 시행자의 동의 없이 제3자에게 매각하는 경우, 시행자는 원형지개발자에게 2회 이상 시정요구를 하여야 하고, 원형지개발자가 시정하지 아니하는 경우에는 원형지 공급계약을 해제할 수 있다.
▶ 정답 ①

6 조성토지등의 공급

1. 공급계획의 작성·승인

시행자는 조성토지등을 공급하려고 할 때에는 조성토지등의 공급계획을 작성하여야 하며, 지정권자가 아닌 시행자는 작성한 조성토지 등의 공급계획에 대하여 지정권자의 승인을 받아야 한다. 조성토지 등의 공급계획을 변경하려는 경우에도 또한 같다(법 제26조 제1항).

2. 조성토지등의 가격평가

(1) 원 칙

조성토지등의 가격평가는 감정가격으로 한다(영 제57조 제6항).

(2) 예 외

시행자는 학교, 폐기물처리시설, 임대주택, 그 밖에 대통령령으로 정하는 다음의 시설을 설치하기 위한 조성토지등과 이주단지의 조성을 위한 토지를 공급하는 경우에는 해당 토지의 가격을 「감정평가 및 감정평가사에 관한 법률」에 따른 감정평가법인등이 감정평가한

가격 이하로 정할 수 있다. 다만, 국가, 지방자치단체, 공공기관, 정부출연기관, 지방공사에게 임대주택건설용지를 공급하는 경우에는 해당 토지의 가격을 감정평가한 가격 이하로 정하여야 한다(법 제27조 제1항, 영 제58조 제1항).

① 공공청사
② 사회복지시설(행정기관 및 사회복지사업법에 따른 사회복지법인이 설치하는 사회복지시설을 말한다). 다만, 「사회복지사업법」에 따른 사회복지시설의 경우에는 유료시설을 제외한 시설로서 관할 지방자치단체의 장의 추천을 받은 경우로 한정한다.
③ 공장(해당 도시개발사업으로 이전되는 공장의 소유자가 설치하는 경우로 한정)
④ 임대주택
⑤ 「주택법」에 따른 국민주택 규모 이하의 공동주택. 다만, 시행자가 국민주택 규모 이하의 공동주택을 건설하려는 자에게 공급하는 경우로 한정한다.
⑥ 「관광진흥법」에 따른 호텔업 시설. 다만, 공공사업시행자가 200실 이상의 객실을 갖춘 호텔의 부지로 토지를 공급하는 경우로 한정한다.
⑦ 행정청이 직접 설치하는 시장·자동차정류장·종합의료시설

(3) 공급가격의 특례

공공사업시행자(법 제11조 제1항 제1호부터 제4호까지의 시행자)는 지역특성화 사업 유치 등 도시개발사업의 활성화를 위하여 필요한 경우에는 대통령령으로 정하는 바에 따라 감정평가한 가격 이하로 공급할 수 있다(법 제27조 제2항).

3. 조성토지등의 공급기준 및 방법

(1) 공급기준

시행자는 조성토지등의 공급 계획에 따라 조성토지 등을 공급해야 한다. 이 경우 시행자는 「국토의 계획 및 이용에 관한 법률」에 따른 기반시설의 원활한 설치를 위하여 필요하면 공급대상자의 자격을 제한하거나 공급조건을 부여할 수 있다(영 제57조 제1항).

(2) 공급방법

① **경쟁입찰의 방법**: 조성토지등의 공급은 경쟁입찰의 방법에 따른다(영 제57조 제2항).
② **추첨의 방법**: 다음에 해당하는 경우에는 추첨의 방법으로 분양할 수 있다. 다만, 공공사업시행자가 국민주택규모 이하의 주택건설용지 중 임대주택 건설용지를 공급하는 경우에는 추첨의 방법으로 분양하여야 한다(영 제57조 제3항, 규칙 제23조 제1항).

⊙ 「주택법」에 따른 국민주택규모 이하의 주택건설용지
⊙ 「주택법」에 따른 공공택지
© 330m² 이하의 단독주택용지 및 공장용지

③ **수의계약의 방법**: 시행자는 다음에 해당하는 경우에는 수의계약의 방법으로 조성토지등을 공급할 수 있다(영 제57조 제5항).

> ㉠ 학교용지, 공공청사용지 등 일반에게 분양할 수 없는 공공용지를 국가, 지방자치단체, 그 밖의 법령에 따라 해당 시설을 설치할 수 있는 자에게 공급하는 경우
> ㉡ 임대주택 건설용지를 국가, 지방자치단체, 한국토지주택공사, 주택사업을 목적으로 설립된 지방공사가 단독 또는 공동으로 총 지분의 100분의 50을 초과하여 출자한 「부동산투자회사법」에 따른 부동산투자회사에 공급하는 경우
> ㉢ 고시한 실시계획에 따라 존치하는 시설물의 유지관리에 필요한 최소한의 토지를 공급하는 경우
> ㉣ 「공익사업을 위한 토지 등의 취득 및 보상에 관한 법률」에 따른 협의를 하여 그가 소유하는 도시개발구역 안의 조성토지등의 전부를 시행자에게 양도한 자에게 국토교통부령으로 정하는 기준에 따라 토지를 공급하는 경우
> ㉤ 토지상환채권에 의하여 토지를 상환하는 경우
> ㉥ 토지의 규모 및 형상, 입지조건 등에 비추어 토지이용가치가 현저히 낮은 토지로서, 인접 토지소유자 등에게 공급하는 것이 불가피하다고 시행자가 인정하는 경우
> ㉦ 대행개발사업자가 개발을 대행하는 토지를 해당 대행개발사업자에게 공급하는 경우
> ㉧ 경쟁입찰 또는 추첨의 결과 2회 이상 유찰된 경우

예제

도시개발법령상 토지등의 수용 또는 사용의 방식에 따른 사업 시행에 관한 설명으로 옳은 것은?

제32회

① 도시개발사업을 시행하는 지방자치단체는 도시개발구역지정 이후 그 시행방식을 혼용방식에서 수용 또는 사용방식으로 변경할 수 있다.
② 도시개발사업을 시행하는 정부출연기관이 그 사업에 필요한 토지를 수용하려면 사업대상 토지면적의 3분의 2 이상에 해당하는 토지를 소유하고 토지소유자 총수의 2분의 1 이상에 해당하는 자의 동의를 받아야 한다.
③ 도시개발사업을 시행하는 공공기관은 토지상환채권을 발행할 수 없다.
④ 원형지를 공급받아 개발하는 지방공사는 원형지에 대한 공사완료 공고일부터 5년이 지난 시점이라면 해당 원형지를 매각할 수 있다.
⑤ 원형지가 공공택지 용도인 경우 원형지개발자의 선정은 추첨의 방법으로 할 수 있다.

해설 ① 도시개발사업을 시행하는 지방자치단체는 도시개발구역지정 이후 그 시행방식을 혼용방식에서 수용 또는 사용방식으로 변경할 수 없다.
② 도시개발사업을 시행하는 정부출연기관이 그 사업에 필요한 토지를 수용하려는 경우에는 사업대상 토지면적의 3분의 2 이상에 해당하는 토지를 소유하지 않아도 되고, 토지소유자 총수의 2분의 1 이상에 해당하는 자의 동의를 받지 않아도 된다.
③ 도시개발사업을 시행하는 공공기관은 토지상환채권을 발행할 수 있다.
⑤ 원형지가 아니라 조성토지등이 공공택지인 경우에 추첨의 방법으로 분양할 수 있다.

▶ **정답** ④

03 환지방식에 의한 사업시행 제27회, 제28회, 제29회, 제30회, 제31회, 제32회, 제33회, 제34회, 제35회, 제36회

1 환지계획

1. 환지계획의 내용

시행자는 도시개발사업의 전부 또는 일부를 환지방식으로 시행하려면 다음의 사항이 포함된 환지계획을 작성하여야 한다(법 제28조 제1항).

① 환지 설계
② 필지별로 된 환지 명세
③ 필지별과 권리별로 된 청산 대상 토지 명세
④ 체비지(替費地) 또는 보류지(保留地)의 명세
⑤ 입체환지를 계획하는 경우에는 입체환지용 건축물의 명세와 공급 방법·규모에 관한 사항
⑥ 그 밖에 국토교통부령으로 정하는 사항

2. 환지계획의 작성

(1) 작성기준

환지계획은 종전의 토지와 환지의 위치·지목·면적·토질·수리(水利)·이용 상황·환경, 그 밖의 사항을 종합적으로 고려하여 합리적으로 정하여야 한다(법 제28조 제2항).

> **넓혀 보기**
>
> **환지계획의 구체적 기준**
> 1. **환지설계**: 환지설계는 평가식(도시개발사업 시행 전후의 토지의 평가가액에 비례하여 환지를 결정하는 방법을 말한다)을 원칙으로 하되, 환지지정으로 인하여 토지의 이동이 경미하거나 기반시설의 단순한 정비 등의 경우에는 면적식(도시개발사업 시행 전의 토지 및 위치를 기준으로 환지를 결정하는 방식을 말한다)을 적용할 수 있다. 이 경우 하나의 환지계획구역에서는 같은 방식을 적용하여야 하며, 입체환지를 시행하는 경우에는 반드시 평가식을 적용하여야 한다(규칙 제27조 제3항).
> 2. **손실보상**: 평면환지방식을 적용하는 경우 환지 전 토지 위의 건축물로서 환지처분 당시 이전 또는 제거된 건축물이나 입체환지의 대상이 되지 아니하는 환지 전 토지의 건축물은 장애물 등으로 보아 손실보상한다(규칙 제27조 제7항).
> 3. **공동환지**: 시행자는 과소토지 등에 대하여 2 이상의 토지 또는 건축물 소유자의 신청을 받아 환지 후 하나의 토지나 구분건축물에 공유로 환지를 지정할 수 있다. 이 경우 환지를 지정받은 자는 다른 환지를 지정받을 수 없다(규칙 제27조 제8항).

(2) 작성의 특례

① **신청 또는 동의에 의한 환지부지정**: 토지소유자가 신청하거나 동의하면 해당 토지의 전부 또는 일부에 대하여 환지를 정하지 아니할 수 있다. 다만, 해당 토지에 관하여 임차권자 등이 있는 경우에는 그 동의를 받아야 한다(법 제30조 제1항).

② **환지부지정 제외대상**: 시행자는 다음의 어느 하나에 해당하는 토지는 규약·정관 또는 시행규정으로 정하는 방법과 절차에 따라 환지를 정하지 아니할 토지에서 제외할 수 있다(법 제30조 제2항).

> ㉠ 환지예정지를 지정하기 전에 사용하는 토지
> ㉡ 환지계획 인가에 따라 환지를 지정받기로 결정된 토지
> ㉢ 종전과 같은 위치에 종전과 같은 용도로 환지를 계획하는 토지
> ㉣ 토지소유자가 환지 제외를 신청한 토지의 면적 또는 평가액(토지평가협의회에서 정한 종전 토지의 평가액을 말한다)이 모두 합하여 구역 전체의 토지(국유지·공유지는 제외)면적 또는 평가액의 100분의 15 이상이 되는 경우로서 환지를 정하지 아니할 경우 사업시행이 곤란하다고 판단되는 토지
> ㉤ 공람한 날 또는 공고한 날 이후에 토지의 양수계약을 체결한 토지(다만, 양수일부터 3년이 지난 경우는 제외)

③ **증환지·감환지**: 시행자는 토지면적의 규모를 조정할 특별한 필요가 있으면 면적이 작은 토지는 과소(過小)토지가 되지 아니하도록 면적을 늘려 환지를 정하거나 환지대상에서 제외할 수 있고, 면적이 넓은 토지는 그 면적을 줄여서 환지를 정할 수 있다(법 제31조 제1항).

> **넓혀 보기** 🔍
>
> **과소토지의 기준**
> 1. 과소토지의 기준이 되는 면적은 대통령령으로 정하는 범위에서 시행자가 규약·정관 또는 시행규정으로 정한다(법 제31조 제2항).
> 2. 과소토지의 기준이 되는 면적은 「건축법 시행령」 제80조에서 정하는 면적으로 한다(영 제62조 제1항).
>   ◆ 「건축법 시행령」 제80조: 건축물이 있는 대지의 분할제한
>
> | ① 주거지역: 60m² | ② 상업지역: 150m² | ③ 공업지역: 150m² |
> | ④ 녹지지역: 200m² | ⑤ 기타지역: 60m² | |
>
> 3. 기존 건축물이 없는 경우에는 과소토지의 기준이 되는 면적을 국토교통부장관이 정하는 바에 따라 규약·정관 또는 시행규정에서 따로 정할 수 있다(영 제62조 제2항).

④ **입체환지**
  ㉠ 입체환지의 요건: 시행자는 도시개발사업을 원활히 시행하기 위하여 특히 필요한 경우에는 토지 또는 건축물 소유자의 신청을 받아 건축물의 일부와 그 건축물이 있는 토지의 공유지분을 부여할 수 있다. 다만, 토지 또는 건축물이 대통령령으로 정하는 기준 이하인 경우에는 시행자가 규약·정관 또는 시행규정으로 신청대상에서 제외할 수 있다(법 제32조 제1항).
  ㉡ 통지 및 공고: 입체환지의 경우 시행자는 환지계획 작성 전에 실시계획의 내용, 환지계획 기준, 환지대상 필지 및 건축물의 명세, 환지신청 기간 등 대통령령으로 정하는 사항을 토지소유자(건축물 소유자를 포함)에게 통지하고 해당 지역에서 발행되는 일간신문에 공고하여야 한다(법 제32조 제3항).
  ㉢ 입체환지 신청기간: 입체환지의 신청기간은 통지한 날부터 30일 이상 60일 이하로 하여야 한다. 다만, 시행자는 환지계획의 작성에 지장이 없다고 판단하는 경우에는 20일의 범위에서 그 신청기간을 연장할 수 있다(법 제32조 제4항).
  ㉣ 입체환지의 신청: 입체환지를 받으려는 토지소유자는 환지신청 기간 이내에 대통령령으로 정하는 방법 및 절차에 따라 시행자에게 환지신청을 하여야 한다(법 제32조 제5항).
  ㉤ 입체환지계획의 작성에 관하여 필요한 사항은 국토교통부장관이 정할 수 있다(법 제32조 제6항).

⑤ **입체환지에 따른 주택공급 등**(법 제32조의3)
  ㉠ 주택공급에 관한 기준의 적용 배제: 시행자는 입체환지로 건설된 주택 등 건축물을 인가된 환지계획에 따라 환지신청자에게 공급하여야 한다. 이 경우 주택을 공급하는 경우에는 「주택법」에 따른 주택의 공급에 관한 기준을 적용하지 아니한다.
  ㉡ 1주택 공급원칙: 입체환지로 주택을 공급하는 경우 환지계획의 내용은 다음의 기준에 따른다. 이 경우 주택의 수를 산정하기 위한 구체적인 기준은 대통령령으로 정한다.

  > ⓐ 1세대 또는 1명이 하나 이상의 주택 또는 토지를 소유한 경우 1주택을 공급할 것
  > ⓑ 같은 세대에 속하지 아니하는 2명 이상이 1주택 또는 1토지를 공유한 경우에는 1주택만 공급할 것

  ㉢ 1주택 공급의 예외: 시행자는 다음의 어느 하나에 해당하는 토지소유자에 대하여는 소유한 주택의 수만큼 공급할 수 있다.

  > ⓐ 「수도권정비계획법」에 따른 과밀억제권역에 위치하지 아니하는 도시개발구역의 토지소유자
  > ⓑ 근로자(공무원인 근로자를 포함) 숙소나 기숙사의 용도로 주택을 소유하고 있는 토지소유자
  > ⓒ 공공사업 시행자(법 제11조 제1항 제1호부터 제4호까지의 시행자)

② 주택을 소유하지 않은 토지소유자에 대한 입체환지: 입체환지로 주택을 공급하는 경우 주택을 소유하지 아니한 토지소유자에 대하여는 기준일(환지지정 제한의 기준일) 현재 다음의 어느 하나에 해당하는 경우에만 주택을 공급할 수 있다.

> ⓐ 토지면적이 국토교통부장관이 정하는 규모 이상인 경우
> ⓑ 종전 토지의 총 권리가액(주택 외의 건축물이 있는 경우 그 건축물의 총 권리가액을 포함)이 입체환지로 공급하는 공동주택 중 가장 작은 규모의 공동주택 공급예정가격 이상인 경우

⑩ 일반분양: 시행자는 입체환지의 대상이 되는 용지에 건설된 건축물 중 공급대상자에게 공급하고 남은 건축물의 공급에 대하여는 규약·정관 또는 시행규정으로 정하는 목적을 위하여 체비지(건축물을 포함)로 정하거나 토지소유자 외의 자에게 분양할 수 있다.

⑥ **공공시설의 용지에 대한 환지**: 「공익사업을 위한 토지 등의 취득 및 보상에 관한 법률」에 해당하는 공공시설의 용지에 대하여는 환지계획을 정할 때 그 위치·면적 등에 관하여 환지계획 작성기준을 적용하지 아니할 수 있다(법 제33조 제1항).

⑦ **용도폐지되는 공공시설**: 시행자가 도시개발사업의 시행으로 국가 또는 지방자치단체가 소유한 공공시설과 대체되는 공공시설을 설치하는 경우 종전의 공공시설의 전부 또는 일부의 용도가 폐지되거나 변경되어 사용하지 못하게 될 토지는 환지를 정하지 아니하며, 이를 다른 토지에 대한 환지의 대상으로 하여야 한다(법 제33조 제2항).

⑧ **체비지·보류지**
  ㉠ 시행자는 도시개발사업에 필요한 경비에 충당하거나 규약·정관·시행규정 또는 실시계획으로 정하는 목적을 위하여 일정한 토지를 환지로 정하지 아니하고 보류지로 정할 수 있으며, 그중 일부를 체비지로 정하여 도시개발사업에 필요한 경비에 충당할 수 있다(법 제34조 제1항).
  ㉡ 특별자치도지사·시장·군수 또는 구청장은 「주택법」에 따른 공동주택의 건설을 촉진하기 위하여 필요하다고 인정하면 체비지 중 일부를 같은 지역에 집단으로 정하게 할 수 있다(법 제34조 제2항).

> **넓혀 보기**
>
> **토지부담률**(규칙 제29조) 제27회
>
> 1. 시행자는 면적식으로 환지계획을 수립한 경우에는 다음의 기준에 따라 환지계획구역 안의 토지소유자가 도시개발사업을 위하여 부담하는 토지의 비율(이하 '토지부담률'이라 한다)을 산정하여야 한다.
>
>> ① 공공시설용지의 면적을 명확히 파악하고, 환지 전후의 지가변동률 및 인근토지의 가격을 고려하여 체비지를 책정함으로써 토지부담률을 적정하게 할 것
>> ② 기존 시가지·주택밀집지역 등 토지의 이용도가 높은 지역과 저지대·임야 등 토지의 이용도가 낮은 지역에 대하여는 토지부담률을 차등하여 산정하되, 사업시행 전부터 도로·상하수도 등 기반시설이 갖추어져 있는 주택지에 대하여는 토지부담률을 최소화할 것
>> ③ 지목상 전·답·임야이나 사실상 형질변경 등으로 대지가 된 토지와 도로 등 공공시설을 지방자치단체에 기부채납 또는 무상귀속시킨 토지는 그에 상당하는 비용을 고려하여 토지부담률을 산정할 것
>
> 2. 환지계획구역의 평균 토지부담률은 50%를 초과할 수 없다. 다만, 해당 환지계획구역의 특성을 고려하여 지정권자가 인정하는 경우에는 60%까지로 할 수 있으며, 환지계획구역의 토지소유자 총수의 3분의 2 이상이 동의(시행자가 조합인 경우에는 총회에서 의결권 총수의 3분의 2 이상이 동의한 경우를 말한다)하는 경우에는 60%를 초과하여 정할 수 있다.
> 3. 환지계획구역의 평균 토지부담률은 다음의 계산식에 따라 산정한다.
>
> $$\text{토지부담률} = \frac{(\text{보류지 면적} - \text{시행자에게 무상귀속되는 공공시설의 면적})}{(\text{환지계획구역 면적} - \text{시행자에게 무상귀속되는 공공시설의 면적})} \times 100$$
>
> 4. 시행자는 사업시행 중 부득이한 경우를 제외하고는 토지소유자에게 부담을 주는 토지부담률의 변경을 하여서는 아니 된다.
> 5. 환지계획구역의 외부와 연결되는 환지계획구역 안의 도로로서 너비 25m 이상의 간선도로는 토지소유자가 도로의 부지를 부담하고, 관할 지방자치단체가 공사비를 보조하여 건설할 수 있다.

3. 조성토지등의 가격평가

(1) 시행자는 환지방식이 적용되는 도시개발구역에 있는 조성토지등의 가격을 평가할 때에는 토지평가협의회의 심의를 거쳐 결정하되, 그에 앞서 감정평가법인등이 평가하게 하여야 한다(법 제28조 제3항, 영 제59조).

(2) 토지평가협의회의 구성 및 운영 등에 필요한 사항은 해당 규약·정관 또는 시행규정으로 정한다(법 제28조 제4항).

(3) 환지계획의 작성에 따른 환지계획의 기준, 보류지(체비지·공공시설 용지)의 책정 기준 등에 관하여 필요한 사항은 국토교통부령으로 정할 수 있다(법 제28조 제5항).

2 환지지정 등의 제한

(1) 시행자는 주민 등의 의견청취를 위하여 공람 또는 공청회의 개최에 관한 사항을 공고한 날 또는 투기억제를 위하여 시행예정자(법 제3조 제3항 제2호 및 제4항에 따른 요청자 또는 법 제11조 제5항에 따른 제안자를 말한다)의 요청에 따라 지정권자가 따로 정하는 날(이하 '기준일'이라 한다)의 다음 날부터 다음의 어느 하나에 해당하는 경우에는 국토교통부령으로 정하는 바에 따라 해당 토지 또는 건축물에 대하여 금전으로 청산(건축물은 법 제65조에 따라 보상한다)하거나 환지지정을 제한할 수 있다(법 제32조의2 제1항).

> ① 1필지의 토지가 여러 개의 필지로 분할되는 경우
> ② 단독주택 또는 다가구주택이 다세대주택으로 전환되는 경우
> ③ 하나의 대지범위 안에 속하는 동일인 소유의 토지와 주택 등 건축물을 토지와 주택 등 건축물로 각각 분리하여 소유하는 경우
> ④ 나대지에 건축물을 새로 건축하거나 기존 건축물을 철거하고 다세대주택이나 그 밖의 「집합건물의 소유 및 관리에 관한 법률」에 따른 구분소유권의 대상이 되는 건물을 건축하여 토지 또는 건축물의 소유자가 증가되는 경우

(2) 지정권자는 기준일을 따로 정하는 경우에는 기준일과 그 지정 사유 등을 관보 또는 공보에 고시하여야 한다(법 제33조의2 제2항).

3 환지계획의 인가

(1) **인가권자**

행정청이 아닌 시행자가 환지계획을 작성한 경우에는 특별자치도지사·시장·군수 또는 구청장의 인가를 받아야 한다. 인가받은 내용을 변경하려는 경우에도 준용한다. 다만, 다음의 경미한 사항을 변경하는 경우에는 그러하지 아니하다(법 제29조 제1항·제2항, 영 제60조).

> ① 종전 토지의 합필 또는 분필로 환지명세가 변경되는 경우
> ② 토지 또는 건축물 소유자(체비지인 경우에는 시행자 또는 체비지 매수자를 말한다)의 동의에 따라 환지계획을 변경하는 경우. 다만, 다른 토지 또는 건축물 소유자에 대한 환지계획의 변경이 없는 경우로 한정한다.
> ③ 「공간정보의 구축 및 관리 등에 관한 법률」에 따른 지적측량의 결과를 반영하기 위하여 환지계획을 변경하는 경우
> ④ 환지로 지정된 토지나 건축물을 금전으로 청산하는 경우
> ⑤ 그 밖에 국토교통부령으로 정하는 경우

(2) **인가절차**

① **통지 및 공람**: 행정청이 아닌 시행자가 환지계획의 인가를 신청하려고 하거나 행정청인 시행자가 환지계획을 정하려고 하는 경우에는 토지소유자와 해당 토지에 대하여 임차권, 지상권, 그 밖에 사용하거나 수익할 권리(이하 '임차권 등'이라 한다)를 가진 자(이하 '임차권자 등'이라 한다)에게 환지계획의 기준 및 내용 등을 알리고 대통령령으로 정하는 바에 따라 관계 서류의 사본을 일반인에게 공람시켜야 한다. 다만, 대통령령으로 정하는 경미한 사항을 변경하는 경우에는 그러하지 아니하다(법 제29조 제3항).

② **의견제출**: 토지소유자나 임차권자 등은 공람 기간에 시행자에게 의견서를 제출할 수 있으며, 시행자는 그 의견이 타당하다고 인정하면 환지계획에 이를 반영하여야 한다(법 제29조 제4항).

③ **첨부서류**: 행정청이 아닌 시행자가 환지계획 인가를 신청할 때에는 제출된 의견서를 첨부하여야 한다(법 제29조 제5항).

④ **결과통보**: 시행자는 제출된 의견에 대하여 공람 기일이 종료된 날부터 60일 이내에 그 의견을 제출한 자에게 환지계획에의 반영 여부에 관한 검토 결과를 통보하여야 한다(법 제29조 제6항).

4 환지예정지의 지정

1. 시행자의 지정

시행자는 도시개발사업의 시행을 위하여 필요하면 도시개발구역의 토지에 대하여 환지예정지를 지정할 수 있다. 이 경우 종전의 토지에 대한 임차권자 등이 있으면 해당 환지예정지에 대하여 해당 권리의 목적인 토지 또는 그 부분을 아울러 지정하여야 한다(법 제35조 제1항).

2. 지정절차

(1) **의견청취**(공람)

① 민간사업시행자와 공동출자법인인 시행자가 환지예정지를 지정하려고 하는 경우에는 토지소유자와 임차권자 등에게 이를 알리고 대통령령으로 정하는 바에 따라 관계 서류의 사본을 일반인에게 공람시켜야 한다(법 제35조 제2항).

② 토지소유자나 임차권자 등은 공람 기간에 시행자에게 의견서를 제출할 수 있으며, 시행자는 그 의견이 타당하다고 인정하면 이를 반영하여야 한다(법 제35조 제2항).

(2) **지정통지**

시행자가 환지예정지를 지정하려면 관계 토지소유자와 임차권자 등에게 환지예정지의 위치·면적과 환지예정지 지정의 효력발생시기를 알려야 한다(법 제35조 제3항).

3. 환지예정지 지정의 효과

(1) 사용·수익권의 이전

환지예정지가 지정되면 종전의 토지의 소유자와 임차권자 등은 환지예정지 지정의 효력발생일부터 환지처분이 공고되는 날까지 환지예정지나 해당 부분에 대하여 종전과 같은 내용의 권리를 행사할 수 있으며 종전의 토지는 사용하거나 수익할 수 없다(법 제36조 제1항).

(2) 사용·수익개시일의 지정

시행자는 환지예정지를 지정한 경우에 해당 토지를 사용하거나 수익하는 데에 장애가 될 물건이 그 토지에 있거나 그 밖에 특별한 사유가 있으면 그 토지의 사용 또는 수익을 시작할 날을 따로 정할 수 있다(법 제36조 제2항).

(3) 수인의 의무

환지예정지 지정의 효력이 발생하거나 그 토지의 사용 또는 수익을 시작하는 경우에 해당 환지예정지의 종전의 소유자 또는 임차권자 등은 환지예정지의 효력발생일 또는 사용·수익개시일로부터 이를 사용하거나 수익할 수 없으며 환지예정지를 지정받은 자의 권리의 행사를 방해할 수 없다(법 제36조 제3항).

(4) 체비지의 사용·수익·처분

시행자는 체비지의 용도로 환지예정지가 지정된 경우에는 도시개발사업에 드는 비용을 충당하기 위하여 이를 사용 또는 수익하게 하거나 처분할 수 있다(법 제36조 제4항).

4. 용익권자의 권리조정

임차권 등의 목적인 토지에 관하여 환지예정지가 지정된 경우 임대료·지료, 그 밖의 사용료 등의 증감이나 권리의 포기 등에 관하여는 제48조(임대료 등의 증감청구)와 제49조(권리의 포기)를 준용한다(법 제36조 제5항).

> **넓혀 보기**
>
> **환지예정지 지정 전 토지사용**
> 1. 공공사업시행자(법 제11조 제1항 제1호부터 제4호까지의 시행자)는 다음의 어느 하나에 해당하는 경우에는 환지예정지를 지정하기 전이라도 실시계획 인가 사항의 범위에서 토지사용을 하게 할 수 있다(법 제36조의2 제1항).
>
> > ① 순환개발을 위한 순환용 주택을 건설하려는 경우
> > ② 「국방·군사시설 사업에 관한 법률」에 따른 국방·군사시설을 설치하려는 경우
> > ③ 주민 등의 의견청취를 위한 공고일 이전부터 「주택법」에 따라 등록한 주택건설사업자가 주택건설을 목적으로 토지를 소유하고 있는 경우
> > ④ 그 밖에 기반시설의 설치나 개발사업의 촉진에 필요한 경우 등 대통령령으로 정하는 경우

2. 위 1.의 ③ 또는 ④의 경우에는 다음의 모두에 해당하는 경우에만 환지예정지를 지정하기 전에 토지를 사용할 수 있다(법 제36조의2 제2항).

> ① 사용하려는 토지의 면적이 구역 면적의 100분의 5 이상(최소 1만m² 이상)이고 소유자가 동일할 것. 이 경우 국공유지는 관리청과 상관없이 같은 소유자로 본다.
> ② 사용하려는 종전 토지가 실시계획 인가로 정한 하나 이상의 획지(劃地) 또는 가구(街區)의 경계를 모두 포함할 것
> ③ 사용하려는 토지의 면적 또는 평가액이 구역 내 동일소유자가 소유하고 있는 전체 토지의 면적 또는 평가액의 100분의 60 이하이거나 대통령령으로 정하는 바에 따라 보증금을 예치할 것
> ④ 사용하려는 토지에 임차권자 등이 있는 경우 임차권자 등의 동의가 있을 것

3. 토지를 사용하는 자는 환지예정지를 지정하기 전까지 새로 조성되는 토지 또는 그 위에 건축되는 건축물을 공급 또는 분양하여서는 아니 된다(법 제36조의2 제3항).
4. 환지예정지를 지정하기 전에 토지를 사용하는 자는 환지계획에 따라야 한다(법 제36조의2 제4항).

5. 사용·수익의 정지

(1) 시행자는 환지를 정하지 아니하기로 결정된 토지소유자나 임차권자 등에게 날짜를 정하여 그 날부터 해당 토지 또는 해당 부분의 사용 또는 수익을 정지시킬 수 있다(법 제37조 제1항).

(2) 시행자가 사용 또는 수익을 정지하게 하려면 30일 이상의 기간을 두고 미리 해당 토지소유자 또는 임차권자 등에게 알려야 한다(법 제37조 제2항).

6. 토지의 관리

(1) **시행자의 관리**

환지예정지의 지정이나 사용 또는 수익의 정지처분으로 이를 사용하거나 수익할 수 있는 자가 없게 된 토지 또는 해당 부분은 환지예정지의 지정일이나 사용 또는 수익의 정지처분이 있은 날부터 환지처분을 공고한 날까지 시행자가 관리한다(법 제39조 제1항).

(2) **표지의 설치**

시행자는 환지예정지 또는 환지의 위치를 나타내려고 하는 경우에는 국토교통부령으로 정하는 표지를 설치할 수 있다. 누구든지 환지처분이 공고된 날까지는 시행자의 승낙 없이 설치된 표지를 이전하거나 훼손하여서는 아니 된다(법 제39조 제2항·제3항).

7. 장애물 등의 이전 및 제거

(1) 이전·제거의 허가

시행자는 환지예정지를 지정하거나 종전의 토지에 관한 사용 또는 수익을 정지시키는 경우나 대통령령으로 정하는 시설의 변경·폐지에 관한 공사를 시행하는 경우 필요하면 도시개발구역에 있는 건축물과 그 밖의 공작물이나 물건(이하 '건축물 등'이라 한다) 및 죽목, 토석, 울타리 등의 장애물(이하 '장애물 등'이라 한다)을 이전하거나 제거할 수 있다. 이 경우 시행자(행정청이 아닌 시행자만 해당)는 미리 관할 특별자치도지사·시장·군수 또는 구청장의 허가를 받아야 한다(법 제38조 제1항).

(2) 조건부 허가

특별자치도지사·시장·군수 또는 구청장은 허가를 하는 경우에는 동절기 등 대통령령으로 정하는 시기에 점유자가 퇴거하지 아니한 주거용 건축물을 철거할 수 없도록 그 시기를 제한하거나 임시거주시설을 마련하는 등 점유자의 보호에 필요한 조치를 할 것을 조건으로 허가를 할 수 있다(법 제38조 제2항).

(3) 사전 통지

시행자가 건축물 등과 장애물 등을 이전하거나 제거하려고 하는 경우에는 그 소유자나 점유자에게 미리 알려야 한다. 다만, 소유자나 점유자를 알 수 없으면 대통령령으로 정하는 바에 따라 이를 공고하여야 한다(법 제38조 제3항).

(4) 주거용 건축물의 사전 통지

주거용으로 사용하고 있는 건축물을 이전하거나 철거하려고 하는 경우에는 이전하거나 철거하려는 날부터 늦어도 2개월 전에 통지를 하여야 한다. 다만, 건축물의 일부에 대하여 대통령령으로 정하는 경미한 이전 또는 철거를 하는 경우나 「국토의 계획 및 이용에 관한 법률」을 위반한 건축물의 경우에는 그러하지 아니하다(법 제38조 제4항).

(5) 손실보상금의 공탁

시행자는 건축물 등과 장애물 등을 이전 또는 제거하려고 할 경우 「공익사업을 위한 토지 등의 취득 및 보상에 관한 법률」에 따른 토지수용위원회의 손실보상금에 대한 재결이 있은 후 다음의 어느 하나에 해당하는 사유가 있으면 이전하거나 제거할 때까지 토지 소재지의 공탁소에 보상금을 공탁할 수 있다(법 제38조 제5항).

① 보상금을 받을 자가 받기를 거부하거나 받을 수 없을 때
② 시행자의 과실 없이 보상금을 받을 자를 알 수 없을 때
③ 시행자가 관할 토지수용위원회에서 재결한 보상 금액에 불복할 때
④ 압류나 가압류에 의하여 보상금의 지급이 금지되었을 때

(6) 보상차액의 공탁

위 (5)의 ③의 경우 시행자는 보상금을 받을 자에게 자기가 산정한 보상금을 지급하고 그 금액과 토지수용위원회가 재결한 보상 금액과의 차액을 공탁하여야 한다. 이 경우 보상금을 받을 자는 그 불복 절차가 끝날 때까지 공탁된 보상금을 받을 수 없다(법 제38조 제6항).

5 준공검사 등

(1) 공사완료보고

시행자(지정권자가 시행자인 경우는 제외)가 도시개발사업의 공사를 끝낸 때에는 국토교통부령으로 정하는 바에 따라 공사완료 보고서를 작성하여 지정권자의 준공검사를 받아야 한다(법 제50조 제1항).

(2) 준공검사

① **준공검사의 시기**: 지정권자는 공사완료 보고서를 받으면 지체 없이 준공검사를 하여야 한다. 이 경우 지정권자는 효율적인 준공검사를 위하여 필요하면 관계 행정기관·공공기관·연구기관, 그 밖의 전문기관 등에 의뢰하여 준공검사를 할 수 있다(법 제50조 제2항).

② **준공검사 참여 요청**: 지정권자는 공사완료 보고서의 내용에 포함된 공공시설을 인수하거나 관리하게 될 국가기관·지방자치단체 또는 공공기관의 장 등에게 준공검사에 참여할 것을 요청할 수 있으며, 이를 요청받은 자는 특별한 사유가 없으면 요청에 따라야 한다(법 제50조 제3항).

③ **부분적 준공검사**: 시행자는 도시개발사업을 효율적으로 시행하기 위하여 필요하면 해당 도시개발사업에 관한 공사가 전부 끝나기 전이라도 공사가 끝난 부분에 관하여 준공검사(지정권자가 시행자인 경우에는 시행자에 의한 공사완료공고를 말한다)를 받을 수 있다(법 제50조 제4항).

(3) 공사완료공고

① 지정권자는 준공검사를 한 결과 도시개발사업이 실시계획대로 끝났다고 인정되면 시행자에게 준공검사증명서를 내어주고 공사완료공고를 하여야 하며, 실시계획대로 끝나지 아니하였으면 지체 없이 보완 시공 등 필요한 조치를 하도록 명하여야 한다(법 제51조 제1항).

② 지정권자가 시행자인 경우 그 시행자는 도시개발사업의 공사를 완료한 때에는 공사완료공고를 하여야 한다(법 제51조 제2항).

(4) 조성토지등의 준공 전 사용

준공검사 전 또는 공사완료공고 전에는 조성토지등(체비지는 제외)을 사용할 수 없다. 다만, 사업시행의 지장 여부를 확인받는 등 대통령령으로 정하는 바에 따라 지정권자로부터 사용허가를 받은 경우에는 그러하지 아니하다(법 제53조).

6 환지처분

1. 의 의

환지처분이란 사업이 종료된 후 종전 토지에 갈음하여 새로운 토지를 교부하고 그 과부족분에 대하여는 금전으로 청산하는 행정처분을 말한다.

> **넓혀 보기**
>
> **환지처분의 법적 성격**
> 환지처분은 환지방식으로 시행하는 도시개발사업의 최종적 절차로서 인가받은 환지계획에 의하여 처분하여야 하는 기속적 행정처분이다. 따라서 환지계획과 다르게 임의적으로 이루어진 환지처분에 대하여는 행정쟁송의 대상이 된다.

2. 환지처분의 절차

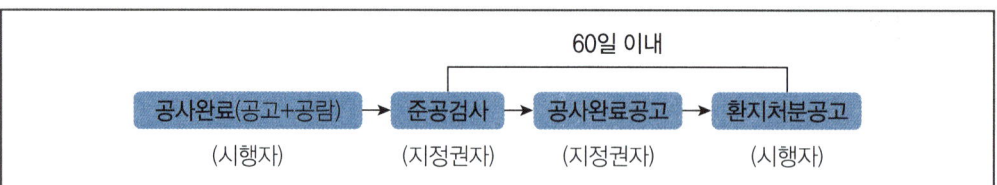

(1) 공사완료공고 및 공람

시행자는 환지방식으로 도시개발사업에 관한 공사를 끝낸 경우에는 지체 없이 이를 관보 또는 공보에 공고하고 공사 관계 서류를 일반인에게 14일 이상 공람시켜야 한다(법 제40조 제1항, 영 제64조 제1항·제3항).

(2) 의견제출

도시개발구역의 토지소유자나 이해관계인은 공람 기간에 시행자에게 의견서를 제출할 수 있으며, 의견서를 받은 시행자는 공사 결과와 실시계획 내용에 맞는지를 확인하여 필요한 조치를 하여야 한다(법 제40조 제2항).

(3) 준공검사 또는 공사완료

시행자는 공람 기간에 의견서의 제출이 없거나 제출된 의견서에 따라 필요한 조치를 한 경우에는 지정권자에 의한 준공검사를 신청하거나 도시개발사업의 공사를 끝내야 한다(법 제40조 제3항).

(4) 환지처분시기

시행자는 지정권자에 의한 준공검사를 받은 경우(지정권자가 시행자인 경우에는 공사완료공고가 있는 때)에는 60일 이내에 환지처분을 하여야 한다(법 제40조 제4항, 영 제65조).

(5) 환지처분공고

시행자는 환지처분을 하려는 경우에는 환지계획에서 정한 사항을 토지소유자에게 알리고 다음의 사항을 공고하여야 한다(법 제40조 제5항, 영 제66조 제2항).

> ① 사업의 명칭
> ② 시행자
> ③ 시행기간
> ④ 환지처분일
> ⑤ 사업비 정산내역
> ⑥ 체비지 매각대금과 보조금, 그 밖에 사업비의 재원별 내역

3. 환지처분의 효과

(1) 원 칙

① **권리의 이전**: 환지계획에서 정하여진 환지는 그 환지처분이 공고된 날의 다음 날부터 종전의 토지로 보며, 환지계획에서 환지를 정하지 아니한 종전의 토지에 있던 권리는 그 환지처분이 공고된 날이 끝나는 때에 소멸한다(법 제42조 제1항).

② **입체환지처분**: 환지계획에 따라 환지처분을 받은 자는 환지처분이 공고된 날의 다음 날에 환지계획으로 정하는 바에 따라 건축물의 일부와 해당 건축물이 있는 토지의 공유지분을 취득한다. 이 경우 종전의 토지에 대한 저당권은 환지처분이 공고된 날의 다음 날부터 해당 건축물의 일부와 해당 건축물이 있는 토지의 공유지분에 존재하는 것으로 본다(법 제42조 제4항).

③ **체비지·보류지의 소유권**: 체비지는 시행자가, 보류지는 환지계획에서 정한 자가 각각 환지처분이 공고된 날의 다음 날에 해당 소유권을 취득한다. 다만, 환지예정지 지정에 따라 이미 처분된 체비지는 그 체비지를 매입한 자가 소유권이전등기를 마친 때에 소유권을 취득한다(법 제42조 제5항).

(2) 예 외

① **지역권**: 도시개발구역의 토지에 대한 지역권은 종전의 토지에 존속한다. 다만, 도시개발사업의 시행으로 행사할 이익이 없어진 지역권은 환지처분이 공고된 날이 끝나는 때에 소멸한다(법 제42조 제3항).

② **행정상·재판상 처분**: 행정상 처분이나 재판상의 처분으로서 종전의 토지에 전속(專屬)하는 것에 관하여는 영향을 미치지 아니한다(법 제42조 제2항).

(3) 청산금

① **청산금 산정기준**: 환지를 정하거나 그 대상에서 제외한 경우 그 과부족분(過不足分)은 종전의 토지(입체환지방식으로 사업을 시행하는 경우에는 환지대상 건축물을 포함) 및 환지의 위치·지목·면적·토질·수리·이용 상황·환경, 그 밖의 사항을 종합적으로 고려하여 금전으로 청산하여야 한다(법 제41조 제1항).

② **청산금의 결정**: 청산금은 환지처분을 하는 때에 결정하여야 한다. 다만, 환지대상에서 제외한 토지 등에 대하여는 청산금을 교부하는 때에 청산금을 결정할 수 있다(법 제41조 제2항).

③ **청산금의 확정**: 청산금은 환지처분이 공고된 날의 다음 날에 확정된다(법 제42조 제6항).

④ **청산금의 징수·교부**

㉠ 징수·교부시기: 시행자는 환지처분이 공고된 후에 확정된 청산금을 징수하거나 교부하여야 한다. 다만, 본인의 신청 또는 동의에 의한 환지부지정이나 과소토지에 대한 환지부지정에 따라 환지를 정하지 아니하는 토지에 대하여는 환지처분 전이라도 청산금을 교부할 수 있다(법 제46조 제1항).

㉡ 분할징수·교부: 청산금은 대통령령으로 정하는 바에 따라 이자를 붙여 분할징수하거나 분할교부할 수 있다(법 제46조 제2항).

㉢ 강제징수 등: 행정청인 시행자는 청산금을 내야 할 자가 이를 내지 아니하면 국세 또는 지방세 체납처분의 예에 따라 징수할 수 있으며, 행정청이 아닌 시행자는 특별자치도지사·시장·군수 또는 구청장에게 청산금의 징수를 위탁할 수 있다(법 제46조 제3항).

㉣ 청산금의 공탁: 청산금을 받을 자가 주소 불분명 등의 이유로 청산금을 받을 수 없거나 받기를 거부하면 그 청산금을 공탁할 수 있다(법 제46조 제4항).

⑤ **청산금의 소멸시효**: 청산금을 받을 권리나 징수할 권리를 5년간 행사하지 아니하면 시효로 소멸한다(법 제47조).

7 사후조치

1. 환지등기

(1) 환지등기의 시기

시행자는 환지처분이 공고되면 공고 후 14일 이내에 관할 등기소에 이를 알리고 토지와 건축물에 관한 등기를 촉탁하거나 신청하여야 한다(법 제43조 제1항).

(2) 다른 등기의 제한

환지처분이 공고된 날부터 등기가 있는 때까지는 다른 등기를 할 수 없다. 다만, 등기신청인이 확정일자가 있는 서류로 환지처분의 공고일 전에 등기원인(登記原因)이 생긴 것임을 증명하면 다른 등기를 할 수 있다(법 제43조 제3항).

2. 체비지의 처분

(1) 처분의 방법

시행자는 체비지나 보류지를 규약·정관·시행규정 또는 실시계획으로 정하는 목적 및 방법에 따라 합리적으로 처분하거나 관리하여야 한다(법 제44조 제1항).

(2) 국유재산법 등의 적용 배제

행정청인 시행자가 체비지 또는 보류지를 관리하거나 처분하는 경우에는 국가나 지방자치단체의 재산처분에 관한 법률을 적용하지 아니한다. 다만, 신탁계약에 따라 체비지를 처분하려는 경우에는 「공유재산 및 물품 관리법」 규정을 준용한다(법 제44조 제2항).

3. 감가보상금

(1) 의 의

행정청인 시행자는 도시개발사업의 시행으로 사업시행 후의 토지 가액(價額)의 총액이 사업시행 전의 토지 가액의 총액보다 줄어든 경우에는 그 차액에 해당하는 감가보상금을 대통령령으로 정하는 기준에 따라 종전의 토지소유자나 임차권자 등에게 지급하여야 한다(법 제45조).

(2) 산정방법

감가보상금으로 지급하여야 할 금액은 도시개발사업 시행 후의 토지 가액의 총액과 시행 전의 토지 가액의 총액과의 차액을 시행 전의 토지 가액의 총액으로 나누어 얻은 수치에 종전의 토지 또는 그 토지에 대하여 수익할 수 있는 권리의 시행 전의 가액을 곱한 금액으로 한다(영 제67조).

$$감가보상금 = \frac{시행\ 후\ 토지\ 가액\ 총액 - 시행\ 전\ 토지\ 가액\ 총액}{시행\ 전\ 토지\ 가액\ 총액} \times 종전의\ 토지(수익할\ 수\ 있는\ 권리)의\ 시행\ 전\ 가액$$

4. 용익권자의 권리조정

(1) 임대료 등의 증감청구

① **임대료 등의 증감청구**: 도시개발사업으로 임차권 등의 목적인 토지 또는 지역권에 관한 승역지(承役地)의 이용이 증진되거나 방해를 받아 종전의 임대료·지료, 그 밖의 사용료 등이 불합리하게 되면 당사자는 계약 조건에도 불구하고 장래에 관하여 그 증감을 청구할 수 있다. 도시개발사업으로 건축물이 이전된 경우 그 임대료에 관하여도 또한 같다(법 제48조 제1항).

② **의무의 면제**: 위 ①의 경우 당사자는 해당 권리를 포기하거나 계약을 해지하여 그 의무를 지지 아니할 수 있다(법 제48조 제2항).

③ **권리행사기간**: 환지처분이 공고된 날부터 60일이 지나면 임대료·지료, 그 밖의 사용료 등의 증감을 청구할 수 없다(법 제48조 제3항).

(2) 권리의 포기 등

① **권리포기·계약해지**: 도시개발사업의 시행으로 지역권 또는 임차권 등을 설정한 목적을 달성할 수 없게 되면 당사자는 해당 권리를 포기하거나 계약을 해지할 수 있다. 도시개발사업으로 건축물이 이전되어 그 임대의 목적을 달성할 수 없게 된 경우에도 또한 같다(법 제49조 제1항).

② **손실보상청구**: 권리를 포기하거나 계약을 해지한 자는 그로 인한 손실을 보상하여 줄 것을 시행자에게 청구할 수 있다(법 제49조 제2항).

③ **구상권 행사**: 손실을 보상한 시행자는 해당 토지 또는 건축물의 소유자 또는 그로 인하여 이익을 얻는 자에게 이를 구상(求償)할 수 있다(법 제49조 제3항).

④ **권리행사기간**: 환지처분이 공고된 날부터 60일이 지나면 권리를 포기하거나 계약을 해지할 수 없다(법 제49조 제4항).

예제

1. 도시개발법령상 환지방식에 의한 사업 시행에 관한 설명으로 틀린 것은? 제31회

① 지정권자는 도시개발사업을 환지방식으로 시행하려고 개발계획을 수립할 때에 시행자가 지방자치단체이면 토지소유자의 동의를 받을 필요가 없다.
② 시행자는 체비지의 용도로 환지예정지가 지정된 경우에는 도시개발사업에 드는 비용을 충당하기 위하여 이를 처분할 수 있다.
③ 도시개발구역의 토지에 대한 지역권은 도시개발사업의 시행으로 행사할 이익이 없어지면 환지처분이 공고된 날이 끝나는 때에 소멸한다.
④ 지방자치단체가 도시개발사업의 전부를 환지방식으로 시행하려고 할 때에는 도시개발사업의 시행규정을 작성하여야 한다.
⑤ 행정청이 아닌 시행자가 인가받은 환지계획의 내용 중 종전 토지의 합필 또는 분필로 환지 명세가 변경되는 경우에는 변경인가를 받아야 한다.

해설 ⑤ 행정청이 아닌 시행자가 인가받은 환지계획의 내용 중 종전 토지의 합필 또는 분필로 환지 명세가 변경되는 경우에는 변경인가를 받지 않아도 된다.　　▶ 정답 ⑤

2. 도시개발법령상 환지방식에 의한 도시개발사업의 시행에 관한 설명으로 옳은 것은? 제30회

① 시행자는 준공검사를 받은 후 60일 이내에 지정권자에게 환지처분을 신청하여야 한다.
② 도시개발구역이 2 이상의 환지계획구역으로 구분되는 경우에도 사업비와 보류지는 도시개발구역 전체를 대상으로 책정하여야 하며, 환지계획구역별로는 책정할 수 없다.
③ 도시개발구역에 있는 조성토지등의 가격은 개별공시지가로 한다.
④ 환지예정지가 지정되어도 종전 토지의 임차권자는 환지처분 공고일까지 종전 토지를 사용·수익할 수 있다.
⑤ 환지계획에는 필지별로 된 환지 명세와 필지별과 권리별로 된 청산 대상 토지 명세가 포함되어야 한다.

해설 ① 시행자는 준공검사를 받은 후 60일 이내에 환지처분을 하여야 한다.
② 도시개발구역이 2 이상의 환지계획구역으로 구분되는 경우에는 환지계획구역별로 사업비 및 보류지를 책정하여야 한다.
③ 시행자는 환지방식이 적용되는 도시개발구역에 있는 조성토지등의 가격을 평가할 때에는 토지평가협의회의 심의를 거쳐 결정하되, 그에 앞서 감정평가법인등이 평가하게 하여야 한다.
④ 환지예정지가 지정되면 종전 토지의 임차권자는 환지처분 공고일까지 종전 토지를 사용·수익할 수 없다.
　　▶ 정답 ⑤

제6장 비용부담 등

1 시행자부담의 원칙

도시개발사업에 필요한 비용은 이 법이나 다른 법률에 특별한 규정이 있는 경우 외에는 시행자가 부담한다(법 제54조).

2 도시개발구역의 시설설치 제31회

도시개발구역의 시설설치는 다음의 구분에 따른다(법 제55조 제1항).

(1) 설치의무자

① 도로와 상하수도시설의 설치는 지방자치단체
② 전기시설·가스공급시설 또는 지역 난방시설의 설치는 해당 지역에 전기·가스 또는 난방을 공급하는 자
③ 통신시설의 설치는 해당 지역에 통신서비스를 제공하는 자

(2) 설치비용

도시개발구역의 시설의 설치비용은 그 설치의무자가 이를 부담한다. 다만, 도시개발구역 안의 전기시설을 사업시행자가 지중선로로 설치할 것을 요청하는 경우에는 전기를 공급하는 자와 지중에 설치할 것을 요청하는 자가 각각 2분의 1의 비율로 그 설치비용을 부담(전부 환지방식으로 도시개발사업을 시행하는 경우에는 전기시설을 공급하는 자가 3분의 2, 지중에 설치할 것을 요청하는 자가 3분의 1의 비율로 부담)한다(법 제55조 제2항).

(3) 설치시기

도시개발구역의 시설의 설치는 특별한 사유가 없으면 준공검사 신청일(지정권자가 시행자인 경우에는 도시개발사업의 공사를 끝내는 날을 말한다)까지 끝내야 한다(법 제55조 제3항).

(4) 지방자치단체의 설치 대행

지방자치단체의 설치 의무 범위에 속하지 아니하는 도로 또는 상하수도시설로서 시행자가 그 설치비용을 부담하려는 경우에는 시행자의 요청에 따라 지방자치단체가 그 도로 설치 사업이나 상하수도 설치 사업을 대행할 수 있다(법 제55조 제5항).

3 지방자치단체의 비용부담 제27회

(1) 지정권자가 시행자인 경우

지정권자가 시행자인 경우 그 시행자는 그가 시행한 도시개발사업으로 이익을 얻는 시·도 또는 시·군·구가 있으면 그 도시개발사업에 든 비용의 2분의 1을 넘지 않는 범위 안에서 그 이익을 얻는 시·도 또는 시·군·구에 부담시킬 수 있다. 이 경우 국토교통부장관은 행정안전부장관과 협의하여야 하고, 시·도지사 또는 대도시 시장은 관할 외의 시·군·구에 비용을 부담시키려면 그 시·군·구를 관할하는 시·도지사와 협의하여야 하며, 시·도지사 간 또는 대도시 시장과 시·도지사 간의 협의가 성립되지 아니하는 경우에는 행정안전부장관의 결정에 따른다(법 제56조 제1항, 영 제72조 제1항).

(2) 시장·군수·구청장이 시행자인 경우

시장(대도시 시장은 제외)·군수 또는 구청장은 그가 시행한 도시개발사업으로 이익을 얻는 다른 지방자치단체가 있으면 그 도시개발사업에 든 비용의 2분의 1을 넘지 않는 범위 안에서 그 이익을 얻는 다른 지방자치단체와 협의하여 그 지방자치단체에 부담시킬 수 있다. 이 경우 협의가 성립되지 아니하면 관할 시·도지사의 결정에 따르며, 그 시·군·구를 관할하는 시·도지사가 서로 다른 경우에는 행정안전부장관의 결정에 따른다(법 제56조 제2항, 영 제72조 제4항).

4 설치의무자의 비용부담

시행자는 공동구(共同溝)를 설치하는 경우에는 다른 법률에 따라 그 공동구에 수용될 시설을 설치할 의무가 있는 자에게 공동구의 설치에 드는 비용을 부담시킬 수 있다. 이 경우 공동구의 설치 방법·기준 및 절차와 비용의 부담 등에 관한 사항은 「국토의 계획 및 이용에 관한 법률」 제44조를 준용한다(법 제57조 제2항).

5 보조 또는 융자

도시개발사업의 시행에 드는 비용은 대통령령으로 정하는 바에 따라 그 비용의 전부 또는 일부를 국고에서 보조하거나 융자할 수 있다. 다만, 시행자가 행정청이면 전부를 보조하거나 융자할 수 있다(법 제59조).

6 도시개발채권의 발행 제24회, 제28회, 제29회, 제32회, 제36회

1. 발행권자 등

(1) 발행권자

지방자치단체의 장(시·도지사)은 도시개발사업 또는 도시·군계획시설사업에 필요한 자금을 조달하기 위하여 도시개발채권을 발행할 수 있다(법 제62조 제1항, 영 제82조 제1항).

(2) 승인권자

시·도지사는 도시개발채권을 발행하려는 경우에는 다음의 사항에 대하여 행정안전부장관의 승인을 받아야 한다(영 제82조 제2항).

> ① 채권의 발행총액　　② 채권의 발행방법
> ③ 채권의 발행조건　　④ 상환방법 및 절차
> ⑤ 그 밖에 채권의 발행에 필요한 사항

2. 발행방법 등

(1) 발행방법

도시개발채권은 「주식·사채 등의 전자등록에 관한 법률」에 따라 전자등록하여 발행하거나 무기명으로 발행할 수 있으며, 발행방법에 필요한 세부적인 사항은 시·도의 조례로 정한다(영 제83조 제1항).

(2) 이율

도시개발채권의 이율은 채권의 발행 당시의 국채·공채 등의 금리와 특별회계의 상황 등을 고려하여 해당 시·도의 조례로 정한다(영 제83조 제2항).

(3) 상환기간

도시개발채권의 상환은 5년부터 10년까지의 범위에서 지방자치단체의 조례로 정한다(영 제83조 제3항).

(4) 사무취급기관

도시개발채권의 매출 및 상환업무의 사무취급기관은 해당 시·도지사가 지정하는 은행 또는 「자본시장과 금융투자업에 관한 법률」에 따라 설립된 한국예탁결제원으로 한다(영 제83조 제4항).

3. 소멸시효

도시개발채권의 소멸시효는 상환일부터 기산(起算)하여 원금은 5년, 이자는 2년으로 한다(법 제62조 제3항).

4. 매입의무

(1) 다음에 해당하는 자는 도시개발채권을 매입하여야 한다(법 제63조 제1항, 영 제84조 제1항).

> ① 수용 또는 사용방식으로 시행하는 도시개발사업의 경우 국가나 지방자치단체, 공공기관, 정부출연기관, 지방공사와 공사의 도급계약을 체결하는 자
> ② 국가나 지방자치단체, 공공기관, 정부출연기관, 지방공사 외에 도시개발사업을 시행하는 자
> ③ 「국토의 계획 및 이용에 관한 법률」에 따른 허가를 받은 자 중 토지의 형질변경허가를 받은 자

(2) 다른 법률에 따라 실시계획 인가 또는 「국토의 계획 및 이용에 관한 법률」의 개발행위 허가가 의제되는 협의를 거친 자도 도시개발채권을 매입하여야 한다(법 제63조 제2항).

(3) **매입필증 보관기간**

매입필증을 제출받은 자는 매입필증을 5년간 따로 보관하여야 한다(규칙 제41조 제3항).

5. 중도상환

도시개발채권은 다음의 어느 하나에 해당하는 경우를 제외하고는 중도에 상환할 수 없다(규칙 제38조 제1항).

> ① 도시개발채권의 매입사유가 된 허가 또는 인가가 매입자의 귀책사유 없이 취소된 경우
> ② 위 4. (1)의 ①에 해당하는 자의 귀책사유 없이 해당 도급계약이 취소된 경우
> ③ 도시개발채권의 매입의무자가 아닌 자가 착오로 도시개발채권을 매입한 경우
> ④ 도시개발채권의 매입의무자가 매입하여야 할 금액을 초과하여 도시개발채권을 매입한 경우

예제

도시개발법령상 도시개발채권에 관한 설명으로 옳은 것은? 제29회

① 도시개발채권의 매입의무자가 아닌 자가 착오로 도시개발채권을 매입한 경우에는 도시개발채권을 중도에 상환할 수 있다.
② 시·도지사는 도시개발채권을 발행하려는 경우 채권의 발행총액에 대하여 국토교통부장관의 승인을 받아야 한다.
③ 도시개발채권의 상환은 3년부터 10년까지의 범위에서 지방자치단체의 조례로 정한다.
④ 도시개발채권의 소멸시효는 상환일부터 기산하여 원금은 3년, 이자는 2년으로 한다.
⑤ 도시개발채권 매입필증을 제출받는 자는 매입필증을 3년간 보관하여야 한다.

해설 ② 시·도지사는 도시개발채권을 발행하려는 경우 채권의 발행총액에 대하여 행정안전부장관의 승인을 받아야 한다.
③ 도시개발채권의 상환은 5년부터 10년까지의 범위에서 지방자치단체의 조례로 정한다.
④ 도시개발채권의 소멸시효는 상환일부터 기산하여 원금은 5년, 이자는 2년으로 한다.
⑤ 도시개발채권 매입필증을 제출받는 자는 매입필증을 5년간 보관하여야 한다.   ▶ 정답 ①

박문각 공인중개사

제1장 총 칙
제2장 기본계획의 수립 및 정비구역의 지정
제3장 정비사업의 시행
제4장 비용의 부담 등

PART

03

도시 및 주거환경정비법

한눈에 보는 체계도

1. 기본계획
- **수립권자**: 특별시장, 광역시장, 특별자치시장, 특별자치도지사, 시장
- **타당성 검토**: 10년 단위 + 5년마다 타당성 검토
- **수립절차**: ① 시장(대도시 시장은 제외) ⇨ 도지사 승인, ② 14일 이상 공람
- **작성기준**: 국토교통부장관

↓ 재건축진단

2. 정비계획
- **입안권자**: 특별자치시장·특별자치도지사·시장·군수 또는 구청장등
- **수립절차**: 주민설명회 ⇨ 공람(30일 이상) ⇨ 지방의회 의견청취(60일 이내에 의견제시)
- **타당성 검토**(×)
- **입안제안**: 토지등소유자 ⇨ 정비계획의 입안권자에게 입안제안

3. 정비구역
- **지정권자**: 특별시장·광역시장·특별자치시장·특별자치도지사·시장 또는 군수(광역시의 군수는 제외)
- **효과**: [의제] 지구단위계획구역 + 지구단위계획
  [행위제한] 「국토의 계획 및 이용에 관한 법률」상 개발행위 + 죽목의 벌채 및 식재
  [허용사항] 재해복구, 농림수산물의 생산에 직접 이용되는 간이공작물, 경작을 위한 토지의 형질변경
  [기득권 보호] 착수 + 30일 이내에 신고
- **정비구역 해제**: 정비구역지정 이전의 상태로 환원(○)

4. 시행자
- **주거환경개선사업**: 시장·군수등, 토지주택공사등, 공익법인
- **재개발사업**: 조합 또는 토지등소유자(단독 또는 공동)
- **재건축사업**: 조합(단독 또는 공동)

5. 사업시행계획
- **사업시행계획의 인가**: 시행자 ⇨ 시장·군수등(인가)
- **내용**: 건축물 배치계획, 정비기반시설 설치계획 등

- 인가신청 전 동의 : ① 토지등소유자(재개발사업) ⇨ 토지등소유자 4분의 3 이상 및 토지면적의 2분의 1 이상의 토지등소유자의 동의를 받아야 한다.
  ② 지정개발자 ⇨ 토지등소유자의 과반수의 동의 및 토지면적의 2분의 1 이상의 토지소유자의 동의를 받아야 한다.
- 고시의 효과 : 사업인정 및 고시(의제)

6. 분양신청

- 통지 및 공고 : 사업시행계획인가의 고시가 있은 날부터 90일 이내에 토지등소유자에게 통지하고, 해당 지역에서 발간되는 일간신문에 공고하여야 한다.
- 분양신청기간 : 통지한 날부터 30일 이상 60일 이내(20일 범위 이내 ⇨ 연장 ○)
- 분양신청기간 내에 분양신청하지 아니한 자 : 90일 이내에 손실보상에 관한 협의를 하여야 한다.

7. 관리처분계획

- 시행자 ⇨ 시장·군수등(인가) : 30일 이내에 인가 여부를 결정하여 통보
- 분양설계 : 분양신청기간 만료일 기준
- 증환지, 감환지
- 너무 좁은 토지 ⇨ 현금청산
- 위해 방지 ⇨ 증환지, 현금청산, 입체환지
- 주택공급 : ① 원칙 : 1세대 또는 1명이 하나 이상의 주택 또는 토지를 소유한 경우 ⇨ 1주택 공급
  ② 예외 : ㉠ 과밀억제권역에 위치하지 아니하는 재건축사업의 토지등소유자에게는 소유한 주택 수만큼 공급(투기과열지구 또는 조정대상지역은 제외) / ㉡ 종전가격 또는 주거전용면적의 범위 내에서 2주택 공급 / ㉢ 과밀억제권역에 위치한 재건축사업(투기과열지구 또는 조정대상지역은 제외) ⇨ 소유한 주택 수의 범위에서 3주택까지 공급할 수 있다.
- 철거 : 시행자

8. 공사완료에 따른 조치

- 준공인가 : 시장·군수등
- 공사완료고시 : 시장·군수등
- 이전고시 : [효과] 이전고시일의 다음 날 소유권 취득
  [지상권 등의 권리이전] 종전의 토지나 건축물에 설정된 지상권 ⇨ 소유권을 이전받은 대지나 건축물로 이전
  [청산금] ① 분할징수·지급 가능
  ② 소멸시효 : 소유권 이전고시일의 다음 날부터 5년
  ③ 물상대위

지체없이

- 이전등기

Part 03 도시 및 주거환경정비법

단원열기
도시 및 주거환경정비법은 기존의 도시재개발법과 도시저소득층주민의 주거환경개선을 위한 임시조치법 그리고 주택건설촉진법 중 주택재건축에 관한 내용이 통합되어 새로이 제정된 법이다. 이 법은 주거환경개선사업, 재개발사업, 재건축사업이라는 3가지 분야를 하나의 법에서 다루고 있다. 정비사업의 개념과 전체적인 정비사업의 체계를 먼저 정리한 후 정비사업의 용어정의, 정비사업의 시행방법, 시행자, 조합, 정비사업 시행을 위한 조치, 관리처분계획, 공사완료에 따른 조치를 중심으로 정리하는 것이 효율적인 학습방법이다. 도시 및 주거환경정비법에서는 6문제가 출제된다.

제1장 총 칙

01 제정목적

「도시 및 주거환경정비법」은 도시기능의 회복이 필요하거나 주거환경이 불량한 지역을 계획적으로 정비하고 노후·불량건축물을 효율적으로 개량하기 위하여 필요한 사항을 규정함으로써 도시환경을 개선하고 주거생활의 질을 높이는 데 이바지함을 목적으로 한다(법 제1조).

02 용어의 정의

이 법에서 사용하는 용어의 뜻은 다음과 같다(법 제2조).

(1) **정비구역**

정비사업을 계획적으로 시행하기 위하여 지정·고시된 구역을 말한다.

(2) **정비사업** 제23회, 제27회, 제32회

이 법에서 정한 절차에 따라 도시기능을 회복하기 위하여 정비구역에서 정비기반시설을 정비하거나 주택 등 건축물을 개량 또는 건설하는 다음의 사업을 말한다.

주거환경 개선사업	도시저소득 주민이 집단거주하는 지역으로서 정비기반시설이 극히 열악하고 노후·불량건축물이 과도하게 밀집한 지역의 주거환경을 개선하거나 단독주택 및 다세대주택이 밀집한 지역에서 정비기반시설과 공동이용시설 확충을 통하여 주거환경을 보전·정비·개량하기 위한 사업
재개발사업	정비기반시설이 열악하고 노후·불량건축물이 밀집한 지역에서 주거환경을 개선하거나 상업지역·공업지역 등에서 도시기능의 회복 및 상권활성화 등을 위하여 도시환경을 개선하기 위한 사업

공공재개발 사업	다음 요건을 모두 갖추어 시행하는 재개발사업을 '공공재개발사업'이라 한다. ① 특별자치시장, 특별자치도지사, 시장, 군수, 자치구의 구청장(이하 '시장·군수등'이라 한다) 또는 토지주택공사등(조합과 공동으로 시행하는 경우를 포함)이 주거환경개선사업의 시행자, 재개발사업의 시행자나 재개발사업의 대행자(이하 '공공재개발사업 시행자'라 한다)일 것 ② 건설·공급되는 주택의 전체 세대수 또는 전체 연면적 중 토지등소유자 대상 분양분(지분형주택은 제외)을 제외한 나머지 주택의 세대수 또는 연면적의 100분의 20 이상 100분의 50 이하의 범위에서 시·도조례로 정하는 비율 이상을 지분형주택, 「공공주택 특별법」에 따른 공공임대주택 또는 「민간임대주택에 관한 특별법」에 따른 공공지원민간임대주택으로 건설·공급할 것
재건축사업	정비기반시설은 양호하나 노후·불량건축물에 해당하는 공동주택이 밀집한 지역에서 주거환경을 개선하기 위한 사업
공공재건축 사업	다음 요건을 모두 갖추어 시행하는 재건축사업을 '공공재건축사업'이라 한다. ① 시장·군수등 또는 토지주택공사등(조합과 공동으로 시행하는 경우를 포함)이 재건축사업의 시행자나 재건축사업의 대행자(이하 '공공재건축사업 시행자'라 한다)일 것 ② 종전의 용적률, 토지면적, 기반시설 현황 등을 고려하여 공공재건축사업을 추진하는 단지의 종전 세대수의 100분의 160에 해당하는 세대수 이상을 건설·공급할 것. 다만, 정비구역의 지정권자가 「국토의 계획 및 이용에 관한 법률」에 따른 도시·군기본계획, 토지이용 현황 등 대통령령으로 정하는 불가피한 사유로 해당하는 세대수를 충족할 수 없다고 인정하는 경우에는 그러하지 아니하다.

(3) 노후·불량건축물

다음의 어느 하나에 해당하는 건축물을 말한다(법 제2조 제3호).

① 건축물이 훼손되거나 일부가 멸실되어 붕괴, 그 밖의 안전사고의 우려가 있는 건축물을 말한다.

② 내진성능이 확보되지 아니한 건축물 중 중대한 기능적 결함 또는 부실 설계·시공으로 구조적 결함 등이 있는 건축물로서 대통령령으로 정하는 건축물을 말한다. '대통령령으로 정하는 건축물'이란 건축물을 건축하거나 대수선할 당시 건축법령에 따른 지진에 대한 안전 여부 확인 대상이 아닌 건축물로서 다음의 어느 하나에 해당하는 건축물을 말한다(영 제2조 제1항).

> ㉠ 급수·배수·오수 설비 등의 설비 또는 지붕·외벽 등 마감의 노후화나 손상으로 그 기능을 유지하기 곤란할 것으로 우려되는 건축물
> ㉡ 재건축진단기관이 실시한 재건축진단 결과 건축물의 내구성·내하력(耐荷力) 등이 국토교통부장관이 정하는 기준에 미치지 못할 것으로 예상되어 구조 안전의 확보가 곤란할 것으로 우려되는 건축물

③ 다음의 요건을 모두 충족하는 건축물로서 대통령령으로 정하는 바에 따라 특별시·광역시·특별자치시·도·특별자치도 또는 「지방자치법」에 따른 서울특별시·광역시 및 특별자치시를 제외한 인구 50만 이상 대도시(이하 '대도시'라 한다)의 조례(이하 '시·도조례'라 한다)로 정하는 건축물을 말한다.
  ㉠ 주변 토지의 이용 상황 등에 비추어 주거환경이 불량한 곳에 위치할 것
  ㉡ 건축물을 철거하고 새로운 건축물을 건설하는 경우 건설에 드는 비용과 비교하여 효용의 현저한 증가가 예상될 것
  ㉢ '시·도조례로 정할 수 있는 건축물'은 다음의 어느 하나에 해당하는 건축물을 말한다(영 제2조 제2항).

  > ⓐ 「건축법」에 따라 해당 지방자치단체의 조례가 정하는 면적에 미치지 못하거나 「국토의 계획 및 이용에 관한 법률」에 따른 도시·군계획시설 등의 설치로 인하여 효용을 다할 수 없게 된 대지에 있는 건축물
  > ⓑ 공장의 매연·소음 등으로 인하여 위해를 초래할 우려가 있는 지역에 있는 건축물
  > ⓒ 해당 건축물을 준공일 기준으로 40년까지 사용하기 위하여 보수·보강하는 데 드는 비용이 철거 후 새로운 건축물을 건설하는 데 드는 비용보다 클 것으로 예상되는 건축물

④ 도시미관을 저해하거나 노후화된 건축물로서 대통령령으로 정하는 바에 따라 다음의 어느 하나에 해당하는 건축물을 말한다(영 제2조 제3항).

  > ㉠ 준공된 후 20년 이상 30년 이하의 범위에서 조례로 정하는 기간이 지난 건축물
  > ㉡ 「국토의 계획 및 이용에 관한 법률」 규정에 따른 도시·군기본계획의 경관에 관한 사항에 어긋나는 건축물

(4) 정비기반시설 제28회

도로·상하수도·구거(溝渠: 도랑)·공원·공용주차장·공동구(국토의 계획 및 이용에 관한 법률에 따른 공동구를 말한다. 이하 같다), 그 밖에 주민의 생활에 필요한 열·가스 등의 공급시설로서 대통령령으로 정하는 시설을 말한다.

(5) 공동이용시설 제29회

주민이 공동으로 사용하는 놀이터·마을회관·공동작업장, 그 밖에 대통령령으로 정하는 시설을 말한다.

(6) 대 지

정비사업으로 조성된 토지를 말한다.

(7) 주택단지

주택 및 부대시설·복리시설을 건설하거나 대지로 조성되는 일단의 토지로서 다음의 어느 하나에 해당하는 일단의 토지를 말한다.

> ① 「주택법」에 따른 사업계획승인을 받아 주택 및 부대시설·복리시설을 건설한 일단의 토지
> ② 위 ①에 따른 일단의 토지 중 「국토의 계획 및 이용에 관한 법률」에 따른 도시·군계획시설(이하 '도시·군계획시설'이라 한다)인 도로나 그 밖에 이와 유사한 시설로 분리되어 따로 관리되고 있는 각각의 토지
> ③ 위 ①에 따른 일단의 토지 둘 이상이 공동으로 관리되고 있는 경우 그 전체 토지
> ④ 재건축사업의 범위(법 제67조)에 따라 분할된 토지 또는 분할되어 나가는 토지
> ⑤ 「건축법」에 따라 건축허가를 받아 아파트 또는 연립주택을 건설한 일단의 토지

(8) 사업시행자

정비사업을 시행하는 자를 말한다.

(9) 토지등소유자 제24회, 제35회

다음의 어느 하나에 해당하는 자를 말한다. 다만, 「자본시장과 금융투자업에 관한 법률」에 따른 신탁업자(이하 '신탁업자'라 한다)가 사업시행자로 지정된 경우 토지등소유자가 정비사업을 목적으로 신탁업자에게 신탁한 토지 또는 건축물에 대하여는 위탁자를 토지등소유자로 본다.

> ① 주거환경개선사업 및 재개발사업의 경우에는 정비구역에 위치한 토지 또는 건축물의 소유자 또는 그 지상권자
> ② 재건축사업의 경우에는 정비구역에 위치한 건축물 및 그 부속토지의 소유자

(10) 토지주택공사등

「한국토지주택공사법」에 따라 설립된 한국토지주택공사 또는 「지방공기업법」에 따라 주택사업을 수행하기 위하여 설립된 지방공사를 말한다.

(11) 정관 등

① 조합의 정관
② 사업시행자인 토지등소유자가 자치적으로 정한 규약
③ 시장·군수등, 토지주택공사등 또는 신탁업자가 작성한 시행규정

제2장 기본계획의 수립 및 정비구역의 지정

01 도시 및 주거환경정비 기본방침

국토교통부장관은 도시 및 주거환경을 개선하기 위하여 10년마다 다음의 사항을 포함한 기본방침을 정하고, 5년마다 타당성을 검토하여 그 결과를 기본방침에 반영하여야 한다(법 제3조).

① 도시 및 주거환경 정비를 위한 국가 정책 방향
② 도시·주거환경정비기본계획의 수립 방향
③ 노후·불량 주거지 조사 및 개선계획의 수립
④ 도시 및 주거환경 개선에 필요한 재정지원계획
⑤ 그 밖에 도시 및 주거환경 개선을 위하여 필요한 사항으로서 대통령령으로 정하는 사항

02 도시·주거환경정비기본계획(기본계획) 제26회, 제27회, 제29회, 제30회, 제36회

1 수립권자 및 타당성 검토

(1) 특별시장·광역시장·특별자치시장·특별자치도지사 또는 시장은 관할 구역에 대하여 도시·주거환경정비기본계획(이하 '기본계획'이라 한다)을 10년 단위로 수립하여야 한다. 다만, 도지사가 대도시가 아닌 시로서 기본계획을 수립할 필요가 없다고 인정하는 시에 대하여는 기본계획을 수립하지 아니할 수 있다(법 제4조 제1항).

(2) 특별시장·광역시장·특별자치시장·특별자치도지사 또는 시장(이하 '기본계획의 수립권자'라 한다)은 기본계획에 대하여 5년마다 타당성을 검토하여 그 결과를 기본계획에 반영하여야 한다(법 제4조 제2항).

2 기본계획의 내용

(1) 기본계획에는 다음의 사항이 포함되어야 한다(법 제5조 제1항).

① 정비사업의 기본방향
② 정비사업의 계획기간
③ 인구·건축물·토지 이용·정비기반시설·지형 및 환경 등의 현황
④ 주거지 관리계획
⑤ 토지이용계획·정비기반시설계획·공동이용시설설치계획 및 교통계획
⑥ 녹지·조경·에너지공급·폐기물처리 등에 관한 환경계획

⑦ 사회복지시설 및 주민문화시설 등의 설치계획
⑧ 도시의 광역적 재정비를 위한 기본방향
⑨ 정비구역으로 지정할 예정인 구역(이하 '정비예정구역'이라 한다)의 개략적 범위
⑩ 단계별 정비사업 추진계획(정비예정구역별 정비계획의 수립시기를 포함)
⑪ 건폐율·용적률 등에 관한 건축물의 밀도계획
⑫ 세입자에 대한 주거안정대책
⑬ 그 밖에 주거환경 등을 개선하기 위하여 필요한 사항으로서 대통령령으로 정하는 사항

(2) 기본계획의 수립권자는 기본계획에 다음의 사항을 포함하는 경우에는 정비예정구역의 개략적인 범위 및 단계별 정비사업 추진계획을 생략할 수 있다(법 제5조 제2항).

① 생활권의 설정, 생활권별 기반시설 설치계획 및 주택수급계획
② 생활권별 주거지의 정비·보전·관리의 방향

(3) 기본계획의 작성기준 및 작성방법은 국토교통부장관이 정하여 고시한다(법 제5조 제3항).

3 수립절차

(1) **주민 및 지방의회 의견청취**

① **공람**: 기본계획의 수립권자는 기본계획을 수립하거나 변경하려는 경우에는 14일 이상 주민에게 공람하여 의견을 들어야 하며, 제시된 의견이 타당하다고 인정되면 이를 기본계획에 반영하여야 한다(법 제6조 제1항).

② **지방의회 의견청취**: 기본계획의 수립권자는 공람과 함께 지방의회의 의견을 들어야 한다. 이 경우 지방의회는 기본계획의 수립권자가 기본계획을 통지한 날부터 60일 이내에 의견을 제시하여야 하며, 의견제시 없이 60일이 지난 경우 이의가 없는 것으로 본다(법 제6조 제2항).

③ **경미한 변경**: 대통령령으로 정하는 경미한 사항을 변경하는 경우에는 주민공람과 지방의회의 의견청취 절차를 거치지 아니할 수 있다(법 제6조 제3항).

(2) **기본계획의 확정(승인) 및 고시**

① **기본계획의 확정**: 기본계획의 수립권자(대도시의 시장이 아닌 시장은 제외)는 기본계획을 수립하거나 변경하려면 관계 행정기관의 장과 협의한 후 「국토의 계획 및 이용에 관한 법률」에 따른 지방도시계획위원회의 심의를 거쳐야 한다. 다만, 대통령령으로 정하는 경미한 사항을 변경하는 경우에는 관계 행정기관의 장과의 협의 및 지방도시계획위원회의 심의를 거치지 아니한다(법 제7조 제1항).

② **기본계획의 승인**: 대도시의 시장이 아닌 시장은 기본계획을 수립하거나 변경하려면 도지사의 승인을 받아야 하며, 도지사가 이를 승인하려면 관계 행정기관의 장과 협의한 후 지방도시계획위원회의 심의를 거쳐야 한다. 다만, 경미한 변경의 경우에는 도지사의 승인을 받지 아니할 수 있다(법 제7조 제2항).

③ 위 (1)의 ③ 및 위 (2)의 ① 및 ②에서 '대통령령이 정하는 경미한 사항을 변경하는 경우'라 함은 다음의 경우를 말한다(영 제6조 제4항).

> ㉠ 정비기반시설(영 제3조 제9호에 해당하는 시설은 제외한다. 이하 영 제8조 제3항, 제13조 제4항, 제38조 및 제76조 제3항에서 같다)의 규모를 확대하거나 그 면적을 10% 미만의 범위에서 축소하는 경우
> ㉡ 정비사업의 계획기간을 단축하는 경우
> ㉢ 공동이용시설에 대한 설치계획을 변경하는 경우
> ㉣ 사회복지시설 및 주민문화시설 등에 대한 설치계획을 변경하는 경우
> ㉤ 구체적으로 면적이 명시된 정비예정구역의 면적을 20% 미만의 범위에서 변경하는 경우
> ㉥ 단계별 정비사업 추진계획을 변경하는 경우
> ㉦ 건폐율 및 용적률을 각 20% 미만의 범위에서 변경하는 경우
> ㉧ 정비사업의 시행을 위하여 필요한 재원조달에 관한 사항을 변경하는 경우
> ㉨ 「국토의 계획 및 이용에 관한 법률」에 따른 도시·군기본계획의 변경에 따라 기본계획을 변경하는 경우

④ **기본계획의 고시**: 기본계획의 수립권자는 기본계획을 수립하거나 변경한 때에는 지체 없이 이를 해당 지방자치단체의 공보에 고시하고 일반인이 열람할 수 있도록 하여야 한다(법 제7조 제3항).

⑤ **기본계획의 보고**: 기본계획의 수립권자는 기본계획을 고시한 때에는 국토교통부령으로 정하는 방법 및 절차에 따라 국토교통부장관에게 보고하여야 한다(법 제7조 제4항).

🏠 **기본계획의 수립절차**

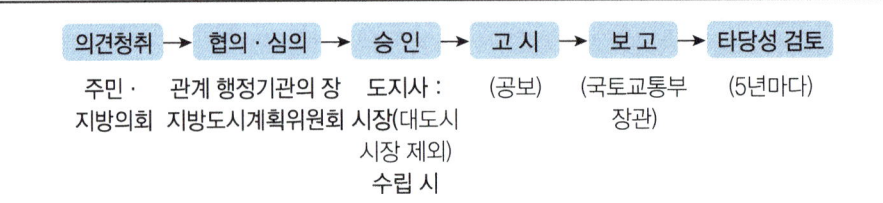

03 정비계획의 입안 및 정비구역의 지정

1 재건축사업의 재건축진단 제28회

(1) 재건축진단의 실시

① 시장·군수 등은 정비예정구역별 정비계획의 수립시기가 도래한 때부터 사업시행계획인가 전까지 재건축진단을 실시하여야 한다(법 제12조 제1항).

② 시장·군수 등은 위 ①에도 불구하고 다음의 어느 하나에 해당하는 경우에는 재건축진단을 실시하여야 한다. 이 경우 시장·군수 등은 재건축진단에 드는 비용을 해당 재건축진단의 실시를 요청하는 자에게 부담하게 할 수 있다(법 제12조 제2항).

> ③ 정비계획의 입안을 요청하려는 자가 입안을 요청하기 전에 해당 정비예정구역 또는 사업예정구역에 위치한 건축물 및 그 부속토지의 소유자 10분의 1 이상의 동의를 받아 재건축진단의 실시를 요청하는 경우
> ⓒ 정비계획의 입안을 제안하려는 자가 입안을 제안하기 전에 해당 정비예정구역에 위치한 건축물 및 그 부속토지의 소유자 10분의 1 이상의 동의를 받아 재건축진단의 실시를 요청하는 경우
> ⓒ 정비예정구역을 지정하지 아니한 지역에서 재건축사업을 하려는 자가 사업예정구역에 있는 건축물 및 그 부속토지의 소유자 10분의 1 이상의 동의를 받아 재건축진단의 실시를 요청하는 경우
> ② 시장·군수 등의 승인을 받은 추진위원회 또는 사업시행자가 재건축진단의 실시를 요청하는 경우

(2) 재건축진단의 대상

① 재건축진단은 주택단지의 건축물(연접한 단지 포함)을 대상으로 한다. 다만, 다음에 해당하는 주택단지 내 건축물의 경우에는 재건축진단 대상에서 제외할 수 있다(법 제12조 제3항, 영 제10조 제3항).

> ③ 천재지변 등으로 주택이 붕괴되어 신속히 재건축을 추진할 필요가 있다고 시장·군수 등이 인정하는 것
> ⓒ 주택의 구조안전상 사용금지가 필요하다고 시장·군수 등이 인정하는 것
> ⓒ 노후·불량건축물 수에 관한 기준을 충족한 경우 잔여 건축물
> ② 진입도로 등 기반시설 설치를 위하여 불가피하게 정비구역에 포함된 것으로 시장·군수 등이 인정하는 건축물
> ⓜ 「시설물의 안전 및 유지관리에 관한 특별법」의 시설물로서 같은 법 제16조에 따라 지정받은 안전등급이 D(미흡) 또는 E(불량)인 건축물

② 시장·군수 등은 재건축진단의 요청이 있는 때에는 요청일부터 30일 이내에 국토교통부장관이 정하는 바에 따라 재건축진단의 실시 여부를 결정하여 요청인에게 통보하여야 한다. 이 경우 시장·군수 등은 재건축진단 실시 여부를 결정하기 전에 단계별 정비사업추진계획 등의 사유로 재건축사업의 시기를 조정할 필요가 있다고 인정하는 경우에는 재건축진단의 실시 시기를 조정할 수 있다(영 제10조 제1항).

③ 재건축진단의 실시 시기 조정은 정비구역의 지정·고시일 전에만 할 수 있다(영 제10조 제2항).

④ 시장·군수등은 다음의 재건축진단기관에 의뢰하여 주거환경 적합성, 해당 건축물의 구조안전성, 건축마감, 설비노후도 등에 관한 재건축진단을 실시하여야 한다(법 제12조 제4항, 영 제10조 제4항).

> ㉠ 「과학기술분야 정부출연연구기관 등의 설립·운영 및 육성에 관한 법률」에 따른 한국건설기술연구원
> ㉡ 「시설물의 안전 및 유지관리에 관한 특별법」에 따른 안전진단전문기관
> ㉢ 「국토안전관리원법」에 따른 국토안전관리원

(3) 재건축진단 결과보고서 제출

재건축진단을 의뢰받은 재건축진단기관은 국토교통부장관이 정하여 고시하는 기준(건축물의 내진성능 확보를 위한 비용을 포함)에 따라 재건축진단을 실시하여야 하며, 국토교통부령으로 정하는 방법 및 절차에 따라 재건축진단 결과보고서를 작성하여 시장·군수 등 및 재건축진단의 실시를 요청한 자에게 제출하여야 한다(법 제12조 제5항).

(4) 사업시행계획인가 여부 결정

시장·군수 등은 재건축진단의 결과와 도시계획 및 지역여건 등을 종합적으로 검토하여 사업시행계획인가 여부를 결정하여야 한다(법 제12조 제6항).

(5) 시행결정 취소 등의 요청

① **결과보고서 제출**: 시장·군수 등(특별자치시장 및 특별자치도지사는 제외한다. 이하 같다)은 재건축진단 결과보고서를 제출받은 경우에는 지체 없이 특별시장·광역시장·도지사에게 결정내용과 해당 재건축진단 결과보고서를 제출하여야 한다(법 제13조 제1항).

② **적정성 여부에 대한 검토**
㉠ 시·도지사는 필요한 경우 「국토안전관리원법」에 따른 국토안전관리원 또는 「과학기술분야 정부출연연구기관 등의 설립·운영 및 육성에 관한 법률」에 따른 한국건설기술연구원에 재건축진단 결과의 적정성 여부에 대한 검토를 의뢰할 수 있다(법 제13조 제2항).

ⓒ 국토교통부장관은 시·도지사에게 재건축진단 결과보고서의 제출을 요청할 수 있으며, 필요한 경우 시·도지사에게 재건축진단 결과의 적정성 여부에 대한 검토를 요청할 수 있다(법 제13조 제3항).

　③ **사업시행결정의 취소요청**: 특별시장·광역시장·도지사는 검토결과에 따라 필요한 경우 시장·군수등에게 재건축진단에 대한 시정요구 등 대통령령으로 정하는 조치를 요청할 수 있으며, 시장·군수 등은 특별한 사유가 없으면 그 요청에 따라야 한다(법 제13조 제4항).

2 정비계획의 입안

(1) 정비구역의 지정 및 신청

① 특별시장·광역시장·특별자치시장·특별자치도지사·시장 또는 군수(광역시의 군수는 제외하며, 이하 '정비구역의 지정권자'라 한다)는 기본계획에 적합한 범위에서 노후·불량건축물이 밀집하는 등 대통령령으로 정하는 요건에 해당하는 구역에 대하여 정비계획을 결정하여 정비구역을 지정(변경지정을 포함)할 수 있다(법 제8조 제1항).

② 천재지변,「재난 및 안전관리 기본법」또는「시설물의 안전 및 유지관리에 관한 특별법」에 따른 사용제한·사용금지, 그 밖의 불가피한 사유로 긴급하게 정비사업을 시행하려는 경우에는 기본계획을 수립하거나 변경하지 아니하고 정비구역을 지정할 수 있다(법 제8조 제2항).

③ 정비구역의 지정권자는 정비구역의 진입로 설치를 위하여 필요한 경우에는 진입로 지역과 그 인접지역을 포함하여 정비구역을 지정할 수 있다(법 제8조 제3항).

④ 정비구역의 지정권자는 정비구역 지정을 위하여 직접 정비계획을 입안할 수 있다(법 제8조 제4항).

⑤ 자치구의 구청장 또는 광역시의 군수(이하 제9조, 제11조 및 제20조에서 '구청장등'이라 한다)는 정비계획을 입안하여 특별시장·광역시장에게 정비구역 지정을 신청하여야 한다. 이 경우 지방의회 의견을 첨부하여야 한다(법 제8조 제5항).

(2) 정비계획의 내용

정비계획에는 다음의 사항이 포함되어야 한다(법 제9조 제1항).

① 정비사업의 명칭
② 정비구역 및 그 면적
③ 토지등소유자유형별 분담금 추산액 및 산출근거
④ 도시·군계획시설의 설치에 관한 계획

⑤ 공동이용시설 설치계획

⑥ 건축물의 주용도·건폐율·용적률·높이에 관한 계획

⑦ 환경보전 및 재난방지에 관한 계획

⑧ 정비구역 주변의 교육환경 보호에 관한 계획

⑨ 세입자 주거대책

⑩ 정비사업시행 예정시기

⑪ 정비사업을 통하여 공공지원민간임대주택을 공급하거나 같은 조에 따른 주택임대관리업자(이하 '주택임대관리업자'라 한다)에게 임대할 목적으로 주택을 위탁하려는 경우에는 다음의 사항. 다만, ㉡과 ㉢의 사항은 건설하는 주택 전체 세대수에서 공공지원민간임대주택 또는 임대할 목적으로 주택임대관리업자에게 위탁하려는 주택(이하 '임대관리 위탁주택'이라 한다)이 차지하는 비율이 100분의 20 이상, 임대기간이 8년 이상의 범위 등에서 대통령령으로 정하는 요건에 해당하는 경우로 한정한다.

> ㉠ 공공지원민간임대주택 또는 임대관리 위탁주택에 관한 획지별 토지 이용 계획
> ㉡ 주거·상업·업무 등의 기능을 결합하는 등 복합적인 토지 이용을 증진시키기 위하여 필요한 건축물의 용도에 관한 계획
> ㉢ 「국토의 계획 및 이용에 관한 법률」 제36조 제1항 제1호 가목에 따른 주거지역을 세분 또는 변경하는 계획과 용적률에 관한 사항
> ㉣ 그 밖에 공공지원민간임대주택 또는 임대관리 위탁주택의 원활한 공급 등을 위하여 필요한 사항으로서 대통령령으로 정하는 사항

⑫ 「국토의 계획 및 이용에 관한 법률」 제52조 제1항(지구단위계획)의 사항에 관한 계획(필요한 경우로 한정)

(3) 정비계획의 입안절차

① 주민 및 지방의회 의견청취

㉠ 공람: 정비계획의 입안권자는 정비계획을 입안하거나 변경하려면 주민에게 서면으로 통보한 후 주민설명회 및 30일 이상 주민에게 공람하여 의견을 들어야 하며, 제시된 의견이 타당하다고 인정되면 이를 정비계획에 반영하여야 한다(법 제15조 제1항).

㉡ 지방의회 의견청취: 정비계획의 입안권자는 주민공람과 함께 지방의회의 의견을 들어야 한다. 이 경우 지방의회는 정비계획의 입안권자가 정비계획을 통지한 날부터 60일 이내에 의견을 제시하여야 하며, 의견제시 없이 60일이 지난 경우 이의가 없는 것으로 본다(법 제15조 제2항).

ⓒ 경미한 변경: 대통령령으로 정하는 다음의 경미한 사항을 변경하는 경우에는 주민에 대한 서면통보, 주민설명회, 주민공람 및 지방의회의 의견청취 절차를 거치지 아니할 수 있다(법 제15조 제3항, 영 제13조 제4항).

> ⓐ 정비구역의 면적을 10% 미만의 범위에서 변경하는 경우(정비구역을 분할, 통합 또는 결합하는 경우는 제외)
> ⓑ 정비기반시설의 위치를 변경하는 경우와 정비기반시설 규모를 10% 미만의 범위에서 변경하는 경우
> ⓒ 공동이용시설 설치계획을 변경하는 경우
> ⓓ 재난방지에 관한 계획을 변경하는 경우
> ⓔ 정비사업시행 예정시기를 3년의 범위에서 조정하는 경우
> ⓕ 「건축법 시행령」 [별표 1] 각 호의 용도범위에서 건축물의 주용도(해당 건축물의 가장 넓은 바닥면적을 차지하는 용도를 말한다. 이하 같다)를 변경하는 경우
> ⓖ 건축물의 건폐율 또는 용적률을 축소하거나 10% 미만의 범위에서 확대하는 경우
> ⓗ 건축물의 최고 높이를 변경하는 경우
> ⓘ 용적률을 완화하여 변경하는 경우

(4) 임대주택 및 규모별 건설비율

① 정비계획의 입안권자는 주택수급의 안정과 저소득 주민의 입주기회 확대를 위하여 정비사업으로 건설하는 주택에 대하여 다음의 구분에 따른 범위에서 국토교통부장관이 정하여 고시하는 임대주택 및 주택규모별 건설비율 등을 정비계획에 반영하여야 한다(법 제10조 제1항).

> ㉠ 「주택법」에 따른 국민주택규모의 주택이 전체 세대수의 100분의 90 이하에서 대통령령으로 정하는 범위
> ㉡ 임대주택(공공임대주택 및 민간임대주택에 관한 특별법에 따른 민간임대주택을 말한다. 이하 같다)이 전체 세대수 또는 전체 연면적의 100분의 30 이하에서 대통령령으로 정하는 범위

② 사업시행자는 위 ①에 따라 고시된 내용에 따라 주택을 건설하여야 한다(법 제10조 제2항).

(5) 기본계획 및 정비계획 수립 시 용적률 완화

① 기본계획의 수립권자 또는 정비계획의 입안권자는 정비사업의 원활한 시행을 위하여 기본계획을 수립하거나 정비계획을 입안하려는 경우에는(기본계획 또는 정비계획을 변경하려는 경우에도 또한 같다) 「국토의 계획 및 이용에 관한 법률」에 따른 주거지역에 대하여는 같은 법에 따라 조례로 정한 용적률에도 불구하고 같은 조 및 관계 법률에 따른 용적률의 상한까지 용적률을 정할 수 있다(법 제11조 제1항).

② 기본계획의 수립권자 또는 정비계획의 입안권자는 천재지변, 그 밖의 불가피한 사유로 건축물이 붕괴할 우려가 있어 긴급히 정비사업을 시행할 필요가 있다고 인정하는 경우에는 용도지역의 변경을 통해 용적률을 완화하여 기본계획을 수립하거나 정비계획을 입안할 수 있다. 이 경우 기본계획의 수립권자, 정비계획의 입안권자 및 정비구역의 지정권자는 용도지역의 변경을 이유로 기부채납을 요구하여서는 아니 된다(법 제11조 제2항).

③ 구청장등 또는 대도시의 시장이 아닌 시장은 정비계획을 입안하거나 변경입안하려는 경우 기본계획의 변경 또는 변경승인을 특별시장·광역시장·도지사에게 요청할 수 있다(법 제11조 제3항).

(6) 정비계획의 입안제안

① **입안의 제안**: 토지등소유자(다음 ⑩의 경우에는 천재지변, 재난 및 안전관리 기본법 또는 시설물의 안전 및 유지관리에 관한 특별법에 따른 사용제한·사용금지, 그 밖의 불가피한 사유로 긴급하게 정비사업을 시행하려는 경우에 사업시행자가 되려는 자를 말한다) 또는 추진위원회는 다음의 어느 하나에 해당하는 경우에는 정비계획의 입안권자에게 정비계획의 입안을 제안할 수 있다(법 제14조 제1항).

> ㉠ 단계별 정비사업 추진계획상 정비예정구역별 정비계획의 입안시기가 지났음에도 불구하고 정비계획이 입안되지 아니하거나 같은 호에 따른 정비예정구역별 정비계획의 수립시기를 정하고 있지 아니한 경우
> ㉡ 토지등소유자가 토지주택공사등을 사업시행자로 지정 요청하려는 경우
> ㉢ 대도시가 아닌 시 또는 군으로서 시·도조례로 정하는 경우
> ㉣ 정비사업을 통하여 공공지원민간임대주택을 공급하거나 임대할 목적으로 주택을 주택임대관리업자에게 위탁하려는 경우로서 정비계획의 입안을 요청하려는 경우
> ㉤ 천재지변, 「재난 및 안전관리 기본법」 또는 「시설물의 안전 및 유지관리에 관한 특별법」에 따른 사용제한·사용금지, 그 밖의 불가피한 사유로 긴급하게 정비사업을 시행하려는 경우
> ㉥ 토지등소유자(조합이 설립된 경우에는 조합원을 말한다)가 3분의 2 이상의 동의로 정비계획의 변경을 요청하는 경우. 다만, 경미한 사항을 변경하는 경우에는 토지등소유자의 동의절차를 거치지 아니한다.
> ㉦ 토지등소유자가 공공재개발사업 또는 공공재건축사업을 추진하려는 경우

② **제안의 동의**: 토지등소유자 또는 추진위원회는 정비계획의 입안권자에게 정비계획의 입안을 제안하려는 때에는 토지등소유자의 3분의 2 이하 및 토지면적 3분의 2 이하의 범위에서 시·도조례로 정하는 비율 이상의 동의를 받은 후 제안서에 정비계획도서, 계획설명서, 그 밖의 필요한 서류를 첨부하여 시장·군수등에게 제출하여야 한다(영 제12조 제1항).

③ **반영 여부의 통보**: 정비계획의 입안권자는 제안이 있는 경우에는 제안일부터 60일 이내에 정비계획에의 반영 여부를 제안자에게 통보하여야 한다. 다만, 부득이한 사정이 있는 경우에는 한 차례만 30일을 연장할 수 있다(영 제12조 제2항).

④ **입안에의 활용**: 정비계획의 입안권자는 제안을 정비계획에 반영하는 경우에는 제안서에 첨부된 정비계획도서와 계획설명서를 정비계획의 입안에 활용할 수 있다(영 제12조 제3항).

3 정비구역의 지정

(1) **지정권자**

특별시장·광역시장·특별자치시장·특별자치도지사·시장 또는 군수(광역시의 군수는 제외)이다.

① **도시계획위원회의 심의**: 정비구역의 지정권자는 정비구역을 지정하거나 변경지정하려면 지방도시계획위원회의 심의를 거쳐야 한다. 다만, 경미한 사항을 변경하는 경우에는 지방도시계획위원회의 심의를 거치지 아니할 수 있다(법 제16조 제1항).

② **지정고시**: 정비구역의 지정권자는 정비구역을 지정(변경지정을 포함한다. 이하 같다)하거나 정비계획을 결정(변경결정을 포함한다. 이하 같다)한 때에는 정비계획을 포함한 정비구역 지정의 내용을 해당 지방자치단체의 공보에 고시하여야 한다. 이 경우 지형도면 고시 등에 대하여는 「토지이용규제 기본법」 제8조에 따른다(법 제16조 제2항).

③ **보고 및 열람**: 정비구역의 지정권자는 정비계획을 포함한 정비구역을 지정·고시한 때에는 국토교통부령으로 정하는 방법 및 절차에 따라 국토교통부장관에게 그 지정의 내용을 보고하여야 하며, 관계 서류를 일반인이 열람할 수 있도록 하여야 한다(법 제16조 제3항).

(2) **지정·고시의 효과**

① **지구단위계획 및 지구단위계획구역의 결정·고시 의제**: 정비구역의 지정·고시가 있는 경우 해당 정비구역 및 정비계획 중 「국토의 계획 및 이용에 관한 법률」 제52조 제1항(지구단위계획)의 어느 하나에 해당하는 사항은 지구단위계획구역 및 지구단위계획으로 결정·고시된 것으로 본다(법 제17조 제1항).

② **정비구역의 지정·고시 의제**: 「국토의 계획 및 이용에 관한 법률」에 따른 지구단위계획구역에 대하여 제9조 제1항(정비계획의 내용)의 사항을 모두 포함한 지구단위계획을 결정·고시(변경결정·고시하는 경우를 포함)하는 경우 해당 지구단위계획구역은 정비구역으로 지정·고시된 것으로 본다(법 제17조 제2항).

(3) 정비구역의 분할·통합 및 결합

① 정비구역의 지정권자는 정비사업의 효율적인 추진 또는 도시의 경관보호를 위하여 필요하다고 인정하는 경우에는 다음의 방법에 따라 정비구역을 지정할 수 있다(법 제18조 제1항).

> ㉠ 하나의 정비구역을 둘 이상의 정비구역으로 분할
> ㉡ 서로 연접한 정비구역을 하나의 정비구역으로 통합
> ㉢ 서로 연접하지 아니한 둘 이상의 구역(제8조 제1항에 따라 대통령령으로 정하는 요건에 해당하는 구역으로 한정) 또는 정비구역을 하나의 정비구역으로 결합

② 정비구역을 분할·통합하거나 서로 떨어진 구역을 하나의 정비구역으로 결합하여 지정하려는 경우 시행방법과 절차에 관한 세부사항은 시·도조례로 정한다(법 제18조 제2항).

04 정비구역에서의 행위제한 제25회, 제30회, 제36회

1 허가대상 개발행위

(1) 허가대상

정비구역에서 다음의 어느 하나에 해당하는 행위를 하려는 자는 시장·군수등의 허가를 받아야 한다. 허가받은 사항을 변경하려는 때에도 또한 같다(법 제19조 제1항, 영 제15조 제1항).

> ① 건축물의 건축 등: 「건축법」에 따른 건축물(가설건축물을 포함)의 건축 또는 용도변경
> ② 공작물의 설치: 인공을 가하여 제작한 시설물(건축법에 따른 건축물은 제외)의 설치
> ③ 토지의 형질변경: 절토(땅깎기)·성토(흙쌓기)·정지(땅고르기)·포장 등의 방법으로 토지의 형상을 변경하는 행위, 토지의 굴착 또는 공유수면의 매립
> ④ 토석의 채취: 흙·모래·자갈·바위 등의 토석을 채취하는 행위(다만, 토지의 형질변경을 목적으로 하는 것은 위 ③에 따름)
> ⑤ 토지분할
> ⑥ 물건을 쌓아놓는 행위: 이동이 쉽지 아니한 물건을 1개월 이상 쌓아놓는 행위
> ⑦ 죽목의 벌채 및 식재

(2) 사업시행자의 의견청취

시장·군수등은 개발행위에 대한 허가를 하고자 하는 경우로서 사업시행자가 있는 경우에는 미리 그 사업시행자의 의견을 들어야 한다(영 제15조 제2항).

(3) 허용사항

다음의 어느 하나에 해당하는 행위는 허가를 받지 아니하고 할 수 있다(법 제19조 제2항).

① 재해복구 또는 재난수습에 필요한 응급조치를 위한 행위
② 기존 건축물의 붕괴 등 안전사고의 우려가 있는 경우 해당 건축물에 대한 안전조치를 위한 행위
③ 대통령령으로 정하는 다음의 어느 하나에 해당하는 행위로서 「국토의 계획 및 이용에 관한 법률」에 따른 개발행위허가의 대상이 아닌 것을 말한다(영 제15조 제3항).

> ㉠ 농림수산물의 생산에 직접 이용되는 것으로서 국토교통부령이 정하는 간이공작물의 설치(비닐하우스, 버섯재배사, 종묘배양장, 퇴비장 등)
> ㉡ 경작을 위한 토지의 형질변경
> ㉢ 정비구역의 개발에 지장을 주지 아니하고 자연경관을 손상하지 아니하는 범위에서의 토석의 채취
> ㉣ 정비구역에 존치하기로 결정된 대지 안에서 물건을 쌓아놓는 행위
> ㉤ 관상용 죽목의 임시식재(경작지에서의 임시식재는 제외)

2 기득권 보호 및 조치

(1) 기득권 보호

허가를 받아야 하는 행위로서 정비구역의 지정 및 고시 당시 이미 관계 법령에 따라 행위허가를 받았거나 허가를 받을 필요가 없는 행위에 관하여 그 공사 또는 사업에 착수한 자는 정비구역이 지정·고시된 날부터 30일 이내에 그 공사 또는 사업의 진행상황과 시행계획을 첨부하여 시장·군수등에게 신고한 후 이를 계속 시행할 수 있다(법 제19조 제3항, 영 제15조 제4항).

(2) 위반자에 대한 조치

시장·군수등은 위반한 자에게 원상회복을 명할 수 있다. 이 경우 명령을 받은 자가 그 의무를 이행하지 아니하는 때에는 시장·군수등은 「행정대집행법」에 따라 대집행할 수 있다(법 제19조 제4항).

3 국토의 계획 및 이용에 관한 법률과의 관계

(1) 규정의 준용

허가에 관하여 이 법에 규정된 사항을 제외하고는 「국토의 계획 및 이용에 관한 법률」 제57조부터 제60조까지 및 제62조(개발행위허가의 절차, 개발행위허가의 기준 등, 개발행위에 대한 도시계획위원회의 심의, 개발행위허가의 이행보증 등 및 준공검사)를 준용한다(법 제19조 제5항).

(2) 허가의 의제

정비구역에서 개발행위허가를 받은 경우에는 「국토의 계획 및 이용에 관한 법률」에 따라 개발행위허가를 받은 것으로 본다(법 제19조 제6항).

4 개발행위의 소급제한 등

(1) 소급제한

국토교통부장관, 시·도지사, 시장, 군수 또는 구청장(자치구의 구청장을 말한다. 이하 같다)은 비경제적인 건축행위 및 투기 수요의 유입을 막기 위하여 기본계획을 공람 중인 정비예정구역 또는 정비계획을 수립 중인 지역에 대하여 3년 이내의 기간(1년의 범위에서 한 차례만 연장할 수 있다)을 정하여 대통령령으로 정하는 방법과 절차에 따라 다음의 행위를 제한할 수 있다(법 제19조 제7항).

① 건축물의 건축
② 토지의 분할
③ 「건축법」 제38조에 따른 건축물대장 중 일반건축물대장을 집합건축물대장으로 전환
④ 「건축법」 제38조에 따른 건축물대장 중 집합건축물대장의 전유부분 분할

(2) 조합원 모집제한

정비예정구역 또는 정비구역(이하 '정비구역등'이라 한다)에서는 「주택법」에 따른 지역주택조합의 조합원을 모집해서는 아니 된다(법 제19조 제8항).

> **예제**
>
> 도시 및 주거환경정비법령상 정비구역에서의 행위 중 시장·군수등의 허가를 받아야 하는 것을 모두 고른 것은? (단, 재해복구 또는 재난수습과 관련 없는 행위임) 제25회 수정
>
> ㉠ 가설건축물의 건축
> ㉡ 죽목의 벌채
> ㉢ 공유수면의 매립
> ㉣ 이동이 쉽지 아니한 물건을 1개월 이상 쌓아놓는 행위
>
> ① ㉠, ㉡ ② ㉢, ㉣ ③ ㉠, ㉡, ㉢
> ④ ㉡, ㉢, ㉣ ⑤ ㉠, ㉡, ㉢, ㉣
>
> **해설** ⑤ 정비구역에서 가설건축물의 건축(㉠), 죽목의 벌채(㉡), 공유수면의 매립(㉢), 이동이 쉽지 아니한 물건을 1개월 이상 쌓아놓는 행위(㉣)는 시장·군수등에게 허가를 받아야 한다. ▶ 정답 ⑤

05 정비구역등의 해제

1 지정권자의 해제 제24회

(1) 해제 및 해제요청(의무)

① 정비구역의 지정권자는 다음의 어느 하나에 해당하는 경우에는 정비구역등을 해제하여야 한다(법 제20조 제1항).
  ㉠ 정비예정구역에 대하여 기본계획에서 정한 정비구역 지정 예정일부터 3년이 되는 날까지 특별자치시장, 특별자치도지사, 시장 또는 군수가 정비구역을 지정하지 아니하거나 구청장등이 정비구역의 지정을 신청하지 아니하는 경우
  ㉡ 재개발사업·재건축사업(조합이 시행하는 경우로 한정)이 다음의 어느 하나에 해당하는 경우

  > ⓐ 토지등소유자가 정비구역으로 지정·고시된 날부터 2년이 되는 날까지 추진위원회의 승인을 신청하지 아니하는 경우(정비구역 지정·고시 후에 추진위원회를 구성하는 경우로 한정한다)
  > ⓑ 토지등소유자가 정비구역으로 지정·고시된 날부터 3년이 되는 날까지 조합설립인가를 신청하지 아니하는 경우(법 제31조 제7항에 따라 추진위원회를 구성하지 아니하는 경우로 한정)
  > ⓒ 추진위원회가 추진위원회 승인일(정비구역 지정·고시 전에 추진위원회를 구성하는 경우에는 정비구역 지정·고시일로 본다)부터 2년이 되는 날까지 조합설립인가를 신청하지 아니하는 경우
  > ⓓ 조합이 조합설립인가를 받은 날부터 3년이 되는 날까지 사업시행계획인가를 신청하지 아니하는 경우

  ㉢ 토지등소유자가 시행하는 재개발사업으로서 토지등소유자가 정비구역으로 지정·고시된 날부터 5년이 되는 날까지 사업시행계획인가를 신청하지 아니하는 경우
② 구청장등은 정비구역등의 해제사유에 해당하는 경우에는 특별시장·광역시장에게 정비구역등의 해제를 요청하여야 한다(법 제20조 제2항).

(2) 해제요청 절차

① **주민 의견청취**: 특별자치시장, 특별자치도지사, 시장, 군수 또는 구청장등이 다음의 어느 하나에 해당하는 경우에는 30일 이상 주민에게 공람하여 의견을 들어야 한다(법 제20조 제3항).

  > ㉠ 정비구역등을 해제하는 경우
  > ㉡ 정비구역등의 해제를 요청하는 경우

② **지방의회 의견청취**: 특별자치시장, 특별자치도지사, 시장, 군수 또는 구청장등은 주민공람을 하는 경우에는 지방의회의 의견을 들어야 한다. 이 경우 지방의회는 특별자치시장, 특별자치도지사, 시장, 군수 또는 구청장등이 정비구역등의 해제에 관한 계획을 통지한 날부터 60일 이내에 의견을 제시하여야 하며, 의견제시 없이 60일이 지난 경우 이의가 없는 것으로 본다(법 제20조 제4항).

③ **도시계획위원회의 심의**: 정비구역의 지정권자는 정비구역등의 해제를 요청받거나 정비구역등을 해제하려면 지방도시계획위원회의 심의를 거쳐야 한다. 다만, 「도시재정비 촉진을 위한 특별법」에 따른 재정비촉진지구에서는 같은 법에 따른 도시재정비위원회의 심의를 거쳐 정비구역등을 해제하여야 한다(법 제20조 제5항).

④ **해제의 연장**: 정비구역의 지정권자는 다음의 어느 하나에 해당하는 경우에는 제1항 제1호부터 제3호까지의 규정(정비구역등의 해제사유)에 따른 해당 기간을 2년의 범위에서 연장하여 정비구역등을 해제하지 아니할 수 있다(법 제20조 제6항).

> ㉠ 정비구역등의 토지등소유자(조합을 설립한 경우에는 조합원을 말한다)가 100분의 30 이상의 동의로 제1항 제1호부터 제3호까지의 규정(정비구역등의 해제사유)에 따른 해당 기간이 도래하기 전까지 연장을 요청하는 경우
> ㉡ 정비사업의 추진 상황으로 보아 주거환경의 계획적 정비 등을 위하여 정비구역등의 존치가 필요하다고 인정하는 경우

2 정비구역등의 직권해제

(1) 해제사유(재량)

정비구역의 지정권자는 다음의 어느 하나에 해당하는 경우 지방도시계획위원회의 심의를 거쳐 정비구역등을 해제할 수 있다. 이 경우 다음의 ① 및 ②에 따른 구체적인 기준 등에 필요한 사항은 시·도조례로 정한다(법 제21조 제1항).

> ① 정비사업의 시행으로 토지등소유자에게 과도한 부담이 발생할 것으로 예상되는 경우
> ② 정비구역등의 추진 상황으로 보아 지정목적을 달성할 수 없다고 인정되는 경우
> ③ 토지등소유자의 100분의 30 이상이 정비구역등(추진위원회가 구성되지 아니한 구역으로 한정)의 해제를 요청하는 경우
> ④ 사업시행자가 정비구역에서 정비기반시설 및 공동이용시설을 새로 설치하거나 확대하고 토지등소유자가 스스로 주택을 보전·정비하거나 개량하는 방법으로 시행 중인 주거환경개선사업의 정비구역이 지정·고시된 날부터 10년 이상 지나고, 추진 상황으로 보아 지정목적을 달성할 수 없다고 인정되는 경우로서 토지등소유자의 과반수가 정비구역의 해제에 동의하는 경우

⑤ 추진위원회 구성 또는 조합 설립에 동의한 토지등소유자의 2분의 1 이상 3분의 2 이하의 범위에서 시·도조례로 정하는 비율 이상의 동의로 정비구역의 해제를 요청하는 경우(사업시행계획인가를 신청하지 아니한 경우로 한정한다)
⑥ 추진위원회가 구성되거나 조합이 설립된 정비구역에서 토지등소유자 과반수의 동의로 정비구역의 해제를 요청하는 경우(사업시행계획인가를 신청하지 아니한 경우로 한정한다)

(2) 해제의 효과

① **용도지역 등의 환원**: 정비구역등이 해제된 경우에는 정비계획으로 변경된 용도지역, 정비기반시설 등은 정비구역 지정 이전의 상태로 환원된 것으로 본다. 다만, 위 (1)의 ④의 경우 정비구역의 지정권자는 정비기반시설의 설치 등 해당 정비사업의 추진 상황에 따라 환원되는 범위를 제한할 수 있다(법 제22조 제1항).

② **주거환경개선사업구역의 지정**: 정비구역등(재개발사업 및 재건축사업을 시행하려는 경우로 한정)이 해제된 경우 정비구역의 지정권자는 해제된 정비구역등을 사업시행자가 정비구역에서 정비기반시설 및 공동이용시설을 새로 설치하거나 확대하고 토지등소유자가 스스로 주택을 보전·정비하거나 개량하는 방법으로 시행하는 주거환경개선구역(주거환경개선사업을 시행하는 정비구역을 말한다)으로 지정할 수 있다. 이 경우 주거환경개선구역으로 지정된 구역은 기본계획에 반영된 것으로 본다(법 제22조 제2항).

③ **고시**: 정비구역등이 해제·고시된 경우 추진위원회 구성승인 또는 조합설립인가는 취소된 것으로 보고, 시장·군수등은 해당 지방자치단체의 공보에 그 내용을 고시하여야 한다(법 제22조 제3항).

예제

도시 및 주거환경정비법령상 정비구역의 지정권자가 정비구역등을 해제하여야 하는 경우가 아닌 것은? 제24회

① 정비예정구역에 대하여 기본계획에서 정한 정비구역 지정 예정일부터 3년이 되는 날까지 구청장등이 정비구역의 지정을 신청하지 아니하는 경우
② 조합에 의한 재건축사업에서 추진위원회가 추진위원회 승인일부터 2년이 되는 날까지 조합설립인가를 신청하지 아니하는 경우
③ 조합에 의한 재개발사업에서 토지등소유자가 정비구역으로 지정·고시된 날부터 2년이 되는 날까지 조합설립추진위원회의 승인을 신청하지 아니하는 경우
④ 조합에 의한 재건축사업에서 조합이 조합설립인가를 받은 날부터 3년이 되는 날까지 사업시행계획인가를 신청하지 아니하는 경우
⑤ 토지등소유자가 시행하는 재개발사업으로서 토지등소유자가 정비구역으로 지정·고시된 날부터 4년이 되는 날까지 사업시행계획인가를 신청하지 아니하는 경우

해설 ⑤ 토지등소유자가 시행하는 재개발사업으로서 토지등소유자가 정비구역으로 지정·고시된 날부터 5년이 되는 날까지 사업시행계획인가를 신청하지 아니하는 경우 정비구역등을 해제하여야 한다. ▶ **정답** ⑤

제3장 정비사업의 시행

01 정비사업의 시행방법 제28회, 제29회

정비사업은 주거환경개선사업, 재개발사업, 재건축사업을 말하며, 각 정비사업의 시행방법은 다음과 같다(법 제23조).

주거환경 개선사업	주거환경개선사업은 다음에 해당하는 방법 또는 이를 혼용하는 방법으로 한다(법 제23조 제1항). 1. 사업시행자가 정비구역에서 정비기반시설 및 공동이용시설을 새로 설치하거나 확대하고 토지등소유자가 스스로 주택을 보전·정비하거나 개량하는 방법(현지개량방법) 2. 사업시행자가 정비구역의 전부 또는 일부를 수용하여 주택을 건설한 후 토지등소유자에게 우선 공급하거나 대지를 토지등소유자 또는 토지등소유자 외의 자에게 공급하는 방법(수용방법) 3. 사업시행자가 환지로 공급하는 방법(환지방법) 4. 사업시행자가 정비구역에서 인가받은 관리처분계획에 따라 주택 및 부대시설·복리시설을 건설하여 공급하는 방법(관리처분방법)
재개발사업	재개발사업은 정비구역에서 인가받은 관리처분계획에 따라 건축물을 건설하여 공급하거나 환지로 공급하는 방법으로 한다(법 제23조 제2항).
재건축사업	재건축사업은 정비구역에서 인가받은 관리처분계획에 따라 건축물을 건설하여 공급하는 방법으로 한다. 재건축사업에 따라 공동주택 외 건축물을 건설하여 공급하는 경우에는 준주거지역 및 상업지역에서만 건설할 수 있다. 이 경우 공동주택 외 건축물의 연면적은 전체 건축물 연면적의 100분의 30 이하이어야 한다(법 제23조 제3항·제4항).

02 정비사업의 시행자 제26회, 제28회, 제30회, 제32회

1 주거환경개선사업의 시행자 - 시장·군수등, 토지주택공사등, 공익법인

(1) 제23조 제1항 제1호에 따른 방법(현지개량방법)으로 시행하는 주거환경개선사업은 시장·군수등이 직접 시행하되, 토지주택공사등을 사업시행자로 지정하여 시행하게 하려는 경우에는 정비계획입안을 위한 공람공고일 현재 토지등소유자의 과반수의 동의를 받아야 한다(법 제24조 제1항).

(2) 제23조 제1항 제2호부터 제4호까지의 규정에 따른 방법(수용방법, 환지방법, 관리처분방법)으로 시행하는 주거환경개선사업은 시장·군수등이 직접 시행하거나 다음에서 정한 자에게 시행하게 할 수 있다(법 제24조 제2항).

① 시장·군수등이 다음에 해당하는 자를 사업시행자로 지정하는 경우

> ㉠ 토지주택공사등
> ㉡ 주거환경개선사업을 시행하기 위하여 국가, 지방자치단체, 토지주택공사등 또는 「공공기관의 운영에 관한 법률」에 따른 공공기관이 총지분의 100분의 50을 초과하는 출자로 설립한 법인

② 시장·군수등이 위 ①에 해당하는 자와 다음의 어느 하나에 해당하는 자를 공동시행자로 지정하는 경우

> ㉠ 「건설산업기본법」에 따른 건설업자(이하 '건설업자'라 한다)
> ㉡ 「주택법」에 따라 건설업자로 보는 등록사업자(이하 '등록사업자'라 한다)

(3) 위 (2)(수용방법, 환지방법, 관리처분방법)에 따라 시행하려는 경우에는 정비계획 입안을 위한 공람공고일 현재 해당 정비예정구역의 토지 또는 건축물의 소유자 또는 지상권자의 3분의 2 이상의 동의와 세입자(공람공고일 3개월 전부터 해당 정비예정구역에 3개월 이상 거주하고 있는 자를 말한다) 세대수의 과반수의 동의를 각각 받아야 한다. 다만, 세입자의 세대수가 토지등소유자의 2분의 1 이하인 경우 등 대통령령으로 정하는 사유가 있는 경우에는 세입자의 동의절차를 거치지 아니할 수 있다(법 제24조 제3항).

(4) 시장·군수등은 천재지변, 그 밖의 불가피한 사유로 건축물이 붕괴할 우려가 있어 긴급히 정비사업을 시행할 필요가 있다고 인정하는 경우에는 위 (1) 및 (3)에도 불구하고 토지등소유자 및 세입자의 동의 없이 자신이 직접 시행하거나 토지주택공사등을 사업시행자로 지정하여 시행하게 할 수 있다(법 제24조 제4항).

2 재개발사업의 시행자 – 조합 또는 토지등소유자(20인 미만)

재개발사업은 다음의 어느 하나에 해당하는 방법으로 시행할 수 있다(법 제25조 제1항, 영 제19조).

> ① 조합이 시행하거나 조합이 조합원의 과반수의 동의를 받아 시장·군수등, 토지주택공사등, 건설업자, 등록사업자 또는 대통령령으로 정하는 요건을 갖춘 자(신탁업자와 한국부동산원)와 공동으로 시행하는 방법
> ② 토지등소유자가 20인 미만인 경우에는 토지등소유자가 시행하거나 토지등소유자가 토지등소유자의 과반수의 동의를 받아 시장·군수등, 토지주택공사등, 건설업자, 등록사업자 또는 대통령령으로 정하는 요건을 갖춘 자(신탁업자와 한국부동산원)와 공동으로 시행하는 방법

3 재건축사업의 시행자 — 조합

재건축사업은 조합이 시행하거나 조합이 조합원의 과반수의 동의를 받아 시장·군수등, 토지주택공사등, 건설업자 또는 등록사업자와 공동으로 시행할 수 있다(법 제25조 제2항).

4 재개발사업·재건축사업의 공공시행자

(1) 시장·군수등은 재개발사업 및 재건축사업이 다음의 어느 하나에 해당하는 때에는 직접 정비사업을 시행하거나 토지주택공사등(토지주택공사등이 건설업자 또는 등록사업자와 공동으로 시행하는 경우를 포함)을 사업시행자로 지정하여 정비사업을 시행하게 할 수 있다(법 제26조 제1항).

> ① 천재지변, 「재난 및 안전관리 기본법」 또는 「시설물의 안전 및 유지관리에 관한 특별법」에 따른 사용제한·사용금지, 그 밖의 불가피한 사유로 긴급하게 정비사업을 시행할 필요가 있다고 인정하는 때
> ② 정비계획에서 정한 정비사업시행 예정일부터 2년 이내에 사업시행계획인가를 신청하지 아니하거나 사업시행계획인가를 신청한 내용이 위법 또는 부당하다고 인정하는 때(재건축사업의 경우는 제외)
> ③ 추진위원회가 시장·군수등의 구성승인을 받은 날부터 3년 이내에 조합설립인가를 신청하지 아니하거나 조합이 조합설립인가를 받은 날부터 3년 이내에 사업시행계획인가를 신청하지 아니한 때
> ④ 지방자치단체의 장이 시행하는 「국토의 계획 및 이용에 관한 법률」에 따른 도시·군계획사업과 병행하여 정비사업을 시행할 필요가 있다고 인정하는 때
> ⑤ 순환정비방식으로 정비사업을 시행할 필요가 있다고 인정하는 때
> ⑥ 사업시행계획인가가 취소된 때
> ⑦ 해당 정비구역의 국·공유지 면적 또는 국·공유지와 토지주택공사등이 소유한 토지를 합한 면적이 전체 토지면적의 2분의 1 이상으로서 토지등소유자의 과반수가 시장·군수등 또는 토지주택공사등을 사업시행자로 지정하는 것에 동의하는 때
> ⑧ 해당 정비구역의 토지면적 2분의 1 이상의 토지소유자와 토지등소유자의 3분의 2 이상에 해당하는 자가 시장·군수등 또는 토지주택공사등을 사업시행자로 지정할 것을 요청하는 때. 이 경우 토지등소유자가 정비계획의 입안을 제안한 경우 입안제안에 동의한 토지등소유자는 토지주택공사등의 사업시행자 지정에 동의한 것으로 본다. 다만, 사업시행자의 지정 요청 전에 시장·군수등 및 주민대표회의에 사업시행자의 지정에 대한 반대의 의사표시를 한 토지등소유자의 경우에는 그러하지 아니하다.

(2) 지정·고시

시장·군수등은 직접 정비사업을 시행하거나 토지주택공사등을 사업시행자로 지정하는 때에는 정비사업 시행구역 등 토지등소유자에게 알릴 필요가 있는 사항으로서 대통령령으로 정하는 사항을 해당 지방자치단체의 공보에 고시하여야 한다. 다만, 위 (1)의 ①의 경우에는 토지등소유자에게 지체 없이 정비사업의 시행 사유·시기 및 방법 등을 통보하여야 한다(법 제26조 제2항).

(3) 취소·고시

시장·군수등이 직접 정비사업을 시행하거나 토지주택공사등을 사업시행자로 지정·고시한 때에는 그 고시일 다음 날에 추진위원회의 구성승인 또는 조합설립인가가 취소된 것으로 본다. 이 경우 시장·군수등은 해당 지방자치단체의 공보에 해당 내용을 고시하여야 한다(법 제26조 제3항).

5 재개발사업·재건축사업의 지정개발자

(1) 시장·군수등은 재개발사업 및 재건축사업이 다음의 어느 하나에 해당하는 때에는 토지등소유자, 「사회기반시설에 대한 민간투자법」에 따른 민관합동법인 또는 신탁업자로서 대통령령으로 정하는 요건을 갖춘 자(이하 '지정개발자'라 한다)를 사업시행자로 지정하여 정비사업을 시행하게 할 수 있다(법 제27조 제1항).

> ① 천재지변, 「재난 및 안전관리 기본법」 또는 「시설물의 안전 및 유지관리에 관한 특별법」에 따른 사용제한·사용금지, 그 밖의 불가피한 사유로 긴급하게 정비사업을 시행할 필요가 있다고 인정하는 때
> ② 정비계획에서 정한 정비사업시행 예정일부터 2년 이내에 사업시행계획인가를 신청하지 아니하거나 사업시행계획인가를 신청한 내용이 위법 또는 부당하다고 인정하는 때 (재건축사업의 경우는 제외)
> ③ 재개발사업 및 재건축사업의 조합설립을 위한 동의요건 이상에 해당하는 자가 신탁업자를 사업시행자로 지정하는 것에 동의하는 때

넓혀 보기

지정개발자(영 제21조)
1. 정비구역의 토지 중 정비구역 전체 면적 대비 50% 이상의 토지를 소유한 자로서 토지등소유자의 2분의 1 이상의 추천을 받은 자
2. 「사회기반시설에 대한 민간투자법」에 따른 민관합동법인(민간투자사업의 부대사업으로 시행하는 경우에 한한다)으로서 토지등소유자의 2분의 1 이상의 추천을 받은 자
3. 신탁업자로서 토지등소유자의 2분의 1 이상의 추천을 받은 자

(2) 지정·고시

시장·군수등은 지정개발자를 사업시행자로 지정하는 때에는 정비사업 시행구역 등 토지등소유자에게 알릴 필요가 있는 사항으로서 대통령령으로 정하는 사항을 해당 지방자치단체의 공보에 고시하여야 한다. 다만, 위 (1)의 ①의 경우에는 토지등소유자에게 지체 없이 정비사업의 시행 사유·시기 및 방법 등을 통보하여야 한다(법 제27조 제2항).

(3) 취소·고시

시장·군수등이 지정개발자를 사업시행자로 지정·고시한 때에는 그 고시일 다음 날에 추진위원회의 구성승인 또는 조합설립인가가 취소된 것으로 본다. 이 경우 시장·군수등은 해당 지방자치단체의 공보에 해당 내용을 고시하여야 한다(법 제27조 제5항).

> **예제**
>
> 도시 및 주거환경정비법령상 군수가 직접 재개발사업을 시행할 수 있는 사유에 해당하지 않는 것은? 제26회 수정
> ① 해당 정비구역의 토지면적 2분의 1 이상의 토지소유자와 토지등소유자의 3분의 2 이상에 해당하는 자가 군수의 직접시행을 요청하는 때
> ② 해당 정비구역의 국·공유지 면적이 전체 토지면적의 3분의 1 이상으로서 토지등소유자의 과반수가 군수의 직접시행에 동의하는 때
> ③ 순환정비방식으로 정비사업을 시행할 필요가 있다고 인정하는 때
> ④ 천재지변으로 인하여 긴급히 정비사업을 시행할 필요가 있다고 인정하는 때
> ⑤ 고시된 정비계획에서 정한 정비사업 시행예정일부터 2년 이내에 사업시행계획인가를 신청하지 아니한 때
>
> **해설** ② 해당 정비구역의 국·공유지 면적이 전체 토지면적의 2분의 1 이상으로서 토지소유자의 과반수가 시장·군수등 또는 토지주택공사등을 사업시행자로 지정하는 것에 동의하는 때에는 시장·군수등이 사업을 시행할 수 있다.   ▶▶ 정답 ②

03 재개발·재건축사업의 대행자 등

🏠 사업대행의 체계

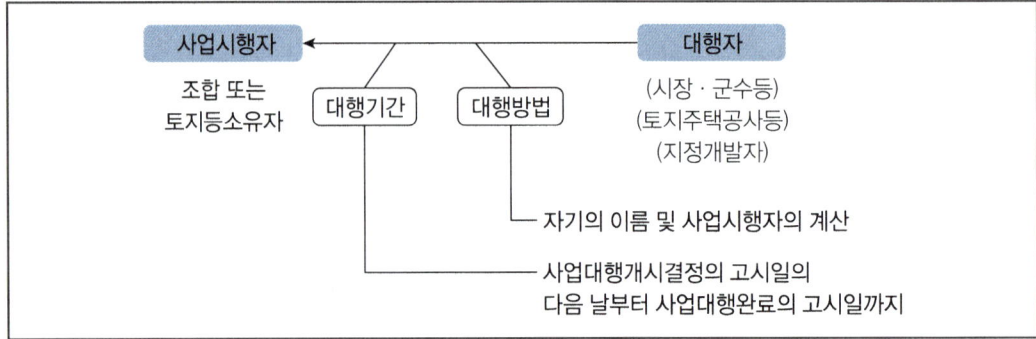

1 대행자의 지정

(1) 대행사유

시장·군수등은 다음의 어느 하나에 해당하는 경우에는 해당 조합 또는 토지등소유자를 대신하여 직접 정비사업을 시행하거나 토지주택공사등 또는 지정개발자에게 해당 조합 또는 토지등소유자를 대신하여 정비사업을 시행하게 할 수 있다(법 제28조 제1항).

> ① 장기간 정비사업이 지연되거나 권리관계에 관한 분쟁 등으로 해당 조합 또는 토지등소유자가 시행하는 정비사업을 계속 추진하기 어렵다고 인정하는 경우
> ② 토지등소유자(조합을 설립한 경우에는 조합원을 말한다)의 과반수 동의로 요청하는 경우

(2) 사업대행개시결정

① 시장·군수등은 정비사업을 직접 시행하거나 지정개발자 또는 토지주택공사등으로 하여금 정비사업을 대행하게 하고자 하는 때에는 사업대행개시결정을 하여 해당 지방자치단체의 공보 등에 고시하여야 한다(영 제22조 제1항).

② 시장·군수등은 토지등소유자 및 사업시행자에게 고시내용을 통지하여야 한다(영 제22조 제2항).

(3) 사업대행의 방법

① **대행기간 및 방법**: 사업대행개시결정의 고시가 있은 때에는 사업대행자는 그 고시한 날의 다음 날부터 사업대행완료를 고시하는 날까지 자기의 이름 및 사업시행자의 계산으로 사업시행자의 업무를 집행하고 재산을 관리한다. 이 경우 법 또는 법에 따른 명령이나 정관 등이 정하는 바에 따라 사업시행자가 행하거나 사업시행자에 대하여 행하여진 처분·절차 그 밖의 행위는 사업대행자가 행하거나 사업대행자에 대하여 행하여진 것으로 본다(영 제22조 제3항).

② **재산상 부담을 가하는 행위**: 시장·군수등이 아닌 사업대행자는 재산의 처분, 자금의 차입 그 밖에 사업시행자에게 재산상 부담을 주는 행위를 하려는 때에는 미리 시장·군수등의 승인을 받아야 한다(영 제22조 제4항).

③ **대행자의 의무**: 사업대행자는 대행의 업무를 하는 경우 선량한 관리자로서의 의무를 다하여야 하며, 필요한 때에는 사업시행자에게 협조를 요청할 수 있고, 사업시행자는 특별한 사유가 없는 한 이에 응하여야 한다(영 제22조 제5항).

(4) 대행자의 권리

① **대행자의 권리**: 정비사업을 대행하는 시장·군수등, 토지주택공사등 또는 지정개발자(이하 '사업대행자'라 한다)는 사업시행자에게 청구할 수 있는 보수 또는 비용의 상환에 대한 권리로써 사업시행자에게 귀속될 대지 또는 건축물을 압류할 수 있다(법 제28조 제2항).

② **이자의 청구**: 사업대행자가 사업시행자에게 보수 또는 비용의 상환을 청구함에 있어서는 그 보수 또는 비용을 지출한 날 이후의 이자를 청구할 수 있다(영 제23조 제5항).

(5) 사업대행의 완료

① **사업대행완료 보고**: 사업대행자는 사업대행의 원인이 된 사유가 없어지거나 등기를 완료한 때에는 사업대행을 완료하여야 한다. 이 경우 시장·군수등이 아닌 사업대행자는 미리 시장·군수등에게 사업대행을 완료할 뜻을 보고하여야 한다(영 제23조 제1항).

② **사업대행완료 고시**: 시장·군수등은 사업대행이 완료된 때에는 사업대행완료일을 해당 지방자치단체의 공보 등에 고시하고, 토지등소유자 및 사업시행자에게 각각 통지하여야 한다(영 제23조 제2항).

③ **업무의 인계·인수**: 사업대행자는 사업대행완료의 고시가 있은 때에는 지체 없이 사업시행자에게 업무를 인계하여야 하며, 사업시행자는 정당한 사유가 없는 한 이를 인수하여야 한다. 인계·인수가 완료된 때에는 사업대행자가 정비사업을 대행함에 있어서 취득하거나 부담한 권리와 의무는 사업시행자에게 승계된다(영 제23조 제3항·제4항).

2 계약의 방법

(1) 일반경쟁방법

추진위원장 또는 사업시행자(청산인을 포함)는 이 법 또는 다른 법령에 특별한 규정이 있는 경우를 제외하고는 계약(공사, 용역, 물품구매 및 제조 등을 포함)을 체결하려면 일반경쟁에 부쳐야 한다. 다만, 계약규모, 재난의 발생 등 대통령령으로 정하는 경우에는 입찰 참가자를 지명(指名)하여 경쟁에 부치거나 수의계약(隨意契約)으로 할 수 있다(법 제29조 제1항).

(2) 전자조달시스템

일반경쟁의 방법으로 계약을 체결하는 경우로서 대통령령으로 정하는 규모를 초과하는 계약은 「전자조달의 이용 및 촉진에 관한 법률」에 따른 국가종합전자조달시스템(이하 '전자조달시스템'이라 한다)을 이용하여야 한다(법 제29조 제2항).

3 시공자 선정

🏠 시공자 선정의 체계

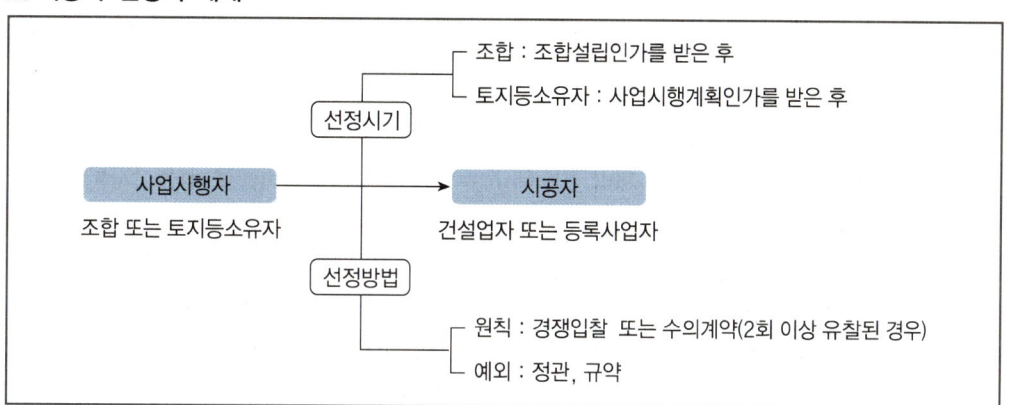

(1) 조합은 조합설립인가를 받은 후 조합총회에서 경쟁입찰 또는 수의계약(2회 이상 경쟁입찰이 유찰된 경우로 한정)의 방법으로 건설업자 또는 등록사업자를 시공자로 선정하여야 한다. 다만, 조합원이 100인 이하인 정비사업은 조합총회에서 정관으로 정하는 바에 따라 선정할 수 있다(법 제29조 제4항, 영 제24조 제3항).

(2) 토지등소유자가 재개발사업을 시행하는 경우에는 사업시행계획인가를 받은 후 규약에 따라 건설업자 또는 등록사업자를 시공자로 선정하여야 한다(법 제29조 제5항).

(3) 시장·군수등이 법 제26조 제1항 및 법 제27조 제1항(천재지변 등 불가피한 사유로 긴급하게 정비사업을 시행할 필요가 있다고 인정하는 때)에 따라 직접 정비사업을 시행하거나 토지주택공사등 또는 지정개발자를 사업시행자로 지정한 경우 사업시행자는 사업시행자 지정·고시 후 경쟁입찰 또는 수의계약의 방법으로 건설업자 또는 등록사업자를 시공자로 선정하여야 한다(법 제29조 제6항).

(4) 위 (3)에 따라 시공자를 선정하거나 법 제23조 제1항 제4호의 방법(관리처분방법)으로 시행하는 주거환경개선사업의 사업시행자가 시공자를 선정하는 경우 주민대표회의 또는 토지등소유자 전체회의는 대통령령으로 정하는 경쟁입찰 또는 수의계약(2회 이상 경쟁입찰이 유찰된 경우로 한정)의 방법으로 시공자를 추천할 수 있다(법 제29조 제7항).

(5) 주민대표회의 또는 토지등소유자 전체회의가 시공자를 추천한 경우 사업시행자는 추천받은 자를 시공자로 선정하여야 한다. 이 경우 시공자와의 계약에 관해서는 「지방자치단체를 당사자로 하는 계약에 관한 법률」 또는 「공공기관의 운영에 관한 법률」을 적용하지 아니한다(법 제29조 제10항).

(6) 사업시행자(사업대행자를 포함)는 선정된 시공자와 공사에 관한 계약을 체결할 때에는 기존 건축물의 철거 공사(석면안전관리법에 따른 석면 조사·해체·제거를 포함)에 관한 사항을 포함시켜야 한다(법 제29조 제11항).

(7) 재개발사업·재건축사업의 사업시행자(시장·군수등 또는 토지주택공사등이 단독 또는 공동으로 정비사업을 시행하는 경우는 제외한다)는 시공자와 계약 체결 후 다음의 어느 하나에 해당하는 때에는 법 제114조에 따른 정비사업 지원기구에 공사비 검증을 요청하여야 한다(법 제29조의2 제1항).

> ① 토지등소유자 또는 조합원 5분의 1 이상이 사업시행자에게 검증 의뢰를 요청하는 경우
> ② 공사비의 증액 비율(당초 계약금액 대비 누적 증액 규모의 비율로서 생산자물가상승률은 제외한다)이 다음의 어느 하나에 해당하는 경우
>   ㉠ 사업시행계획인가 이전에 시공자를 선정한 경우: 100분의 10 이상
>   ㉡ 사업시행계획인가 이후에 시공자를 선정한 경우: 100분의 5 이상
> ③ 위 ① 또는 ②에 따른 공사비 검증이 완료된 이후 공사비의 증액 비율(검증 당시 계약금액 대비 누적 증액 규모의 비율로서 생산자물가상승률은 제외한다)이 100분의 3 이상인 경우

04 조합설립추진위원회 및 정비사업조합 제27회, 제29회, 제31회, 제32회, 제33회, 제35회, 제36회

🏠 정비사업조합 설립절차

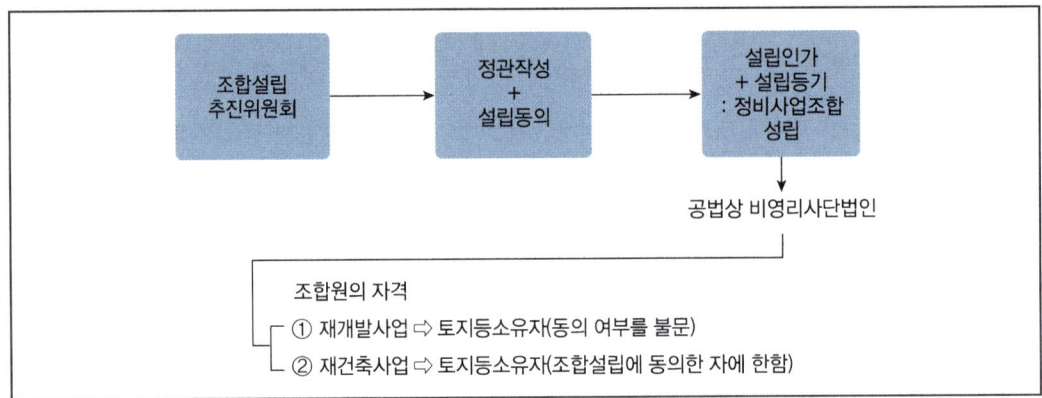

1 조합설립추진위원회

(1) 추진위원회의 구성

조합을 설립하려는 경우에는 다음의 사항에 대하여 토지등소유자 과반수의 동의를 받아 조합설립을 위한 추진위원회를 구성하여 국토교통부령으로 정하는 방법과 절차에 따라 시장·군수등의 승인을 받아야 한다(법 제31조 제1항).

> ① 추진위원회 위원장(이하 '추진위원장'이라 한다)을 포함한 5명 이상의 추진위원회 위원 (이하 '추진위원'이라 한다)
> ② 운영규정

(2) **조합설립 동의 의제**

추진위원회의 구성에 동의한 토지등소유자(이하 '추진위원회 동의자'라 한다)는 조합의 설립에 동의한 것으로 본다. 다만, 조합설립인가를 신청하기 전에 시장·군수등 및 추진위원회에 조합설립에 대한 반대의 의사표시를 한 추진위원회 동의자의 경우에는 그러하지 아니하다(법 제31조 제3항).

2 추진위원회의 기능

(1) **추진위원회의 업무**

추진위원회는 다음의 업무를 수행할 수 있다(법 제32조 제1항).

> ① 정비사업전문관리업자의 선정 및 변경
> ② 설계자의 선정 및 변경
> ③ 개략적인 정비사업 시행계획서의 작성
> ④ 조합설립인가를 받기 위한 준비업무
> ⑤ 그 밖에 조합설립을 추진하기 위하여 대통령령으로 정하는 업무

(2) **정비사업전문관리업자의 선정**

추진위원회가 정비사업전문관리업자를 선정하려는 경우에는 추진위원회 승인을 받은 후 경쟁입찰 또는 수의계약(2회 이상 경쟁입찰이 유찰된 경우로 한정)의 방법으로 선정하여야 한다(법 제32조 제2항).

(3) **창립총회 개최의무**

① **창립총회의 개최**: 추진위원회는 조합설립인가를 신청하기 전에 대통령령으로 정하는 방법 및 절차에 따라 조합설립을 위한 창립총회를 개최하여야 한다(법 제32조 제3항).

② **창립총회의 통지**: 추진위원회(추진위원회를 구성하지 않는 경우에는 조합설립을 추진하는 토지등소유자의 대표자를 말한다)는 창립총회 14일 전까지 회의목적·안건·일시·장소·참석자격 및 구비사항 등을 인터넷 홈페이지를 통해 공개하고, 토지등소유자에게 등기우편으로 발송·통지하여야 한다(영 제27조 제2항).

③ **창립총회의 소집**: 창립총회는 추진위원회 위원장(추진위원회를 구성하지 않는 경우에는 토지등소유자의 대표자를 말한다)의 직권 또는 토지등소유자 5분의 1 이상의 요구로 추진위원회 위원장이 소집한다. 다만, 토지등소유자 5분의 1 이상의 소집요구에도 불구하고 추진위원회 위원장이 2주 이상 소집요구에 응하지 않는 경우 소집요구한 자의 대표가 소집할 수 있다(영 제27조 제3항).

④ **창립총회의 업무**: 창립총회에서는 다음의 업무를 처리한다(영 제27조 제4항).

> ㉠ 조합정관의 확정
> ㉡ 조합임원의 선임
> ㉢ 대의원의 선임
> ㉣ 그 밖에 필요한 사항으로서 위 ②에 따라 사전에 통지한 사항

⑤ **창립총회의 의사결정**: 창립총회의 의사결정은 토지등소유자(재건축사업의 경우 조합설립에 동의한 토지등소유자로 한정)의 과반수 출석과 출석한 토지등소유자 과반수 찬성으로 결의한다. 다만, 조합임원 및 대의원의 선임은 확정된 정관에서 정하는 바에 따라 선출한다(영 제27조 제5항).

(4) **토지등소유자의 동의**

추진위원회가 수행하는 업무의 내용이 토지등소유자의 비용부담을 수반하거나 권리·의무에 변동을 발생시키는 경우로서 대통령령으로 정하는 사항에 대하여는 그 업무를 수행하기 전에 대통령령으로 정하는 비율 이상의 토지등소유자의 동의를 받아야 한다(법 제32조 제4항).

3 추진위원회의 조직 및 운영

(1) **조 직**

추진위원회는 추진위원회를 대표하는 추진위원장 1명과 감사를 두어야 한다(법 제33조 제1항).

(2) **운영규정**

국토교통부장관은 추진위원회의 공정한 운영을 위하여 다음의 사항을 포함한 추진위원회의 운영규정을 정하여 고시하여야 한다(법 제34조 제1항).

> ① 추진위원의 선임방법 및 변경
> ② 추진위원의 권리·의무
> ③ 추진위원회의 업무범위
> ④ 추진위원회의 운영방법
> ⑤ 토지등소유자의 운영경비 납부
> ⑥ 추진위원회 운영자금의 차입
> ⑦ 그 밖에 추진위원회의 운영에 필요한 사항으로서 대통령령으로 정하는 사항

(3) 경비의 납부

추진위원회는 운영규정에 따라 운영하여야 하며, 토지등소유자는 운영에 필요한 경비를 운영규정에 따라 납부하여야 한다(법 제34조 제2항).

(4) 포괄승계

추진위원회는 수행한 업무를 총회에 보고하여야 하며, 그 업무와 관련된 권리·의무는 조합이 포괄승계한다(법 제34조 제3항).

(5) 관련 서류의 인계

추진위원회는 사용경비를 기재한 회계장부 및 관계 서류를 조합설립인가일부터 30일 이내에 조합에 인계하여야 한다(법 제34조 제4항).

4 조합의 설립인가

(1) 조합설립의무

시장·군수등, 토지주택공사등 또는 지정개발자가 아닌 자가 정비사업을 시행하려는 경우에는 토지등소유자로 구성된 조합을 설립하여야 한다. 다만, 토지등소유자가 재개발사업을 시행하려는 경우에는 그러하지 아니하다(법 제35조 제1항).

(2) 재개발사업의 동의요건

재개발사업의 추진위원회(추진위원회를 구성하지 아니하는 경우에는 토지등소유자를 말한다)가 조합을 설립하려면 토지등소유자의 4분의 3 이상 및 토지면적의 2분의 1 이상의 토지소유자의 동의를 받아 다음의 사항을 첨부하여 정비구역 지정·고시 후 시장·군수등의 인가를 받아야 한다(법 제35조 제2항).

> ① 정관
> ② 정비사업비와 관련된 자료 등 국토교통부령으로 정하는 서류
> ③ 그 밖에 시·도조례로 정하는 서류

(3) 재건축사업의 동의요건

① 재건축사업의 추진위원회(추진위원회를 구성하지 아니하는 경우에는 토지등소유자를 말한다)가 조합을 설립하려는 때에는 주택단지의 공동주택의 각 동(복리시설의 경우에는 주택단지의 복리시설 전체를 하나의 동으로 본다)별 구분소유자의 과반수(복리시설로서 대통령령으로 정하는 경우에는 3분의 1 이상으로 한다) 동의(공동주택의 각 동별 구분소유자가 5 이하인 경우는 제외)와 주택단지의 전체 구분소유자의 100분의 70 이상 및 토지면적의 100분의 70 이상의 토지소유자의 동의를 받아 정관 등을 첨부하여 정비구역 지정·고시 후 시장·군수등의 인가를 받아야 한다(법 제35조 제3항).

② 주택단지가 아닌 지역이 정비구역에 포함된 때에는 주택단지가 아닌 지역의 토지 또는 건축물 소유자의 4분의 3 이상 및 토지면적의 3분의 2 이상의 토지소유자의 동의를 받아야 한다(법 제35조 제4항).

(4) 변경에 대한 동의요건

위 (2) 및 (3)의 ①(재개발사업과 주택단지에서 시행하는 재건축사업)에 따라 설립된 조합이 인가받은 사항을 변경하고자 하는 때에는 총회에서 조합원의 3분의 2 이상의 찬성으로 의결하고, 정관 등을 첨부하여 시장·군수등의 인가를 받아야 한다. 다만, 대통령령으로 정하는 다음의 경미한 사항을 변경하려는 때에는 총회의 의결 없이 시장·군수등에게 신고하고 변경할 수 있다(법 제35조 제5항, 영 제31조).

> ① 착오·오기 또는 누락임이 명백한 사항
> ② 조합의 명칭 및 주된 사무소의 소재지와 조합장의 성명 및 주소(조합장의 변경이 없는 경우로 한정한다)
> ③ 토지 또는 건축물의 매매 등으로 인하여 조합원의 권리가 이전된 경우의 조합원의 교체 또는 신규가입
> ④ 조합임원 또는 대의원의 변경(법 제45조에 따른 총회의 의결 또는 법 제46조에 따른 대의원회의 의결을 거친 경우로 한정한다)
> ⑤ 건설되는 건축물의 설계 개요의 변경
> ⑥ 정비사업비의 변경
> ⑦ 현금청산으로 인하여 정관에서 정하는 바에 따라 조합원이 변경되는 경우
> ⑧ 정비구역 또는 정비계획의 변경에 따라 변경되어야 하는 사항. 다만, 정비구역 면적이 10% 이상의 범위에서 변경되는 경우는 제외한다.

(5) 사업주체의 의제

조합이 정비사업을 시행하는 경우 「주택법」을 적용할 때에는 조합을 같은 법에 따른 사업주체로 보며, 조합설립인가일부터 같은 법에 따른 주택건설사업 등의 등록을 한 것으로 본다(법 제35조 제8항).

5 토지등소유자의 동의방법

(1) 동의방법

① 다음에 대한 동의(동의한 사항의 철회 또는 반대의 의사표시를 포함)는 서면동의서 또는 전자서명동의서를 제출하는 방법으로 한다. 이 경우 서면동의서는 토지등소유자가 성명을 적고 지장(指章)을 날인하는 방법으로 하며, 주민등록증, 여권 등 신원을 확인할 수 있는 신분증명서의 사본을 첨부하여야 한다(법 제36조 제1항).

> ㉠ 정비구역등 해제의 연장을 요청하는 경우
> ㉡ 정비구역의 해제에 동의하는 경우
> ㉢ 주거환경개선사업의 시행자를 토지주택공사등으로 지정하는 경우
> ㉣ 토지등소유자가 재개발사업을 시행하려는 경우
> ㉤ 재개발사업·재건축사업의 공공시행자 또는 지정개발자를 지정하는 경우
> ㉥ 조합설립을 위한 추진위원회를 구성하는 경우
> ㉦ 추진위원회의 업무가 토지등소유자의 비용부담을 수반하거나 권리·의무에 변동을 가져오는 경우
> ㉧ 조합을 설립하는 경우
> ㉨ 주민대표회의를 구성하는 경우
> ㉩ 사업시행계획인가를 신청하는 경우
> ㉪ 사업시행자가 사업시행계획서를 작성하려는 경우

② 토지등소유자가 해외에 장기체류하거나 법인인 경우 등 불가피한 사유가 있다고 시장·군수등이 인정하는 경우에는 토지등소유자의 인감도장을 찍은 서면동의서에 해당 인감증명서를 첨부하는 방법으로 할 수 있다(법 제36조 제2항).

③ 서면동의서 또는 전자서명동의서를 작성하는 경우 조합설립추진위원회 구성과 조합설립인가의 동의 규정에 해당하는 때에는 시장·군수등이 대통령령으로 정하는 방법에 따라 검인(檢印) 또는 확인한 동의서를 사용하여야 하며, 검인 또는 확인을 받지 아니한 동의서는 그 효력이 발생하지 아니한다(법 제36조 제3항).

(2) 산정방법

토지등소유자(토지면적에 관한 동의자 수를 산정하는 경우에는 토지소유자를 말한다)의 동의는 다음의 기준에 따라 산정한다(영 제33조 제1항).

① **주거환경개선사업, 재개발사업의 경우에는 다음의 기준에 의할 것**

> ㉠ 1필지의 토지 또는 하나의 건축물을 여럿이서 공유하는 경우에는 해당 토지 또는 건축물의 토지등소유자의 4분의 3 이상의 동의를 받아 이를 대표하는 1인을 토지등소유자로 산정할 것
> ㉡ 토지에 지상권이 설정되어 있는 경우 토지의 소유자와 해당 토지의 지상권자를 대표하는 1인을 토지등소유자로 산정할 것

        ⓒ 1인이 다수 필지의 토지 또는 다수의 건축물을 소유하고 있는 경우에는 필지나 건축물의 수에 관계없이 토지등소유자를 1인으로 산정할 것. 다만, 재개발사업으로서 토지등소유자가 재개발사업을 시행하는 경우 토지등소유자가 정비구역 지정 후에 정비사업을 목적으로 취득한 토지 또는 건축물에 대해서는 정비구역 지정 당시의 토지 또는 건축물의 소유자를 토지등소유자의 수에 포함하여 산정하되, 이 경우의 동의 여부는 이를 취득한 토지등소유자에 따른다.
        ⓔ 둘 이상의 토지 또는 건축물을 소유한 공유자가 동일한 경우에는 그 공유자 여럿을 대표하는 1인을 토지등소유자로 산정할 것

② 재건축사업의 경우에는 다음의 기준에 따를 것

        ⓐ 소유권 또는 구분소유권을 여럿이서 공유하는 경우에는 그 여럿을 대표하는 1인을 토지등소유자로 산정할 것
        ⓑ 1인이 둘 이상의 소유권 또는 구분소유권을 소유하고 있는 경우에는 소유권 또는 구분소유권의 수에 관계없이 토지등소유자를 1인으로 산정할 것
        ⓒ 둘 이상의 소유권 또는 구분소유권을 소유한 공유자가 동일한 경우에는 그 공유자 여럿을 대표하는 1인을 토지등소유자로 할 것

③ 추진위원회의 구성 또는 조합의 설립에 동의한 자로부터 토지 또는 건축물을 취득한 자는 추진위원회의 구성 또는 조합의 설립에 동의한 것으로 볼 것

④ 토지건물등기사항증명서, 건물등기사항증명서, 토지대장 또는 건축물관리대장에 소유자로 등재될 당시 주민등록번호의 기록이 없고 기록된 주소가 현재 주소와 다른 경우로서 소재가 확인되지 아니한 자는 토지등소유자의 수 또는 공유자 수에서 제외할 것

⑤ 국·공유지에 대해서는 그 재산관리청 각각을 토지등소유자로 산정할 것. 이 경우 재산관리청은 동의 요청을 받은 날부터 30일 이내에 동의 여부를 표시하지 않으면 동의한 것으로 본다.

⑥ 법 제12조 제2항 및 제36조 제1항 본문에 따른 동의(법 제26조 제1항 제8호, 제31조 제2항 및 제47조 제4항에 따라 의제된 동의를 포함)의 철회 또는 반대의사 표시의 시기는 다음의 기준에 따른다.

        ⓐ 동의의 철회 또는 반대의사의 표시는 해당 동의에 따른 인·허가 등을 신청하기 전까지 할 수 있다.
        ⓑ 위 ⓐ에도 불구하고 다음의 동의는 최초로 동의한 날부터 30일까지만 철회할 수 있다. 다만, 다음의 ⓑ의 동의는 최초로 동의한 날부터 30일이 지나지 아니한 경우에도 조합설립을 위한 창립총회 후에는 철회할 수 없다.
            ⓐ 법 제21조 제1항 제4호에 따른 정비구역의 해제에 대한 동의
            ⓑ 조합설립에 대한 동의(동의 후 조합설립인가신청의 방법 등의 사항이 변경되지 아니한 경우로 한정)

(3) 동의를 철회하거나 반대의 의사표시를 하려는 토지등소유자는 철회서에 토지등소유자가 성명을 적고 지장(指章)을 날인한 후 주민등록증 및 여권 등 신원을 확인할 수 있는 신분증명서 사본을 첨부하여 동의의 상대방 및 시장·군수등에게 내용증명의 방법으로 발송하여야 한다. 이 경우 시장·군수등이 철회서를 받은 때에는 지체 없이 동의의 상대방에게 철회서가 접수된 사실을 통지하여야 한다(영 제33조 제3항).

(4) 동의의 철회나 반대의 의사표시는 철회서가 동의의 상대방에게 도달한 때 또는 시장·군수등이 동의의 상대방에게 철회서가 접수된 사실을 통지한 때 중 빠른 때에 효력이 발생한다(영 제33조 제4항).

6 조합의 법인격 등

(1) 법적 성격

조합은 법인으로 한다(법 제38조 제1항).

(2) 성립시기

조합은 조합설립인가를 받은 날부터 30일 이내에 주된 사무소의 소재지에서 대통령령으로 정하는 다음의 사항을 등기하는 때에 성립한다(법 제38조 제2항, 영 제36조).

> ① 설립목적
> ② 조합의 명칭
> ③ 주된 사무소의 소재지
> ④ 설립인가일
> ⑤ 임원의 성명 및 주소
> ⑥ 임원의 대표권을 제한하는 경우에는 그 내용
> ⑦ 다음 **9** (5)의 단서에 따른 전문조합관리인을 선정한 경우에는 그 성명 및 주소

(3) 조합의 명칭

조합은 명칭에 '정비사업조합'이라는 문자를 사용하여야 한다(법 제38조 제3항).

(4) 민법의 준용

조합에 관하여는 이 법에 규정된 사항을 제외하고는 「민법」 중 사단법인에 관한 규정을 준용한다(법 제49조).

7 조합원의 자격 등

(1) 조합원의 자격

정비사업의 조합원(사업시행자가 신탁업자인 경우에는 위탁자를 말하며, 사업시행자가 토지주택공사등인 경우에는 제72조에 따른 분양신청을 할 수 있는 자를 말한다)은 토지등소유자(재건축사업의 경우에는 재건축사업에 동의한 자만 해당)로 하되, 다음에 해당하는 때에는 그 여러 명을 대표하는 1명을 조합원으로 본다(법 제39조 제1항).

> ① 토지 또는 건축물의 소유권과 지상권이 여러 명의 공유에 속하는 때
> ② 여러 명의 토지등소유자가 1세대에 속하는 때. 이 경우 동일한 세대별 주민등록표상에 등재되어 있지 아니한 배우자 및 미혼인 19세 미만의 직계비속은 1세대로 보며, 1세대로 구성된 여러 명의 토지등소유자가 조합설립인가 후 세대를 분리하여 동일한 세대에 속하지 아니하는 때에도 이혼 및 19세 이상 자녀의 분가(세대별 주민등록을 달리하고, 실거주지를 분가한 경우로 한정)를 제외하고는 1세대로 본다.
> ③ 조합설립인가(조합설립인가 전에 토지주택공사등 또는 신탁업자를 사업시행자로 지정한 경우에는 사업시행자의 지정을 말한다) 후 1명의 토지등소유자로부터 토지 또는 건축물의 소유권이나 지상권을 양수하여 여러 명이 소유하게 된 때

(2) 조합원의 지위 양도

「주택법」에 따른 투기과열지구로 지정된 지역에서 재건축사업을 시행하는 경우 조합설립인가 후, 재개발사업을 시행하는 경우에는 관리처분계획의 인가 후 해당 정비사업의 건축물 또는 토지를 양수(매매·증여, 그 밖의 권리의 변동을 수반하는 모든 행위를 포함하되, 상속·이혼으로 인한 양도·양수의 경우는 제외)한 자는 조합원이 될 수 없다. 다만, 양도인이 다음의 어느 하나에 해당하는 경우 그 양도인으로부터 그 건축물 또는 토지를 양수한 자는 그러하지 아니하다(법 제39조 제2항, 영 제37조 제1항).

> ① 세대원(세대주가 포함된 세대의 구성원을 말한다)의 근무상 또는 생업상의 사정이나 질병치료·취학·결혼으로 세대원이 모두 해당 사업구역에 위치하지 아니한 특별시·광역시·특별자치시·특별자치도·시 또는 군으로 이전하는 경우
> ② 상속으로 취득한 주택으로 세대원 모두 이전하는 경우
> ③ 세대원 모두 해외로 이주하거나 세대원 모두 2년 이상 해외에 체류하려는 경우
> ④ 1세대 1주택자로서 양도하는 주택에 대한 소유기간이 10년 이상 및 거주기간 5년 이상인 경우
> ⑤ 지분형주택을 공급받기 위하여 건축물 또는 토지를 토지주택공사등과 공유하려는 경우
> ⑥ 공공임대주택, 「공공주택 특별법」에 따른 공공분양주택의 공급 및 대통령령으로 정하는 사업을 목적으로 건축물 또는 토지를 양수하려는 공공재개발사업 시행자에게 양도하려는 경우
> ⑦ 그 밖에 불가피한 사정으로 양도하는 경우로서 대통령령으로 정하는 경우

(3) **손실보상**

사업시행자는 조합원의 자격을 취득할 수 없는 경우 정비사업의 토지, 건축물 또는 그 밖의 권리를 취득한 자에게 손실보상을 하여야 한다(법 제39조 제3항).

8 정관의 작성 및 변경 제26회, 제28회, 제29회, 제30회, 제34회

(1) **정관의 기재사항**

조합의 정관에는 다음의 사항이 포함되어야 한다(법 제40조 제1항).

① 조합의 명칭 및 사무소의 소재지
② 조합원의 자격
③ 조합원의 제명·탈퇴 및 교체
④ 정비구역의 위치 및 면적
⑤ 조합임원의 수 및 업무의 범위
⑥ 조합임원의 권리·의무·보수·선임방법·변경 및 해임
⑦ 대의원의 수, 선임방법, 선임절차 및 대의원회의 의결방법
⑧ 조합의 비용부담 및 조합의 회계
⑨ 정비사업의 시행연도 및 시행방법
⑩ 총회의 소집 절차·시기 및 의결방법
⑪ 총회의 개최 및 조합원의 총회소집 요구
⑫ 법 제73조 제3항(분양신청을 하지 아니한 자)에 따른 이자 지급
⑬ 정비사업비의 부담 시기 및 절차
⑭ 정비사업이 종결된 때의 청산절차
⑮ 청산금의 징수·지급의 방법 및 절차
⑯ 시공자·설계자의 선정 및 계약서에 포함될 내용
⑰ 정관의 변경절차

(2) **표준정관**

시·도지사는 표준정관을 작성하여 보급할 수 있다(법 제40조 제2항).

(3) **정관의 변경**

조합이 정관을 변경하려는 경우에는 총회를 개최하여 조합원 과반수의 찬성으로 시장·군수등의 인가를 받아야 한다. 다만, 조합원의 자격, 조합원의 제명·탈퇴 및 교체, 정비구역의 위치 및 면적, 조합의 비용부담 및 조합의 회계, 정비사업비의 부담 시기 및 절차 또는 시공자·설계자의 선정 및 계약서에 포함될 내용의 경우에는 조합원 3분의 2 이상의 찬성으로 한다(법 제40조 제3항).

> **예제**

도시 및 주거환경정비법령상 조합의 정관을 변경하기 위하여 총회에서 조합원 3분의 2 이상의 찬성을 요하는 사항이 아닌 것은? 제34회
① 정비구역의 위치 및 면적
② 조합의 비용부담 및 조합의 회계
③ 정비사업비의 부담시기 및 절차
④ 청산금의 징수·지급의 방법 및 절차
⑤ 시공자·설계자의 선정 및 계약서에 포함될 내용

해설 ④ 청산금의 징수·지급의 방법 및 절차에 관한 사항은 총회에서 조합원 3분의 2 이상의 찬성이 필요한 사항에 해당하지 않는다. ▶▶ 정답 ④

9 조합의 임원

(1) 조합의 임원

조합은 조합원으로서 정비구역에 위치한 건축물 또는 토지(재건축사업의 경우에는 건축물과 그 부속토지를 말한다)를 소유한 자(하나의 건축물 또는 토지의 소유권을 다른 사람과 공유한 경우에는 가장 많은 지분을 소유한 경우로 한정한다) 중 다음의 어느 하나의 요건을 갖춘 조합장 1명과 이사, 감사를 임원으로 둔다. 이 경우 조합장은 선임일부터 관리처분계획인가를 받을 때까지는 해당 정비구역에서 거주(영업을 하는 자의 경우 영업을 말한다)하여야 한다(법 제41조 제1항).

① 정비구역에 위치한 건축물 또는 토지를 5년 이상 소유할 것
② 정비구역에서 거주하고 있는 자로서 선임일 직전 3년 동안 정비구역에서 1년 이상 거주할 것

(2) 조합임원의 수

조합에 두는 이사의 수는 3명 이상으로 하고, 감사의 수는 1명 이상 3명 이하로 한다. 다만, 토지등소유자의 수가 100명을 초과하는 경우에는 이사의 수를 5명 이상으로 한다(영 제40조).

(3) 임원선출의 위탁

조합은 총회 의결을 거쳐 조합임원의 선출에 관한 선거관리를 「선거관리위원회법」에 따라 선거관리위원회에 위탁할 수 있다(법 제41조 제3항).

(4) 조합임원의 임기

조합임원의 임기는 3년 이하의 범위에서 정관으로 정하되, 연임할 수 있다(법 제41조 제4항).

(5) **조합임원의 선출방법**

조합임원의 선출방법 등은 정관으로 정한다. 다만, 시장·군수등은 다음의 어느 하나의 해당하는 경우 시·도조례로 정하는 바에 따라 변호사·회계사·기술사 등으로서 대통령령으로 정하는 요건을 갖춘 자를 전문조합관리인으로 선정하여 조합임원의 업무를 대행하게 할 수 있다(법 제41조 제5항).

> ① 조합임원이 사임, 해임, 임기만료, 그 밖에 불가피한 사유 등으로 직무를 수행할 수 없는 때부터 6개월 이상 선임되지 아니한 경우
> ② 총회에서 조합원 과반수의 출석과 출석 조합원 과반수의 동의로 전문조합관리인의 선정을 요청하는 경우

10 조합임원의 직무 등

(1) 조합장은 조합을 대표하고, 그 사무를 총괄하며, 총회 또는 대의원회의 의장이 된다(법 제42조 제1항).

(2) 조합장이 대의원회의 의장이 되는 경우에는 대의원으로 본다(법 제42조 제2항).

(3) 조합장 또는 이사가 자기를 위하여 조합과 계약이나 소송을 할 때에는 감사가 조합을 대표한다(법 제42조 제3항).

(4) 조합임원은 같은 목적의 정비사업을 하는 다른 조합의 임원 또는 직원을 겸할 수 없다(법 제42조 제4항).

11 조합임원 또는 전문조합관리인의 결격사유 및 해임 제23회

(1) **조합임원 또는 전문조합관리인의 결격사유**

다음의 어느 하나에 해당하는 자는 조합임원 또는 전문조합관리인이 될 수 없다(법 제43조 제1항).

> ① 미성년자·피성년후견인 또는 피한정후견인
> ② 파산선고를 받고 복권되지 아니한 자
> ③ 금고 이상의 실형을 선고받고 그 집행이 종료(종료된 것으로 보는 경우를 포함)되거나 집행이 면제된 날부터 2년이 지나지 아니한 자
> ④ 금고 이상의 형의 집행유예를 받고 그 유예기간 중에 있는 자
> ⑤ 이 법을 위반하여 벌금 100만원 이상의 형을 선고받고 10년이 지나지 아니한 자
> ⑥ 조합설립 인가권자에 해당하는 지방자치단체의 장, 지방의회의원 또는 그 배우자·직계존속·직계비속

(2) 임원의 퇴임

조합임원이 다음의 어느 하나에 해당하는 경우에는 당연 퇴임한다(법 제43조 제2항).

> ① 결격사유에 해당하게 되거나 선임 당시 그에 해당하는 자이었음이 밝혀진 경우
> ② 조합임원이 법 제41조 제1항에 따른 자격요건을 갖추지 못한 경우

(3) 퇴임 전 행위의 효력

퇴임된 임원이 퇴임 전에 관여한 행위는 그 효력을 잃지 아니한다(법 제43조 제3항).

(4) 조합임원의 해임

조합임원은 조합원 10분의 1 이상의 요구로 소집된 총회에서 조합원 과반수의 출석과 출석 조합원 과반수의 동의를 받아 해임할 수 있다. 이 경우 요구자 대표로 선출된 자가 해임 총회의 소집 및 진행을 할 때에는 조합장의 권한을 대행한다(법 제43조 제4항).

(5) 전문조합관리인의 선정

시장·군수등이 전문조합관리인을 선정한 경우 전문조합관리인이 업무를 대행할 임원은 당연 퇴임한다(법 제43조 제5항).

12 총회개최 및 의결사항 제30회

(1) 총회

조합에는 조합원으로 구성되는 총회를 둔다(법 제44조 제1항).

(2) 총회의 소집

① 총회는 조합장이 직권으로 소집하거나 조합원 5분의 1(정관의 기재사항 중 조합임원의 권리·의무·보수·선임방법·변경 및 해임에 관한 사항을 변경하기 위한 총회의 경우는 10분의 1) 이상 또는 대의원 3분의 2 이상의 요구로 조합장이 소집하며, 조합원 또는 대의원의 요구로 총회를 소집하는 경우 조합은 소집을 요구하는 자가 본인인지 여부를 대통령령으로 정하는 기준에 따라 정관으로 정하는 방법으로 확인하여야 한다(법 제44조 제2항).

② 조합임원의 사임, 해임 또는 임기만료 후 6개월 이상 조합임원이 선임되지 아니한 경우에는 시장·군수등이 조합임원 선출을 위한 총회를 소집할 수 있다(법 제44조 제3항).

(3) **총회의 의결사항**

다음의 사항은 총회의 의결을 거쳐야 한다(법 제45조 제1항).

> ① 정관의 변경(경미한 사항의 변경은 이 법 또는 정관에서 총회 의결사항으로 정한 경우로 한정)
> ② 자금의 차입과 그 방법·이자율 및 상환방법
> ③ 정비사업비의 세부 항목별 사용계획이 포함된 예산안 및 예산의 사용내역
> ④ 예산으로 정한 사항 외에 조합원에게 부담이 되는 계약
> ⑤ 시공자·설계자 및 감정평가법인등(시장·군수등이 선정·계약하는 감정평가법인등은 제외)의 선정 및 변경. 다만, 감정평가법인등 선정 및 변경은 총회의 의결을 거쳐 시장·군수등에게 위탁할 수 있다.
> ⑥ 정비사업전문관리업자의 선정 및 변경
> ⑦ 조합임원의 선임 및 해임
> ⑧ 정비사업비의 조합원별 분담내역
> ⑨ 사업시행계획서의 작성 및 변경(정비사업의 중지 또는 폐지에 관한 사항을 포함하며, 같은 항 단서에 따른 경미한 변경은 제외)
> ⑩ 관리처분계획의 수립 및 변경(경미한 변경은 제외)
> ⑪ 조합의 해산과 조합 해산 시의 회계보고
> ⑫ 청산금의 징수·지급(분할징수·분할지급을 포함)
> ⑬ 법 제93조(시행자가 부과하는 부과금)에 따른 비용의 금액 및 징수방법

(4) **총회에 상정**

총회의 의결사항 중 이 법 또는 정관에 따라 조합원의 동의가 필요한 사항은 총회에 상정하여야 한다(법 제45조 제2항).

(5) **총회의 의결정족수**

① 총회의 의결은 이 법 또는 정관에 다른 규정이 없으면 조합원 과반수의 출석과 출석 조합원의 과반수 찬성으로 한다(법 제45조 제3항).

② 사업시행계획서의 작성 및 변경(경미한 변경은 제외) 및 관리처분계획의 수립 및 변경(경미한 변경은 제외)의 경우에는 조합원 과반수의 찬성으로 의결한다. 다만, 정비사업비가 100분의 10(생산자물가상승률분, 분양신청을 하지 아니한 자에 대한 손실보상 금액은 제외) 이상 늘어나는 경우에는 조합원 3분의 2 이상의 찬성으로 의결하여야 한다(법 제45조 제4항).

(6) **의결권 행사방법**

조합원은 서면으로 의결권을 행사하거나 다음의 어느 하나에 해당하는 경우에는 대리인을 통하여 의결권을 행사할 수 있다. 서면으로 의결권을 행사하는 경우에는 정족수를 산정할 때에 출석한 것으로 본다(법 제45조 제5항).

> ① 조합원이 권한을 행사할 수 없어 배우자, 직계존비속 또는 형제자매 중에서 성년자를 대리인으로 정하여 위임장을 제출하는 경우
> ② 해외에 거주하는 조합원이 대리인을 지정하는 경우
> ③ 법인인 토지등소유자가 대리인을 지정하는 경우. 이 경우 법인의 대리인은 조합임원 또는 대의원으로 선임될 수 있다.

(7) 총회의 출석요건

총회의 의결은 조합원의 100분의 10 이상이 직접 출석[위 (6)의 ①~③의 어느 하나에 해당하여 대리인을 통하거나 전자적 방법으로 의결권을 행사하는 경우 직접 출석한 것으로 본다]하여야 한다. 다만, 시공자 선정을 의결하는 총회의 경우에는 조합원의 과반수가 직접 출석하여야 하고, 창립총회, 시공자 선정 취소를 위한 총회, 사업시행계획서의 작성 및 변경, 관리처분계획의 수립 및 변경, 정비사업비의 사용 및 변경을 의결하는 총회의 경우에는 조합원의 100분의 20 이상이 직접 출석하여야 한다(법 제45조 제10항).

13 대의원회 제32회

(1) 대의원회 설치(필수기관)

조합원의 수가 100명 이상인 조합은 대의원회를 두어야 한다(법 제46조 제1항).

(2) 대의원의 수

대의원회는 조합원의 10분의 1 이상으로 구성한다. 다만, 조합원의 10분의 1이 100명을 넘는 경우에는 조합원의 10분의 1의 범위에서 100명 이상으로 구성할 수 있다(법 제46조 제2항).

(3) 대의원의 자격 및 권한

① 조합장이 아닌 조합임원은 대의원이 될 수 없다(법 제46조 제3항).
② 대의원회는 총회의 의결사항 중 대통령령으로 정하는 다음의 사항 외에는 총회의 권한을 대행할 수 있다(법 제46조 제4항, 영 제43조).

> ㉠ 정관의 변경에 관한 사항
> ㉡ 자금의 차입과 그 방법·이자율 및 상환방법에 관한 사항
> ㉢ 예산으로 정한 사항 외에 조합원의 부담이 될 계약에 관한 사항
> ㉣ 시공자·설계자 또는 감정평가법인등의 선정 및 변경에 관한 사항(시장·군수등이 선정·계약하는 감정평가법인등은 제외)
> ㉤ 정비사업전문관리업자의 선정 및 변경에 관한 사항
> ㉥ 조합임원과 대의원의 선임 및 해임에 관한 사항. 다만, 정관이 정하는 바에 따라 임기 중 궐위된 자(조합장은 제외)를 보궐선임하는 경우는 제외한다.

Ⓐ 사업시행계획서의 작성 및 변경에 관한 사항(경미한 변경은 제외)
Ⓞ 관리처분계획의 수립 및 변경에 관한 사항(경미한 변경은 제외)
Ⓙ 법 제45조 제2항에 따라 총회에 상정하여야 하는 사항
Ⓒ 조합의 합병 또는 해산에 관한 사항. 다만, 사업완료로 인한 해산인 경우는 제외한다.
㉠ 영 제42조 제1항 제3호에 따라 건설되는 건축물의 설계개요의 변경에 관한 사항
㉤ 정비사업비의 변경에 관한 사항

(4) 대의원회 소집 및 의결

① 대의원은 조합원 중에서 선출한다(영 제44조 제1항).

② 대의원회의 소집은 집회 7일 전까지 그 회의의 목적·안건·일시 및 장소를 기재한 서면을 대의원에게 통지하는 방법에 따른다. 이 경우 정관이 정하는 바에 따라 대의원회의 소집내용을 공고하여야 한다(영 제44조 제7항).

③ 대의원회는 재적대의원 과반수의 출석과 출석대의원 과반수의 찬성으로 의결한다. 다만, 그 이상의 범위에서 정관이 달리 정하는 경우에는 그에 따른다(영 제44조 제8항).

④ 특정한 대의원의 이해와 관련된 사항에 대해서는 그 대의원은 의결권을 행사할 수 없다(영 제44조 제10항).

예제

도시 및 주거환경정비법령상 조합총회의 의결사항 중 대의원회가 대행할 수 없는 사항을 모두 고른 것은? 제32회

㉠ 조합임원의 해임
㉡ 사업완료로 인한 조합의 해산
㉢ 정비사업비의 변경
㉣ 정비사업전문관리업자의 선정 및 변경

① ㉠, ㉡, ㉢   ② ㉠, ㉡, ㉣
③ ㉠, ㉢, ㉣   ④ ㉡, ㉢, ㉣
⑤ ㉠, ㉡, ㉢, ㉣

해설 조합총회의 의결사항 중 대의원회가 대행할 수 없는 사항은 다음과 같다.
1. 조합임원의 해임(㉠)
2. 조합의 해산. 다만, 사업완료로 인한 해산인 경우는 제외한다.
3. 정비사업비의 변경(㉢)
4. 정비사업전문관리업자의 선정 및 변경(㉣)
따라서 ㉠㉢㉣은 대의원회가 총회의 권한을 대행할 수 없다.   ▶ 정답 ③

14 주민대표회의 제31회, 제32회, 제36회

(1) 구성의무

토지등소유자가 시장·군수등 또는 토지주택공사등의 사업시행을 원하는 경우에는 정비구역 지정·고시 후 주민대표기구(이하 '주민대표회의'라 한다)를 구성하여야 한다. 다만, 제26조 제4항에 따라 협약 등이 체결된 경우에는 정비구역 지정·고시 이전에 주민대표회의를 구성할 수 있다(법 제47조 제1항).

(2) 구성원 및 동의

① 주민대표회의는 위원장을 포함하여 5명 이상 25명 이하로 구성한다(법 제47조 제2항).
② 주민대표회의에는 위원장과 부위원장 각 1명과, 1명 이상 3명 이하의 감사를 둔다(영 제45조 제1항).
③ 주민대표회의는 토지등소유자의 과반수의 동의를 받아 구성하며, 국토교통부령으로 정하는 방법 및 절차에 따라 시장·군수등의 승인을 받아야 한다(법 제47조 제3항).

(3) 의견제시

주민대표회의 또는 세입자(상가세입자를 포함)는 사업시행자가 다음의 사항에 관하여 시행규정을 정하는 때에 의견을 제시할 수 있다. 이 경우 사업시행자는 주민대표회의 또는 세입자의 의견을 반영하기 위하여 노력하여야 한다(법 제47조 제5항).

> ① 건축물의 철거
> ② 주민의 이주(세입자의 퇴거에 관한 사항을 포함)
> ③ 토지 및 건축물의 보상(세입자에 대한 주거이전비 등 보상에 관한 사항을 포함)
> ④ 정비사업비의 부담
> ⑤ 세입자에 대한 임대주택의 공급 및 입주자격

(4) 운영방법

주민대표회의의 운영, 비용부담, 위원의 선임 방법 및 절차 등에 필요한 사항은 대통령령으로 정한다(법 제47조 제6항).

(5) 경비의 지원

시장·군수등 또는 토지주택공사등은 주민대표회의의 운영에 필요한 경비의 일부를 해당 정비사업비에서 지원할 수 있다(영 제45조 제3항).

15 토지등소유자 전체회의

(1) 의결사항

사업시행자로 지정된 신탁업자는 다음의 사항에 관하여 해당 정비사업의 토지등소유자(재건축사업의 경우에는 신탁업자를 사업시행자로 지정하는 것에 동의한 토지등소유자를 말한다) 전원으로 구성되는 회의(이하 '토지등소유자 전체회의'라 한다)의 의결을 거쳐야 한다(법 제48조 제1항).

① 시행규정의 확정 및 변경
② 정비사업비의 사용 및 변경
③ 정비사업전문관리업자와의 계약 등 토지등소유자의 부담이 될 계약
④ 시공자의 선정 및 변경
⑤ 정비사업비의 토지등소유자별 분담내역
⑥ 자금의 차입과 그 방법·이자율 및 상환방법
⑦ 사업시행계획서의 작성 및 변경(정비사업의 중지 또는 폐지에 관한 사항을 포함하며, 경미한 변경은 제외)
⑧ 관리처분계획의 수립 및 변경(경미한 변경은 제외)
⑨ 청산금의 징수·지급(분할징수·분할지급을 포함)과 조합해산 시의 회계보고
⑩ 제93조(시행자가 부과하는 부과금)에 따른 비용의 금액 및 징수방법

(2) 회의 소집

토지등소유자 전체회의는 사업시행자가 직권으로 소집하거나 토지등소유자 5분의 1 이상의 요구로 사업시행자가 소집한다(법 제48조 제2항).

05 사업시행계획 등

(1) 사업시행계획서의 작성 제31회

사업시행자는 정비계획에 따라 다음의 사항을 포함하는 사업시행계획서를 작성하여야 한다(법 제52조 제1항).

① 토지이용계획(건축물배치계획을 포함)
② 정비기반시설 및 공동이용시설의 설치계획
③ 임시거주시설을 포함한 주민이주대책
④ 세입자의 주거 및 이주 대책
⑤ 사업시행기간 동안의 정비구역 내 가로등 설치, 폐쇄회로 텔레비전 설치 등 범죄예방대책
⑥ 제10조에 따른 임대주택의 건설계획(재건축사업의 경우는 제외)

⑦ 제54조 제1항, 제101조의 5 및 제101조의 6에 따른 국민주택규모 주택의 건설계획(주거환경개선사업의 경우는 제외)
⑧ 공공지원민간임대주택 또는 임대관리 위탁주택의 건설계획(필요한 경우로 한정)
⑨ 건축물의 높이 및 용적률 등에 관한 건축계획
⑩ 정비사업의 시행과정에서 발생하는 폐기물의 처리계획
⑪ 교육시설의 교육환경 보호에 관한 계획(정비구역부터 200m 이내에 교육시설이 설치되어 있는 경우로 한정)
⑫ 정비사업비

(2) 사업시행계획의 동의

① **조합인 시행자**: 사업시행자(시장·군수등 또는 토지주택공사등은 제외)는 사업시행계획인가를 신청하기 전에 미리 총회의 의결을 거쳐야 하며, 인가받은 사항을 변경하거나 정비사업을 중지 또는 폐지하려는 경우에도 또한 같다. 다만, 경미한 사항의 변경은 총회의 의결을 필요로 하지 아니한다(법 제50조 제5항).

② **토지등소유자인 시행자**: 토지등소유자가 재개발사업을 시행하려는 경우에는 사업시행계획인가를 신청하기 전에 사업시행계획서에 대하여 토지등소유자의 4분의 3 이상 및 토지면적의 2분의 1 이상의 토지소유자의 동의를 받아야 한다. 다만, 인가받은 사항을 변경하려는 경우에는 규약으로 정하는 바에 따라 토지등소유자의 과반수의 동의를 받아야 하며, 경미한 사항의 변경인 경우에는 토지등소유자의 동의를 필요로 하지 아니한다(법 제50조 제6항).

③ **지정개발자인 시행자**: 지정개발자가 정비사업을 시행하려는 경우에는 사업시행계획인가를 신청하기 전에 토지등소유자의 과반수의 동의 및 토지면적의 2분의 1 이상의 토지소유자의 동의를 받아야 한다. 다만, 경미한 사항의 변경인 경우에는 토지등소유자의 동의를 필요로 하지 아니한다(법 제50조 제7항).

(3) 사업시행계획의 인가 제25회

① **인가신청**: 사업시행자(공동시행의 경우를 포함하되, 사업시행자가 시장·군수등인 경우는 제외)는 정비사업을 시행하려는 경우에는 사업시행계획서에 정관 등과 그 밖에 국토교통부령으로 정하는 서류를 첨부하여 시장·군수등에게 제출하고 사업시행계획인가를 받아야 하고, 인가받은 사항을 변경하거나 정비사업을 중지 또는 폐지하려는 경우에도 또한 같다. 다만, 대통령령으로 정하는 다음의 경미한 사항을 변경하려는 때에는 시장·군수등에게 신고하여야 한다(법 제50조 제1항, 영 제46조).

⊙ 정비사업비를 10%의 범위에서 변경하거나 관리처분계획의 인가에 따라 변경하는 때. 다만, 「주택법」 제2조 제5호에 따른 국민주택을 건설하는 사업인 경우에는 주택도시기금의 지원금액이 증가되지 아니하는 경우만 해당한다.
ⓛ 건축물이 아닌 부대시설·복리시설의 설치규모를 확대하는 때(위치가 변경되는 경우는 제외)
ⓒ 대지면적을 10%의 범위에서 변경하는 때
ⓔ 세대수와 세대당 주거전용면적을 변경하지 않고 세대당 주거전용면적의 10%의 범위에서 세대 내부구조의 위치 또는 면적을 변경하는 때
ⓜ 내장재료 또는 외장재료를 변경하는 때
ⓗ 사업시행계획인가의 조건으로 부과된 사항의 이행에 따라 변경하는 때
ⓢ 건축물의 설계와 용도별 위치를 변경하지 아니하는 범위에서 건축물의 배치 및 주택단지 안의 도로선형을 변경하는 때
ⓞ 사업시행자의 명칭 또는 사무소 소재지를 변경하는 때
ⓩ 정비구역 또는 정비계획의 변경에 따라 사업시행계획서를 변경하는 때
ⓚ 조합설립변경 인가에 따라 사업시행계획서를 변경하는 때
ⓣ 계산 착오, 오기, 누락이나 이에 준하는 명백한 오류에 해당하는 사항을 정정하는 때

② **통보**: 시장·군수등은 특별한 사유가 없으면 사업시행계획서의 제출이 있는 날부터 60일 이내에 인가 여부를 결정하여 사업시행자에게 통보하여야 한다(법 제50조 제4항).

③ **정비사업비의 예치**
  ㉠ 지정개발자의 예치: 시장·군수등은 재개발사업의 사업시행계획인가를 하는 경우 해당 정비사업의 사업시행자가 지정개발자(지정개발자가 토지등소유자인 경우로 한정)인 때에는 정비사업비의 100분의 20의 범위에서 시·도조례로 정하는 금액을 예치하게 할 수 있다(법 제60조 제1항).
  ㉡ 예치금 반환: 예치금은 청산금의 지급이 완료된 때에 이를 반환한다(법 제60조 제2항).

④ **공람과 의견청취**
  ㉠ 공람: 시장·군수등은 사업시행계획인가를 하거나 사업시행계획서를 작성하려는 경우에는 대통령령으로 정하는 방법 및 절차에 따라 관계 서류의 사본을 14일 이상 일반인이 공람할 수 있게 하여야 한다. 다만, 경미한 사항을 변경하려는 경우에는 그러하지 아니하다(법 제56조 제1항).
  ㉡ 의견제출: 토지등소유자 또는 조합원, 그 밖에 정비사업과 관련하여 이해관계를 가지는 자는 공람기간 이내에 시장·군수등에게 서면으로 의견을 제출할 수 있다(법 제56조 제2항).

ⓒ **의견채택**: 시장·군수등은 제출된 의견을 심사하여 채택할 필요가 있다고 인정하는 때에는 이를 채택하고, 그러하지 아니한 경우에는 의견을 제출한 자에게 그 사유를 알려주어야 한다(법 제56조 제3항).
⑤ **고시**: 시장·군수등은 사업시행계획인가(시장·군수등이 사업시행계획서를 작성한 경우를 포함)를 하거나 정비사업을 변경·중지 또는 폐지하는 경우에는 국토교통부령으로 정하는 방법 및 절차에 따라 그 내용을 해당 지방자치단체의 공보에 고시하여야 한다. 다만, 경미한 사항을 변경하려는 경우에는 그러하지 아니하다(법 제50조 제9항).

(4) **용적률 완화 및 국민주택규모 주택 건설의무**

① **재건축사업 등의 용적률 완화**: 사업시행자는 다음의 어느 하나에 해당하는 정비사업(도시재정비 촉진을 위한 특별법에 따른 재정비촉진지구에서 시행되는 재개발사업 및 재건축사업은 제외)을 시행하는 경우 정비계획(이 법에 따라 정비계획으로 의제되는 계획을 포함)으로 정하여진 용적률에도 불구하고 지방도시계획위원회의 심의를 거쳐 「국토의 계획 및 이용에 관한 법률」 및 관계 법률에 따른 용적률의 상한(이하 '법적상한용적률'이라 한다)까지 건축할 수 있다(법 제54조 제1항).

> ㉠ 「수도권정비계획법」에 따른 과밀억제권역에서 시행하는 재개발사업 및 재건축사업(국토의 계획 및 이용에 관한 법률에 따른 주거지역 및 대통령령으로 정하는 공업지역 한정)
> ㉡ 위 ㉠ 외의 경우 시·도조례로 정하는 지역에서 시행하는 재개발사업 및 재건축사업

② **국민주택규모 주택 건설의무**: 사업시행자는 법적상한용적률에서 정비계획으로 정하여진 용적률을 뺀 용적률(이하 '초과용적률'이라 한다)의 다음에 따른 비율에 해당하는 면적에 국민주택규모 주택을 건설하여야 한다. 다만, 법 제24조 제4항, 법 제26조 제1항 제1호 및 법 제27조 제1항 제1호(천재지변 등 불가피한 사유로 정비사업을 시행할 필요가 있다고 인정되는 때)에 따른 정비사업을 시행하는 경우에는 그러하지 아니하다(법 제54조 제4항).

> ㉠ 과밀억제권역에서 시행하는 재건축사업은 초과용적률의 100분의 30 이상 100분의 50 이하로서 시·도조례로 정하는 비율
> ㉡ 과밀억제권역에서 시행하는 재개발사업은 초과용적률의 100분의 50 이상 100분의 75 이하로서 시·도조례로 정하는 비율
> ㉢ 과밀억제권역 외의 지역에서 시행하는 재건축사업은 초과용적률의 100분의 50 이하로서 시·도조례로 정하는 비율
> ㉣ 과밀억제권역 외의 지역에서 시행하는 재개발사업은 초과용적률의 100분의 75 이하로서 시·도조례로 정하는 비율

③ **국민주택규모 주택의 인수자**: 사업시행자는 건설한 국민주택규모 주택을 국토교통부장관, 시·도지사, 시장, 군수, 구청장 또는 토지주택공사등(이하 '인수자'라 한다)에 공급하여야 한다(법 제55조 제1항).

④ **국민주택규모 주택의 공급가격**: 국민주택규모 주택의 공급가격은 「공공주택 특별법」에 따라 국토교통부장관이 고시하는 공공건설임대주택의 표준건축비로 하며, 부속토지는 인수자에게 기부채납한 것으로 본다(법 제55조 제2항).

⑤ **사전협의**: 사업시행자는 정비계획상 용적률을 초과하여 건축하려는 경우에는 사업시행계획인가를 신청하기 전에 미리 국민주택규모 주택에 관한 사항을 인수자와 협의하여 사업시행계획서에 반영하여야 한다(법 제55조 제3항).

⑥ **국민주택규모 주택의 활용**: 국민주택규모 주택의 인수를 위한 절차와 방법 등에 필요한 사항은 대통령령으로 정할 수 있으며, 인수된 국민주택규모 주택은 대통령령으로 정하는 장기공공임대주택으로 활용하여야 한다. 다만, 토지등소유자의 부담 완화 등 대통령령으로 정하는 요건에 해당하는 경우에는 인수된 국민주택규모 주택을 장기공공임대주택이 아닌 임대주택으로 활용할 수 있다(법 제55조 제4항).

(5) **다른 법률의 인가·허가 등의 의제**

① **인·허가 등의 의제**: 사업시행자가 사업시행계획인가를 받은 때(시장·군수등이 직접 정비사업을 시행하는 경우에는 사업시행계획서를 작성한 때를 말한다)에는 다음의 인가·허가·결정·승인·신고·등록·협의·동의·심사·지정 또는 해제(이하 '인·허가 등'이라 한다)가 있은 것으로 보며, 사업시행계획인가의 고시가 있은 때에는 다음의 관계 법률에 따른 인·허가등의 고시·공고 등이 있은 것으로 본다(법 제57조 제1항).

> ㉠ 「주택법」에 따른 사업계획의 승인
> ㉡ 「공공주택 특별법」에 따른 주택건설사업계획의 승인
> ㉢ 「건축법」에 따른 건축허가, 같은 법에 따른 가설건축물의 건축허가 또는 축조신고 및 같은 법에 따른 건축협의
> ㉣ 「도로법」에 따른 도로관리청이 아닌 자에 대한 도로공사 시행의 허가 및 같은 법에 따른 도로의 점용 허가
> ㉤ 「사방사업법」에 따른 사방지의 지정해제
> ㉥ 「농지법」에 따른 농지전용의 허가·협의 및 같은 법 제35조에 따른 농지전용신고
> ㉦ 「산지관리법」에 따른 산지전용허가 및 산지전용신고, 같은 법에 따른 산지일시사용허가·신고와 「산림자원의 조성 및 관리에 관한 법률」에 따른 입목벌채 등의 허가·신고 및 「산림보호법」 및 같은 조에 따른 산림보호구역에서의 행위의 허가. 다만, 「산림자원의 조성 및 관리에 관한 법률」에 따른 채종림·시험림과 「산림보호법」에 따른 산림유전자원보호구역의 경우는 제외한다.
> ㉧ 「하천법」에 따른 하천공사 시행의 허가 및 하천공사실시계획의 인가, 같은 법에 따른 하천의 점용허가 및 같은 법에 따른 하천수의 사용허가

> ㉨ 「수도법」에 따른 일반수도사업의 인가 및 같은 법에 따른 전용상수도 또는 전용공업용수도 설치의 인가
> ㉩ 「하수도법」에 따른 공공하수도 사업의 허가 및 같은 법에 따른 개인하수처리시설의 설치신고
> ㉪ 「공간정보의 구축 및 관리 등에 관한 법률」에 따른 지도 등의 간행 심사
> ㉫ 「유통산업발전법」에 따른 대규모점포 등의 등록
> ㉬ 「국유재산법」에 따른 사용허가(재개발사업으로 한정)
> ㉭ 「공유재산 및 물품 관리법」에 따른 사용·수익허가(재개발사업으로 한정)
> ㉮ 「공간정보의 구축 및 관리 등에 관한 법률」에 따른 사업의 착수·변경의 신고
> ㉯ 「국토의 계획 및 이용에 관한 법률」에 따른 도시·군계획시설 사업시행자의 지정 및 같은 법에 따른 실시계획의 인가
> ㉰ 「전기안전관리법」에 따른 자가용전기설비의 공사계획의 인가 및 신고
> ㉱ 「소방시설 설치 및 관리에 관한 법률」에 따른 건축허가 등의 동의, 「위험물안전관리법」에 따른 제조소 등의 설치의 허가(제조소 등은 공장건축물 또는 그 부속시설과 관계있는 것으로 한정)

② **공장이 포함된 구역에 대한 특례**: 사업시행자가 공장이 포함된 구역에 대하여 재개발사업의 사업시행계획인가를 받은 때에는 인·허가등 외에 다음의 인·허가 등이 있은 것으로 보며, 사업시행계획인가를 고시한 때에는 다음의 관계 법률에 따른 인·허가 등의 고시·공고 등이 있은 것으로 본다(법 제57조 제2항).

> ㉠ 「산업집적활성화 및 공장설립에 관한 법률」에 따른 공장설립 등의 승인 및 공장설립 등의 완료신고
> ㉡ 「폐기물관리법」에 따른 폐기물처리시설의 설치승인 또는 설치신고(변경승인 또는 변경신고를 포함)
> ㉢ 「대기환경보전법」, 「물환경보전법」 및 「소음·진동관리법」에 따른 배출시설 설치의 허가 및 신고
> ㉣ 「총포·도검·화약류 등의 안전관리에 관한 법률」에 따른 화약류저장소 설치의 허가

(6) **사업시행계획인가의 특례**

① **존치 또는 리모델링의 특례**: 사업시행자는 일부 건축물의 존치 또는 리모델링(주택법 또는 건축법에 따른 리모델링을 말한다)에 관한 내용이 포함된 사업시행계획서를 작성하여 사업시행계획인가를 신청할 수 있다. 이 경우 시장·군수등은 존치 또는 리모델링 하는 건축물 및 건축물이 있는 토지가 「주택법」 및 「건축법」에 따른 다음의 건축 관련 기준에 적합하지 아니하더라도 대통령령으로 정하는 기준에 따라 사업시행계획인가를 할 수 있다(법 제58조 제1항·제2항).

㉠ 「주택법」의 규정에 따른 주택단지의 범위
㉡ 「주택법」의 규정에 따른 부대시설 및 복리시설의 설치 기준
㉢ 「건축법」의 규정에 따른 대지와 도로의 관계
㉣ 「건축법」의 규정에 따른 건축선의 지정
㉤ 「건축법」의 규정에 따른 일조 등의 확보를 위한 건축물의 높이 제한

② **동의요건**: 사업시행자가 사업시행계획서를 작성하려는 경우에는 존치 또는 리모델링하는 건축물 소유자의 동의(집합건물의 소유 및 관리에 관한 법률에 따른 구분소유자가 있는 경우에는 구분소유자의 3분의 2 이상의 동의와 해당 건축물 연면적의 3분의 2 이상의 구분소유자의 동의로 한다)를 받아야 한다. 다만, 정비계획에서 존치 또는 리모델링하는 것으로 계획된 경우에는 그러하지 아니한다(법 제58조 제3항).

예제

도시 및 주거환경정비법령상 사업시행계획 등에 관한 설명으로 틀린 것은? 제25회 수정

① 시장·군수등은 재개발사업의 사업시행계획인가를 하는 경우 해당 정비사업의 사업시행자가 지정개발자인 때에는 정비사업비의 100분의 30의 금액을 예치하게 할 수 있다.
② 사업시행계획서에는 사업시행기간 동안의 정비구역 내 가로등 설치, 폐쇄회로 텔레비전 설치 등 범죄예방대책이 포함되어야 한다.
③ 시장·군수등은 사업시행계획인가를 하려는 경우 정비구역으로부터 200m 이내에 교육시설이 설치되어 있는 때에는 해당 지방자치단체의 교육감 또는 교육장과 협의하여야 한다.
④ 사업시행자는 일부 건축물의 존치 또는 리모델링에 관한 내용이 포함된 사업시행계획서를 작성하여 사업시행계획인가를 신청할 수 있다.
⑤ 사업시행자가 사업시행계획인가를 받은 후 대지면적을 10%의 범위 안에서 변경하는 경우 시장·군수등에게 신고하여야 한다.

해설 ① 시장·군수등은 재개발사업의 사업시행계획인가를 하는 경우 해당 정비사업의 사업시행자가 지정개발자(지정개발자가 토지등소유자인 경우로 한정)인 때에는 정비사업비의 100분의 20의 범위에서 시·도조례로 정하는 금액을 예치하게 할 수 있다. ▶ 정답 ①

06 정비사업시행을 위한 조치

1 임시거주시설 설치 제28회, 제36회

(1) **임시거주시설 설치의무**

사업시행자는 주거환경개선사업 및 재개발사업의 시행으로 철거되는 주택의 소유자 또는 세입자에게 해당 정비구역 안과 밖에 위치한 임대주택 등의 시설에 임시로 거주하게 하거나 주택자금의 융자를 알선하는 등 임시거주에 상응하는 조치를 하여야 한다(법 제61조 제1항).

(2) **토지의 일시 사용**

사업시행자는 임시거주시설의 설치 등을 위하여 필요한 때에는 국가·지방자치단체, 그 밖의 공공단체 또는 개인의 시설이나 토지를 일시 사용할 수 있다(법 제61조 제2항).

(3) **국·공유지의 무상사용**

국가 또는 지방자치단체는 사업시행자로부터 임시거주시설에 필요한 건축물이나 토지의 사용신청을 받은 때에는 다음의 사유가 없으면 이를 거절하지 못한다. 이 경우 사용료 또는 대부료는 면제한다(법 제61조 제3항, 영 제53조).

① 제3자와 이미 매매계약을 체결한 경우
② 사용신청 이전에 사용계획이 확정된 경우
③ 제3자에게 이미 사용허가를 한 경우

(4) **원상회복**

사업시행자는 정비사업의 공사를 완료한 때에는 완료한 날부터 30일 이내에 임시거주시설을 철거하고, 사용한 건축물이나 토지를 원상회복하여야 한다(법 제61조 제4항).

(5) **손실보상**

① **협의**: 사업시행자는 공공단체(지방자치단체는 제외) 또는 개인의 시설이나 토지를 일시 사용함으로써 손실을 입은 자가 있는 경우에는 손실을 보상하여야 하며, 손실을 보상하는 경우에는 손실을 입은 자와 협의하여야 한다(법 제62조 제1항).

② **재결신청**: 사업시행자 또는 손실을 입은 자는 손실보상에 관한 협의가 성립되지 아니하거나 협의할 수 없는 경우에는 「공익사업을 위한 토지 등의 취득 및 보상에 관한 법률」에 따라 설치되는 관할 토지수용위원회에 재결을 신청할 수 있다(법 제62조 제2항).

③ **「공익사업을 위한 토지 등의 취득 및 보상에 관한 법률」 준용**: 손실보상은 이 법에 규정된 사항을 제외하고는 「공익사업을 위한 토지 등의 취득 및 보상에 관한 법률」을 준용한다(법 제62조 제3항).

2 임시상가의 설치

재개발사업의 사업시행자는 사업시행으로 이주하는 상가세입자가 사용할 수 있도록 정비구역 또는 정비구역 인근에 임시상가를 설치할 수 있다(법 제61조 제5항).

3 재건축사업의 매도청구

(1) 매도청구 대상

재건축사업의 사업시행자는 사업시행계획인가의 고시가 있은 날부터 30일 이내에 다음의 자에게 조합설립 또는 사업시행자의 지정에 관한 동의 여부를 회답할 것을 서면으로 촉구하여야 한다(법 제64조 제1항).

> ① 조합설립에 동의하지 아니한 자
> ② 시장·군수등, 토지주택공사등 또는 신탁업자의 사업시행자 지정에 동의하지 아니한 자

(2) 의견 회답기간

촉구를 받은 토지등소유자는 촉구를 받은 날부터 2개월 이내에 회답하여야 한다(법 제64조 제2항).

(3) 매도청구 기간

회답기간이 지나면 사업시행자는 그 기간이 만료된 때부터 2개월 이내에 조합설립 또는 사업시행자 지정에 동의하지 아니하겠다는 뜻을 회답한 토지등소유자와 건축물 또는 토지만 소유한 자에게 건축물 또는 토지의 소유권과 그 밖의 권리를 매도할 것을 청구할 수 있다(법 제64조 제4항).

4 주거환경개선사업의 특례

(1) 국민주택채권 매입의 면제

주거환경개선사업에 따른 건축허가를 받은 때와 부동산등기(소유권 보존등기 또는 이전등기로 한정)를 하는 때에는 「주택도시기금법」의 국민주택채권의 매입에 관한 규정을 적용하지 아니한다(법 제68조 제1항).

(2) 도시·군계획시설의 설치기준

주거환경개선구역에서 「국토의 계획 및 이용에 관한 법률」에 따른 도시·군계획시설의 결정·구조 및 설치의 기준 등에 필요한 사항은 국토교통부령으로 정하는 바에 따른다(법 제68조 제2항).

(3) 건축법 적용의 특례

사업시행자는 주거환경개선구역에서 다음의 어느 하나에 해당하는 사항은 시·도조례로 정하는 바에 따라 기준을 따로 정할 수 있다(법 제68조 제3항).

> ① 「건축법」에 따른 대지와 도로의 관계(소방활동에 지장이 없는 경우로 한정)
> ② 「건축법」에 따른 건축물의 높이 제한(사업시행자가 공동주택을 건설·공급하는 경우로 한정)

(4) 다른 법령의 적용

① **원칙**: 주거환경개선구역은 해당 정비구역의 지정·고시가 있은 날부터 「국토의 계획 및 이용에 관한 법률」에 따라 주거지역을 세분하여 정하는 지역 중 다음의 구분에 따른 지역으로 결정·고시된 것으로 본다(법 제69조 제1항, 영 제58조 제1항).

> ㉠ 정비사업이 현지개량방법 또는 환지방법으로 시행되는 경우: 「국토의 계획 및 이용에 관한 법률 시행령」에 따른 제2종 일반주거지역
> ㉡ 정비사업이 수용방법 또는 관리처분방법으로 시행되는 경우: 「국토의 계획 및 이용에 관한 법률 시행령」에 따른 제3종 일반주거지역. 다만, 공공지원민간임대주택 또는 「공공주택 특별법」에 따른 공공건설임대주택을 200세대 이상 공급하려는 경우로서 해당 임대주택의 건설지역을 포함하여 정비계획에서 따로 정하는 구역은 「국토의 계획 및 이용에 관한 법률 시행령」에 따른 준주거지역으로 한다.

② **예외**: 다음에 해당하는 경우에는 그러하지 아니하다(법 제69조 제1항).

> ㉠ 해당 정비구역이 「개발제한구역의 지정 및 관리에 관한 특별조치법」에 따라 결정된 개발제한구역인 경우
> ㉡ 시장·군수등이 주거환경개선사업을 위하여 필요하다고 인정하여 해당 정비구역의 일부분을 종전 용도지역을 그대로 유지하거나 동일면적 범위에서 위치를 변경하는 내용으로 정비계획을 수립한 경우
> ㉢ 시장·군수등이 주거지역을 세분 또는 변경하는 계획과 용적률에 관한 사항을 포함하는 정비계획을 수립한 경우

5 소유자의 확인이 곤란한 건축물 등에 대한 처분

(1) 공고 및 공탁

사업시행자는 다음에서 정하는 날 현재 건축물 또는 토지의 소유자의 소재 확인이 현저히 곤란한 때에는 전국적으로 배포되는 둘 이상의 일간신문에 2회 이상 공고하고, 공고한 날부터 30일 이상이 지난 때에는 그 소유자의 해당 건축물 또는 토지의 감정평가액에 해당하는 금액을 법원에 공탁하고 정비사업을 시행할 수 있다(법 제71조 제1항).

① 조합이 사업시행자가 되는 경우에는 조합설립인가일
② 토지등소유자가 시행하는 재개발사업의 경우에는 사업시행계획인가일
③ 시장·군수등, 토지주택공사등이 정비사업을 시행하는 경우에는 시행자 지정 고시일
④ 지정개발자를 사업시행자로 지정하는 경우에는 시행자 지정 고시일

(2) 조합원 공동소유인 토지

① 재건축사업을 시행하는 경우 조합설립인가일 현재 조합원 전체의 공동소유인 토지 또는 건축물은 조합 소유의 토지 또는 건축물로 본다(법 제71조 제2항).
② 조합 소유로 보는 토지 또는 건축물의 처분에 관한 사항은 관리처분계획에 명시하여야 한다(법 제71조 제3항).

07 관리처분계획 등 제27회, 제28회, 제29회, 제30회, 제31회, 제32회, 제33회, 제34회, 제35회

1 분양신청

(1) 분양통지 및 공고

① 사업시행자는 사업시행계획인가의 고시가 있은 날(사업시행계획인가 이후 시공자를 선정한 경우에는 시공자와 계약을 체결한 날)부터 90일(1회에 한하여 30일의 범위에서 연장할 수 있다) 이내에 다음의 사항을 토지등소유자에게 통지하고, 분양의 대상이 되는 대지 또는 건축물의 내역 등 대통령령으로 정하는 사항을 해당 지역에서 발간되는 일간신문에 공고하여야 한다. 다만, 토지등소유자 1인이 시행하는 재개발사업의 경우에는 그러하지 아니하다(법 제72조 제1항).

㉠ 분양대상자별 종전의 토지 또는 건축물의 명세 및 사업시행계획인가의 고시가 있은 날을 기준으로 한 가격(사업시행계획인가 전에 철거된 건축물은 시장·군수등에게 허가를 받은 날을 기준으로 한 가격)
㉡ 분양대상자별 분담금의 추산액
㉢ 분양신청기간
㉣ 그 밖에 대통령령으로 정하는 사항

② 분양신청기간은 통지한 날부터 30일 이상 60일 이내로 하여야 한다. 다만, 사업시행자는 관리처분계획의 수립에 지장이 없다고 판단하는 경우에는 분양신청기간을 20일의 범위에서 한 차례만 연장할 수 있다(법 제72조 제2항).

③ 대지 또는 건축물에 대한 분양을 받으려는 토지등소유자는 분양신청기간에 대통령령으로 정하는 방법 및 절차에 따라 사업시행자에게 대지 또는 건축물에 대한 분양신청을 하여야 한다(법 제72조 제3항).

④ 사업시행자는 분양신청기간 종료 후 사업시행계획인가의 변경(경미한 사항의 변경은 제외)으로 세대수 또는 주택규모가 달라지는 경우 분양공고 등의 절차를 다시 거칠 수 있다(법 제72조 제4항).

⑤ 사업시행자는 정관 등으로 정하고 있거나 총회의 의결을 거친 경우 토지등소유자에게 분양신청을 다시 하게 할 수 있다(법 제72조 제5항).

⑥ 투기과열지구의 정비사업에서 관리처분계획에 따라 분양대상자 및 그 세대에 속한 자는 분양대상자 선정일(조합원 분양분의 분양대상자는 최초 관리처분계획 인가일을 말한다)부터 5년 이내에는 투기과열지구에서 분양신청을 할 수 없다. 다만, 상속, 결혼, 이혼으로 조합원 자격을 취득한 경우에는 분양신청을 할 수 있다(법 제72조 제6항).

(2) 분양신청의 절차

① **분양신청방법**: 분양신청을 하려는 자는 분양신청서에 소유권의 내역을 분명하게 적고, 그 소유의 토지 및 건축물에 관한 등기부등본 또는 환지예정지증명원을 첨부하여 사업시행자에게 제출하여야 한다. 이 경우 우편의 방법으로 분양신청을 하는 때에는 분양신청기간 내에 발송된 것임을 증명할 수 있는 우편으로 하여야 한다(영 제59조 제4항).

② **추가분양신청**: 재개발사업의 경우 토지등소유자가 정비사업에 제공되는 종전의 토지 또는 건축물에 따라 분양받을 수 있는 것 외에 공사비 등 사업시행에 필요한 비용의 일부를 부담하고 그 대지 및 건축물(주택은 제외한다)을 분양받으려는 때에는 분양신청을 하는 때에 그 의사를 분명히 하고, 분양대상자별 종전의 토지 또는 건축물의 명세 및 사업시행계획인가의 고시가 있은 날을 기준으로 한 가격의 10%에 상당하는 금액을 사업시행자에게 납입하여야 한다. 이 경우 그 금액은 납입하였으나 비용부담액을 정하여진 시기에 납입하지 아니한 자는 그 납입한 금액의 비율에 해당하는 만큼의 대지 및 건축물(주택을 제외한다)에 한하여 분양을 받을 수 있다(영 제59조 제5항).

(3) 손실보상에 관한 협의

① 사업시행자는 관리처분계획이 인가·고시된 다음 날부터 90일 이내에 다음에서 정하는 자와 토지, 건축물 또는 그 밖의 권리의 손실보상에 관한 협의를 하여야 한다. 다만, 사업시행자는 분양신청기간 종료일의 다음 날부터 협의를 시작할 수 있다(법 제73조 제1항).

㉠ 분양신청을 하지 아니한 자
　　㉡ 분양신청기간 종료 이전에 분양신청을 철회한 자
　　㉢ 위 (1)의 ⑥ 본문에 따라 분양신청을 할 수 없는 자
　　㉣ 인가된 관리처분계획에 따라 분양대상에서 제외된 자

② 사업시행자는 위 ①에 따른 협의가 성립되지 아니하면 그 기간의 만료일 다음 날부터 60일 이내에 수용재결을 신청하거나 매도청구소송을 제기하여야 한다(법 제73조 제2항).

③ 사업시행자는 위 ②에 따른 기간을 넘겨서 수용재결을 신청하거나 매도청구소송을 제기한 경우에는 해당 토지등소유자에게 지연일수(遲延日數)에 따른 이자를 지급하여야 한다. 이 경우 이자는 100분의 15 이하의 범위에서 대통령령으로 정하는 이율을 적용하여 산정한다(법 제73조 제3항).

2 관리처분계획의 수립

(1) 관리처분계획의 내용

사업시행자는 분양신청기간이 종료된 때에는 분양신청의 현황을 기초로 다음의 사항이 포함된 관리처분계획을 수립하여 시장·군수등의 인가를 받아야 하며, 관리처분계획을 변경·중지 또는 폐지하려는 경우에도 또한 같다. 다만, 대통령령으로 정하는 경미한 사항을 변경하려는 경우에는 시장·군수등에게 신고하여야 한다(법 제74조 제1항). 이 경우 시장·군수등은 신고를 받은 날부터 20일 이내에 신고수리 여부를 신고인에게 통지하여야 한다(법 제74조 제2항).

① 분양설계

② 분양대상자의 주소 및 성명

③ 분양대상자별 분양예정인 대지 또는 건축물의 추산액(임대관리 위탁주택에 관한 내용을 포함)

④ 다음에 해당하는 보류지 등의 명세와 추산액 및 처분방법. 다만, 아래 ㉡의 경우에는 임대사업자의 성명 및 주소(법인인 경우에는 법인의 명칭 및 소재지와 대표자의 성명 및 주소)를 포함한다.

　　㉠ 일반 분양분
　　㉡ 공공지원민간임대주택
　　㉢ 임대주택
　　㉣ 그 밖의 부대·복리시설 등

⑤ 분양대상자별 종전의 토지 또는 건축물 명세 및 사업시행계획인가 고시가 있는 날을 기준으로 한 가격(사업시행계획인가 전에 철거된 건축물은 시장·군수등에게 허가를 받은 날을 기준으로 한 가격)

⑥ 정비사업비의 추산액(재건축사업의 경우에는 재건축초과이익 환수에 관한 법률에 따른 재건축부담금에 관한 사항을 포함) 및 그에 따른 조합원 분담규모 및 분담시기

⑦ 분양대상자의 종전 토지 또는 건축물에 관한 소유권 외의 권리명세

⑧ 세입자별 손실보상을 위한 권리명세 및 그 평가액

(2) 관리처분계획 작성 시 재산평가방법

정비사업에서 분양대상자별 분양예정인 대지 또는 건축물의 추산액, 분양대상자별 종전의 토지 또는 건축물의 명세 및 사업시행계획인가의 고시가 있는 날을 기준으로 한 가격 또는 세입자별 손실보상을 위한 권리명세 및 그 평가액 등 재산 또는 권리를 평가할 때에는 다음의 방법에 따른다(법 제74조 제4항).

① 「감정평가 및 감정평가사에 관한 법률」에 따른 감정평가법인등 중 다음의 구분에 따른 감정평가법인등이 평가한 금액을 산술평균하여 산정한다. 다만, 관리처분계획을 변경·중지 또는 폐지하려는 경우 분양예정 대상인 대지 또는 건축물의 추산액과 종전의 토지 또는 건축물의 가격은 사업시행자 및 토지등소유자 전원이 합의하여 산정할 수 있다.

> ㉠ 주거환경개선사업 또는 재개발사업 : 시장·군수등이 선정·계약한 2인 이상의 감정평가법인등
> ㉡ 재건축사업 : 시장·군수등이 선정·계약한 1인 이상의 감정평가법인등과 조합총회의 의결로 선정·계약한 1인 이상의 감정평가법인등

② 시장·군수등은 감정평가법인등을 선정·계약하는 경우 감정평가법인등의 업무수행능력, 소속 감정평가사의 수, 감정평가 실적, 법규 준수 여부, 평가계획의 적정성 등을 고려하여 객관적이고 투명한 절차에 따라 선정하여야 한다. 이 경우 감정평가법인등의 선정·절차 및 방법 등에 필요한 사항은 시·도조례로 정한다.

③ 사업시행자는 감정평가를 하려는 경우 시장·군수등에게 감정평가법인등의 선정·계약을 요청하고 감정평가에 필요한 비용을 미리 예치하여야 한다. 시장·군수등은 감정평가가 끝난 경우 예치된 금액에서 감정평가 비용을 직접 지급한 후 나머지 비용을 사업시행자와 정산하여야 한다.

(3) 관리처분의 방법

① 주거환경개선사업 및 재개발사업의 경우 관리처분은 다음의 방법 및 기준에 따른다(영 제63조 제1항).

㉠ 시·도조례로 분양주택의 규모를 제한하는 경우에는 그 규모 이하로 주택을 공급할 것
㉡ 1개의 건축물의 대지는 1필지의 토지가 되도록 정할 것. 다만, 주택단지의 경우에는 그러하지 아니하다.
㉢ 정비구역의 토지등소유자(지상권자를 제외한다. 이하 같다)에게 분양할 것. 다만, 공동주택을 분양하는 경우 시·도조례로 정하는 금액·규모·취득시기 또는 유형에 대한 기준에 부합하지 아니하는 토지등소유자는 시·도조례로 정하는 바에 따라 분양대상에서 제외할 수 있다.
㉣ 1필지의 대지 및 그 대지에 건축된 건축물(법 제79조 제4항 전단에 따라 보류지로 정하거나 조합원 외의 자에게 분양하는 부분은 제외)을 2인 이상에게 분양하는 때에는 기존의 토지 및 건축물의 가격(제93조에 따라 사업시행방식이 전환된 경우에는 환지예정지의 권리가액을 말한다)과 제59조 제4항 및 제62조 제3호에 따라 토지등소유자가 부담하는 비용(재개발사업의 경우에만 해당한다)의 비율에 따라 분양할 것
㉤ 분양대상자가 공동으로 취득하게 되는 건축물의 공용부분은 각 권리자의 공유로 하되, 당해 공용부분에 대한 각 권리자의 지분비율은 그가 취득하게 되는 부분의 위치 및 바닥면적 등의 사항을 고려하여 정할 것
㉥ 1필지의 대지 위에 2인 이상에게 분양될 건축물이 설치된 경우에는 건축물의 분양면적의 비율에 따라 그 대지소유권이 주어지도록 할 것(주택과 그 밖의 용도의 건축물이 함께 설치된 경우에는 건축물의 용도 및 규모 등을 고려하여 대지지분이 합리적으로 배분될 수 있도록 한다). 이 경우 토지의 소유관계는 공유로 한다.
㉦ 주택 및 부대시설·복리시설의 공급순위는 기존의 토지 또는 건축물의 가격을 고려하여 정할 것. 이 경우 구체적인 기준은 시·도조례로 정할 수 있다.

② 재건축사업의 경우 관리처분은 다음의 방법 및 기준에 따른다. 다만, 조합이 조합원 전원의 동의를 받아 그 기준을 따로 정하는 경우에는 그에 따른다(영 제63조 제2항).
㉠ 위 ①의 ㉤ 및 ㉥을 적용할 것
㉡ 부대시설·복리시설(부속토지를 포함)의 소유자에게는 부대시설·복리시설을 공급할 것. 다만, 다음에 해당하는 경우에는 1주택을 공급할 수 있다.

ⓐ 새로운 부대시설·복리시설을 건설하지 아니하는 경우로서 기존 부대시설·복리시설의 가액이 분양주택 중 최소분양단위규모의 추산액에 정관 등으로 정하는 비율(정관 등으로 정하지 아니하는 경우에는 1로 한다)을 곱한 가액보다 클 것
ⓑ 기존 부대시설·복리시설의 가액에서 새로이 공급받는 부대시설·복리시설의 추산액을 뺀 금액이 분양주택 중 최소분양단위규모의 추산액에 정관 등으로 정하는 비율을 곱한 가액보다 클 것
ⓒ 새로 건설한 부대시설·복리시설 중 최소분양단위규모의 추산액이 분양주택 중 최소분양단위규모의 추산액보다 클 것

(4) 사업시행계획인가 및 관리처분계획인가의 시기조정

① 특별시장·광역시장 또는 도지사는 정비사업의 시행으로 정비구역 주변 지역에 주택이 현저하게 부족하거나 주택시장이 불안정하게 되는 등 특별시·광역시 또는 도의 조례로 정하는 사유가 발생하는 경우에는 「주거기본법」에 따른 시·도 주거정책심의위원회의 심의를 거쳐 사업시행계획인가 또는 관리처분계획인가의 시기를 조정하도록 해당 시장, 군수 또는 구청장에게 요청할 수 있다. 이 경우 요청을 받은 시장, 군수 또는 구청장은 특별한 사유가 없으면 그 요청에 따라야 하며, 사업시행계획인가 또는 관리처분계획인가의 조정 시기는 인가를 신청한 날부터 1년을 넘을 수 없다(법 제75조 제1항).

② 특별자치시장 및 특별자치도지사는 정비사업의 시행으로 정비구역 주변 지역에 주택이 현저하게 부족하거나 주택시장이 불안정하게 되는 등 특별자치시 및 특별자치도의 조례로 정하는 사유가 발생하는 경우에는 「주거기본법」에 따른 시·도 주거정책심의위원회의 심의를 거쳐 사업시행계획인가 또는 관리처분계획인가의 시기를 조정할 수 있다. 이 경우 사업시행계획인가 또는 관리처분계획인가의 조정 시기는 인가를 신청한 날부터 1년을 넘을 수 없다(법 제75조 제2항).

(5) 관리처분계획의 수립기준

관리처분계획의 내용은 다음의 기준에 따른다(법 제76조 제1항).

① **작성기준**: 종전의 토지 또는 건축물의 면적·이용 상황·환경, 그 밖의 사항을 종합적으로 고려하여 대지 또는 건축물이 균형 있게 분양신청자에게 배분되고 합리적으로 이용되도록 한다.

② **증·감환지**: 지나치게 좁거나 넓은 토지 또는 건축물은 넓히거나 좁혀 대지 또는 건축물이 적정 규모가 되도록 한다.

③ **환지부지정**: 너무 좁은 토지 또는 건축물을 취득한 자나 정비구역 지정 후 분할된 토지 또는 집합건물의 구분소유권을 취득한 자에게는 현금으로 청산할 수 있다.

④ **위해방지를 위한 조치**: 재해 또는 위생상의 위해를 방지하기 위하여 토지의 규모를 조정할 특별한 필요가 있는 때에는 너무 좁은 토지를 넓혀 토지를 갈음하여 보상을 하거나 건축물의 일부와 그 건축물이 있는 대지의 공유지분을 교부할 수 있다.

⑤ **분양설계 작성기준**: 분양설계에 관한 계획은 분양신청기간이 만료하는 날을 기준으로 하여 수립한다.

⑥ **1주택 공급원칙**: 1세대 또는 1명이 하나 이상의 주택 또는 토지를 소유한 경우 1주택을 공급하고, 같은 세대에 속하지 아니하는 2명 이상이 1주택 또는 1토지를 공유한 경우에는 1주택만 공급한다. 다만, 다음의 경우에는 다음의 방법에 따라 주택을 공급할 수 있다.

㉠ 조례로 정하는 바에 따른 주택의 공급: 2명 이상이 1토지를 공유한 경우로서 시·도조례로 주택공급을 따로 정하고 있는 경우에는 시·도조례로 정하는 바에 따라 주택을 공급할 수 있다.
㉡ 소유한 주택 수만큼 공급: 다음의 어느 하나에 해당하는 토지등소유자에게는 소유한 주택의 수만큼 공급할 수 있다.
  ⓐ 과밀억제권역에 위치하지 아니한 재건축사업의 토지등소유자. 다만, 투기과열지구 또는 「주택법」에 따라 지정된 조정대상지역에서 사업시행계획인가를 신청하는 재건축사업의 토지등소유자는 제외한다.
  ⓑ 근로자(공무원인 근로자를 포함) 숙소, 기숙사 용도로 주택을 소유하고 있는 토지등소유자
  ⓒ 국가, 지방자치단체 및 토지주택공사등
  ⓓ 공공기관지방이전 및 혁신도시 활성화를 위한 시책 등에 따라 이전하는 공공기관이 소유한 주택을 양수한 자
㉢ 2주택 공급: 분양대상자별 종전의 토지 또는 건축물 명세 및 사업시행계획인가 고시가 있은 날을 기준으로 한 가격의 범위 또는 종전 주택의 주거전용면적의 범위에서 2주택을 공급할 수 있고, 이 중 1주택은 주거전용면적을 $60m^2$ 이하로 한다. 다만, $60m^2$ 이하로 공급받은 1주택은 소유권 이전고시일 다음 날부터 3년이 지나기 전에는 주택을 전매(매매·증여나 그 밖에 권리의 변동을 수반하는 모든 행위를 포함하되 상속의 경우는 제외)하거나 전매를 알선할 수 없다.
㉣ 3주택 공급: 과밀억제권역에 위치한 재건축사업의 경우에는 토지등소유자가 소유한 주택 수의 범위에서 3주택까지 공급할 수 있다. 다만, 투기과열지구 또는 「주택법」에 따라 지정된 조정대상지역에서 사업시행계획인가를 신청하는 재건축사업의 경우에는 그러하지 아니하다.

(6) 분양받을 권리의 산정기준일

정비사업을 통하여 분양받을 건축물이 다음의 어느 하나에 해당하는 경우에는 정비구역 지정·고시가 있은 날 또는 시·도지사가 투기를 억제하기 위하여 기본계획 수립을 위한 주민공람의 공고일 후 정비구역 지정·고시 전에 따로 정하는 날(이하 '기준일'이라 한다)의 다음 날을 기준으로 건축물을 분양받을 권리를 산정한다(법 제77조 제1항).

① 1필지의 토지가 여러 개의 필지로 분할되는 경우
② 「집합건물의 소유 및 관리에 관한 법률」에 따른 집합건물이 아닌 건축물이 같은 법에 따른 집합건물로 전환되는 경우
③ 하나의 대지 범위에 속하는 동일인 소유의 토지와 주택 등 건축물을 토지와 주택 등 건축물로 각각 분리하여 소유하는 경우
④ 나대지에 건축물을 새로 건축하거나 기존 건축물을 철거하고 다세대주택, 그 밖의 공동주택을 건축하여 토지등소유자의 수가 증가하는 경우
⑤ 「집합건물의 소유 및 관리에 관한 법률」 제2조 제3호에 따른 전유부분의 분할로 토지등소유자의 수가 증가하는 경우

(7) 고시의무

시·도지사는 기준일을 따로 정하는 경우에는 기준일·지정사유·건축물을 분양받을 권리의 산정기준 등을 해당 지방자치단체의 공보에 고시하여야 한다(법 제77조 제2항).

3 관리처분계획의 공람 및 인가

(1) 공람 및 의견청취

사업시행자는 관리처분계획인가를 신청하기 전에 관계 서류의 사본을 30일 이상 토지등소유자에게 공람하게 하고 의견을 들어야 한다. 다만, 대통령령으로 정하는 경미한 사항을 변경하려는 경우에는 토지등소유자의 공람 및 의견청취 절차를 거치지 아니할 수 있다(법 제78조 제1항).

(2) 인가 여부의 통보 및 고시

① **통보**: 시장·군수등은 사업시행자의 관리처분계획인가의 신청이 있은 날부터 30일 이내에 인가 여부를 결정하여 사업시행자에게 통보하여야 한다. 다만, 시장·군수등은 관리처분계획의 타당성 검증을 요청하는 경우에는 관리처분계획인가의 신청을 받은 날부터 60일 이내에 인가 여부를 결정하여 사업시행자에게 통지하여야 한다(법 제78조 제2항).

② **타당성 검증 요청**: 시장·군수등은 다음의 어느 하나에 해당하는 경우에는 대통령령으로 정하는 공공기관에 관리처분계획의 타당성 검증을 요청하여야 한다. 이 경우 시장·군수등은 타당성 검증 비용을 사업시행자에게 부담하게 할 수 있다(법 제78조 제3항).

> ⊙ 관리처분계획수립에 따른 정비사업비가 사업시행계획수립에 따른 정비사업비 기준으로 100분의 10 이상으로서 대통령령으로 정하는 비율 이상 늘어나는 경우
> ⓒ 관리처분계획수립에 따른 조합원 분담규모가 분양대상자별 분담금의 추산액 총액 기준으로 100분의 20 이상으로서 대통령령으로 정하는 비율 이상 늘어나는 경우
> ⓒ 조합원 5분의 1 이상이 관리처분계획인가 신청이 있은 날부터 15일 이내에 시장·군수등에게 타당성 검증을 요청한 경우
> ② 그 밖에 시장·군수등이 필요하다고 인정하는 경우

③ **고시**: 시장·군수등이 관리처분계획을 인가하는 때에는 그 내용을 해당 지방자치단체의 공보에 고시하여야 한다(법 제78조 제4항).

④ **통지**: 사업시행자는 공람을 실시하려거나 시장·군수등의 고시가 있은 때에는 대통령령으로 정하는 방법과 절차에 따라 토지등소유자에게는 공람계획을 통지하고, 분양신청을 한 자에게는 관리처분계획인가의 내용 등을 통지하여야 한다(법 제78조 제5항).

4 관리처분계획에 따른 처분 등

(1) 조성된 대지 등의 처분

① 정비사업의 시행으로 조성된 대지 및 건축물은 관리처분계획에 따라 처분 또는 관리하여야 한다(법 제79조 제1항).

② 사업시행자는 정비사업의 시행으로 건설된 건축물을 인가받은 관리처분계획에 따라 토지등소유자에게 공급하여야 한다(법 제79조 제2항).

(2) 입주자 모집조건 등

사업시행자(법 제23조 제1항 제2호에 따라 대지를 공급받아 주택을 건설하는 자를 포함한다. 이하 같다)는 정비구역에 주택을 건설하는 경우에는 입주자 모집조건·방법·절차, 입주금(계약금·중도금 및 잔금을 말한다)의 납부 방법·시기·절차, 주택공급 방법·절차 등에 관하여 「주택법」 제54조에도 불구하고 대통령령으로 정하는 범위에서 시장·군수등의 승인을 받아 따로 정할 수 있다(법 제79조 제3항).

(3) 잔여분에 대한 처리

사업시행자는 분양신청을 받은 후 잔여분이 있는 경우에는 정관 등 또는 사업시행계획으로 정하는 목적을 위하여 그 잔여분을 보류지(건축물을 포함)로 정하거나 조합원 또는 토지등소유자 이외의 자에게 분양할 수 있다. 이 경우 분양공고와 분양신청절차 등에 필요한 사항은 대통령령으로 정한다(법 제79조 제4항).

(4) 임대주택 인수의무

국토교통부장관, 시·도지사, 시장, 군수, 구청장 또는 토지주택공사등은 조합이 요청하는 경우 재개발사업의 시행으로 건설된 임대주택을 인수하여야 한다. 이 경우 재개발임대주택의 인수 절차 및 방법, 인수 가격 등에 필요한 사항은 대통령령으로 정한다(법 제79조 제5항).

(5) 임차인 자격 등

사업시행자는 정비사업의 시행으로 임대주택을 건설하는 경우에는 임차인의 자격·선정방법·임대보증금·임대료 등 임대조건에 관한 기준 및 무주택 세대주에게 우선 매각하도록 하는 기준 등에 관하여 「민간임대주택에 관한 특별법」 제42조 및 제44조, 「공공주택 특별법」 제48조, 제49조 및 제50조의3에도 불구하고 대통령령으로 정하는 범위에서 시장·군수등의 승인을 받아 따로 정할 수 있다. 다만, 재개발임대주택으로서 최초의 임차인 선정이 아닌 경우에는 대통령령으로 정하는 범위에서 인수자가 따로 정한다(법 제79조 제6항).

(6) **잔여주택의 공급**

사업시행자는 위 (1)의 ②부터 (5)까지의 규정에 따른 공급대상자에게 주택을 공급하고 남은 주택을 위 (1)의 ②부터 (5)까지의 규정에 따른 공급대상자 외의 자에게 공급할 수 있다(법 제79조 제7항).

(7) **지분형주택의 공급**

사업시행자가 토지주택공사등인 경우에는 분양대상자와 사업시행자가 공동 소유하는 방식으로 주택(이하 '지분형주택'이라 한다)을 공급할 수 있다. 이 경우 공급되는 지분형 주택의 규모, 공동 소유기간 및 분양대상자 등 필요한 사항은 대통령령으로 정한다(법 제80조 제1항).

(8) **토지임대부 분양주택의 전환**

국토교통부장관, 시·도지사, 시장, 군수, 구청장 또는 토지주택공사등은 정비구역에 세입자와 대통령령으로 정하는 면적 이하의 토지 또는 주택을 소유한 자의 요청이 있는 경우에는 위 (4)에 따라 인수한 임대주택의 일부를 「주택법」에 따른 토지임대부 분양주택으로 전환하여 공급하여야 한다(법 제80조 제2항).

5 관리처분계획 고시의 효과

(1) **사용·수익의 정지**

종전의 토지 또는 건축물의 소유자·지상권자·전세권자·임차권자 등 권리자는 관리처분계획인가의 고시가 있은 때에는 소유권 이전고시가 있는 날까지 종전의 토지 또는 건축물을 사용하거나 수익할 수 없다. 다만, 다음의 어느 하나에 해당하는 경우에는 그러하지 아니하다(법 제81조 제1항).

> ① 사업시행자의 동의를 받은 경우
> ② 「공익사업을 위한 토지 등의 취득 및 보상에 관한 법률」에 따른 손실보상이 완료되지 아니한 경우

(2) **건축물의 철거**

① **원칙**: 사업시행자는 관리처분계획의 인가를 받은 후 기존의 건축물을 철거하여야 한다(법 제81조 제2항).

② **예외**: 사업시행자는 다음의 어느 하나에 해당하는 경우에는 기존 건축물 소유자의 동의 및 시장·군수등의 허가를 받아 해당 건축물을 철거할 수 있다. 이 경우 건축물의 철거는 토지등소유자로서의 권리·의무에 영향을 주지 아니한다(법 제81조 제3항).

⊙ 「재난 및 안전관리 기본법」, 「주택법」, 「건축법」 등 관계 법령에서 정하는 기존 건축물의 붕괴 등 안전사고의 우려가 있는 경우
ⓒ 폐공가(廢空家)의 밀집으로 범죄발생의 우려가 있는 경우

③ **철거시기의 제한**: 시장·군수등은 사업시행자가 기존의 건축물을 철거하거나 철거를 위하여 점유자를 퇴거시키려는 경우 다음의 어느 하나에 해당하는 시기에는 건축물의 철거하거나 점유자를 퇴거지시는 것을 제한할 수 있다(법 제81조 제4항).

⊙ 일출 전과 일몰 후
ⓒ 호우, 대설, 폭풍해일, 지진해일, 태풍, 강풍, 풍랑, 한파 등으로 해당 지역에 중대한 재해발생이 예상되어 기상청장이 「기상법」에 따라 특보를 발표한 때
ⓒ 「재난 및 안전관리 기본법」에 따른 재난이 발생한 때
② 위 ⊙부터 ⓒ까지의 규정에 준하는 시기로 시장·군수등이 인정하는 시기

(3) 용익권자를 위한 조치

① **계약해지**: 정비사업의 시행으로 지상권·전세권 또는 임차권의 설정 목적을 달성할 수 없는 때에는 그 권리자는 계약을 해지할 수 있다(법 제70조 제1항).

② **금전반환청구권**: 계약을 해지할 수 있는 자가 가지는 전세금·보증금, 그 밖의 계약상의 금전의 반환청구권은 사업시행자에게 행사할 수 있다(법 제70조 제2항).

③ **구상권의 행사**: 금전의 반환청구권의 행사로 해당 금전을 지급한 사업시행자는 해당 토지등소유자에게 구상할 수 있다(법 제70조 제3항).

④ **건축물 등의 압류**: 사업시행자는 구상이 되지 아니하는 때에는 해당 토지등소유자에게 귀속될 대지 또는 건축물을 압류할 수 있다. 이 경우 압류한 권리는 저당권과 동일한 효력을 가진다(법 제70조 제4항).

⑤ **계약기간에 대한 특례**: 관리처분계획의 인가를 받은 경우 지상권·전세권설정계약 또는 임대차계약의 계약기간은 「민법」 제280조·제281조 및 제312조 제2항, 「주택임대차보호법」 제4조 제1항, 「상가건물 임대차보호법」 제9조 제1항을 적용하지 아니한다(법 제70조 제5항).

> **예제**

도시 및 주거환경정비법령상 사업시행자가 인가받은 관리처분계획을 변경하고자 할 때 시장·군수등에게 신고하여야 하는 경우가 아닌 것은?   제29회

① 사업시행자의 변동에 따른 권리·의무의 변동이 있는 경우로서 분양설계의 변경을 수반하지 아니하는 경우
② 재건축사업에서의 매도청구에 대한 판결에 따라 관리처분계획을 변경하는 경우
③ 주택분양에 관한 권리를 포기하는 토지등소유자에 대한 임대주택의 공급에 따라 관리처분계획을 변경하는 경우
④ 계산착오·오기·누락 등에 따른 조서의 단순정정인 경우로서 불이익을 받는 자가 있는 경우
⑤ 정관 및 사업시행계획인가의 변경에 따라 관리처분계획을 변경하는 경우

해설 ④ 계산착오·오기·누락 등에 따른 조서의 단순정정인 경우로서 불이익을 받는 자가 있는 경우에는 시장·군수등의 인가를 받아야 한다.   ▶ 정답 ④

08 공사완료에 따른 조치 등 제29회, 제31회

1 정비사업의 준공인가

(1) 시장·군수등의 준공인가

시장·군수등이 아닌 사업시행자가 정비사업 공사를 완료한 때에는 대통령령으로 정하는 방법 및 절차에 따라 시장·군수등의 준공인가를 받아야 한다. 다만, 사업시행자가 토지주택공사인 경우로서 「한국토지주택공사법」에 따라 준공인가 처리결과를 시장·군수등에게 통보한 경우에는 그러하지 아니하다(법 제83조 제1항, 영 제74조 제1항).

(2) 준공검사 실시 및 의뢰

준공인가신청을 받은 시장·군수등은 지체 없이 준공검사를 실시하여야 한다. 이 경우 시장·군수등은 효율적인 준공검사를 위하여 필요한 때에는 관계 행정기관·공공기관·연구기관, 그 밖의 전문기관 또는 단체에게 준공검사의 실시를 의뢰할 수 있다(법 제83조 제2항).

(3) 준공인가 및 공사완료고시

① 시장·군수등은 준공검사를 실시한 결과 정비사업이 인가받은 사업시행계획대로 완료되었다고 인정되는 때에는 준공인가를 하고 공사의 완료를 해당 지방자치단체의 공보에 고시하여야 한다(법 제83조 제3항).

② 시장·군수등은 직접 시행하는 정비사업에 관한 공사가 완료된 때에는 그 완료를 해당 지방자치단체의 공보에 고시하여야 한다(법 제83조 제4항).

(4) 준공인가 전 사용허가

시장·군수등은 준공인가를 하기 전이라도 완공된 건축물이 사용에 지장이 없는 등 대통령령으로 정하는 기준에 적합한 경우에는 입주예정자가 완공된 건축물을 사용할 수 있도록 사업시행자에게 허가할 수 있다. 다만, 시장·군수등이 사업시행자인 경우에는 허가를 받지 아니하고 입주예정자가 완공된 건축물을 사용하게 할 수 있다(법 제83조 제5항).

(5) 준공인가에 따른 정비구역의 해제

① 정비구역의 지정은 준공인가의 고시가 있은 날(관리처분계획을 수립하는 경우에는 이전고시가 있은 때를 말한다)의 다음 날에 해제된 것으로 본다. 이 경우 지방자치단체는 해당 지역을 「국토의 계획 및 이용에 관한 법률」에 따른 지구단위계획으로 관리하여야 한다(법 제84조 제1항).

② 위 ①에 따른 정비구역의 해제는 조합의 존속에 영향을 주지 아니한다(법 제84조 제2항).

2 공사완료에 따른 관련 인·허가 등의 의제

(1) 준공검사 등의 의제

준공인가를 하거나 공사완료를 고시하는 경우 시장·군수등이 사업시행인가고시로 의제되는 인·허가 등에 따른 준공검사·준공인가·사용검사·사용승인 등(이하 '준공검사·인가등'이라 한다)에 관하여 관계 행정기관의 장과 협의한 사항은 해당 준공검사·인가등을 받은 것으로 본다(법 제85조 제1항).

(2) 관련 서류의 제출

시장·군수등이 아닌 사업시행자는 준공검사·인가등의 의제를 받으려는 경우에는 준공인가를 신청하는 때에 해당 법률에서 정하는 관계 서류를 함께 제출하여야 한다(법 제85조 제2항).

(3) 협 의

시장·군수등은 준공인가를 하거나 공사완료를 고시하는 경우 그 내용에 사업시행인가고시에 따라 의제되는 인·허가 등에 따른 준공검사·인가등에 해당하는 사항이 있는 때에는 미리 관계 행정기관의 장과 협의하여야 한다(법 제85조 제3항).

3 소유권이전고시 등

(1) 소유권 이전의 절차

사업시행자는 공사완료고시가 있은 때에는 지체 없이 대지확정측량을 하고 토지의 분할절차를 거쳐 관리처분계획에서 정한 사항을 분양받을 자에게 통지하고 대지 또는 건축물의 소유권을 이전하여야 한다. 다만, 정비사업의 효율적인 추진을 위하여 필요한 경우에는 해당 정비사업에 관한 공사가 전부 완료되기 전이라도 완공된 부분은 준공인가를 받아 대지 또는 건축물별로 분양받을 자에게 소유권을 이전할 수 있다(법 제86조 제1항).

(2) 이전고시와 소유권 취득

사업시행자는 대지 및 건축물의 소유권을 이전하려는 때에는 그 내용을 해당 지방자치단체의 공보에 고시한 후 시장·군수등에게 보고하여야 한다. 이 경우 대지 또는 건축물을 분양받을 자는 소유권이전고시가 있은 날의 다음 날에 그 대지 또는 건축물의 소유권을 취득한다(법 제86조 제2항).

(3) 조합의 해산

① 조합장은 소유권 이전고시가 있은 날부터 1년 이내에 조합해산을 위한 총회를 소집하여야 한다(법 제86조의2 제1항).

② 조합장이 1년 이내에 총회를 소집하지 아니한 경우 조합원 5분의 1 이상의 요구로 총회에서 조합원 과반수의 출석과 조합원 과반수의 동의를 받아 해산을 의결할 수 있다. 이 경우 요구자 대표로 선출된 자가 조합 해산을 위한 총회의 소집 및 진행을 할 때에는 조합장의 권한을 대행한다(법 제86조의2 제2항).

③ 시장·군수등은 조합이 정당한 사유 없이 위 ① 또는 ②에 따라 해산을 의결하지 아니하는 경우에는 조합설립인가를 취소할 수 있다(법 제86조의2 제3항).

④ 해산하는 조합에 청산인이 될 자가 없는 경우에는 「민법」제83조에도 불구하고 시장·군수등은 법원에 청산인의 선임을 청구할 수 있다(법 제86조의2 제4항).

4 대지 및 건축물에 대한 권리의 확정

(1) 지상권 등의 권리이전

대지 또는 건축물을 분양받을 자에게 소유권을 이전한 경우 종전의 토지 또는 건축물에 설정된 지상권·전세권·저당권·임차권·가등기담보권·가압류 등 등기된 권리 및 「주택임대차보호법」의 요건을 갖춘 임차권은 소유권을 이전받은 대지 또는 건축물에 설정된 것으로 본다(법 제87조 제1항).

(2) 환지 등의 의제

취득하는 대지 또는 건축물 중 토지등소유자에게 분양하는 대지 또는 건축물은 「도시개발법」에 따라 행하여진 환지로 본다(법 제87조 제2항).

5 이전등기 및 다른 등기의 제한

(1) 이전의 등기

사업시행자는 소유권이전고시가 있은 때에는 지체 없이 대지 및 건축물에 관한 등기를 지방법원지원 또는 등기소에 촉탁 또는 신청하여야 한다(법 제88조 제1항).

(2) 다른 등기의 제한

정비사업에 관하여 소유권이전고시가 있은 날부터 소유권이전등기가 있을 때까지는 저당권 등의 다른 등기를 하지 못한다(법 제88조 제3항).

6 청산금 제26회, 제32회

(1) 의 의

대지 또는 건축물을 분양받은 자가 종전에 소유하고 있던 토지 또는 건축물의 가격과 분양받은 대지 또는 건축물의 가격 사이에 차이가 있는 경우 사업시행자는 소유권이전고시가 있은 후에 그 차액에 상당하는 금액(이하 '청산금'이라 한다)을 분양받은 자로부터 징수하거나 분양받은 자에게 지급하여야 한다(법 제89조 제1항).

(2) 분할징수 및 지급

사업시행자는 정관등에서 분할징수 및 분할지급을 정하고 있거나 총회의 의결을 거쳐 따로 정한 경우에는 관리처분계획인가 후부터 소유권이전고시가 있는 날까지 일정 기간별로 분할징수하거나 분할지급할 수 있다(법 제89조 제2항).

(3) 청산금 산정기준

사업시행자는 종전에 소유하고 있던 토지 또는 건축물의 가격과 분양받은 대지 또는 건축물의 가격을 평가하는 경우 그 토지 또는 건축물의 규모·위치·용도·이용 상황·정비사업비 등을 참작하여 평가하여야 한다(법 제89조 제3항).

(4) 청산금의 징수방법

① **강제징수 및 징수위탁**: 시장·군수등인 사업시행자는 청산금을 납부할 자가 이를 납부하지 아니하는 경우 지방세 체납처분의 예에 따라 징수(분할징수를 포함)할 수 있으며, 시장·군수등이 아닌 사업시행자는 시장·군수등에게 청산금의 징수를 위탁할 수 있다. 이 경우 사업시행자는 징수한 금액의 100분의 4에 해당하는 금액을 해당 시장·군수등에게 교부하여야 한다(법 제90조 제1항).

② **청산금의 공탁**: 청산금을 지급받을 자가 받을 수 없거나 받기를 거부한 때에는 사업시행자는 그 청산금을 공탁할 수 있다(법 제90조 제2항).

③ **청산금의 소멸시효**: 청산금을 지급(분할지급을 포함)받을 권리 또는 이를 징수(분할징수를 포함)할 권리는 소유권이전고시일의 다음 날부터 5년간 행사하지 아니하면 소멸한다(법 제90조 제3항).

(5) 저당권자의 물상대위

정비구역에 있는 토지 또는 건축물에 저당권을 설정한 권리자는 사업시행자가 저당권이 설정된 토지 또는 건축물의 소유자에게 청산금을 지급하기 전에 압류절차를 거쳐 저당권을 행사할 수 있다(법 제91조).

🏠 **저당권자의 물상대위**

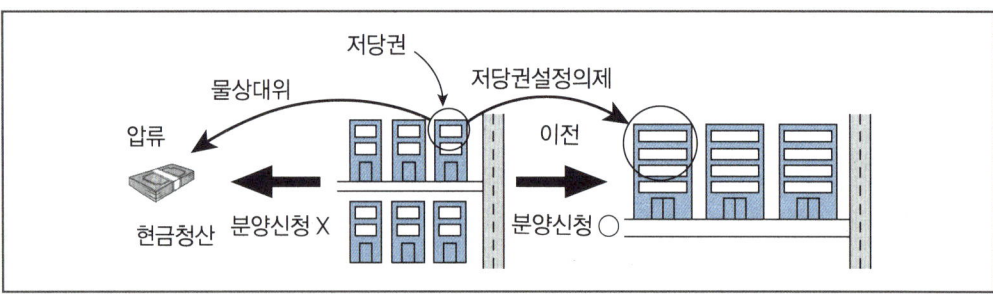

> **예제**

도시 및 주거환경정비법령상 공사완료에 따른 조치 등에 관한 설명으로 틀린 것은? 제29회

① 사업시행자인 지방공사가 정비사업 공사를 완료한 때에는 시장·군수등의 준공인가를 받아야 한다.
② 시장·군수등은 준공인가 전 사용허가를 하는 때에는 동별·세대별 또는 구획별로 사용허가를 할 수 있다.
③ 관리처분계획을 수립하는 경우 정비구역의 지정은 이전고시가 있은 날의 다음 날에 해제된 것으로 본다.
④ 준공인가에 따른 정비구역의 해제가 있으면 조합은 해산된 것으로 본다.
⑤ 관리처분계획에 따라 소유권을 이전하는 경우 건축물을 분양받을 자는 이전고시가 있은 날의 다음 날에 그 건축물의 소유권을 취득한다.

해설 ④ 준공인가에 따른 정비구역의 해제는 조합의 존속에 영향을 주지 아니한다. ▶ **정답** ④

제4장 비용의 부담 등

1 비용부담

(1) 원칙

정비사업비는 이 법 또는 다른 법령에 특별한 규정이 있는 경우를 제외하고는 사업시행자가 부담한다(법 제92조 제1항).

(2) 예외

시장·군수등은 시장·군수등이 아닌 사업시행자가 시행하는 정비사업의 정비계획에 따라 설치되는 다음의 시설에 대하여는 그 건설에 드는 비용의 전부 또는 일부를 부담할 수 있다(법 제92조 제2항).

> ① 도시·군계획시설 중 도로, 상·하수도, 공원, 공용주차장, 공동구, 녹지, 하천, 공공공지, 광장
> ② 임시거주시설

2 관리자의 비용부담 제30회

(1) 정비기반시설 관리자의 비용부담

① 시장·군수등은 자신이 시행하는 정비사업으로 현저한 이익을 받는 정비기반시설의 관리자가 있는 경우에는 대통령령으로 정하는 방법 및 절차에 따라 해당 정비사업비의 일부를 그 정비기반시설의 관리자와 협의하여 그 관리자에게 부담시킬 수 있다(법 제94조 제1항).

② 정비시설 관리자가 부담하는 비용의 총액은 정비사업에 소요된 비용의 3분의 1을 초과해서는 아니 된다. 다만, 다른 정비기반시설의 정비가 그 정비사업의 주된 내용이 되는 경우에는 그 부담비용의 총액은 해당 정비사업에 소요되는 비용의 2분의 1까지로 할 수 있다(영 제78조 제1항).

(2) 공동구 설치의무자의 비용부담

사업시행자는 정비사업을 시행하는 지역에 전기·가스 등의 공급시설을 설치하기 위하여 공동구를 설치하는 경우에는 다른 법령에 따라 그 공동구에 수용될 시설을 설치할 의무가 있는 자에게 공동구의 설치에 드는 비용을 부담시킬 수 있다(법 제94조 제2항).

3 국·공유재산의 처분 제32회

(1) 관리청과의 협의

① 시장·군수등은 인가하려는 사업시행계획 또는 직접 작성하는 사업시행계획서에 국유·공유재산의 처분에 관한 내용이 포함되어 있는 때에는 미리 관리청과 협의하여야 한다. 이 경우 관리청이 불분명한 재산 중 도로·구거(도랑) 등은 국토교통부장관을, 하천은 기후에너지환경부장관을, 그 외의 재산은 재정경제부장관을 관리청으로 본다(법 제98조 제1항).

② 협의를 받은 관리청은 20일 이내에 의견을 제시하여야 한다(법 제98조 제2항).

③ 정비구역의 국유·공유재산은 정비사업 외의 목적으로 매각되거나 양도될 수 없다(법 제98조 제3항).

(2) 국·공유재산의 우선매각 등

① **수의계약**: 정비구역의 국유·공유재산은 「국유재산법」 또는 「공유재산 및 물품 관리법」에 따른 국유재산종합계획 또는 공유재산관리계획과 「국유재산법」 및 「공유재산 및 물품 관리법」에 따른 계약의 방법에도 불구하고 사업시행자 또는 점유자 및 사용자에게 다른 사람에 우선하여 수의계약으로 매각 또는 임대될 수 있다(법 제98조 제4항).

② **용도폐지 의제**: 다른 사람에 우선하여 매각 또는 임대될 수 있는 국유·공유재산은 「국유재산법」, 「공유재산 및 물품 관리법」 및 그 밖에 국·공유지의 관리와 처분에 관한 관계 법령에도 불구하고 사업시행계획인가의 고시가 있은 날부터 종전의 용도가 폐지된 것으로 본다(법 제98조 제5항).

③ **국·공유지의 평가**: 정비사업을 목적으로 우선하여 매각하는 국·공유지는 사업시행계획인가의 고시가 있은 날을 기준으로 평가하며, 주거환경개선사업의 경우 매각가격은 평가금액의 100분의 80으로 한다. 다만, 사업시행계획인가의 고시가 있은 날부터 3년 이내에 매매계약을 체결하지 아니한 국·공유지는 「국유재산법」 또는 「공유재산 및 물품 관리법」에서 정한다(법 제98조 제6항).

4 공공재개발사업 및 공공재건축사업 제32회

(1) **공공재개발사업 예정구역의 지정·고시**(법 제101조의2)

① 정비구역의 지정권자는 비경제적인 건축행위 및 투기 수요의 유입을 방지하고, 합리적인 사업계획을 수립하기 위하여 공공재개발사업을 추진하려는 구역을 공공재개발사업 예정구역으로 지정할 수 있다. 이 경우 공공재개발사업 예정구역의 지정·고시에 관한 절차는 법 제16조(정비계획의 결정 및 정비구역의 지정·고시)를 준용한다.

② 정비계획의 입안권자 또는 토지주택공사등은 정비구역의 지정권자에게 공공재개발사업 예정구역의 지정을 신청할 수 있다. 이 경우 토지주택공사등은 정비계획의 입안권자를 통하여 신청하여야 한다.

③ 공공재개발사업 예정구역에서 법 제19조 제7항(개발행위의 소급제한)에 해당하는 행위 또는 같은 조 제8항(조합원 모집제한)의 행위를 하려는 자는 시장·군수등의 허가를 받아야 한다. 허가받은 사항을 변경하려는 때에도 또한 같다.

④ 공공재개발사업 예정구역 내에 분양받을 건축물이 법 제77조 제1항(분양받을 권리의 산정기준일)에 해당하는 경우에는 법 제77조에도 불구하고 공공재개발사업 예정구역 지정·고시가 있은 날 또는 시·도지사가 투기를 억제하기 위하여 공공재개발사업 예정구역 지정·고시 전에 따로 정하는 날의 다음 날을 기준으로 건축물을 분양받을 권리를 산정한다. 이 경우 시·도지사가 건축물을 분양받을 권리일을 따로 정하는 경우에는 법 제77조 제2항(고시의무)을 준용한다.

⑤ 정비구역의 지정권자는 공공재개발사업 예정구역이 지정·고시된 날부터 2년이 되는 날까지 공공재개발사업 예정구역이 공공재개발사업을 위한 정비구역으로 지정되지 아니하거나, 공공재개발사업 시행자가 지정되지 아니하면 그 2년이 되는 날의 다음 날에 공공재개발사업 예정구역 지정을 해제하여야 한다. 다만, 정비구역의 지정권자는 1회에 한하여 1년의 범위에서 공공재개발사업 예정구역의 지정을 연장할 수 있다.

⑥ 위 ①에 따른 공공재개발사업 예정구역의 지정과 위 ②에 따른 지정 신청에 필요한 사항 및 그 절차는 대통령령으로 정한다.

(2) 공공재개발사업을 위한 정비구역 지정 등(법 제101조의3)

① 정비구역의 지정권자는 법 제8조 제1항(정비구역의 지정)에도 불구하고 기본계획을 수립하거나 변경하지 아니하고 공공재개발사업을 위한 정비계획을 결정하여 정비구역을 지정할 수 있다.

② 정비계획의 입안권자는 공공재개발사업의 추진을 전제로 정비계획을 작성하여 정비구역의 지정권자에게 공공재개발사업을 위한 정비구역의 지정을 신청할 수 있다. 이 경우 공공재개발사업을 시행하려는 공공재개발사업 시행자는 정비계획의 입안권자에게 공공재개발사업을 위한 정비계획의 수립을 제안할 수 있다.

③ 정비계획의 지정권자는 공공재개발사업을 위한 정비구역을 지정·고시한 날부터 1년이 되는 날까지 공공재개발사업 시행자가 지정되지 아니하면 그 1년이 되는 날의 다음 날에 공공재개발사업을 위한 정비구역의 지정을 해제하여야 한다. 다만, 정비구역의 지정권자는 1회에 한하여 1년의 범위에서 공공재개발사업을 위한 정비구역의 지정을 연장할 수 있다.

(3) 공공재개발사업 예정구역 및 공공재개발사업·공공재건축사업을 위한 정비구역 지정을 위한 특례(법 제101조의4)

① 지방도시계획위원회 또는 도시재정비위원회는 공공재개발사업 예정구역 또는 공공재개발사업·공공재건축사업을 위한 정비구역의 지정에 필요한 사항을 심의하기 위하여 분과위원회를 둘 수 있다. 이 경우 분과위원회의 심의는 지방도시계획위원회 또는 도시재정비위원회의 심의로 본다.

② 정비구역의 지정권자가 공공재개발사업 또는 공공재건축사업을 위한 정비구역의 지정·변경을 고시한 때에는 법 제7조(기본계획의 확정·고시 등)에 따른 기본계획의 수립·변경, 「도시재정비 촉진을 위한 특별법」에 따른 재정비촉진지구의 지정·변경 및 같은 법에 따른 재정비촉진계획의 결정·변경이 고시된 것으로 본다.

MEMO

박문각 공인중개사

제1장 총 칙
제2장 건축물의 건축 등
제3장 건축물의 대지와 도로
제4장 건축물의 구조 및 재료
제5장 지역 및 지구 안의 건축물
제6장 특별건축구역
제7장 건축협정 및 결합건축
제8장 보 칙

PART

04

건축법

한눈에 보는 체계도

1 총 칙

1. 용어의 정의
대지, 건축물, 지하층, 주요구조부, 도로, 리모델링, 다중이용 건축물, 준다중이용 건축물

2. 적용범위
- **적용대상물**: 건축물, 대지, 건축설비, 일정한 공작물
- **적용대상행위**: ① 건축물의 건축(신축, 증축, 개축, 재축, 이전)
  ② 건축물의 대수선
  ③ 건축물의 용도변경
- **적용대상지역**: ① 전면적 적용지역(도시지역, 도시지역 외의 지구단위계획구역, 동 또는 읍)
  ② 전면적 적용지역 외의 지역

3. 용도변경
- 상위군으로의 용도변경은 허가대상
- 하위군으로의 용도변경은 신고대상
- 같은 시설군 안에서의 용도변경은 건축물대장 기재내용 변경신청

시설군	세부용도	
1. 자동차 관련 시설군	자동차 관련 시설	
2. 산업 등의 시설군	① 운수시설 ③ 공장 ⑤ 자원순환 관련 시설 ⑦ 장례시설	② 창고시설 ④ 위험물저장 및 처리시설 ⑥ 묘지 관련 시설
3. 전기통신시설군	① 방송통신시설	② 발전시설
4. 문화 및 집회시설군	① 문화 및 집회시설 ③ 위락시설	② 종교시설 ④ 관광휴게시설
5. 영업시설군	① 판매시설 ③ 숙박시설	② 운동시설 ④ 제2종 근린생활시설 중 다중생활시설
6. 교육 및 복지시설군	① 의료시설 ③ 노유자시설 ⑤ 야영장시설	② 교육연구시설 ④ 수련시설
7. 근린생활시설군	① 제1종 근린생활시설 ② 제2종 근린생활시설(다중생활시설은 제외)	
8. 주거업무시설군	① 단독주택 ③ 업무시설 ⑤ 국방 및 군사시설	② 공동주택 ④ 교정시설
9. 그 밖의 시설군	동물 및 식물 관련 시설	

2 건축물의 건축

1. 건축허가

- **사전결정신청**: 건축 관련 입지와 규모의 사전결정
- **허가권자**: [원칙] 특별자치시장·특별자치도지사 또는 시장·군수·구청장
  [예외] 특별시장, 광역시장
- **허가 및 착공제한**: [제한권자] 국토교통부장관(국토관리, 주무부장관이 요청), 특별시장·광역시장·도지사(지역계획, 도시·군계획)
  [제한기간] 2년 이내(1회에 한하여 1년의 범위에서 연장 가능)

2. 건축신고·협의

- **신고대상 건축물**: ① 바닥면적의 합계가 85m^2 이내의 증축·개축·재축
  ② 연면적 200m^2 미만이고 3층 미만인 건축물의 대수선
- **건축협의**: 국가·지방자치단체가 건축하는 경우에 적용

3 건축기준 등

1. 대지·도로·건축선

- **대지**: [대지의 안전] 대지의 높이, 습지·매립지, 배수시설 설치, 옹벽설치
  [대지의 조경] 면적이 200m^2 이상인 대지에 건축하는 건축주
  [공개공지등] 소규모 휴식시설(일반주거지역, 준주거지역, 상업지역, 준공업지역)
- **도로**: [도로의 개념] 보행 + 자동차통행이 가능한 너비 4m 이상인 도로(예정도로 포함)
  [대지와 도로의 관계] 건축물의 대지는 도로에 2m 이상 접하여야 한다.
- **건축선**: [건축선의 지정] 대지와 도로의 경계선
  [건축선에 따른 건축제한] 건축물과 담장은 건축선의 수직면을 넘을 수 없다.

2. 지역·지구 안의 건축물

- **대지가 지역에 걸치는 경우**: 대지의 과반이 속하는 지역의 규정 적용
- **건폐율·용적률**: [건폐율] 대지면적에 대한 건축면적의 비율
  [용적률] 대지면적에 대한 연면적의 비율
- **대지의 분할제한**: 주거지역 60m^2 이상, 상업지역 150m^2 이상, 공업지역 150m^2 이상, 녹지지역 200m^2 이상, 기타지역 60m^2 이상
- **건축물의 면적 및 높이 등의 산정방법**: [건축물의 높이 제한] 가로구역에서의 높이 제한, 일조 등의 확보를 위한 높이 제한
  [면적 산정방법] 대지면적, 건축면적, 바닥면적, 연면적, 건축물의 높이, 층수
- **특별건축구역, 건축협정, 이행강제금**

Part 04 건축법

단원열기 건축법은 국토의 계획 및 이용에 관한 법률 다음으로 많이 나오는 부분이다. 어렵지 않게 출제되므로 전략적으로 학습하여야 한다. 용어정의, 대수선, 허가대상, 신고대상, 용도변경, 면적, 층수, 높이는 시험 전에 반드시 확인하여야 한다. 특히 용어정의는 1문제가 계속 출제되고 있으므로 건축물, 도로, 대지 등의 용어정의는 정리해 두어야 한다. 또한 특별건축구역, 용적률, 건축선 계산문제, 이행강제금 부분도 정리하여야 한다.

제1장 총 칙

01 제정목적

「건축법」은 건축물의 대지·구조·설비 기준 및 용도 등을 정하여 건축물의 안전·기능·환경 및 미관을 향상시킴으로써 공공복리의 증진에 이바지하는 것을 목적으로 한다(법 제1조).

02 용어의 정의 제26회, 제27회, 제28회, 제29회, 제32회, 제36회

이 법에서 사용하는 용어의 뜻은 다음과 같다(법 제2조, 영 제2조).

(1) '대지(垈地)'란 「공간정보의 구축 및 관리 등에 관한 법률」에 따라 각 필지(筆地)로 나눈 토지를 말한다. 다만, 대통령령으로 정하는 토지는 둘 이상의 필지를 하나의 대지로 하거나 하나 이상의 필지의 일부를 하나의 대지로 할 수 있다.

(2) '건축물'이란 토지에 정착(定着)하는 공작물 중 지붕과 기둥 또는 벽이 있는 것과 이에 딸린 시설물, 지하나 고가(高架)의 공작물에 설치하는 사무소·공연장·점포·차고·창고, 그 밖에 대통령령으로 정하는 것을 말한다.

(3) '건축물의 용도'란 건축물의 종류를 유사한 구조, 이용 목적 및 형태별로 묶어 분류한 것을 말한다.

(4) '지하층'이란 건축물의 바닥이 지표면 아래에 있는 층으로서 바닥에서 지표면까지 평균높이가 해당 층 높이의 2분의 1 이상인 것을 말한다.

(5) '거실'이란 건축물 안에서 거주, 집무, 작업, 집회, 오락, 그 밖에 이와 유사한 목적을 위하여 사용되는 방을 말한다.

(6) '주요구조부'란 내력벽(耐力壁), 기둥, 바닥, 보, 지붕틀 및 주계단(主階段)을 말한다. 다만, 사이 기둥, 최하층 바닥, 작은 보, 차양, 옥외 계단, 그 밖에 이와 유사한 것으로 건축물의 구조상 중요하지 아니한 부분은 제외한다.

(7) '건축'이란 건축물을 신축·증축·개축·재축(再築)하거나 건축물을 이전하는 것을 말한다.

(8) '결합건축'이란 용적률을 개별 대지마다 적용하지 아니하고, 2개 이상의 대지를 대상으로 통합적용하여 건축물을 건축하는 것을 말한다.

(9) '대수선'이란 건축물의 기둥, 보, 내력벽, 주계단 등의 구조나 외부 형태를 수선·변경하거나 증설하는 것으로서 대통령령으로 정하는 것을 말한다.

(10) '리모델링'이란 건축물의 노후화를 억제하거나 기능 향상 등을 위하여 대수선하거나 건축물의 일부를 증축 또는 개축하는 행위를 말한다.

(11) '도로'란 보행과 자동차 통행이 가능한 너비 4m 이상의 도로(지형적으로 자동차 통행이 불가능한 경우와 막다른 도로의 경우에는 대통령령으로 정하는 구조와 너비의 도로)로서 다음의 어느 하나에 해당하는 도로나 그 예정도로를 말한다.

> ① 「국토의 계획 및 이용에 관한 법률」, 「도로법」, 「사도법」, 그 밖의 관계 법령에 따라 신설 또는 변경에 관한 고시가 된 도로
> ② 건축허가 또는 신고시에 특별시장·광역시장·특별자치시장·도지사·특별자치도지사(이하 '시·도지사'라 한다) 또는 시장·군수·구청장(자치구의 구청장을 말한다)이 위치를 지정하여 공고하는 도로

(12) '건축주'란 건축물의 건축·대수선·용도변경, 건축설비의 설치 또는 공작물의 축조(이하 '건축물의 건축 등'이라 한다)에 관한 공사를 발주하거나 현장 관리인을 두어 스스로 그 공사를 하는 자를 말한다.

(13) '설계자'란 자기의 책임(보조자의 도움을 받는 경우를 포함)으로 설계도서를 작성하고 그 설계도서에서 의도하는 바를 해설하며, 지도하고 자문에 응하는 자를 말한다.

(14) '설계도서'란 건축물의 건축 등에 관한 공사용 도면, 구조 계산서, 시방서(示方書), 그 밖에 국토교통부령으로 정하는 공사에 필요한 서류를 말한다.

(15) '공사감리자'란 자기의 책임(보조자의 도움을 받는 경우를 포함)으로 이 법으로 정하는 바에 따라 건축물, 건축설비 또는 공작물이 설계도서의 내용대로 시공되는지를 확인하고, 품질관리·공사관리·안전관리 등에 대하여 지도·감독하는 자를 말한다.

(16) '공사시공자'란 「건설산업기본법」에 따른 건설공사를 하는 자를 말한다.

(17) '관계전문기술자'란 건축물의 구조·설비 등 건축물과 관련된 전문기술자격을 보유하고 설계와 공사감리에 참여하여 설계자 및 공사감리자와 협력하는 자를 말한다.

(18) '고층건축물'이란 층수가 30층 이상이거나 높이가 120m 이상인 건축물을 말한다.

(19) '초고층 건축물'이란 층수가 50층 이상이거나 높이가 200m 이상인 건축물을 말한다.

⑳ '발코니'란 건축물의 내부와 외부를 연결하는 완충공간으로서 전망이나 휴식 등의 목적으로 건축물 외벽에 접하여 부가적(附加的)으로 설치하는 공간을 말한다. 이 경우 주택에 설치되는 발코니로서 국토교통부장관이 정하는 기준에 적합한 발코니는 필요에 따라 거실·침실·창고 등의 용도로 사용할 수 있다.

㉑ '다중이용 건축물'이란 다음의 어느 하나에 해당하는 건축물을 말한다.

① **다음의 어느 하나에 해당하는 용도로 쓰는 바닥면적의 합계가 5,000m² 이상인 건축물**

> ㉠ 문화 및 집회시설(동물원 및 식물원은 제외)
> ㉡ 종교시설
> ㉢ 판매시설
> ㉣ 운수시설 중 여객용 시설
> ㉤ 의료시설 중 종합병원
> ㉥ 숙박시설 중 관광숙박시설

② 16층 이상인 건축물

㉒ '준다중이용 건축물'이란 다중이용 건축물 외의 건축물로서 다음의 어느 하나에 해당하는 용도로 쓰는 바닥면적의 합계가 1,000m² 이상인 건축물을 말한다.

> ① 문화 및 집회시설(동물원 및 식물원은 제외)
> ② 종교시설
> ③ 판매시설
> ④ 운수시설 중 여객용 시설
> ⑤ 의료시설 중 종합병원
> ⑥ 교육연구시설
> ⑦ 노유자시설
> ⑧ 운동시설
> ⑨ 숙박시설 중 관광숙박시설
> ⑩ 위락시설
> ⑪ 관광 휴게시설
> ⑫ 장례시설

㉓ '특수구조 건축물'이란 다음의 어느 하나에 해당하는 건축물을 말한다.

> ① 한쪽 끝은 고정되고 다른 끝은 지지(支持)되지 아니한 구조로 된 보·차양 등이 외벽(외벽이 없는 경우에는 외곽기둥을 말한다)의 중심선으로부터 3m 이상 돌출된 건축물
> ② 기둥과 기둥 사이의 거리(기둥의 중심선 사이의 거리를 말하며, 기둥이 없는 경우에는 내력벽과 내력벽의 중심선 사이의 거리를 말한다. 이하 같다)가 20m 이상인 건축물

③ 무량판 구조(보가 없이 바닥판·기둥으로 구성된 구조를 말한다. 이하 같다)를 가진 건축물로서 무량판 구조인 어느 하나의 층에 수직으로 배치된 주요구조부의 전체 단면적에서 보가 없이 배치된 기둥의 전체 단면적이 차지하는 비율이 4분의 1 이상인 건축물
④ 특수한 설계·시공·공법 등이 필요한 건축물로서 국토교통부장관이 정하여 고시하는 구조로 된 건축물

예제

1. 건축법령상 다중이용 건축물에 해당하는 것은? 제26회 수정

① 종교시설로 사용하는 바닥면적의 합계가 4,000m²인 5층의 성당
② 문화 및 집회시설로 사용하는 바닥면적의 합계가 5,000m²인 10층의 식물원
③ 숙박시설로 사용하는 바닥면적의 합계가 4,000m²인 16층의 관광호텔
④ 교육연구시설로 사용하는 바닥면적의 합계가 5,000m²인 15층의 연구소
⑤ 문화 및 집회시설로 사용하는 바닥면적의 합계가 5,000m²인 2층의 동물원

해설 ③ 다중이용 건축물이란 다음의 어느 하나에 해당하는 건축물을 말한다.

1. 다음의 어느 하나에 해당하는 용도로 쓰는 바닥면적의 합계가 5,000m² 이상인 건축물
   (1) 문화 및 집회시설(동물원 및 식물원은 제외)
   (2) 종교시설
   (3) 판매시설
   (4) 운수시설 중 여객용 시설
   (5) 의료시설 중 종합병원
   (6) 숙박시설 중 관광숙박시설
2. 16층 이상인 건축물

▶ 정답 ③

2. 건축법령상 특수구조 건축물의 특례에 관한 설명으로 옳은 것은? (단, 건축법령상 다른 특례 및 조례는 고려하지 않음) 제32회

① 건축 공사현장 안전관리 예치금에 관한 규정을 강화하여 적용할 수 있다.
② 대지의 조경에 관한 규정을 변경하여 적용할 수 있다.
③ 한쪽 끝은 고정되고 다른 끝은 지지되지 아니한 구조로 된 차양이 외벽(외벽이 없는 경우에는 외곽 기둥을 말함)의 중심선으로부터 3m 이상 돌출된 건축물은 특수구조 건축물에 해당한다.
④ 기둥과 기둥 사이의 거리(기둥의 중심선 사이의 거리를 말함)가 15m인 건축물은 특수구조 건축물로서 건축물 내진등급의 설정에 관한 규정을 강화하여 적용할 수 있다.
⑤ 특수구조 건축물을 건축하려는 건축주는 건축허가 신청 전에 허가권자에게 해당 건축물의 구조 안전에 관하여 지방건축위원회의 심의를 신청하여야 한다.

해설 ① 건축 공사현장 안전관리 예치금에 관한 규정을 강화하여 적용할 수 없다.
② 대지의 조경에 관한 규정을 변경하여 적용할 수 없다.
④ 기둥과 기둥 사이의 거리(기둥의 중심선 사이의 거리를 말함)가 20m 이상인 건축물은 특수구조건축물로서 건축물 내진등급의 설정에 관한 규정을 강화하여 적용할 수 있다.
⑤ 특수구조 건축물을 건축하려는 건축주는 착공신고를 하기 전에 허가권자에게 해당 건축물의 구조 안전에 관하여 지방건축위원회의 심의를 신청하여야 한다.

▶ 정답 ③

03 건축법의 적용범위

1 적용대상물

「건축법」의 적용대상물은 건축물·대지·건축설비 및 일정한 공작물이다.

(1) **건축물** 제26회, 제28회, 제30회, 제36회

① 토지에 정착(定着)하는 공작물 중 지붕과 기둥 또는 벽이 있는 것과 이에 딸린 시설물, 지하나 고가(高架)의 공작물에 설치하는 사무소·공연장·점포·차고·창고, 그 밖에 대통령령으로 정하는 것을 말한다(법 제2조 제1항 제2호).

② 다음에 해당하는 건축물에는 「건축법」을 적용하지 아니한다(법 제3조 제1항).

> **「건축법」의 적용대상에서 제외되는 건축물**
> 1. 「문화유산의 보존 및 활용에 관한 법률」에 따른 지정문화유산이나 임시지정문화유산 또는 「자연유산의 보존 및 활용에 관한 법률」에 따라 지정된 천연기념물 등이나 임시지정천연기념물, 임시지정명승, 임시지정시·도자연유산, 임시자연유산자료
> 2. 철도나 궤도의 선로 부지에 있는 다음의 시설
>   ① 운전보안시설
>   ② 철도 선로의 위나 아래를 가로지르는 보행시설
>   ③ 플랫폼
>   ④ 해당 철도 또는 궤도사업용 급수·급탄 및 급유 시설
> 3. 고속도로 통행료 징수시설
> 4. 컨테이너를 이용한 간이창고(산업집적활성화 및 공장설립에 관한 법률에 따른 공장의 용도로만 사용되는 건축물의 대지에 설치하는 것으로서 이동이 쉬운 것만 해당)
> 5. 「하천법」에 따른 하천구역 내의 수문조작실

예제

건축법령상 철도의 선로 부지(敷地)에 있는 시설로서 「건축법」의 적용을 받지 않는 건축물만을 모두 고른 것은? (단, 건축법령 이외의 특례는 고려하지 않음) 제30회

> ㉠ 플랫폼
> ㉡ 운전보안시설
> ㉢ 철도 선로의 아래를 가로지르는 보행시설
> ㉣ 해당 철도사업용 급수(給水)·급탄(給炭) 및 급유(給油) 시설

① ㉠, ㉡, ㉢   ② ㉠, ㉡, ㉣
③ ㉠, ㉢, ㉣   ④ ㉡, ㉢, ㉣
⑤ ㉠, ㉡, ㉢, ㉣

해설 ⑤ 「건축법」의 적용을 받지 않는 건축물은 다음과 같다.

1. 「문화유산의 보존 및 활용에 관한 법률」에 따른 지정문화유산이나 임시지정문화유산 또는 「자연유산의 보존 및 활용에 관한 법률」에 따라 지정된 천연기념물등이나 임시지정천연기념물, 임시지정명승, 임시지정시·도자연유산, 임시자연유산자료
2. 철도나 궤도의 선로 부지(敷地)에 있는 다음의 시설
   (1) 운전보안시설
   (2) 철도 선로의 위나 아래를 가로지르는 보행시설
   (3) 플랫폼
   (4) 해당 철도 또는 궤도사업용 급수(給水)·급탄(給炭) 및 급유(給油) 시설
3. 고속도로 통행료 징수시설
4. 컨테이너를 이용한 간이창고(산업집적활성화 및 공장설립에 관한 법률에 따른 공장의 용도로만 사용되는 건축물의 대지에 설치하는 것으로서 이동이 쉬운 것만 해당된다)
5. 「하천법」에 따른 하천구역 내의 수문조작실

따라서 모두 해당한다. ▶▶ 정답 ⑤

(2) 대 지

「공간정보의 구축 및 관리 등에 관한 법률」에 따라 각 필지(筆地)로 나눈 토지를 말한다. 다만, 다음의 토지는 둘 이상의 필지를 하나의 대지로 하거나 하나 이상의 필지의 일부를 하나의 대지로 할 수 있다(법 제2조 제1항 제1호).

① 둘 이상의 필지를 하나의 대지로 보는 경우(영 제3조 제1항)

㉠ 하나의 건축물을 두 필지 이상에 걸쳐 건축하는 경우: 그 건축물이 건축되는 각 필지의 토지를 합한 토지
㉡ 「공간정보의 구축 및 관리 등에 관한 법률」에 따라 합병이 불가능한 경우 중 다음의 어느 하나에 해당하는 경우: 그 합병이 불가능한 필지의 토지를 합한 토지. 다만, 토지의 소유자가 서로 다르거나 소유권 외의 권리관계가 서로 다른 경우는 제외한다.
   ⓐ 각 필지의 지번부여지역이 서로 다른 경우
   ⓑ 각 필지의 도면의 축척이 다른 경우
   ⓒ 서로 인접하고 있는 필지로서 각 필지의 지반이 연속되지 아니한 경우
㉢ 「국토의 계획 및 이용에 관한 법률」에 따른 도시·군계획시설에 해당하는 건축물을 건축하는 경우: 그 도시·군계획시설이 설치되는 일단의 토지
㉣ 「주택법」에 따른 사업계획승인을 받아 주택과 그 부대시설 및 복리시설을 건축하는 경우: 주택단지
㉤ 도로의 지표 아래에 건축하는 건축물의 경우: 특별시장·광역시장·특별자치시장·특별자치도지사·시장·군수 또는 구청장이 그 건축물이 건축되는 토지로 정하는 토지
㉥ 건축물에 따른 사용승인을 신청할 때 둘 이상의 필지를 하나의 필지로 합칠 것을 조건으로 건축허가를 하는 경우: 그 필지가 합쳐지는 토지. 다만, 토지의 소유자가 서로 다른 경우는 제외한다.

② **하나 이상의 필지의 일부를 하나의 대지로 할 수 있는 경우**(영 제3조 제2항)

> ㉠ 하나 이상의 필지의 일부에 대하여 도시·군계획시설이 결정·고시된 경우: 그 결정·고시된 부분의 토지
> ㉡ 하나 이상의 필지의 일부에 대하여 「농지법」에 따른 농지전용허가를 받은 경우: 그 허가받은 부분의 토지
> ㉢ 하나 이상의 필지의 일부에 대하여 「산지관리법」에 따른 산지전용허가를 받은 경우: 그 허가받은 부분의 토지
> ㉣ 하나 이상의 필지의 일부에 대하여 「국토의 계획 및 이용에 관한 법률」에 따른 개발행위허가를 받은 경우: 그 허가받은 부분의 토지
> ㉤ 「건축법」에 따른 사용승인을 신청할 때 필지를 나눌 것을 조건으로 건축허가를 하는 경우: 그 필지가 나누어지는 토지

(3) 건축설비

건축물에 설치하는 전기·전화 설비, 초고속 정보통신 설비, 지능형 홈네트워크 설비, 가스·급수·배수(配水)·배수(排水)·환기·난방·냉방·소화(消火)·배연(排煙) 및 오물처리의 설비, 굴뚝, 승강기, 피뢰침, 국기 게양대, 공동시청 안테나, 유선방송 수신시설, 우편함, 저수조(貯水槽), 방범시설, 그 밖에 국토교통부령으로 정하는 설비를 말한다(법 제2조 제1항 제4호).

(4) 신고대상 공작물 제27회, 제30회

공작물을 축조(건축물과 분리하여 축조하는 것을 말한다)할 때 특별자치시장·특별자치도지사 또는 시장·군수·구청장에게 신고를 해야 하는 공작물은 다음과 같다(영 제118조 제1항).

> ① 높이 2m를 넘는 옹벽 또는 담장
> ② 높이 4m를 넘는 장식탑, 기념탑, 첨탑, 광고탑·광고판, 그 밖에 이와 비슷한 것
> ③ 높이 6m를 넘는 굴뚝
> ④ 높이 6m를 넘는 골프연습장 등의 운동시설을 위한 철탑, 주거지역·상업지역에 설치하는 통신용 철탑, 그 밖에 이와 비슷한 것
> ⑤ 높이 8m를 넘는 고가수조나 그 밖에 이와 비슷한 것
> ⑥ 높이 8m(위험을 방지하기 위한 난간의 높이는 제외) 이하의 기계식 주차장 및 철골조립식 주차장(바닥면이 조립식이 아닌 것을 포함)으로서 외벽이 없는 것
> ⑦ 바닥면적 30m²를 넘는 지하대피호
> ⑧ 높이 5m를 넘는 「신에너지 및 재생에너지 개발·이용·보급 촉진법」에 따른 태양에너지를 이용하는 발전설비와 그 밖에 이와 비슷한 것

2 건축법의 적용대상 행위

(1) 건축 제23회, 제25회, 제31회

건축이란 건축물을 신축·증축·개축·재축(再築)하거나 건축물을 이전하는 것을 말한다(법 제2조 제1항 제8호, 영 제2조).

신축	건축물이 없는 대지(기존 건축물이 해체되거나 멸실된 대지를 포함)에 새로 건축물을 축조(築造)하는 것[부속건축물만 있는 대지에 새로 주된 건축물을 축조하는 것을 포함하되, 개축(改築) 또는 재축(再築)하는 것은 제외]을 말한다.
증축	기존 건축물이 있는 대지에서 건축물의 건축면적, 연면적, 층수 또는 높이를 늘리는 것을 말한다.
개축	기존 건축물의 전부 또는 일부[내력벽·기둥·보·지붕틀(한옥의 경우에는 지붕틀의 범위에서 서까래는 제외) 중 셋 이상이 포함되는 경우를 말한다]를 해체하고 그 대지에 종전과 같은 규모의 범위에서 건축물을 다시 축조하는 것을 말한다.

재축	건축물이 천재지변이나 그 밖의 재해(災害)로 멸실된 경우 그 대지에 다음의 요건을 모두 갖추어 다시 축조하는 것을 말한다.
	① 연면적 합계는 종전 규모 이하로 할 것
	② 동(棟)수, 층수 및 높이는 다음의 어느 하나에 해당할 것
	   ㉠ 동수, 층수 및 높이가 모두 종전 규모 이하일 것
	   ㉡ 동수, 층수 또는 높이의 어느 하나가 종전 규모를 초과하는 경우에는 해당 동수, 층수 및 높이가 「건축법」(이하 '법'이라 한다), 이 영 또는 건축조례(이하 '법령 등'이라 한다)에 모두 적합할 것

이전	건축물의 주요구조부를 해체하지 아니하고 같은 대지의 다른 위치로 옮기는 것을 말한다.

(2) 대수선 제23회, 제35회

'대수선'이란 건축물의 기둥, 보, 내력벽, 주계단 등의 구조나 외부형태를 수선·변경하거나 증설하는 다음의 어느 하나에 해당하는 것으로서 증축·개축 또는 재축에 해당하지 아니하는 것을 말한다(법 제2조 제1항 제9호, 영 제3조의2).

① 내력벽을 증설 또는 해체하거나 그 벽면적을 $30m^2$ 이상 수선 또는 변경하는 것
② 기둥을 증설 또는 해체하거나 세 개 이상 수선 또는 변경하는 것
③ 보를 증설 또는 해체하거나 세 개 이상 수선 또는 변경하는 것
④ 지붕틀(한옥의 경우에는 지붕틀의 범위에서 서까래는 제외)을 증설 또는 해체하거나 세 개 이상 수선 또는 변경하는 것
⑤ 방화벽 또는 방화구획을 위한 바닥 또는 벽을 증설 또는 해체하거나 수선 또는 변경하는 것
⑥ 주계단·피난계단 또는 특별피난계단을 증설 또는 해체하거나 수선 또는 변경하는 것

⑦ 다가구주택의 가구 간 경계벽 또는 다세대주택의 세대 간 경계벽을 증설 또는 해체하거나 수선 또는 변경하는 것
⑧ 건축물의 외벽에 사용하는 마감재료(법 제52조 제2항에 따른 마감재료를 말한다)를 증설 또는 해체하거나 벽면적 $30m^2$ 이상을 수선 또는 변경하는 것

(3) 용도변경 제29회, 제31회, 제33회, 제34회

① **의의**: 용도변경이란 건축물을 최초의 용도가 아닌 다른 용도로 바꾸어 사용하는 것을 말한다. 건축물의 용도변경은 변경하려는 용도의 건축기준에 맞게 하여야 한다(법 제19조 제1항).

② **용도별 건축물의 종류**: 건축물의 용도란 건축물의 종류를 유사한 구조·이용목적 및 형태별로 묶어 분류한 것을 말한다(법 제2조 제1항 제3호).

◆ **[별표 1] 용도별 건축물의 종류**(영 제3조의5 관련)

용 도	건축물의 종류

1. 단독주택	단독주택[단독주택의 형태를 갖춘 가정어린이집·공동생활가정·지역아동센터·공동육아나눔터(아이돌봄 지원법에 따른 공동육아나눔터를 말한다. 이하 같다)·작은도서관(도서관법에 따른 작은도서관을 말하며, 해당 주택의 1층에 설치한 경우만 해당한다. 이하 같다) 및 노인복지시설(노인복지주택은 제외)을 포함]
	① 단독주택
	② 다중주택: 다음의 요건을 모두 갖춘 주택을 말한다.
	  ㉠ 학생 또는 직장인 등 여러 사람이 장기간 거주할 수 있는 구조로 되어 있는 것
	  ㉡ 독립된 주거의 형태를 갖추지 않은 것(각 실별로 욕실은 설치할 수 있으나, 취사시설은 설치하지 않은 것을 말한다)
	  ㉢ 1개 동의 주택으로 쓰이는 바닥면적(부설 주차장 면적은 제외)의 합계가 $660m^2$ 이하이고 주택으로 쓰는 층수(지하층은 제외)가 3개 층 이하일 것. 다만, 1층의 전부 또는 일부를 필로티 구조로 하여 주차장으로 사용하고 나머지 부분을 주택(주거 목적으로 한정) 외의 용도로 쓰는 경우에는 해당 층을 주택의 층수에서 제외한다.
	  ㉣ 적정한 주거환경을 조성하기 위하여 건축조례로 정하는 실별 최소면적, 창문의 설치 및 크기 등의 기준에 적합할 것
	③ 다가구주택: 다음의 요건을 모두 갖춘 주택으로서 공동주택에 해당하지 아니하는 것을 말한다.
	  ㉠ 주택으로 쓰는 층수(지하층은 제외)가 3개 층 이하일 것. 다만, 1층의 전부 또는 일부를 필로티 구조로 하여 주차장으로 사용하고 나머지 부분을 주택(주거 목적으로 한정) 외의 용도로 쓰는 경우에는 해당 층을 주택의 층수에서 제외한다.

	ⓒ 1개 동의 주택으로 쓰이는 바닥면적의 합계가 660m² 이하일 것 ⓒ 19세대(대지 내 동별 세대수를 합한 세대수를 말한다) 이하가 거주할 수 있을 것 ④ 공관
2. 공동주택	공동주택[공동주택의 형태를 갖춘 가정어린이집·공동생활가정·지역아동센터·공동육아나눔터·작은도서관·노인복지시설(노인복지주택은 제외) 및 주택법 시행령에 따른 아파트형 주택 포함]. 다만, 아파트나 연립주택에서 층수를 산정할 때 1층 전부를 필로티 구조로 하여 주차장으로 사용하는 경우에는 필로티 부분을 층수에서 제외하고, 다세대주택에서 층수를 산정할 때 1층의 전부 또는 일부를 필로티 구조로 하여 주차장으로 사용하고 나머지 부분을 주택(주거 목적으로 한정) 외의 용도로 쓰는 경우에는 해당 층을 주택의 층수에서 제외한다. 다음의 ①부터 ④까지의 규정에서 층수를 산정할 때 지하층을 주택의 층수에서 제외한다. ① 아파트: 주택으로 쓰는 층수가 5개 층 이상인 주택 ② 연립주택: 주택으로 쓰는 1개 동의 바닥면적의 합계가 660m²를 초과하고, 층수가 4개 층 이하인 주택(2개 이상의 동을 지하주차장으로 연결하는 경우에는 각각의 동으로 본다) ③ 다세대주택: 주택으로 쓰는 1개 동의 바닥면적의 합계가 660m² 이하이고, 층수가 4개 층 이하인 주택(2개 이상의 동을 지하주차장으로 연결하는 경우에는 각각의 동으로 본다) ④ 기숙사: 다음의 어느 하나에 해당하는 건축물로서 공간의 구성과 규모 등에 관하여 국토교통부장관이 정하여 고시하는 기준에 적합한 것. 다만, 구분소유된 개별 실(室)은 제외한다. ㉠ 일반기숙사: 학교 또는 공장 등의 학생 또는 종업원 등을 위하여 사용하는 것으로서 해당 기숙사의 공동취사시설 이용 세대 수가 전체 세대 수의 50% 이상인 것(교육기본법에 따른 학생복지주택을 포함) ㉡ 임대형기숙사: 「공공주택 특별법」에 따른 공공주택사업자 또는 「민간임대주택에 관한 특별법」에 따른 임대사업자가 임대사업에 사용하는 것으로서 임대 목적으로 제공하는 실이 20실 이상이고 해당 기숙사의 공동취사시설 이용 세대 수가 전체 세대 수의 50% 이상인 것
3. 제1종 근린생활시설	① 식품·잡화·의류·완구·서적·건축자재·의약품·의료기기 등 일용품을 판매하는 소매점으로서 같은 건축물(하나의 대지에 두 동 이상의 건축물이 있는 경우에는 이를 같은 건축물로 본다. 이하 같다)에 해당 용도로 쓰는 바닥면적의 합계가 1,000m² 미만인 것 ② 휴게음식점, 제과점 등 음료·차(茶)·음식·빵·떡·과자 등을 조리하거나 제조하여 판매하는 시설(4. 제2종 근린생활시설 중 ⑯ 또는 17. 공장에 해당하는 것은 제외)로서 같은 건축물에 해당 용도로 쓰는 바닥면적의 합계가 300m² 미만인 것

3. 제1종 근린생활시설	③ 이용원, 미용원, 목욕장, 세탁소 등 사람의 위생관리나 의류 등을 세탁·수선하는 시설(세탁소의 경우 공장에 부설되는 것과 대기환경보전법, 물환경보전법 또는 소음·진동관리법에 따른 배출시설의 설치 허가 또는 신고의 대상인 것은 제외) ④ 의원, 치과의원, 한의원, 침술원, 접골원(接骨院), 조산원, 안마원, 산후조리원 등 주민의 진료·치료 등을 위한 시설 ⑤ 탁구장, 체육도장으로서 같은 건축물에 해당 용도로 쓰는 바닥면적의 합계가 500m² 미만인 것 ⑥ 지역자치센터, 파출소, 지구대, 소방서, 우체국, 방송국, 보건소, 공공도서관, 건강보험공단 사무소 등 주민의 편의를 위하여 공공업무를 수행하는 시설로서 같은 건축물에 해당 용도로 쓰는 바닥면적의 합계가 1,000m² 미만인 것 ⑦ 마을회관, 마을공동작업소, 마을공동구판장, 공중화장실, 대피소, 지역아동센터(단독주택과 공동주택에 해당하는 것은 제외) 등 주민이 공동으로 이용하는 시설 ⑧ 변전소, 도시가스배관시설, 통신용 시설(해당 용도로 쓰는 바닥면적의 합계가 1,000m² 미만인 것에 한정), 정수장, 양수장 등 주민의 생활에 필요한 에너지공급·통신서비스제공이나 급수·배수와 관련된 시설 ⑨ 금융업소, 사무소, 부동산중개사무소, 결혼상담소 등 소개업소, 출판사 등 일반업무시설로서 같은 건축물에 해당 용도로 쓰는 바닥면적의 합계가 30m² 미만인 것 ⑩ 전기자동차 충전소(해당 용도로 쓰는 바닥면적의 합계가 1,000m² 미만인 것으로 한정) ⑪ 동물병원, 동물미용실 및 동물위탁관리업을 위한 시설로서 같은 건축물에 해당 용도로 쓰는 바닥면적의 합계가 300m² 미만인 것
4. 제2종 근린생활시설	① 공연장(극장, 영화관, 연예장, 음악당, 서커스장, 비디오물감상실, 비디오물소극장, 그 밖에 이와 비슷한 것을 말한다. 이하 같다)으로서 같은 건축물에 해당 용도로 쓰는 바닥면적의 합계가 500m² 미만인 것 ② 종교집회장[교회, 성당, 사찰, 기도원, 수도원, 수녀원, 제실(祭室), 사당, 그 밖에 이와 비슷한 것을 말한다. 이하 같다]으로서 같은 건축물에 해당 용도로 쓰는 바닥면적의 합계가 500m² 미만인 것 ③ 자동차영업소로서 같은 건축물에 해당 용도로 쓰는 바닥면적의 합계가 1,000m² 미만인 것 ④ 서점(제1종 근린생활시설에 해당하지 않는 것) ⑤ 총포판매소 ⑥ 사진관, 표구점 ⑦ 청소년게임제공업소, 복합유통게임제공업소, 인터넷컴퓨터게임시설제공업소, 가상현실체험 제공업소, 그 밖에 이와 비슷한 게임 및 체험 관련 시설로서 같은 건축물에 해당 용도로 쓰는 바닥면적의 합계가 500m² 미만인 것 ⑧ 휴게음식점, 제과점 등 음료·차(茶)·음식·빵·떡·과자 등을 조리하거나 제조하여 판매하는 시설(다음의 ⑯ 또는 17. 공장에 해당하는 것은 제외)로서 같은 건축물에 해당 용도로 쓰는 바닥면적의 합계가 300m² 이상인 것

	⑨ 일반음식점
	⑩ 장의사, 동물병원, 동물미용실, 동물위탁관리업을 위한 시설, 그 밖에 이와 유사한 것(제1종 근린생활시설에 해당하는 것은 제외한다)
	⑪ 학원(자동차학원·무도학원 및 정보통신기술을 활용하여 원격으로 교습하는 것은 제외), 교습소(자동차교습·무도교습 및 정보통신기술을 활용하여 원격으로 교습하는 것은 제외), 직업훈련소(운전·정비 관련 직업훈련소는 제외)로서 같은 건축물에 해당 용도로 쓰는 바닥면적의 합계가 $500m^2$ 미만인 것
	⑫ 독서실, 기원
	⑬ 테니스장, 체력단련장, 에어로빅장, 볼링장, 당구장, 실내낚시터, 골프연습장, 놀이형시설(관광진흥법에 따른 기타테마파크업의 시설을 말한다. 이하 같다) 등 주민의 체육 활동을 위한 시설(3. 제1종 근린생활시설 중 ⑤의 시설은 제외)로서 같은 건축물에 해당 용도로 쓰는 바닥면적의 합계가 $500m^2$ 미만인 것
	⑭ 금융업소, 사무소, 부동산중개사무소, 결혼상담소 등 소개업소, 출판사 등 일반업무시설로서 같은 건축물에 해당 용도로 쓰는 바닥면적의 합계가 $500m^2$ 미만인 것(제1종 근린생활시설에 해당하는 것은 제외)
4. 제2종 근린생활시설	⑮ 다중생활시설(다중이용업소의 안전관리에 관한 특별법에 따른 다중이용업 중 고시원업의 시설로서 국토교통부장관이 고시하는 기준과 그 기준에 위배되지 않는 범위에서 적정한 주거환경을 조성하기 위하여 건축조례로 정하는 실별 최소면적, 창문의 설치 및 크기 등의 기준에 적합한 것을 말한다. 이하 같다)로서 같은 건축물에 해당 용도로 쓰는 바닥면적의 합계가 $500m^2$ 미만인 것
	⑯ 제조업소, 수리점 등 물품의 제조·가공·수리 등을 위한 시설로서 같은 건축물에 해당 용도로 쓰는 바닥면적의 합계가 500㎡ 미만이고, 다음의 요건 중 어느 하나에 해당하는 것 ㉠ 「대기환경보전법」, 「물환경보전법」 또는 「소음·진동관리법」에 따른 배출시설의 설치 허가 또는 신고의 대상이 아닌 것 ㉡ 「물환경보전법」에 따른 폐수배출시설의 설치 허가 또는 신고의 대상 시설로서 발생되는 폐수를 전량 위탁처리하는 것
	⑰ 단란주점으로서 같은 건축물에 해당 용도로 쓰는 바닥면적의 합계가 $150m^2$ 미만인 것
	⑱ 안마시술소, 노래연습장
	⑲ 「물류시설의 개발 및 운영에 관한 법률」 제2조 제5호의2에 따른 주문배송시설로서 같은 건축물에 해당 용도로 쓰는 바닥면적의 합계가 500제곱미터 미만인 것(같은 법 제21조의2 제1항에 따라 물류창고업 등록을 해야 하는 시설을 말한다)
	⑳ 공유보관시설로서 같은 건축물에 해당 용도로 쓰는 바닥면적의 합계가 1,000제곱미터 미만인 것

5. 문화 및 집회시설	① 공연장으로서 제2종 근린생활시설에 해당하지 아니하는 것 ② 집회장(예식장·공회당·회의장·마권 장외 발매소·마권 전화 투표소, 그 밖에 이와 비슷한 것을 말함)으로서 제2종 근린생활시설에 해당하지 아니하는 것 ③ 관람장(경마장, 경륜장, 경정장, 자동차 경기장, 그 밖에 이와 비슷한 것과 체육관 및 운동장으로서 관람석의 바닥면적의 합계가 1,000㎡ 이상인 것을 말함) ④ 전시장(박물관, 미술관, 과학관, 문화관, 체험관, 기념관, 산업전시장, 박람회장, 그 밖에 이와 비슷한 것을 말함) ⑤ 동·식물원(동물원, 식물원, 수족관, 그 밖에 이와 비슷한 것을 말함)
6. 종교시설	① 종교집회장으로서 제2종 근린생활시설에 해당하지 아니하는 것 ② 종교집회장(제2종 근린생활시설에 해당하지 아니하는 것)에 설치하는 봉안당

7. 판매시설	① 도매시장(농수산물유통 및 가격안정에 관한 법률에 따른 농수산물도매시장, 농수산물공판장, 그 밖에 이와 비슷한 것을 말하며, 그 안에 있는 근린생활시설을 포함)
	② 소매시장(유통산업발전법에 따른 대규모 점포, 그 밖에 이와 비슷한 것을 말하며, 그 안에 있는 근린생활시설을 포함)
	③ 상점(상점 안에 있는 근린생활시설을 포함)으로서 다음의 요건 중 어느 하나에 해당하는 것
	  ㉠ 3. 제1종 근린생활시설 중 ①에 해당하는 용도(서점은 제외)로서 제1종 근린생활시설에 해당하지 아니하는 것
	  ㉡ 「게임산업진흥에 관한 법률」에 따른 청소년게임제공업의 시설, 일반게임제공업의 시설, 인터넷컴퓨터게임시설제공업의 시설 및 복합유통게임제공업의 시설로서 제2종 근린생활시설에 해당하지 아니하는 것

8. 운수시설	① 여객자동차터미널 ② 철도시설 ③ 공항시설 ④ 항만시설 ⑤ 「도심항공교통 활용 촉진 및 지원에 관한 법률」에 따른 버티포트(Vertiport) ⑥ 그 밖에 위 ①부터 ⑤까지의 규정에 따른 시설과 비슷한 시설
9. 의료시설	① 병원(종합병원, 병원, 치과병원, 한방병원, 정신병원 및 요양병원을 말함) ② 격리병원(전염병원, 마약진료소, 그 밖에 이와 비슷한 것을 말함)
10. 교육연구시설	교육연구시설(제2종 근린생활시설에 해당하는 것은 제외) ① 학교(유치원·초등학교·중학교·고등학교·전문대학·대학·대학교, 그 밖에 이에 준하는 각종 학교를 말함) ② 교육원(연수원, 그 밖에 이와 비슷한 것을 포함) ③ 직업훈련소(운전 및 정비 관련 직업훈련소는 제외) ④ 학원(자동차학원 및 무도학원 및 정보통신기술을 활용하여 원격으로 교습하는 것은 제외), 교습소(자동차교습·무도교습 및 정보통신기술을 활용하여 원격으로 교습하는 것은 제외) ⑤ 연구소(연구소에 준하는 시험소와 계측계량소를 포함) ⑥ 도서관

11. 노유자시설	① 아동 관련 시설(어린이집, 아동복지시설, 그 밖에 이와 비슷한 것으로서 단독주택, 공동주택 및 제1종 근린생활시설에 해당하지 아니하는 것을 말함) ② 노인복지시설(단독주택과 공동주택에 해당하지 아니하는 것을 말함) ③ 그 밖에 다른 용도로 분류되지 아니한 사회복지시설 및 근로복지시설
12. 수련시설	① 생활권 수련시설(청소년활동 진흥법에 따른 청소년수련관, 청소년문화의 집, 청소년특화시설, 그 밖에 이와 비슷한 것을 말함) ② 자연권 수련시설(청소년활동 진흥법에 따른 청소년수련원·청소년야영장, 그 밖에 이와 비슷한 것을 말함) ③ 「청소년활동 진흥법」에 따른 유스호스텔 ④ 「관광진흥법」에 따른 야영장 시설로서 29. 야영장 시설에 해당하지 아니하는 시설
13. 운동시설	① 탁구장, 체육도장, 테니스장, 체력단련장, 에어로빅장, 볼링장, 당구장, 실내낚시터, 골프연습장, 놀이형시설, 그 밖에 이와 비슷한 것으로서 제1종 근린생활시설 및 제2종 근린생활시설에 해당하지 아니하는 것 ② 체육관으로서 관람석이 없거나 관람석의 바닥면적이 $1,000m^2$ 미만인 것 ③ 운동장(육상장, 구기장, 볼링장, 수영장, 스케이트장, 롤러스케이트장, 승마장, 사격장, 궁도장, 골프장 등과 이에 딸린 건축물을 말함)으로서 관람석이 없거나 관람석의 바닥면적이 $1,000m^2$ 미만인 것

14. 업무시설	① 공공업무시설: 국가 또는 지방자치단체의 청사와 외국공관의 건축물로서 제1종 근린생활시설에 해당하지 아니하는 것
	② 일반업무시설: 다음의 요건을 갖춘 업무시설을 말한다.
	   ㉠ 금융업소, 사무소, 결혼상담소 등 소개업소, 출판사, 신문사, 그 밖에 이와 비슷한 것으로서 제1종 근린생활시설 및 제2종 근린생활시설에 해당하지 않는 것
	   ㉡ 오피스텔(업무를 주로 하며, 분양하거나 임대하는 구획 중 일부의 구획에서 숙식을 할 수 있도록 한 건축물로서 국토교통부장관이 고시하는 기준에 적합한 것을 말함)

15. 숙박시설	① 일반숙박시설 및 생활숙박시설(공중위생관리법에 따라 숙박업 신고를 해야 하는 시설로서 국토교통부장관이 정하여 고시하는 요건을 갖춘 시설을 말한다) ② 관광숙박시설(관광호텔, 수상관광호텔, 한국전통호텔, 가족호텔, 호스텔, 소형호텔, 의료관광호텔 및 휴양 콘도미니엄) ③ 다중생활시설(4. 제2종 근린생활시설에 해당하지 아니하는 것을 말함) ④ 그 밖에 위 ①부터 ③까지의 시설과 비슷한 것
16. 위락시설	① 단란주점으로서 4. 제2종 근린생활시설에 해당하지 아니하는 것 ② 유흥주점이나 그 밖에 이와 비슷한 것 ③ 「관광진흥법」에 따른 테마파크업의 시설, 그 밖에 이와 비슷한 시설(4. 제2종 근린생활시설과 13. 운동시설에 해당하는 것은 제외) ④ 무도장, 무도학원 ⑤ 카지노영업소

17. 공장	물품의 제조·가공(염색·도장·표백·재봉·건조·인쇄 등을 포함) 또는 수리에 계속적으로 이용되는 건축물로서 제1종 근린생활시설, 제2종 근린생활시설, 위험물저장 및 처리시설, 자동차 관련 시설, 자원순환 관련 시설 등으로 따로 분류되지 아니한 것
18. 창고시설	제2종 근린생활시설에 해당하는 것과 위험물 저장 및 처리시설 또는 그 부속용도에 해당하는 것은 제외 ① 창고(물품저장시설로서 물류정책기본법에 따른 일반창고와 냉장 및 냉동창고를 포함) ② 하역장 ③ 「물류시설의 개발 및 운영에 관한 법률」에 따른 물류터미널 ④ 집배송 시설
19. 위험물 저장 및 처리시설	「위험물안전관리법」, 「석유 및 석유대체연료 사업법」, 「도시가스사업법」, 「고압가스 안전관리법」, 「액화석유가스의 안전관리 및 사업법」, 「총포·도검·화약류 등 단속법」, 「화학물질관리법」 등에 따라 설치 또는 영업의 허가를 받아야 하는 건축물로서 다음의 어느 하나에 해당하는 것(다만, 자가난방, 자가발전, 그 밖에 이와 비슷한 목적으로 쓰는 저장시설은 제외) ① 주유소(기계식 세차설비를 포함) 및 석유판매소 ② 액화석유가스 충전소·판매소·저장소(기계식 세차설비를 포함) ③ 위험물 제조소·저장소·취급소 ④ 액화가스 취급소·판매소 ⑤ 유독물 보관·저장·판매시설 ⑥ 고압가스 충전소·판매소·저장소 ⑦ 도료류 판매소 ⑧ 도시가스 제조시설 ⑨ 화약류 저장소 ⑩ 그 밖에 위 ①부터 ⑨까지의 시설과 비슷한 것
20. 자동차 관련 시설(건설기계 관련 시설 포함)	① 주차장 ② 세차장 ③ 폐차장 ④ 검사장 ⑤ 매매장 ⑥ 정비공장 ⑦ 운전학원·정비학원(운전 및 정비 관련 직업훈련시설을 포함) ⑧ 「여객자동차 운수사업법」·「화물자동차 운수사업법」 및 「건설기계관리법」에 따른 차고 및 주기장 ⑨ 전기자동차 충전소로서 제1종 근린생활시설에 해당하지 않는 것
21. 동물 및 식물 관련 시설	① 축사(양잠·양봉·양어·양돈·양계·곤충사육 시설 및 부화장 등을 포함) ② 가축시설(가축용 운동시설, 인공수정센터, 관리사, 가축용 창고, 가축시장, 동물검역소, 실험동물사육시설, 그 밖에 이와 비슷한 것을 말함)

	③ 도축장
	④ 도계장
	⑤ 작물재배사
	⑥ 종묘배양시설
	⑦ 화초 및 분재 등의 온실
	⑧ 동물 또는 식물과 관련된 위 ①부터 ⑦까지의 시설과 비슷한 것(동·식물원은 제외)
22. 자원순환 관련 시설	① 하수 등 처리시설 ② 고물상 ③ 폐기물재활용시설 ④ 폐기물처분시설 ⑤ 폐기물감량화시설
23. 교정시설	제1종 근린생활시설에 해당하는 것은 제외 ① 교정시설(보호감호소, 구치소 및 교도소를 말함) ② 갱생보호시설, 그 밖에 범죄자의 갱생·보육·교육·보건 등의 용도로 쓰는 시설 ③ 소년원 및 소년분류심사원
23의2. 국방· 군사시설	제1종 근린생활시설에 해당하는 것은 제외 「국방·군사시설 사업에 관한 법률」에 따른 국방·군사시설
24. 방송통신시설	제1종 근린생활시설에 해당하는 것은 제외 ① 방송국(방송프로그램제작시설 및 송신·수신·중계시설을 포함) ② 전신전화국 ③ 촬영소 ④ 통신용 시설 ⑤ 데이터센터 ⑥ 그 밖에 위 ①부터 ⑤까지의 시설과 비슷한 것
25. 발전시설	발전소(집단에너지공급시설을 포함)로 사용되는 건축물로서 제1종 근린생활시설에 해당하지 아니하는 것
26. 묘지 관련 시설	① 화장시설 ② 봉안당(종교시설에 해당하는 것은 제외) ③ 묘지와 자연장지에 부수되는 건축물 ④ 동물화장시설, 동물건조장시설 및 동물전용의 납골시설
27. 관광휴게시설	① 야외음악당 ② 야외극장 ③ 어린이회관 ④ 관망탑 ⑤ 휴게소 ⑥ 공원·유원지 또는 관광지에 부수되는 시설

28. 장례시설	① 장례식장[의료시설의 부수시설(의료법에 따른 의료기관의 종류에 따른 시설을 말함)에 해당하는 것은 제외] ② 동물전용의 장례식장
29. 야영장 시설	「관광진흥법」에 따른 야영장 시설로서 관리동, 화장실, 샤워실, 대피소, 취사시설 등의 용도로 쓰는 바닥면적의 합계가 300m^2 미만인 것

③ **시설군 및 건축물의 용도**: 건축물의 시설군은 다음과 같고, 각 시설군에 속하는 건축물의 세부 용도는 대통령령으로 정한다(법 제19조 제4항).

◆ **건축물의 시설군과 세부 용도**(영 제14조 제5항)

시설군	세부 용도
1. 자동차 관련 시설군	자동차 관련 시설
2. 산업 등의 시설군	① 운수시설 ② 창고시설 ③ 공장 ④ 위험물저장 및 처리시설 ⑤ 자원순환 관련 시설 ⑥ 묘지 관련 시설 ⑦ 장례시설
3. 전기통신시설군	① 방송통신시설 ② 발전시설
4. 문화 및 집회시설군	① 문화 및 집회시설 ② 종교시설 ③ 위락시설 ④ 관광휴게시설
5. 영업시설군	① 판매시설 ② 운동시설 ③ 숙박시설 ④ 제2종 근린생활시설 중 다중생활시설
6. 교육 및 복지시설군	① 의료시설 ② 교육연구시설 ③ 노유자시설 ④ 수련시설 ⑤ 야영장시설
7. 근린생활시설군	① 제1종 근린생활시설 ② 제2종 근린생활시설(다중생활시설은 제외)

8. 주거업무시설군	① 단독주택 ② 공동주택 ③ 업무시설 ④ 교정시설 ⑤ 국방·군사시설
9. 그 밖의 시설군	동물 및 식물 관련 시설

④ **용도변경의 허가·신고**: 사용승인을 받은 건축물의 용도를 변경하려는 자는 다음의 구분에 따라 특별자치시장·특별자치도지사 또는 시장·군수·구청장의 허가를 받거나 신고를 하여야 한다(법 제19조 제2항).

허가대상	각 시설군에 속하는 건축물의 용도를 상위군에 해당하는 용도로 변경하는 경우
신고대상	각 시설군에 속하는 건축물의 용도를 하위군에 해당하는 용도로 변경하는 경우

⑤ **건축물대장 기재내용 변경신청**: 시설군 중 같은 시설군 안에서 용도를 변경하려는 자는 국토교통부령으로 정하는 바에 따라 특별자치시장·특별자치도지사 또는 시장·군수·구청장에게 건축물대장 기재내용의 변경을 신청하여야 한다. 다만, 대통령령으로 정하는 다음의 변경의 경우에는 그러하지 아니하다(법 제19조 제3항).

> 위 ⑤의 단서에서 '대통령령으로 정하는 변경'이란 다음의 어느 하나에 해당하는 건축물 상호 간의 용도변경을 말한다. 다만, 위 [별표 1] 3. 제1종 근린생활시설의 ③(목욕장만 해당)·④, 4. 제2종 근린생활시설의 ①·⑦·⑪·⑬(골프연습장, 놀이형시설만 해당)·⑰·⑱, ⑲ 7. 판매시설의 ③의 ㉡, 15. 숙박시설의 ①(생활숙박시설만 해당) 및 16. 위락시설의 ①·②에 해당하는 용도로 변경하는 경우는 제외한다(영 제14조 제4항).
> ㉠ [별표 1]의 같은 호에 속하는 건축물 상호 간의 용도변경
> ㉡ 「국토의 계획 및 이용에 관한 법률」이나 그 밖의 관계 법령에서 정하는 용도제한에 적합한 범위에서 제1종 근린생활시설과 제2종 근린생활시설 상호 간의 용도변경

⑥ **규정의 준용**
㉠ **사용승인**: 허가나 신고대상인 경우로서 용도변경하려는 부분의 바닥면적의 합계가 $100m^2$ 이상인 경우의 사용승인에 관하여는 건축물의 사용승인에 관한 규정을 준용한다. 다만, 용도변경하려는 부분의 바닥면적의 합계가 $500m^2$ 미만으로서 대수선에 해당되는 공사를 수반하지 아니하는 경우에는 그러하지 아니하다(법 제19조 제5항).
㉡ **건축사 설계**: 허가대상인 경우로서 용도변경하려는 부분의 바닥면적의 합계가 $500m^2$ 이상인 용도변경(대통령령으로 정하는 경우는 제외)의 설계에 관하여는 건축사에 의한 설계대상에 관한 규정을 준용한다(법 제19조 제6항).

예제

1. 甲은 A도 B군에서 숙박시설로 사용승인을 받은 바닥면적의 합계가 3천m^2인 건축물의 용도를 변경하려고 한다. 건축법령상 이에 관한 설명으로 틀린 것은?   제31회

① 의료시설로 용도를 변경하려는 경우에는 용도변경 신고를 하여야 한다.
② 종교시설로 용도를 변경하려는 경우에는 용도변경 허가를 받아야 한다.
③ 甲이 바닥면적의 합계 1천m^2의 부분에 대해서만 업무시설로 용도를 변경하는 경우에는 사용승인을 받지 않아도 된다.
④ A도지사는 도시·군계획에 특히 필요하다고 인정하면 B군수의 용도변경 허가를 제한할 수 있다.
⑤ B군수는 甲이 판매시설과 위락시설의 복수 용도로 용도변경 신청을 한 경우 지방건축위원회의 심의를 거쳐 이를 허용할 수 있다.

해설 ③ 甲이 바닥면적의 합계 1천m^2의 부분에 대해서만 업무시설로 용도를 변경하는 경우에는 사용승인을 받아야 한다. 허가나 신고대상인 경우로서 용도변경하려는 부분의 바닥면적의 합계가 100m^2 이상인 경우에는 사용승인에 관한 규정을 준용하기 때문이다.   ▶ 정답 ③

2. 건축법령상 사용승인을 받은 건축물의 용도변경이 신고대상인 경우만을 모두 고른 것은?   제25회

용도변경 전	용도변경 후
㉠ 판매시설	창고시설
㉡ 숙박시설	위락시설
㉢ 장례시설	종교시설
㉣ 의료시설	교육연구시설
㉤ 제1종 근린생활시설	업무시설

① ㉠, ㉡   ② ㉠, ㉢
③ ㉡, ㉣   ④ ㉢, ㉤
⑤ ㉣, ㉤

해설 ㉢ 장례시설을 종교시설로의 용도변경은 신고대상이다.
㉤ 제1종 근린생활시설을 업무시설로의 용도변경은 신고대상이다.
㉠ 판매시설을 창고시설로의 용도변경은 허가대상이다.
㉡ 숙박시설을 위락시설로의 용도변경은 허가대상이다.
㉣ 의료시설을 교육연구시설로의 용도변경은 기재내용 변경신청대상이다.   ▶ 정답 ④

3 건축법의 적용대상 지역

(1) 전면적 적용지역(법 제3조 제2항)

① 「국토의 계획 및 이용에 관한 법률」에 따른 도시지역 및 비도시지역 안의 지구단위계획구역

② 동이나 읍(동이나 읍에 속하는 섬의 경우에는 인구가 500명 이상인 경우만 해당)지역

(2) 건축법의 일부규정을 적용하지 않는 지역

「국토의 계획 및 이용에 관한 법률」에 따른 도시지역 및 비도시지역 안의 지구단위계획구역 외의 지역으로서 동이나 읍(동이나 읍에 속하는 섬의 경우에는 인구가 500명 이상인 경우만 해당)이 아닌 지역은 다음의 규정을 적용하지 아니한다(법 제3조 제2항).

> ① 대지와 도로의 관계(법 제44조)
> ② 도로의 지정·폐지 또는 변경(법 제45조)
> ③ 건축선의 지정(법 제46조)
> ④ 건축선에 따른 건축제한(법 제47조)
> ⑤ 방화지구 안의 건축물(법 제51조)
> ⑥ 대지의 분할제한(법 제57조)

04 건축법 적용의 특례 제32회

(1) 건축법 적용의 완화

① **완화요청**: 건축주, 설계자, 공사시공자 또는 공사감리자(이하 '건축관계자'라 한다)는 그 업무를 수행할 때 이 법을 적용하는 것이 매우 불합리하다고 인정되는 대지나 건축물로서 대통령령으로 정하는 것에 대하여는 이 법의 기준을 완화하여 적용할 것을 허가권자에게 요청할 수 있다(법 제5조 제1항).

② **결정통지**: 요청을 받은 허가권자는 건축위원회의 심의를 거쳐 완화 여부와 적용범위를 결정하고 그 결과를 신청인에게 알려야 한다(법 제5조 제2항).

(2) 기존의 건축물 등에 관한 특례

허가권자는 ① 법령의 제정·개정이나 ② 도시·군관리계획의 결정·변경 또는 행정구역의 변경이 있는 경우 ③ 도시·군계획시설의 설치, 도시개발사업의 시행 또는 「도로법」에 따른 도로의 설치가 있는 경우 ④ 그 밖에 국토교통부령으로 정하는 사유로 대지나 건축물이 법령 등에 부적합하더라도 다음에 해당하게 된 경우에는 해당 지방자치단체의 조례로 정하는 바에 따라 건축을 허가할 수 있다(법 제6조, 영 제6조의2 제1항·제2항).

⊙ 기존 건축물을 재축하는 경우
⊙ 증축, 개축 또는 대수선하려는 부분이 법령 등에 적합한 경우
⊙ 기존 건축물의 대지가 도시·군계획시설의 설치 또는 「도로법」에 따른 도로의 설치로 해당 지방자치단체가 정하는 면적에 미달된 경우로서 그 기존 건축물을 연면적 합계의 범위에서 증축하거나 개축하는 경우
⊙ 기존 건축물이 도시·군계획시설 또는 「도로법」에 따른 도로의 설치로 법 제55조 또는 법 제56조에 부적합하게 된 경우로서 화장실·계단·승강기의 설치 등 그 건축물의 기능을 유지하기 위하여 그 기존 건축물의 연면적 합계의 범위에서 증축하는 경우
⊙ 최초로 개정한 해당 지방자치단체의 조례 시행일 이전에 건축된 기존 건축물의 건축선 및 인접 대지경계선으로부터의 거리가 그 조례로 정하는 거리에 미달되는 경우로서 그 기존 건축물을 건축 당시의 법령에 위반되지 않는 범위에서 수직으로 증축하는 경우
⊙ 기존 한옥을 개축하는 경우
⊙ 건축물 대지의 전부 또는 일부가 「자연재해대책법」 제12조에 따른 자연재해위험개선지구에 포함되고 법 제22조에 따른 사용승인 후 20년이 지난 기존 건축물을 재해로 인한 피해 예방을 위하여 연면적의 합계 범위에서 개축하는 경우

(3) 리모델링에 대비한 특례

리모델링이 쉬운 구조의 공동주택의 건축을 촉진하기 위하여 공동주택을 대통령령으로 정하는 구조로 하여 건축허가를 신청하면 법 제56조(건축물의 용적률)·제60조(건축물의 높이 제한) 및 제61조(일조 등의 확보를 위한 건축물의 높이 제한) 규정에 의한 기준을 100분의 120(다만, 건축조례에서 지역적 특성 등을 고려하여 그 비율을 강화한 경우에는 건축조례로 정하는 기준에 따른다)을 완화하여 적용할 수 있다(법 제8조, 영 제6조의5 제2항).

05 건축위원회

국토교통부장관, 시·도지사 및 시장·군수·구청장은 다음의 사항을 조사·심의·조정 또는 재정(이하 '심의 등'이라 한다)하기 위하여 각각 건축위원회를 두어야 한다(법 제4조 제1항).

① 이 법과 조례의 제정·개정 및 시행에 관한 중요사항
② 건축물의 건축 등과 관련된 분쟁의 조정 또는 재정에 관한 사항. 다만, 시·도지사 및 시장·군수·구청장이 두는 건축위원회는 제외한다.
③ 건축물의 건축 등과 관련된 민원에 관한 사항. 다만, 국토교통부장관이 두는 건축위원회는 제외한다.
④ 건축물의 건축 또는 대수선에 관한 사항
⑤ 다른 법령에서 건축위원회의 심의를 받도록 규정한 사항

1 중앙건축위원회

(1) **심의사항**

국토교통부에 두는 건축위원회(이하 '중앙건축위원회'라 한다)는 다음의 사항을 조사·심의·조정 또는 재정(이하 '심의 등'이라 한다)한다(영 제5조 제1항).

> ① 표준설계도서의 인정에 관한 사항
> ② 건축물의 건축·대수선·용도변경, 건축설비의 설치 또는 공작물의 축조(이하 '건축물의 건축 등'이라 한다)와 관련된 분쟁의 조정 또는 재정에 관한 사항
> ③ 법과 이 영의 제정·개정 및 시행에 관한 중요사항
> ④ 다른 법령에서 중앙건축위원회의 심의를 받도록 한 경우 해당 법령에서 규정한 심의사항
> ⑤ 그 밖에 국토교통부장관이 중앙건축위원회의 심의가 필요하다고 인정하여 회의에 부치는 사항

(2) **중앙건축위원회의 구성**

중앙건축위원회는 위원장 및 부위원장 각 1명을 포함하여 80명 이내의 위원으로 구성한다(영 제5조 제3항).

2 전문위원회

(1) **설 치**

국토교통부장관, 시·도지사 및 시장·군수·구청장은 건축위원회의 심의 등을 효율적으로 수행하기 위하여 필요하면 자신이 설치하는 건축위원회에 다음의 전문위원회를 두어 운영할 수 있다(법 제4조 제2항).

> ① 건축분쟁전문위원회(국토교통부에 설치하는 건축위원회에 한정)
> ② 건축민원전문위원회(시·도 및 시·군·구에 설치하는 건축위원회에 한정)
> ③ 건축계획·건축구조·건축설비 등 분야별 전문위원회

(2) **권 한**

전문위원회는 건축위원회가 정하는 사항에 대하여 심의 등을 하며, 전문위원회의 심의 등을 거친 사항은 건축위원회의 심의 등을 거친 것으로 본다(법 제4조 제3항·제4항).

3 지방건축위원회

(1) 심의사항

특별시·광역시·특별자치시·도·특별자치도(이하 '시·도'라 한다) 및 시·군·구(자치구를 말한다)에 두는 건축위원회(이하 '지방건축위원회'라 한다)는 다음의 사항에 대한 심의 등을 한다(영 제5조의5 제1항).

> ① 건축선의 지정에 관한 사항
> ② 법 또는 이 영에 따른 조례(해당 지방자치단체의 장이 발의하는 조례만 해당)의 제정·개정 및 시행에 관한 중요사항
> ③ 다중이용 건축물 및 특수구조 건축물의 구조안전에 관한 사항
> ④ 다른 법령에서 지방건축위원회의 심의를 받도록 한 경우 해당 법령에서 규정한 심의사항
> ⑤ 특별시장·광역시장·특별자치시장·도지사 또는 특별자치도지사(이하 '시·도지사'라 한다) 및 시장·군수·구청장이 도시 및 건축 환경의 체계적인 관리를 위하여 필요하다고 인정하여 지정·공고한 지역에서 건축조례로 정하는 건축물의 건축 등에 관한 것으로서 시·도지사 및 시장·군수·구청장이 지방건축위원회의 심의가 필요하다고 인정한 사항. 이 경우 심의 사항은 시·도지사 및 시장·군수·구청장이 건축 계획, 구조 및 설비 등에 대해 심의 기준을 정하여 공고한 사항으로 한다.

(2) 지방건축위원회의 구성

지방건축위원회는 위원장 및 부위원장 각 1명을 포함하여 25명 이상 150명 이하의 위원으로 성별을 고려하여 구성한다(영 제5조의5 제3항).

제2장 건축물의 건축 등

01 건축허가

1 건축 관련 입지와 규모의 사전결정 제28회, 제30회, 제33회, 제36회

(1) 사전결정의 신청

건축허가 대상 건축물을 건축하려는 자는 건축허가를 신청하기 전에 허가권자에게 그 건축물의 건축에 관한 다음의 사항에 대한 사전결정을 신청할 수 있다(법 제10조 제1항).

> ① 해당 대지에 건축하는 것이 이 법이나 관계 법령에서 허용되는지 여부
> ② 이 법 또는 관계 법령에 따른 건축기준 및 건축제한, 그 완화에 관한 사항 등을 고려하여 해당 대지에 건축 가능한 건축물의 규모
> ③ 건축허가를 받기 위하여 신청자가 고려하여야 할 사항

(2) 동시신청

사전결정을 신청하는 자(이하 '사전결정신청자'라 한다)는 건축위원회 심의와 「도시교통정비 촉진법」에 따른 교통영향평가서의 검토를 동시에 신청할 수 있다(법 제10조 제2항).

(3) 사전협의

허가권자는 사전결정이 신청된 건축물의 대지면적이 「환경영향평가법」에 따른 소규모 환경영향평가 대상사업인 경우 기후에너지환경부장관이나 지방환경관서의 장과 소규모 환경영향평가에 관한 협의를 하여야 한다(법 제10조 제3항).

(4) 결정의 통지

허가권자는 사전결정신청을 받으면 입지, 건축물의 규모, 용도 등을 사전결정한 후 사전결정신청자에게 알려야 한다(법 제10조 제4항).

(5) 통지의 효과

① 사전결정 통지를 받은 경우에는 다음의 허가를 받거나 신고 또는 협의를 한 것으로 본다(법 제10조 제6항).

> ㉠ 「국토의 계획 및 이용에 관한 법률」에 따른 개발행위허가
> ㉡ 「산지관리법」에 따른 산지전용허가와 산지전용신고, 산지일시사용허가·신고. 다만, 보전산지인 경우에는 도시지역만 해당된다.
> ㉢ 「농지법」에 따른 농지전용허가·신고 및 협의
> ㉣ 「하천법」에 따른 하천점용허가

② 허가권자는 위 ①의 어느 하나에 해당되는 내용이 포함된 사전결정을 하려면 미리 관계 행정기관의 장과 협의하여야 하며, 협의를 요청받은 관계 행정기관의 장은 요청을 받은 날부터 15일 이내에 의견을 제출하여야 한다(법 제10조 제7항).

(6) 건축허가 신청의무

사전결정신청자는 사전결정을 통지받은 날부터 2년 이내에 건축허가를 신청하여야 하며, 이 기간에 건축허가를 신청하지 아니하면 사전결정의 효력이 상실된다(법 제10조 제9항).

2 건축허가의 의의

건축허가는 건축물의 건축·대수선 또는 용도변경에 관한 일반적·상대적 금지를 일정한 요건 아래에 해제하여 종래의 자연적 권리를 회복시켜 주는 행정기관의 처분을 말한다.

> **넓혀 보기**
>
> **건축허가의 법적 성질**
> 1. **상대적 금지의 해제**: 공익상 필요에 따라 제한된 권리를 회복시키는 행위이다. ⇔ 절대적 금지
> 2. **요식행위**: 일정한 방식(문서, 디스켓, 디스크 등)을 필요로 하는 법률행위 ⇔ 불요식행위
> 3. **기속(재량)행위**: 건축하려는 건축물이 관계 법령에서 정하는 규정에 적합한 경우에는 건축허가를 하여야 한다. 다만, 위락시설이나 숙박시설에 대해서는 주거환경이나 교육환경을 보호하기 위해서 허가를 거부할 수 있다. ⇔ 재량행위
> 4. **대물적 허가**: 건축허가에 대해 이전이나 양도가 가능하며, 건축주의 변경은 신고대상이다. ⇔ 대인적 허가
> 5. **적법요건**: 불법 건축물도 유효한 사법적 거래의 대상이다. ⇔ 유효요건

3 허가권자 등 제31회, 제32회, 제36회

(1) 허가권자

① **원칙 - 특별자치시장·특별자치도지사 또는 시장·군수·구청장**

건축물을 건축하거나 대수선하려는 자는 특별자치시장·특별자치도지사 또는 시장·군수·구청장의 허가를 받아야 한다(법 제11조 제1항 본문).

② **예외 - 특별시장 또는 광역시장**

층수가 21층 이상이거나 연면적의 합계가 10만㎡ 이상인 건축물(연면적의 10분의 3 이상을 증축하여 층수가 21층 이상으로 되거나 연면적의 합계가 10만㎡ 이상으로 되는 경우를 포함)을 특별시나 광역시에 건축하려면 특별시장이나 광역시장의 허가를 받아야 한다. 다만, 다음의 어느 하나에 해당하는 건축물의 건축은 제외한다(법 제11조 제1항 단서, 영 제8조 제1항).

> ㉠ 공장
> ㉡ 창고
> ㉢ 지방건축위원회의 심의를 거친 건축물(특별시 또는 광역시의 건축조례로 정하는 바에 따라 해당 지방건축위원회의 심의사항으로 할 수 있는 건축물에 한정하며, 초고층 건축물은 제외)

(2) 도지사의 사전승인

시장·군수는 다음의 어느 하나에 해당하는 각 건축물의 건축을 허가하려면 미리 건축계획서와 국토교통부령으로 정하는 건축물의 용도, 규모 및 형태가 표시된 기본설계도서를 첨부하여 도지사의 승인을 받아야 한다(법 제11조 제2항).

① 층수가 21층 이상이거나 연면적의 합계가 10만m² 이상인 건축물(연면적의 10분의 3 이상을 증축하여 층수가 21층 이상으로 되거나 연면적의 합계가 10만m² 이상으로 되는 경우를 포함). 다만, 다음에 해당하는 건축물은 제외한다.

> ㉠ 공장
> ㉡ 창고
> ㉢ 지방건축위원회의 심의를 거친 건축물(특별시 또는 광역시의 건축조례로 정하는 바에 따라 해당 지방건축위원회의 심의사항으로 할 수 있는 건축물에 한정하며, 초고층 건축물은 제외)
> ㉣ 도시환경, 광역교통 등을 고려하여 해당 도의 조례로 정하는 건축물

② 자연환경이나 수질을 보호하기 위하여 도지사가 지정·공고한 구역에 건축하는 3층 이상 또는 연면적의 합계가 1,000m² 이상인 건축물로서 다음의 건축물

> ㉠ 공동주택
> ㉡ 제2종 근린생활시설(일반음식점에 한함)
> ㉢ 업무시설(일반업무시설에 한함)
> ㉣ 숙박시설
> ㉤ 위락시설

③ 주거환경이나 교육환경 등 주변환경을 보호하기 위하여 필요하다고 인정하여 도지사가 지정·공고한 구역에 건축하는 위락시설 및 숙박시설에 해당하는 건축물

4 건축허가의 절차 제28회

(1) 허가신청서 제출

건축물의 건축 또는 대수선의 허가를 받으려는 자는 허가신청서에 국토교통부령으로 정하는 설계도서와 제5항(인가·허가 등의 의제)에 따른 허가 등을 받거나 신고를 하기 위하여 관계 법령에서 제출하도록 의무화하고 있는 신청서 및 구비서류를 첨부하여 허가권자에게 제출하여야 한다. 다만, 「방위사업법」에 따른 방위산업시설의 건축 또는 대수선의 허가를 받으려는 경우에는 건축 관계 법령에 적합한지 여부에 관한 설계자의 확인으로 관계 서류를 갈음할 수 있다(법 제11조 제3항, 영 제9조 제1항).

(2) 건축허가서 발급

허가권자는 법 제11조 제1항에 따라 허가를 하였으면 국토교통부령으로 정하는 바에 따라 허가서를 신청인에게 발급하여야 한다(영 제9조 제2항).

(3) 대지의 소유권 확보

건축허가를 받으려는 자는 해당 대지의 소유권을 확보하여야 한다. 다만, 다음의 어느 하나에 해당하는 경우에는 그러하지 아니하다(법 제11조 제11항).

> ① 건축주가 대지의 소유권을 확보하지 못하였으나 그 대지를 사용할 수 있는 권원을 확보한 경우. 다만, 분양을 목적으로 하는 공동주택은 제외한다.
> ② 건축주가 건축물의 노후화 또는 구조안전 문제 등 대통령령으로 정하는 사유로 건축물을 신축·개축·재축 및 리모델링을 하기 위하여 건축물 및 해당 대지의 공유자 수의 100분의 80 이상의 동의를 얻고 동의한 공유자의 지분 합계가 전체 지분의 100분의 80 이상인 경우
> ③ 건축주가 법 제11조 제1항에 따른 건축허가를 받아 주택과 주택 외의 시설을 동일 건축물로 건축하기 위하여 「주택법」 제21조를 준용한 대지 소유 등의 권리 관계를 증명한 경우. 다만, 「주택법」 제15조 제1항 외의 부분 본문에 따른 대통령령으로 정하는 호수 이상으로 건설·공급하는 경우에 한정한다.
> ④ 건축하려는 대지에 포함된 국유지 또는 공유지에 대하여 허가권자가 해당 토지의 관리청이 해당 토지를 건축주에게 매각하거나 양여할 것을 확인한 경우
> ⑤ 건축주가 집합건물의 공용부분을 변경하기 위하여 「집합건물의 소유 및 관리에 관한 법률」 제15조 제1항에 따른 결의가 있었음을 증명한 경우
> ⑥ 건축주가 집합건물을 재건축하기 위하여 「집합건물의 소유 및 관리에 관한 법률」 제47조에 따른 결의가 있었음을 증명한 경우

(4) 매도청구 등

① **건축주의 매도청구**: 건축허가를 받은 건축주는 해당 건축물 또는 대지의 공유자 중 동의하지 아니한 공유자에게 그 공유지분을 시가(市價)로 매도할 것을 청구할 수 있다. 이 경우 매도청구를 하기 전에 매도청구 대상이 되는 공유자와 3개월 이상 협의를 하여야 한다(법 제17조의2 제1항).

② **준용법률**: 위 ①에 따른 매도청구에 관하여는 「집합건물의 소유 및 관리에 관한 법률」 제48조를 준용한다. 이 경우 구분소유권 및 대지사용권은 매도청구의 대상이 되는 대지 또는 건축물의 공유지분으로 본다(법 제17조의2 제2항).

5 건축허가의 거부

허가권자는 건축허가를 하고자 하는 때에 「건축기본법」에 따른 한국건축규정의 준수 여부를 확인하여야 한다. 다만, 다음의 어느 하나에 해당하는 경우에는 이 법이나 다른 법률에도 불구하고 건축위원회의 심의를 거쳐 건축허가를 하지 아니할 수 있다(법 제11조 제4항).

① 위락시설이나 숙박시설에 해당하는 건축물의 건축을 허가하는 경우 해당 대지에 건축하려는 건축물의 용도·규모 또는 형태가 주거환경이나 교육환경 등 주변환경을 고려할 때 부적합하다고 인정되는 경우
② 「국토의 계획 및 이용에 관한 법률」에 따른 방재지구 및 「자연재해대책법」에 따른 자연재해위험개선지구 등 상습적으로 침수되거나 침수가 우려되는 지역에 건축하려는 건축물에 대하여 지하층 등 일부 공간을 주거용으로 사용하거나 거실을 설치하는 것이 부적합하다고 인정되는 경우

6 건축허가 및 착공의 제한 제23회, 제26회, 제32회, 제35회

(1) 제한권자

① **국토교통부장관의 제한**: 국토교통부장관은 국토관리를 위하여 특히 필요하다고 인정하거나 주무부장관이 국방, 국가유산의 보존, 환경보전 또는 국민경제를 위하여 특히 필요하다고 인정하여 요청하면 허가권자의 건축허가나 허가를 받은 건축물의 착공을 제한할 수 있다(법 제18조 제1항).

② **특별시장·광역시장·도지사의 제한**: 특별시장·광역시장·도지사는 지역계획이나 도시·군계획에 특히 필요하다고 인정하면 시장·군수·구청장의 건축허가나 허가를 받은 건축물의 착공을 제한할 수 있다. 특별시장·광역시장·도지사는 시장·군수·구청장의 건축허가나 건축물의 착공을 제한한 경우 즉시 국토교통부장관에게 보고하여야 하며, 보고를 받은 국토교통부장관은 제한 내용이 지나치다고 인정하면 해제를 명할 수 있다(법 제18조 제2항·제6항).

(2) 제한절차

국토교통부장관이나 시·도지사는 건축허가나 건축허가를 받은 건축물의 착공을 제한하려는 경우에는 「토지이용규제 기본법」 제8조에 따라 주민의견을 청취한 후 건축위원회의 심의를 거쳐야 한다(법 제18조 제3항).

(3) 제한기간

건축허가나 건축물의 착공을 제한하는 경우 제한기간은 2년 이내로 한다. 다만, 1회에 한하여 1년 이내의 범위에서 제한기간을 연장할 수 있다(법 제18조 제4항).

(4) 통보 및 공고

국토교통부장관이나 특별시장·광역시장·도지사는 건축허가나 건축물의 착공을 제한하는 경우 제한 목적·기간, 대상 건축물의 용도와 대상 구역의 위치·면적·경계 등을 상세하게 정하여 허가권자에게 통보하여야 하며, 통보를 받은 허가권자는 지체 없이 이를 공고하여야 한다(법 제18조 제5항).

> **예제**
>
> **건축법령상 건축허가 제한에 관한 설명으로 옳은 것은?**   제32회
> ① 국방, 국가유산의 보존 또는 국민경제를 위하여 특히 필요한 경우 주무부장관은 허가권자의 건축허가를 제한할 수 있다.
> ② 지역계획을 위하여 특히 필요한 경우 도지사는 특별자치시장의 건축허가를 제한할 수 있다.
> ③ 건축허가를 제한하는 경우 건축허가 제한기간은 2년 이내로 하며, 1회에 한하여 1년 이내의 범위에서 제한기간을 연장할 수 있다.
> ④ 시·도지사가 건축허가를 제한하는 경우에는 「토지이용규제 기본법」에 따라 주민의견을 청취하거나 건축위원회의 심의를 거쳐야 한다.
> ⑤ 국토교통부장관은 건축허가를 제한하는 경우 제한 목적·기간, 대상 건축물의 용도와 대상 구역의 위치·면적·경계를 지체 없이 공고하여야 한다.
>
> **해설** ① 국방, 국가유산의 보존 또는 국민경제를 위하여 특히 필요한 경우 주무부장관은 허가권자의 건축허가를 제한할 수 없고, 국토교통부장관에게 건축허가의 제한을 요청할 수 있다.
> ② 지역계획을 위하여 특히 필요한 경우 도지사는 특별자치시장의 건축허가를 제한할 수 없고, 시장·군수의 건축허가를 제한할 수 있다.
> ④ 시·도지사가 건축허가를 제한하는 경우에는 「토지이용규제 기본법」에 따라 주민의견을 청취한 후 건축위원회의 심의를 거쳐야 한다.
> ⑤ 국토교통부장관은 건축허가를 제한하는 경우 제한 목적·기간, 대상 건축물의 용도와 대상 구역의 위치·면적·경계를 허가권자에게 통보하여야 하며, 통보를 받은 허가권자는 지체 없이 이를 공고하여야 한다.
> ▶ 정답 ③

7 건축허가의 필수적 취소

허가권자는 허가를 받은 자가 다음의 어느 하나에 해당하면 허가를 취소하여야 한다. 다만, 다음의 ①에 해당하는 경우로서 정당한 사유가 있다고 인정되면 1년의 범위에서 공사의 착수기간을 연장할 수 있다(법 제11조 제7항).

> ① 허가를 받은 날부터 2년(산업집적활성화 및 공장설립에 관한 법률에 따라 공장의 신설·증설 또는 업종변경의 승인을 받은 공장은 3년) 이내에 공사에 착수하지 아니한 경우
> ② 허가를 받은 날부터 착공기간 이내에 공사에 착수하였으나 공사의 완료가 불가능하다고 인정되는 경우
> ③ 착공신고 전에 경매 또는 공매 등으로 건축주가 대지의 소유권을 상실한 때부터 6개월이 지난 이후 공사의 착수가 불가능하다고 판단된 경우

8 건축신고의 특례 제23회, 제24회, 제25회, 제29회, 제32회

(1) 신고대상 건축물

① 허가대상 건축물이라 하더라도 다음의 어느 하나에 해당하는 경우에는 미리 특별자치시장·특별자치도지사 또는 시장·군수·구청장에게 국토교통부령으로 정하는 바에 따라 신고를 하면 건축허가를 받은 것으로 본다(법 제14조 제1항).

> **핵심 다지기**
>
> **건축신고대상**(법 제14조 제1항, 영 제11조)
>
> 1. 바닥면적의 합계가 85m² 이내의 증축·개축 또는 재축. 다만, 3층 이상 건축물인 경우에는 증축·개축 또는 재축하려는 부분의 바닥면적의 합계가 건축물 연면적의 10분의 1 이내인 경우로 한정한다.
> 2. 「국토의 계획 및 이용에 관한 법률」에 따른 관리지역, 농림지역 또는 자연환경보전지역에서 연면적이 200m² 미만이고 3층 미만인 건축물의 건축. 다만, 다음의 어느 하나에 해당하는 구역에서의 건축은 제외한다.
>   ① 지구단위계획구역
>   ② 「국토의 계획 및 이용에 관한 법률」에 따라 지정된 방재지구
>   ③ 「급경사지 재해예방에 관한 법률」에 따라 지정된 붕괴위험지역
> 3. 연면적이 200m² 미만이고 3층 미만인 건축물의 대수선
> 4. 주요구조부의 해체가 없는 등 대통령령으로 정하는 다음의 대수선
>   ① 내력벽의 면적을 30m² 이상 수선하는 것
>   ② 기둥을 세 개 이상 수선하는 것
>   ③ 보를 세 개 이상 수선하는 것
>   ④ 지붕틀을 세 개 이상 수선하는 것
>   ⑤ 방화벽 또는 방화구획을 위한 바닥 또는 벽을 수선하는 것
>   ⑥ 주계단·피난계단 또는 특별피난계단을 수선하는 것
> 5. 그 밖에 소규모 건축물로서 대통령령이 정하는 다음의 건축물의 건축
>   ① 연면적의 합계가 100m² 이하인 건축물
>   ② 건축물의 높이를 3m 이하의 범위에서 증축하는 건축물
>   ③ 표준설계도서에 따라 건축하는 건축물로서 그 용도 및 규모가 주위환경이나 미관에 지장이 없다고 인정하여 건축조례로 정하는 건축물
>   ④ 「국토의 계획 및 이용에 관한 법률」에 따른 공업지역과 비도시지역 안의 지구단위계획구역 및 「산업입지 및 개발에 관한 법률」에 따른 산업단지에서 건축하는 2층 이하인 건축물로서 연면적의 합계가 500m² 이하인 공장
>   ⑤ 농업이나 수산업을 경영하기 위하여 읍·면지역(특별자치시장, 특별자치도지사·시장 또는 군수가 지역계획 또는 도시·군계획에 지장이 있다고 지정·공고한 구역은 제외)에서 건축하는 연면적 200m² 이하의 창고 및 연면적 400m² 이하의 축사·작물재배사(作物栽培舍), 종묘배양시설, 화초 및 분재 등의 온실

② 건축신고를 한 자가 신고일부터 1년 이내에 공사에 착수하지 아니하면 그 신고의 효력은 없어진다. 다만, 건축주의 요청에 따라 허가권자가 정당한 사유가 있다고 인정하면 1년의 범위에서 착수기한을 연장할 수 있다(법 제14조 제5항).

③ 특별자치시장·특별자치도지사 또는 시장·군수·구청장은 신고를 받은 날부터 5일 이내에 신고수리 여부 또는 민원 처리 관련 법령에 따른 처리기간의 연장 여부를 신고인에게 통지하여야 한다. 다만, 이 법 또는 다른 법령에 따라 심의, 동의, 협의, 확인 등이 필요한 경우는 20일 이내에 통지하여야 한다(법 제14조 제3항).

④ 특별자치시장·특별자치도지사 또는 시장·군수·구청장은 위 ①에 따른 신고가 위 ③의 단서에 해당하는 경우에는 신고를 받은 날부터 5일 이내에 신고인에게 그 내용을 통지하여야 한다(법 제14조 제4항).

(2) 공용건축물에 대한 특례 제30회

① **건축협의**
   ㉠ 국가나 지방자치단체는 건축물을 건축·대수선·용도변경하거나 가설건축물을 건축하거나 공작물을 축조하려는 경우에는 대통령령으로 정하는 바에 따라 미리 건축물의 소재지를 관할하는 허가권자와 협의하여야 한다(법 제29조 제1항).
   ㉡ 국가나 지방자치단체가 건축물의 소재지를 관할하는 허가권자와 협의한 경우에는 건축허가를 받았거나 신고한 것으로 본다(법 제29조 제2항).

② **사용승인의 생략**: 국가나 지방자치단체가 협의한 건축물에는 사용승인의 규정을 적용하지 아니한다. 다만, 건축물의 공사가 끝난 경우에는 지체 없이 허가권자에게 통보하여야 한다(법 제29조 제3항).

③ **구분지상권에 대한 허가**: 국가나 지방자치단체가 소유한 대지의 지상 또는 지하 여유공간에 구분지상권을 설정하여 주민편의시설 등 대통령령으로 정하는 다음의 시설을 설치하려는 경우 허가권자는 구분지상권자를 건축주로 보고 구분지상권이 설정된 부분을 대지로 보아 건축허가를 할 수 있다. 이 경우 구분지상권 설정의 대상 및 범위, 기간 등은 「국유재산법」 및 「공유재산 및 물품 관리법」에 적합하여야 한다(법 제29조 제4항, 영 제22조 제4항).

> ㉠ 제1종 근린생활시설
> ㉡ 제2종 근린생활시설(총포판매소, 장의사, 다중생활시설, 제조업소, 단란주점, 안마시술소 및 노래연습장은 제외한다)
> ㉢ 문화 및 집회시설(공연장 및 전시장으로 한정한다)
> ㉣ 의료시설
> ㉤ 교육연구시설
> ㉥ 노유자시설
> ㉦ 운동시설
> ㉧ 업무시설(오피스텔은 제외한다)

9 허가·신고사항의 변경

(1) 변경의 허가·신고

건축주가 허가를 받았거나 신고한 사항을 변경하려면 변경하기 전에 다음의 구분에 따라 허가권자의 허가를 받거나 특별자치시장·특별자치도지사 또는 시장·군수·구청장에게 신고하여야 한다. 다만, 경미한 사항의 변경(신축·증축·개축·재축·이전·대수선 또는 용도변경에 해당하지 아니하는 변경)은 그러하지 아니하다(법 제16조 제1항, 영 제12조 제1항·제2항).

① 바닥면적의 합계가 85m²를 초과하는 부분에 대한 신축·증축·개축에 해당하는 변경인 경우에는 허가를 받고, 그 밖의 경우에는 신고할 것
② 신고로써 허가를 갈음하는 건축물에 대하여는 변경 후 건축물의 연면적을 각각 신고로써 허가를 갈음할 수 있는 규모에서 변경하는 경우에는 위 ①에도 불구하고 신고할 것
③ 건축주·설계자·공사시공자 또는 공사감리자를 변경하는 경우에는 신고할 것

(2) 일괄신고대상

허가나 신고사항 중 다음의 어느 하나에 해당하는 사항의 변경은 사용승인을 신청할 때 허가권자에게 일괄하여 신고할 수 있다(법 제16조 제2항, 영 제12조 제3항).

① 건축물의 동수나 층수를 변경하지 아니하면서 변경되는 부분의 바닥면적의 합계가 50m² 이하인 경우로서 다음의 요건을 모두 갖춘 경우
  ㉠ 변경되는 부분의 높이가 1m 이하이거나 전체 높이의 10분의 1 이하일 것
  ㉡ 허가를 받거나 신고를 하고 건축 중인 부분의 위치 변경범위가 1m 이내일 것
  ㉢ 법 제14조 제1항에 따라 신고를 하면 법 제11조에 따른 건축허가를 받은 것으로 보는 규모에서 건축허가를 받아야 하는 규모로의 변경이 아닐 것
② 건축물의 동수나 층수를 변경하지 아니하면서 변경되는 부분이 연면적 합계의 10분의 1 이하인 경우(연면적이 5,000m² 이상인 건축물은 각 층의 바닥면적이 50m² 이하의 범위에서 변경되는 경우만 해당). 다만, 다음의 ④ 본문 및 ⑤ 본문에 따른 범위의 변경인 경우만 해당한다.
③ 대수선에 해당하는 경우
④ 건축물의 층수를 변경하지 아니하면서 변경되는 부분의 높이가 1m 이하이거나 전체 높이의 10분의 1 이하인 경우. 다만, 변경되는 부분이 위 ① 본문, ② 본문 및 다음의 ⑤ 본문에 따른 범위의 변경인 경우만 해당한다.
⑤ 허가를 받거나 신고를 하고 건축 중인 부분의 위치가 1m 이내에서 변경되는 경우. 다만, 변경되는 부분이 위 ① 본문, ② 본문 및 ④ 본문에 따른 범위의 변경인 경우만 해당한다.

10 허가(신고)에 따른 인·허가 등의 의제사항

(1) 의제사항

건축허가를 받으면 다음의 허가 등을 받거나 신고를 한 것으로 보며, 공장건축물의 경우에는 「산업집적활성화 및 공장설립에 관한 법률」에 따라 관련 법률의 인·허가 등이나 허가 등을 받은 것으로 본다(법 제11조 제5항).

> **넓혀 보기** 🔍
>
> **건축허가(신고) 시 의제사항**
> ① 공사용 가설건축물의 축조신고
> ② 공작물의 축조신고
> ③ 「국토의 계획 및 이용에 관한 법률」에 따른 개발행위허가
> ④ 「국토의 계획 및 이용에 관한 법률」에 따른 시행자의 지정과 실시계획의 인가
> ⑤ 「산지관리법」에 따른 산지전용허가와 산지전용신고, 산지일시사용허가·신고. 다만, 보전산지인 경우에는 도시지역만 해당된다.
> ⑥ 「사도법」에 따른 사도(私道)개설허가
> ⑦ 「농지법」에 따른 농지전용허가·신고 및 협의
> ⑧ 「도로법」에 따른 도로의 점용허가
> ⑨ 「도로법」에 따른 도로관리청이 아닌 자에 대한 도로공사 시행의 허가, 같은 법에 따른 도로와 다른 시설의 연결 허가
> ⑩ 「하천법」에 따른 하천점용 등의 허가
> ⑪ 「하수도법」에 따른 배수설비(配水設備)의 설치신고
> ⑫ 「하수도법」에 따른 개인하수처리시설의 설치신고
> ⑬ 「수도법」에 따라 수도사업자가 지방자치단체인 경우 그 지방자치단체가 정한 조례에 따른 상수도 공급신청
> ⑭ 「전기안전관리법」에 따른 자가용전기설비 공사계획의 인가 또는 신고
> ⑮ 「물환경보전법」에 따른 수질오염물질 배출시설 설치의 허가나 신고
> ⑯ 「대기환경보전법」에 따른 대기오염물질 배출시설 설치의 허가나 신고
> ⑰ 「소음·진동관리법」에 따른 소음·진동 배출시설 설치의 허가나 신고
> ⑱ 「가축분뇨의 관리 및 이용에 관한 법률」에 따른 배출시설 설치의 허가나 신고
> ⑲ 「자연공원법」에 따른 행위허가
> ⑳ 「도시공원 및 녹지 등에 관한 법률」에 따른 도시공원의 점용허가
> ㉑ 「토양환경보전법」에 따른 특정토양오염관리대상시설의 신고
> ㉒ 「수산자원관리법」에 따른 행위의 허가
> ㉓ 「초지법」에 따른 초지전용의 허가 및 신고

(2) 협의기간

허가권자는 위 (1)의 어느 하나에 해당하는 사항이 다른 행정기관의 권한에 속하면 그 행정기관의 장과 미리 협의하여야 하며, 협의 요청을 받은 관계 행정기관의 장은 요청을 받은 날부터 15일 이내에 의견을 제출하여야 한다. 이 경우 관계 행정기관의 장은 제8항에 따른 처리기준이 아닌 사유를 이유로 협의를 거부할 수 없고, 협의 요청을 받은 날부터 15일 이내에 의견을 제출하지 아니하면 협의가 이루어진 것으로 본다(법 제11조 제6항).

> **예제**

甲은 A광역시 B구에서 20층의 연면적 합계가 5만m²인 허가대상 건축물을 신축하려고 한다. 건축법령상 이에 관한 설명으로 틀린 것은? (단, 건축법령상 특례규정은 고려하지 않음) 제31회

① 甲은 B구청장에게 건축허가를 받아야 한다.
② 甲이 건축허가를 받은 경우에도 해당 대지를 조성하기 위해 높이 5m의 옹벽을 축조하려면 따로 공작물 축조신고를 하여야 한다.
③ 甲이 건축허가를 받은 이후에 공사시공자를 변경하는 경우에는 B구청장에게 신고하여야 한다.
④ 甲이 건축허가를 받은 경우에도 A광역시장은 지역계획에 특히 필요하다고 인정하면 甲의 건축물의 착공을 제한할 수 있다.
⑤ 공사감리자는 필요하다고 인정하면 공사시공자에게 상세시공도면을 작성하도록 요청할 수 있다.

해설 ② 甲이 건축허가를 받은 경우에는 해당 대지를 조성하기 위해 높이 5m의 옹벽을 축조하려면 따로 공작물 축조신고를 하지 않아도 된다. 건축허가를 받으면 공작물의 축조신고를 한 것으로 의제되기 때문이다.

▶▶ 정답 ②

11 안전관리예치금 제30회

(1) 미관개선 및 안전관리 조치의무

건축허가를 받은 자는 건축물의 건축공사를 중단하고 장기간 공사현장을 방치할 경우 공사현장의 미관개선과 안전관리 등 필요한 조치를 하여야 한다(법 제13조 제1항).

(2) 안전관리예치금의 예치

① 허가권자는 연면적이 1,000m² 이상인 건축물(주택도시기금법에 따른 주택도시보증공사가 분양보증을 한 건축물이나 건축물의 분양에 관한 법률에 따른 분양보증이나 신탁계약을 체결한 건축물은 제외)로서 해당 지방자치단체의 조례로 정하는 건축물에 대하여는 착공신고를 하는 건축주(한국토지주택공사법에 따른 한국토지주택공사 또는 지방공기업법에 따라 건축사업을 수행하기 위하여 설립된 지방공사는 제외)에게 장기간 건축물의 공사현장이 방치되는 것에 대비하여 미리 미관개선과 안전관리에 필요한 비용(대통령령으로 정하는 보증서를 포함하며, 이하 '예치금'이라 한다)을 건축공사비의 1%의 범위에서 예치하게 할 수 있다(법 제13조 제2항).

② 허가권자가 예치금을 반환할 때에는 대통령령으로 정하는 이율로 산정한 이자를 포함하여 반환하여야 한다. 다만, 보증서를 예치한 경우에는 그러하지 아니하다(법 제13조 제3항).

③ 예치금의 산정ㆍ예치방법 및 반환 등에 관하여 필요한 사항은 해당 지방자치단체의 조례로 정한다(법 제13조 제4항).

(3) 개선명령 및 행정대집행

① 허가권자는 공사현장이 방치되어 도시미관을 저해하고 안전을 위해한다고 판단되면 건축허가를 받은 자에게 건축물 공사현장의 미관과 안전관리를 위한 다음의 개선을 명할 수 있다(법 제13조 제5항).

> ㉠ 안전울타리 설치 등 안전조치
> ㉡ 공사재개 또는 해체 등 정비

② 허가권자는 개선명령을 받은 자가 개선을 하지 아니하면 「행정대집행법」으로 정하는 바에 따라 대집행을 할 수 있다. 이 경우 건축주가 예치한 예치금을 행정대집행에 필요한 비용에 사용할 수 있으며, 행정대집행에 필요한 비용이 이미 납부한 예치금보다 많을 때에는 「행정대집행법」에 따라 그 차액을 추가로 징수할 수 있다(법 제13조 제6항).

06 가설건축물

1 가설건축물의 건축허가

(1) 도시·군계획시설 및 도시·군계획시설예정지에서 가설건축물을 건축하려는 자는 특별자치시장·특별자치도지사 또는 시장·군수·구청장의 허가를 받아야 한다(법 제20조 제1항).

(2) 특별자치시장·특별자치도지사 또는 시장·군수·구청장은 해당 가설건축물의 건축이 다음의 어느 하나에 해당하는 경우가 아니면 허가를 하여야 한다(법 제20조 제2항).

① 「국토의 계획 및 이용에 관한 법률」 제64조(도시·군계획시설부지에서의 개발행위)에 위배되는 경우

② 4층 이상인 경우

③ 구조, 존치기간, 설치목적 및 다른 시설 설치 필요성 등에 관하여 다음의 기준의 범위에서 조례로 정하는 바에 따르지 아니한 경우(영 제15조 제1항)

> ㉠ 철근콘크리트조 또는 철골철근콘크리트조가 아닐 것
> ㉡ 존치기간은 3년 이내일 것. 다만, 도시·군계획사업이 시행될 때까지 그 기간을 연장할 수 있다.
> ㉢ 전기·수도·가스 등 새로운 간선 공급설비의 설치를 필요로 하지 아니할 것
> ㉣ 공동주택·판매시설·운수시설 등으로서 분양을 목적으로 건축하는 건축물이 아닐 것

④ 그 밖에 이 법 또는 다른 법령에 따른 제한규정을 위반하는 경우

2 가설건축물의 축조신고 제28회, 제31회

(1) 신고대상

허가대상 가설건축물 외에 재해복구, 흥행, 전람회, 공사용 가설건축물 등 다음에 해당하는 용도의 가설건축물을 축조하려는 자는 대통령령으로 정하는 존치 기간, 설치 기준 및 절차에 따라 특별자치시장·특별자치도지사 또는 시장·군수·구청장에게 신고한 후 착공하여야 한다(법 제20조 제3항, 영 제15조 제5항).

① 재해가 발생한 구역 또는 그 인접구역으로서 특별자치시장·특별자치도지사 또는 시장·군수·구청장이 지정하는 구역에서 일시 사용을 위하여 건축하는 것
② 특별자치시장·특별자치도지사 또는 시장·군수·구청장이 도시미관이나 교통소통에 지장이 없다고 인정하는 가설흥행장, 가설전람회장, 농·수·축산물 직거래용 가설점포, 그 밖에 이와 비슷한 것
③ 공사에 필요한 규모의 공사용 가설건축물 및 공작물
④ 전시를 위한 견본주택이나 그 밖에 이와 비슷한 것
⑤ 특별자치시장·특별자치도지사 또는 시장·군수·구청장이 도로변 등의 미관정비를 위하여 지정·공고하는 구역에서 축조하는 가설점포(물건 등의 판매를 목적으로 하는 것을 말한다)로서 안전·방화 및 위생에 지장이 없는 것
⑥ 조립식 구조로 된 경비용으로 쓰는 가설건축물로서 연면적이 $10m^2$ 이하인 것
⑦ 조립식 경량구조로 된 외벽이 없는 임시 자동차 차고
⑧ 컨테이너 또는 이와 비슷한 것으로 된 가설건축물로서 임시사무실·임시창고 또는 임시숙소로 사용되는 것(건축물의 옥상에 축조하는 것은 제외한다. 다만, 2009년 7월 1일부터 2015년 6월 30일까지 및 2016년 7월 1일부터 2019년 6월 30일까지 공장의 옥상에 축조하는 것은 포함)
⑨ 도시지역 중 주거지역·상업지역 또는 공업지역에 설치하는 농업·어업용 비닐하우스로서 연면적이 $100m^2$ 이상인 것
⑩ 연면적이 $100m^2$ 이상인 간이축사용, 가축분뇨처리용, 가축운동용, 가축의 비가림용 비닐하우스 또는 천막(벽 또는 지붕이 합성수지 재질로 된 것과 지붕 면적의 2분의 1 이하가 합성강판으로 된 것을 포함)구조 건축물
⑪ 농업·어업용 고정식 온실, 가축양육실
⑫ 물품저장용, 간이포장용, 간이수선작업용 등으로 쓰기 위하여 공장 또는 창고시설에 설치하거나 인접대지에 설치하는 천막(벽 또는 지붕이 합성수지 재질로 된 것을 포함), 그 밖에 이와 비슷한 것
⑬ 유원지, 종합휴양업 사업지역 등에서 한시적인 관광·문화행사 등을 목적으로 천막 또는 경량구조로 설치하는 것
⑭ 야외전시시설 및 촬영시설
⑮ 야외흡연실 용도로 쓰는 가설건축물로서 연면적이 $50m^2$ 이하인 것
⑯ 그 밖에 위 ①부터 ⑭까지의 규정에 해당하는 것과 비슷한 것으로서 건축조례로 정하는 건축물

(2) 존치기간

신고해야 하는 가설건축물의 존치기간은 3년 이내로 하며, 존치기간의 연장이 필요한 경우에는 횟수별 3년의 범위에서 위 (1)의 가설건축물별로 건축조례로 정하는 횟수만큼 존치기간을 연장할 수 있다. 다만, 공사용 가설건축물 및 공작물의 경우에는 해당 공사의 완료일까지의 기간으로 한다(영 제15조 제7항).

(3) 축조신고서의 제출

가설건축물의 건축허가를 받거나 축조신고를 하려는 자는 국토교통부령으로 정하는 가설건축물 건축허가신청서 또는 가설건축물 축조신고서에 관계 서류를 첨부하여 특별자치시장·특별자치도지사 또는 시장·군수·구청장에게 제출하여야 한다. 다만, 건축물의 건축허가를 신청할 때 건축물의 건축에 관한 사항과 함께 공사용 가설건축물의 건축에 관한 사항을 제출한 경우에는 가설건축물 축조신고서의 제출을 생략한다(영 제15조 제8항).

3 존치기간의 연장

(1) 특별자치시장·특별자치도지사 또는 시장·군수·구청장은 가설건축물의 존치기간 만료일 30일 전까지 해당 가설건축물의 건축주에게 다음의 사항을 알려야 한다(영 제15조의2 제1항).

① 존치기간 만료일
② 존치기간 연장 가능 여부
③ 존치기간이 연장될 수 있다는 사실(공장에 설치한 가설건축물에 한정)

(2) 존치기간을 연장하려는 가설건축물의 건축주는 다음의 구분에 따라 특별자치시장·특별자치도지사 또는 시장·군수·구청장에게 허가를 신청하거나 신고하여야 한다(영 제15조의2 제2항).

① 허가대상 가설건축물: 존치기간 만료일 14일 전까지 허가 신청
② 신고대상 가설건축물: 존치기간 만료일 7일 전까지 신고

4 가설건축물의 관리

특별자치시장·특별자치도지사 또는 시장·군수·구청장은 가설건축물의 건축을 허가하거나 축조신고를 받은 경우 국토교통부령으로 정하는 바에 따라 가설건축물대장에 이를 기재하여 관리하여야 한다(법 제20조 제6항).

07 건축물의 건축절차

🏠 허가권자와 건축관계자의 체계

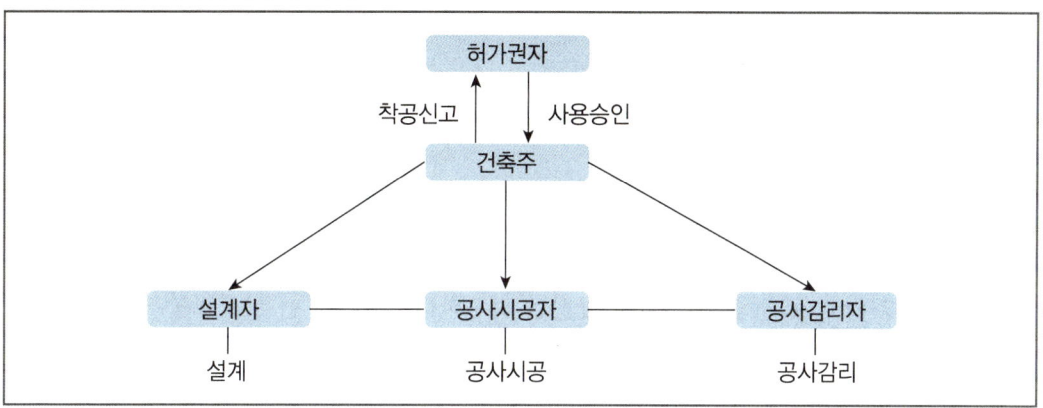

1 건축물의 설계

(1) 건축사의 설계대상

건축허가를 받아야 하거나 건축신고를 하여야 하는 건축물 또는 「주택법」에 따른 리모델링을 하는 건축물의 건축 등을 위한 설계는 건축사가 아니면 할 수 없다. 다만, 다음의 어느 하나에 해당하는 경우에는 그러하지 아니하다(법 제23조 제1항).

> ① 바닥면적의 합계가 85m² 미만의 증축·개축 또는 재축
> ② 연면적이 200m² 미만이고 층수가 3층 미만인 건축물의 대수선
> ③ 그 밖에 건축물의 특수성과 용도 등을 고려하여 대통령령으로 정하는 건축물의 건축 등

(2) 설계도서의 작성

설계자는 건축물이 이 법과 이 법에 따른 명령이나 처분, 그 밖의 관계 법령에 맞고 안전·기능 및 미관에 지장이 없도록 설계하여야 하며, 국토교통부장관이 정하여 고시하는 설계도서 작성기준에 따라 설계도서를 작성하여야 한다. 다만, 해당 건축물의 공법(工法) 등이 특수한 경우로서 국토교통부령으로 정하는 바에 따라 건축위원회의 심의를 거친 때에는 그러하지 아니하다(법 제23조 제2항).

(3) 설계자의 확인

설계도서를 작성한 설계자는 설계가 이 법과 이 법에 따른 명령이나 처분, 그 밖의 관계 법령에 맞게 작성되었는지를 확인한 후 설계도서에 서명날인하여야 한다(법 제23조 제3항).

(4) 적용 배제

국토교통부장관이 국토교통부령으로 정하는 바에 따라 작성하거나 인정하는 표준설계도서나 특수한 공법을 적용한 설계도서에 따라 건축물을 건축하는 경우에는 위 (1)을 적용하지 아니한다(법 제23조 제4항).

2 착공신고 등

(1) 착공신고의 대상

허가를 받거나 신고를 한 건축물의 공사를 착수하려는 건축주는 국토교통부령으로 정하는 바에 따라 허가권자에게 공사계획을 신고하여야 한다(법 제21조 제1항).

(2) 공동서명

공사계획을 신고하거나 변경신고를 하는 경우 해당 공사감리자(공사감리자를 지정한 경우만 해당)와 공사시공자가 신고서에 함께 서명하여야 한다(법 제21조 제2항).

3 건축시공

(1) 공사시공자의 의무

① 공사시공자는 계약대로 성실하게 공사를 수행하여야 하며, 이 법과 이 법에 따른 명령이나 처분, 그 밖의 관계 법령에 맞게 건축물을 건축하여 건축주에게 인도하여야 한다(법 제24조 제1항).

② 공사시공자는 건축물(건축허가나 용도변경허가 대상인 것만 해당)의 공사현장에 설계도서를 갖추어 두어야 한다(법 제24조 제2항).

③ 공사시공자는 건축허가나 용도변경허가가 필요한 건축물의 건축공사를 착수한 경우에는 해당 건축공사의 현장에 국토교통부령으로 정하는 바에 따라 건축허가 표지판을 설치하여야 한다(법 제24조 제5항).

(2) 설계변경의 요청

공사시공자는 설계도서가 이 법과 이 법에 따른 명령이나 처분, 그 밖의 관계 법령에 맞지 아니하거나 공사의 여건상 불합리하다고 인정되면 건축주와 공사감리자의 동의를 받아 서면으로 설계자에게 설계를 변경하도록 요청할 수 있다. 이 경우 설계자는 정당한 사유가 없으면 요청에 따라야 한다(법 제24조 제3항).

(3) **상세시공도면의 작성**

공사시공자는 공사를 하는 데에 필요하다고 인정하거나 연면적의 합계 5,000m² 이상인 건축공사에 관하여 공사감리자로부터 상세시공도면을 작성하도록 요청을 받으면 상세시공도면을 작성하여 공사감리자의 확인을 받아야 하며, 이에 따라 공사를 하여야 한다(법 제24조 제4항).

4 건축물의 공사감리

(1) **감리자의 지정**

건축주는 대통령령으로 정하는 용도·규모 및 구조의 건축물을 건축하는 경우 건축사나 다음의 구분에 따른 자를 공사감리자로 지정하여 공사감리를 하게 하여야 한다. 이 경우 시공에 관한 감리에 대하여 건축사를 공사감리자로 지정하는 때에는 공사시공자 본인 및 「독점규제 및 공정거래에 관한 법률」에 따른 계열회사를 공사감리자로 지정하여서는 아니 된다(법 제25조 제1항, 영 제19조 제1항).

① **다음의 어느 하나에 해당하는 경우**: 건축사

> ㉠ 건축허가를 받아야 하는 건축물(건축신고 대상 건축물은 제외)을 건축하는 경우
> ㉡ 건축물을 리모델링하는 경우

② **다중이용 건축물을 건축하는 경우**: 「건설기술 진흥법」에 따른 건설엔지니어링사업자(공사시공자 본인이거나 독점규제 및 공정거래에 관한 법률에 따른 계열회사인 건설엔지니어링사업자는 제외) 또는 건축사(건설기술 진흥법 시행령에 따라 건설사업관리기술인을 배치하는 경우만 해당)

(2) **감리자의 업무**

공사감리자가 수행하여야 하는 감리업무는 다음과 같다(영 제19조 제9항).

> ① 공사시공자가 설계도서에 따라 적합하게 시공하는지 여부의 확인
> ② 공사시공자가 사용하는 건축자재가 관계 법령에 따른 기준에 적합한 건축자재인지 여부의 확인
> ③ 그 밖에 공사감리에 관한 사항으로서 국토교통부령으로 정하는 사항

(3) 상주감리

공사감리자는 수시로 또는 필요할 때 공사현장에서 감리업무를 수행해야 하며, 다음의 건축공사를 감리하는 경우에는 「건축사법」에 따른 건축사보(기술사법에 따른 기술사사무소 또는 건축사법 제23조 제9항의 건설엔지니어링사업자 등에 소속되어 있는 사람으로서 국가기술자격법에 따른 해당 분야 기술계 자격을 취득한 사람과 건설기술 진흥법 시행령에 따른 건설사업관리를 수행할 자격이 있는 사람을 포함) 중 건축 분야의 건축사보 한 명 이상을 전체 공사기간 동안, 토목·전기 또는 기계 분야의 건축사보 한 명 이상을 각 분야별 해당 공사기간 동안 각각 공사현장에서 감리업무를 수행하게 해야 한다. 이 경우 건축사보는 해당 분야의 건축공사의 설계·시공·시험·검사·공사감독 또는 감리업무 등에 2년 이상 종사한 경력이 있는 사람이어야 한다(영 제19조 제5항).

> ① 바닥면적의 합계가 5,000m^2 이상인 건축공사. 다만, 축사 또는 작물 재배사의 건축공사는 제외한다.
> ② 연속된 5개 층(지하층을 포함) 이상으로서 바닥면적의 합계가 3,000m^2 이상인 건축공사
> ③ 아파트 건축공사
> ④ 준다중이용 건축물 건축공사

(4) 시공자의 위반 시 조치

① **위반사항의 통지 등**: 공사감리자는 공사감리를 할 때 이 법과 이 법에 따른 명령이나 처분, 그 밖의 관계 법령에 위반된 사항을 발견하거나 공사시공자가 설계도서대로 공사를 하지 아니하면 이를 건축주에게 알린 후 공사시공자에게 시정하거나 재시공하도록 요청하여야 하며, 공사시공자가 시정이나 재시공 요청에 따르지 아니하면 서면으로 그 건축공사를 중지하도록 요청할 수 있다. 이 경우 공사중지를 요청받은 공사시공자는 정당한 사유가 없으면 즉시 공사를 중지하여야 한다(법 제25조 제3항).

② **허가권자에 보고**: 공사감리자는 공사시공자가 시정이나 재시공 요청을 받은 후 이에 따르지 아니하거나 공사중지 요청을 받고도 공사를 계속하면 국토교통부령으로 정하는 바에 따라 이를 허가권자에게 보고하여야 한다(법 제25조 제4항).

(5) 상세시공도면의 작성요청

연면적의 합계가 5,000m^2 이상인 건축공사의 공사감리자는 필요하다고 인정하면 공사시공자에게 상세시공도면을 작성하도록 요청할 수 있다(법 제25조 제5항, 영 제19조 제4항).

(6) 감리보고서의 작성·제출

공사감리자는 국토교통부령으로 정하는 바에 따라 감리일지를 기록·유지하여야 하고, 공사의 공정(工程)이 대통령령으로 정하는 진도에 다다른 경우에는 감리중간보고서를, 공사를 완료한 경우에는 감리완료보고서를 국토교통부령으로 정하는 바에 따라 각각 작성하여 건축주에게 제출하여야 한다. 이 경우 건축주는 감리중간보고서는 제출받은 때, 감리완료보고서는 건축물의 사용승인을 신청할 때 허가권자에게 제출하여야 한다(법 제25조 제6항).

(7) 불이익처분의 금지

건축주나 공사시공자는 위반사항에 대한 시정이나 재시공을 요청하거나 위반사항을 허가권자에게 보고한 공사감리자에게 이를 이유로 공사감리자의 지정을 취소하거나 보수의 지급을 거부하거나 지연시키는 등 불이익을 주어서는 아니 된다(법 제25조 제7항).

5 건축물의 사용승인

(1) 사용승인의 신청

건축주가 허가를 받았거나 신고를 한 건축물의 건축공사를 완료[하나의 대지에 둘 이상의 건축물을 건축하는 경우 동(棟)별 공사를 완료한 경우를 포함]한 후 그 건축물을 사용하려면 공사감리자가 작성한 감리완료보고서(공사감리자를 지정한 경우만 해당)와 공사완료도서 등 국토교통부령으로 정하는 서류를 첨부하여 허가권자에게 사용승인을 신청하여야 한다(법 제22조 제1항).

> ① 허가대상의 건축물(법 제11조)
> ② 신고대상의 건축물(법 제14조)
> ③ 허가대상의 가설건축물(법 제20조 제1항)

(2) 사용승인서의 교부

허가권자는 사용승인신청을 받은 경우에는 그 신청서를 받은 날부터 7일 이내에 다음의 사항에 대한 검사를 실시하고, 검사에 합격된 건축물에 대하여는 사용승인서를 내주어야 한다. 다만, 해당 지방자치단체의 조례로 정하는 건축물(국토교통부령으로 정하는 숙박시설은 제외한다)은 사용승인을 위한 검사를 실시하지 아니하고 사용승인서를 내줄 수 있다(법 제22조 제2항, 규칙 제16조 제3항).

> ① 사용승인을 신청한 건축물이 이 법에 따라 허가 또는 신고한 설계도서대로 시공되었는지의 여부
> ② 감리완료보고서, 공사완료도서 등의 서류 및 도서가 적합하게 작성되었는지의 여부
> ③ 「건축물의 분양에 관한 법률」에 따른 분양계약이 「공중위생관리법」에 따른 숙박업 신고의 시설 및 설비기준에 적합한 내용으로 체결되었는지의 여부(국토교통부령으로 정하는 숙박시설에 한정한다)

(3) **건축물의 사용시기**

건축주는 사용승인을 받은 후가 아니면 건축물을 사용하거나 사용하게 할 수 없다. 다만, 다음의 어느 하나에 해당하는 경우에는 그러하지 아니하다(법 제22조 제3항).

> ① 허가권자가 사용승인서 교부 기간 내에 사용승인서를 교부하지 아니한 경우
> ② 사용승인서를 교부받기 전에 공사가 완료된 부분이 건폐율, 용적률, 설비, 피난·방화 등 국토교통부령으로 정하는 기준에 적합한 경우로서 기간을 정하여 대통령령으로 정하는 바에 따라 임시로 사용의 승인을 한 경우

(4) **임시사용승인**

① **임시사용승인의 신청**: 건축주는 사용승인서를 받기 전에 공사가 완료된 부분에 대한 임시사용의 승인을 받으려는 경우에는 국토교통부령으로 정하는 바에 따라 임시사용승인신청서를 허가권자에게 제출(전자문서에 의한 제출을 포함)하여야 한다(영 제17조 제2항).

② **조건부 임시사용승인**: 허가권자는 신청서를 접수한 경우에는 공사가 완료된 부분이 임시사용승인 기준에 적합한 경우에만 임시사용을 승인할 수 있으며, 식수 등 조경에 필요한 조치를 하기에 부적합한 시기에 건축공사가 완료된 건축물은 허가권자가 지정하는 시기까지 식수(植樹) 등 조경에 필요한 조치를 할 것을 조건으로 임시사용을 승인할 수 있다(영 제17조 제3항).

③ **임시사용승인의 기간**: 임시사용승인의 기간은 2년 이내로 한다. 다만, 허가권자는 대형 건축물 또는 암반공사 등으로 인하여 공사기간이 긴 건축물에 대하여는 그 기간을 연장할 수 있다(영 제17조 제4항).

(5) **준공검사 등의 의제**

건축주가 사용승인을 받은 경우에는 다음에 따른 사용승인·준공검사 또는 등록신청 등을 받거나 한 것으로 보며, 공장건축물의 경우에는 「산업집적활성화 및 공장설립에 관한 법률」에 따라 관련 법률의 검사 등을 받은 것으로 본다(법 제22조 제4항).

> ① 「하수도법」에 따른 배수설비(排水設備)의 준공검사 및 같은 법 제37조에 따른 개인하수처리시설의 준공검사
> ② 「공간정보의 구축 및 관리 등에 관한 법률」에 따른 지적공부(地籍公簿)의 변동사항 등록신청
> ③ 「승강기 안전관리법」에 따른 승강기 설치검사
> ④ 「에너지이용 합리화법」에 따른 보일러 설치검사
> ⑤ 「전기안전관리법」에 따른 전기설비의 사용전검사
> ⑥ 「정보통신공사업법」에 따른 정보통신공사의 사용전검사
> ⑦ 「기계설비법」 제15조에 따른 기계설비의 사용 전 검사
> ⑧ 「도로법」에 따른 도로점용 공사의 준공확인

⑨ 「국토의 계획 및 이용에 관한 법률」에 따른 개발행위의 준공검사
⑩ 「국토의 계획 및 이용에 관한 법률」에 따른 도시·군계획시설사업의 준공검사
⑪ 「물환경보전법」에 따른 수질오염물질 배출시설의 가동개시의 신고
⑫ 「대기환경보전법」에 따른 대기오염물질 배출시설의 가동개시의 신고

(6) 사전협의

허가권자는 사용승인을 하는 경우 위 (5)에 해당하는 내용(의제내용)이 포함되어 있으면 관계 행정기관의 장과 미리 협의하여야 한다(법 제22조 제5항).

(7) 건축통계 등

허가권자는 다음의 사항(이하 '건축통계'라 한다)을 국토교통부령으로 정하는 바에 따라 국토교통부장관이나 시·도지사에게 보고하여야 한다(법 제30조 제1항).

① 건축허가 현황(법 제11조)
② 건축신고 현황(법 제14조)
③ 용도변경 허가 및 신고 현황(법 제19조)
④ 착공신고 현황(법 제21조)
⑤ 사용승인 현황(법 제22조)
⑥ 그 밖에 대통령령으로 정하는 사항

(8) 건축행정 전산화

① 국토교통부장관은 이 법에 따른 건축행정 관련 업무를 전산처리하기 위하여 종합적인 계획을 수립·시행할 수 있다(법 제31조 제1항).

② 허가권자는 신청서, 신고서, 첨부서류, 통지, 보고 등을 디스켓, 디스크 또는 정보통신망 등으로 제출하게 할 수 있다(법 제31조 제2항).

(9) 건축허가 업무 등의 전산처리 등

① 허가권자는 건축허가 업무 등의 효율적인 처리를 위하여 국토교통부령으로 정하는 바에 따라 전자정보처리 시스템을 이용하여 이 법에 규정된 업무를 처리할 수 있다(법 제32조 제1항).

② 위 ①에 따른 전자정보처리 시스템에 따라 처리된 자료(이하 '전산자료'라 한다)를 이용하려는 자는 대통령령으로 정하는 바에 따라 관계 중앙 행정기관의 장의 심사를 거쳐 다음의 구분에 따라 국토교통부장관, 시·도지사 또는 시장·군수 또는 구청장의 승인을 받아야 한다. 다만, 지방자치단체의 장이 승인을 신청하는 경우에는 관계 중앙행정기관의 장의 심사를 받지 아니한다(법 제32조 제2항).

> ㉠ 전국 단위의 전산자료: 국토교통부장관
> ㉡ 특별시·광역시·특별자치시·도·특별자치도(이하 '시·도'라 한다) 단위의 전산자료: 시·도지사
> ㉢ 시·군 또는 구 단위의 전산자료: 시장·군수·구청장

③ 국토교통부장관, 시·도지사 또는 시장·군수·구청장이 위 ②에 따른 승인 신청을 받은 경우에는 건축허가 업무 등의 효율적인 처리에 지장이 없고 대통령령으로 정하는 건축주 등의 개인정보 보호기준에 위반하지 아니한다고 인정하는 경우에만 승인할 수 있다. 이 경우 용도를 한정하여 승인할 수 있다(법 제32조 제3항).

⑽ 건축종합민원실의 설치

특별자치시장·특별자치도지사 또는 시장·군수·구청장은 대통령령으로 정하는 바에 따라 건축허가, 건축신고, 사용승인 등 건축과 관련된 민원을 종합적으로 접수하여 처리할 수 있는 민원실을 설치·운영하여야 하며, 다음의 업무처리를 처리한다(법 제34조, 영 제22조의4 제1항).

> ① 사용승인에 관한 업무
> ② 건축사가 현장조사·검사 및 확인업무를 대행하는 건축물의 건축허가와 사용승인 및 임시사용승인에 관한 업무
> ③ 건축물대장의 작성 및 관리에 관한 업무
> ④ 복합민원의 처리에 관한 업무
> ⑤ 건축허가·건축신고 또는 용도변경에 관한 상담 업무
> ⑥ 건축관계자 사이의 분쟁에 대한 상담
> ⑦ 그 밖에 특별자치시장·특별자치도지사 또는 시장·군수·구청장이 주민의 편익을 위하여 필요하다고 인정하는 업무

08 건축물의 유지와 관리

⑴ 건축지도원

특별자치시장·특별자치도지사 또는 시장·군수·구청장은 이 법 또는 이 법에 따른 명령이나 처분에 위반되는 건축물의 발생을 예방하고 건축물을 적법하게 유지·관리하도록 지도하기 위하여 대통령령으로 정하는 바에 따라 건축지도원을 지정할 수 있다(법 제37조 제1항).

(2) 건축물대장 제32회

특별자치시장·특별자치도지사 또는 시장·군수·구청장은 건축물의 소유·이용 및 유지·관리 상태를 확인하거나 건축정책의 기초 자료로 활용하기 위하여 다음의 어느 하나에 해당하면 건축물대장에 건축물과 그 대지의 현황 및 국토교통부령으로 정하는 건축물의 구조내력(構造耐力)에 관한 정보를 적어서 보관하고 이를 지속적으로 정비하여야 한다(법 제38조 제1항).

① 허가권자가 건축물의 사용승인서를 내준 경우
② 건축허가대상 건축물(신고대상 건축물을 포함) 외의 건축물의 공사를 끝낸 후 기재를 요청한 경우
③ 「집합건물의 소유 및 관리에 관한 법률」에 따른 건축물대장의 신규등록 및 변경등록의 신청이 있는 경우

(3) 등기촉탁

특별자치시장·특별자치도지사 또는 시장·군수·구청장은 다음의 어느 하나에 해당하는 사유로 건축물대장의 기재 내용이 변경되는 경우(다음의 ②의 경우 신규 등록은 제외) 관할 등기소에 그 등기를 촉탁하여야 한다. 이 경우 다음의 ①과 ④의 등기촉탁은 지방자치단체가 자기를 위하여 하는 등기로 본다(법 제39조).

① 지번이나 행정구역의 명칭이 변경된 경우
② 사용승인을 받은 건축물로서 사용승인 내용 중 건축물의 면적·구조·용도 및 층수가 변경된 경우
③ 「건축물관리법」에 따라 건축물을 해체한 경우
④ 「건축물관리법」에 따른 건축물의 멸실 후 멸실신고를 한 경우

제3장 건축물의 대지와 도로

01 대 지

1 대지의 안전 등 제23회, 제25회

(1) 대지의 높이

대지는 인접한 도로면보다 낮아서는 아니 된다. 다만, 대지의 배수에 지장이 없거나 건축물의 용도상 방습(防濕)의 필요가 없는 경우에는 인접한 도로면보다 낮아도 된다(법 제40조 제1항).

(2) 습지·매립지

습한 토지, 물이 나올 우려가 많은 토지, 쓰레기, 그 밖에 이와 유사한 것으로 매립된 토지에 건축물을 건축하는 경우에는 성토(盛土), 지반 개량 등 필요한 조치를 하여야 한다(법 제40조 제2항).

(3) 배수시설의 설치

대지에는 빗물과 오수를 배출하거나 처리하기 위하여 필요한 하수관, 하수구, 저수탱크, 그 밖에 이와 유사한 시설을 하여야 한다(법 제40조 제3항).

(4) 옹벽의 설치

손궤(損潰: 무너져 내림)의 우려가 있는 토지에 대지를 조성하려면 국토교통부령으로 정하는 바에 따라 옹벽을 설치하거나 그 밖에 필요한 조치를 하여야 한다(법 제40조 제4항, 규칙 제25조).

> **넓혀 보기**
>
> **대지 안의 옹벽설치**
> 1. 성토 또는 절토하는 부분의 경사도가 1:1.5 이상으로서 높이가 1m 이상인 부분에는 옹벽을 설치할 것
> 2. 옹벽의 높이가 2m 이상인 경우에는 이를 콘크리트구조로 할 것. 다만, [별표 6]의 옹벽에 관한 기술적 기준에 적합한 경우에는 그러하지 아니하다.
> 3. 옹벽의 외벽면에는 이의 지지 또는 배수를 위한 시설 외의 구조물이 밖으로 튀어 나오지 아니하게 할 것
> 4. 옹벽의 윗가장자리로부터 안쪽으로 2m 이내에 묻는 배수관은 주철관, 강관 또는 흄관으로 하고, 이음부분은 물이 새지 아니하도록 할 것
> 5. 옹벽에는 $3m^2$마다 하나 이상의 배수구멍을 설치하여야 하고, 옹벽의 윗가장자리로부터 안쪽으로 2m 이내에서의 지표수는 지상으로 또는 배수관으로 배수하여 옹벽의 구조상 지장이 없도록 할 것
> 6. 성토부분의 높이는 법 제40조에 따른 대지의 안전 등에 지장이 없는 한 인접대지의 지표면보다 0.5m 이상 높게 하지 아니할 것. 다만, 절토에 의하여 조성된 대지 등 허가권자가 지형조건상 부득이하다고 인정하는 경우에는 그러하지 아니하다.

2 토지 굴착 부분에 대한 조치

(1) 공사시공자는 대지를 조성하거나 건축공사를 하기 위하여 토지를 굴착·절토·매립 또는 성토 등을 하는 경우 그 변경 부분에는 국토교통부령으로 정하는 바에 따라 공사 중 비탈면 붕괴, 토사 유출 등 위험 발생의 방지, 환경 보존, 그 밖에 필요한 조치를 한 후 해당 공사현장에 그 사실을 게시하여야 한다(법 제41조 제1항).

(2) 허가권자는 이를 위반한 자에게 의무이행에 필요한 조치를 명할 수 있다(법 제41조 제2항).

3 대지의 조경 제23회, 제25회, 제27회, 제31회, 제35회

(1) 원 칙

면적이 200m^2 이상인 대지에 건축을 하는 건축주는 용도지역 및 건축물의 규모에 따라, 해당 지방자치단체의 조례로 정하는 기준에 따라 대지에 조경이나 그 밖에 필요한 조치를 하여야 한다(법 제42조 제1항).

(2) 예 외

다음에 해당하는 건축물에 대하여는 조경 등의 조치를 하지 아니할 수 있다(영 제27조 제1항).

① 녹지지역에 건축하는 건축물
② 면적 5,000m^2 미만인 대지에 건축하는 공장
③ 연면적의 합계가 1,500m^2 미만인 공장
④ 「산업집적활성화 및 공장설립에 관한 법률」에 따른 산업단지의 공장
⑤ 대지에 염분이 함유되어 있는 경우 또는 건축물 용도의 특성상 조경 등의 조치를 하기가 곤란하거나 조경 등의 조치를 하는 것이 불합리한 경우로서 건축조례로 정하는 건축물
⑥ 축사
⑦ 도시·군계획시설 및 도시·군계획시설예정지에서 건축하는 가설건축물
⑧ 연면적의 합계가 1,500m^2 미만인 물류시설(주거지역 또는 상업지역에 건축하는 것은 제외)로서 국토교통부령으로 정하는 것
⑨ 「국토의 계획 및 이용에 관한 법률」에 따라 지정된 자연환경보전지역·농림지역 또는 관리지역(지구단위계획구역으로 지정된 지역은 제외) 안의 건축물
⑩ 다음의 어느 하나에 해당하는 건축물 중 건축조례로 정하는 건축물
  ㉠ 「관광진흥법」에 따른 관광지 또는 관광단지에 설치하는 관광시설
  ㉡ 「관광진흥법 시행령」에 따른 전문휴양업의 시설 또는 종합휴양업의 시설
  ㉢ 「국토의 계획 및 이용에 관한 법률 시행령」에 따른 관광·휴양형 지구단위계획구역에 설치하는 관광시설
  ㉣ 「체육시설의 설치·이용에 관한 법률 시행령」에 따른 골프장

(3) **옥상조경**

건축물의 옥상에 국토교통부장관이 고시하는 기준에 따라 조경이나 그 밖에 필요한 조치를 하는 경우에는 옥상부분 조경면적의 3분의 2에 해당하는 면적을 대지의 조경면적으로 산정할 수 있다. 이 경우 조경면적으로 산정하는 면적은 대지의 조경면적의 100분의 50을 초과할 수 없다(영 제27조 제3항).

4 공개공지등의 확보 제26회, 제27회, 제34회, 제35회

(1) **대상지역**

다음의 어느 하나에 해당하는 지역의 환경을 쾌적하게 조성하기 위하여 대통령령으로 정하는 용도와 규모의 건축물은 일반이 사용할 수 있도록 대통령령으로 정하는 기준에 따라 소규모 휴식시설 등의 공개공지(空地: 공터) 또는 공개공간(이하 '공개공지등'이라 한다)을 설치하여야 한다(법 제43조 제1항).

> **넓혀 보기**
>
> **공개공지등 확보 대상지역**
> 1. 일반주거지역, 준주거지역
> 2. 상업지역
> 3. 준공업지역
> 4. 특별자치시장·특별자치도지사 또는 시장·군수·구청장이 도시화의 가능성이 크거나 노후 산업단지의 정비가 필요하다고 인정하여 지정·공고하는 지역

(2) **대상건축물**

다음의 어느 하나에 해당하는 건축물의 대지에는 공개공지등을 설치해야 한다. 이 경우 공개공지는 필로티의 구조로 설치할 수 있다(영 제27조의2 제1항).

> ① 문화 및 집회시설, 종교시설, 판매시설(농수산물 유통 및 가격안정에 관한 법률에 따른 농수산물유통시설은 제외), 운수시설(여객용 시설만 해당), 업무시설 및 숙박시설로서 해당 용도로 쓰는 바닥면적의 합계가 5,000m² 이상인 건축물
> ② 그 밖에 다중이 이용하는 시설로서 건축조례로 정하는 건축물

(3) **확보면적**

공개공지등의 면적은 대지면적의 100분의 10 이하의 범위에서 건축조례로 정한다. 이 경우 조경면적과 「매장유산 보호 및 조사에 관한 법률」에 따른 매장유산의 현지보존 조치면적을 공개공지등의 면적으로 할 수 있다(영 제27조의2 제2항).

(4) 설치시설

공개공지등을 설치할 때에는 모든 사람들이 환경친화적으로 편리하게 이용할 수 있도록 긴 의자 또는 조경시설 등 건축조례로 정하는 시설을 설치해야 한다(영 제27조의2 제3항).

(5) 법률 규정의 완화

건축물(공개공지등을 설치한 건축물과 설치하지 아니한 건축물이 하나의 건축물로 복합된 경우를 포함)에 공개공지등을 설치하는 경우에는 법 제43조 제2항(건폐율, 용적률, 건축물의 높이 제한의 완화)에 따라 다음의 범위에서 대지면적에 대한 공개공지등의 면적비율에 따라 법 제56조(용적률) 및 제60조(건축물의 높이 제한)를 완화하여 적용한다. 다만, 다음의 범위에서 건축조례로 정한 기준이 완화 비율보다 큰 경우에는 해당 건축조례로 정하는 바에 따른다(영 제27조의2 제4항).

> ① 용적률은 해당 지역에 적용하는 용적률의 1.2배 이하
> ② 건축물의 높이 제한은 해당 건축물에 적용하는 높이 기준의 1.2배 이하

(6) 법률 규정의 준용

공개공지등의 설치대상이 아닌 건축물(주택법에 따른 사업계획승인 대상인 공동주택 중 주택 외의 시설과 주택을 동일 건축물로 건축하는 것 외의 공동주택은 제외)의 대지에 위의 규정에 적합한 공개공지를 설치하는 경우에는 법률적용의 완화규정을 준용한다(영 제27조의2 제5항).

(7) 공개공지의 활용

공개공지등에는 연간 60일 이내의 기간 동안 건축조례로 정하는 바에 따라 주민들을 위한 문화행사를 열거나 판촉활동을 할 수 있다. 다만, 울타리를 설치하는 등 공중이 해당 공개공지등을 이용하는 데 지장을 주는 행위를 해서는 아니 된다(영 제27조의2 제6항).

예제

1. 건축법령상 대지면적이 2천m^2인 대지에 건축하는 경우 조경 등의 조치를 하여야 하는 건축물은? (단, 건축법령상 특례규정 및 조례는 고려하지 않음) 제31회
① 상업지역에 건축하는 물류시설
② 2층의 공장
③ 도시·군계획시설에서 허가를 받아 건축하는 가설건축물
④ 녹지지역에 건축하는 기숙사
⑤ 연면적의 합계가 1천m^2인 축사

해설 ① 상업지역에 건축하는 물류시설은 조경 등의 조치를 하여야 한다. ▶ 정답 ①

2. 건축법령상 대지의 조경 및 공개공지등의 설치에 관한 설명으로 옳은 것은? (단, 건축법 제76조에 따른 적용 특례 및 조례는 고려하지 않음)　　　　　　　　　　　　　　　　　　　제25회

① 도시·군계획시설에서 건축하는 연면적의 합계가 1,500m² 이상인 가설건축물에 대하여는 조경 등의 조치를 하여야 한다.
② 면적 5,000m² 미만인 대지에 건축하는 공장에 대하여는 조경 등의 조치를 하지 아니할 수 있다.
③ 녹지지역에 건축하는 창고에 대해서는 조경 등의 조치를 하여야 한다.
④ 상업지역의 건축물에 설치하는 공개공지등의 면적은 대지면적의 100분의 10을 넘어야 한다.
⑤ 공개공지등을 설치하는 경우 건축물의 건폐율은 완화하여 적용할 수 있으나 건축물의 높이 제한은 완화하여 적용할 수 없다.

해설 ① 도시·군계획시설에서 건축하는 연면적의 합계가 1,500m² 이상인 가설건축물에 대하여는 조경 등의 조치를 하지 아니할 수 있다.
③ 녹지지역에 건축하는 창고에 대해서는 조경 등의 조치를 하지 아니할 수 있다.
④ 상업지역의 건축물에 설치하는 공개공지등의 면적은 대지면적의 100분의 10 이하의 범위에서 건축조례로 정한다.
⑤ 공개공지등을 설치하는 경우 건축물의 건폐율, 용적률과 건축물의 높이 제한을 완화하여 적용할 수 있다.

▶ 정답 ②

02 도 로 제23회

1 도로의 개념

(1) 통행도로

도로란 보행과 자동차 통행이 가능한 너비 4m 이상의 도로로서 다음의 어느 하나에 해당하는 도로나 그 예정도로를 말한다(법 제2조 제1항 제11호).

> ① 「국토의 계획 및 이용에 관한 법률」, 「도로법」, 「사도법」, 그 밖의 관계 법령에 따라 신설 또는 변경에 관한 고시가 된 도로
> ② 건축허가 또는 신고시에 특별시장·광역시장·특별자치시장·도지사·특별자치도지사(이하 '시·도지사') 또는 시장·군수·구청장(자치구의 구청장을 말한다)이 위치를 지정하여 공고한 도로

(2) 차량통행이 불가능한 도로

특별자치시장·특별자치도지사 또는 시장·군수·구청장이 지형적 조건으로 인하여 차량통행을 위한 도로의 설치가 곤란하다고 인정하여 그 위치를 지정·공고하는 구간의 너비 3m 이상(길이가 10m 미만인 막다른 도로인 경우에는 너비 2m 이상)인 도로를 말한다(영 제3조의3 제1호).

(3) **막다른 도로**

막다른 도로로서 그 도로의 너비가 그 길이에 따라 각각 다음의 표에 정하는 기준 이상인 도로를 말한다(영 제3조의3 제2호).

막다른 도로의 길이	도로의 너비
10m 미만	2m 이상
10m 이상 35m 미만	3m 이상
35m 이상	6m(도시지역이 아닌 읍·면지역은 4m) 이상

2 도로의 지정·폐지 및 변경

(1) **도로의 지정**

허가권자는 도로의 위치를 지정·공고하려면 국토교통부령으로 정하는 바에 따라 그 도로에 대한 이해관계인의 동의를 받아야 한다. 다만, 다음의 어느 하나에 해당하면 이해관계인의 동의를 받지 아니하고 건축위원회의 심의를 거쳐 도로를 지정할 수 있다(법 제45조 제1항).

① 허가권자가 이해관계인이 해외에 거주하는 등의 사유로 이해관계인의 동의를 받기가 곤란하다고 인정하는 경우
② 주민이 오랫동안 통행로로 이용하고 있는 사실상의 통로로서 해당 지방자치단체의 조례로 정하는 것인 경우

(2) **도로의 폐지·변경**

허가권자는 지정한 도로를 폐지하거나 변경하려면 그 도로에 대한 이해관계인의 동의를 받아야 한다. 그 도로에 편입된 토지의 소유자, 건축주 등이 허가권자에게 지정된 도로의 폐지나 변경을 신청하는 경우에도 또한 같다(법 제45조 제2항).

(3) **도로관리대장에 기재·관리**

허가권자는 도로를 지정하거나 변경하면 국토교통부령으로 정하는 바에 따라 도로관리대장에 이를 적어서 관리하여야 한다(법 제45조 제3항).

3 대지와 도로의 관계 제25회

(1) 원 칙

건축물의 대지는 2m 이상이 도로(자동차만의 통행에 사용되는 도로는 제외)에 접하여야 한다(법 제44조 제1항).

(2) 예 외

다음의 어느 하나에 해당하면 그러하지 아니하다(법 제44조 제1항 단서, 영 제28조 제1항).

① 해당 건축물의 출입에 지장이 없다고 인정되는 경우
② 건축물의 주변에 광장, 공원, 유원지, 그 밖의 관계 법령에 따라 건축이 금지되고 공중의 통행에 지장이 없는 공지로서 허가권자가 인정한 공지가 있는 경우
③ 「농지법」에 따른 농막을 건축하는 경우

(3) 강 화

연면적의 합계가 2,000m²(공장인 경우에는 3,000m²) 이상인 건축물(축사, 작물 재배사, 그 밖에 이와 비슷한 건축물로서 건축조례로 정하는 규모의 건축물은 제외)의 대지는 너비 6m 이상의 도로에 4m 이상 접하여야 한다(영 제28조 제2항).

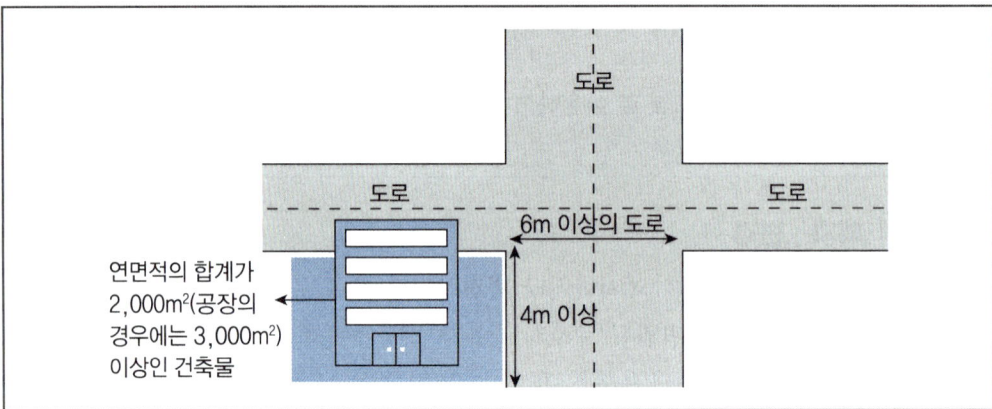

03 건축선 제34회

1 건축선의 지정

1. 원 칙

도로와 접한 부분에 건축물을 건축할 수 있는 선[이하 '건축선(建築線)'이라 한다]은 대지와 도로의 경계선으로 한다(법 제46조 제1항 본문).

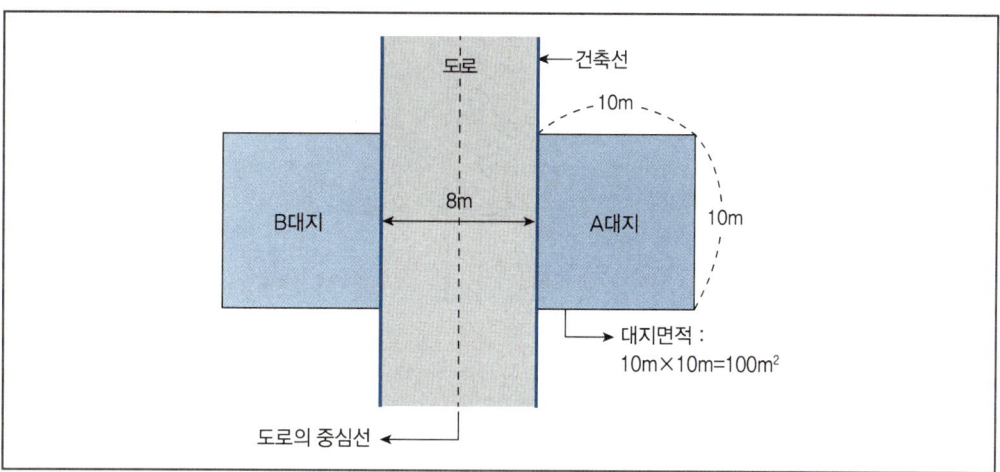

2. 예 외

(1) 소요너비에 미달하는 도로에서의 건축선

① **도로 양쪽에 대지가 존재하는 경우**: 소요너비에 못 미치는 너비의 도로인 경우에는 그 중심선으로부터 그 소요너비의 2분의 1의 수평거리만큼 물러난 선을 건축선으로 한다(법 제46조 제1항 단서).

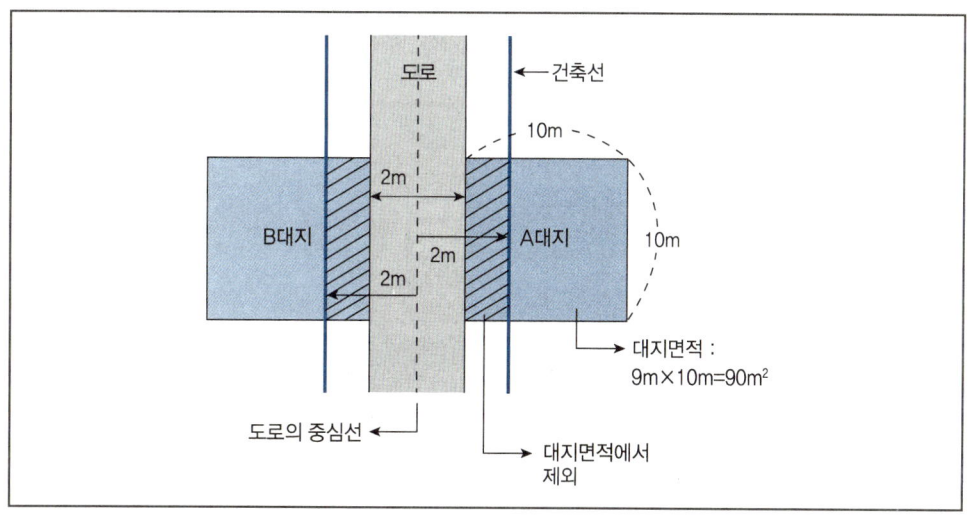

② **도로의 반대쪽에 경사지 등이 존재하는 경우**: 그 도로의 반대쪽에 경사지, 하천, 철도, 선로부지, 그 밖에 이와 유사한 것이 있는 경우에는 그 경사지 등이 있는 쪽의 도로경계선에서 소요너비에 해당하는 수평거리의 선을 건축선으로 한다(법 제46조 제1항 단서).

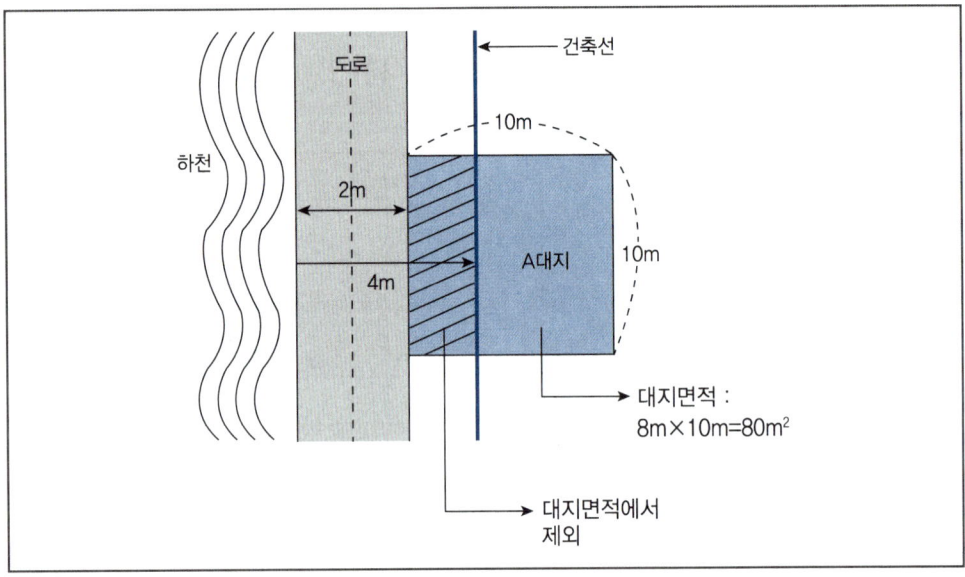

(2) **지정건축선**

① 특별자치시장·특별자치도지사 또는 시장·군수·구청장은 시가지 안에서 건축물의 위치나 환경을 정비하기 위하여 필요하다고 인정하면 도시지역에는 4m 이하의 범위에서 건축선을 따로 지정할 수 있다(법 제46조 제2항, 영 제31조 제2항).

② 특별자치시장·특별자치도지사 또는 시장·군수·구청장은 건축선을 지정하면 지체 없이 이를 고시하여야 한다(법 제46조 제3항).

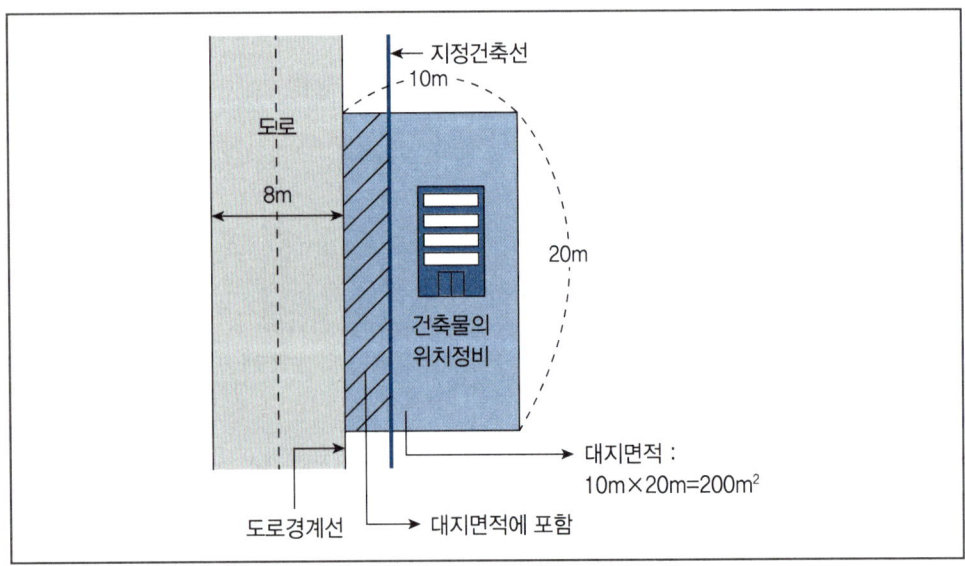

(3) 도로모퉁이에서의 건축선(가각전제)

너비가 8m 미만이고 교차각이 120° 미만인 도로의 모퉁이에 위치한 대지의 도로모퉁이 부분의 건축선은 그 대지에 접한 도로경계선의 교차점으로부터 도로경계선에 따라 다음의 표에 따른 거리를 각각 후퇴한 두 점을 연결한 선으로 한다(법 제46조 제1항 단서, 영 제31조 제1항).

도로의 교차각	해당 도로의 너비		교차되는 도로의 너비
	6m 이상 8m 미만	4m 이상 6m 미만	
90° 미만	4m	3m	6m 이상 8m 미만
	3m	2m	4m 이상 6m 미만
90° 이상 120° 미만	3m	2m	6m 이상 8m 미만
	2m	2m	4m 이상 6m 미만

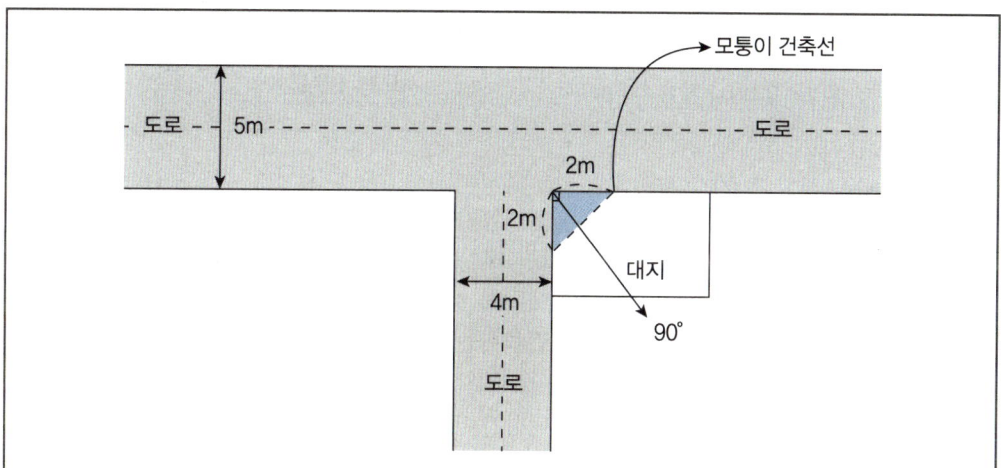

넓혀 보기

도로모퉁이의 가각전제(街角剪除)

1. **필요성**: 도로모퉁이에서의 가각전제를 하는 이유는 차량의 회전반경을 확보하기 위해서 후퇴하는 것이다.
2. **요 건**
   ① 교차하는 2개의 도로가 모두 8m 미만이어야 한다.
   ② 교차각이 120° 미만이어야 한다.
3. **효 과**
   ① 교차점으로부터 후퇴하는 길이는 2m 이상 4m 이하이다.
   ② 대지면적을 산정할 때에는 도로경계선으로부터 건축선까지의 대지 부분은 제외한다.

2 건축선에 따른 건축제한

(1) 건축물과 담장은 건축선의 수직면(垂直面)을 넘어서는 아니 된다. 다만, 지표(地表) 아래 부분은 그러하지 아니하다(법 제47조 제1항).

(2) 도로면으로부터 높이 4.5m 이하에 있는 출입구, 창문, 그 밖에 이와 유사한 구조물은 열고 닫을 때 건축선의 수직면을 넘지 아니하는 구조로 하여야 한다(법 제47조 제2항).

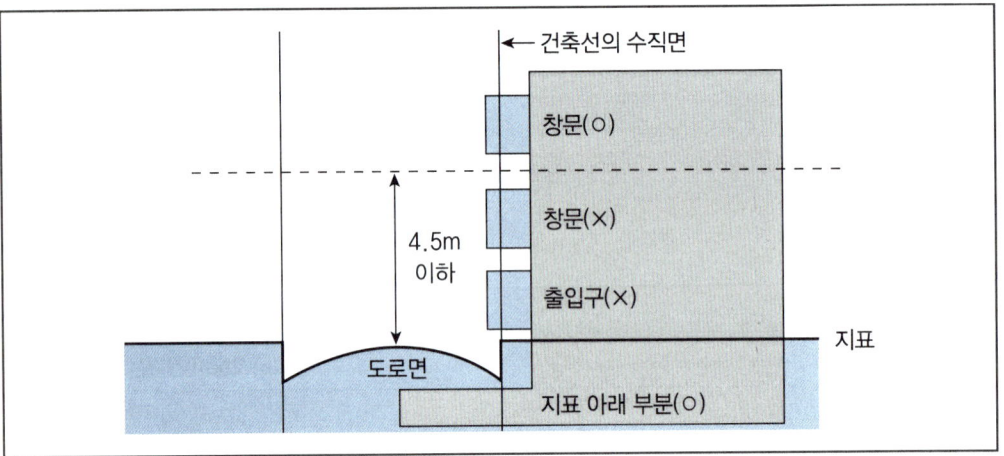

예제

건축법령상 도시지역에 건축하는 건축물의 대지와 도로 등에 관한 설명으로 틀린 것은? 제25회

① 연면적의 합계가 2,000㎡인 공장의 대지는 너비 6m 이상의 도로에 4m 이상 접하여야 한다.
② 쓰레기로 매립된 토지에 건축물을 건축하는 경우 성토, 지반 개량 등 필요한 조치를 하여야 한다.
③ 군수는 건축물의 위치나 환경을 정비하기 위하여 필요하다고 인정하면 4m 이하의 범위에서 건축선을 따로 지정할 수 있다.
④ 담장의 지표 위 부분은 건축선의 수직면을 넘어서는 아니 된다.
⑤ 공장의 주변에 허가권자가 인정한 공지인 광장이 있는 경우 연면적의 합계가 1,000㎡인 공장의 대지는 도로에 2m 이상 접하지 않아도 된다.

해설 ① 연면적의 합계가 3,000㎡인 공장의 대지는 너비 6m 이상의 도로에 4m 이상 접하여야 한다.
▶ 정답 ①

제4장 건축물의 구조 및 재료

1 건축물의 구조내력

건축물은 고정하중, 적재하중(積載荷重), 적설하중(積雪荷重), 풍압(風壓), 지진, 그 밖의 진동 및 충격 등에 대하여 안전한 구조를 가져야 한다(법 제48조 제1항).

2 구조안전의 확인 제29회, 제34회

(1) 구조기준 등에 따른 안전확인

허가대상 건축물을 건축하거나 대수선하는 경우에는 해당 건축물의 설계자는 국토교통부령으로 정하는 구조기준 등에 따라 그 구조의 안전을 확인하여야 한다(법 제48조 제2항, 영 제32조 제1항).

(2) 구조안전 확인서류의 제출

위 (1)에 따라 구조안전을 확인한 건축물 중 다음에 해당하는 건축물의 건축주는 해당 건축물의 설계자로부터 구조안전의 확인서류를 받아 법 제21조에 따른 착공신고를 하는 때에 그 확인서류를 허가권자에게 제출하여야 한다. 다만, 표준설계도서에 따라 건축하는 건축물은 제외한다(영 제32조 제2항).

① 층수가 2층(주요구조부인 기둥과 보를 설치하는 건축물로서 그 기둥과 보가 목재인 목구조 건축물의 경우에는 3층) 이상인 건축물
② 연면적이 200m^2(목구조 건축물의 경우에는 500m^2) 이상인 건축물. 다만, 창고, 축사, 작물 재배사는 제외한다.
③ 높이가 13m 이상인 건축물
④ 처마높이가 9m 이상인 건축물
⑤ 기둥과 기둥 사이의 거리가 10m 이상인 건축물
⑥ 건축물의 용도 및 규모를 고려한 중요도가 높은 건축물로서 국토교통부령으로 정하는 건축물
⑦ 국가적 문화유산으로 보존할 가치가 있는 건축물로서 국토교통부령으로 정하는 것
⑧ 한쪽 끝은 고정되고 다른 끝은 지지(支持)되지 아니한 구조로 된 보·차양 등이 외벽의 중심선으로부터 3m 이상 돌출된 건축물, 무량판 구조(보가 없이 바닥판·기둥으로 구성된 구조를 말한다. 이하 같다)를 가진 건축물로서 무량판 구조인 어느 하나의 층에 수직으로 배치된 주요구조부의 전체 단면적에서 보가 없이 배치된 기둥의 전체 단면적이 차지하는 비율이 4분의 1 이상인 건축물 및 특수한 설계·시공·공법 등이 필요한 건축물로서 국토교통부장관이 정하여 고시하는 구조로 된 건축물
⑨ 시행령 [별표 1] 제1호의 단독주택 및 같은 표 제2호의 공동주택

(3) **건축구조기술사와의 협력**

다음의 어느 하나에 해당하는 건축물의 설계자는 해당 건축물에 대한 구조의 안전을 확인하는 경우에는 건축구조기술사의 협력을 받아야 한다(영 제91조의3 제1항).

> ① 6층 이상인 건축물
> ② 특수구조 건축물
> ③ 다중이용 건축물
> ④ 준다중이용 건축물
> ⑤ 3층 이상의 필로티형식의 건축물
> ⑥ 위 (2)의 ⑥에 해당하는 건축물 중 국토교통부령으로 정하는 건축물

(4) **건축물 내진등급의 설정** 제35회

① 국토교통부장관은 지진으로부터 건축물의 구조안전을 확보하기 위하여 건축물의 용도, 규모 및 설계구조의 중요도에 따라 내진등급(耐震等級)을 설정하여야 한다(법 제48조의2 제1항).

② 내진등급을 설정하기 위한 내진등급기준 등 필요한 사항은 국토교통부령으로 정한다(법 제48조의2 제2항).

(5) **건축물 내진능력 공개**

① 다음의 어느 하나에 해당하는 건축물을 건축하고자 하는 자는 사용승인을 받는 즉시 건축물이 지진 발생 시에 견딜 수 있는 능력(이하 '내진능력'이라 한다)을 공개하여야 한다. 다만, 위 (1)에 따른 구조안전 확인 대상 건축물이 아니거나 내진능력 산정이 곤란한 건축물로서 대통령령으로 정하는 건축물은 공개하지 아니한다(법 제48조의3 제1항, 영 제32조의2 제2항).

> ㉠ 층수가 2층(주요구조부인 기둥과 보를 설치하는 건축물로서 그 기둥과 보가 목재인 목구조 건축물의 경우에는 3층) 이상인 건축물
> ㉡ 연면적이 200m² (목구조 건축물의 경우에는 500m²) 이상인 건축물. 다만, 창고, 축사, 작물 재배사 및 표준설계도서에 따라 건축하는 건축물은 제외한다.
> ㉢ 높이가 13m 이상인 건축물
> ㉣ 처마높이가 9m 이상인 건축물
> ㉤ 기둥과 기둥 사이의 거리가 10m 이상인 건축물
> ㉥ 건축물의 용도 및 규모를 고려한 중요도가 높은 건축물로서 국토교통부령으로 정하는 건축물
> ㉦ 국가적 문화유산으로 보존할 가치가 있는 건축물로서 국토교통부령으로 정하는 것

◎ 한쪽 끝은 고정되고 다른 끝은 지지(支持)되지 아니한 구조로 된 보·차양 등이 외벽의 중심선으로부터 3m 이상 돌출된 건축물, 무량판 구조(보가 없이 바닥판·기둥으로 구성된 구조를 말한다. 이하 같다)를 가진 건축물로서 무량판 구조인 어느 하나의 층에 수직으로 배치된 주요구조부의 전체 단면적에서 보가 없이 배치된 기둥의 전체 단면적이 차지하는 비율이 4분의 1 이상인 건축물 및 특수한 설계·시공·공법 등이 필요한 건축물로서 국토교통부장관이 정하여 고시하는 구조로 된 건축물
㊂ 시행령 [별표 1] 제1호의 단독주택 및 같은 표 제2호의 공동주택

② 위 ①의 내진능력의 산정 기준과 공개 방법 등 세부사항은 국토교통부령으로 정한다(법 제48조의3 제2항).

3 거 실

거실이란 건축물 안에서 거주, 집무, 작업, 집회, 오락, 그 밖에 이와 유사한 목적을 위하여 사용되는 방을 말한다(법 제2조 제1항 제6호).

(1) 거실반자의 설치

공장, 창고시설, 위험물저장 및 처리시설, 동물 및 식물 관련 시설, 자원순환 관련 시설 또는 묘지 관련 시설 외의 용도로 쓰는 건축물 거실의 반자(반자가 없는 경우에는 보 또는 바로 위층의 바닥판의 밑면, 그 밖에 이와 비슷한 것을 말한다)는 국토교통부령으로 정하는 기준에 적합하여야 한다(영 제50조).

(2) 거실의 채광 등

단독주택 및 공동주택의 거실, 교육연구시설 중 학교의 교실, 의료시설의 병실 및 숙박시설의 객실에는 국토교통부령으로 정하는 기준에 따라 채광 및 환기를 위한 창문 등이나 설비를 설치하여야 한다(영 제51조 제1항).

4 고층건축물의 안전관리

(1) 피난 및 안전관리

① 고층건축물에는 대통령령으로 정하는 바에 따라 피난안전구역을 설치하거나 대피공간을 확보한 계단을 설치하여야 한다. 이 경우 피난안전구역의 설치 기준, 계단의 설치 기준과 구조 등에 관하여 필요한 사항은 국토교통부령으로 정한다(법 제50조의2 제1항).
② 고층건축물에 설치된 피난안전구역·피난시설 또는 대피공간에는 국토교통부령으로 정하는 바에 따라 화재 등의 경우에 피난 용도로 사용되는 것임을 표시하여야 한다(법 제50조의2 제2항).

(2) 규정의 강화

고층건축물의 화재예방 및 피해경감을 위하여 국토교통부령으로 정하는 바에 따라 제48조부터 제50조(구조내력, 내진등급의 설정, 내진능력 공개, 부속구조물의 설치 및 관리, 피난시설 및 용도제한, 피난시설 등의 유지·관리에 대한 기술지원, 내화구조와 방화벽)까지의 기준을 강화하여 적용할 수 있다(법 제50조의2 제3항).

5 방화지구 안의 건축물

(1) 주요구조부 및 외벽

「국토의 계획 및 이용에 관한 법률」에 따른 방화지구 안에서는 건축물의 주요구조부와 지붕·외벽을 내화구조로 하여야 한다. 다만, 대통령령으로 정하는 다음의 건축물에는 그러하지 아니하다(법 제51조 제1항, 영 제58조).

> ① 연면적 $30m^2$ 미만인 단층 부속건축물로서 외벽 및 처마면이 내화구조 또는 불연재료로 된 것
> ② 도매시장의 용도로 쓰는 건축물로서 그 주요구조부가 불연재료로 된 것

(2) 공작물

방화지구 안의 공작물로서 간판, 광고탑, 그 밖에 대통령령으로 정하는 공작물 중 건축물의 지붕 위에 설치하는 공작물이나 높이 3m 이상의 공작물은 주요부를 불연(不燃)재료로 하여야 한다(법 제51조 제2항).

6 피난시설 등의 설치 제27회, 제36회

(1) 직통계단의 설치

① **직통계단의 위치**(30m 이하) : 건축물의 피난층 외의 층에서는 피난층 또는 지상으로 통하는 직통계단(경사로를 포함)을 거실의 각 부분으로부터 계단(거실로부터 가장 가까운 거리에 있는 1개소의 계단을 말한다)에 이르는 보행거리가 30m 이하가 되도록 설치해야 한다(영 제34조 제1항).

> **넓혀 보기**
>
> **직통계단의 위치**(50m 이하)
> 건축물(지하층에 설치하는 것으로서 바닥면적의 합계가 $300m^2$ 이상인 공연장·집회장·관람장 및 전시장은 제외)의 주요구조부가 내화구조 또는 불연재료로 된 건축물은 그 보행거리가 50m(층수가 16층 이상인 공동주택의 경우 16층 이상인 층에 대해서는 40m) 이하가 되도록 설치할 수 있으며, 자동화 생산시설에 스프링클러 등 자동식 소화설비를 설치한 공장으로서 국토교통부령으로 정하는 공장인 경우에는 그 보행거리가 75m(무인화 공장인 경우에는 100m) 이하가 되도록 설치할 수 있다(영 제34조 제1항 단서).

② **2개소 이상의 직통계단**: 피난층 외의 층이 다음의 어느 하나에 해당하는 용도 및 규모의 건축물에는 국토교통부령으로 정하는 기준에 따라 피난층 또는 지상으로 통하는 직통계단을 2개소 이상 설치하여야 한다(영 제34조 제2항).

> ㉠ 제2종 근린생활시설 중 공연장·종교집회장, 문화 및 집회시설(전시장 및 동·식물원은 제외), 종교시설, 위락시설 중 주점영업 또는 장례시설의 용도로 쓰는 층으로서 그 층에서 해당 용도로 쓰는 바닥면적의 합계가 200㎡(제2종 근린생활시설 중 공연장·종교집회장은 각각 300㎡) 이상인 것
> ㉡ 단독주택 중 다중주택·다가구주택, 제1종 근린생활시설 중 정신과의원(입원실이 있는 경우로 한정), 제2종 근린생활시설 중 인터넷컴퓨터게임시설제공업소(해당 용도로 쓰는 바닥면적의 합계가 300㎡ 이상인 경우만 해당)·학원·독서실, 판매시설, 운수시설(여객용 시설만 해당), 의료시설(입원실이 없는 치과병원은 제외), 교육연구시설 중 학원, 노유자시설 중 아동 관련 시설·노인복지시설·장애인 거주시설(장애인복지법에 따른 장애인 거주시설 중 국토교통부령으로 정하는 시설을 말한다) 및 장애인복지법에 따른 장애인 의료재활시설(이하 '장애인 의료재활시설'이라 한다), 수련시설 중 유스호스텔 또는 숙박시설의 용도로 쓰는 3층 이상의 층으로서 그 층의 해당 용도로 쓰는 거실의 바닥면적의 합계가 200㎡ 이상인 것
> ㉢ 공동주택(층당 4세대 이하인 것은 제외) 또는 업무시설 중 오피스텔의 용도로 쓰는 층으로서 그 층의 해당 용도로 쓰는 거실의 바닥면적의 합계가 300㎡ 이상인 것
> ㉣ 위 ㉠부터 ㉢까지의 용도로 쓰지 아니하는 3층 이상의 층으로서 그 층 거실의 바닥면적의 합계가 400㎡ 이상인 것
> ㉤ 지하층으로서 그 층 거실의 바닥면적의 합계가 200㎡ 이상인 것

③ **피난안전구역**

㉠ 초고층 건축물에는 피난층 또는 지상으로 통하는 직통계단과 직접 연결되는 피난안전구역(건축물의 피난·안전을 위하여 건축물 중간층에 설치하는 대피공간을 말한다)을 지상층으로부터 최대 30개 층마다 1개소 이상 설치하여야 한다(영 제34조 제3항).

㉡ 준초고층 건축물에는 피난층 또는 지상으로 통하는 직통계단과 직접 연결되는 피난안전구역을 해당 건축물 전체 층수의 2분의 1에 해당하는 층으로부터 상하 5개 층 이내에 1개소 이상 설치하여야 한다. 다만, 국토교통부령으로 정하는 기준에 따라 피난층 또는 지상으로 통하는 직통계단을 설치하는 경우에는 그러하지 아니하다(영 제34조 제4항).

④ **옥외 피난계단의 설치**: 건축물의 3층 이상인 층(피난층은 제외)으로서 다음의 어느 하나에 해당하는 용도로 쓰는 층에는 직통계단 외에 그 층으로부터 지상으로 통하는 옥외 피난계단을 따로 설치하여야 한다(영 제36조).

> ㉠ 제2종 근린생활시설 중 공연장(해당 용도로 쓰는 바닥면적의 합계가 300m² 이상인 경우만 해당), 문화 및 집회시설 중 공연장이나 위락시설 중 주점영업의 용도로 쓰는 층으로서 그 층 거실의 바닥면적의 합계가 300m² 이상인 것
> ㉡ 문화 및 집회시설 중 집회장의 용도로 쓰는 층으로서 그 층 거실의 바닥면적의 합계가 1천m² 이상인 것

⑤ **개방공간의 설치**: 바닥면적의 합계가 3,000m² 이상인 공연장·집회장·관람장 또는 전시장을 지하층에 설치하는 경우에는 각 실에 있는 자가 지하층 각 층에서 건축물 밖으로 피난하여 옥외 계단 또는 경사로 등을 이용하여 피난층으로 대피할 수 있도록 천장이 개방된 외부 공간을 설치하여야 한다(영 제37조).

(2) **옥상광장 등의 설치**

① **난간설치**: 옥상광장 또는 2층 이상인 층에 있는 노대등[노대(露臺)나 그 밖에 이와 비슷한 것을 말한다. 이하 같다]의 주위에는 높이 1.2m 이상의 난간을 설치하여야 한다. 다만, 그 노대등에 출입할 수 없는 구조인 경우에는 그러하지 아니하다(영 제40조 제1항).

② **옥상광장**: 5층 이상인 층이 제2종 근린생활시설 중 공연장·종교집회장·인터넷컴퓨터게임시설제공업소(해당 용도로 쓰는 바닥면적의 합계가 각각 300m² 이상인 경우만 해당), 문화 및 집회시설(전시장 및 동·식물원은 제외), 종교시설, 판매시설, 위락시설 중 주점영업 또는 장례시설의 용도로 쓰는 경우에는 피난 용도로 쓸 수 있는 광장을 옥상에 설치하여야 한다(영 제40조 제2항).

③ **헬리포트**: 층수가 11층 이상인 건축물로서 11층 이상인 층의 바닥면적의 합계가 1만m² 이상인 건축물의 옥상에는 다음의 구분에 따른 공간을 확보하여야 한다(영 제40조 제4항).

> ㉠ 건축물의 지붕을 평지붕으로 하는 경우: 헬리포트를 설치하거나 헬리콥터를 통하여 인명 등을 구조할 수 있는 공간
> ㉡ 건축물의 지붕을 경사지붕으로 하는 경우: 경사지붕 아래에 설치하는 대피공간

(3) **소음방지를 위한 경계벽** 제26회

다음의 어느 하나에 해당하는 건축물의 경계벽은 국토교통부령으로 정하는 기준에 따라 설치해야 한다(영 제53조 제1항).

> ① 단독주택 중 다가구주택의 각 가구 간 또는 공동주택(기숙사는 제외한다)의 각 세대 간 경계벽(거실·침실 등의 용도로 쓰지 아니하는 발코니 부분은 제외한다)
> ② 공동주택 중 기숙사의 침실, 의료시설의 병실, 교육연구시설 중 학교의 교실 또는 숙박시설의 객실 간 경계벽
> ③ 제1종 근린생활시설 중 산후조리원의 다음의 어느 하나에 해당하는 경계벽
>   ㉠ 임산부실 간 경계벽
>   ㉡ 신생아실 간 경계벽
>   ㉢ 임산부실과 신생아실 간 경계벽
> ④ 제2종 근린생활시설 중 다중생활시설의 호실 간 경계벽
> ⑤ 노유자시설 중「노인복지법」에 따른 노인복지주택의 각 세대 간 경계벽
> ⑥ 노유자시설 중 노인요양시설의 호실 간 경계벽

(4) **소음방지를 위한 층간바닥**

다음의 어느 하나에 해당하는 건축물의 층간바닥(화장실의 바닥은 제외)은 국토교통부령으로 정하는 기준에 따라 설치해야 한다(영 제53조 제2항).

> ① 단독주택 중 다가구주택
> ② 공동주택(주택법에 따른 주택건설사업계획 승인대상은 제외한다)
> ③ 업무시설 중 오피스텔
> ④ 제2종 근린생활시설 중 다중생활시설
> ⑤ 숙박시설 중 다중생활시설

7 방화에 장애가 되는 용도의 제한

(1) **원 칙**

의료시설, 노유자시설(아동 관련 시설 및 노인복지시설만 해당), 공동주택 또는 장례시설 또는 제1종 근린생활시설(산후조리원만 해당)과 위락시설, 위험물저장 및 처리시설, 공장 또는 자동차 관련 시설(정비공장만 해당)은 같은 건축물에 함께 설치할 수 없다(영 제47조 제1항).

(2) **예 외**

다음의 어느 하나에 해당하는 경우로서 국토교통부령이 정하는 경우에는 그러하지 아니하다(영 제47조 제1항 단서).

> ① 공동주택(기숙사만 해당)과 공장이 같은 건축물에 있는 경우
> ② 중심상업지역·일반상업지역 또는 근린상업지역에서 「도시 및 주거환경정비법」에 따른 재개발사업을 시행하는 경우
> ③ 공동주택과 위락시설이 같은 초고층 건축물에 있는 경우. 다만, 사생활을 보호하고 방범·방화 등 주거 안전을 보장하며 소음·악취 등으로부터 주거환경을 보호할 수 있도록 주택의 출입구·계단 및 승강기 등을 주택 외의 시설과 분리된 구조로 하여야 한다.
> ④ 「산업집적활성화 및 공장설립에 관한 법률」에 따른 지식산업센터와 「영유아보육법」에 따른 직장어린이집이 같은 건축물에 있는 경우

(3) **강화규정**

다음의 어느 하나에 해당하는 용도의 시설은 같은 건축물에 함께 설치할 수 없다(영 제47조 제2항).

> ① 노유자시설 중 아동 관련 시설 또는 노인복지시설과 판매시설 중 도매시장 또는 소매시장
> ② 단독주택(다중주택, 다가구주택에 한정), 공동주택, 제1종 근린생활시설 중 조산원 또는 산후조리원과 제2종 근린생활시설 중 다중생활시설

8 범죄예방기준 제29회

(1) 국토교통부장관은 범죄를 예방하고 안전한 생활환경을 조성하기 위하여 건축물, 건축설비 및 대지에 관한 범죄예방기준을 정하여 고시할 수 있다(법 제53조의2 제1항).

(2) 대통령령으로 정하는 다음의 건축물은 위 (1)의 범죄예방기준에 따라 건축하여야 한다 (법 제53조의2 제2항, 영 제63조의7).

> ① 다가구주택, 아파트, 연립주택 및 다세대주택
> ② 제1종 근린생활시설 중 일용품을 판매하는 소매점
> ③ 제2종 근린생활시설 중 다중생활시설
> ④ 문화 및 집회시설(동·식물원은 제외)
> ⑤ 교육연구시설(연구소 및 도서관은 제외)
> ⑥ 노유자시설
> ⑦ 수련시설
> ⑧ 업무시설 중 오피스텔
> ⑨ 숙박시설 중 다중생활시설

9 건축설비 제36회

(1) 건축설비의 기준

건축설비는 건축물의 안전·방화, 위생, 에너지 및 정보통신의 합리적 이용에 지장이 없도록 설치하여야 하고, 배관피트 및 닥트의 단면적과 수선구의 크기를 해당 설비의 수선에 지장이 없도록 하는 등 설비의 유지·관리가 쉽게 설치하여야 한다(법 제62조, 영 제87조 제1항).

(2) 승용승강기의 설치

건축주는 6층 이상으로서 연면적이 2,000㎡ 이상인 건축물(층수가 6층인 건축물로서 각 층 거실의 바닥면적 300㎡ 이내마다 1개소 이상의 직통계단을 설치한 건축물은 제외)을 건축하려면 승강기를 설치하여야 한다. 이 경우 승강기의 규모 및 구조는 국토교통부령으로 정한다(법 제64조 제1항, 영 제89조).

(3) 비상용 승강기의 설치

① 높이 31m를 넘는 건축물에는 다음의 기준에 따른 대수 이상의 비상용 승강기(비상용 승강기의 승강장 및 승강로를 포함)를 설치하여야 한다. 다만, 승용승강기를 비상용 승강기의 구조로 하는 경우에는 그러하지 아니하다(영 제90조 제1항).

> ㉠ 높이 31m를 넘는 각 층의 바닥면적 중 최대 바닥면적이 1,500㎡ 이하인 건축물: 1대 이상
> ㉡ 높이 31m를 넘는 각 층의 바닥면적 중 최대 바닥면적이 1,500㎡를 넘는 건축물: 1대에 1,500㎡를 넘는 3,000㎡ 이내마다 1대씩 더한 대수 이상

② 2대 이상의 비상용 승강기를 설치하는 경우에는 화재가 났을 때 소화에 지장이 없도록 일정한 간격을 두고 설치하여야 한다(영 제90조 제2항).

(4) 피난용승강기 설치

고층건축물에는 건축물에 설치하는 승용승강기 중 1대 이상을 대통령령으로 정하는 바에 따라 피난용승강기로 설치하여야 한다(법 제64조 제3항).

(5) 지능형 건축물의 인증(법 제65조의2)

① 국토교통부장관은 지능형 건축물(Intelligent Building)의 건축을 활성화하기 위하여 지능형 건축물 인증제도를 실시한다.
② 국토교통부장관은 지능형 건축물의 인증을 위하여 인증기관을 지정할 수 있다.
③ 지능형 건축물의 인증을 받으려는 자는 인증기관에 인증을 신청하여야 한다.

④ 국토교통부장관은 건축물을 구성하는 설비 및 각종 기술을 최적으로 통합하여 건축물의 생산성과 설비 운영의 효율성을 극대화할 수 있도록 다음의 사항을 포함하여 지능형 건축물 인증기준을 고시한다.

> ㉠ 인증기준 및 절차
> ㉡ 인증표시 홍보기준
> ㉢ 유효기간
> ㉣ 수수료
> ㉤ 인증등급 및 심사기준 등

⑤ 허가권자는 지능형 건축물로 인증을 받은 건축물에 대하여 조경설치 면적을 100분의 85까지 완화하여 적용할 수 있으며, 용적률 및 건축물의 높이를 100분의 115의 범위에서 완화하여 적용할 수 있다.

제5장 지역 및 지구 안의 건축물

01 대지가 지역·지구 또는 구역에 걸치는 경우 제26회

1 원 칙

대지가 이 법이나 다른 법률에 따른 지역·지구(녹지지역과 방화지구는 제외) 또는 구역에 걸치는 경우에는 대통령령으로 정하는 바에 따라 그 건축물과 대지의 전부에 대하여 대지의 과반(過半)이 속하는 지역·지구 또는 구역 안의 건축물 및 대지 등에 관한 이 법의 규정을 적용한다(법 제54조 제1항).

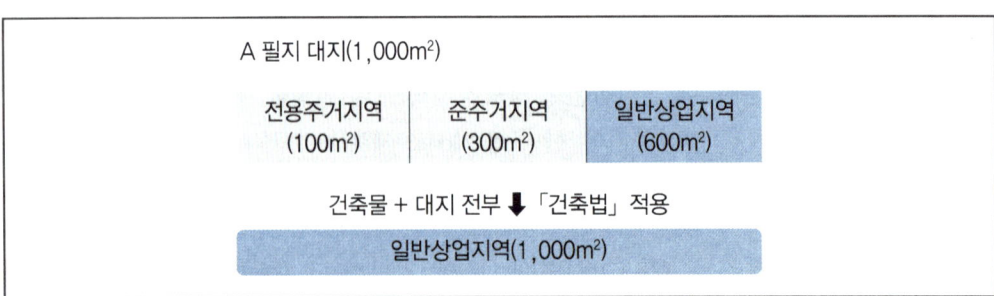

2 건축물이 방화지구와 그 밖의 구역에 걸치는 경우

하나의 건축물이 방화지구와 그 밖의 구역에 걸치는 경우에는 그 전부에 대하여 방화지구 안의 건축물에 관한 이 법의 규정을 적용한다. 다만, 건축물의 방화지구에 속한 부분과 그 밖의 구역에 속한 부분의 경계가 방화벽으로 구획되는 경우 그 밖의 구역에 있는 부분에 대하여는 그러하지 아니하다(법 제54조 제2항).

3 대지가 녹지지역과 그 밖의 지역 등에 걸치는 경우

대지가 녹지지역과 그 밖의 지역·지구 또는 구역에 걸치는 경우에는 각 지역·지구 또는 구역 안의 건축물과 대지에 관한 이 법의 규정을 적용한다. 다만, 녹지지역 안의 건축물이 방화지구에 걸치는 경우에는 위 2의 규정에 따른다(법 제54조 제3항).

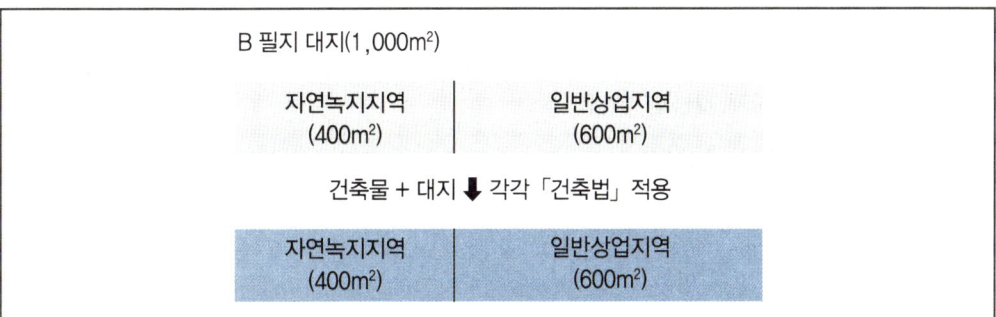

02 건폐율·용적률

1 건폐율

대지면적에 대한 건축면적(대지에 건축물이 둘 이상 있는 경우에는 이들 건축면적의 합계로 한다)의 비율(이하 '건폐율'이라 한다)의 최대한도는 「국토의 계획 및 이용에 관한 법률」에 따른 건폐율의 기준에 따른다. 다만, 이 법에서 기준을 완화하거나 강화하여 적용하도록 규정한 경우에는 그에 따른다(법 제55조).

$$건폐율 = \frac{건축면적}{대지면적} \times 100$$

2 용적률

대지면적에 대한 연면적(대지에 건축물이 둘 이상 있는 경우에는 이들 연면적의 합계로 한다)의 비율(이하 '용적률'이라 한다)의 최대한도는 「국토의 계획 및 이용에 관한 법률」에 따른 용적률의 기준에 따른다. 다만, 이 법에서 기준을 완화하거나 강화하여 적용하도록 규정한 경우에는 그에 따른다(법 제56조).

$$용적률 = \frac{연면적}{대지면적} \times 100$$

▽ 용적률을 산정할 때에는 지하층의 면적, 지상층의 주차용(해당 건축물의 부속용도인 경우만 해당)으로 쓰는 면적, 초고층 건축물과 준초고층 건축물에 설치하는 피난안전구역의 면적, 건축물의 경사지붕 아래에 설치하는 대피공간의 면적은 연면적에서 제외한다(영 제119조 제1항 제4호).

예제

건축법령상 1,000m²의 대지에 건축한 다음 건축물의 용적률은 얼마인가? (단, 제시된 조건 외에 다른 조건은 고려하지 않음) 제24회

- 하나의 건축물로서 지하 2개 층, 지상 5개 층으로 구성되어 있으며, 지붕은 평지붕임
- 건축면적은 500m²이고, 지하층 포함 각 층의 바닥면적은 480m²로 동일함
- 지하 2층은 전부 주차장, 지하 1층은 전부 제1종 근린생활시설로 사용됨
- 지상 5개 층은 전부 업무시설로 사용됨

① 240%   ② 250%   ③ 288%
④ 300%   ⑤ 480%

해설 ① 용적률 = (연면적/대지면적) × 100이다.
따라서 용적률 = (2,400m²/1,000m²) × 100 = 240%가 된다.   ▶ 정답 ①

03 대지의 분할제한과 대지 안의 공지

1 대지의 분할제한

(1) 용도지역별 분할제한

건축물이 있는 대지는 다음에 해당하는 규모 이상의 범위에서 해당 지방자치단체의 조례로 정하는 면적에 못 미치게 분할할 수 없다(법 제57조 제1항, 영 제80조).

① 주거지역: 60m²   ② 상업지역: 150m²
③ 공업지역: 150m²   ④ 녹지지역: 200m²
⑤ 기타지역: 60m²

(2) 건축기준에 미달되는 분할금지

건축물이 있는 대지는 다음의 기준에 못 미치게 분할할 수 없다(법 제57조 제2항).

① 대지와 도로의 관계
② 건축물의 건폐율
③ 건축물의 용적률
④ 대지 안의 공지
⑤ 건축물의 높이 제한
⑥ 일조권 확보를 위한 건축물의 높이 제한

(3)
위 (1)과 (2)에도 불구하고 건축협정이 인가된 경우 그 건축협정의 대상이 되는 대지는 분할할 수 있다(법 제57조 제3항).

2 대지 안의 공지

건축물을 건축하는 경우에는 「국토의 계획 및 이용에 관한 법률」에 따른 용도지역·용도지구, 건축물의 용도 및 규모 등에 따라 건축선 및 인접 대지경계선으로부터 6m 이내의 범위에서 대통령령으로 정하는 바에 따라 해당 지방자치단체의 조례로 정하는 거리 이상을 띄어야 한다(법 제58조).

[별표 2] 대지의 공지 기준(영 제80조의2 관련)
1. 건축선으로부터 건축물까지 띄어야 하는 거리

대상 건축물	건축조례에서 정하는 건축기준
① 해당 용도로 쓰는 바닥면적의 합계가 500m² 이상인 공장(전용공업지역, 일반공업지역 또는 산업입지 및 개발에 관한 법률에 따른 산업단지에 건축하는 공장은 제외)으로서 건축조례로 정하는 건축물	① 준공업지역 : 1.5m 이상 6m 이하 ② 준공업지역 외의 지역 : 3m 이상 6m 이하
② 해당 용도로 쓰는 바닥면적의 합계가 500m² 이상인 창고(전용공업지역 및 일반공업지역 또는 산업입지 및 개발에 관한 법률에 따른 산업단지에서 건축하는 창고는 제외)로서 건축조례로 정하는 건축물	① 준공업지역 : 1.5m 이상 6m 이하 ② 준공업지역 외의 지역 : 3m 이상 6m 이하

대상 건축물	건축조례에서 정하는 건축기준
③ 해당 용도로 쓰는 바닥면적의 합계가 1,000㎡ 이상인 판매시설, 숙박시설(일반숙박시설은 제외), 문화 및 집회시설(전시장 및 동·식물원은 제외) 및 종교시설	3m 이상 6m 이하
④ 다중이 이용하는 건축물로서 건축조례로 정하는 건축물	3m 이상 6m 이하
⑤ 공동주택	① 아파트: 2m 이상 6m 이하 ② 연립주택: 2m 이상 5m 이하 ③ 다세대주택: 1m 이상 4m 이하
⑥ 그 밖에 건축조례로 정하는 건축물	1m 이상 6m 이하(한옥의 경우에는 처마선 2m 이하, 외벽선 1m 이상 2m 이하)

2. 인접 대지경계선으로부터 건축물까지 띄어야 하는 거리

대상 건축물	건축조례에서 정하는 건축기준
① 전용주거지역에 건축하는 건축물(공동주택은 제외)	1m 이상 6m 이하(한옥의 경우에는 처마선 2m 이하, 외벽선 1m 이상 2m 이하)
② 해당 용도로 쓰는 바닥면적의 합계가 500㎡ 이상인 공장(전용공업지역 및 일반공업지역 또는 산업입지 및 개발에 관한 법률에 따른 산업단지에서 건축하는 공장은 제외)으로서 건축조례로 정하는 건축물	① 준공업지역: 1m 이상 6m 이하 ② 준공업지역 외의 지역: 1.5m 이상 6m 이하
③ 상업지역이 아닌 지역에 건축하는 건축물로서 해당 용도로 쓰이는 바닥면적의 합계가 1,000㎡ 이상인 판매시설, 숙박시설(일반숙박시설은 제외), 문화 및 집회시설(전시장 및 동·식물원은 제외) 및 종교시설	1.5m 이상 6m 이하
④ 다중이 이용하는 건축물(상업지역에서 건축하는 건축물로서 스프링클러나 그 밖에 이와 비슷한 자동식 소화설비를 설치한 건축물은 제외)로서 건축조례로 정하는 건축물	1.5m 이상 6m 이하
⑤ 공동주택(상업지역에서 건축하는 공동주택으로서 스프링클러나 그 밖에 이와 비슷한 자동식 소화설비를 설치한 공동주택은 제외)	① 아파트: 2m 이상 6m 이하 ② 연립주택: 1.5m 이상 5m 이하 ③ 다세대주택: 0.5m 이상 4m 이하
⑥ 그 밖에 건축조례로 정하는 건축물	0.5m 이상 6m 이하(한옥의 경우에는 처마선 2m 이하, 외벽선 1m 이상 2m 이하)

예제

건축법령상 건축물이 있는 대지는 조례로 정하는 면적에 못 미치게 분할할 수 없다. 다음 중 조례로 정할 수 있는 최소 분할면적 기준이 가장 작은 용도지역은? (단, 건축법 제3조에 따른 적용제외는 고려하지 않음) 제24회

① 제2종 전용주거지역 ② 일반상업지역
③ 근린상업지역 ④ 준공업지역
⑤ 생산녹지지역

해설 ① 건축물이 있는 대지는 다음의 어느 하나에 해당하는 규모 이상의 해당 지방자치단체의 조례로 정하는 면적에 못 미치게 분할할 수 없다.
1. 주거지역: 60m²
2. 상업지역: 150m²
3. 공업지역: 150m²
4. 녹지지역: 200m²
5. 위 1.부터 4.까지의 규정에 해당하지 아니하는 지역: 60m²

▶ 정답 ①

04 건축물의 면적 및 높이 등의 산정방법 제29회, 제31회, 제33회

건축물의 대지면적, 연면적, 바닥면적, 높이, 처마, 천장, 바닥 및 층수의 산정방법은 대통령령으로 정한다(법 제84조, 영 제119조).

(1) 대지면적

대지면적은 대지의 수평투영면적으로 한다. 다만, 다음의 어느 하나에 해당하는 면적은 제외한다.

> ① 대지에 건축선이 정하여진 경우: 그 건축선과 도로 사이의 대지면적
> ② 대지에 도시·군계획시설인 도로·공원 등이 있는 경우: 그 도시·군계획시설에 포함되는 대지(국토의 계획 및 이용에 관한 법률에 따라 건축물 또는 공작물을 설치하는 도시·군계획시설의 부지는 제외)면적

(2) 건축면적

건축면적은 건축물의 외벽(외벽이 없는 경우에는 외곽 부분의 기둥으로 한다)의 중심선으로 둘러싸인 부분의 수평투영면적으로 한다. 다만, 다음의 어느 하나에 해당하는 경우에는 다음에서 정하는 기준에 따라 산정한다.

① 처마, 차양, 부연(附椽), 그 밖에 이와 비슷한 것으로서 그 외벽의 중심선으로부터 수평거리 1m 이상 돌출된 부분이 있는 건축물의 건축면적은 그 돌출된 끝부분으로부터 다음의 구분에 따른 수평거리를 후퇴한 선으로 둘러싸인 부분의 수평투영면적으로 한다.

㉠ 「전통사찰의 보존 및 지원에 관한 법률」에 따른 전통사찰: 4m 이하의 범위에서 외벽의 중심선까지의 거리

㉡ 사료 투여, 가축 이동 및 가축 분뇨 유출 방지 등을 위하여 처마, 차양, 부연, 그 밖에 이와 비슷한 것이 설치된 축사: 3m 이하의 범위에서 외벽의 중심선까지의 거리(두 동의 축사가 하나의 차양으로 연결된 경우에는 6m 이하의 범위에서 축사 양 외벽의 중심선까지의 거리를 말한다)

㉢ 한옥: 2m 이하의 범위에서 외벽의 중심선까지의 거리

㉣ 「환경친화적 자동차의 개발 및 보급 촉진에 관한 법률 시행령」에 따른 충전시설(그에 딸린 충전 전용 주차구획을 포함)의 설치를 목적으로 처마, 차양, 부연, 그 밖에 이와 비슷한 것이 설치된 공동주택(주택법에 따른 사업계획 승인대상으로 한정): 2m 이하의 범위에서 외벽의 중심선까지의 거리

㉤ 「신에너지 및 재생에너지 개발·이용·보급 촉진법」에 따른 신·재생에너지 설비(신·재생에너지를 생산하거나 이용하기 위한 것만 해당)를 설치하기 위하여 처마, 차양, 부연, 그 밖에 이와 비슷한 것이 설치된 건축물로서 「녹색건축물 조성 지원법」에 따른 제로에너지건축물 인증을 받은 건축물: 2m 이하의 범위에서 외벽의 중심선까지의 거리

㉥ 「환경친화적 자동차의 개발 및 보급 촉진에 관한 법률」의 수소연료공급시설을 설치하기 위하여 처마, 차양, 부연 그 밖에 이와 비슷한 것이 설치된 별표 1 제19호 가목의 주유소, 같은 호 나목의 액화석유가스 충전소 또는 같은 호 바목의 고압가스 충전소: 2미터 이하의 범위에서 외벽의 중심선까지의 거리

㉦ 그 밖의 건축물: 1m

② 다음의 건축물의 건축면적은 국토교통부령으로 정하는 바에 따라 산정한다.

㉠ 태양열을 주된 에너지원으로 이용하는 주택
㉡ 창고 또는 공장 중 물품을 입출고하는 부위의 상부에 한쪽 끝은 고정되고 다른 쪽 끝은 지지되지 않는 구조로 설치된 돌출차양
㉢ 단열재를 구조체의 외기측에 설치하는 단열공법으로 건축된 건축물

③ 다음의 경우에는 건축면적에 산입하지 않는다.

㉠ 지표면으로부터 1m 이하에 있는 부분(창고 중 물품을 입출고하기 위하여 차량을 접안시키는 부분의 경우에는 지표면으로부터 1.5m 이하에 있는 부분)
㉡ 건축물 지상층에 일반인이나 차량이 통행할 수 있도록 설치한 보행통로나 차량통로
㉢ 지하주차장의 경사로
㉣ 건축물 지하층의 출입구 상부(출입구 너비에 상당하는 규모의 부분을 말한다)
㉤ 생활폐기물 보관시설(음식물쓰레기, 의류 등의 수거시설을 말한다. 이하 같다)
㉥ 「장애인·노인·임산부 등의 편의증진 보장에 관한 법률 시행령」에 따라 설치하는 장애인용 승강기, 장애인용 에스컬레이터, 휠체어리프트 또는 경사로

㉝ 「가축전염병 예방법」 제17조 제1항 제1호에 따른 소독설비를 갖추기 위하여 같은 호에 따른 가축사육시설(2015년 4월 27일 전에 건축되거나 설치된 가축사육시설로 한정)에서 설치하는 시설
㉞ 「매장유산 보호 및 조사에 관한 법률」 제14조 제1항 제1호 및 제2호에 따른 현지보존 및 이전보존을 위하여 매장유산 보호 및 전시에 전용되는 부분
㉠ 「가축분뇨의 관리 및 이용에 관한 법률」에 따른 처리시설(법률 제12516호 가축분뇨의 관리 및 이용에 관한 법률 일부개정법률 부칙 제9조에 해당하는 배출시설의 처리시설로 한정)

(3) 바닥면적

바닥면적은 건축물의 각 층 또는 그 일부로서 벽, 기둥, 그 밖에 이와 비슷한 구획의 중심선으로 둘러싸인 부분의 수평투영면적으로 한다. 다만, 다음의 어느 하나에 해당하는 경우에는 다음에서 정하는 바에 따른다.

① 벽·기둥의 구획이 없는 건축물은 그 지붕 끝부분으로부터 수평거리 1m를 후퇴한 선으로 둘러싸인 수평투영면적으로 한다.
② 건축물의 노대 등의 바닥은 난간 등의 설치 여부에 관계없이 노대 등의 면적(외벽의 중심선으로부터 노대 등의 끝부분까지의 면적을 말한다)에서 노대 등이 접한 가장 긴 외벽에 접한 길이에 1.5m를 곱한 값을 뺀 면적을 바닥면적에 산입한다.
③ 필로티나 그 밖에 이와 비슷한 구조(벽면적의 2분의 1 이상이 그 층의 바닥면에서 위층 바닥 아래면까지 공간으로 된 것만 해당)의 부분은 그 부분이 공중의 통행이나 차량의 통행 또는 주차에 전용되는 경우와 공동주택의 경우에는 바닥면적에 산입하지 아니한다.
④ 승강기탑(옥상 출입용 승강장을 포함), 계단탑, 장식탑, 다락[층고(層高)가 1.5m(경사진 형태의 지붕인 경우에는 1.8m) 이하인 것만 해당], 건축물의 내부에 설치하는 냉방설비 배기장치 전용 설치공간(각 세대나 실별로 외부 공기에 직접 닿는 곳에 설치하는 경우로서 $1m^2$ 이하로 한정), 건축물의 외부 또는 내부에 설치하는 굴뚝, 더스트슈트, 설비덕트, 그 밖에 이와 비슷한 것과 옥상·옥외 또는 지하에 설치하는 물탱크, 기름탱크, 냉각탑, 정화조, 도시가스 정압기, 그 밖에 이와 비슷한 것을 설치하기 위한 구조물과 건축물 간에 화물의 이동에 이용되는 컨베이어벨트만을 설치하기 위한 구조물은 바닥면적에 산입하지 않는다.
⑤ 공동주택으로서 지상층에 설치한 기계실, 전기실, 어린이놀이터, 조경시설 및 생활폐기물 보관시설의 면적은 바닥면적에 산입하지 않는다.
⑦ 건축물을 리모델링하는 경우로서 미관 향상, 열의 손실 방지 등을 위하여 외벽에 부가하여 마감재 등을 설치하는 부분은 바닥면적에 산입하지 아니한다.
⑧ 단열재를 구조체의 외기측에 설치하는 단열공법으로 건축된 건축물의 경우에는 단열재가 설치된 외벽 중 내측 내력벽의 중심선을 기준으로 산정한 면적을 바닥면적으로 한다.

⑩ 「장애인·노인·임산부 등의 편의증진 보장에 관한 법률 시행령」에 따른 장애인용 승강기, 장애인용 에스컬레이터, 휠체어리프트, 경사로는 바닥면적에 산입하지 아니한다.
⑪ 「가축전염병 예방법」에 따른 소독설비를 갖추기 위하여 같은 호에 따른 가축사육시설 (2015년 4월 27일 전에 건축되거나 설치된 가축사육시설로 한정)에서 설치하는 시설은 바닥면적에 산입하지 아니한다.
⑫ 「매장유산 보호 및 조사에 관한 법률」에 따른 현지보존 및 이전보존을 위하여 매장유산 보호 및 전시에 전용되는 부분은 바닥면적에 산입하지 아니한다.
⑬ 지하주차장의 경사로(지상층에서 지하 1층으로 내려가는 부분으로 한정)는 바닥면적에 산입하지 않는다.

(4) 연면적

연면적은 하나의 건축물 각 층의 바닥면적의 합계로 하되, 용적률을 산정할 때에는 다음에 해당하는 면적은 제외한다.

① 지하층의 면적
② 지상층의 주차용(해당 건축물의 부속용도인 경우만 해당)으로 사용되는 면적
③ 초고층 건축물과 준초고층 건축물에 설치하는 피난안전구역의 면적
④ 건축물의 경사지붕 아래에 설치하는 대피공간의 면적

(5) 건축물의 높이

건축물의 높이는 지표면으로부터 그 건축물의 상단까지의 높이[건축물의 1층 전체에 필로티(건축물을 사용하기 위한 경비실, 계단실, 승강기실, 그 밖에 이와 비슷한 것을 포함)가 설치되어 있는 경우에는 법 제60조 및 법 제61조 제2항을 적용할 때 필로티의 층고를 제외한 높이]로 한다. 다만, 다음의 어느 하나에 해당하는 경우에는 각 규정에서 정하는 바에 따른다.

① 건축물의 옥상에 설치되는 승강기탑(장애인용 승강기의 승강기탑으로서 그 높이가 12미터 이하인 것은 제외한다)·계단탑·망루·장식탑·옥탑 등으로서 그 수평투영면적의 합계가 해당 건축물 건축면적의 8분의 1(주택법에 따른 사업계획승인 대상인 공동주택 중 세대별 전용면적이 $85m^2$ 이하인 경우에는 6분의 1) 이하인 경우로서 그 부분의 높이가 12m를 넘는 경우에는 그 넘는 부분만 해당 건축물의 높이에 산입한다.
② 지붕마루장식·굴뚝·방화벽의 옥상돌출부나 그 밖에 이와 비슷한 옥상돌출물과 난간벽(그 벽면적의 2분의 1 이상이 공간으로 되어 있는 것만 해당), 장애인용 승강기의 승강기탑으로서 그 높이가 12미터 이하인 것 그 건축물의 높이에 산입하지 아니한다.

(6) 처마높이

처마높이는 지표면으로부터 건축물의 지붕틀 또는 이와 비슷한 수평재를 지지하는 벽·깔도리 또는 기둥의 상단까지의 높이로 한다.

(7) 반자높이

반자높이는 방의 바닥면으로부터 반자까지의 높이로 한다. 다만, 한 방에서 반자높이가 다른 부분이 있는 경우에는 그 각 부분의 반자면적에 따라 가중평균한 높이로 한다.

(8) 층 고

층고는 방의 바닥구조체 윗면으로부터 위층 바닥구조체의 윗면까지의 높이로 한다. 다만, 한 방에서 층의 높이가 다른 부분이 있는 경우에는 그 각 부분 높이에 따른 면적에 따라 가중평균한 높이로 한다.

(9) 층 수

① 승강기탑(③에 따른 장애인용 승강기의 승강기탑은 제외한다), 계단탑, 망루, 장식탑, 옥탑, 그 밖에 이와 비슷한 건축물의 옥상 부분으로서 그 수평투영면적의 합계가 해당 건축물 건축면적의 8분의 1(주택법에 따른 사업계획승인 대상인 공동주택 중 세대별 전용면적이 $85m^2$ 이하인 경우에는 6분의 1) 이하인 것은 층수에 산입하지 아니한다.

② 지하층은 건축물의 층수에 산입하지 아니한다.

③ 장애인용 승강기의 승강기탑은 층수에 산입하지 아니한다.

④ 층의 구분이 명확하지 아니한 건축물은 그 건축물의 높이를 4m마다 하나의 층으로 산정한다.

⑤ 건축물이 부분에 따라 그 층수가 다른 경우에는 그중 가장 많은 층수를 그 건축물의 층수로 본다.

예제

건축법령상 건축물의 면적 등의 산정방법으로 옳은 것은? 제31회 수정

① 공동주택으로서 지상층에 설치한 생활폐기물 보관시설의 면적은 바닥면적에 산입한다.
② 지하층에 설치한 기계실, 전기실의 면적은 용적률을 산정할 때 연면적에 산입한다.
③ 「건축법」상 건축물의 높이 제한 규정을 적용할 때, 건축물의 1층 전체에 필로티가 설치되어 있는 경우 건축물의 높이는 필로티의 층고를 제외하고 산정한다.
④ 건축물의 층고는 방의 바닥구조체 윗면으로부터 위층 바닥구조체의 아랫면까지의 높이로 한다.
⑤ 건축물이 부분에 따라 그 층수가 다른 경우에는 그중 가장 많은 층수와 가장 적은 층수를 평균하여 반올림한 수를 그 건축물의 층수로 본다.

해설 ① 공동주택으로서 지상층에 설치한 생활폐기물 보관시설의 면적은 바닥면적에 산입하지 아니한다.
② 지하층에 설치한 기계실, 전기실의 면적은 용적률을 산정할 때 연면적에서 제외한다.
④ 건축물의 층고는 방의 바닥구조체 윗면으로부터 위층 바닥구조체의 윗면까지의 높이로 한다.
⑤ 건축물이 부분에 따라 그 층수가 다른 경우에는 그중 가장 많은 층수를 그 건축물의 층수로 본다.

▶ 정답 ③

05 건축물의 높이 제한

1 가로구역에서의 높이 제한 제36회

(1) **지정권자**

허가권자는 가로구역[(街路區域): 도로로 둘러싸인 일단(一團)의 지역을 말한다]을 단위로 하여 다음의 사항을 고려하여 건축물의 높이를 지정·공고할 수 있다. 다만, 특별자치시장·특별자치도지사 또는 시장·군수·구청장은 가로구역의 높이를 완화하여 적용할 필요가 있다고 판단되는 대지에 대하여는 대통령령으로 정하는 바에 따라 건축위원회의 심의를 거쳐 높이를 완화하여 적용할 수 있다(법 제60조 제1항, 영 제82조 제1항).

> ① 도시·군관리계획 등의 토지이용계획
> ② 해당 가로구역이 접하는 도로의 너비
> ③ 해당 가로구역의 상·하수도 등 간선시설의 수용능력
> ④ 도시미관 및 경관계획
> ⑤ 해당 도시의 장래 발전계획

(2) **지정절차**

허가권자는 가로구역별로 건축물의 높이를 지정하려면 지방건축위원회의 심의를 거쳐야 한다. 이 경우 주민의견 청취절차 등은 「토지이용규제 기본법」 제8조에 따른다(영 제82조 제2항).

(3) **지정방법**

허가권자는 같은 가로구역에서 건축물의 용도 및 형태에 따라 건축물의 높이를 다르게 정할 수 있다(영 제82조 제3항).

2 일조 등의 확보를 위한 높이 제한

(1) **전용주거지역·일반주거지역**

① **정북방향으로의 높이 제한**

㉠ 전용주거지역과 일반주거지역 안에서 건축하는 건축물의 높이는 일조 등의 확보를 위하여 정북방향(正北方向)의 인접 대지경계선으로부터 다음의 범위에서 건축조례로 정하는 거리 이상을 띄어 건축하여야 한다(법 제61조 제1항, 영 제86조 제1항).

> ⓐ 높이 10m 이하인 부분: 인접 대지경계선으로부터 1.5m 이상
> ⓑ 높이 10m를 초과하는 부분: 인접 대지경계선으로부터 해당 건축물 각 부분의 높이의 2분의 1 이상

ⓒ 다음의 어느 하나에 해당하는 경우에는 위 ㉠을 적용하지 아니한다(영 제86조 제2항).
ⓐ 다음의 어느 하나에 해당하는 구역 안의 대지 상호간에 건축하는 건축물로서 해당 대지가 너비 20m 이상의 도로(자동차·보행자·자전거 전용도로를 포함하며, 도로에 공공공지, 녹지, 광장, 그 밖에 건축미관에 지장이 없는 도시·군계획시설이 접한 경우 해당 시설을 포함)에 접한 경우

> ⅰ) 「국토의 계획 및 이용에 관한 법률」에 따른 지구단위계획구역, 같은 법에 따른 경관지구
> ⅱ) 「경관법」에 따른 중점경관관리구역
> ⅲ) 특별가로구역
> ⅳ) 도시미관 향상을 위하여 허가권자가 지정·공고하는 구역

ⓑ 건축협정구역 안에서 대지 상호간에 건축하는 건축물(법 제77조의4 제1항에 따른 건축협정에 일정 거리 이상을 띄어 건축하는 내용이 포함된 경우만 해당)의 경우
ⓒ 건축물의 정북방향의 인접 대지가 전용주거지역이나 일반주거지역이 아닌 용도지역에 해당하는 경우

② **정남방향으로의 높이 제한**: 다음의 어느 하나에 해당하면 건축물의 높이를 정남(正南)방향의 인접 대지경계선으로부터의 거리에 따라 대통령령으로 정하는 높이 이하로 할 수 있다(법 제61조 제3항).

> ㉠ 「택지개발촉진법」에 따른 택지개발지구인 경우
> ㉡ 「주택법」에 따른 대지조성사업지구인 경우
> ㉢ 「지역 개발 및 지원에 관한 법률」에 따른 지역개발사업구역인 경우
> ㉣ 「산업입지 및 개발에 관한 법률」에 따른 국가산업단지, 일반산업단지, 도시첨단산업단지 및 농공단지인 경우
> ㉤ 「도시개발법」에 따른 도시개발구역인 경우
> ㉥ 「도시 및 주거환경정비법」에 따른 정비구역인 경우
> ㉦ 정북방향으로 도로, 공원, 하천 등 건축이 금지된 공지에 접하는 대지인 경우
> ㉧ 정북방향으로 접하고 있는 대지의 소유자와 합의한 경우

(2) **공동주택**

인접 대지경계선 등의 방향으로 채광을 위한 창문 등을 두는 경우와 하나의 대지에 두 동 이상을 건축하는 경우 중 어느 하나에 해당하는 공동주택(일반상업지역과 중심상업지역에 건축하는 것은 제외)은 채광(採光) 등의 확보를 위하여 대통령령으로 정하는 다음의 높이 이하로 하여야 한다. 다만, 채광을 위한 창문 등이 있는 벽면에서 직각 방향으로 인접 대지경계선까지의 수평거리가 1m 이상으로서 건축조례로 정하는 거리 이상인 다세대주택은 다음의 ①을 적용하지 않는다(법 제61조 제2항, 영 제86조 제3항).

① 건축물(기숙사는 제외)의 각 부분의 높이는 그 부분으로부터 채광을 위한 창문 등이 있는 벽면에서 직각 방향으로 인접 대지경계선까지의 수평거리의 2배(근린상업지역 또는 준주거지역의 건축물은 4배) 이하로 할 것

② 같은 대지에서 두 동(棟) 이상의 건축물이 서로 마주보고 있는 경우(한 동의 건축물 각 부분이 서로 마주보고 있는 경우를 포함)에 건축물 각 부분 사이의 거리는 다음의 거리 이상을 띄어 건축할 것. 다만, 그 대지의 모든 세대가 동지(冬至)를 기준으로 9시에서 15시 사이에 2시간 이상을 계속하여 일조(日照)를 확보할 수 있는 거리 이상으로 할 수 있다.

> ㉠ 채광을 위한 창문 등이 있는 벽면으로부터 직각방향으로 건축물 각 부분 높이의 0.5배(도시형 생활주택의 경우에는 0.25배) 이상의 범위에서 건축조례로 정하는 거리 이상
>
> ㉡ 위 ㉠에도 불구하고 서로 마주보는 건축물 중 높은 건축물(높은 건축물을 중심으로 마주보는 두 동의 축이 시계방향으로 정동에서 정서 방향인 경우만 해당)의 주된 개구부(거실과 주된 침실이 있는 부분의 개구부를 말한다)의 방향이 낮은 건축물을 향하는 경우에는 10m 이상으로서 낮은 건축물 각 부분의 높이의 0.5배(도시형 생활주택의 경우에는 0.25배) 이상의 범위에서 건축조례로 정하는 거리 이상
>
> ㉢ 위 ㉠에도 불구하고 건축물과 부대시설 또는 복리시설이 서로 마주보고 있는 경우에는 부대시설 또는 복리시설 각 부분 높이의 1배 이상
>
> ㉣ 채광창(창 넓이가 0.5m² 이상인 창을 말한다)이 없는 벽면과 측벽이 마주보는 경우에는 8m 이상
>
> ㉤ 측벽과 측벽이 마주보는 경우[마주보는 측벽 중 하나의 측벽에 채광을 위한 창문 등이 설치되어 있지 아니한 바닥면적 3m² 이하의 발코니(출입을 위한 개구부를 포함)를 설치하는 경우를 포함]에는 4m 이상

(3) **적용의 제외**

2층 이하로서 높이가 8m 이하인 건축물에는 해당 지방자치단체의 조례로 정하는 바에 따라 일조 등의 확보를 위한 건축물의 높이 제한을 적용하지 아니할 수 있다(법 제61조 제4항).

> **예제**

건축법령상 건축물의 높이 제한에 관한 설명으로 틀린 것은? (단, 건축법 제73조에 따른 적용 특례 및 조례는 고려하지 않음) 제25회

① 전용주거지역과 일반주거지역 안에서 건축하는 건축물에 대하여는 일조의 확보를 위한 높이 제한이 적용된다.
② 일반상업지역에 건축하는 공동주택으로서 하나의 대지에 두 동(棟) 이상을 건축하는 경우에는 채광의 확보를 위한 높이 제한이 적용된다.
③ 2층 이하로서 높이가 8m 이하인 건축물에는 지방자치단체의 조례로 정하는 바에 따라 일조 등의 확보를 위한 건축물의 높이 제한을 적용하지 아니할 수 있다.
④ 허가권자는 같은 가로구역에서 건축물의 용도 및 형태에 따라 건축물의 높이를 다르게 정할 수 있다.
⑤ 허가권자는 가로구역별 건축물의 높이를 지정하려면 지방건축위원회의 심의를 거쳐야 한다.

해설 ② 일반상업지역과 중심상업지역에 건축하는 공동주택의 경우에는 채광의 확보를 위한 높이 제한이 적용되지 않는다.   ▶ 정답 ②

제6장 특별건축구역

1 특별건축구역의 의의

특별건축구역이란 조화롭고 창의적인 건축물의 건축을 통하여 도시경관의 창출, 건설기술 수준향상 및 건축 관련 제도개선을 도모하기 위하여 이 법 또는 관계 법령에 따라 일부 규정을 적용하지 아니하거나 완화 또는 통합하여 적용할 수 있도록 특별히 지정하는 구역을 말한다(법 제2조 제1항 제18호).

2 특별건축구역의 지정 제32회, 제33회

(1) 지정대상지역

① 국토교통부장관 또는 시·도지사는 다음의 구분에 따라 도시나 지역의 일부가 특별건축구역으로 특례 적용이 필요하다고 인정하는 경우에는 특별건축구역을 지정할 수 있다(법 제69조 제1항).

㉠ 국토교통부장관이 지정하는 경우(영 제105조 제1항)

ⓐ 국가가 국제행사 등을 개최하는 도시 또는 지역의 사업구역
ⓑ 「신행정수도 후속대책을 위한 연기·공주지역 행정중심복합도시 건설을 위한 특별법」에 따른 행정중심복합도시의 사업구역
ⓒ 「혁신도시 조성 및 발전에 관한 특별법」에 따른 혁신도시의 사업구역
ⓓ 「경제자유구역의 지정 및 운영에 관한 특별법」에 따라 지정된 경제자유구역
ⓔ 「택지개발촉진법」에 따른 택지개발사업구역
ⓕ 「공공주택 특별법」에 따른 공공주택지구
ⓖ 「도시개발법」에 따른 도시개발구역
ⓗ 「아시아문화중심도시 조성에 관한 특별법」에 따른 국립아시아문화전당 건설사업구역
ⓘ 「국토의 계획 및 이용에 관한 법률」에 따른 지구단위계획구역 중 현상설계(懸賞設計) 등에 따른 창의적 개발을 위한 특별계획구역

㉡ 시·도지사가 지정하는 경우(영 제105조 제3항)

ⓐ 지방자치단체가 국제행사 등을 개최하는 도시 또는 지역의 사업구역
ⓑ 관계 법령에 따른 도시개발·도시재정비 및 건축문화 진흥사업으로서 건축물 또는 공간환경을 조성하기 위하여 대통령령으로 정하는 사업구역
ⓒ 건축문화 진흥을 위하여 국토교통부령으로 정하는 건축물 또는 공간환경을 조성하는 지역
ⓓ 주거, 상업, 업무 등 다양한 기능을 결합하는 복합적인 토지 이용을 증진시킬 필요가 있는 지역으로서 다음의 요건을 모두 갖춘 지역
  ⅰ) 도시지역일 것
  ⅱ) 「국토의 계획 및 이용에 관한 법률 시행령」에 따른 용도지역 안에서의 건축제한 적용을 배제할 필요가 있을 것

② 다음의 어느 하나에 해당하는 지역·구역 등에 대하여는 특별건축구역으로 지정할 수 없다(법 제69조 제2항).

㉠ 「개발제한구역의 지정 및 관리에 관한 특별조치법」에 따른 개발제한구역
㉡ 「자연공원법」에 따른 자연공원
㉢ 「도로법」에 따른 접도구역
㉣ 「산지관리법」에 따른 보전산지

(2) 특별건축구역의 건축물

특별건축구역에서 건축기준 등의 특례사항을 적용하여 건축할 수 있는 건축물은 다음의 어느 하나에 해당되어야 한다(법 제70조).

> ① 국가 또는 지방자치단체가 건축하는 건축물
> ② 「공공기관의 운영에 관한 법률」에 따른 공공기관 중 대통령령으로 정하는 공공기관이 건축하는 건축물
> ③ 그 밖에 대통령령으로 정하는 용도·규모의 건축물로서 도시경관의 창출, 건설기술 수준향상 및 건축 관련 제도개선을 위하여 특례 적용이 필요하다고 허가권자가 인정하는 건축물

(3) 지정절차

① **지정신청**: 중앙행정기관의 장, 사업구역을 관할하는 시·도지사 또는 시장·군수·구청장(이하 '지정신청기관'이라 한다)은 특별건축구역의 지정이 필요한 경우에는 다음의 자료를 갖추어 중앙행정기관의 장 또는 시·도지사는 국토교통부장관에게, 시장·군수·구청장은 특별시장·광역시장·도지사에게 각각 특별건축구역의 지정을 신청할 수 있다(법 제71조 제1항).

> ㉠ 특별건축구역의 위치·범위 및 면적 등에 관한 사항
> ㉡ 특별건축구역의 지정목적 및 필요성
> ㉢ 특별건축구역 내 건축물의 규모 및 용도 등에 관한 사항
> ㉣ 특별건축구역의 도시·군관리계획에 관한 사항. 이 경우 도시·군관리계획의 세부 내용은 대통령령으로 정한다.
> ㉤ 건축물의 설계, 공사감리 및 건축시공 등의 발주방법 등에 관한 사항
> ㉥ 특별건축구역 전부 또는 일부를 대상으로 통합하여 적용하는 미술작품, 부설주차장, 공원 등의 시설에 대한 운영관리 계획서. 이 경우 운영관리계획서의 작성방법, 서식, 내용 등에 관한 사항은 국토교통부령으로 정한다.

② **건축위원회의 심의**

㉠ 지정신청기관 외의 자는 위 ① 각 항목의 자료를 갖추어 사업구역을 관할하는 시·도지사에게 특별건축구역의 지정을 제안할 수 있다(법 제71조 제2항).

㉡ 국토교통부장관 또는 특별시장·광역시장·도지사는 지정신청이 접수된 경우에는 특별건축구역 지정의 필요성, 타당성 및 공공성 등과 피난·방재 등의 사항을 검토하고, 지정 여부를 결정하기 위하여 지정신청을 받은 날부터 30일 이내에 국토교통부장관이 지정신청을 받은 경우에는 국토교통부장관이 두는 건축위원회(이하 '중앙건축위원회'라 한다), 특별시장·광역시장·도지사가 지정신청을 받은 경우에는 각각 특별시장·광역시장·도지사가 두는 건축위원회의 심의를 거쳐야 한다(법 제71조 제4항).

③ **조정 및 직권지정**
  ㉠ 국토교통부장관 또는 특별시장·광역시장·도지사는 각각 중앙건축위원회 또는 특별시장·광역시장·도지사가 두는 건축위원회의 심의 결과를 고려하여 필요한 경우 특별건축구역의 범위, 도시·군관리계획 등에 관한 사항을 조정할 수 있다(법 제71조 제5항).
  ㉡ 국토교통부장관 또는 시·도지사는 필요한 경우 직권으로 특별건축구역을 지정할 수 있다. 이 경우 특별건축구역 지정의 필요성, 타당성 및 공공성 등과 피난·방재 등의 사항을 검토하고 각각 중앙건축위원회 또는 시·도지사가 두는 건축위원회의 심의를 거쳐야 한다(법 제71조 제6항).

④ **지정 해제**: 국토교통부장관 또는 시·도지사는 다음의 어느 하나에 해당하는 경우에는 특별건축구역의 전부 또는 일부에 대하여 지정을 해제할 수 있다. 이 경우 국토교통부장관 또는 특별시장·광역시장·도지사는 지정신청기관의 의견을 청취하여야 한다(법 제71조 제10항).

> ㉠ 지정신청기관의 요청이 있는 경우
> ㉡ 거짓이나 그 밖의 부정한 방법으로 지정을 받은 경우
> ㉢ 특별건축구역 지정일부터 5년 이내에 특별건축구역 지정목적에 부합하는 건축물의 착공이 이루어지지 아니하는 경우
> ㉣ 특별건축구역 지정요건 등을 위반하였으나 시정이 불가능한 경우

(4) **지정의 효과**

특별건축구역을 지정하거나 변경한 경우에는 「국토의 계획 및 이용에 관한 법률」에 따른 도시·군관리계획의 결정(용도지역·지구·구역의 지정 및 변경은 제외)이 있는 것으로 본다(법 제71조 제11항).

(5) **특별건축구역 내 건축물의 심의 등**

① **특례적용계획서의 첨부**: 특별건축구역에서 건축기준 등의 특례사항을 적용하여 건축허가를 신청하고자 하는 자(이하 '허가신청자'라 한다)는 다음의 사항이 포함된 특례적용계획서를 첨부하여 해당 허가권자에게 건축허가를 신청하여야 한다. 이 경우 특례적용계획서의 작성방법 및 제출서류 등은 국토교통부령으로 정한다(법 제72조 제1항).

> ㉠ 법 제5조에 따라 기준을 완화하여 적용할 것을 요청하는 사항
> ㉡ 법 제71조에 따른 특별건축구역의 지정요건에 관한 사항
> ㉢ 법 제73조 제1항의 적용 배제 특례를 적용한 사유 및 예상효과 등
> ㉣ 법 제73조 제2항의 완화적용 특례의 동등 이상의 성능에 대한 증빙내용
> ㉤ 건축물의 공사 및 유지·관리 등에 관한 계획

② **건축위원회의 심의**: 건축허가는 해당 건축물이 특별건축구역의 지정 목적에 적합한 지의 여부와 특례적용계획서 등 해당 사항에 대하여 시·도지사 및 시장·군수·구청장이 설치하는 건축위원회(이하 '지방건축위원회'라 한다)의 심의를 거쳐야 한다(법 제72조 제2항).

③ **통합심의 신청**
  ㉠ 허가신청자는 건축허가 시「도시교통정비 촉진법」에 따른 교통영향평가서의 검토를 동시에 진행하고자 하는 경우에는 교통영향평가서에 관한 서류를 첨부하여 허가권자에게 심의를 신청할 수 있다(법 제72조 제3항).
  ㉡ 교통영향평가서에 대하여 지방건축위원회에서 통합심의한 경우에는「도시교통정비 촉진법」에 따른 교통영향평가서의 심의를 한 것으로 본다(법 제72조 제4항).

(6) **관계 법령의 적용 특례**
  ① **적용의 배제**: 특별건축구역에 건축하는 건축물에 대하여는 다음의 규정을 적용하지 아니할 수 있다(법 제73조 제1항).

  > ㉠ 대지의 조경(법 제42조)
  > ㉡ 건축물의 건폐율(법 제55조)
  > ㉢ 건축물의 용적률(법 제56조)
  > ㉣ 대지 안의 공지(법 제58조)
  > ㉤ 건축물의 높이 제한(법 제60조)
  > ㉥ 일조 등의 확보를 위한 건축물의 높이 제한(법 제61조)
  > ㉦「주택법」제35조(주택건설기준 등) 중 대통령령으로 정하는 규정

  ② **적용의 완화**: 특별건축구역에 건축하는 건축물이 제49조, 제50조, 제50조의2, 제51조부터 제53조까지, 제62조 및 제64조와「녹색건축물 조성 지원법」제15조에 해당할 때에는 해당 규정에서 요구하는 기준 또는 성능 등을 다른 방법으로 대신할 수 있는 것으로 지방건축위원회가 인정하는 경우에만 해당 규정의 전부 또는 일부를 완화하여 적용할 수 있다(법 제73조 제2항).

(7) **통합적용계획**
  ① 특별건축구역에서는 다음의 관계 법령의 규정에 대하여는 개별 건축물마다 적용하지 아니하고 특별건축구역 전부 또는 일부를 대상으로 통합하여 적용할 수 있다(법 제74조 제1항).

  > ㉠「문화예술진흥법」에 따른 건축물에 대한 미술작품의 설치
  > ㉡「주차장법」에 따른 부설주차장의 설치
  > ㉢「도시공원 및 녹지 등에 관한 법률」에 따른 공원의 설치

② 지정신청기관은 관계 법령의 규정을 통합적용하려는 경우에는 특별건축구역 전부 또는 일부에 대하여 미술작품, 부설주차장, 공원 등에 대한 수요를 개별법으로 정한 기준 이상으로 산정하여 파악하고 이용자의 편의성, 쾌적성 및 안전 등을 고려한 통합적용계획을 수립하여야 한다(법 제74조 제2항).

③ 지정신청기관이 통합적용계획을 수립하는 때에는 해당 구역을 관할하는 허가권자와 협의하여야 하며, 협의요청을 받은 허가권자는 요청받은 날부터 20일 이내에 지정신청기관에게 의견을 제출하여야 한다(법 제74조 제3항).

④ 지정신청기관은 도시·군관리계획의 변경을 수반하는 통합적용계획이 수립된 때에는 관련 서류를 「국토의 계획 및 이용에 관한 법률」에 따른 도시·군관리계획 결정권자에게 송부하여야 하며, 이 경우 해당 도시·군관리계획 결정권자는 특별한 사유가 없으면 도시·군관리계획의 변경에 필요한 조치를 취하여야 한다(법 제74조 제4항).

제7장 건축협정 및 결합건축

01 건축협정

1 건축협정의 체결 제27회, 제28회, 제31회

(1) 토지 또는 건축물의 소유자, 지상권자 등 대통령령으로 정하는 자(이하 '소유자등'이라 한다)는 전원의 합의로 다음의 어느 하나에 해당하는 지역 또는 구역에서 건축물의 건축·대수선 또는 리모델링에 관한 협정(이하 '건축협정'이라 한다)을 체결할 수 있다(법 제77조의4 제1항).

① 「국토의 계획 및 이용에 관한 법률」에 따라 지정된 지구단위계획구역
② 「도시 및 주거환경정비법」에 따른 주거환경개선사업을 시행하기 위하여 지정·고시된 정비구역
③ 「도시재정비 촉진을 위한 특별법」에 따른 존치지역
④ 「도시재생 활성화 및 지원에 관한 특별법」에 따른 도시재생활성화지역
⑤ 그 밖에 시·도지사 및 시장·군수·구청장(이하 '건축협정인가권자'라 한다)이 도시 및 주거환경개선이 필요하다고 인정하여 해당 지방자치단체의 조례로 정하는 구역

(2) 위 (1)의 지역 또는 구역에서 둘 이상의 토지를 소유한 자가 1인인 경우에도 그 토지 소유자는 해당 토지의 구역을 건축협정 대상 지역으로 하는 건축협정을 정할 수 있다(법 제77조의4 제2항).

(3) 건축협정은 다음의 사항을 포함하여야 한다(법 제77조의4 제4항, 영 제110조의3 제2항).

① 건축물의 건축·대수선 또는 리모델링에 관한 사항
② 건축선
③ 건축물 및 건축설비의 위치
④ 건축물의 용도, 높이 및 층수
⑤ 건축물의 지붕 및 외벽의 형태
⑥ 건폐율 및 용적률
⑦ 담장, 대문, 조경, 주차장 등 부대시설의 위치 및 형태
⑧ 차양시설, 차면시설 등 건축물에 부착하는 시설물의 형태
⑨ 맞벽 건축의 구조 및 형태

(4) 소유자등이 건축협정을 체결하는 경우에는 건축협정서를 작성하여야 하며, 건축협정서에는 다음의 사항이 명시되어야 한다(법 제77조의4 제5항).

① 건축협정의 명칭
② 건축협정 대상 지역의 위치 및 범위
③ 건축협정의 목적
④ 건축협정의 내용
⑤ 건축협정을 체결하는 자(이하 '협정체결자'라 한다)의 성명, 주소 및 생년월일(법인, 법인 아닌 사단이나 재단 및 외국인의 경우에는 부동산등기법에 따라 부여된 등록번호를 말한다)
⑥ 건축협정운영회가 구성되어 있는 경우에는 그 명칭, 대표자 성명, 주소 및 생년월일
⑦ 건축협정의 유효기간
⑧ 건축협정 위반 시 제재에 관한 사항

2 건축협정운영회의 설립

(1) 협정체결자는 건축협정서 작성 및 건축협정 관리 등을 위하여 필요한 경우 협정체결자 간의 자율적 기구로서 운영회(이하 '건축협정운영회'라 한다)를 설립할 수 있다(법 제77조의5 제1항).

(2) 건축협정운영회를 설립하려면 협정체결자 과반수의 동의를 받아 건축협정운영회의 대표자를 선임하고, 국토교통부령으로 정하는 바에 따라 건축협정인가권자에게 신고하여야 한다. 다만, 건축협정 인가 신청 시 건축협정운영회에 관한 사항을 포함한 경우에는 그러하지 아니하다(법 제77조의5 제2항).

3 건축협정의 인가 및 변경

(1) 협정체결자 또는 건축협정운영회의 대표자는 건축협정서를 작성하여 국토교통부령으로 정하는 바에 따라 해당 건축협정인가권자의 인가를 받아야 한다(법 제77조의6 제1항).

(2) 건축협정 체결 대상 토지가 둘 이상의 특별자치시 또는 시·군·구에 걸치는 경우 건축협정 체결 대상 토지면적의 과반(過半)이 속하는 건축협정인가권자에게 인가를 신청할 수 있다. 이 경우 인가 신청을 받은 건축협정인가권자는 건축협정을 인가하기 전에 다른 특별자치시장 또는 시장·군수·구청장과 협의하여야 한다(법 제77조의6 제2항).

(3) 건축협정인가권자는 건축협정을 인가하였을 때에는 국토교통부령으로 정하는 바에 따라 그 내용을 공고하여야 한다(법 제77조의6 제3항).

(4) 협정체결자 또는 건축협정운영회의 대표자는 인가받은 사항을 변경하려면 국토교통부령으로 정하는 바에 따라 변경인가를 받아야 한다. 다만, 대통령령으로 정하는 경미한 사항을 변경하는 경우에는 그러하지 아니하다(법 제77조의7 제1항).

(5) 협정체결자 또는 건축협정운영회의 대표자는 건축협정을 폐지하려는 경우에는 협정체결자 과반수의 동의를 받아 국토교통부령으로 정하는 바에 따라 건축협정인가권자의 인가를 받아야 한다. 다만, 다음의 **7**에 따른 특례를 적용하여 제21조에 따른 착공신고를 한 경우에는 대통령령으로 정하는 기간(착공신고를 한 날부터 20년)이 지난 후에 건축협정의 폐지 인가를 신청할 수 있다(법 제77조의9 제1항, 영 제110조의4 제1항).

4 건축협정의 효력 및 승계

(1) 건축협정이 체결된 지역 또는 구역(이하 '건축협정구역'이라 한다)에서 건축물의 건축·대수선 또는 리모델링을 하거나 그 밖에 대통령령으로 정하는 행위를 하려는 소유자 등은 인가·변경인가된 건축협정에 따라야 한다(법 제77조의10 제1항).

(2) 건축협정이 공고된 후 건축협정구역에 있는 토지나 건축물 등에 관한 권리를 협정체결자인 소유자등으로부터 이전받거나 설정받은 자는 협정체결자로서의 지위를 승계한다. 다만, 건축협정에서 달리 정한 경우에는 그에 따른다(법 제77조의10 제2항).

5 건축협정에 관한 계획 수립 및 지원

(1) 건축협정인가권자는 소유자등이 건축협정을 효율적으로 체결할 수 있도록 건축협정구역에서 건축물의 건축·대수선 또는 리모델링에 관한 계획을 수립할 수 있다(법 제77조의11 제1항).

(2) 건축협정인가권자는 대통령령으로 정하는 바에 따라 도로 개설 및 정비 등 건축협정구역 안의 주거환경개선을 위한 사업비용의 일부를 지원할 수 있다(법 제77조의11 제2항).

6 경관협정과의 관계

(1) 소유자등은 건축협정을 체결할 때 「경관법」에 따른 경관협정을 함께 체결하려는 경우에는 「경관법」 제19조 제3항·제4항 및 제20조에 관한 사항을 반영하여 건축협정인가권자에게 인가를 신청할 수 있다(법 제77조의12 제1항).

(2) 인가 신청을 받은 건축협정인가권자는 건축협정에 대한 인가를 하기 전에 건축위원회의 심의를 하는 때에 「경관법」에 따라 경관위원회와 공동으로 하는 심의를 거쳐야 한다(법 제77조의12 제2항).

(3) 건축협정을 인가받은 경우에는 「경관법」에 따른 경관협정의 인가를 받은 것으로 본다(법 제77조의12 제3항).

7 건축협정에 따른 특례

(1) 건축협정을 체결하여 둘 이상의 건축물 벽을 맞벽으로 하여 건축하려는 경우 맞벽으로 건축하려는 자는 공동으로 건축허가를 신청할 수 있다(법 제77조의13 제1항).

(2) 위 (1)의 경우에 제17조(건축허가 등의 수수료), 제21조(착공신고 등), 제22조(건축물의 사용승인) 및 제25조(건축물의 공사감리)에 관하여는 개별 건축물마다 적용하지 아니하고 허가를 신청한 건축물 전부 또는 일부를 대상으로 통합하여 적용할 수 있다(법 제77조의13 제2항).

(3) 건축협정의 인가를 받은 건축협정구역에서 연접한 대지에 대하여는 다음의 관계 법령의 규정을 개별 건축물마다 적용하지 아니하고 건축협정구역의 전부 또는 일부를 대상으로 통합하여 적용할 수 있다(법 제77조의13 제3항).

① 대지의 조경
② 대지와 도로의 관계
③ 지하층의 설치
④ 건폐율
⑤ 「주차장법」에 따른 부설주차장의 설치
⑥ 「하수도법」에 따른 개인하수처리시설의 설치

(4) 위 (3)에 따라 관계 법령의 규정을 적용하려는 경우에는 건축협정구역 전부 또는 일부에 대하여 조경 및 부설주차장에 대한 기준을 이 법 및 「주차장법」에서 정한 기준 이상으로 산정하여 적용하여야 한다(법 제77조의13 제4항).

(5) 건축협정을 체결하여 둘 이상 건축물의 경계벽을 전체 또는 일부를 공유하여 건축하는 경우에는 위 (1)부터 (4)까지의 특례를 적용하며, 해당 대지를 하나의 대지로 보아 이 법의 기준을 개별 건축물마다 적용하지 아니하고 허가를 신청한 건축물의 전부 또는 일부를 대상으로 통합하여 적용할 수 있다(법 제77조의13 제5항).

예제

건축법령상 건축협정에 관한 설명으로 옳은 것은? (단, 조례는 고려하지 않음) 제31회

① 해당 지역의 토지 또는 건축물의 소유자 전원이 합의하면 지상권자가 반대하는 경우에도 건축협정을 체결할 수 있다.
② 건축협정 체결 대상 토지가 둘 이상의 시·군·구에 걸치는 경우에는 관할 시·도지사에게 건축협정의 인가를 받아야 한다.
③ 협정체결자는 인가받은 건축협정을 변경하려면 협정체결자 과반수의 동의를 받아 건축협정인가권자에게 신고하여야 한다.
④ 건축협정을 폐지하려면 협정체결자 전원의 동의를 받아 건축협정인가권자의 인가를 받아야 한다.
⑤ 건축협정에서 달리 정하지 않는 한, 건축협정이 공고된 후에 건축협정구역에 있는 토지에 관한 권리를 협정체결자로부터 이전받은 자도 건축협정에 따라야 한다.

해설 ① 해당 지역의 토지 또는 건축물의 소유자 전원이 합의하더라도 지상권자가 반대하는 경우에는 건축협정을 체결할 수 없다.
② 건축협정 체결 대상 토지가 둘 이상의 시·군·구에 걸치는 경우에는 건축협정 체결 대상 토지면적의 과반(過半)이 속하는 건축협정인가권자에게 인가를 신청할 수 있다.
③ 협정체결자는 인가받은 건축협정을 변경하려면 협정체결자 전원의 합의로 건축협정인가권자에게 인가를 받아야 한다.
④ 건축협정을 폐지하려면 협정체결자 과반수의 동의를 받아 건축협정인가권자의 인가를 받아야 한다.

▶▶ 정답 ⑤

02 결합건축

1 결합건축 대상지역 제34회

(1) 다음의 어느 하나에 해당하는 지역에서 대지 간의 최단거리가 100m 이내의 범위에서 대통령령으로 정하는 범위에 있는 2개의 대지의 건축주가 서로 합의한 경우 2개의 대지를 대상으로 결합건축을 할 수 있다(법 제77조의15 제1항).

> ① 「국토의 계획 및 이용에 관한 법률」에 따라 지정된 상업지역
> ② 「역세권의 개발 및 이용에 관한 법률」에 따라 지정된 역세권개발구역
> ③ 「도시 및 주거환경정비법」에 따른 정비구역 중 주거환경개선사업의 시행을 위한 구역
> ④ 그 밖에 도시 및 주거환경 개선과 효율적인 토지 이용이 필요하다고 대통령령으로 정하는 지역

(2) 다음의 어느 하나에 해당하는 경우에는 위 (1) 각 항목의 어느 하나에 해당하는 지역에서 대통령령으로 정하는 범위에 있는 3개 이상 대지의 건축주 등이 서로 합의한 경우 3개 이상의 대지를 대상으로 결합건축을 할 수 있다(법 제77조의15 제2항).

> ① 국가·지방자치단체 또는 「공공기관의 운영에 관한 법률」에 따른 공공기관이 소유 또는 관리하는 건축물과 결합건축하는 경우
> ② 「빈집 및 소규모주택 정비에 관한 특례법」에 따른 빈집 또는 「건축물관리법」에 따른 빈 건축물을 철거하여 그 대지에 공원, 광장 등 대통령령으로 정하는 시설을 설치하는 경우
> ③ 그 밖에 대통령령으로 정하는 건축물과 결합건축하는 경우

(3) 위 (1) 및 (2)에도 불구하고 도시경관의 형성, 기반시설 부족 등의 사유로 해당 지방자치단체의 조례로 정하는 지역 안에서는 결합건축을 할 수 없다(법 제77조의15 제3항).

(4) 위 (1) 또는 (2)에 따라 결합건축을 하려는 2개 이상의 대지를 소유한 자가 1명인 경우는 법 제77조의4 제2항(건축협정의 체결)을 준용한다(법 제77조의15 제4항).

2 결합건축의 절차 제30회

(1) 결합건축을 하고자 하는 건축주는 건축허가를 신청하는 때에는 다음의 사항을 명시한 결합건축협정서를 첨부하여야 하며 국토교통부령으로 정하는 도서를 제출하여야 한다(법 제77조의16 제1항).

> ① 결합건축 대상 대지의 위치 및 용도지역
> ② 결합건축협정서를 체결하는 자(이하 '결합건축협정체결자'라 한다)의 성명, 주소 및 생년월일(법인, 법인 아닌 사단이나 재단 및 외국인의 경우에는 부동산등기법에 따라 부여된 등록번호를 말한다)
> ③ 「국토의 계획 및 이용에 관한 법률」에 따라 조례로 정한 용적률과 결합건축으로 조정되어 적용되는 대지별 용적률
> ④ 결합건축 대상 대지별 건축계획서

(2) 허가권자는 「국토의 계획 및 이용에 관한 법률」에 따른 도시·군계획사업에 편입된 대지가 있는 경우에는 결합건축을 포함한 건축허가를 아니할 수 있다(법 제77조의16 제2항).

(3) 허가권자는 건축허가를 하기 전에 건축위원회의 심의를 거쳐야 한다. 다만, 결합건축으로 조정되어 적용되는 대지별 용적률이 「국토의 계획 및 이용에 관한 법률」에 따라 해당 대지에 적용되는 도시계획조례의 용적률의 100분의 20을 초과하는 경우에는 대통령령으로 정하는 바에 따라 건축위원회 심의와 도시계획위원회 심의를 공동으로 하여 거쳐야 한다(법 제77조의16 제3항).

(4) 위 (1)에 따른 결합건축 대상 대지가 둘 이상의 특별자치시, 특별자치도 및 시·군·구에 걸치는 경우 법 제77조의6 제2항을 준용한다(법 제77조의16 제4항).

3 결합건축의 관리

(1) 허가권자는 결합건축을 포함하여 건축허가를 한 경우 국토교통부령으로 정하는 바에 따라 그 내용을 공고하고, 결합건축 관리대장을 작성하여 관리하여야 한다(법 제77조의17 제1항).

(2) 허가권자는 위 1의 (1)에 따른 결합건축과 관련된 건축물의 사용승인 신청이 있는 경우 해당 결합건축협정서상의 다른 대지에서 착공신고 또는 대통령령으로 정하는 조치가 이행되었는지를 확인한 후 사용승인을 하여야 한다(법 제77조의17 제2항).

(3) 허가권자는 결합건축을 허용한 경우 건축물대장에 국토교통부령으로 정하는 바에 따라 결합건축에 관한 내용을 명시하여야 한다(법 제77조의17 제3항).

(4) 결합건축협정서에 따른 협정체결 유지기간은 최소 30년으로 한다. 다만, 결합건축협정서의 용적률 기준을 종전대로 환원하여 신축·개축·재축하는 경우에는 그러하지 아니한다(법 제77조의17 제4항).

(5) 결합건축협정서를 폐지하려는 경우에는 결합건축협정체결자 전원이 동의하여 허가권자에게 신고하여야 하며, 허가권자는 용적률을 이전받은 건축물이 멸실된 것을 확인한 후 결합건축의 폐지를 수리하여야 한다. 이 경우 결합건축 폐지에 관하여는 위 (1) 및 (3)을 준용한다(법 제77조의17 제5항).

제8장 보 칙

01 감 독

1 국토교통부장관의 감독

국토교통부장관은 시·도지사 또는 시장·군수·구청장이 한 명령이나 처분이 이 법이나 이 법에 따른 명령이나 처분 또는 조례에 위반되거나 부당하다고 인정하면 그 명령 또는 처분의 취소·변경, 그 밖에 필요한 조치를 명할 수 있다(법 제78조 제1항).

2 특별시장·광역시장·도지사의 감독

특별시장·광역시장·도지사는 시장·군수·구청장이 한 명령이나 처분이 이 법 또는 이 법에 따른 명령이나 처분 또는 조례에 위반되거나 부당하다고 인정하면 그 명령이나 처분의 취소·변경, 그 밖에 필요한 조치를 명할 수 있다(법 제78조 제2항).

02 위반건축물 등에 대한 조치

(1) **허가 등의 취소 및 시정명령**

허가권자는 이 법 또는 이 법에 따른 명령이나 처분에 위반되는 대지나 건축물에 대하여 이 법에 따른 허가 또는 승인을 취소하거나 그 건축물의 건축주·공사시공자·현장관리인·소유자·관리자 또는 점유자(이하 '건축주 등'이라 한다)에게 공사의 중지를 명하거나 상당한 기간을 정하여 그 건축물의 해체·개축·증축·수선·용도변경·사용금지·사용제한, 그 밖에 필요한 조치를 명할 수 있다(법 제79조 제1항).

(2) 영업허가 등의 금지요청

① 허가권자는 허가나 승인이 취소된 건축물 또는 시정명령을 받고 이행하지 아니한 건축물에 대하여는 다른 법령에 따른 영업이나 그 밖의 행위를 허가·면허·인가·등록·지정 등을 하지 아니하도록 요청할 수 있다. 다만, 허가권자가 기간을 정하여 그 사용 또는 영업, 그 밖의 행위를 허용한 주택과 대통령령으로 정하는 경우에는 그러하지 아니하다(법 제79조 제2항).

② 요청을 받은 자는 특별한 이유가 없으면 요청에 따라야 한다(법 제79조 제3항).

③ 허가권자는 위 (1)에 따른 시정명령을 하는 경우 국토교통부령으로 정하는 바에 따라 건축물대장에 위반내용을 적어야 한다(법 제79조 제4항).

(3) 이행강제금 제29회

① **의의**: 이행강제금이란 벌금이나 과태료가 가진 일회성의 제한 때문에 벌금이나 과태료 처분이 그 실효성을 거두지 못하고 있다는 점을 감안하여 위반행위의 시정이 이루어질 때까지 위반자에 대하여 일정금액을 계속적으로 반복하여 부과·징수함으로써 위반자의 심리적 압박을 통한 행정처분의 실효성을 확보하기 위하여 마련된 제도이다.

② **이행강제금의 부과**: 허가권자는 시정명령을 받은 후 시정기간 내에 시정명령을 이행하지 아니한 건축주등에 대하여는 그 시정명령의 이행에 필요한 상당한 이행기한을 정하여 그 기한까지 시정명령을 이행하지 아니하면 다음의 이행강제금을 부과한다(법 제80조 제1항 본문).

> ㉠ 건축물이 건폐율이나 용적률을 초과하여 건축된 경우 또는 허가를 받지 아니하거나 신고를 하지 아니하고 건축된 경우에는 「지방세법」에 따라 해당 건축물에 적용되는 $1m^2$의 시가표준액의 100분의 50에 해당하는 금액에 위반면적을 곱한 금액 이하의 범위에서 위반 내용에 따라 대통령령으로 정하는 비율을 곱한 금액
> ㉡ 건축물이 위 ㉠ 외의 위반 건축물에 해당하는 경우에는 「지방세법」에 따라 그 건축물에 적용되는 시가표준액에 해당하는 금액의 100분의 10의 범위에서 위반내용에 따라 대통령령으로 정하는 금액

③ **이행강제금의 감액**: 연면적(공동주택의 경우에는 세대 면적을 기준으로 한다)이 $60m^2$ 이하인 주거용 건축물과 주거용 건축물로서 대통령령으로 정하는 다음의 건축물의 경우에는 위 ②에 해당하는 금액의 2분의 1의 범위에서 해당 지방자치단체의 조례로 정하는 금액을 부과한다(법 제80조 제1항 단서).

> ㉠ 사용승인을 받지 아니하고 건축물을 사용한 경우
> ㉡ 대지의 조경에 관한 사항을 위반한 경우
> ㉢ 건축물의 높이 제한을 위반한 경우

② 일조 등의 확보를 위한 건축물의 높이 제한을 위반한 경우
⑩ 그 밖에 법 또는 법에 따른 명령이나 처분을 위반한 경우로서 건축조례로 정하는 경우

④ **이행강제금의 부과절차**
  ㉠ 가중부과 : 허가권자는 영리목적을 위한 위반이나 상습적 위반 등 대통령령으로 정하는 경우에 위 ② 및 ③에 따른 금액을 100분의 100의 범위에서 해당 지방자치단체의 조례로 정하는 바에 따라 가중하여야 한다(법 제80조 제2항).
  ㉡ 사전계고 : 허가권자는 이행강제금을 부과하기 전에 이행강제금을 부과·징수한다는 뜻을 미리 문서로써 계고(戒告)하여야 한다(법 제80조 제3항).
  ㉢ 요식행위 : 허가권자는 이행강제금을 부과하는 경우 금액, 부과 사유, 납부기한, 수납기관, 이의제기 방법 및 이의제기 기관 등을 구체적으로 밝힌 문서로 하여야 한다(법 제80조 제4항).
  ㉣ 부과횟수 : 허가권자는 최초의 시정명령이 있었던 날을 기준으로 하여 1년에 2회 이내의 범위에서 해당 지방자치단체의 조례로 정하는 횟수만큼 그 시정명령이 이행될 때까지 반복하여 이행강제금을 부과·징수할 수 있다(법 제80조 제5항).
  ㉤ 부과의 중지 : 허가권자는 시정명령을 받은 자가 이를 이행하면 새로운 이행강제금의 부과를 즉시 중지하되, 이미 부과된 이행강제금은 징수하여야 한다(법 제80조 제6항).
  ㉥ 강제징수 : 허가권자는 이행강제금 부과처분을 받은 자가 이행강제금을 납부기한까지 내지 아니하면 「지방행정제재·부과금의 징수 등에 관한 법률」에 따라 징수한다(법 제80조 제7항).

⑤ **이행강제금 부과의 특례** : 허가권자는 이행강제금을 다음에서 정하는 바에 따라 감경할 수 있다. 다만, 지방자치단체의 조례로 정하는 기간까지 위반내용을 시정하지 아니한 경우는 제외한다(법 제80조의2 제1항).

  ㉠ 축사 등 농업용·어업용 시설로서 500m^2(수도권정비계획법에 따른 수도권 외의 지역에서는 1,000m^2) 이하인 경우는 5분의 1을 감경
  ㉡ 그 밖에 위반 동기, 위반 범위 및 위반 시기 등을 고려하여 대통령령으로 정하는 경우(가중 부과하는 경우는 제외)에는 100분의 75의 범위에서 대통령령으로 정하는 비율을 감경

03 건축분쟁전문위원회

1 건축분쟁전문위원회 제28회, 제32회

(1) 설치 및 관할

① **건축분쟁전문위원회의 설치**: 건축 등과 관련된 다음의 분쟁(건설산업기본법 제69조에 따른 조정의 대상이 되는 분쟁은 제외한다. 이하 같다)의 조정(調停) 및 재정(裁定)을 하기 위하여 국토교통부에 건축분쟁전문위원회(이하 '분쟁위원회'라 한다)를 둔다(법 제88조 제1항).

> ㉠ 건축관계자와 해당 건축물의 건축 등으로 피해를 입은 인근주민(이하 '인근주민'이라 한다) 간의 분쟁
> ㉡ 관계전문기술자와 인근주민 간의 분쟁
> ㉢ 건축관계자와 관계전문기술자 간의 분쟁
> ㉣ 건축관계자 간의 분쟁
> ㉤ 인근주민 간의 분쟁
> ㉥ 관계전문기술자 간의 분쟁
> ㉦ 그 밖에 대통령령으로 정하는 사항

② **분쟁위원회의 의결**: 분쟁위원회의 회의는 재적위원 과반수의 출석으로 열고 출석위원 과반수의 찬성으로 의결한다(법 제89조 제6항).

(2) 분쟁위원회의 구성

① **구성원의 수**: 분쟁위원회는 위원장과 부위원장 각 1명을 포함한 15명 이내의 위원으로 구성한다(법 제89조 제1항).

② **위원, 위원장 및 부위원장**
  ㉠ 자격 및 선임(위촉)
    ⓐ 분쟁위원회의 위원은 건축이나 법률에 관한 학식과 경험이 풍부한 자로서 다음의 어느 하나에 해당하는 자 중에서 국토교통부장관이 임명하거나 위촉한다. 이 경우 다음의 iii)에 해당하는 자가 2명 이상 포함되어야 한다(법 제89조 제2항).

> i) 3급 상당 이상의 공무원으로 1년 이상 재직한 자
> ii) 「고등교육법」에 따른 대학에서 건축공학이나 법률학을 가르치는 조교수 이상의 직(職)에 3년 이상 재직한 자
> iii) 판사, 검사 또는 변호사의 직에 6년 이상 재직한 자
> iv) 「국가기술자격법」에 따른 건축분야기술사 또는 「건축사법」에 따라 건축사무소개설 신고를 하고 건축사(이하 '건축사'라 한다)로 6년 이상 종사한 자
> v) 건설공사나 건설업에 대한 학식과 경험이 풍부한 자로서 그 분야에 15년 이상 종사한 자

ⓑ 분쟁위원회의 위원장과 부위원장은 위원 중에서 국토교통부장관이 위촉한다(법 제89조 제4항).
ⓒ 임기 및 결격사유
   ⓐ 공무원이 아닌 위원의 임기는 3년으로 하되 연임할 수 있으며, 보궐위원의 임기는 전임자의 남은 임기로 한다(법 제89조 제5항).
   ⓑ 다음의 어느 하나에 해당하는 자는 분쟁위원회의 위원이 될 수 없다(법 제89조 제7항).

   > ⅰ) 피성년후견인, 피한정후견인 또는 파산선고를 받고 복권되지 아니한 자
   > ⅱ) 금고 이상의 실형을 선고받고 그 집행이 끝나거나(집행이 끝난 것으로 보는 경우를 포함) 집행이 면제된 날부터 2년이 지나지 아니한 자
   > ⅲ) 법원의 판결이나 법률에 따라 자격이 정지된 자

(3) 대리인 선임

① 당사자는 다음에 해당하는 자를 대리인으로 선임할 수 있다(법 제91조 제1항).

> ㉠ 당사자의 배우자, 직계존·비속 또는 형제자매
> ㉡ 당사자인 법인의 임직원
> ㉢ 변호사

② 대리인의 권한은 서면으로 소명하여야 한다(법 제91조 제3항).
③ 대리인은 다음의 행위를 하기 위하여는 당사자의 위임을 받아야 한다(법 제91조 제4항).

> ㉠ 신청의 철회
> ㉡ 조정안의 수락
> ㉢ 복대리인의 선임

2 분쟁의 조정 또는 재정

(1) 조정 등의 신청

① 건축물의 건축 등과 관련된 분쟁의 조정 또는 재정(이하 '조정 등'이라 한다)을 신청하려는 자는 관할 분쟁위원회에 조정 등의 신청서를 제출하여야 한다(법 제92조 제1항).
② 조정신청은 해당 사건의 당사자 중 1명 이상이 하며, 재정신청은 해당 사건 당사자 간의 합의로 한다. 다만, 분쟁위원회는 조정신청을 받으면 해당 사건의 모든 당사자에게 조정신청이 접수된 사실을 알려야 한다(법 제92조 제2항).
③ 분쟁위원회는 당사자의 조정신청을 받으면 60일 이내에, 재정신청을 받으면 120일 이내에 절차를 마쳐야 한다. 다만, 부득이한 사정이 있으면 분쟁위원회의 의결로 기간을 연장할 수 있다(법 제92조 제3항).

(2) 조정 등의 신청에 따른 공사중지

시·도지사 또는 시장·군수·구청장은 위해 방지를 위하여 긴급한 상황이거나 그 밖에 특별한 사유가 없으면 조정 등의 신청이 있다는 이유만으로 해당 공사를 중지하게 하여서는 아니 된다(법 제93조 제3항).

(3) 조정위원회 및 재정위원회

① 조정은 3명의 위원으로 구성되는 조정위원회에서 하고, 재정은 5명의 위원으로 구성되는 재정위원회에서 한다(법 제94조 제1항).
② 조정위원회의 위원(이하 '조정위원'이라 한다)과 재정위원회의 위원(이하 '재정위원'이라 한다)은 사건마다 분쟁위원회의 위원 중에서 위원장이 지명한다. 이 경우 재정위원회에는 판사, 검사 또는 변호사의 직에 6년 이상 재직한 자에 해당하는 위원이 1명 이상 포함되어야 한다(법 제94조 제2항).
③ 조정위원회와 재정위원회의 회의는 구성원 전원의 출석으로 열고 과반수의 찬성으로 의결한다(법 제94조 제3항).

(4) 분쟁의 조정

① **조사 및 의견청취**(법 제95조)
  ㉠ 조정위원회는 조정에 필요하다고 인정하면 조정위원 또는 사무국의 소속 직원에게 관계 서류를 열람하게 하거나 관계 사업장에 출입하여 조사하게 할 수 있다.
  ㉡ 조정위원회는 필요하다고 인정하면 당사자나 참고인을 조정위원회에 출석하게 하여 의견을 들을 수 있다.
  ㉢ 분쟁의 조정신청을 받은 조정위원회는 조정기간 내에 이를 심사하여 조정안을 작성하여야 한다.

② **조정의 효력**(법 제96조)
  ㉠ 조정위원회는 조정안을 작성하면 지체 없이 각 당사자에게 조정안을 제시하여야 한다.
  ㉡ 조정안을 제시받은 당사자는 제시를 받은 날부터 15일 이내에 수락 여부를 조정위원회에 알려야 한다.
  ㉢ 조정위원회는 당사자가 조정안을 수락하면 즉시 조정서를 작성하여야 하며, 조정위원과 각 당사자는 이에 기명날인하여야 한다.
  ㉣ 당사자가 조정안을 수락하고 조정서에 기명날인하면 조정서의 내용은 재판상 화해와 동일한 효력을 갖는다. 다만, 당사자가 임의로 처분할 수 없는 사항에 관한 것은 그러하지 아니하다.

(5) 분쟁의 재정
① 재정방법
㉠ 재정은 문서로써 하여야 하며, 재정 문서에는 다음의 사항을 적고 재정위원이 이에 기명날인하여야 한다(법 제97조 제1항).

> ⓐ 사건번호와 사건명
> ⓑ 당사자, 선정대표자, 대표당사자 및 대리인의 주소·성명
> ⓒ 주문(主文)
> ⓓ 신청 취지
> ⓔ 이유
> ⓕ 재정 날짜

㉡ 위 ㉠의 ⓔ에 따른 이유를 적을 때에는 주문의 내용이 정당하다는 것을 인정할 수 있는 한도에서 당사자의 주장 등을 표시하여야 한다(법 제97조 제2항).
㉢ 재정위원회는 재정을 하면 지체 없이 재정 문서의 정본(正本)을 당사자나 대리인에게 송달하여야 한다(법 제97조 제3항).

② 재정을 위한 조사권 등
㉠ 재정위원회는 분쟁의 재정을 위하여 필요하다고 인정하면 당사자의 신청이나 직권으로 재정위원 또는 소속 공무원에게 다음의 행위를 하게 할 수 있다(법 제98조 제1항).

> ⓐ 당사자나 참고인에 대한 출석 요구, 자문 및 진술 청취
> ⓑ 감정인의 출석 및 감정 요구
> ⓒ 사건과 관계있는 문서나 물건의 열람·복사·제출 요구 및 유치
> ⓓ 사건과 관계있는 장소의 출입·조사

㉡ 당사자는 조사 등에 참여할 수 있고, 재정위원회가 직권으로 조사 등을 한 경우에는 그 결과에 대하여 당사자의 의견을 들어야 한다(법 제98조 제2항·제3항).
㉢ 재정위원회는 당사자나 참고인에게 진술하게 하거나 감정인에게 감정하게 할 때에는 당사자나 참고인 또는 감정인에게 선서를 하도록 하여야 한다(법 제98조 제4항).
㉣ 사건과 관계있는 장소의 출입·조사 시 재정위원 또는 소속 공무원은 그 권한을 나타내는 증표를 지니고 이를 관계인에게 내보여야 한다(법 제98조 제5항).

③ **재정의 효력 및 시효의 중단**
  ㉠ 재정위원회가 재정을 한 경우 재정 문서의 정본이 당사자에게 송달된 날부터 60일 이내에 당사자 양쪽이나 어느 한쪽으로부터 그 재정의 대상인 건축물의 건축 등의 분쟁을 원인으로 하는 소송이 제기되지 아니하거나 그 소송이 철회되면 그 재정 내용은 재판상 화해와 동일한 효력을 갖는다. 다만, 당사자가 임의로 처분할 수 없는 사항에 관한 것은 그러하지 아니하다(법 제99조).
  ㉡ 당사자가 재정에 불복하여 소송을 제기한 경우 시효의 중단과 제소기간을 산정할 때에는 재정신청을 재판상의 청구로 본다(법 제100조).

(6) **비용부담**
  ① 분쟁의 조정 등을 위한 감정·진단·시험 등에 드는 비용은 당사자 간의 합의로 정하는 비율에 따라 당사자가 부담하여야 한다. 다만, 당사자 간에 비용부담에 대하여 합의가 되지 아니하면 조정위원회나 재정위원회에서 부담비율을 정한다(법 제102조 제1항).
  ② 조정위원회나 재정위원회는 필요하다고 인정하면 대통령령으로 정하는 바에 따라 당사자에게 비용을 예치하게 할 수 있다(법 제102조 제2항).

MEMO

제1장 총 칙
제2장 주택의 건설
제3장 주택의 공급
제4장 주택의 리모델링

PART

05

주택법

한눈에 보는 체계도

1 총 칙

1. 주 택

- **국민주택**: ① 국가·지방자치단체, 한국토지주택공사 또는 지방공사가 건설하는 주택 + 주거전용면적 $85m^2$(수도권을 제외한 도시지역이 아닌 읍 또는 면지역은 $100m^2$) 이하인 주택
  ② 국가·지방자치단체의 재정 또는 주택도시기금으로부터 자금을 지원받아 건설되거나 개량되는 주택 + 주거전용면적 $85m^2$(수도권을 제외한 도시지역이 아닌 읍 또는 면지역은 $100m^2$) 이하인 주택
- **도시형 생활주택**: 300세대 미만 + 국민주택규모 + 도시지역에 건설하는 주택
- **준주택**: 기숙사, 다중생활시설, 노인복지주택, 오피스텔

2. 용어 정의

- **부대시설**: 주차장, 관리사무소, 담장 및 주택단지 안의 도로, 건축설비
- **복리시설**: 어린이놀이터, 근린생활시설, 유치원, 주민운동시설, 경로당
- **공공택지**: 공공사업 + 공동주택 건설용지
- **주택단지**: 주택과 부대시설 및 복리시설을 건설하거나 대지를 조성하는 데 사용되는 일단의 토지
- **리모델링**: 건축물의 노후화 억제 또는 기능향상(대수선 또는 증축)

2 주택의 건설

1. 사업주체

- **공공사업주체**: 국가, 지방자치단체, 한국토지주택공사, 지방공사
- **민간사업주체**: [등록사업자] 연간 단독주택 20호, 공동주택 20세대 이상을 건설하거나 연간 1만m^2 이상의 대지조성사업을 하려는 자 ⇨ 국토교통부장관에게 등록
  [주택조합] 지역주택조합, 직장주택조합, 리모델링주택조합

2. 건설자금

- **주택상환사채**: [발행권자] 한국토지주택공사와 등록사업자
  [발행방법] 기명증권(양도금지)
  [상환기간] 3년을 초과할 수 없다.
  [효력] 등록사업자의 등록이 말소된 경우에도 효력에는 영향을 미치지 않는다.
- **국민주택사업특별회계**: 지방자치단체가 국민주택사업을 시행하기 위하여 설치·운용(의무)
- **입주자저축증서**: 주택청약종합저축

3 주택의 공급

주 택

- **주택의 분양가격 제한**: [분양가상한제 적용주택] 공공택지에서 건설·공급되는 공동주택, 공공택지 외의 택지로서 주택가격 상승우려가 있어 국토교통부장관이 주거정책심의위원회의 심의를 거쳐 지정하는 지역에서 공급하는 공동주택
  [분양가공시의무] ① 공공택지: 사업주체
  　　　　　　　　② 공공택지 외의 택지: 시장·군수·구청장
- **저당권설정 제한**: [제한대상] 입주자모집공고 승인신청일(주택조합의 경우에는 사업계획승인신청일)부터 소유권이전등기를 신청할 수 있는 날 이후 60일까지 금지
  [부기등기] ┬ 대지: 입주자모집공고 승인신청과 동시
  　　　　　└ 주택: 소유권보존등기와 동시
- **전매제한**: [전매제한 대상] 투기과열지구에서 건설·공급되는 주택, 조정대상지역에서 건설·공급되는 주택, 분양가상한제 적용주택, 공공택지 외의 택지에 건설·공급하는 주택, 「도시 및 주거환경정비법」에 따른 공공재개발사업에서 건설·공급되는 주택, 토지임대부 분양주택
  [전매제한 특례] ┬ 세대원의 근무·생업 + 세대원 전원 + 다른 광역시, 특별자치시, 특별자치도, 시 또는 군으로 이전(수도권 안에서의 이전은 제외)
  　　　　　　　├ 상속 + 세대원 전원이 이전하는 경우
  　　　　　　　├ 세대원 전원이 해외로 이주 또는 2년 이상 체류
  　　　　　　　├ 이혼 + 배우자에게 이전
  　　　　　　　├ 입주자로 선정된 지위 또는 주택의 일부를 배우자에게 증여
  　　　　　　　├ 주택의 소유자가 국가·지방자치단체 및 금융기관에 대한 채무를 이행하지 못하여 경매 또는 공매가 시행되는 경우
  　　　　　　　└ 실직·파산 또는 신용불량으로 경제적 어려움이 발생한 경우
- **공급질서 교란금지**: [공급질서 교란행위] 주택을 공급받을 수 있는 증서나 지위를 양도·양수 또는 알선·광고하는 행위(상속·저당은 제외)
  [금지대상] ┬ 주택을 공급받을 수 있는 조합원의 지위
  　　　　　├ 주택상환사채
  　　　　　├ 입주자저축증서
  　　　　　├ 시장·군수 또는 구청장이 발행한 무허가건물확인서
  　　　　　└ 공공사업의 시행으로 인한 이주대책에 의하여 주택을 공급받을 수 있는 지위

Part 05 주택법

단원열기 주택법은 개정이 자주 있으므로 논점 중심으로 정리하여야 한다. 주택의 분류, 국민주택 등의 용어 정의, 부대시설, 복리시설, 도시형 생활주택 등이 주요 논점이다. 지역주택조합·직장주택조합·리모델링주택조합의 차이점 구별, 주택건설대지의 소유권 확보, 매도청구, 저당권 등 설정 제한, 전매행위의 예외적 인정사유, 주택공급질서 교란금지, 주택상환사채 등을 정리하여야 한다.

제1장 총 칙

01 제정목적

이 법은 쾌적하고 살기 좋은 주거환경 조성에 필요한 주택의 건설·공급 및 주택시장의 관리 등에 관한 사항을 정함으로써 국민의 주거안정과 주거수준의 향상에 이바지함을 목적으로 한다(법 제1조).

02 용어의 정의 제27회, 제28회, 제29회, 제30회, 제31회, 제32회, 제33회, 제34회, 제35회

1 주 택

1. 주택의 정의

주택이란 세대의 구성원이 장기간 독립된 주거생활을 할 수 있는 구조로 된 건축물의 전부 또는 일부 및 그 부속토지를 말하며, 이를 단독주택과 공동주택으로 구분한다(법 제2조 제1호).

2. 주택의 종류

(1) **단독주택**

단독주택이란 1세대가 하나의 건축물 안에서 독립된 주거생활을 할 수 있는 구조로 된 주택을 말하며, 그 종류와 범위는 다음과 같다(법 제2조 제2호, 영 제2조).

> ① 「건축법 시행령」 [별표 1] 제1호 가목에 따른 단독주택
> ② 「건축법 시행령」 [별표 1] 제1호 나목에 따른 다중주택
> ③ 「건축법 시행령」 [별표 1] 제1호 다목에 따른 다가구주택

(2) **공동주택**

공동주택이란 건축물의 벽·복도·계단이나 그 밖의 설비 등의 전부 또는 일부를 공동으로 사용하는 각 세대가 하나의 건축물 안에서 각각 독립된 주거생활을 할 수 있는 구조로 된 주택을 말하며, 그 종류와 범위는 다음과 같다(법 제2조 제3호, 영 제3조 제1항).

아파트	주택으로 쓰는 층수가 5개 층 이상인 주택
연립주택	주택으로 쓰는 1개 동의 바닥면적의 합계가 660㎡를 초과하고 층수가 4개 층 이하인 주택(2개 이상의 동을 지하주차장으로 연결하는 경우에는 각각의 동으로 본다)
다세대주택	주택으로 쓰는 1개 동의 바닥면적의 합계가 660㎡ 이하이고 층수가 4개 층 이하인 주택(2개 이상의 동을 지하주차장으로 연결하는 경우에는 각각의 동으로 본다)

(3) **세대구분형 공동주택**

① **의의**: 세대구분형 공동주택이란 공동주택의 주택 내부 공간의 일부를 세대별로 구분하여 생활이 가능한 구조로 하되, 그 구분된 공간 일부에 대하여 구분소유를 할 수 없는 주택으로서 대통령령으로 정하는 건설기준, 설치기준, 면적기준 등에 적합한 주택을 말한다(법 제2조 제19호, 영 제9조).

> ㉠ 사업계획의 승인을 받아 건설하는 공동주택의 경우: 다음의 요건을 모두 충족할 것
> ⓐ 세대별로 구분된 각각의 공간마다 별도의 욕실, 부엌과 현관을 설치할 것
> ⓑ 하나의 세대가 통합하여 사용할 수 있도록 세대 간에 연결문 또는 경량구조의 경계벽 등을 설치할 것
> ⓒ 세대구분형 공동주택의 세대수가 해당 주택단지 안의 공동주택 전체 세대수의 3분의 1을 넘지 않을 것
> ⓓ 세대별로 구분된 각각의 공간의 주거전용면적(주거의 용도로만 쓰이는 면적으로서 법 제2조 제6호 후단에 따른 방법으로 산정된 것을 말한다. 이하 같다) 합계가 해당 주택단지 전체 주거전용면적 합계의 3분의 1을 넘지 않는 등 국토교통부장관이 정하여 고시하는 주거전용면적의 비율에 관한 기준을 충족할 것
> ㉡ 공동주택관리법 제35조에 따른 행위의 허가를 받거나 신고를 하고 설치하는 공동주택의 경우: 다음의 요건을 모두 충족할 것
> ⓐ 구분된 공간의 세대수는 기존 세대를 포함하여 2세대 이하일 것
> ⓑ 세대별로 구분된 각각의 공간마다 별도의 욕실, 부엌과 구분 출입문을 설치할 것
> ⓒ 세대구분형 공동주택의 세대수가 해당 주택단지 안의 공동주택 전체 세대수의 10분의 1과 해당 동의 전체 세대수의 3분의 1을 각각 넘지 않을 것. 다만, 관할 특별자치시장, 특별자치도지사, 시장, 군수 또는 구청장(구청장은 자치구의 구청장을 말하며, 이하 "시장·군수·구청장"이라 한다)이 부대시설의 규모 등 해당 주택단지의 여건을 고려하여 인정하는 범위에서 세대수의 기준을 넘을 수 있다.
> ⓓ 구조, 화재, 소방 및 피난안전 등 관계 법령에서 정하는 안전 기준을 충족할 것

② **세대구분형 공동주택의 세대수 산정**: 건설 또는 설치되는 주택과 관련하여 주택건설기준 등을 적용하는 경우 세대구분형 공동주택의 세대수는 그 구분된 공간의 세대에 관계없이 하나의 세대로 산정한다(영 제9조 제2항).

(4) 건설자금에 따른 분류

① **국민주택**: 다음의 어느 하나에 해당하는 주택으로서 국민주택규모 이하인 주택을 말한다(법 제2조 제5호).

> ㉠ 국가·지방자치단체, 「한국토지주택공사법」에 따른 한국토지주택공사(이하 '한국토지주택공사'라 한다) 또는 「지방공기업법」에 따라 주택사업을 목적으로 설립된 지방공사가 건설하는 주택
> ㉡ 국가·지방자치단체의 재정 또는 「주택도시기금법」에 따른 주택도시기금으로부터 자금을 지원받아 건설되거나 개량되는 주택

② **민영주택**: 국민주택을 제외한 주택을 말한다(법 제2조 제7호).

3. 도시형 생활주택

(1) 도시형 생활주택의 종류

도시형 생활주택이란 300세대 미만의 국민주택규모에 해당하는 주택으로서 「국토의 계획 및 이용에 관한 법률」에 따른 도시지역에 건설하는 다음의 주택을 말한다(법 제2조 제20호, 영 제10조 제1항).

① **아파트형 주택**: 다음의 요건을 모두 갖춘 아파트

> ㉠ 세대별로 독립된 주거가 가능하도록 욕실 및 부엌을 설치할 것
> ㉡ 지하층에는 세대를 설치하지 아니할 것

② **단지형 연립주택**: 연립주택. 다만, 「건축법」에 따른 건축위원회의 심의를 받은 경우에는 주택으로 쓰는 층수를 5개 층까지 건축할 수 있다.

③ **단지형 다세대주택**: 다세대주택. 다만, 「건축법」에 따른 건축위원회의 심의를 받은 경우에는 주택으로 쓰는 층수를 5개 층까지 건축할 수 있다.

(2) 공동건축의 제한

하나의 건축물에는 도시형 생활주택과 그 밖의 주택을 함께 건축할 수 없다. 다만, 다음의 경우는 예외로 한다(영 제10조 제2항).

> ① 도시형 생활주택과 주거전용면적이 $85m^2$를 초과하는 주택 1세대를 함께 건축하는 경우
> ② 「국토의 계획 및 이용에 관한 법률 시행령」에 따른 준주거지역 또는 상업지역에서 아파트형 주택과 도시형 생활주택 외의 주택을 함께 건축하는 경우

4. 준주택

준주택이란 주택 외의 건축물과 그 부속토지로서 주거시설로 이용가능한 시설 등을 말하며, 그 범위와 종류는 다음과 같다(법 제2조 제4호, 영 제4조).

① 「건축법 시행령」에 따른 기숙사
② 「건축법 시행령」에 따른 다중생활시설
③ 「건축법 시행령」에 따른 노인복지시설 중 「노인복지법」의 노인복지주택
④ 「건축법 시행령」에 따른 오피스텔

2 부대시설·복리시설·간선시설

(1) 부대시설

부대시설이란 주택에 딸린 다음의 시설 또는 설비를 말한다(법 제2조 제13호).

① 주차장, 관리사무소, 담장 및 주택단지 안의 도로
② 「건축법」에 따른 건축설비
③ 위 ① 및 ②의 시설·설비에 준하는 것으로서 대통령령으로 정하는 시설 또는 설비

(2) 복리시설

복리시설이란 주택단지의 입주자 등의 생활복리를 위한 다음의 공동시설을 말한다(법 제2조 제14호).

① 어린이놀이터, 근린생활시설, 유치원, 주민운동시설 및 경로당
② 그 밖에 입주자 등의 생활복리를 위하여 대통령령으로 정하는 공동시설

(3) 기간시설

기간시설(基幹施設)이란 도로·상하수도·전기시설·가스시설·통신시설·지역난방시설 등을 말한다(법 제2조 제16호).

(4) 간선시설

간선시설이란 도로·상하수도·전기시설·가스시설·통신시설 및 지역난방시설 등 주택단지(둘 이상의 주택단지를 동시에 개발하는 경우에는 각각의 주택단지를 말한다) 안의 기간시설을 그 주택단지 밖에 있는 같은 종류의 기간시설에 연결시키는 시설을 말한다. 다만, 가스시설·통신시설 및 지역난방시설의 경우에는 주택단지 안의 기간시설을 포함한다(법 제2조 제17호).

3 공공택지

공공택지란 다음의 어느 하나에 해당하는 공공사업에 의하여 개발·조성되는 공동주택이 건설되는 용지를 말한다(법 제2조 제24호).

① 국민주택건설사업 또는 대지조성사업
② 「택지개발촉진법」에 따른 택지개발사업. 다만, 같은 법에 따른 주택건설 등 사업자가 같은 법 제12조 제5항에 따라 활용하는 택지는 제외한다.
③ 「산업입지 및 개발에 관한 법률」에 따른 산업단지개발사업
④ 「공공주택 특별법」에 따른 공공주택지구조성사업
⑤ 「민간임대주택에 관한 특별법」에 따른 공공지원민간임대주택 공급촉진지구 조성사업(수용 또는 사용의 방식으로 시행하는 사업만 해당)
⑥ 「도시개발법」에 따른 도시개발사업(공공사업시행자가 수용 또는 사용의 방식으로 시행하는 사업과 혼용방식 중 수용 또는 사용의 방식이 적용되는 구역에서 시행하는 사업만 해당)
⑦ 「경제자유구역의 지정 및 운영에 관한 특별법」에 따른 경제자유구역개발사업(수용 또는 사용의 방식으로 시행하는 사업과 혼용방식 중 수용 또는 사용의 방식이 적용되는 구역에서 시행하는 사업만 해당)
⑧ 「혁신도시 조성 및 발전에 관한 특별법」에 따른 혁신도시개발사업
⑨ 「신행정수도 후속대책을 위한 연기·공주지역 행정중심복합도시 건설을 위한 특별법」에 따른 행정중심복합도시건설사업
⑩ 「공익사업을 위한 토지 등의 취득 및 보상에 관한 법률」에 따른 공익사업으로서 대통령령으로 정하는 사업

4 주택단지

주택단지란 주택건설사업계획 또는 대지조성사업계획의 승인을 받아 주택과 그 부대시설 및 복리시설을 건설하거나 대지를 조성하는 데 사용되는 일단의 토지를 말한다. 다만, 다음의 시설로 분리된 토지는 각각 별개의 주택단지로 본다(법 제2조 제12호).

① 철도·고속도로·자동차전용도로
② 폭 20m 이상인 일반도로
③ 폭 8m 이상인 도시계획예정도로
④ 위 ①~③의 시설에 준하는 것으로서 대통령령으로 정하는 시설(도로법에 따른 일반국도·특별시도·광역시도 또는 지방도)

5 사업주체

사업주체란 주택건설사업계획 또는 대지조성사업계획의 승인을 받아 그 사업을 시행하는 다음의 자를 말한다(법 제2조 제10호).

① 국가·지방자치단체
② 한국토지주택공사 또는 지방공사
③ 등록한 주택건설사업자 또는 대지조성사업자
④ 그 밖에 이 법에 따라 주택건설사업 또는 대지조성사업을 시행하는 자

6 입주자 등

(1) 입주자

다음의 구분에 따른 자를 말한다(법 제2조 제27호).

① 주택을 공급받는 자
② 주택의 소유자 또는 그 소유자를 대리하는 배우자 및 직계존비속(直系尊卑屬)

(2) 사용자

「공동주택관리법」 제2조 제6호에 따른 사용자를 말한다(법 제2조 제28호).

(3) 관리주체

「공동주택관리법」 제2조 제10호에 따른 관리주체를 말한다(법 제2조 제29호).

7 리모델링

리모델링이란 건축물의 노후화 억제 또는 기능 향상 등을 위한 다음의 어느 하나에 해당하는 행위를 말한다(법 제2조 제25호).

(1) 대수선(大修繕)

(2) 사용검사일(주택단지 안의 공동주택 전부에 대하여 임시사용승인을 받은 경우에는 그 임시사용승인일을 말한다) 또는 「건축법」에 따른 사용승인일부터 15년[15년 이상 20년 미만의 연수 중 특별시·광역시·특별자치시·도 또는 특별자치도(이하 '시·도'라 한다)의 조례로 정하는 경우에는 그 연수로 한다]이 지난 공동주택을 각 세대의 주거전용면적[건축법에 따른 건축물대장 중 집합건축물대장의 전유부분(專有部分)의 면적을 말한다]의 30% 이내(세대의 주거전용면적이 85m^2 미만인 경우에는 40% 이내)에서 증축하는 행위. 이 경우 공동주택의 기능향상 등을 위하여 공용부분에 대하여도 별도로 증축할 수 있다.

(3) 위 (2)에 따른 각 세대의 증축 가능 면적을 합산한 면적의 범위에서 기존 세대수의 15% 이내에서 세대수를 증가하는 증축 행위(이하 '세대수 증가형 리모델링'이라 한다). 다만, 수직으로 증축하는 행위(이하 '수직증축형 리모델링'이라 한다)는 다음의 요건을 모두 충족하는 경우로 한정한다.

① **최대 3개층 이하로서 대통령령으로 정하는 다음의 요건을 갖출 것**

> ㉠ 수직으로 증축하는 행위의 대상이 되는 기존 건축물의 층수가 15층 이상인 경우: 3개층
> ㉡ 수직증축형 리모델링의 대상이 되는 기존 건축물의 층수가 14층 이하인 경우: 2개층

② 리모델링 대상 건축물의 구조도 보유 등 대통령령으로 정하는 요건을 갖출 것

8 에너지절약형 친환경주택 등

(1) **에너지절약형 친환경주택**

저에너지 건물 조성기술 등 대통령령으로 정하는 기술을 이용하여 에너지 사용량을 절감하거나 이산화탄소 배출량을 저감할 수 있도록 건설된 주택을 말하며, 그 종류와 범위는 대통령령으로 정한다(법 제2조 제21호).

(2) **건강친화형 주택**

건강하고 쾌적한 실내환경의 조성을 위하여 실내공기의 오염물질 등을 최소화할 수 있도록 대통령령으로 정하는 기준에 따라 건설된 주택을 말한다(법 제2조 제22호).

(3) **장수명 주택**

구조적으로 오랫동안 유지·관리될 수 있는 내구성을 갖추고, 입주자의 필요에 따라 내부 구조를 쉽게 변경할 수 있는 가변성과 수리 용이성 등이 우수한 주택을 말한다(법 제2조 제23호).

9 공 구

공구란 하나의 주택단지에서 대통령령으로 정하는 기준에 따라 둘 이상으로 구분되는 일단의 구역으로, 착공신고 및 사용검사를 별도로 수행할 수 있는 다음의 기준을 모두 충족한 구역을 말한다(법 제2조 제18호, 영 제8조).

(1) 다음의 어느 하나에 해당하는 시설을 설치하거나 공간을 조성하여 6m 이상의 너비로 공구 간 경계를 설정할 것

> ① 「주택건설기준 등에 관한 규정」에 따른 주택단지 안의 도로
> ② 주택단지 안의 지상에 설치되는 부설주차장
> ③ 주택단지 안의 옹벽 또는 축대
> ④ 식재, 조경이 된 녹지
> ⑤ 그 밖에 어린이놀이터 등 부대시설이나 복리시설로서 사업계획승인권자가 적합하다고 인정하는 시설

(2) 공구별 세대수는 300세대 이상으로 할 것

제2장 주택의 건설

01 사업주체

1 사업주체의 종류

사업주체란 주택건설사업계획 또는 대지조성사업계획의 승인을 받아 그 사업을 시행하는 다음의 자를 말한다(법 제2조 제10호).

공공사업주체	1. 국가
	2. 지방자치단체
	3. 한국토지주택공사
	4. 지방공사
민간사업주체	5. 등록한 주택건설사업자 또는 대지조성사업자(등록사업자)
	6. 주택건설사업을 목적으로 설립된 공익법인
	7. 주택조합
	8. 고용자
	9. 토지소유자

2 등록사업자 제26회, 제31회

(1) 주택건설사업의 등록

연간 단독주택의 경우에는 20호, 공동주택의 경우에는 20세대[도시형 생활주택의 경우(주거전용면적이 85m²를 초과하는 주택 1세대를 함께 건축하는 경우를 포함)에는 30세대] 이상의 주택건설사업을 시행하려는 자 또는 연간 1만m² 이상의 대지조성사업을 시행하려는 자는 국토교통부장관에게 등록하여야 한다. 다만, 다음의 사업주체의 경우에는 그러하지 아니하다(법 제4조 제1항, 영 제14조 제1항·제2항).

> ① 국가·지방자치단체
> ② 한국토지주택공사
> ③ 지방공사
> ④ 「공익법인의 설립·운영에 관한 법률」에 따라 주택건설사업을 목적으로 설립된 공익법인(이하 '공익법인'이라 한다)
> ⑤ 주택조합(법 제5조 제2항에 따라 등록사업자와 공동으로 주택건설사업을 하는 주택조합만 해당)
> ⑥ 근로자를 고용하는 자(등록사업자와 공동으로 주택건설사업을 시행하는 고용자만 해당하며, 이하 '고용자'라 한다)

(2) 등록요건

주택건설사업 또는 대지조성사업의 등록을 하려는 자는 다음의 요건을 갖추어야 한다(영 제14조 제3항).

① **자본금** 3억원(개인인 경우에는 자산평가액 6억원) 이상

② **다음의 구분에 따른 기술인력**

> ㉠ 주택건설사업: 「건설기술 진흥법 시행령」에 따른 건축 분야 기술인 1명 이상
> ㉡ 대지조성사업: 「건설기술 진흥법 시행령」에 따른 토목 분야 기술인 1명 이상

③ **사무실 면적**: 사업의 수행에 필요한 사무 장비를 갖출 수 있는 면적

(3) 등록사업자의 결격사유

다음의 어느 하나에 해당하는 자는 주택건설사업 등의 등록을 할 수 없다(법 제6조).

> ① 미성년자·피성년후견인 또는 피한정후견인
> ② 파산선고를 받은 자로서 복권되지 아니한 자
> ③ 「부정수표 단속법」 또는 이 법을 위반하여 금고 이상의 실형을 선고받고 그 집행이 끝나거나(집행이 끝난 것으로 보는 경우를 포함) 집행이 면제된 날부터 2년이 지나지 아니한 자

④ 「부정수표 단속법」 또는 이 법을 위반하여 금고 이상의 형의 집행유예를 선고받고 그 유예기간 중에 있는 자
⑤ 등록이 말소(위 ① 및 ②에 해당하여 말소된 경우는 제외)된 후 2년이 지나지 아니한 자
⑥ 임원 중에 위 ①부터 ⑤까지의 규정 중 어느 하나에 해당하는 자가 있는 법인

(4) 등록사업자의 시공

등록사업자가 사업계획승인(건축법에 따른 공동주택건축허가를 포함)을 받아 분양 또는 임대를 목적으로 주택을 건설하는 경우로서 그 기술능력, 주택건설 실적 및 주택규모 등이 다음에서 정하는 기준에 해당하는 경우에는 그 등록사업자를 「건설산업기본법」에 따른 건설사업자로 보며 주택건설공사를 시공할 수 있다(법 제7조 제1항, 영 제17조 제1항).

① 자본금 5억원(개인인 경우에는 자산평가액 10억원) 이상일 것
② 「건설기술 진흥법 시행령」에 따른 건축 분야 및 토목 분야 기술인 3명 이상을 보유하고 있을 것. 이 경우 「건설기술 진흥법 시행령」에 따른 건설기술인으로서 다음에 해당하는 건설기술인 각 1명이 포함되어야 한다.
 ㉠ 건축시공 기술사 또는 건축기사
 ㉡ 토목 분야 기술인
③ 최근 5년간의 주택건설실적 100호 또는 100세대 이상일 것

(5) 주택건설사업의 등록말소 등

국토교통부장관은 등록사업자가 다음의 어느 하나에 해당하면 그 등록을 말소하거나 1년 이내의 기간을 정하여 영업의 정지를 명할 수 있다. 다만, 다음의 ① 또는 ⑤에 해당하는 경우에는 그 등록을 말소하여야 한다(법 제8조 제1항).

① 거짓이나 그 밖의 부정한 방법으로 등록한 경우
② 등록기준에 미달하게 된 경우. 다만, 「채무자 회생 및 파산에 관한 법률」에 따라 법원이 회생절차개시의 결정을 하고 그 절차가 진행 중이거나 일시적으로 등록기준에 미달하는 등 대통령령으로 정하는 경우는 예외로 한다.
③ 고의 또는 과실로 공사를 잘못 시공하여 공중(公衆)에게 위해(危害)를 끼치거나 입주자에게 재산상 손해를 입힌 경우
④ 위 (3)의 ①부터 ④까지 또는 ⑥ 중 어느 하나에 해당하게 된 경우. 다만, 법인의 임원 중 위 (3)의 ⑥에 해당하는 사람이 있는 경우 6개월 이내에 그 임원을 다른 사람으로 임명한 경우에는 그러하지 아니하다.
⑤ 등록증의 대여 등을 한 경우

⑥ 등록증의 대여 등 금지를 위반하여 등록증을 빌리거나 허락 없이 등록사업자의 성명 또는 상호로 이 법에서 정한 사업이나 업무를 수행 또는 시공한 경우
⑦ 등록증의 대여 등 금지를 위반하여 이 법에서 정한 사업이나 업무를 수행 또는 시공하기 위하여 같은 조 제2항의 행위를 교사하거나 방조한 경우
⑧ 다음의 어느 하나에 해당하는 경우
  ㉠ 「건설기술 진흥법」에 따른 시공상세도면의 작성 의무를 위반하거나 건설사업관리를 수행하는 건설기술인 또는 공사감독자의 검토·확인을 받지 아니하고 시공한 경우
  ㉡ 「건설기술 진흥법」에 따른 시정명령을 이행하지 아니한 경우
  ㉢ 「건설기술 진흥법」에 따른 품질시험 및 검사를 하지 아니한 경우
  ㉣ 「건설기술 진흥법」에 따른 안전점검을 하지 아니한 경우
⑨ 「택지개발촉진법」을 위반하여 택지를 전매(轉賣)한 경우
⑩ 「표시·광고의 공정화에 관한 법률」에 따른 처벌을 받은 경우
⑪ 「약관의 규제에 관한 법률」에 따른 처분을 받은 경우
⑫ 그 밖에 이 법 또는 이 법에 따른 명령이나 처분을 위반한 경우

(6) 등록말소 등을 받은 자의 사업수행

등록말소 또는 영업정지 처분을 받은 등록사업자는 그 처분 전에 제15조에 따른 사업계획승인을 받은 사업은 계속 수행할 수 있다. 다만, 등록말소 처분을 받은 등록사업자가 그 사업을 계속 수행할 수 없는 중대하고 명백한 사유가 있을 경우에는 그러하지 아니하다(법 제9조).

(7) 영업실적 등의 제출

① **영업실적 등의 제출**: 등록사업자는 국토교통부령으로 정하는 바에 따라 매년 영업실적(개인인 사업자가 해당 사업에 1년 이상 사용한 사업용 자산을 현물출자하여 법인을 설립한 경우에는 그 개인인 사업자의 영업실적을 포함한 실적을 말하며, 등록말소 후 다시 등록한 경우에는 다시 등록한 이후의 실적을 말한다)과 영업계획 및 기술인력 보유 현황을 국토교통부장관에게 제출하여야 한다(법 제10조 제1항).

② **주택분양계획 등의 제출**: 등록사업자는 국토교통부령으로 정하는 바에 따라 월별 주택분양계획 및 분양 실적을 국토교통부장관에게 제출하여야 한다(법 제10조 제2항).

3 공동사업주체

(1) 토지소유자 + 등록사업자(임의적)

토지소유자가 주택을 건설하는 경우에는 등록사업자와 공동으로 사업을 시행할 수 있다. 이 경우 토지소유자와 등록사업자를 공동사업주체로 본다(법 제5조 제1항).

(2) 주택조합 + 등록사업자(임의적)

주택조합(세대수를 증가하지 아니하는 리모델링주택조합은 제외)이 그 구성원의 주택을 건설하는 경우에는 대통령령으로 정하는 바에 따라 등록사업자(지방자치단체·한국토지주택공사 및 지방공사를 포함)와 공동으로 사업을 시행할 수 있다. 이 경우 주택조합과 등록사업자를 공동사업주체로 본다(법 제5조 제2항).

(3) 고용자 + 등록사업자(필수적)

고용자가 그 근로자의 주택을 건설하는 경우에는 대통령령으로 정하는 바에 따라 등록사업자와 공동으로 사업을 시행하여야 한다. 이 경우 고용자와 등록사업자를 공동사업주체로 본다(법 제5조 제3항).

4 주택조합 제24회, 제25회, 제26회, 제27회, 제28회, 제29회, 제30회, 제31회, 제34회, 제36회

(1) 주택조합의 의의

주택조합이란 많은 수의 구성원이 사업계획의 승인을 받아 주택을 마련하거나 리모델링하기 위하여 결성하는 다음의 조합을 말한다(법 제2조 제11호).

(2) 주택조합의 종류

지역주택조합	다음의 구분에 따른 지역에 거주하는 주민이 주택을 마련하기 위하여 설립한 조합 ① 서울특별시·인천광역시 및 경기도 ② 대전광역시·충청남도 및 세종특별자치시 ③ 충청북도 ④ 광주광역시 및 전라남도 ⑤ 전북특별자치도 ⑥ 대구광역시 및 경상북도 ⑦ 부산광역시·울산광역시 및 경상남도 ⑧ 강원특별자치도 ⑨ 제주특별자치도
직장주택조합	같은 직장의 근로자가 주택을 마련하기 위하여 설립한 조합
리모델링주택조합	공동주택의 소유자가 그 주택을 리모델링하기 위하여 설립한 조합

(3) **주택조합의 설립절차**

① **조합설립의 인가**: 많은 수의 구성원이 주택을 마련하거나 리모델링하기 위하여 주택조합을 설립하려는 경우(신고대상 직장주택조합의 경우는 제외)에는 관할 특별자치시장, 특별자치도지사, 시장, 군수 또는 구청장(구청장은 자치구의 구청장을 말하며, 이하 '시장·군수·구청장'이라 한다)의 인가를 받아야 한다. 인가받은 내용을 변경하거나 주택조합을 해산하려는 경우에도 또한 같다(법 제11조 제1항).

② **지역·직장주택조합**: 주택조합설립인가를 받으려는 자는 다음의 요건을 모두 갖추어야 한다. 다만, 위 ①의 후단(변경 또는 해산)의 경우에는 그러하지 아니하다(법 제11조 제2항).

> ㉠ 해당 주택건설대지의 80% 이상에 해당하는 토지의 사용권원을 확보할 것
> ㉡ 해당 주택건설대지의 15% 이상에 해당하는 토지의 소유권을 확보할 것

넓혀 보기

지역·직장주택조합 설립인가신청 시 제출서류(영 제20조 제1항 제1호)
1. 창립총회 회의록
2. 조합장선출동의서
3. 조합원 전원이 자필로 연명(連名)한 조합규약
4. 조합원 명부
5. 사업계획서
6. 해당 주택건설대지의 80% 이상에 해당하는 토지의 사용권원을 확보하였음을 증명하는 서류
7. 해당 주택건설대지의 15% 이상에 해당하는 토지의 소유권을 확보하였음을 증명하는 서류
8. 고용자가 확인한 근무확인서(직장주택조합의 경우만 해당)
9. 조합원 자격이 있는 자임을 확인하는 서류

③ **리모델링주택조합**: 주택을 리모델링하기 위하여 주택조합을 설립하려는 경우에는 다음의 구분에 따른 구분소유자(집합건물의 소유 및 관리에 관한 법률에 따른 구분소유자를 말한다. 이하 같다)와 의결권(집합건물의 소유 및 관리에 관한 법률에 따른 의결권을 말한다. 이하 같다)의 결의를 증명하는 서류를 첨부하여 관할 시장·군수·구청장의 인가를 받아야 한다(법 제11조 제3항).

> ㉠ 주택단지 전체를 리모델링하고자 하는 경우에는 주택단지 전체 구분소유자와 의결권의 각 3분의 2 이상의 결의 및 각 동의 구분소유자와 의결권의 각 과반수의 결의
> ㉡ 동을 리모델링하고자 하는 경우에는 그 동의 구분소유자 및 의결권의 각 3분의 2 이상의 결의

④ **등록사업자의 손해배상**: 주택조합과 등록사업자가 공동으로 사업을 시행하면서 시공할 경우 등록사업자는 시공자로서의 책임뿐만 아니라 자신의 귀책사유로 사업 추진이 불가능하게 되거나 지연됨으로 인하여 조합원에게 입힌 손해를 배상할 책임이 있다(법 제11조 제4항).

⑤ **조합설립의 신고**: 국민주택을 공급받기 위하여 직장주택조합을 설립하려는 자는 관할 시장·군수·구청장에게 신고하여야 한다. 신고한 내용을 변경하거나 직장주택조합을 해산하려는 경우에도 또한 같다(법 제11조 제5항).

⑥ **주택의 우선공급**: 주택조합(리모델링주택조합은 제외)은 그 구성원을 위하여 건설하는 주택을 그 조합원에게 우선 공급할 수 있으며, 신고하고 설립한 직장주택조합에 대하여는 사업주체가 국민주택을 그 직장주택조합원에게 우선 공급할 수 있다(법 제11조 제6항).

⑦ **조합원의 탈퇴**: 조합원은 조합규약으로 정하는 바에 따라 조합에 탈퇴 의사를 알리고 탈퇴할 수 있다(법 제11조 제8항).

⑧ **환급청구**: 탈퇴한 조합원(제명된 조합원을 포함)은 조합규약으로 정하는 바에 따라 부담한 비용의 환급을 청구할 수 있다(법 제11조 제9항).

(4) 조합원의 수 등

① **조합원의 수**: 주택조합(리모델링주택조합은 제외)은 주택조합 설립인가를 받는 날부터 사용검사를 받는 날까지 계속하여 다음의 요건을 모두 충족해야 한다(영 제20조 제7항).

> ㉠ 주택건설예정세대수(설립인가 당시의 사업계획서상 주택건설예정세대수를 말하되, 임대주택으로 건설·공급하는 세대수는 제외한다. 이하 같다)의 50% 이상의 조합원으로 구성할 것. 다만, 사업계획승인 등의 과정에서 세대수가 변경된 경우에는 변경된 세대수를 기준으로 한다.
> ㉡ 조합원은 20명 이상일 것

② **동의의 승계**: 리모델링주택조합의 설립에 동의한 자로부터 건축물을 취득한 자는 리모델링주택조합의 설립에 동의한 것으로 본다(영 제20조 제8항).

③ **의결요건**: 총회의 의결을 하는 경우에는 조합원의 100분의 10 이상이 직접 출석하여야 한다. 다만, 창립총회 또는 국토교통부령으로 정하는 다음의 사항을 의결하는 총회의 경우에는 조합원의 100분의 20 이상이 직접 출석하여야 한다(영 제20조 제4항).

> ㉠ 조합규약(영 제20조 제2항 각 호의 사항만 해당한다)의 변경
> ㉡ 자금의 차입과 그 방법·이자율 및 상환방법
> ㉢ 예산으로 정한 사항 외에 조합원에게 부담이 될 계약의 체결
> ㉣ 업무대행자의 선정·변경 및 업무대행계약의 체결

ⓜ 시공자의 선정·변경 및 공사계약의 체결
  ⓑ 조합임원의 선임 및 해임
  ⓢ 사업비의 조합원별 분담 명세 확정 및 변경
  ⓞ 사업비의 세부항목별 사용계획이 포함된 예산안
  ⓩ 조합해산의 결의 및 해산 시의 회계 보고

(5) 조합원의 자격

주택조합의 조합원이 될 수 있는 사람은 다음의 구분에 따른 사람으로 한다. 다만, 조합원의 사망으로 그 지위를 상속받는 자는 다음의 요건에도 불구하고 조합원이 될 수 있다(영 제21조 제1항).

① **지역주택조합**: 다음의 요건을 모두 갖춘 사람
   ㉠ 조합설립인가 신청일(해당 주택건설대지가 투기과열지구 안에 있는 경우에는 조합설립인가 신청일 1년 전의 날을 말한다)부터 해당 조합주택의 입주 가능일까지 주택을 소유(주택의 유형, 입주자 선정방법 등을 고려하여 국토교통부령으로 정하는 지위에 있는 경우를 포함)하는지에 대하여 다음의 어느 하나에 해당할 것

   ⓐ 국토교통부령으로 정하는 기준에 따라 세대주를 포함한 세대원(세대주와 동일한 세대별 주민등록표에 등재되어 있지 아니한 세대주의 배우자 및 그 배우자와 동일한 세대를 이루고 있는 사람을 포함한다. 이하 ⓑ에서 같다) 전원이 주택을 소유하고 있지 아니한 세대의 세대주일 것
   ⓑ 국토교통부령으로 정하는 기준에 따라 세대주를 포함한 세대원 중 1명에 한정하여 주거전용면적 $85m^2$ 이하의 주택 1채를 소유한 세대의 세대주일 것

   ㉡ 조합설립인가 신청일 현재 같은 지역주택조합의 지역에 6개월 이상 계속하여 거주하여 온 자일 것
   ㉢ 본인 또는 본인과 같은 세대별 주민등록표에 등재되어 있지 않은 배우자가 같은 또는 다른 지역주택조합의 조합원이거나 직장주택조합의 조합원이 아닐 것

② **직장주택조합**: 다음의 요건을 모두 갖춘 사람
   ㉠ 위 ①의 ㉠에 해당하는 사람일 것. 다만, 국민주택을 공급받기 위한 직장주택조합의 경우에는 무주택자에 한한다.
   ㉡ 조합설립인가 신청일 현재 동일한 특별시·광역시·특별자치시·특별자치도·시 또는 군(광역시의 관할 구역에 있는 군은 제외) 안에 소재하는 동일한 국가기관·지방자치단체·법인에 근무하는 사람일 것
   ㉢ 본인 또는 본인과 같은 세대별 주민등록표에 등재되어 있지 않은 배우자가 같은 또는 다른 직장주택조합의 조합원이거나 지역주택조합의 조합원이 아닐 것

③ **리모델링주택조합**: 다음의 어느 하나에 해당하는 사람일 것. 이 경우 해당 공동주택, 복리시설 또는 다음의 ⓒ에 따른 공동주택 외의 시설의 소유권이 여러 명의 공유(共有)에 속할 때에는 그 여러 명을 대표하는 1명을 조합원으로 본다.

> ㉠ 사업계획승인을 받아 건설한 공동주택의 소유자
> ㉡ 복리시설을 함께 리모델링하는 경우에는 해당 복리시설의 소유자
> ㉢ 「건축법」에 따른 건축허가를 받아 분양을 목적으로 건설한 공동주택의 소유자(해당 건축물에 공동주택 외의 시설이 있는 경우에는 해당 시설의 소유자를 포함)

(6) 세대주 자격의 일시적 상실

주택조합의 조합원이 근무·질병치료·유학·결혼 등 부득이한 사유로 세대주 자격을 일시적으로 상실한 경우로서 시장·군수·구청장이 인정하는 경우에는 조합원 자격이 있는 것으로 본다(영 제21조 제2항).

(7) 조합원의 교체·신규가입

① **원칙**: 지역주택조합 또는 직장주택조합은 설립인가를 받은 후에는 해당 조합원을 교체하거나 신규로 가입하게 할 수 없다(영 제22조 제1항 본문).

② **예외**: 지역주택조합 또는 직장주택조합은 다음의 어느 하나에 해당하는 경우에는 조합원을 교체하거나 신규로 가입하게 할 수 있다(영 제22조 제1항 단서).
  ㉠ 조합원 수가 주택건설예정세대수를 초과하지 아니하는 범위에서 시장·군수·구청장으로부터 국토교통부령으로 정하는 바에 따라 조합원 추가모집의 승인을 받은 경우
  ㉡ 다음의 어느 하나에 해당하는 사유로 결원이 발생한 범위에서 충원하는 경우

> ⓐ 조합원의 사망
> ⓑ 사업계획승인 이후[지역주택조합 또는 직장주택조합이 해당 주택건설대지 전부의 소유권을 확보하지 아니하고 사업계획승인을 받은 경우에는 해당 주택건설대지 전부의 소유권(해당 주택건설대지가 저당권 등의 목적으로 되어 있는 경우에는 그 저당권 등의 말소를 포함)을 확보한 이후를 말한다]에 입주자로 선정된 지위(해당 주택에 입주할 수 있는 권리·자격 또는 지위 등을 말한다)가 양도·증여 또는 판결 등으로 변경된 경우. 다만, 전매가 금지되는 경우는 제외한다.
> ⓒ 조합원의 탈퇴 등으로 조합원 수가 주택건설예정세대수의 50% 미만이 되는 경우
> ⓓ 조합원이 무자격자로 판명되어 자격을 상실하는 경우
> ⓔ 사업계획승인 등의 과정에서 주택건설예정세대수가 변경되어 조합원 수가 변경된 세대수의 50% 미만이 되는 경우

③ **추가모집 시 자격요건**: 조합원으로 추가모집되거나 충원되는 자가 조합원 자격요건을 갖추었는지를 판단할 때에는 해당 조합설립인가 신청일을 기준으로 한다(영 제22조 제2항).

④ **변경인가신청**: 조합원 추가모집의 승인과 조합원 추가모집에 따른 주택조합의 변경인가 신청은 사업계획승인 신청일까지 하여야 한다(영 제22조 제3항).

(8) **사업계획승인신청**

① 주택조합은 설립인가를 받은 날부터 2년 이내에 사업계획승인(사업계획승인 대상이 아닌 리모델링인 경우에는 허가를 말한다)을 신청하여야 한다(영 제23조 제1항).

② 주택조합은 등록사업자가 소유하는 공공택지를 주택건설대지로 사용해서는 아니 된다. 다만, 경매 또는 공매를 통하여 취득한 공공택지는 예외로 한다(영 제23조 제2항).

(9) **주택조합업무의 대행**

① **대행자**: 주택조합(리모델링주택조합은 제외) 및 주택조합의 발기인은 조합원 모집 등 주택조합의 업무를 공동사업주체인 등록사업자 또는 다음의 어느 하나에 해당하는 자로서 대통령령으로 정하는 자본금을 보유한 자 외의 자에게 대행하게 할 수 없다(법 제11조의2 제1항).

> ㉠ 등록사업자
> ㉡ 「공인중개사법」에 따른 중개업자
> ㉢ 「도시 및 주거환경정비법」에 따른 정비사업전문관리업자
> ㉣ 「부동산개발업의 관리 및 육성에 관한 법률」에 따른 등록사업자
> ㉤ 「자본시장과 금융투자업에 관한 법률」에 따른 신탁업자
> ㉥ 그 밖에 다른 법률에 따라 등록한 자로서 대통령령으로 정하는 자

② **대행업무**: 업무대행자에게 대행시킬 수 있는 주택조합의 업무는 다음과 같다(법 제11조의2 제2항).

> ㉠ 조합원 모집, 토지 확보, 조합설립인가 신청 등 조합설립을 위한 업무의 대행
> ㉡ 사업성 검토 및 사업계획서 작성업무의 대행
> ㉢ 설계자 및 시공자 선정에 관한 업무의 지원
> ㉣ 사업계획승인 신청 등 사업계획승인을 위한 업무의 대행
> ㉤ 계약금 등 자금의 보관 및 그와 관련된 업무의 대행
> ㉥ 그 밖에 총회의 운영업무 지원 등 국토교통부령으로 정하는 사항

③ **손해배상**: 주택조합의 업무를 대행하는 자는 신의에 따라 성실하게 업무를 수행하여야 하고, 자신의 귀책사유로 주택조합(발기인을 포함) 또는 조합원(주택조합 가입 신청자를 포함)에게 손해를 입힌 경우에는 그 손해를 배상할 책임이 있다(법 제11조의2 제5항).

(10) **조합원의 모집신고 및 공개모집**

① **원칙**: 지역주택조합 또는 직장주택조합의 설립인가를 받기 위하여 조합원을 모집하려는 자는 해당 주택건설대지의 50% 이상에 해당하는 토지의 사용권원을 확보하여 관할 시장·군수·구청장에게 신고하고, 공개모집의 방법으로 조합원을 모집하여야 한다. 조합설립인가를 받기 전에 신고한 내용을 변경하는 경우에도 또한 같다(법 제11조의3 제1항).

② **예외**: 공개모집 이후 조합원의 사망·자격상실·탈퇴 등으로 인한 결원을 충원하거나 미달된 조합원을 재모집하는 경우에는 신고하지 아니하고 선착순의 방법으로 조합원을 모집할 수 있다(법 제11조의3 제2항).

③ **위반 시 조치**: 시장·군수·구청장은 다음의 어느 하나에 해당하는 경우에는 조합원 모집신고를 수리할 수 없다(법 제11조의3 제5항).

> ㉠ 이미 신고된 사업대지와 전부 또는 일부가 중복되는 경우
> ㉡ 이미 수립되었거나 수립 예정인 도시·군계획, 이미 수립된 토지이용계획 또는 이 법이나 관계 법령에 따른 건축기준 및 건축제한 등에 따라 해당 주택건설대지에 조합주택을 건설할 수 없는 경우
> ㉢ 조합업무를 대행할 수 있는 자가 아닌 자와 업무대행계약을 체결한 경우 등 신고내용이 법령에 위반되는 경우
> ㉣ 신고한 내용이 사실과 다른 경우

(11) **조합 가입 철회 및 가입비등의 반환**

① 모집주체는 주택조합의 가입을 신청한 자가 주택조합 가입을 신청하는 때에 납부하여야 하는 일체의 금전(이하 '가입비등'이라 한다)을 대통령령으로 정하는 기관(이하 '예치기관'이라 한다)에 예치하도록 하여야 한다(법 제11조의6 제1항).

② 주택조합의 가입을 신청한 자는 가입비 등을 예치한 날부터 30일 이내에 주택조합 가입에 관한 청약을 철회할 수 있다(법 제11조의6 제2항).

③ 청약 철회를 서면으로 하는 경우에는 청약 철회의 의사를 표시한 서면을 발송한 날에 그 효력이 발생한다(법 제11조의6 제3항).

④ 모집주체는 주택조합의 가입을 신청한 자가 청약 철회를 한 경우 청약 철회 의사가 도달한 날부터 7일 이내에 예치기관의 장에게 가입비등의 반환을 요청하여야 한다(법 제11조의6 제4항).

⑤ 예치기관의 장은 가입비등의 반환 요청을 받은 경우 요청일부터 10일 이내에 그 가입비등을 예치한 자에게 반환하여야 한다(법 제11조의6 제5항).

⑥ 모집주체는 주택조합의 가입을 신청한 자에게 청약 철회를 이유로 위약금 또는 손해배상을 청구할 수 없다(법 제11조의6 제6항).

(12) **조합임원의 결격사유 및 퇴직**
① **조합임원의 결격사유**: 다음의 어느 하나에 해당하는 사람은 주택조합의 발기인 또는 임원이 될 수 없다(법 제13조 제1항).

> ㉠ 미성년자·피성년후견인 또는 피한정후견인
> ㉡ 파산선고를 받은 사람으로서 복권되지 아니한 사람
> ㉢ 금고 이상의 실형을 선고받고 그 집행이 종료(종료된 것으로 보는 경우를 포함)되거나 집행이 면제된 날부터 2년이 지나지 아니한 사람
> ㉣ 금고 이상의 형의 집행유예를 선고받고 그 유예기간 중에 있는 사람
> ㉤ 금고 이상의 형의 선고유예를 받고 그 선고유예기간 중에 있는 사람
> ㉥ 법원의 판결 또는 다른 법률에 따라 자격이 상실 또는 정지된 사람
> ㉦ 해당 주택조합의 공동사업주체인 등록사업자 또는 업무대행사의 임직원

② **임원의 퇴직**: 주택조합의 발기인이나 임원이 다음의 어느 하나에 해당하는 경우 해당 발기인은 그 지위를 상실하고 해당 임원은 당연히 퇴직한다(법 제13조 제2항).

> ㉠ 주택조합의 발기인이 자격기준을 갖추지 아니하게 되거나 주택조합의 임원이 조합원 자격을 갖추지 아니하게 되는 경우
> ㉡ 주택조합의 발기인 또는 임원이 결격사유에 해당하게 되는 경우

③ **퇴직 전 행위의 효력**: 지위가 상실된 발기인 또는 퇴직된 임원이 지위 상실이나 퇴직 전에 관여한 행위는 그 효력을 상실하지 아니한다(법 제13조 제3항).

④ **겸직금지**: 주택조합의 임원은 다른 주택조합의 임원, 직원 또는 발기인을 겸할 수 없다(법 제13조 제4항).

(13) **주택조합에 대한 감독**
① **구성원의 자격확인**: 국토교통부장관 또는 시장·군수·구청장은 주택공급에 관한 질서를 유지하기 위하여 특히 필요하다고 인정되는 경우에는 국가가 관리하고 있는 행정전산망 등을 이용하여 주택조합 구성원의 자격 등에 관하여 필요한 사항을 확인할 수 있다(법 제14조 제1항).

② **설립인가의 취소**: 시장·군수·구청장은 주택조합 또는 주택조합의 구성원이 다음의 어느 하나에 해당하는 경우에는 주택조합의 설립인가를 취소할 수 있다(법 제14조 제2항).

> ㉠ 거짓이나 그 밖의 부정한 방법으로 설립인가를 받은 경우
> ㉡ 법 제94조에 따른 명령이나 처분을 위반한 경우

③ **주택조합의 해산 등**
㉠ 주택조합은 주택조합의 설립인가를 받은 날부터 3년이 되는 날까지 사업계획승인을 받지 못하는 경우 대통령령으로 정하는 바에 따라 총회의 의결을 거쳐 해산 여부를 결정하여야 한다(법 제14조의2 제1항).

ⓛ 주택조합의 발기인은 조합원 모집 신고가 수리된 날부터 2년이 되는 날까지 주택조합 설립인가를 받지 못하는 경우 대통령령으로 정하는 바에 따라 주택조합 가입 신청자 전원으로 구성되는 총회 의결을 거쳐 주택조합 사업의 종결 여부를 결정하도록 하여야 한다(법 제14조의2 제2항).

ⓒ 위 ㉠ 또는 ⓛ에 따라 총회를 소집하려는 주택조합의 임원 또는 발기인은 총회가 개최되기 7일 전까지 회의 목적, 안건, 일시 및 장소를 정하여 조합원 또는 주택조합 가입 신청자에게 통지하여야 한다(법 제14조의2 제3항).

ⓔ 주택조합 또는 주택조합의 발기인은 위 ㉠ 또는 ⓛ에 따라 주택조합의 해산 또는 주택조합 사업의 종결 여부를 결정하려는 경우에는 다음의 구분에 따른 날부터 3개월 이내에 총회를 개최해야 한다(영 제25조의2 제1항).

> ⓐ 주택조합 설립인가를 받은 날부터 3년이 되는 날까지 사업계획승인을 받지 못하는 경우: 해당 설립인가를 받은 날부터 3년이 되는 날
> ⓑ 조합원 모집 신고가 수리된 날부터 2년이 되는 날까지 주택조합 설립인가를 받지 못하는 경우: 해당 조합원 모집 신고가 수리된 날부터 2년이 되는 날

ⓜ 위 ⓛ에 따라 개최하는 총회는 다음의 요건을 모두 충족해야 한다(영 제25조의2 제3항).

> ⓐ 주택조합 가입 신청자의 3분의 2 이상의 찬성으로 의결할 것
> ⓑ 주택조합 가입 신청자의 100분의 20 이상이 직접 출석할 것. 다만, 전자적 방법으로 총회를 개최한 경우는 제외한다.
> ⓒ 위 ⓑ 단서의 경우에는 전자동의 방법(영 제20조 제5항 후단 및 같은 조 제6항)에 따를 것. 이 경우 '조합원'은 '주택조합 가입 신청자'로 본다.

④ **회계감사**: 주택조합은 대통령령으로 정하는 바에 따라 회계감사를 받아야 하며, 그 감사결과를 관할 시장·군수·구청장에게 보고하여야 한다(법 제14조의3 제1항).

예제

주택법령상 지역주택조합이 설립인가를 받은 후 조합원을 신규로 가입하게 할 수 있는 경우와 결원의 범위에서 충원할 수 있는 경우 중 어느 하나에도 해당하지 않는 것은? 제31회

① 조합원이 사망한 경우
② 조합원이 무자격자로 판명되어 자격을 상실하는 경우
③ 조합원 수가 주택건설 예정 세대수를 초과하지 아니하는 범위에서 조합원 추가모집의 승인을 받은 경우
④ 조합원의 탈퇴 등으로 조합원 수가 주택건설 예정 세대수의 60%가 된 경우
⑤ 사업계획승인의 과정에서 주택건설 예정 세대수가 변경되어 조합원 수가 변경된 세대수의 40%가 된 경우

해설 ④ 조합원의 탈퇴 등으로 조합원 수가 주택건설 예정 세대수의 50% 미만인 경우에 충원할 수 있다. 따라서 조합원의 탈퇴 등으로 조합원 수가 주택건설 예정 세대수의 60%가 된 경우에는 충원할 수 없다.
▶▶ 정답 ④

02 주택건설자금

1 주택상환사채 제27회, 제31회, 제32회, 제33회, 제36회

(1) 발행권자

한국토지주택공사와 등록사업자는 대통령령으로 정하는 바에 따라 주택으로 상환하는 사채(이하 '주택상환사채'라 한다)를 발행할 수 있다. 이 경우 등록사업자는 자본금·자산평가액 및 기술인력 등이 대통령령으로 정하는 기준에 맞고 금융기관 또는 주택도시보증공사의 보증을 받은 경우에만 주택상환사채를 발행할 수 있다(법 제80조 제1항).

> **넓혀 보기**
>
> **등록사업자의 발행요건**(영 제84조)
> 1. 법인으로서 자본금이 5억원 이상일 것
> 2. 「건설산업기본법」에 따라 건설업 등록을 한 자일 것
> 3. 최근 3년간 연평균 주택건설 실적이 300호 이상일 것
>   ▷ 등록사업자가 발행할 수 있는 주택상환사채의 규모는 최근 3년간의 연평균 주택건설호수 이내로 한다.

(2) 발행계획의 승인

주택상환사채를 발행하려는 자는 대통령령으로 정하는 바에 따라 주택상환사채발행계획을 수립하여 국토교통부장관의 승인을 받아야 한다(법 제80조 제2항).

> **넓혀 보기**
>
> **주택상환사채발행계획서의 기재사항**(영 제85조 제2항)
> 1. 발행자의 명칭
> 2. 회사의 자본금 총액
> 3. 발행할 주택상환사채의 총액
> 4. 여러 종류의 주택상환사채를 발행하는 경우에는 각 주택상환사채의 종류별 금액 및 종류별 발행가액
> 5. 발행조건과 방법
> 6. 분납발행일 때에는 분납금액과 시기
> 7. 상환 절차와 시기

(3) 발행방법

① 주택상환사채는 기명증권(記名證券)으로 하고, 사채권자의 명의변경은 취득자의 성명과 주소를 사채원부에 기록하는 방법으로 하며, 취득자의 성명을 채권에 기록하지 아니하면 사채발행자 및 제3자에게 대항할 수 없다(법 제81조 제2항).

② 주택상환사채는 액면 또는 할인의 방법으로 발행한다(영 제83조 제1항).

③ 주택상환사채권에는 기호와 번호를 붙이고 국토교통부령으로 정하는 사항을 적어야 한다(영 제83조 제2항).

④ 주택상환사채의 발행자는 주택상환사채대장을 갖추어 두고 주택상환사채권의 발행 및 상환에 관한 사항을 적어야 한다(영 제83조 제3항).

(4) 상환기간 및 양도 등

① 주택상환사채를 발행한 자는 발행조건에 따라 주택을 건설하여 사채권자에게 상환하여야 한다(법 제81조 제1항).

② 주택상환사채의 상환기간은 3년을 초과할 수 없다(영 제86조 제1항).

③ 주택상환사채의 상환기간은 주택상환사채 발행일부터 주택의 공급계약체결일까지의 기간으로 한다(영 제86조 제2항).

④ 주택상환사채는 이를 양도하거나 중도에 해약할 수 없다. 다만, 해외이주 등 국토교통부령으로 정하는 다음의 부득이한 사유가 있는 경우에는 예외로 한다(영 제86조 제3항, 규칙 제35조 제1항).

> ㉠ 세대원(세대주가 포함된 세대의 구성원을 말한다)의 근무 또는 생업상의 사정이나 질병치료·취학·결혼으로 인하여 세대원 전원이 다른 행정구역으로 이전하는 경우
> ㉡ 세대원 전원이 상속에 의하여 취득한 주택으로 이전하는 경우
> ㉢ 세대원 전원이 해외로 이주하거나 2년 이상 해외에 체류하려는 경우

⑤ 주택상환사채를 상환할 때에는 주택상환사채권자가 원하면 주택상환사채의 원리금을 현금으로 상환할 수 있다(규칙 제35조 제3항).

(5) 효 력

등록사업자의 등록이 말소된 경우에도 등록사업자가 발행한 주택상환사채의 효력에는 영향을 미치지 아니한다(법 제82조).

(6) 상법 규정의 적용

주택상환사채의 발행에 관하여 이 법에서 규정한 것 외에는 「상법」 중 사채발행에 관한 규정을 적용한다. 다만, 한국토지주택공사가 발행하는 경우와 금융기관 등이 상환을 보증하여 등록사업자가 발행하는 경우에는 「상법」 제478조 제1항(채권의 발행에 관한 규정)을 적용하지 아니한다(법 제83조).

2 국민주택사업특별회계

(1) 지방자치단체의 설치 의무

지방자치단체는 국민주택사업을 시행하기 위하여 국민주택사업특별회계를 설치·운용하여야 한다(법 제84조 제1항).

(2) 특별회계의 재원

국민주택사업특별회계의 자금은 다음의 재원으로 조성한다(법 제84조 제2항).

> ① 자체 부담금
> ② 주택도시기금으로부터의 차입금
> ③ 정부로부터의 보조금
> ④ 농협은행으로부터의 차입금
> ⑤ 외국으로부터의 차입금
> ⑥ 국민주택사업특별회계에 속하는 재산의 매각 대금
> ⑦ 국민주택사업특별회계자금의 회수금·이자수입금 및 그 밖의 수익
> ⑧ 「재건축초과이익 환수에 관한 법률」에 따른 재건축부담금 중 지방자치단체 귀속분

(3) 운용상황의 보고

지방자치단체는 대통령령으로 정하는 바에 따라 국민주택사업특별회계의 운용상황을 국토교통부장관에게 보고하여야 한다(법 제84조 제3항).

03 주택건설사업의 시행

1 사업계획승인 등

1. 사업계획의 승인 제27회, 제29회, 제30회, 제31회, 제32회, 제33회, 제35회, 제36회

(1) 사업계획승인 대상

① **원칙**: 다음의 주택건설사업을 시행하려는 자 또는 다음의 면적 이상의 대지조성사업을 시행하려는 자는 사업계획승인을 받아야 한다(법 제15조 제1항 본문, 영 제27조 제1항).
  ㉠ 단독주택의 경우에는 30호. 다만, 다음에 해당하는 주택의 경우에는 50호로 한다.

> ⓐ 공공사업에 따라 조성된 용지를 개별필지로 구분하지 아니하고 일단(一團)의 토지로 공급받아 해당 토지에 건설하는 단독주택
> ⓑ 「건축법 시행령」에 따른 한옥

ⓒ 공동주택의 경우에는 30세대(리모델링의 경우에는 증가하는 세대수를 기준으로 한다). 다만, 다음의 어느 하나에 해당하는 공동주택을 건설(리모델링의 경우는 제외)하는 경우에는 50세대로 한다.

> ⓐ 다음의 요건을 모두 갖춘 단지형 연립주택 또는 단지형 다세대주택
>   ⅰ) 세대별 주거전용 면적이 30㎡ 이상일 것
>   ⅱ) 해당 주택단지 진입도로의 폭이 6m 이상일 것. 다만, 해당 주택단지의 진입도로가 두 개 이상인 경우에는 다음의 요건을 모두 갖추면 진입도로의 폭을 4m 이상 6m 미만으로 할 수 있다.
>   • 두 개의 진입도로 폭의 합계가 10m 이상일 것
>   • 폭 4m 이상 6m 미만인 진입도로는 영 제5조에 따른 도로와 통행거리가 200m 이내일 것
> ⓑ 「도시 및 주거환경정비법」에 따른 정비구역에서 「도시 및 주거환경정비법」에 따른 주거환경개선사업(현지개량방법으로 시행하는 경우만 해당)을 시행하기 위하여 건설하는 공동주택. 다만, 같은 법 시행령에 따른 정비기반시설의 설치계획대로 정비기반시설 설치가 이루어지지 아니한 지역으로서 시장·군수·구청장이 지정·고시하는 지역에서 건설하는 공동주택은 제외한다.

  ⓒ 1만㎡ 이상의 대지조성사업

② **예외**: 다음의 어느 하나에 해당하는 경우에 대해서는 이를 사업계획승인 대상에서 제외한다(법 제15조 제1항 단서, 영 제27조 제4항).

> ⓐ 「국토의 계획 및 이용에 관한 법률」에 따른 도시지역 중 상업지역(유통상업지역은 제외) 또는 준주거지역에서 300세대 미만의 주택과 주택 외의 시설을 동일 건축물로 건축하는 경우로서 해당 건축물의 연면적에 대한 주택 연면적 합계의 비율이 90% 미만인 경우
> ⓑ 「농어촌정비법」에 따른 생활환경정비사업 중 「농업협동조합법」에 따른 농업협동조합중앙회가 조달하는 자금으로 시행하는 사업인 경우

(2) 사업계획승인권자

사업계획승인은 사업계획승인신청서에 주택과 그 부대시설 및 복리시설의 배치도, 대지조성공사 설계도서 등 대통령령으로 정하는 서류를 첨부하여 다음의 사업계획승인권자에게 제출하고 사업계획승인을 받아야 한다(법 제15조 제1항·제2항, 영 제27조 제3항).

> ① 주택건설사업 또는 대지조성사업으로서 해당 대지면적이 10만m² 이상인 경우: 시·도지사 또는 「지방자치법」에 따라 서울특별시와 광역시 및 특별자치시를 제외한 인구 50만 이상의 대도시(이하 '대도시'라 한다)의 시장
> ② 주택건설사업 또는 대지조성사업으로서 해당 대지면적이 10만m² 미만인 경우: 특별시장·광역시장·특별자치시장·특별자치도지사 또는 시장·군수
> ③ 국가 및 한국토지주택공사가 시행하는 경우: 국토교통부장관
> ④ 330만m² 이상의 규모로 「택지개발촉진법」에 따른 택지개발사업 또는 「도시개발법」에 따른 도시개발사업을 추진하는 지역 중 국토교통부장관이 지정·고시하는 지역에서 주택건설사업을 시행하는 경우: 국토교통부장관
> ⑤ 수도권·광역시 지역의 긴급한 주택난 해소가 필요하거나 지역균형개발 또는 광역적 차원의 조정이 필요하여 국토교통부장관이 지정·고시하는 지역 안에서 주택건설사업을 시행하는 경우: 국토교통부장관
> ⑥ 국가, 지방자치단체, 한국토지주택공사, 지방공사가 단독 또는 공동으로 총지분의 50%를 초과하여 출자한 위탁관리 부동산투자회사(해당 부동산투자회사의 자산관리회사가 한국토지주택공사인 경우만 해당)가 공공주택건설사업을 시행하는 경우: 국토교통부장관

(3) 공구별 분할건설·공급

주택건설사업을 시행하려는 자는 600세대 이상의 주택단지를 공구별로 분할하여 주택을 건설·공급할 수 있다. 이 경우 주택과 그 부대시설 및 복리시설의 배치도, 대지조성공사 설계도서와 함께 다음의 서류를 첨부하여 사업계획승인권자에게 제출하고 사업계획승인을 받아야 한다(법 제15조 제3항, 영 제28조 제1항).

> ① 공구별 공사계획서
> ② 입주자모집계획서
> ③ 사용검사계획서

(4) 승인 여부의 통보

사업계획승인권자는 사업계획승인의 신청을 받았을 때에는 정당한 사유가 없으면 신청받은 날부터 60일 이내에 사업주체에게 승인 여부를 통보하여야 한다(영 제30조 제1항).

(5) **사업계획의 변경승인**

승인받은 사업계획을 변경하려면 사업계획승인권자로부터 변경승인을 받아야 한다. 다만, 국토교통부령으로 정하는 다음의 경미한 사항을 변경하는 경우에는 그러하지 아니하다(법 제15조 제4항, 규칙 제13조 제5항).

> 다음 ① · ③ 및 ⑦은 사업주체가 국가, 지방자치단체, 한국토지주택공사 또는 지방공사인 경우로 한정한다.
> ① 총사업비의 20%의 범위에서의 사업비 증감. 다만, 국민주택을 건설하는 경우로서 지원받는 주택도시기금(주택도시기금법에 따른 주택도시기금을 말한다)이 증가되는 경우는 제외한다.
> ② 건축물이 아닌 부대시설 및 복리시설의 설치기준 변경으로서 다음의 요건을 모두 갖춘 변경
>   ㉠ 해당 부대시설 및 복리시설 설치기준 이상으로의 변경일 것
>   ㉡ 위치변경(건축법에 따른 건축설비의 위치변경은 제외)이 발생하지 아니하는 변경일 것
> ③ 대지면적의 20%의 범위에서의 면적 증감. 다만, 지구경계의 변경을 수반하거나 토지 또는 토지에 정착된 물건 및 그 토지나 물건에 관한 소유권 외의 권리를 수용할 필요를 발생시키는 경우는 제외한다.
> ④ 세대수 또는 세대당 주택공급면적을 변경하지 아니하는 범위에서의 내부구조의 위치나 면적 변경(사업계획승인을 받은 면적의 10% 범위에서의 변경으로 한정)
> ⑤ 내장 재료 및 외장 재료의 변경(재료의 품질이 사업계획승인을 받을 당시의 재료와 같거나 그 이상인 경우로 한정)
> ⑥ 사업계획승인의 조건으로 부과된 사항을 이행함에 따라 발생되는 변경. 다만, 공공시설 설치계획의 변경이 필요한 경우는 제외한다.
> ⑦ 건축물의 설계와 용도별 위치를 변경하지 아니하는 범위에서의 건축물의 배치조정 및 주택단지 안 도로의 선형변경

(6) **기반시설의 기부채납**

사업계획승인권자는 사업계획을 승인할 때 사업주체가 제출하는 사업계획에 해당 주택건설사업 또는 대지조성사업과 직접적으로 관련이 없거나 과도한 기반시설의 기부채납(寄附採納)을 요구하여서는 아니 된다(법 제17조 제1항).

(7) **사업계획승인 · 고시**

사업계획승인권자는 사업계획을 승인하였을 때에는 이에 관한 사항을 고시하여야 한다. 이 경우 국토교통부장관은 관할 시장 · 군수 · 구청장에게, 특별시장, 광역시장 또는 도지사는 관할 시장, 군수 또는 구청장에게 각각 사업계획승인서 및 관계 서류의 사본을 지체 없이 송부하여야 한다(법 제15조 제6항).

(8) **사업계획의 통합심의 등**

① **통합심의 대상**: 사업계획승인권자는 필요하다고 인정하는 경우에 도시계획·건축·교통 등 사업계획승인과 관련된 다음의 사항을 통합하여 검토 및 심의(이하 '통합심의'라 한다)할 수 있다(법 제18조 제1항).

> ㉠ 「건축법」에 따른 건축심의
> ㉡ 「국토의 계획 및 이용에 관한 법률」에 따른 도시·군관리계획 및 개발행위 관련 사항
> ㉢ 「대도시권 광역교통 관리에 관한 특별법」에 따른 광역교통 개선대책
> ㉣ 「도시교통정비 촉진법」에 따른 교통영향평가
> ㉤ 「경관법」에 따른 경관심의
> ㉥ 그 밖에 사업계획승인권자가 필요하다고 인정하여 통합심의에 부치는 사항

② **공동위원회의 구성**: 통합심의를 하는 지방자치단체의 장은 다음의 어느 하나에 해당하는 위원회에 속하고 해당 위원회의 위원장의 추천을 받은 위원들과 사업계획승인권자가 속한 지방자치단체 및 통합심의를 하는 지방자치단체 소속 공무원으로 소집된 공동위원회를 구성하여 통합심의를 하여야 한다(법 제18조 제5항).

> ㉠ 「건축법」에 따른 중앙건축위원회 및 지방건축위원회
> ㉡ 「국토의 계획 및 이용에 관한 법률」에 따라 해당 주택단지가 속한 시·도에 설치된 지방도시계획위원회
> ㉢ 「대도시권 광역교통 관리에 관한 특별법」에 따라 광역교통개선대책에 대하여 심의 권한을 가진 국가교통위원회
> ㉣ 「도시교통정비 촉진법」에 따른 교통영향평가심의위원회
> ㉤ 「경관법」에 따른 경관위원회

③ **결과의 반영**: 사업계획승인권자는 통합심의를 한 경우 특별한 사유가 없으면 심의 결과를 반영하여 사업계획을 승인하여야 한다(법 제18조 제6항).

(9) **사업계획승인의 효과**

① **인·허가 등의 의제**: 사업계획승인권자가 사업계획을 승인 또는 변경 승인할 때 다음의 허가·인가·결정·승인 또는 신고 등(이하 '인·허가 등'이라 한다)에 관하여 관계 행정기관의 장과 협의한 사항에 대하여는 해당 인·허가 등을 받은 것으로 보며, 사업계획의 승인고시가 있은 때에는 다음의 관계 법률에 따른 고시가 있은 것으로 본다(법 제19조 제1항).

> ㉠ 「건축법」에 따른 건축허가, 같은 법에 따른 건축신고, 같은 법에 따른 허가·신고사항의 변경 및 같은 법에 따른 가설건축물의 건축허가 또는 신고
> ㉡ 「공간정보의 구축 및 관리 등에 관한 법률」에 따른 지도 등의 간행 심사

ⓒ 「공유수면 관리 및 매립에 관한 법률」에 따른 공유수면의 점용·사용허가, 같은 법에 따른 협의 또는 승인, 같은 법에 따른 점용·사용 실시계획의 승인 또는 신고, 같은 법에 따른 공유수면의 매립면허, 같은 법에 따른 국가 등이 시행하는 매립의 협의 또는 승인 및 같은 법에 따른 공유수면매립실시계획의 승인
ⓔ 「광업법」에 따른 채굴계획의 인가
ⓜ 「국토의 계획 및 이용에 관한 법률」에 따른 도시·군관리계획(지구단위계획구역 및 지구단위계획만 해당)의 결정, 같은 법에 따른 개발행위의 허가, 같은 법에 따른 도시·군계획시설사업 시행자의 지정, 같은 법에 따른 실시계획의 인가 및 같은 법에 따른 타인의 토지에의 출입허가
ⓗ 「농어촌정비법」에 따른 농업생산기반시설의 사용허가
ⓢ 「농지법」에 따른 농지전용(農地轉用)의 허가 또는 협의
ⓞ 「도로법」에 따른 도로공사 시행의 허가, 같은 법에 따른 도로점용의 허가
ⓩ 「도시개발법」에 따른 도시개발구역의 지정, 같은 법에 따른 시행자의 지정, 같은 법에 따른 실시계획의 인가 및 같은 법에 따른 타인의 토지에의 출입허가
ⓒ 「사도법」에 따른 사도(私道)의 개설허가

이하 생략

② **관련 서류의 제출**: 인·허가 등의 의제를 받으려는 자는 사업계획승인을 신청할 때에 해당 법률에서 정하는 관계 서류를 함께 제출하여야 한다(법 제19조 제2항).

③ **사전협의**: 사업계획승인권자는 사업계획을 승인하려는 경우 그 사업계획에 인·허가 의제사항에 해당하는 사항이 포함되어 있는 경우에는 해당 법률에서 정하는 관계 서류를 미리 관계 행정기관의 장에게 제출한 후 협의하여야 한다. 이 경우 협의 요청을 받은 관계 행정기관의 장은 사업계획승인권자의 협의 요청을 받은 날부터 20일 이내에 의견을 제출하여야 하며, 그 기간 내에 의견을 제출하지 아니한 경우에는 협의가 완료된 것으로 본다(법 제19조 제3항).

④ **수수료의 면제**: 50% 이상의 국민주택을 건설하는 사업주체가 다른 법률에 따른 인·허가 등을 받은 것으로 보는 경우에는 관계 법률에 따라 부과되는 수수료 등을 면제한다(법 제19조 제5항, 영 제36조).

2. 공사착수 제26회, 제28회, 제30회, 제32회

(1) 착수기간

① 사업주체는 승인받은 사업계획대로 사업을 시행하여야 하고, 다음의 구분에 따라 공사를 시작하여야 한다. 다만, 사업계획승인권자는 대통령령으로 정하는 정당한 사유가 있다고 인정하는 경우에는 사업주체의 신청을 받아 그 사유가 없어진 날부터 1년의 범위에서 다음의 ㉠ 또는 ㉡의 ⓐ에 따른 공사의 착수기간을 연장할 수 있다(법 제16조 제1항).

> ㉠ 사업계획승인을 받은 경우: 승인받은 날부터 5년 이내
> ㉡ 공구별로 분할하여 시행하는 경우
>   ⓐ 최초로 공사를 진행하는 공구: 승인받은 날부터 5년 이내
>   ⓑ 최초로 공사를 진행하는 공구 외의 공구: 해당 주택단지에 대한 최초 착공신고일부터 2년 이내

② 위 ① 외의 부분 단서에서 '대통령령으로 정하는 정당한 사유가 있다고 인정하는 경우'란 다음의 어느 하나에 해당하는 경우를 말한다(영 제31조).

> ㉠ 「매장유산 보호 및 조사에 관한 법률」에 따라 국가유산청장의 매장유산 발굴허가를 받은 경우
> ㉡ 해당 사업시행지에 대한 소유권 분쟁(소송절차가 진행 중인 경우만 해당)으로 인하여 공사착수가 지연되는 경우
> ㉢ 사업계획승인의 조건으로 부과된 사항을 이행함에 따라 공사착수가 지연되는 경우
> ㉣ 천재지변 또는 사업주체에게 책임이 없는 불가항력적인 사유로 인하여 공사착수가 지연되는 경우
> ㉤ 공공택지의 개발·조성을 위한 계획에 포함된 기반시설의 설치 지연으로 공사착수가 지연되는 경우
> ㉥ 해당 지역의 미분양주택 증가 등으로 사업성이 악화될 우려가 있거나 주택건설경기가 침체되는 등 공사에 착수하지 못할 부득이한 사유가 있다고 사업계획승인권자가 인정하는 경우

(2) 착공신고

① 사업주체가 공사를 시작하려는 경우에는 국토교통부령으로 정하는 바에 따라 사업계획승인권자에게 신고하여야 한다(법 제16조 제2항).

② 사업계획승인권자는 착공신고를 받은 날부터 20일 이내에 신고수리 여부를 신고인에게 통지하여야 한다(법 제16조 제3항).

3. 사업계획승인의 취소 제26회

(1) 취소사유

사업계획승인권자는 다음의 어느 하나에 해당하는 경우 그 사업계획의 승인을 취소(다음의 ② 또는 ③에 해당하는 경우 주택도시기금법에 따라 주택분양보증이 된 사업은 제외)할 수 있다(법 제16조 제4항).

> ① 사업주체가 착공의무(최초로 공사를 진행하는 공구 외의 공구일 때 해당 주택단지에 대한 최초 착공신고일로부터 2년 이내인 경우는 제외)를 위반하여 공사를 시작하지 아니하는 경우
> ② 사업주체가 경매·공매 등으로 인하여 대지소유권을 상실한 경우
> ③ 사업주체의 부도·파산 등으로 공사의 완료가 불가능한 경우

(2) 타당성 심사

사업계획승인권자는 위 (1)의 ② 또는 ③의 사유로 사업계획승인을 취소하고자 하는 경우에는 사업주체에게 사업계획 이행, 사업비 조달 계획 등 대통령령으로 정하는 내용이 포함된 사업 정상화 계획을 제출받아 계획의 타당성을 심사한 후 취소 여부를 결정하여야 한다(법 제16조 제5항).

4. 사업주체의 매도청구

(1) 주택건설대지의 소유권확보

주택건설사업계획의 승인을 받으려는 자는 해당 주택건설대지의 소유권을 확보하여야 한다. 다만, 다음의 어느 하나에 해당하는 경우에는 그러하지 아니하다(법 제21조 제1항).

> ① 지구단위계획의 결정(의제되는 경우를 포함)이 필요한 주택건설사업의 해당 대지면적의 80% 이상을 사용할 수 있는 권원(權原)[등록사업자와 공동으로 사업을 시행하는 주택조합(리모델링주택조합은 제외)의 경우에는 95% 이상의 소유권을 말한다]을 확보하고(국공유지가 포함된 경우에는 해당 토지의 관리청이 해당 토지를 사업주체에게 매각하거나 양여할 것을 확인한 서류를 사업계획승인권자에게 제출하는 경우에는 확보한 것으로 본다), 확보하지 못한 대지가 매도청구 대상이 되는 대지에 해당하는 경우
> ② 사업주체가 주택건설대지의 소유권을 확보하지 못하였으나 그 대지를 사용할 수 있는 권원을 확보한 경우
> ③ 국가·지방자치단체·한국토지주택공사 또는 지방공사가 주택건설사업을 하는 경우
> ④ 리모델링 결의를 한 리모델링주택조합이 매도청구를 하는 경우

(2) 사업주체의 매도청구 제26회

사업계획승인을 받은 사업주체는 다음에 따라 해당 주택건설대지 중 사용할 수 있는 권원을 확보하지 못한 대지(건축물을 포함한다. 이하 같다)의 소유자에게 그 대지를 시가(市價)로 매도할 것을 청구할 수 있다. 이 경우 매도청구 대상이 되는 대지의 소유자와 매도청구를 하기 전에 3개월 이상 협의를 하여야 한다(법 제22조 제1항).

> ① 주택건설대지면적의 95% 이상의 사용권원을 확보한 경우: 사용권원을 확보하지 못한 대지의 모든 소유자에게 매도청구 가능
> ② 주택건설대지면적의 80% 이상 95% 미만의 사용권원을 확보한 경우: 사용권원을 확보하지 못한 대지의 소유자 중 지구단위계획구역 결정고시일 10년 이전에 해당 대지의 소유권을 취득하여 계속 보유하고 있는 자(대지의 소유기간을 산정할 때 대지소유자가 직계존속·직계비속 및 배우자로부터 상속받아 소유권을 취득한 경우에는 피상속인의 소유기간을 합산)를 제외한 소유자에게 매도청구 가능

(3) 리모델링주택조합의 매도청구

리모델링의 허가를 신청하기 위한 동의율을 확보한 경우 리모델링 결의를 한 리모델링주택조합은 그 리모델링 결의에 찬성하지 아니하는 자의 주택 및 토지에 대하여 매도청구를 할 수 있다(법 제22조 제2항).

(4) 준용법률

매도청구에 관하여는 「집합건물의 소유 및 관리에 관한 법률」을 준용한다. 이 경우 구분소유권 및 대지사용권은 주택건설사업 또는 리모델링사업의 매도청구의 대상이 되는 건축물 또는 토지의 소유권과 그 밖의 권리로 본다(법 제22조 제3항).

예제

주택법령상 사업계획승인을 받은 사업주체에게 인정되는 매도청구권에 관한 설명으로 옳은 것은? 제26회

① 주택건설대지에 사용권원을 확보하지 못한 건축물이 있는 경우 그 건축물은 매도청구의 대상이 되지 않는다.
② 사업주체는 매도청구일 전 60일부터 매도청구 대상이 되는 대지의 소유자와 협의를 진행하여야 한다.
③ 사업주체가 주택건설대지면적 중 90%에 대하여 사용권원을 확보한 경우, 사용권원을 확보하지 못한 대지의 모든 소유자에게 매도청구를 할 수 있다.
④ 사업주체가 주택건설대지면적 중 80%에 대하여 사용권원을 확보한 경우, 사용권원을 확보하지 못한 대지의 소유자 중 지구단위계획구역 결정고시일 10년 이전에 해당 대지의 소유권을 취득하여 계속 보유하고 있는 자에 대하여는 매도청구를 할 수 없다.
⑤ 사업주체가 리모델링주택조합인 경우 리모델링 결의에 찬성하지 아니한 자의 주택에 대하여는 매도청구를 할 수 없다.

해설 ① 주택건설대지에 사용권원을 확보하지 못한 건축물이 있는 경우 그 건축물도 매도청구의 대상에 포함된다.
② 사업주체는 매도청구를 하기 전에 3개월 이상 협의를 하여야 한다.
③ 사업주체가 주택건설대지면적 중 95% 이상에 대하여 사용권원을 확보한 경우, 사용권원을 확보하지 못한 대지의 모든 소유자에게 매도청구를 할 수 있다.
⑤ 사업주체가 리모델링의 허가를 신청하기 위한 동의율을 확보한 경우 리모델링 결의를 한 리모델링주택조합인 경우 리모델링 결의에 찬성하지 아니한 자의 주택에 대하여는 매도청구를 할 수 있다. ▶ 정답 ④

5. 소유자의 확인이 곤란한 대지 등에 대한 처분

(1) 매도청구 의제사유

사업계획승인을 받은 사업주체는 해당 주택건설대지 중 사용할 수 있는 권원을 확보하지 못한 대지의 소유자가 있는 곳을 확인하기가 현저히 곤란한 경우에는 전국적으로 배포되는 둘 이상의 일간신문에 두 차례 이상 공고하고, 공고한 날부터 30일 이상이 지났을 때에는 위 4.의 (2)에 따른 매도청구 대상의 대지로 본다(법 제23조 제1항).

(2) 공탁 및 사업시행

사업주체는 매도청구 대상 대지의 감정평가액에 해당하는 금액을 법원에 공탁(供託)하고 주택건설사업을 시행할 수 있다(법 제23조 제2항).

(3) 대지의 가격평가

대지의 감정평가액은 사업계획승인권자가 추천하는 「감정평가 및 감정평가사에 관한 법률」에 따른 감정평가법인등 2인 이상이 평가한 금액을 산술평균하여 산정한다(법 제23조 제3항).

2 임대주택 건설 및 용적률의 완화 제29회

(1) 완화적용 대상

사업주체(리모델링을 시행하는 자는 제외)가 다음의 사항을 포함한 사업계획승인신청서(건축법의 허가신청서를 포함한다. 이하 같다)를 제출하는 경우 사업계획승인권자(건축허가권자를 포함)는 「국토의 계획 및 이용에 관한 법률」의 용도지역별 용적률 범위 안에서 특별시·광역시·특별자치시·특별자치도·시 또는 군의 조례로 정하는 기준에 따라 용적률을 완화하여 적용할 수 있다(법 제20조 제1항).

> ① 법 제15조 제1항(사업계획의 승인)에 따른 호수 이상의 주택과 주택 외의 시설을 동일 건축물로 건축하는 계획
> ② 임대주택의 건설·공급에 관한 사항

(2) 임대주택 건설비율

용적률을 완화하여 적용하는 경우 사업주체는 완화된 용적률의 60% 이하의 범위에서 대통령령으로 정하는 비율 이상에 해당하는 면적을 임대주택으로 공급하여야 한다. 이 경우 사업주체는 임대주택을 국토교통부장관, 시·도지사, 한국토지주택공사 또는 지방공사(이하 '인수자'라 한다)에 공급하여야 하며 시·도지사가 우선 인수할 수 있다. 다만, 시·도지사가 임대주택을 인수하지 아니하는 경우 다음의 구분에 따라 국토교통부장관에게 인수자 지정을 요청하여야 한다(법 제20조 제2항).

① 특별시장, 광역시장 또는 도지사가 인수하지 아니하는 경우: 관할 시장, 군수 또는 구청장이 사업계획승인(건축법의 건축허가를 포함한다. 이하 같다) 신청 사실을 특별시장, 광역시장 또는 도지사에게 통보한 후 국토교통부장관에게 인수자 지정 요청
② 특별자치시장 또는 특별자치도지사가 인수하지 아니하는 경우: 특별자치시장 또는 특별자치도지사가 직접 국토교통부장관에게 인수자 지정 요청

(3) 임대주택 공급가격

임대주택의 공급가격은 「공공주택 특별법」에 따라 공공건설임대주택의 분양전환가격에 산정기준에서 정하는 건축비로 하고, 그 부속토지는 인수자에게 기부채납한 것으로 본다(법 제20조 제3항).

(4) 사전협의

사업주체는 사업계획승인을 신청하기 전에 미리 용적률의 완화로 건설되는 임대주택의 규모 등에 관하여 인수자와 협의하여 사업계획승인신청서에 반영하여야 한다(법 제20조 제4항).

(5) 선정방법

사업주체는 공급되는 주택의 전부(주택조합이 설립된 경우에는 조합원에게 공급하고 남은 주택을 말한다)를 대상으로 공개추첨의 방법에 의하여 인수자에게 공급하는 임대주택을 선정하여야 하며, 그 선정 결과를 지체 없이 인수자에게 통보하여야 한다(법 제20조 제5항).

3 사업시행을 위한 조치

(1) 타인토지에의 출입 등

① **출입 등의 주체**: 국가·지방자치단체·한국토지주택공사 및 지방공사인 사업주체가 사업계획의 수립을 위한 조사 또는 측량을 하려는 경우와 국민주택사업을 시행하기 위하여 필요한 경우에는 다음의 행위를 할 수 있다(법 제24조 제1항).

> ㉠ 타인의 토지에 출입하는 행위
> ㉡ 특별한 용도로 이용되지 아니하고 있는 타인의 토지를 재료적치장 또는 임시도로로 일시 사용하는 행위
> ㉢ 특히 필요한 경우 죽목·토석이나 그 밖의 장애물을 변경하거나 제거하는 행위

② **손실보상**
㉠ 손실보상의 주체: 타인토지에의 출입 등의 행위로 인하여 손실을 입은 자가 있는 경우에는 그 행위를 한 사업주체가 그 손실을 보상하여야 한다(법 제25조 제1항).
㉡ 협의: 손실보상에 관하여는 그 손실을 보상할 자와 손실을 입은 자가 협의하여야 한다(법 제25조 제2항).
㉢ 재결신청: 손실을 보상할 자 또는 손실을 입은 자는 협의가 성립되지 아니하거나 협의를 할 수 없는 경우에는 「공익사업을 위한 토지 등의 취득 및 보상에 관한 법률」에 따른 관할 토지수용위원회에 재결을 신청할 수 있다(법 제25조 제3항).

(2) 토지 등의 수용·사용

① **수용권자 및 요건**: 국가·지방자치단체·한국토지주택공사 및 지방공사인 사업주체가 국민주택을 건설하거나 국민주택을 건설하기 위한 대지를 조성하는 경우에는 토지나 토지에 정착한 물건 및 그 토지나 물건에 관한 소유권 외의 권리(이하 '토지 등'이라 한다)를 수용하거나 사용할 수 있다(법 제24조 제2항).

② **준용 법률**: 토지 등을 수용하거나 사용하는 경우 이 법에 규정된 것 외에는 「공익사업을 위한 토지 등의 취득 및 보상에 관한 법률」을 준용한다(법 제27조 제1항, 제2항).

> 「공익사업을 위한 토지 등의 취득 및 보상에 관한 법률」의 특례
> 1. 「공익사업을 위한 토지 등의 취득 및 보상에 관한 법률」을 준용하는 경우에는 「공익사업을 위한 토지 등의 취득 및 보상에 관한 법률」에 따른 사업인정을 사업계획승인으로 본다.
> 2. 재결신청은 「공익사업을 위한 토지 등의 취득 및 보상에 관한 법률」에도 불구하고 사업계획승인을 받은 주택건설사업 기간 이내에 할 수 있다.

(3) **토지매수업무 등의 위탁**

① **위탁의 주체**: 국가 또는 한국토지주택공사인 사업주체는 주택건설사업 또는 대지조성사업을 위한 토지매수 업무와 손실보상 업무를 대통령령으로 정하는 바에 따라 관할 지방자치단체의 장에게 위탁할 수 있다(법 제26조 제1항).

② **위탁수수료**: 사업주체가 토지매수 업무와 손실보상 업무를 위탁할 때에는 그 토지매수 금액과 손실보상 금액의 2% 범위에서 대통령령으로 정하는 요율의 위탁수수료를 해당 지방자치단체에 지급하여야 한다(법 제26조 제2항).

(4) **간선시설의 설치 및 비용의 상환**

① **설치의무자**: 사업주체가 단독주택의 경우 100호 이상, 공동주택의 경우 100세대(리모델링의 경우에는 늘어나는 세대수를 기준으로 한다) 이상의 주택건설사업을 시행하는 경우 또는 16,500m^2 이상의 대지조성사업을 시행하는 경우 다음에 해당하는 자는 각각 해당 간선시설을 설치하여야 한다. 다만, 다음의 ㉠에 해당하는 시설로서 사업주체가 주택건설사업계획 또는 대지조성사업계획에 포함하여 설치하려는 경우에는 그러하지 아니하다(법 제28조 제1항, 영 제39조 제1항).

> ㉠ 지방자치단체: 도로 및 상하수도시설
> ㉡ 해당 지역에 전기·통신·가스 또는 난방을 공급하는 자: 전기시설·통신시설·가스시설 또는 지역난방시설
> ㉢ 국가: 우체통

② **설치시기**: 간선시설은 특별한 사유가 없으면 사용검사일까지 설치를 완료하여야 한다(법 제28조 제2항).

③ **설치비용**: 간선시설의 설치비용은 설치의무자가 부담한다. 이 경우 도로 및 상하수도시설의 설치비용은 그 비용의 50% 범위에서 국가가 보조할 수 있다(법 제28조 제3항).

④ **지중선로**: 전기간선시설을 지중선로(地中線路)로 설치하는 경우에는 전기를 공급하는 자와 지중에 설치할 것을 요청하는 자가 각각 50%의 비율로 그 설치비용을 부담한다. 다만, 사업지구 밖의 기간시설로부터 그 사업지구 안의 가장 가까운 주택단지(사업지구 안에 1개의 주택단지가 있는 경우에는 그 주택단지를 말한다)의 경계선까지 전기간선시설을 설치하는 경우에는 전기를 공급하는 자가 부담한다(법 제28조 제4항).

⑤ **설치비의 상환**: 간선시설 설치의무자가 사용검사일까지 간선시설의 설치를 완료하지 못할 특별한 사유가 있는 경우에는 사업주체가 그 간선시설을 자기부담으로 설치하고 간선시설 설치의무자에게 그 비용의 상환을 요구할 수 있다(법 제28조 제7항).

(5) 국공유지 등의 우선매각 및 임대

① **우선매각(임대)의 대상**: 국가 또는 지방자치단체는 그가 소유하는 토지를 매각하거나 임대할 때 다음의 어느 하나의 목적으로 그 토지의 매수 또는 임차를 원하는 자가 있으면 그에게 우선적으로 그 토지를 매각하거나 임대할 수 있다(법 제30조 제1항, 영 제41조).

> ㉠ 국민주택규모의 주택을 50% 이상으로 건설하는 주택의 건설
> ㉡ 주택조합이 건설하는 주택(이하 '조합주택'이라 한다)의 건설
> ㉢ 위 ㉠ 또는 ㉡의 주택을 건설하기 위한 대지의 조성

② **환매 및 임대계약의 취소**: 국가 또는 지방자치단체는 국가 또는 지방자치단체로부터 토지를 매수하거나 임차한 자가 그 매수일 또는 임차일부터 2년 이내에 국민주택규모의 주택 또는 조합주택을 건설하지 아니하거나 그 주택을 건설하기 위한 대지조성사업을 시행하지 아니한 경우에는 환매하거나 임대계약을 취소할 수 있다(법 제30조 제2항).

(6) 환지방식에 의한 도시개발사업으로 조성된 대지의 활용

① **체비지의 우선매각**: 사업주체가 국민주택용지로 사용하기 위하여 도시개발사업시행자(도시개발법에 따른 환지방식에 의하여 사업을 시행하는 도시개발사업의 시행자를 말한다)에게 체비지의 매각을 요구한 경우 그 도시개발사업시행자는 대통령령으로 정하는 바에 따라 체비지의 총면적의 50%의 범위에서 이를 우선적으로 사업주체에게 매각할 수 있다(법 제31조 제1항).

② **환지계획 작성 전 매각요구**: 사업주체가 「도시개발법」에 따른 환지계획의 수립 전에 체비지의 매각을 요구하면 도시개발사업시행자는 사업주체에게 매각할 체비지를 그 환지계획에서 하나의 단지로 정하여야 한다(법 제31조 제2항).

③ **체비지의 양도가격**: 체비지의 양도가격은 국토교통부령으로 정하는 바에 따라 「감정평가 및 감정평가사에 관한 법률」에 따른 감정평가법인등이 감정평가한 감정가격을 기준으로 한다. 다만, 임대주택을 건설하는 경우 등 국토교통부령으로 정하는 경우에는 국토교통부령으로 정하는 조성원가를 기준으로 할 수 있다(법 제31조 제3항).

(7) 서류의 열람

국민주택을 건설·공급하는 사업주체는 주택건설사업 또는 대지조성사업을 시행할 때 필요한 경우에는 등기소나 그 밖의 관계 행정기관의 장에게 필요한 서류의 열람·등사나 그 등본 또는 초본의 발급을 무료로 청구할 수 있다(법 제32조).

04 주택의 건설

1 주택건설절차

주택건설절차의 체계

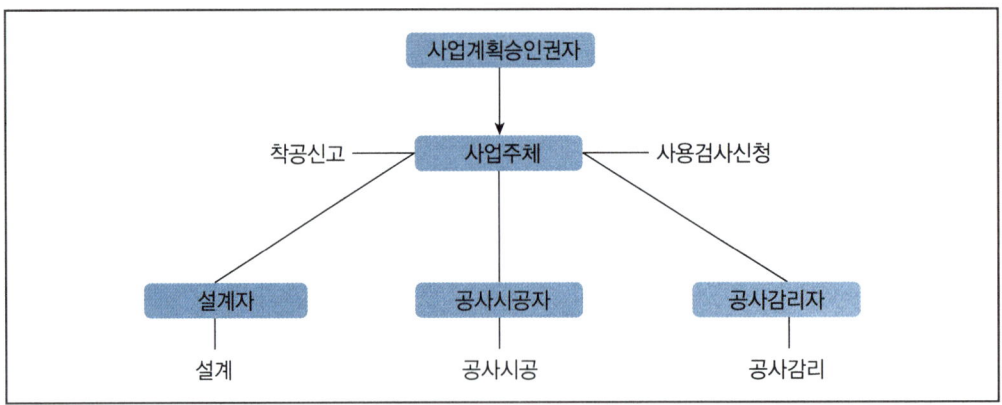

2 규모별 건설비율

국토교통부장관은 주택수급의 적정을 기하기 위하여 필요하다고 인정하는 때에는 사업주체가 건설하는 주택의 75%(주택조합이나 고용자가 건설하는 주택은 100%) 이하의 범위 안에서 일정 비율 이상을 국민주택규모로 건설하게 할 수 있다(영 제46조 제1항).

3 주택의 설계 및 시공

(1) **설계도서 작성기준**

사업계획승인을 받아 건설되는 주택(부대시설과 복리시설을 포함)을 설계하는 자는 대통령령으로 정하는 설계도서 작성기준에 맞게 설계하여야 한다(법 제33조 제1항).

(2) **시공자의 자격**

① 사업계획승인을 받은 주택의 건설공사는 「건설산업기본법」에 따른 건설사업자로서 대통령령으로 정하는 자 또는 건설사업자로 간주하는 등록사업자가 아니면 이를 시공할 수 없다(법 제34조 제1항).

② 공동주택의 방수·위생 및 냉난방 설비공사는 「건설산업기본법」 제9조에 따른 건설사업자로서 대통령령으로 정하는 자(특정열사용기자재를 설치·시공하는 경우에는 에너지이용 합리화법에 따른 시공업자를 말한다)가 아니면 이를 시공할 수 없다(법 제34조 제2항).

③ 국가 또는 지방자치단체인 사업주체는 사업계획승인을 받은 주택건설공사의 설계와 시공을 분리하여 발주하여야 한다. 다만, 주택건설공사 중 대통령령으로 정하는 대형공사로서 기술관리상 설계와 시공을 분리하여 발주할 수 없는 공사의 경우에는 대통령령으로 정하는 입찰방법으로 시행할 수 있다(법 제34조 제3항).

4 주택건설의 기준 등

(1) 사업주체가 건설·공급하는 주택의 건설 등에 관한 다음의 기준(이하 '주택건설기준 등'이라 한다)은 대통령령으로 정한다(법 제35조 제1항).

> ① 주택 및 시설의 배치, 주택과의 복합건축 등에 관한 주택건설기준
> ② 세대 간의 경계벽, 바닥충격음 차단구조, 구조내력(構造耐力) 등 주택의 구조·설비기준
> ③ 부대시설의 설치기준
> ④ 복리시설의 설치기준
> ⑤ 대지조성기준
> ⑥ 주택의 규모 및 규모별 건설비율

(2) 지방자치단체는 그 지역의 특성, 주택의 규모 등을 고려하여 주택건설기준 등의 범위에서 조례로 구체적인 기준을 정할 수 있다(법 제35조 제2항).

(3) 사업주체는 주택건설기준 등에 따라 주택건설사업 또는 대지조성사업을 시행하여야 한다(법 제35조 제3항).

5 에너지 친환경주택의 건설기준

(1) 「주택법」에 따른 사업계획승인을 받은 공동주택을 건설하는 경우에는 다음의 어느 하나 이상의 기술을 이용하여 주택의 총 에너지사용량 또는 총 이산화탄소배출량을 절감할 수 있는 에너지절약형 친환경주택(이하 '친환경주택'이라 한다)으로 건설하여야 한다(주택건설기준 등에 관한 규정 제64조 제1항).

> ① 고단열·고기능 외피구조, 기밀설계, 일조확보 및 친환경자재 사용 등 저에너지 건물 조성기술
> ② 고효율 열원설비, 제어설비 및 고효율 환기설비 등 에너지 고효율 설비기술
> ③ 태양열, 태양광, 지열 및 풍력 등 신·재생에너지 이용기술
> ④ 자연지반의 보존, 생태면적율의 확보 및 빗물의 순환 등 생태적 순환기능 확보를 위한 외부환경 조성기술
> ⑤ 건물에너지 정보화 기술, 자동제어장치 및 「지능형전력망의 구축 및 이용촉진에 관한 법률」에 따른 지능형전력망 등 에너지 이용효율을 극대화하는 기술

(2) 에너지 친환경주택을 건설하려는 자가 사업계획승인을 신청하는 경우에는 친환경주택 에너지 절약계획을 제출하여야 한다(주택건설기준 등에 관한 규정 제64조 제2항).

6 장수명 주택 건설기준 및 인증제도

(1) 국토교통부장관의 고시

국토교통부장관은 장수명 주택의 건설기준을 정하여 고시할 수 있다(법 제38조 제1항).

(2) 장수명 주택의 공급

① 국토교통부장관은 장수명 주택의 공급 활성화를 유도하기 위하여 위 (1)의 건설기준에 따라 장수명 주택 인증제도를 시행할 수 있다(법 제38조 제2항).

② 사업주체가 1,000세대 이상의 주택을 공급하고자 하는 때에는 인증제도에 따라 일반 등급 이상의 등급을 인정받아야 한다(법 제38조 제3항, 주택건설기준 등에 관한 규정 제65조의2 제2항·제3항).

(3) 장수명 주택의 지원

① 국가, 지방자치단체 및 공공기관의 장은 장수명 주택을 공급하는 사업주체 및 장수명 주택 취득자에게 법률 등에서 정하는 바에 따라 행정상·세제상의 지원을 할 수 있다(법 제38조 제4항).

② 국토교통부장관은 인증제도를 시행하기 위하여 인증기관을 지정하고 관련 업무를 위탁할 수 있다(법 제38조 제5항).

③ 인증제도에 따라 우수 등급 이상의 등급을 인정받은 경우 「국토의 계획 및 이용에 관한 법률」에도 불구하고 다음의 범위에서 건폐율·용적률·높이 제한을 완화할 수 있다(법 제38조 제7항, 주택건설기준 등에 관한 규정 제65조의2 제5항, 주택건설기준 등에 관한 규칙 제22조).

> ㉠ 건폐율: 「국토의 계획 및 이용에 관한 법률」 및 같은 법 시행령에 따라 조례로 정한 건폐율의 100분의 115를 초과하지 아니하는 범위에서 완화. 다만, 「국토의 계획 및 이용에 관한 법률」에 따른 건폐율의 최대한도를 초과할 수 없다.
> ㉡ 용적률: 「국토의 계획 및 이용에 관한 법률」 및 같은 법 시행령에 따라 조례로 정한 용적률의 100분의 115를 초과하지 아니하는 범위에서 완화. 다만, 「국토의 계획 및 이용에 관한 법률」에 따른 용적률의 최대한도를 초과할 수 없다.

7 공동주택성능 등급의 표시

사업주체가 500세대 이상의 공동주택을 공급할 때에는 주택의 성능 및 품질을 입주자가 알 수 있도록 「녹색건축물 조성 지원법」에 따라 다음의 공동주택성능에 대한 등급을 발급받아 국토교통부령으로 정하는 방법으로 입주자 모집공고에 표시하여야 한다(법 제39조, 주택건설기준 등에 관한 규정 제58조).

> ① 경량충격음·중량충격음·화장실소음·경계소음 등 소음 관련 등급
> ② 리모델링 등에 대비한 가변성 및 수리 용이성 등 구조 관련 등급
> ③ 조경·일조확보율·실내공기질·에너지절약 등 환경 관련 등급
> ④ 커뮤니티시설, 사회적 약자 배려, 홈네트워크, 방범안전 등 생활환경 관련 등급
> ⑤ 화재·소방·피난안전 등 화재·소방 관련 등급

8 주택의 감리 제31회

(1) 감리자의 지정

① 사업계획승인권자가 주택건설사업계획을 승인하였을 때와 시장·군수·구청장이 리모델링의 허가를 하였을 때에는 「건축사법」 또는 「건설기술 진흥법」에 따른 감리자격이 있는 자를 해당 주택건설공사의 감리자로 지정하여야 한다. 다만, 사업주체가 국가·지방자치단체·한국토지주택공사·지방공사 또는 대통령령으로 정하는 자인 경우와 「건축법」에 따라 공사감리를 하는 도시형 생활주택의 경우에는 그러하지 아니하다(법 제43조 제1항, 영 제47조 제1항).

> ⊙ 300세대 미만의 주택건설공사: 다음의 어느 하나에 해당하는 자[해당 주택건설공사를 시공하는 자의 계열회사(독점규제 및 공정거래에 관한 법률에 따른 계열회사를 말한다)는 제외한다. 이하 같다]
>   ⓐ 「건축사법」에 따라 건축사사무소개설신고를 한 자
>   ⓑ 「건설기술 진흥법」에 따라 등록한 건설엔지니어링사업자
> ⓒ 300세대 이상의 주택건설공사: 「건설기술 진흥법」에 따라 등록한 건설엔지니어링사업자

② 사업계획승인권자는 감리자가 감리자의 지정에 관한 서류를 부정 또는 거짓으로 제출하거나, 업무 수행 중 위반 사항이 있음을 알고도 묵인하는 등 대통령령으로 정하는 사유에 해당하는 경우에는 감리자를 교체하고, 그 감리자에 대하여는 1년의 범위에서 감리업무의 지정을 제한할 수 있다(법 제43조 제3항).

③ 사업주체(리모델링의 허가만 받은 자도 포함한다)와 감리자 간의 책임 내용 및 범위는 이 법에서 규정한 것 외에는 당사자 간의 계약으로 정한다(법 제43조 제4항).

④ 국토교통부장관은 위 ③에 따른 계약을 체결할 때 사업주체와 감리자 간에 공정하게 계약이 체결되도록 하기 위하여 감리용역표준계약서를 정하여 보급할 수 있다(법 제43조 제5항).

(2) 감리자의 업무

감리할 자로 지정받은 자(이하 '감리자'라 한다)는 자기에게 소속된 자를 대통령령으로 정하는 바에 따라 감리원으로 배치하고, 다음의 업무를 수행하여야 한다(법 제44조 제1항).

> ① 시공자가 설계도서에 맞게 시공하는지 여부의 확인
> ② 시공자가 사용하는 건축자재가 관계 법령에 따른 기준에 맞는 건축자재인지 여부의 확인
> ③ 주택건설공사에 대하여「건설기술 진흥법」에 따른 품질시험을 하였는지 여부의 확인
> ④ 시공자가 사용하는 마감자재 및 제품이 사업주체가 시장·군수·구청장에게 제출한 마감자재 목록표 및 영상물 등과 동일한지 여부의 확인
> ⑤ 주택건설공사의 하수급인(「건설산업기본법」에 따른 하수급인을 말한다)이「건설산업기본법」에 따른 시공자격을 갖추었는지 여부의 확인
> ⑥ 그 밖에 주택건설공사의 시공감리에 관한 사항으로서 대통령령으로 정하는 사항

(3) 감리자의 보고의무

감리자는 업무의 수행 상황을 국토교통부령으로 정하는 바에 따라 사업계획승인권자(리모델링의 허가만 받은 경우는 허가권자를 말한다) 및 사업주체에게 보고하여야 한다(법 제44조 제2항).

(4) 위반 시 조치

① 감리자는 업무를 수행하면서 위반 사항을 발견하였을 때에는 지체 없이 시공자 및 사업주체에게 위반 사항을 시정할 것을 통지하고, 7일 이내에 사업계획승인권자에게 그 내용을 보고하여야 한다(법 제44조 제3항).

② 시공자 및 사업주체는 시정 통지를 받은 경우에는 즉시 해당 공사를 중지하고 위반 사항을 시정한 후 감리자의 확인을 받아야 한다. 이 경우 감리자의 시정 통지에 이의가 있을 때에는 즉시 그 공사를 중지하고 사업계획승인권자에게 서면으로 이의신청을 할 수 있다(법 제44조 제4항).

③ 사업주체는 위 (1)의 ③의 계약에 따른 공사감리비를 국토교통부령으로 정하는 바에 따라 사업계획승인권자에게 예치하여야 한다(법 제44조 제6항).

④ 사업계획승인권자는 위 ③에 따라 예치받은 공사감리비를 감리자에게 국토교통부령으로 정하는 절차 등에 따라 지급하여야 한다. 다만, 감리자가 감리업무를 소홀히 하여 사업계획승인권자로부터 시정명령을 받은 경우 사업계획승인권자는 감리자가 시정명령을 이행완료할 때까지 감리비 지급을 유예할 수 있다(법 제44조 제7항).

(5) 품질점검단의 설치 및 운영 등 제35회, 제36회

① 시·도지사는 사전방문을 실시하고 사용검사를 신청하기 전에 공동주택의 품질을 점검하여 사업계획의 내용에 적합한 공동주택이 건설되도록 할 목적으로 주택 관련 분야 등의 전문가로 구성된 공동주택 품질점검단(이하 '품질점검단'이라 한다)을 설치·운영할 수 있다. 이 경우 시·도지사는 품질점검단의 설치·운영에 관한 사항을 조례로 정하는 바에 따라 대도시 시장에게 위임할 수 있다(법 제48조의3 제1항).

② 품질점검단은 대통령령으로 정하는 규모 및 범위 등에 해당하는 공동주택의 건축·구조·안전·품질관리 등에 대한 시공품질을 대통령령으로 정하는 바에 따라 점검하여 그 결과를 시·도지사(위 ① 후단의 경우에는 대도시 시장을 말한다)와 사용검사권자에게 제출하여야 한다(법 제48조의3 제2항).

③ 사업주체는 품질점검단의 점검에 협조하여야 하며, 이에 따르지 아니하거나 기피 또는 방해해서는 아니 된다(법 제48조의3 제3항).

④ 사용검사권자는 품질점검단의 시공품질 점검을 위하여 필요한 경우에는 사업주체, 감리자 등 관계자에게 공동주택의 공사현황 등 국토교통부령으로 정하는 서류 및 관련 자료의 제출을 요청할 수 있다. 이 경우 자료제출을 요청받은 자는 정당한 사유가 없으면 이에 따라야 한다(법 제48조의3 제4항).

⑤ 사용검사권자는 제출받은 점검결과를 사용검사가 있은 날부터 2년 이상 보관하여야 하며, 입주자(입주예정자를 포함)가 관련 자료의 공개를 요구하는 경우에는 이를 공개하여야 한다(법 제48조의3 제5항).

⑥ 사용검사권자는 대통령령으로 정하는 바에 따라 품질점검단의 점검결과에 대한 사업주체의 의견을 청취한 후 하자가 있다고 판단하는 경우 보수·보강 등 필요한 조치를 명하여야 한다. 이 경우 대통령령으로 정하는 중대한 하자는 대통령령으로 정하는 특별한 사유가 없으면 사용검사를 받기 전까지 조치하도록 명하여야 한다(법 제48조의3 제6항).

9 사용검사 제34회, 제36회

(1) 사용검사권자

① **사업주체의 사용검사신청**: 사업주체는 사업계획승인을 받아 시행하는 주택건설사업 또는 대지조성사업을 완료한 경우에는 주택 또는 대지에 대하여 국토교통부령으로 정하는 바에 따라 시장·군수·구청장(국가 또는 한국토지주택공사가 사업주체인 경우와 대통령령으로 정하는 경우에는 국토교통부장관)의 사용검사를 받아야 한다. 다만, 사업계획을 승인받은 경우에는 완공된 주택에 대하여 공구별로 사용검사(이하 '분할 사용검사'라 한다)를 받을 수 있고, 사업계획승인 조건의 미이행 등 대통령령으로 정하는 사유가 있는 경우에는 공사가 완료된 주택에 대하여 동별로 사용검사를 받을 수 있다(법 제49조 제1항).

② **시공보증자 등의 사용검사신청**: 위 ①에도 불구하고 다음의 구분에 따라 해당 주택의 시공을 보증한 자, 해당 주택의 시공자 또는 입주예정자는 대통령령으로 정하는 바에 따라 사용검사를 받을 수 있다(법 제49조 제3항).

> ㉠ 사업주체가 파산 등으로 사용검사를 받을 수 없는 경우에는 해당 주택의 시공을 보증한 자 또는 입주예정자
> ㉡ 사업주체가 정당한 이유 없이 사용검사를 위한 절차를 이행하지 아니하는 경우에는 해당 주택의 시공을 보증한 자, 해당 주택의 시공자 또는 입주예정자. 이 경우 사용검사권자는 사업주체가 사용검사를 받지 아니하는 정당한 이유를 밝히지 못하는 한 사용검사를 거부하거나 지연할 수 없다.

(2) **사용검사의 기간**

사용검사권자는 사용검사를 할 때 주택 또는 대지가 사업계획의 내용에 적합한지 여부와 사용검사를 받기 전까지 조치해야 하는 하자를 조치 완료했는지 여부를 확인하여야 하며, 사용검사는 그 신청일부터 15일 이내에 하여야 한다(영 제54조 제3항·제4항).

(3) **사용검사의 효과 - 건축물의 사용 등**

① **건축물의 사용시기**: 사업주체 또는 입주예정자는 사용검사를 받은 후가 아니면 주택 또는 대지를 사용하게 하거나 이를 사용할 수 없다. 다만, 대통령령으로 정하는 경우로서 사용검사권자의 임시사용승인을 받은 경우에는 그러하지 아니하다(법 제49조 제4항).

② **임시사용승인**
㉠ 사용검사는 원칙적으로 공사의 전체가 완료된 경우에 이를 받을 수 있으나 예외적으로 주택건설사업의 경우에는 건축물의 동별로 공사가 완료된 때, 대지조성사업의 경우에는 구획별로 공사가 완료된 때 그 부분에 대하여 임시사용승인을 받아 사용할 수 있다(영 제56조 제1항).
㉡ 임시사용승인을 받으려는 자는 사용검사권자에게 임시사용승인을 신청하여야 한다(영 제56조 제2항).
㉢ 사용검사권자는 임시사용승인의 신청을 받은 때에는 임시사용승인대상인 주택 또는 대지가 사업계획의 내용에 적합하고 사용에 지장이 없는 경우에 한하여 임시사용을 승인할 수 있다. 이 경우 임시사용승인의 대상이 공동주택인 경우에는 세대별로 임시사용승인을 할 수 있다(영 제56조 제3항).

③ **준공검사 등의 의제**: 사업주체가 사용검사를 받았을 때에는 다음에 따라 의제되는 인·허가 등에 따른 해당 사업의 사용승인·준공검사 또는 준공인가 등을 받은 것으로 본다. 이 경우 사용검사권자는 미리 관계 행정기관의 장과 협의하여야 한다(법 제49조 제2항).

> ㉠ 「건축법」에 따른 건축허가, 같은 법에 따른 건축신고, 같은 법에 따른 허가·신고사항의 변경 및 같은 법에 따른 가설건축물의 건축허가 또는 신고
> ㉡ 「공간정보의 구축 및 관리 등에 관한 법률」에 따른 지도 등의 간행 심사
> ㉢ 「공유수면 관리 및 매립에 관한 법률」에 따른 공유수면의 점용·사용허가, 같은 법에 따른 협의 또는 승인, 같은 법에 따른 점용·사용 실시계획의 승인 또는 신고, 같은 법에 따른 공유수면의 매립면허, 같은 법에 따른 국가 등이 시행하는 매립의 협의 또는 승인 및 같은 법에 따른 공유수면매립실시계획의 승인
> ㉣ 「광업법」에 따른 채굴계획의 인가
> ㉤ 「국토의 계획 및 이용에 관한 법률」에 따른 도시·군관리계획(지구단위계획구역 및 지구단위계획만 해당)의 결정, 같은 법에 따른 개발행위의 허가, 같은 법에 따른 도시·군계획시설사업 시행자의 지정, 같은 법에 따른 실시계획의 인가 및 같은 법에 따른 타인의 토지에의 출입허가
> ㉥ 「농어촌정비법」에 따른 농업생산기반시설의 사용허가
> ㉦ 「농지법」에 따른 농지전용(農地轉用)의 허가 또는 협의
> ㉧ 「도로법」에 따른 도로공사 시행의 허가, 같은 법 제61조에 따른 도로점용의 허가
> ㉨ 「도시개발법」에 따른 도시개발구역의 지정, 같은 법에 따른 시행자의 지정, 같은 법에 따른 실시계획의 인가 및 같은 법에 따른 타인의 토지에의 출입허가
> ㉩ 「사도법」에 따른 사도(私道)의 개설허가
> 이하 생략

예제

주택법령상 주택의 사용검사 등에 관한 설명으로 틀린 것은? 제24회

① 주택건설 사업계획승인의 조건이 이행되지 않은 경우에는 공사가 완료된 주택에 대하여 동별로 사용검사를 받을 수 없다.
② 사업주체가 파산하여 주택건설사업을 계속할 수 없고 시공보증자도 없는 경우 입주예정자대표회의가 시공자를 정하여 잔여공사를 시공하고 사용검사를 받아야 한다.
③ 주택건설사업을 공구별로 분할하여 시행하는 내용으로 사업계획의 승인을 받은 경우 완공된 주택에 대하여 공구별로 사용검사를 받을 수 있다.
④ 사용검사는 그 신청일부터 15일 이내에 하여야 한다.
⑤ 공동주택이 동별로 공사가 완료되고 임시사용승인신청이 있는 경우 대상 주택이 사업계획의 내용에 적합하고 사용에 지장이 없는 때에는 세대별로 임시사용승인을 할 수 있다.

해설 ① 사업계획승인 조건의 미이행 등 대통령령으로 정하는 사유가 있는 경우에는 공사가 완료된 주택에 대하여 동별로 사용검사를 받을 수 있다. ▶ **정답** ①

05 토지임대부 분양주택 제33회, 제36회

(1) 임대차 관계

① 토지임대부 분양주택의 토지에 대한 임대차기간은 40년 이내로 한다. 이 경우 토지임대부 분양주택 소유자의 75% 이상이 계약갱신을 청구하는 경우 40년의 범위에서 이를 갱신할 수 있다(법 제78조 제1항).

② 토지임대부 분양주택을 공급받은 자가 토지소유자와 임대차계약을 체결한 경우 해당 주택의 구분소유권을 목적으로 그 토지 위에 위 ①에 따른 임대차기간 동안 지상권이 설정된 것으로 본다(법 제78조 제2항).

③ 토지임대부 분양주택의 토지에 대한 임대차계약을 체결하고자 하는 자는 국토교통부령으로 정하는 표준임대차계약서를 사용하여야 한다(법 제78조 제3항).

(2) 토지의 가격

① 토지임대부 분양주택의 토지임대료는 해당 토지의 조성원가 또는 감정가격 등을 기준으로 산정하되, 토지임대부 분양주택의 월별 토지임대료는 다음의 구분에 따라 산정한 금액을 12개월로 분할한 금액 이하로 한다(법 제78조 제5항, 영 제81조 제1항).

> ㉠ 공공택지에 토지임대주택을 건설하는 경우: 해당 공공택지의 조성원가에 입주자모집공고일이 속하는 달의 전전달의 「은행법」에 따른 은행의 3년 만기 정기예금 평균이자율을 적용하여 산정한 금액
> ㉡ 공공택지 외의 택지에 토지임대주택을 건설하는 경우: 「감정평가 및 감정평가사에 관한 법률」에 따라 감정평가한 가액에 입주자모집공고일이 속하는 달의 전전달의 「은행법」에 따른 은행의 3년 만기 정기예금 평균이자율을 적용하여 산정한 금액. 이 경우 감정평가액의 산정시기와 산정방법 등은 국토교통부령으로 정한다.

② 토지임대료는 월별 임대료를 원칙으로 하되, 토지소유자와 주택을 공급받은 자가 합의한 경우 대통령령으로 정하는 바에 따라 임대료를 보증금으로 전환하여 납부할 수 있다(법 제78조 제6항).

③ 토지임대부 분양주택에 관하여 이 법에서 정하지 아니한 사항은 「집합건물의 소유 및 관리에 관한 법률」, 「민법」 순으로 적용한다(법 제78조 제8항).

(3) 토지임대부 분양주택의 공공매입(법 제78조의2)

① 토지임대부 분양주택을 공급받은 자는 제64조 제1항(전매제한)에도 불구하고 전매제한기간이 지나기 전에 대통령령으로 정하는 바에 따라 한국토지주택공사에 해당 주택의 매입을 신청할 수 있다.

② 한국토지주택공사는 ①에 따라 매입신청을 받거나 제64조 제1항(전매제한)을 위반하여 토지임대부 분양주택의 전매가 이루어진 경우 대통령령으로 정하는 특별한 사유가 없으면 대통령령으로 정하는 절차를 거쳐 해당 주택을 매입하여야 한다.

③ 한국토지주택공사가 주택을 매입하는 경우 다음의 구분에 따른 금액을 그 주택을 양도하는 자에게 지급한 때에는 그 지급한 날에 한국토지주택공사가 해당 주택을 취득한 것으로 본다.

> ㉠ ①에 따라 매입신청을 받은 경우: 해당 주택의 매입비용과 보유기간 등을 고려하여 대통령령으로 정하는 금액
> ㉡ 제64조 제1항(전매제한)을 위반하여 전매가 이루어진 경우: 해당 주택의 매입비용

④ 한국토지주택공사가 ②에 따라 주택을 매입하는 경우에는 제64조 제1항(전매제한)을 적용하지 아니한다.

제3장 주택의 공급

01 주택의 공급 제26회, 제27회, 제28회

1 주택의 공급요건

(1) 주택의 공급기준

사업주체(건축법에 따른 건축허가를 받아 주택 외의 시설과 주택을 동일 건축물로 하여 제15조 제1항에 따른 호수 이상으로 건설·공급하는 건축주와 사용검사를 받은 주택을 사업주체로부터 일괄하여 양수받은 자를 포함한다. 이하 같다)는 다음에서 정하는 바에 따라 주택을 건설·공급하여야 한다. 이 경우 국가유공자, 보훈보상대상자, 장애인, 철거주택의 소유자, 그 밖에 국토교통부령으로 정하는 대상자에게는 국토교통부령으로 정하는 바에 따라 입주자모집 조건 등을 달리 정하여 별도로 공급할 수 있다(법 제54조 제1항).

① **사업주체(공공주택사업자는 제외)가 입주자를 모집하려는 경우**: 국토교통부령으로 정하는 바에 따라 시장·군수·구청장의 승인(복리시설의 경우에는 신고를 말한다)을 받을 것

② **사업주체가 건설하는 주택을 공급하려는 경우**

> ㉠ 국토교통부령으로 정하는 입주자모집의 시기(사업주체 또는 시공자가 영업정지를 받거나 건설기술 진흥법 제53조에 따른 벌점이 국토교통부령으로 정하는 기준에 해당하는 경우 등에 달리 정한 입주자모집의 시기를 포함한다)·조건·방법·절차, 입주금(입주예정자가 사업주체에게 납입하는 주택가격을 말한다. 이하 같다)의 납부 방법·시기·절차, 주택공급계약의 방법·절차 등에 적합할 것

ⓒ 국토교통부령으로 정하는 바에 따라 벽지·바닥재·주방용구·조명기구 등을 제외한 부분의 가격을 따로 제시하고, 이를 입주자가 선택할 수 있도록 할 것

(2) 주택의 공급자격

주택을 공급받으려는 자는 국토교통부령으로 정하는 입주자자격, 재당첨 제한 및 공급순위 등에 맞게 주택을 공급받아야 한다. 이 경우 투기과열지구 및 조정대상지역에서 건설·공급되는 주택을 공급받으려는 자의 입주자자격, 재당첨 제한 및 공급 순위 등은 주택의 수급 상황 및 투기 우려 등을 고려하여 국토교통부령으로 지역별로 달리 정할 수 있다(법 제54조 제2항).

(3) 마감자재 목록표의 제출

사업주체가 시장·군수·구청장의 승인을 받으려는 경우(사업주체가 국가·지방자치단체·한국토지주택공사 및 지방공사인 경우에는 견본주택을 건설하는 경우를 말한다)에는 견본주택에 사용되는 마감자재의 규격·성능 및 재질을 적은 목록표(이하 '마감자재 목록표'라 한다)와 견본주택의 각 실의 내부를 촬영한 영상물 등을 제작하여 승인권자에게 제출하여야 한다(법 제54조 제3항).

(4) 마감자재 목록표 보관기간

시장·군수·구청장은 마감자재 목록표와 영상물 등을 사용검사가 있은 날부터 2년 이상 보관하여야 하며, 입주자가 열람을 요구하는 경우에는 이를 공개하여야 한다(법 제54조 제5항).

(5) 마감자재 목록표 설치기준

사업주체가 마감자재 생산업체의 부도 등으로 인한 제품의 품귀 등 부득이한 사유로 인하여 사업계획승인 또는 마감자재 목록표의 마감자재와 다르게 마감자재를 시공·설치하려는 경우에는 당초의 마감자재와 같은 질 이상으로 설치하여야 한다(법 제54조 제6항).

2 주택의 분양가격 제한 제27회, 제33회

(1) 분양가상한제 적용주택

① **적용주택**: 사업주체가 일반인에게 공급하는 공동주택 중 다음의 어느 하나에 해당하는 지역에서 공급하는 주택의 경우에는 다음의 기준에 따라 산정되는 분양가격 이하로 공급(이에 따라 공급되는 주택을 '분양가상한제 적용주택'이라 한다. 이하 같다)하여야 한다(법 제57조 제1항).

㉠ 공공택지
㉡ 공공택지 외의 택지에서 주택가격 상승 우려가 있어 국토교통부장관이 주거정책심의위원회의 심의를 거쳐 지정하는 지역

② 위 ①에도 불구하고 다음의 어느 하나에 해당하는 경우에는 분양가상한제를 적용하지 아니한다(법 제57조 제2항).

> ㉠ 도시형 생활주택
> ㉡ 「경제자유구역의 지정 및 운영에 관한 특별법」에 따라 지정·고시된 경제자유구역에서 건설·공급하는 공동주택으로서 경제자유구역위원회에서 외자유치 촉진과 관련이 있다고 인정하여 분양가격 제한을 적용하지 아니하기로 심의·의결한 경우
> ㉢ 「관광진흥법」에 따라 지정된 관광특구에서 건설·공급하는 공동주택으로서 해당 건축물의 층수가 50층 이상이거나 높이가 150m 이상인 경우
> ㉣ 「도시 및 주거환경정비법」에 따른 주거환경개선사업 및 공공재개발사업에서 건설·공급하는 주택
> ㉤ 「도시재생 활성화 및 지원에 관한 특별법」에 따른 주거재생혁신지구에서 건설·공급하는 주택
> ㉥ 「공공주택 특별법」에 따른 도심 공공주택 복합사업에서 건설·공급하는 주택

③ **분양가격**: 분양가격은 택지비와 건축비로 구성(토지임대부 분양주택의 경우에는 건축비만 해당)되며, 구체적인 명세, 산정방식, 감정평가기관 선정방법 등은 국토교통부령으로 정한다. 이 경우 택지비는 다음에 따라 산정한 금액으로 한다(법 제57조 제3항).
　㉠ 공공택지에서 주택을 공급하는 경우에는 해당 택지의 공급가격에 국토교통부령으로 정하는 택지와 관련된 비용을 가산한 금액
　㉡ 공공택지 외의 택지에서 분양가상한제 적용주택을 공급하는 경우에는 「감정평가 및 감정평가사에 관한 법률」에 따라 감정평가한 가액에 국토교통부령으로 정하는 택지와 관련된 비용을 가산한 금액. 다만, 택지 매입가격이 다음의 어느 하나에 해당하는 경우에는 해당 매입가격(대통령령으로 정하는 범위로 한정)에 국토교통부령으로 정하는 택지와 관련된 비용을 가산한 금액을 택지비로 볼 수 있다. 이 경우 택지비는 주택단지 전체에 동일하게 적용하여야 한다.

> ⓐ 「민사집행법」, 「국세징수법」 또는 「지방세징수법」에 따른 경매·공매 낙찰가격
> ⓑ 국가·지방자치단체 등 공공기관으로부터 매입한 가격

(2) **분양가 공시의무**

① **공공택지**: 사업주체는 분양가상한제 적용주택으로서 공공택지에서 공급하는 주택에 대하여 입주자모집 승인을 받았을 때에는 입주자모집공고에 다음[국토교통부령으로 정하는 세분류(細分類)를 포함]에 대하여 분양가격을 공시하여야 한다(법 제57조 제5항).

> ㉠ 택지비
> ㉡ 공사비
> ㉢ 간접비

② **공공택지 외의 택지**: 시장·군수·구청장이 공공택지 외의 택지에서 공급되는 분양가상한제 적용주택 중 분양가 상승 우려가 큰 지역으로서 대통령령으로 정하는 기준에 해당되는 지역에서 공급되는 주택의 입주자모집 승인을 하는 경우에는 다음의 구분에 따라 분양가격을 공시하여야 한다. 이 경우 다음의 ⓒ부터 ⓑ까지의 금액은 기본형건축비[특별자치시·특별자치도·시·군·구(구는 자치구의 구를 말하며, 이하 '시·군·구'라 한다)별 기본형건축비가 따로 있는 경우에는 시·군·구별 기본형건축비]의 항목별 가액으로 한다(법 제57조 제6항).

> ㉠ 택지비
> ㉡ 직접공사비
> ㉢ 간접공사비
> ㉣ 설계비
> ㉤ 감리비
> ㉥ 부대비

(3) 분양가상한제 적용 지역의 지정 및 해제

① 국토교통부장관은 주택가격상승률이 물가상승률보다 현저히 높은 지역으로서 그 지역의 주택가격·주택거래 등과 지역 주택시장 여건 등을 고려하였을 때 주택가격이 급등하거나 급등할 우려가 있는 지역 중 대통령령으로 정하는 기준을 충족하는 다음의 지역은 주거정책심의위원회 심의를 거쳐 분양가상한제 적용 지역으로 지정할 수 있다(법 제58조 제1항, 영 제61조).

> 위 ①에서 '대통령령으로 정하는 기준을 충족한 지역'이란 투기과열지구 중 다음의 어느 하나에 해당하는 지역을 말한다.
> ㉠ 직전월(분양가상한제 적용 지역으로 지정하는 날이 속하는 달의 바로 전 달을 말한다. 이하 이 항에서 같다)부터 소급하여 12개월간의 아파트 분양가격상승률이 물가상승률(해당 지역이 포함된 시·도 소비자물가상승률을 말한다)의 2배를 초과한 지역. 이 경우 해당 지역의 아파트 분양가격상승률을 산정할 수 없는 경우에는 해당 지역이 포함된 특별시·광역시·특별자치시·특별자치도 또는 시·군의 아파트 분양가격상승률을 적용한다.
> ㉡ 직전월부터 소급하여 3개월간의 주택매매거래량이 전년 동기 대비 20% 이상 증가한 지역
> ㉢ 직전월부터 소급하여 주택공급이 있었던 2개월 동안 해당 지역에서 공급되는 주택의 월평균 청약경쟁률이 모두 5대 1을 초과하였거나 해당 지역에서 공급되는 국민주택규모 주택의 월평균 청약경쟁률이 모두 10대 1을 초과한 지역

② 국토교통부장관이 분양가상한제 적용 지역을 지정하는 경우에는 미리 시·도지사의 의견을 들어야 한다(법 제58조 제2항).

③ 국토교통부장관은 분양가상한제 적용 지역을 지정하였을 때에는 지체 없이 이를 공고하고, 그 지정 지역을 관할하는 시장·군수·구청장에게 공고 내용을 통보하여야 한다. 이 경우 시장·군수·구청장은 사업주체로 하여금 입주자 모집공고시 해당 지역에서 공급하는 주택이 분양가상한제 적용주택이라는 사실을 공고하게 하여야 한다(법 제58조 제3항).

④ 국토교통부장관은 분양가상한제 적용 지역으로 계속 지정할 필요가 없다고 인정하는 경우에는 주거정책심의위원회의 심의를 거쳐 분양가상한제 적용 지역의 지정을 해제하여야 한다(법 제58조 제4항).

⑤ 분양가상한제 적용 지역의 지정을 해제하는 경우에는 지정절차(위 ② 및 ③ 전단)를 준용한다(법 제58조 제5항).

⑥ 분양가상한제 적용 지역으로 지정된 지역의 시·도지사, 시장, 군수 또는 구청장은 분양가상한제 적용 지역의 지정 후 해당 지역의 주택가격이 안정되는 등 분양가상한제 적용 지역으로 계속 지정할 필요가 없다고 인정하는 경우에는 국토교통부장관에게 그 지정의 해제를 요청할 수 있다(법 제58조 제6항).

(4) 분양가심사위원회

① **위원회의 설치·운영**: 시장·군수·구청장은 분양가격의 제한과 분양가격의 공시에 관한 사항을 심의하기 위하여 사업계획승인 신청이 있는 날부터 20일 이내에 분양가심사위원회를 설치·운영하여야 한다(법 제59조 제1항, 영 제62조 제1항).

② **분양가심사위원회의 구속력**: 시장·군수·구청장은 입주자모집 승인을 할 때에는 분양가심사위원회의 심사결과에 따라 승인 여부를 결정하여야 한다(법 제59조 제2항).

③ **분양가심사위원회의 구성**: 분양가심사위원회는 주택 관련 분야 교수, 주택건설 또는 주택관리 분야 전문직 종사자, 관계 공무원 또는 변호사·회계사·감정평가사 등 관련 전문가 10명 이내로 구성하되, 구성 절차 및 운영에 관한 사항은 대통령령으로 정한다(법 제59조 제3항).

> **예제**

주택법령상 주택의 공급에 관한 설명으로 옳은 것은? 제26회

① 한국토지주택공사가 사업주체로서 복리시설의 입주자를 모집하려는 경우 시장·군수·구청장에게 신고하여야 한다.
② 지방공사가 사업주체로서 견본주택을 건설하는 경우에는 견본주택에 사용되는 마감자재 목록표와 견본주택의 각 실의 내부를 촬영한 영상물 등을 제작하여 시장·군수·구청장에게 제출하여야 한다.
③ 「관광진흥법」에 따라 지정된 관광특구에서 건설·공급하는 50층 이상의 공동주택은 분양가상한제의 적용을 받는다.
④ 공공택지 외의 택지로서 분양가상한제가 적용되는 지역에서 공급하는 도시형 생활주택은 분양가상한제의 적용을 받는다.
⑤ 시·도지사는 사업계획승인 신청이 있는 날부터 30일 이내에 분양가심사위원회를 설치·운영하여야 한다.

해설 ① 한국토지주택공사는 복리시설의 입주자를 모집하려는 경우에는 신고하지 않아도 된다.
③ 「관광진흥법」에 따라 지정된 관광특구에서 건설·공급하는 50층 이상의 공동주택은 분양가상한제를 적용하지 아니한다.
④ 도시형 생활주택은 분양가상한제를 적용하지 아니한다.
⑤ 시장·군수·구청장은 사업계획승인 신청이 있는 날부터 20일 이내에 분양가심사위원회를 설치·운영하여야 한다.
▶ 정답 ②

02 저당권설정 등의 제한

1 제한대상

(1) **원 칙**

사업주체는 주택건설사업에 의하여 건설된 주택 및 대지에 대하여는 입주자모집공고 승인 신청일(주택조합의 경우에는 사업계획승인 신청일을 말한다) 이후부터 입주예정자가 그 주택 및 대지의 소유권이전등기를 신청할 수 있는 날(사업주체가 입주예정자에게 통보한 입주가능일을 말한다) 이후 60일까지의 기간 동안 입주예정자의 동의 없이 다음의 어느 하나에 해당하는 행위를 하여서는 아니 된다(법 제61조 제1항·제2항).

> ① 해당 주택 및 대지에 저당권 또는 가등기담보권 등 담보물권을 설정하는 행위
> ② 해당 주택 및 대지에 전세권·지상권 또는 등기되는 부동산임차권을 설정하는 행위
> ③ 해당 주택 및 대지를 매매 또는 증여 등의 방법으로 처분하는 행위

(2) 예외

주택의 건설을 촉진하기 위하여 다음에 해당하는 경우에는 그러하지 아니하다(법 제61조 제1항 단서, 영 제71조).

① 해당 주택의 입주자에게 주택구입자금의 일부를 융자해 줄 목적으로 주택도시기금이나 다음의 금융기관으로부터 주택건설자금의 융자를 받는 경우

> ⊙ 「은행법」에 따른 은행
> ⓒ 「중소기업은행법」에 따른 중소기업은행
> ⓒ 「상호저축은행법」에 따른 상호저축은행
> ⓔ 「보험업법」에 따른 보험회사
> ⓜ 그 밖의 법률에 따라 금융업무를 수행하는 기관으로서 국토교통부령으로 정하는 기관

② 해당 주택의 입주자에게 주택구입자금의 일부를 융자해 줄 목적으로 위 ①의 금융기관으로부터 주택구입자금의 융자를 받는 경우

③ 사업주체가 파산(채무자 회생 및 파산에 관한 법률 등에 따른 법원의 결정·인가를 포함한다. 이하 같다), 합병, 분할, 등록말소 또는 영업정지 등의 사유로 사업을 시행할 수 없게 되어 사업주체가 변경되는 경우

2 부기등기

(1) 부기등기 의무

저당권설정 등의 제한을 할 때 사업주체는 해당 주택 또는 대지가 입주예정자의 동의 없이는 양도하거나 제한물권을 설정하거나 압류·가압류·가처분 등의 목적물이 될 수 없는 재산임을 소유권등기에 부기등기하여야 한다. 다만, 사업주체가 국가·지방자치단체 및 한국토지주택공사 등 공공기관이거나 해당 대지가 사업주체의 소유가 아닌 경우 등 대통령령으로 정하는 경우에는 그러하지 아니하다(법 제61조 제3항).

(2) 부기등기 시기

부기등기는 주택건설대지에 대하여는 입주자모집공고 승인 신청(주택건설대지 중 주택조합이 사업계획승인 신청일까지 소유권을 확보하지 못한 부분이 있는 경우에는 그 부분에 대한 소유권 이전등기를 말한다)과 동시에 하여야 하고, 건설된 주택에 대하여는 소유권보존등기와 동시에 하여야 한다. 이 경우 부기등기의 내용 및 말소에 관한 사항은 대통령령으로 정한다(법 제61조 제4항).

(3) 위반의 효과

부기등기일 이후에 해당 대지 또는 주택을 양수하거나 제한물권을 설정받은 경우 또는 압류·가압류·가처분 등의 목적물로 한 경우에는 그 효력을 무효로 한다. 다만, 사업주체의 경영부실로 입주예정자가 그 대지를 양수받는 경우 등 대통령령으로 정하는 경우에는 그러하지 아니하다(법 제61조 제5항).

(4) 대지의 신탁

사업주체의 재무 상황 및 금융거래 상황이 극히 불량한 경우 등 대통령령으로 정하는 사유에 해당되어 「주택도시기금법」에 따른 주택도시보증공사(이하 '주택도시보증공사'라 한다)가 분양보증을 하면서 주택건설대지를 주택도시보증공사에 신탁하게 할 경우에는 사업주체는 그 주택건설대지를 신탁할 수 있다(법 제61조 제6항).

(5) 신탁계약조항

사업주체가 주택건설대지를 신탁하는 경우 신탁등기일 이후부터 입주예정자가 해당 주택건설대지의 소유권이전등기를 신청할 수 있는 날 이후 60일까지의 기간 동안 해당 신탁의 종료를 원인으로 하는 사업주체의 소유권이전등기청구권에 대한 압류·가압류·가처분 등은 효력이 없음을 신탁계약조항에 포함하여야 한다(법 제61조 제7항).

3 사용검사 후 매도청구 등 제27회, 제29회, 제30회

(1) 주택소유자의 매도청구

주택(복리시설을 포함한다. 이하 같다)의 소유자들은 주택단지 전체 대지에 속하는 일부의 토지에 대한 소유권이전등기 말소소송 등에 따라 사용검사(동별 사용검사를 포함)를 받은 이후에 해당 토지의 소유권을 회복한 자(이하 '실소유자'라 한다)에게 해당 토지를 시가(市價)로 매도할 것을 청구할 수 있다(법 제62조 제1항).

(2) 대표자의 선정요건

주택의 소유자들은 대표자를 선정하여 매도청구에 관한 소송을 제기할 수 있다. 이 경우 대표자는 주택의 소유자 전체의 4분의 3 이상의 동의를 얻어 선정한다(법 제62조 제2항).

(3) 판결의 효력

매도청구에 관한 소송에 대한 판결은 주택의 소유자 전체에 대하여 효력이 있다(법 제62조 제3항).

(4) 매도청구의 요건

매도청구를 하려는 경우에는 해당 토지의 면적이 주택단지의 전체 대지 면적의 5% 미만이어야 한다(법 제62조 제4항).

(5) 송달기간

매도청구의 의사표시는 실소유자가 해당 토지소유권을 회복한 날부터 2년 이내에 해당 실소유자에게 송달되어야 한다(법 제62조 제5항).

(6) 구상권 행사

주택의 소유자들은 매도청구로 인하여 발생한 비용의 전부를 사업주체에게 구상(求償)할 수 있다(법 제62조 제6항).

03 투기과열지구 및 전매제한

1 투기과열지구 제25회, 제27회, 제28회, 제29회, 제32회

(1) 지정권자

국토교통부장관 또는 시·도지사는 주택가격의 안정을 위하여 필요한 경우에는 주거정책심의위원회(시·도지사의 경우에는 시·도 주거정책심의위원회를 말한다)의 심의를 거쳐 일정한 지역을 투기과열지구로 지정하거나 이를 해제할 수 있다. 이 경우 투기과열지구는 그 지정목적을 달성할 수 있는 최소한의 범위에서 시·군·구 또는 읍·면·동의 지역 단위로 지정하되, 택지개발지구 등 해당 지역 여건을 고려하여 지정 단위를 조정할 수 있다(법 제63조 제1항).

(2) 지정대상지역

투기과열지구는 해당 지역의 주택가격상승률이 물가상승률보다 현저히 높은 지역으로서 그 지역의 청약경쟁률·주택가격·주택보급률 및 주택공급계획 등과 지역 주택시장 여건 등을 고려하였을 때 주택에 대한 투기가 성행하고 있거나 성행할 우려가 있는 지역 중 대통령령으로 정하는 기준을 충족하는 곳이어야 한다(법 제63조 제2항).

(3) **지정절차**

🏠 **투기과열지구의 지정절차**

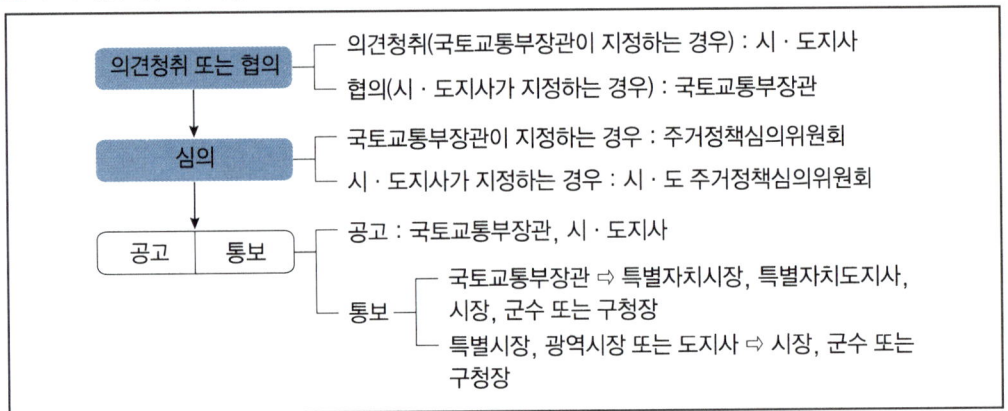

① **의견청취 또는 협의**: 국토교통부장관이 투기과열지구를 지정하거나 해제할 경우에는 미리 시·도지사의 의견을 듣고 그 의견에 대한 검토의견을 회신하여야 하며, 시·도지사가 투기과열지구를 지정하거나 해제할 경우에는 국토교통부장관과 협의하여야 한다(법 제63조 제5항).

② **심의**: 국토교통부장관 또는 시·도지사는 주택가격의 안정을 위하여 필요한 경우에는 주거정책심의위원회(시·도지사의 경우에는 시·도 주거정책심의위원회를 말한다)의 심의를 거쳐야 한다(법 제63조 제1항 전단).

③ **공고 및 통보**: 국토교통부장관 또는 시·도지사는 투기과열지구를 지정하였을 때에는 지체 없이 이를 공고하고, 국토교통부장관은 그 투기과열지구를 관할하는 특별자치시장, 특별자치도지사, 시장, 군수 또는 구청장에게, 특별시장, 광역시장 또는 도지사는 그 투기과열지구를 관할하는 시장, 군수 또는 구청장에게 공고 내용을 통보하여야 한다. 이 경우 시장·군수·구청장은 사업주체로 하여금 입주자모집공고 시 해당 주택건설 지역이 투기과열지구에 포함된 사실을 공고하게 하여야 한다. 투기과열지구 지정을 해제하는 경우에도 또한 같다(법 제63조 제3항).

(4) **지정의 재검토**

국토교통부장관은 반기마다 주거정책심의위원회의 회의를 소집하여 투기과열지구로 지정된 지역별로 해당 지역의 주택가격 안정 여건의 변화 등을 고려하여 투기과열지구 지정의 유지 여부를 재검토하여야 한다. 재검토 결과 투기과열지구 지정의 해제가 필요하다고 인정되는 경우에는 지체 없이 투기과열지구 지정을 해제하고 이를 공고하여야 한다(법 제63조 제6항).

(5) 해제요청

투기과열지구로 지정된 지역의 시·도지사, 시장, 군수 또는 구청장은 투기과열지구 지정 후 해당 지역의 주택가격이 안정되는 등 지정 사유가 없어졌다고 인정되는 경우에는 국토교통부장관 또는 시·도지사에게 투기과열지구 지정의 해제를 요청할 수 있다(법 제63조 제7항).

(6) 결과통보

투기과열지구 지정의 해제를 요청받은 국토교통부장관 또는 시·도지사는 요청받은 날부터 40일 이내에 주거정책심의위원회의 심의를 거쳐 투기과열지구 지정의 해제 여부를 결정하여 그 투기과열지구를 관할하는 지방자치단체의 장에게 심의결과를 통보하여야 한다(법 제63조 제8항).

(7) 해제공고

국토교통부장관 또는 시·도지사는 주거정책심의위원회의 심의결과 투기과열지구에서 그 지정 사유가 없어졌다고 인정될 때에는 지체 없이 투기과열지구 지정을 해제하고 이를 공고하여야 한다(법 제63조 제9항).

2 조정대상지역 제29회, 제34회

(1) 지정권자 및 지정대상

① **지정권자**: 국토교통부장관은 다음의 어느 하나에 해당하는 지역으로서 대통령령으로 정하는 기준을 충족하는 지역을 주거정책심의위원회의 심의를 거쳐 조정대상지역(이하 '조정대상지역'이라 한다)으로 지정할 수 있다. 이 경우 다음의 ㉠에 해당하는 조정대상지역은 그 지정목적을 달성할 수 있는 최소한의 범위에서 시·군·구 또는 읍·면·동의 지역 단위로 지정하되, 택지개발지구 등 해당 지역 여건을 고려하여 지정단위를 조정할 수 있다(법 제63조의2 제1항).

> ㉠ 주택가격, 청약경쟁률, 분양권 전매량 및 주택보급률 등을 고려하였을 때 주택 분양 등이 과열되어 있거나 과열될 우려가 있는 지역(과열지역)
> ㉡ 주택가격, 주택거래량, 미분양주택의 수 및 주택보급률 등을 고려하여 주택의 분양·매매 등 거래가 위축되어 있거나 위축될 우려가 있는 지역(위축지역)

② **지정대상**: 대통령령으로 정하는 기준을 충족한 지역은 다음의 구분에 따른 지역을 말한다.

㉠ 과열지역(위 ①의 ㉠에 해당하는 조정대상지역을 말한다): 조정대상지역지정직전월부터 소급하여 3개월간의 해당 지역 주택가격상승률이 해당 지역이 포함된 시·도 소비자물가상승률의 1.3배를 초과한 지역으로서 다음의 어느 하나에 해당하는 지역을 말한다.

ⓐ 조정대상지역지정직전월부터 소급하여 주택공급이 있었던 2개월 동안 해당 지역에서 공급되는 주택의 월평균 청약경쟁률이 모두 5대 1을 초과하였거나 국민주택규모 주택의 월평균 청약경쟁률이 모두 10대 1을 초과한 지역
ⓑ 조정대상지역지정직전월부터 소급하여 3개월간의 분양권(주택의 입주자로 선정된 지위를 말한다. 이하 같다) 전매거래량이 직전 연도의 같은 기간보다 30% 이상 증가한 지역
ⓒ 해당 지역이 속하는 시·도의 주택보급률 또는 자가주택비율이 전국 평균 이하인 지역

㉡ 위축지역(위 ①의 ㉡에 해당하는 조정대상지역을 말한다): 조정대상지역지정직전월부터 소급하여 6개월간의 평균 주택가격상승률이 마이너스 1.0% 이하인 지역으로서 다음의 어느 하나에 해당하는 지역을 말한다.

ⓐ 조정대상지역지정직전월부터 소급하여 3개월 연속 주택매매거래량이 전년 동기 대비 20% 이상 감소한 지역
ⓑ 조정대상지역지정직전월부터 소급하여 3개월간의 평균 미분양주택(사업계획승인을 받아 입주자를 모집하였으나 입주자가 선정되지 아니한 주택을 말한다)의 수가 전년 동기 대비 2배 이상인 지역
ⓒ 해당 지역이 속하는 시·도의 주택보급률 또는 자가주택비율이 전국 평균을 초과하는 지역

(2) **지정절차**

① **의견청취**: 국토교통부장관은 조정대상지역을 지정하는 경우에는 미리 시·도지사의 의견을 들어야 한다(법 제63조의2 제3항).

② **공고 및 통보**: 국토교통부장관은 조정대상지역을 지정하였을 때에는 지체 없이 이를 공고하고, 그 조정대상지역을 관할하는 시장·군수·구청장에게 공고 내용을 통보하여야 한다. 이 경우 시장·군수·구청장은 사업주체로 하여금 입주자모집공고 시 해당 주택건설 지역이 조정대상지역에 포함된 사실을 공고하게 하여야 한다(법 제63조의2 제4항).

(3) **지정해제**

① **심의** : 국토교통부장관은 조정대상지역으로 유지할 필요가 없다고 판단되는 경우에는 주거정책심의위원회의 심의를 거쳐 조정대상지역의 지정을 해제하여야 한다(법 제63조의2 제5항).

② **재검토** : 국토교통부장관은 반기마다 주거정책심의위원회의 회의를 소집하여 조정대상지역으로 지정된 지역별로 해당 지역의 주택가격 안정 여건의 변화 등을 고려하여 조정대상지역 지정의 유지 여부를 재검토하여야 한다. 이 경우 재검토 결과 조정대상지역 지정의 해제가 필요하다고 인정되는 경우에는 지체 없이 조정대상지역 지정을 해제하고 이를 공고하여야 한다(법 제63조의2 제7항).

③ **요청** : 조정대상지역으로 지정된 지역의 시·도지사 또는 시장·군수·구청장은 조정대상지역 지정 후 해당 지역의 주택가격이 안정되는 등 조정대상지역으로 유지할 필요가 없다고 판단되는 경우에는 국토교통부장관에게 그 지정의 해제를 요청할 수 있다(법 제63조의2 제8항).

3 전매제한 대상

사업주체가 건설·공급하는 주택[해당 주택의 입주자로 선정된 지위(입주자로 선정되어 그 주택에 입주할 수 있는 권리·자격·지위 등을 말한다)를 포함한다]으로서 다음의 어느 하나에 해당하는 경우에는 10년 이내의 범위에서 대통령령으로 정하는 기간이 지나기 전에는 그 주택을 전매(매매·증여나 그 밖에 권리의 변동을 수반하는 모든 행위를 포함하되, 상속의 경우는 제외한다. 이하 같다)하거나 이의 전매를 알선할 수 없다. 이 경우 전매제한기간은 주택의 수급 상황 및 투기 우려 등을 고려하여 대통령령으로 지역별로 달리 정할 수 있다(법 제64조 제1항).

① 투기과열지구에서 건설·공급되는 주택
② 조정대상지역에서 건설·공급되는 주택. 다만, 조정대상지역 중 주택의 수급 상황 등을 고려하여 대통령령으로 정하는 지역에서 건설·공급되는 주택은 제외한다.
③ 분양가상한제 적용주택. 다만, 수도권 외의 지역 중 주택의 수급 상황 및 투기 우려 등을 고려하여 대통령령으로 정하는 지역으로서 투기과열지구가 지정되지 아니하거나 지정 해제된 지역 중 공공택지 외의 택지에서 건설·공급되는 분양가상한제 적용주택은 제외한다.
④ 공공택지 외의 택지에서 건설·공급되는 주택. 다만, 법 제57조 제2항(분양가상한제 적용주택에서 제외되는 경우)의 주택 및 수도권 외의 지역 중 주택의 수급 상황 및 투기 우려 등을 고려하여 대통령령으로 정하는 지역으로서 공공택지 외의 택지에서 건설·공급되는 주택은 제외한다.

⑤ 「도시 및 주거환경정비법」에 따른 공공재개발사업(공공택지 외의 택지 중 분양가상한제가 적용되는 지역에 한정한다)에서 건설·공급하는 주택
⑥ 토지임대부 분양주택

4 전매행위 제한기간(영 제73조 제1항 관련 [별표 3]) 제23회, 제25회

(1) **공통사항**

① 전매행위 제한기간은 해당 주택의 입주자로 선정된 날부터 기산한다.
② 주택에 대한 (2)의 규정에 따른 전매행위 제한기간이 둘 이상에 해당하는 경우에는 그 중 가장 긴 전매행위 제한기간을 적용한다. 다만, 법 제63조의2 제1항 제2호(위축지역)에 따른 지역에서 건설·공급되는 주택의 경우에는 가장 짧은 전매행위 제한기간을 적용한다.
③ 주택에 대한 (2)의 규정에 따른 전매행위 제한기간 이내에 해당주택에 대한 소유권이전등기를 완료한 경우 소유권이전등기를 완료한 때에 전매행위제한기간이 지난 것으로 본다. 이 경우 주택에 대한 소유권이전등기에는 대지를 제외한 건축물에 대해서만 소유권이전등기를 하는 경우를 포함한다.

(2) **법 제64조 제1항 제1호의 주택**(투기과열지구에서 건설·공급되는 주택)

수도권	수도권 외의 지역
3년	1년

5 전매제한의 특례와 부기등기 제24회, 제25회, 제27회

(1) **전매제한의 특례**

주택을 공급받은 자의 생업상의 사정 등으로 전매가 불가피하다고 인정되는 경우로서 대통령령으로 정하는 경우에는 주택의 전매행위 제한에 관한 규정을 적용하지 아니한다. 다만, 분양가상한제 적용주택을 공급받은 자가 전매하는 경우에는 한국토지주택공사가 그 주택을 우선 매입할 수 있다(법 제64조 제2항, 영 제73조 제4항).

① 세대원(전매제한 대상 주택을 공급받은 사람이 포함된 세대의 구성원을 말한다)이 근무 또는 생업상의 사정이나 질병치료·취학·결혼으로 인하여 세대원 전원이 다른 광역시, 특별자치시, 특별자치도, 시 또는 군(광역시의 관할 구역에 있는 군은 제외)으로 이전하는 경우. 다만, 수도권 안에서 이전하는 경우는 제외한다.
② 상속에 따라 취득한 주택으로 세대원 전원이 이전하는 경우

③ 세대원 전원이 해외로 이주하거나 2년 이상의 기간 동안 해외에 체류하고자 하는 경우
④ 이혼으로 인하여 입주자로 선정된 지위 또는 주택을 그 배우자에게 이전하는 경우
⑤ 「공익사업을 위한 토지 등의 취득 및 보상에 관한 법률」에 따라 공익사업의 시행으로 주거용 건축물을 제공한 자가 사업시행자로부터 이주대책용 주택을 공급받은 경우(사업시행자의 알선으로 공급받은 경우를 포함)로서 시장·군수 또는 구청장이 확인하는 경우
⑥ 분양가상한제 적용주택 또는 공공택지 외의 택지에서 건설·공급되는 주택, 「도시 및 주거환경정비법」에 따른 공공재개발사업에서 건설·공급하는 주택의 소유자가 국가·지방자치단체, 금융기관, 주택도시보증공사에 대한 채무를 이행하지 못하여 경매 또는 공매가 시행되는 경우
⑦ 입주자로 선정된 지위 또는 주택의 일부를 배우자에게 증여하는 경우
⑧ 실직·파산 또는 신용불량으로 경제적 어려움이 발생한 경우

(2) 부기등기 의무

사업주체가 분양가상한제 적용주택 및 공공택지 외의 택지에서 건설·공급되는 주택, 토지임대부 분양주택을 공급하는 경우(한국토지주택공사가 주택을 재공급하는 경우도 포함)에는 그 주택의 소유권을 제3자에게 이전할 수 없음을 소유권에 관한 등기에 부기등기하여야 한다(법 제64조 제4항).

(3) 부기등기 시기

부기등기는 주택의 소유권보존등기와 동시에 하여야 하며, 부기등기에는 '이 주택은 최초로 소유권이전등기가 된 후에는 「주택법」에서 정한 기간이 지나기 전에 한국토지주택공사(한국토지주택공사가 우선 매입한 주택을 공급받는 자를 포함) 외의 자에게 소유권을 이전하는 어떠한 행위도 할 수 없음'을 명시하여야 한다(법 제64조 제5항).

6 전매제한 위반의 효과

(1) 사업주체의 환매

전매제한 규정을 위반(토지임대부 분양주택 제외)하여 주택의 입주자로 선정된 지위의 전매가 이루어진 경우, 사업주체가 매입비용을 그 매수인에게 지급한 경우에는 그 지급한 날에 사업주체가 해당 입주자로 선정된 지위를 취득한 것으로 보며, 한국토지주택공사가 분양가상한제 적용주택을 우선 매입하는 경우에도 매입비용을 준용하되, 해당 주택의 분양가격과 인근지역 주택매매가격의 비율 및 해당 주택의 보유기간 등을 고려하여 대통령령으로 정하는 바에 따라 매입금액을 달리 정할 수 있다(법 제64조 제3항).

(2) 행정형벌

전매제한 규정을 위반하여 주택을 전매하거나 이의 전매를 알선한 자는 3년 이하의 징역 또는 3,000만원 이하의 벌금에 처한다. 다만, 그 위반행위로 얻은 이익의 3배에 해당하는 금액이 3,000만원을 초과하는 자는 3년 이하의 징역 또는 그 이익의 3배에 해당하는 금액 이하의 벌금에 처한다(법 제101조 제2호).

> **예제**
>
> 주택법령상 주택의 전매행위제한을 받는 주택임에도 불구하고 전매가 허용되는 경우에 해당하는 것은? (단, 전매를 위해 필요한 다른 요건은 충족한 것으로 함) 　　제24회 수정
> ① 세대주의 근무상 사정으로 인하여 세대원 일부가 수도권 안에서 이전하는 경우
> ② 세대원 전원이 1년간 해외에 체류하고자 하는 경우
> ③ 이혼으로 인하여 주택을 그 배우자에게 이전하는 경우
> ④ 세대원 일부가 해외로 이주하는 경우
> ⑤ 상속에 의하여 취득한 주택으로 세대원 일부가 이전하는 경우
>
> **해설** ③ 이혼으로 인하여 주택을 그 배우자에게 이전하는 경우에는 전매가 허용된다.
> ① 세대주의 근무상 사정으로 인하여 세대원 전원이 다른 광역시, 시, 군으로 이전하는 경우(단, 수도권 안에서 이전하는 경우는 제외)에는 전매가 허용된다.
> ② 세대원 전원이 2년 이상 해외에 체류하고자 하는 경우에는 전매가 허용된다.
> ④ 세대원 전원이 해외로 이주하는 경우에는 전매가 허용된다.
> ⑤ 상속에 의하여 취득한 주택으로 세대원 전원이 이전하는 경우에는 전매가 허용된다. ▶ 정답 ③

04 공급질서 교란금지 　제23회, 제24회, 제25회, 제32회

1 공급질서 교란행위

누구든지 이 법에 따라 건설·공급되는 주택을 공급받거나 공급받게 하기 위하여 다음의 어느 하나에 해당하는 증서 또는 지위를 양도·양수(매매·증여나 그 밖에 권리 변동을 수반하는 모든 행위를 포함하되, 상속·저당의 경우는 제외) 또는 이를 알선하거나 양도·양수 또는 이를 알선할 목적으로 하는 광고(각종 간행물·인쇄물·전화·인터넷, 그 밖의 매체를 통한 행위를 포함)를 하여서는 아니 되며, 누구든지 거짓이나 그 밖의 부정한 방법으로 이 법에 따라 건설·공급되는 증서나 지위 또는 주택을 공급받거나 공급받게 하여서는 아니 된다(법 제65조 제1항, 영 제74조 제1항).

① 주택을 공급받을 수 있는 조합원의 지위
② 입주자저축증서
③ 주택상환사채

④ 시장·군수·구청장이 발행한 무허가건물확인서·건물철거예정 증명서 또는 건물철거 확인서
⑤ 공공사업의 시행으로 인한 이주대책에 따라 주택을 공급받을 수 있는 지위 또는 이주대책대상자 확인서

2 위반의 효과

(1) 지위의 무효 또는 계약의 취소

국토교통부장관 또는 사업주체는 다음의 어느 하나에 해당하는 자에 대하여는 그 주택공급을 신청할 수 있는 지위를 무효로 하거나 이미 체결된 주택의 공급계약을 취소하여야 한다(법 제65조 제2항).

① 위 **1**을 위반하여 증서 또는 지위를 양도하거나 양수한 자
② 위 **1**을 위반하여 거짓이나 그 밖의 부정한 방법으로 증서나 지위 또는 주택을 공급받은 자

(2) 환 매

사업주체가 위 **1**을 위반한 자에게 대통령령으로 정하는 바에 따라 산정한 주택가격에 해당하는 금액을 지급한 경우에는 그 지급한 날에 그 주택을 취득한 것으로 본다(법 제65조 제3항).

(3) 퇴거명령

사업주체가 매수인에게 주택가격을 지급하거나, 매수인을 알 수 없어 주택가격의 수령통지를 할 수 없는 경우 등 대통령령으로 정하는 사유에 해당하는 경우로서 주택가격을 그 주택이 있는 지역을 관할하는 법원에 공탁한 경우에는 그 주택에 입주한 자에 대하여 기간을 정하여 퇴거를 명할 수 있다(법 제65조 제4항).

(4) 입주자자격 제한

① 국토교통부장관은 위 **1**을 위반한 자에 대하여 10년 이내의 범위에서 국토교통부령으로 정하는 바에 따라 주택의 입주자자격을 제한할 수 있다(법 제65조 제5항).
② 국토교통부장관 또는 사업주체는 위 (1)에도 불구하고 위 **1**을 위반한 공급질서 교란행위가 있었다는 사실을 알지 못하고 주택 또는 주택의 입주자로 선정된 지위를 취득한 매수인이 해당 공급질서 교란행위와 관련이 없음을 대통령령으로 정하는 바에 따라 소명하는 경우에는 이미 체결된 주택의 공급계약을 취소하여서는 아니 된다(법 제65조 제6항).

③ 사업주체는 위 (1)에 따라 이미 체결된 주택의 공급계약을 취소하려는 경우 국토교통부장관 및 주택 또는 주택의 입주자로 선정된 지위를 보유하고 있는 자에게 대통령령으로 정하는 절차 및 방법에 따라 그 사실을 미리 알려야 한다(법 제65조 제7항).

(5) 행정형벌

공급질서 교란금지 규정을 위반한 자는 3년 이하의 징역 또는 3,000만원 이하의 벌금에 처한다. 다만, 그 위반행위로 얻은 이익의 3배에 해당하는 금액이 3,000만원을 초과하는 자는 3년 이하의 징역 또는 그 이익의 3배에 해당하는 금액 이하의 벌금에 처한다(법 제101조 제3호).

예제

주택법령상 주택공급과 관련하여 금지되는 공급질서 교란행위에 해당하는 것을 모두 고른 것은?
제32회

㉠ 주택을 공급받을 수 있는 조합원 지위의 상속
㉡ 입주자저축증서의 저당
㉢ 공공사업의 시행으로 인한 이주대책에 따라 주택을 공급받을 수 있는 지위의 매매
㉣ 주택을 공급받을 수 있는 증서로서 시장·군수·구청장이 발행한 무허가건물 확인서의 증여

① ㉠, ㉡
② ㉠, ㉣
③ ㉢, ㉣
④ ㉠, ㉡, ㉢
⑤ ㉡, ㉢, ㉣

해설 ③ 누구든지 이 법에 따라 건설·공급되는 주택을 공급받거나 공급받게 하기 위하여 다음의 어느 하나에 해당하는 증서 또는 지위를 양도·양수(매매·증여나 그 밖에 권리변동을 수반하는 모든 행위를 포함하되, 상속·저당의 경우는 제외한다. 이하 같다) 또는 이를 알선하거나 양도·양수 또는 이를 알선할 목적으로 하는 광고(각종 간행물·인쇄물·전화·인터넷, 그 밖의 매체를 통한 행위를 포함한다)를 하여서는 아니 되며, 누구든지 거짓이나 그 밖의 부정한 방법으로 이 법에 따라 건설·공급되는 증서나 지위 또는 주택을 공급받거나 공급받게 하여서는 아니 된다.

1. 주택을 공급받을 수 있는 조합원의 지위
2. 입주자저축증서
3. 주택상환사채
4. 시장·군수·구청장이 발행한 무허가건물 확인서, 건물철거예정 증명서 또는 건물철거 확인서(㉣)
5. 공공사업의 시행으로 인한 이주대책에 따라 주택을 공급받을 수 있는 지위 또는 이주대책대상자 확인서(㉢)

▶ 정답 ③

제4장 주택의 리모델링

1 리모델링의 허가기준 제28회, 제31회, 제33회, 제34회, 제36회

(1) 입주자 · 사용자 · 관리주체

공동주택(부대시설과 복리시설을 포함)의 입주자 · 사용자 또는 관리주체가 공동주택을 리모델링하려고 하는 경우에는 허가와 관련된 면적, 세대수 또는 입주자 등의 동의 비율에 관하여 대통령령으로 정하는 기준 및 절차 등에 따라 시장 · 군수 · 구청장의 허가를 받아야 한다(법 제66조 제1항, 영 [별표 4]).

> 입주자 · 사용자 또는 관리주체의 경우: 공사기간, 공사방법 등이 적혀 있는 동의서에 입주자 전체의 동의를 받아야 한다.

(2) 리모델링주택조합 또는 입주자대표회의

리모델링 결의를 한 리모델링주택조합이나 소유자 전원의 동의를 받은 입주자대표회의(이하 '입주자대표회의'라 한다)가 시장 · 군수 · 구청장의 허가를 받아 리모델링을 할 수 있다(법 제66조 제2항, 영 [별표 4]).

> ① 리모델링주택조합의 경우: 주택단지 전체를 리모델링하는 경우에는 주택단지 전체 구분소유자 및 의결권의 각 75% 이상의 동의와 각 동별 구분소유자 및 의결권의 각 50% 이상의 동의를 받아야 하며(리모델링을 하지 않는 별동의 건축물로 입주자 공유가 아닌 복리시설 등의 소유자는 권리변동이 없는 경우에 한정하여 동의비율 산정에서 제외), 동을 리모델링하는 경우에는 그 동의 구분소유자 및 의결권의 각 75% 이상의 동의를 받아야 한다.
> ② 입주자대표회의: 주택단지의 소유자 전원의 동의를 받아야 한다.

(3) 시공자 선정

① 리모델링을 하는 경우 설립인가를 받은 리모델링주택조합의 총회 또는 소유자 전원의 동의를 받은 입주자대표회의에서 「건설산업기본법」에 따른 건설사업자 또는 건설사업자로 보는 등록사업자를 시공자로 선정하여야 한다(법 제66조 제3항).

② 시공자를 선정하는 경우에는 국토교통부장관이 정하는 경쟁입찰의 방법으로 하여야 한다. 다만, 경쟁입찰의 방법으로 시공자를 선정하는 것이 곤란하다고 인정되는 경우 등 대통령령으로 정하는 경우에는 그러하지 아니하다(법 제66조 제4항).

(4) 도시계획위원회의 심의

시장·군수·구청장이 세대수 증가형 리모델링(50세대 이상으로 세대수가 증가하는 경우로 한정한다. 이하 같다)을 허가하려는 경우에는 기반시설에의 영향이나 도시·군관리계획과의 부합 여부 등에 대하여 「국토의 계획 및 이용에 관한 법률」에 따라 설치된 시·군·구 도시계획위원회의 심의를 거쳐야 한다(법 제66조 제6항, 영 제76조 제2항).

(5) 사용검사

공동주택의 입주자·사용자·관리주체·입주자대표회의 또는 리모델링주택조합이 리모델링에 관하여 시장·군수·구청장의 허가를 받은 후 그 공사를 완료하였을 때에는 시장·군수·구청장의 사용검사를 받아야 한다(법 제66조 제7항).

(6) 허가의 취소

시장·군수·구청장은 공동주택의 입주자·사용자·관리주체·입주자대표회의 또는 리모델링주택조합이 거짓이나 그 밖의 부정한 방법으로 허가를 받은 경우에는 행위허가를 취소할 수 있다(법 제66조 제8항).

2 증축형 리모델링의 안전진단

(1) 안전진단의 실시

① **안전진단의 요청**: 증축형 리모델링을 하려는 자는 시장·군수·구청장에게 안전진단을 요청하여야 하며, 안전진단을 요청받은 시장·군수·구청장은 해당 건축물의 증축 가능 여부의 확인 등을 위하여 안전진단을 실시하여야 한다(법 제68조 제1항).

② **안전진단 실시의뢰**: 시장·군수·구청장은 안전진단을 실시하는 경우에는 대통령령으로 정하는 기관에 안전진단을 의뢰하여야 하며, 안전진단을 의뢰받은 기관은 리모델링을 하려는 자가 추천한 건축구조기술사(구조설계를 담당할 자를 말한다)와 함께 안전진단을 실시하여야 한다(법 제68조 제2항, 영 제78조 제1항).

> ㉠ 「시설물의 안전 및 유지관리에 관한 특별법」에 따라 등록한 안전진단전문기관(이하 '안전진단전문기관'이라 한다)
> ㉡ 「국토안전관리원법」에 따른 국토안전관리원(이하 '국토안전관리원'이라 한다)
> ㉢ 「과학기술분야 정부출연연구기관 등의 설립·운영 및 육성에 관한 법률」에 따른 한국건설기술연구원(이하 '한국건설기술연구원'이라 한다)

③ **증축형 리모델링 금지**: 시장·군수·구청장이 안전진단으로 건축물 구조의 안전에 위험이 있다고 평가하여 「도시 및 주거환경정비법」에 따른 재건축사업 및 「빈집 및 소규모주택 정비에 관한 특례법」에 따른 소규모재건축사업의 시행이 필요하다고 결정한 건축물은 증축형 리모델링을 하여서는 아니 된다(법 제68조 제3항).

④ **구조안전성 확인**: 시장·군수·구청장은 수직증축형 리모델링을 허가한 후에 해당 건축물의 구조안전성 등에 대한 상세 확인을 위하여 안전진단을 실시하여야 한다. 이 경우 안전진단을 의뢰받은 기관은 건축구조기술사와 함께 안전진단을 실시하여야 하며, 리모델링을 하려는 자는 안전진단 후 구조설계의 변경 등이 필요한 경우에는 건축구조기술사로 하여금 이를 보완하도록 하여야 한다(법 제68조 제4항).

⑤ **결과보고서 제출**: 안전진단을 의뢰받은 기관은 국토교통부장관이 정하여 고시하는 기준에 따라 안전진단을 실시하고, 국토교통부령으로 정하는 방법 및 절차에 따라 안전진단 결과보고서를 작성하여 안전진단을 요청한 자와 시장·군수·구청장에게 제출하여야 한다(법 제68조 제5항).

⑥ **비용부담**: 시장·군수·구청장은 안전진단을 실시하는 비용의 전부 또는 일부를 리모델링을 하려는 자에게 부담하게 할 수 있다(법 제68조 제6항).

(2) 전문기관의 안전성 검토

① 시장·군수·구청장은 수직증축형 리모델링을 하려는 자가 「건축법」에 따른 건축위원회의 심의를 요청하는 경우 구조계획상 증축범위의 적정성 등에 대하여 국토안전관리원 또는 한국건설기술연구원에 안전성 검토를 의뢰하여야 한다(법 제69조 제1항, 영 제79조 제1항).

② 시장·군수·구청장은 수직증축형 리모델링을 하려는 자의 허가 신청이 있거나 안전진단 결과 국토교통부장관이 정하여 고시하는 설계도서의 변경이 있는 경우 제출된 설계도서상 구조안전의 적정성 여부 등에 대하여 위 ①에 따라 검토를 수행한 전문기관에 안전성 검토를 의뢰하여야 한다(법 제69조 제2항).

③ 검토의뢰를 받은 전문기관은 국토교통부장관이 정하여 고시하는 검토기준에 따라 검토한 결과를 대통령령으로 정하는 기간 이내에 시장·군수·구청장에게 제출하여야 하며, 시장·군수·구청장은 특별한 사유가 없는 경우 이 법 및 관계 법률에 따른 위원회의 심의 또는 허가 시 제출받은 안전성 검토결과를 반영하여야 한다(법 제69조 제3항).

④ 시장·군수·구청장은 전문기관의 안전성 검토비용의 전부 또는 일부를 리모델링을 하려는 자에게 부담하게 할 수 있다(법 제69조 제4항).

⑤ 국토교통부장관은 시장·군수·구청장에게 제출받은 자료의 제출을 요청할 수 있으며, 필요한 경우 시장·군수·구청장으로 하여금 안전성 검토결과의 적정성에 대하여 「건축법」에 따른 중앙건축위원회의 심의를 받도록 요청할 수 있다(법 제69조 제5항).

3 리모델링 기본계획의 수립 및 고시 제27회

(1) 수립권자 및 대상지역

① 특별시장·광역시장 및 대도시의 시장은 관할 구역에 대하여 다음의 사항을 포함한 리모델링 기본계획을 10년 단위로 수립하여야 한다. 다만, 세대수 증가형 리모델링에 따른 도시과밀의 우려가 적은 경우 등 대통령령으로 정하는 경우에는 리모델링 기본계획을 수립하지 아니할 수 있다(법 제71조 제1항).

> ㉠ 계획의 목표 및 기본방향
> ㉡ 도시기본계획 등 관련 계획 검토
> ㉢ 리모델링 대상 공동주택 현황 및 세대수 증가형 리모델링 수요 예측
> ㉣ 세대수 증가에 따른 기반시설의 영향 검토
> ㉤ 일시집중 방지 등을 위한 단계별 리모델링 시행방안
> ㉥ 그 밖에 대통령령으로 정하는 사항

② 대도시가 아닌 시의 시장은 세대수 증가형 리모델링에 따른 도시과밀이나 일시집중 등이 우려되어 도지사가 리모델링 기본계획의 수립이 필요하다고 인정한 경우 리모델링 기본계획을 수립하여야 한다(법 제71조 제2항).

(2) 작성기준

리모델링 기본계획의 작성기준 및 작성방법 등은 국토교통부장관이 정한다(법 제71조 제3항).

(3) 수립절차

① **공람 및 지방의회 의견청취**: 특별시장·광역시장 및 대도시의 시장(대도시가 아닌 시의 시장을 포함한다. 이하 이 조부터 제74조까지에서 같다)은 리모델링 기본계획을 수립하거나 변경하려면 14일 이상 주민에게 공람하고, 지방의회의 의견을 들어야 한다. 이 경우 지방의회는 의견제시를 요청받은 날부터 30일 이내에 의견을 제시하여야 하며, 30일 이내에 의견을 제시하지 아니하는 경우에는 이의가 없는 것으로 본다. 다만, 대통령령으로 정하는 경미한 변경인 경우에는 주민공람 및 지방의회 의견청취 절차를 거치지 아니할 수 있다(법 제72조 제1항).

② **협의 및 심의**: 특별시장·광역시장 및 대도시의 시장은 리모델링 기본계획을 수립하거나 변경하려면 관계 행정기관의 장과 협의한 후 「국토의 계획 및 이용에 관한 법률」에 따라 설치된 시·도도시계획위원회 또는 시·군·구도시계획위원회의 심의를 거쳐야 한다(법 제72조 제2항).

③ **도지사의 승인**: 대도시의 시장은 리모델링 기본계획을 수립하거나 변경하려면 도지사의 승인을 받아야 하며, 도지사는 리모델링 기본계획을 승인하려면 시·도도시계획위원회의 심의를 거쳐야 한다(법 제72조 제4항).

(4) 고시 및 타당성 검토

① 특별시장·광역시장 및 대도시의 시장은 리모델링 기본계획을 수립하거나 변경한 때에는 이를 지체 없이 해당 지방자치단체의 공보에 고시하여야 한다(법 제73조 제1항).

② 특별시장·광역시장 및 대도시의 시장은 5년마다 리모델링 기본계획의 타당성을 검토하여 그 결과를 리모델링 기본계획에 반영하여야 한다(법 제73조 제2항).

4 세대수 증가형 리모델링의 시기조정 등

(1) 국토교통부장관의 요청

국토교통부장관은 세대수 증가형 리모델링의 시행으로 주변지역에 현저한 주택부족이나 주택시장의 불안정 등이 발생될 우려가 있는 때에는 주거정책심의위원회의 심의를 거쳐 특별시장, 광역시장, 대도시의 시장에게 리모델링 기본계획을 변경하도록 요청하거나, 시장·군수·구청장에게 세대수 증가형 리모델링의 사업계획 승인 또는 허가의 시기를 조정하도록 요청할 수 있으며, 요청을 받은 특별시장, 광역시장, 대도시의 시장 또는 시장·군수·구청장은 특별한 사유가 없으면 그 요청에 따라야 한다(법 제74조 제1항).

(2) 시·도지사의 요청

시·도지사는 세대수 증가형 리모델링의 시행으로 주변지역에 현저한 주택부족이나 주택시장의 불안정 등이 발생될 우려가 있는 때에는 「주거기본법」에 따른 시·도 주거정책심의위원회의 심의를 거쳐 대도시의 시장에게 리모델링 기본계획을 변경하도록 요청하거나, 시장·군수·구청장에게 세대수 증가형 리모델링의 사업계획 승인 또는 허가의 시기를 조정하도록 요청할 수 있으며, 요청을 받은 대도시의 시장 또는 시장·군수·구청장은 특별한 사유가 없으면 그 요청에 따라야 한다(법 제74조 제2항).

(3) 리모델링지원센터 설치

① 시장·군수·구청장은 리모델링의 원활한 추진을 지원하기 위하여 리모델링지원센터를 설치하여 운영할 수 있다(법 제75조 제1항).

② 리모델링지원센터는 다음의 업무를 수행할 수 있다(법 제75조 제2항).

> ⊙ 리모델링주택조합 설립을 위한 업무 지원
> ⓒ 설계자 및 시공자 선정 등에 대한 지원
> ⓒ 권리변동계획 수립에 관한 지원
> ② 그 밖에 지방자치단체의 조례로 정하는 사항

③ 리모델링지원센터의 조직, 인원 등 리모델링지원센터의 설치·운영에 필요한 사항은 지방자치단체의 조례로 정한다(법 제75조 제3항).

예제

주택법령상 공동주택의 리모델링에 관한 설명으로 틀린 것은? (단, 조례는 고려하지 않음)

제31회

① 입주자대표회의가 리모델링하려는 경우에는 리모델링 설계개요, 공사비, 소유자의 비용분담 명세가 적혀 있는 결의서에 주택단지 소유자 전원의 동의를 받아야 한다.
② 공동주택의 입주자가 공동주택을 리모델링하려고 하는 경우에는 시장·군수·구청장의 허가를 받아야 한다.
③ 사업비에 관한 사항은 세대수가 증가되는 리모델링을 하는 경우 수립하여야 하는 권리변동계획에 포함되지 않는다.
④ 증축형 리모델링을 하려는 자는 시장·군수·구청장에게 안전진단을 요청하여야 한다.
⑤ 수직증축형 리모델링의 대상이 되는 기존 건축물의 층수가 12층인 경우에는 2개 층까지 증축할 수 있다.

해설 ③ 사업비에 관한 사항은 세대수가 증가되는 리모델링을 하는 경우 수립하여야 하는 권리변동계획에 포함된다.

▶▶ 정답 ③

MEMO

박문각 공인중개사

제1장 총 칙
제2장 농지의 소유
제3장 농지의 이용
제4장 농지의 보전

PART

06

농지법

한눈에 보는 체계도

1 농지의 소유

1. 농지의 소유제한

- **경자유전**: 직접경영
- **예외(비농업인이 취득 가능한 경우)**: 국가·지방자치단체, 학교·공공단체등, 주말·체험영농, 상속(비농업인), 이농(8년 이상), 담보농지취득, 농지전용허가, 농지전용신고, 농지전용협의, 평균경사율이 15% 이상인 농지, 한국농어촌공사(취득), 매립농지취득, 토지수용

2. 농지의 소유상한

- **주말·체험영농**: 1,000m^2 미만
- **상속(비농업인), 이농농지**(8년 이상): 1만m^2 이하(한국농어촌공사에 임대하는 경우에는 초과소유 가능)

3. 농지취득자격증명

시장·구청장·읍장·면장은 농지취득자격증명의 발급신청을 받은 때에는 그 신청을 받은 날부터 7일(농업경영계획서를 작성하지 아니하고 농지취득자격증명의 발급신청을 할 수 있는 경우에는 4일, 농지위원회의 심의대상인 경우는 14일) 이내에 농지취득자격증명을 발급하여야 한다.

4. 농업경영에 이용하지 아니하는 농지의 처분

- **농지의 처분의무**: 사유발생일부터 1년 이내에 처분
  ① 농업인(법인): 농업경영에 이용 ×(시장·군수·구청장이 인정하는 경우)
  ② 농업법인: 법인성립요건에 맞지 아니하게 된 후 3개월이 지난 경우
  ③ 학교·공공단체: 실습지 등으로 이용 ×(시장·군수·구청장이 인정하는 경우)
  ④ 주말·체험영농: 주말·체험영농으로 이용 ×(시장·군수·구청장이 인정하는 경우)
  ⑤ 상속·이농(8년): 농지를 임대하거나 한국농어촌공사에 위탁하여 임대하는 등 농업경영에 이용 ×(시장·군수·구청장이 인정하는 경우)
  ⑥ 농림축산식품부장관과의 협의를 마치지 아니하고 농지를 소유한 경우
  ⑦ 농지전용허가·신고: 농지전용허가(신고) 후 2년 이내에 목적사업에 착수하지 아니한 경우

처분명령 및 매수청구

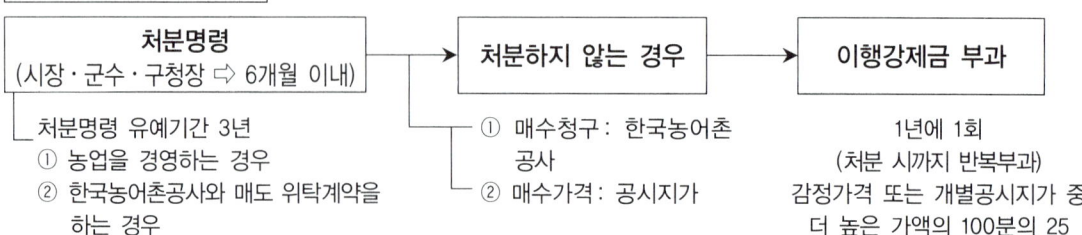

처분명령 (시장·군수·구청장 ⇨ 6개월 이내) → 처분하지 않는 경우 → 이행강제금 부과

- 처분명령 유예기간 3년
  ① 농업을 경영하는 경우
  ② 한국농어촌공사와 매도 위탁계약을 하는 경우
- ① 매수청구: 한국농어촌공사
- ② 매수가격: 공시지가

1년에 1회
(처분 시까지 반복부과)
감정가격 또는 개별공시지가 중 더 높은 가액의 100분의 25

2 농지의 이용

1. 대리경작

대리경작(유휴농지) ⇨ **시장·군수·구청장이 지정** ⇨ **대리경작자**: 농업인·농업법인
① 지정예고: 농지의 소유권자 또는 임차권자
② 이의신청: 지정예고를 받은 날부터 10일 이내에 신청
③ 기간: 따로 정하지 아니하면 3년
④ 토지사용료: 수확량 100분의 10을 지급(수확일로부터 2월 이내)

2. 농지의 임대차

- **농지임대차**: 소유자 ⇨ 임차인
- **임대차 가능 사유**
  ① 고령(60세 이상 + 5년 이상 영농 후) ② 3월 이상(치료 또는 국외여행)
  ③ 주말·체험영농 목적 ④ 농업법인이 청산 중인 경우
- **계약방법 및 계약기간**: 서면계약, 계약기간은 3년(다년생 5년) 이상[임대차 기간을 따로 정하지 않거나, 3년(다년생 5년)보다 짧은 경우 ⇨ 3년(다년생 5년)으로 약정된 것으로 본다]

3 농지의 보전

1. 농업진흥지역

- **지정권자**: 시·도지사
- **구분**: 농업진흥구역, 농업보호구역
- **지정대상지역**: 녹지지역(특별시의 녹지지역은 제외)·관리지역·농림지역 및 자연환경보전지역

2. 농지의 전용

- **농지전용허가** ⇨ 농림축산식품부장관(제출은 시장·군수·구청장에게)
- **취소**: 조치명령 위반 → 허가를 취소하여야 한다.
- **농지전용신고** ⇨ **시장·군수·구청장**: 농어업인 주택, 농수산물 유통·가공시설, 농수산 관련 연구 시설
- **농지전용협의** ⇨ 주무부장관, 지방자치단체의 장 → 농림축산식품부장관(도시지역에 주거지역·상업지역·공업지역을 지정)
- **타용도 일시 사용** ⇨ [농지→(간이농수축산업용 시설: 7년 이내, 토석과 광물을 채굴하는 경우: 5년 이내)→농지로 복구]

Part 06 농지법

> **단원열기**
> 농지법은 2문제가 출제되고 크게 소유, 이용, 보전으로 나뉘는데, 특히 소유에 관한 사항은 매년 출제되고 있다. 소유상한과 농지취득자격증명제도는 정리해 두어야 하고 보전에 관한 사항은 주로 농업진흥지역과 농지전용허가와 농지전용신고는 정리해야 한다.

제1장 총 칙

1 제정목적

이 법은 농지의 소유·이용 및 보전 등에 필요한 사항을 정함으로써 농지를 효율적으로 이용하고 관리하여 농업인의 경영 안정과 농업 생산성 향상을 바탕으로 농업 경쟁력 강화와 국민경제의 균형 있는 발전 및 국토 환경 보전에 이바지하는 것을 목적으로 한다(법 제1조).

2 용어의 정의 제27회, 제28회, 제30회, 제35회

이 법에서 사용하는 용어의 뜻은 다음과 같다(법 제2조).

(1) **농 지**

① **농지의 개념**: '농지'란 다음의 어느 하나에 해당하는 토지를 말한다(법 제2조 제1호, 영 제2조 제1항·제3항).

㉠ 전·답, 과수원, 그 밖에 법적 지목(地目)을 불문하고 실제로 농작물 경작지 또는 대통령령으로 정하는 다음의 어느 하나에 해당하는 다년생식물 재배지로 이용되는 토지

> ⓐ 목초·종묘·인삼·약초·잔디 및 조림용 묘목
> ⓑ 과수·뽕나무·유실수, 그 밖의 생육기간이 2년 이상인 식물
> ⓒ 조경 또는 관상용 수목과 그 묘목(조경목적으로 식재한 것은 제외)

㉡ 농작물의 경작지 또는 다년생식물 재배지로 이용하고 있는 토지의 개량시설로서 다음의 어느 하나에 해당하는 시설

> ⓐ 유지(溜池: 웅덩이), 양·배수시설, 수로, 농로, 제방
> ⓑ 그 밖에 농지의 보전이나 이용에 필요한 시설로서 농림축산식품부령으로 정하는 시설

ⓒ 농작물의 경작지 또는 다년생식물 재배지에 설치한 농축산물 생산시설로서 다음의 어느 하나에 해당하는 시설

> ⓐ 고정식온실·버섯재배사 및 비닐하우스와 농림축산식품부령으로 정하는 그 부속시설
> ⓑ 축사(간이양축시설은 제외)·곤충사육사와 농림축산식품부령으로 정하는 그 부속시설
> ⓒ 간이퇴비장
> ⓓ 농막·농촌체류형 쉼터, 간이저온저장고 및 간이액비저장조 중 농림축산식품부령으로 정하는 시설
> ⓔ 농림축산식품부령으로 정하는 지역, 지구 또는 구역 안에 설치하는 수직농장·식물공장(「스마트농업 육성 및 지원에 관한 법률 시행령」에 따른 수직농장·식물공장을 말한다. 이하 같다)

② **농지의 제외**: 다음의 각 토지는 농지에서 제외된다(법 제2조 제1호 가목 단서, 영 제2조 제2항).

> ㉠ 「공간정보의 구축 및 관리 등에 관한 법률」에 따른 지목이 전·답, 과수원이 아닌 토지(지목이 임야인 토지는 제외)로서 농작물 경작지 또는 다년생식물 재배지로 계속하여 이용되는 기간이 3년 미만인 토지
> ㉡ 「공간정보의 구축 및 관리 등에 관한 법률」에 따른 지목이 임야인 토지로서 「산지관리법」에 따른 산지전용허가(다른 법률에 따라 산지전용허가가 의제되는 인가·허가·승인 등을 포함)를 거치지 아니하고 농작물의 경작 또는 다년생식물의 재배에 이용되는 토지
> ㉢ 「초지법」에 따라 조성된 초지

(2) 농업인

'농업인'이란 농업에 종사하는 개인으로서 다음에 해당하는 자를 말한다(법 제2조 제2호, 영 제3조).

> ① 1,000m^2 이상의 농지에서 농작물 또는 다년생식물을 경작 또는 재배하거나 1년 중 90일 이상 농업에 종사하는 자
> ② 농지에 330m^2 이상의 고정식온실·버섯재배사·비닐하우스, 그 밖의 농림축산식품부령으로 정하는 농업생산에 필요한 시설을 설치하여 농작물 또는 다년생식물을 경작 또는 재배하는 자
> ③ 대가축 2두, 중가축 10두, 소가축 100두, 가금(집에서 기르는 날짐승) 1천수 또는 꿀벌 10군 이상을 사육하거나 1년 중 120일 이상 축산업에 종사하는 자
> ④ 농업경영을 통한 농산물의 연간 판매액이 120만원 이상인 자

(3) 농업법인

'농업법인'이란 「농어업경영체 육성 및 지원에 관한 법률」에 따라 설립된 영농조합법인과 같은 법에 따라 설립되고 업무집행권을 가진 자 중 3분의 1 이상이 농업인인 농업회사법인을 말한다(법 제2조 제3호).

(4) 농업경영

'농업경영'이란 농업인이나 농업법인이 자기의 계산과 책임으로 농업을 영위하는 것을 말한다(법 제2조 제4호).

(5) 자 경

'자경'이란 농업인이 그 소유 농지에서 농작물 경작 또는 다년생식물 재배에 상시 종사하거나 농작업의 2분의 1 이상을 자기의 노동력으로 경작 또는 재배하는 것과 농업법인이 그 소유 농지에서 농작물을 경작하거나 다년생식물을 재배하는 것을 말한다(법 제2조 제5호).

(6) 위탁경영

'위탁경영'이란 농지 소유자가 타인에게 일정한 보수를 지급하기로 약정하고 농작업의 전부 또는 일부를 위탁하여 행하는 농업경영을 말한다(법 제2조 제6호).

(7) 농지의 전용

'농지의 전용'이란 농지를 농작물의 경작이나 다년생식물의 재배 등 농업생산 또는 대통령령으로 정하는 농지개량 외의 용도로 사용하는 것을 말한다. 다만, 농지개량시설의 부지와 농축산물 생산시설의 부지의 용도로 사용하는 경우에는 전용(轉用)으로 보지 아니한다(법 제2조 제7호).

(8) 주말·체험영농

'주말·체험영농'이란 농업인이 아닌 개인이 주말 등을 이용하여 취미생활이나 여가활동으로 농작물을 경작하거나 다년생식물을 재배하는 것을 말한다(법 제2조 제8호).

(9) 농지개량

'농지개량'이란 농지의 생산성을 높이기 위하여 농지의 형질을 변경하는 다음의 어느 하나에 해당하는 행위를 말한다(법 제2조 제6의2호).

① 농지의 이용가치를 높이기 위하여 농지의 구획을 정리하거나 개량시설을 설치하는 행위
② 농지의 토양개량이나 관개, 배수, 농업기계 이용의 개선을 위하여 해당 농지에서 객토·성토 또는 절토하거나 암석을 채굴하는 행위

제2장 농지의 소유

01 농지의 소유제한

1 경자유전의 원칙

농지는 자기의 농업경영에 이용하거나 이용할 자가 아니면 소유하지 못한다(법 제6조 제1항).

2 경자유전의 예외 제33회

(1) 위 **1**에도 불구하고 다음의 어느 하나에 해당하는 경우에는 농지를 소유할 수 있다. 다만, 소유 농지는 농업경영에 이용되도록 하여야 한다(다음 2. 및 3.은 제외, 법 제6조 제2항).

> **경자유전의 예외규정**
>
> 1. 국가나 지방자치단체가 농지를 소유하는 경우
> 2. 「초·중등교육법」 및 「고등교육법」에 따른 학교, 농림축산식품부령으로 정하는 공공단체·농업연구기관·농업생산자단체 또는 종묘나 그 밖의 농업 기자재 생산자가 그 목적사업을 수행하기 위하여 필요한 시험지·연구지·실습지·종묘생산지 또는 과수 인공수분용 꽃가루 생산지로 쓰기 위하여 농림축산식품부령으로 정하는 바에 따라 농지를 취득하여 소유하는 경우
> 3. 주말·체험영농을 하려고 농업진흥지역 외의 농지를 소유하는 경우
> 4. 상속[상속인에게 한 유증(遺贈)을 포함]으로 농지를 취득하여 소유하는 경우
> 5. 8년 이상 농업경영을 하던 사람이 이농(離農)한 후에도 이농 당시 소유하고 있던 농지를 계속 소유하는 경우
> 6. 담보농지를 취득하여 소유하는 경우(자산유동화에 관한 법률에 따른 유동화전문회사 등이 저당권자로부터 농지를 취득하는 경우를 포함)
> 7. 농지전용허가[다른 법률에 따라 농지전용허가가 의제(擬制)되는 인가·허가·승인 등을 포함]를 받거나 농지전용신고를 한 자가 그 농지를 소유하는 경우
> 8. 농지전용협의를 마친 농지를 소유하는 경우
> 9. 「한국농어촌공사 및 농지관리기금법」에 따른 농지의 개발사업지구에 있는 농지로서 대통령령으로 정하는 1,500㎡ 미만의 농지나 「농어촌정비법」에 따른 농지를 취득하여 소유하는 경우
> 10. 농업진흥지역 밖의 농지 중 최상단부부터 최하단부까지의 평균경사율이 15% 이상인 농지로서 대통령령으로 정하는 농지를 소유하는 경우
> 11. 다음의 어느 하나에 해당하는 경우
>   ① 「한국농어촌공사 및 농지관리기금법」에 따라 한국농어촌공사가 농지를 취득하여 소유하는 경우
>   ② 「농어촌정비법」에 따라 농지를 취득하여 소유하는 경우

③ 「공유수면 관리 및 매립에 관한 법률」에 따라 매립농지를 취득하여 소유하는 경우
④ 토지수용으로 농지를 취득하여 소유하는 경우
⑤ 농림축산식품부장관과 협의를 마치고 「공익사업을 위한 토지 등의 취득 및 보상에 관한 법률」에 따라 농지를 취득하여 소유하는 경우
⑥ 「공공토지의 비축에 관한 법률」에 해당하는 토지 중 공공토지비축심의위원회가 비축이 필요하다고 인정하는 토지로서 「국토의 계획 및 이용에 관한 법률」에 따른 계획관리지역과 자연녹지지역 안의 농지를 한국토지주택공사가 취득하여 소유하는 경우. 이 경우 그 취득한 농지를 전용하기 전까지는 한국농어촌공사에 지체 없이 위탁하여 임대하거나 무상사용하게 하여야 한다.

(2) 임대차·사용대차 기간 중의 특례

농지를 임대하거나 무상사용하게 하는 경우에는 임대하거나 무상사용하게 하는 기간 동안 농지를 계속 소유할 수 있다(법 제6조 제3항).

(3) 특례의 제한

「농지법」에서 허용된 경우 외에는 농지소유에 관한 특례를 정할 수 없다(법 제6조 제4항).

02 농지의 소유상한

(1) 상속농지

상속으로 농지를 취득한 사람으로서 농업경영을 하지 아니하는 사람은 그 상속 농지 중에서 총 1만m^2까지만 소유할 수 있다(법 제7조 제1항).

(2) 이농농지

8년 이상 농업경영을 한 후 이농한 사람은 이농 당시 소유 농지 중에서 총 1만m^2까지만 소유할 수 있다(법 제7조 제2항).

(3) 주말·체험영농농지

주말·체험영농을 하려는 사람은 총 1,000m^2 미만의 농지를 소유할 수 있다. 이 경우 면적 계산은 그 세대원 전부가 소유하는 총면적으로 한다(법 제7조 제3항).

(4) 소유상한의 특례

한국농어촌공사에게 위탁하여 농지를 임대하거나 무상사용하게 하는 경우에는 위 (1) 또는 (2)에도 불구하고 임대하거나 무상사용하게 하는 기간 동안 소유상한을 초과하는 농지를 계속 소유할 수 있다(법 제7조 제4항).

03 농지취득자격증명 제26회, 제32회

1 발급대상

(1) 원 칙

농지를 취득하려는 자는 농지 소재지를 관할하는 시장(구를 두지 아니한 시의 시장을 말하며, 도농 복합 형태의 시는 농지 소재지가 동지역인 경우만을 말한다), 구청장(도농 복합 형태의 시의 구에서는 농지 소재지가 동지역인 경우만을 말한다), 읍장 또는 면장(이하 '시·구·읍·면의 장'이라 한다)에게서 농지취득자격증명을 발급받아야 한다(법 제8조 제1항).

(2) 예 외

다음의 어느 하나에 해당하면 농지취득자격증명을 발급받지 아니하고 농지를 취득할 수 있다(법 제8조 제1항, 영 제7조).

농지취득자격증명 발급대상의 예외

1. 국가나 지방자치단체가 농지를 소유하는 경우
2. 상속[상속인에게 한 유증(遺贈)을 포함]으로 농지를 취득하여 소유하는 경우
3. 담보농지를 취득하여 소유하는 경우
4. 농지전용협의를 마친 농지를 소유하는 경우
5. 다음의 어느 하나에 해당하는 경우
   ① 「한국농어촌공사 및 농지관리기금법」에 따라 한국농어촌공사가 농지를 취득하여 소유하는 경우
   ② 「농어촌정비법」에 따라 농지를 취득하여 소유하는 경우
   ③ 「공유수면 관리 및 매립에 관한 법률」에 따라 매립농지를 취득하여 소유하는 경우
   ④ 토지수용으로 농지를 취득하여 소유하는 경우
   ⑤ 농림축산식품부장관과 협의를 마치고 「공익사업을 위한 토지 등의 취득 및 보상에 관한 법률」에 따라 농지를 취득하여 소유하는 경우
6. 농업법인의 합병으로 농지를 취득하는 경우
7. 공유농지의 분할이나 그 밖에 대통령령으로 정하는 다음의 원인으로 농지를 취득하는 경우(영 제6조)
   ① 시효의 완성으로 농지를 취득하는 경우
   ② 「징발재산정리에 관한 특별조치법」, 「공익사업을 위한 토지 등의 취득 및 보상에 관한 법률」에 따른 환매권자가 환매권에 따라 농지를 취득하는 경우
   ③ 「국가보위에 관한 특별조치법에 의한 동원대상지역 내의 토지의 수용·사용에 관한 특별조치령에 의하여 수용·사용된 토지의 정리에 관한 특별조치법」에 따른 환매권자 등이 환매권 등에 따라 농지를 취득하는 경우
   ④ 농지이용증진사업시행계획에 따라 농지를 취득하는 경우

2 농업경영계획서의 작성

(1) 원 칙

농지취득자격증명을 발급받으려는 자는 다음의 사항이 모두 포함된 농업경영계획서 또는 주말·체험영농계획서를 작성하고 농림축산식품부령으로 정하는 서류를 첨부하여 농지 소재지를 관할하는 시·구·읍·면의 장에게 발급신청을 하여야 한다(법 제8조 제2항).

> ① 취득 대상 농지의 면적(공유로 취득하려는 경우 공유 지분의 비율 및 각자가 취득하려는 농지의 위치도 함께 표시)
> ② 취득 대상 농지에서 농업경영을 하는 데에 필요한 노동력 및 농업 기계·장비·시설의 확보 방안
> ③ 소유 농지의 이용 실태(농지 소유자에게만 해당)
> ④ 농지취득자격증명을 발급받으려는 자의 직업·영농경력·영농거리

(2) 예외(작성의 면제)

다음의 농지를 취득하는 자는 농업경영계획서 또는 주말·체험영농계획서를 작성하지 아니하고 농림축산식품부령으로 정하는 서류를 첨부하지 아니하여도 발급신청을 할 수 있다(법 제8조 제2항 단서).

> ① 「초·중등교육법」 및 「고등교육법」에 따른 학교, 농림축산식품부령으로 정하는 공공단체·농업연구기관·농업생산자단체 또는 종묘나 그 밖의 농업 기자재 생산자가 그 목적사업을 수행하기 위하여 필요한 시험지·연구지·실습지·종묘생산지 또는 과수인공수분용 꽃가루 생산지로 쓰기 위하여 농림축산식품부령으로 정하는 바에 따라 농지를 취득하여 소유하는 경우
> ② 농지전용허가를 받거나 농지전용신고를 한 자가 그 농지를 소유하는 경우
> ③ 「한국농어촌공사 및 농지관리기금법」에 따른 농지의 개발사업지구에 있는 농지로서 대통령령으로 정하는 1,500m^2 미만의 농지나 「농어촌정비법」에 따른 농지를 취득하여 소유하는 경우
> ④ 농업진흥지역 밖의 농지 중 최상단부부터 최하단부까지의 평균경사율이 15% 이상인 농지로서 대통령령으로 정하는 농지를 소유하는 경우
> ⑤ 「공공토지의 비축에 관한 법률」에 해당하는 토지 중 공공토지비축심의위원회가 비축이 필요하다고 인정하는 토지로서 「국토의 계획 및 이용에 관한 법률」에 따른 계획관리지역과 자연녹지지역 안의 농지를 한국토지주택공사가 취득하여 소유하는 경우. 이 경우 그 취득한 농지를 전용하기 전까지는 한국농어촌공사에 지체 없이 위탁하여 임대하거나 무상사용하게 하여야 한다.

(3) **발급요건**

시·구·읍·면의 장은 농지취득자격증명의 발급신청을 받은 때에는 그 신청을 받은 날부터 7일(농업경영계획서를 작성하지 아니하고 농지취득자격증명의 발급신청을 할 수 있는 경우에는 4일, 농지위원회의 심의 대상의 경우에는 14일) 이내에 다음의 요건에 적합한지의 여부를 확인하여 이에 적합한 경우에는 신청인에게 농지취득자격증명을 발급해야 한다(법 제8조 제4항, 영 제7조 제2항).

① 다음의 어느 하나에 해당하는 취득요건에 적합할 것

> ⊙ 자기의 농업경영에 이용할 자
> ⓒ 시험지·연구지·실습지·종묘생산지 또는 과수 인공수분용 꽃가루 생산지 이용목적
> ⓒ 주말·체험영농 목적
> ⓔ 농지전용허가·농지전용신고를 한 자의 농지 소유
> ⓜ 농지의 개발사업지구에 있는 1,500m^2 미만의 농지 소유

② 농업인이 아닌 개인이 주말·체험영농에 이용하고자 농지를 취득하는 경우에는 신청 당시 소유하고 있는 농지의 면적에 취득하려는 농지의 면적을 합한 면적이 1,000m^2 미만일 것

③ 농업경영계획서 또는 주말·체험영농계획서를 제출해야 하는 경우에는 그 계획서에 위 (1)의 ①~④의 사항이 포함되어야 하고, 그 내용이 신청인의 농업경영능력 등을 참작할 때 실현 가능하다고 인정될 것

④ 신청인이 소유 농지의 전부를 타인에게 임대 또는 무상사용하게 하거나 농작업의 전부를 위탁하여 경영하고 있지 않을 것. 다만, 법 제6조 제2항 제9호에 따라 농지를 취득하는 경우에는 제외한다.

⑤ 신청 당시 농업경영을 하지 아니하는 자가 자기의 농업경영에 이용하고자 하여 농지를 취득하는 경우에는 해당 농지의 취득 후 농업경영에 이용하려는 농지의 총면적이 다음의 어느 하나에 해당할 것

> ⊙ 고정식온실·버섯재배사·비닐하우스·축사, 그 밖의 농업생산에 필요한 시설로서 농림축산식품부령으로 정하는 시설이 설치되어 있거나 설치하려는 농지의 경우 ⇨ 330m^2 이상
> ⓒ 곤충사육사가 설치되어 있거나 곤충사육사를 설치하려는 농지의 경우 ⇨ 165m^2 이상
> ⓒ 위 ⊙ 및 ⓒ 외의 농지의 경우 ⇨ 1,000m^2 이상

(4) **소유권이전등기 시 첨부**

농지취득자격증명을 발급받아 농지를 취득하는 자가 그 소유권에 관한 등기를 신청할 때에는 농지취득자격증명을 첨부하여야 한다(법 제8조 제6항).

> **예제**

농지법령상 농지취득자격증명을 발급받지 아니하고 농지를 취득할 수 있는 경우에 해당하지 않는 것은?
제26회

① 농업법인의 합병으로 농지를 취득하는 경우
② 농지를 농업인 주택의 부지로 전용하려고 농지전용신고를 한 자가 그 농지를 취득하는 경우
③ 공유농지의 분할로 농지를 취득하는 경우
④ 상속으로 농지를 취득하는 경우
⑤ 시효의 완성으로 농지를 취득하는 경우

해설 ② 농지를 농업인 주택의 부지로 전용하려고 농지전용신고를 한 자가 그 농지를 취득하는 경우에는 시장·구청장·읍장·면장으로부터 농지취득자격증명을 발급받아야 한다. ▶▶ 정답 ②

04 농지의 위탁경영 제25회, 제29회, 제30회, 제34회, 제36회

농지 소유자는 다음의 어느 하나에 해당하는 경우 외에는 소유 농지를 위탁경영할 수 없다(법 제9조).

농지의 위탁경영 사유(법 제9조, 영 제8조 제1항)
1. 「병역법」에 따라 징집 또는 소집된 경우
2. 3개월 이상 국외 여행 중인 경우
3. 농업법인이 청산 중인 경우
4. 질병, 취학, 선거에 따른 공직 취임, 부상으로 3월 이상의 치료가 필요한 경우, 교도소·구치소 또는 보호감호시설에 수용 중인 경우, 임신 중이거나 분만 후 6개월 미만인 경우로 자경할 수 없는 경우
5. 농지이용증진사업 시행계획에 따라 위탁경영하는 경우
6. 농업인이 자기 노동력이 부족하여 농작업의 일부를 위탁하는 경우

05 농업경영에 이용하지 아니하는 농지의 처분 제25회, 제26회

1 농지의 처분의무

농지 소유자는 다음의 어느 하나에 해당하게 되면 그 사유가 발생한 날부터 1년 이내에 해당 농지[다음 (1)의 ⑩의 경우에는 농지 소유상한을 초과하는 면적에 해당하는 농지를 말한다]를 그 사유가 발생한 날 당시 세대를 같이하는 세대원이 아닌 자, 그 밖에 농림축산식품부령으로 정하는 자에게 처분하여야 한다(법 제10조 제1항).

(1) 농지의 처분사유

① 소유 농지를 자연재해·농지개량·질병 등 대통령령으로 정하는 정당한 사유 없이 자기의 농업경영에 이용하지 아니하거나 이용하지 아니하게 되었다고 시장(구를 두지 아니한 시의 시장을 말한다)·군수 또는 구청장이 인정한 경우

② 농지를 소유하고 있는 농업회사법인이 요건에 맞지 아니하게 된 후 3개월이 지난 경우

③ 학교, 공공단체·농업연구기관 등이 시험지·연구지·실습지 등의 목적으로 농지를 취득한 후 그 농지를 해당 목적사업에 이용하지 아니하게 되었다고 시장·군수 또는 구청장이 인정한 경우

④ 주말·체험영농을 하려고 농지를 취득한 자가 자연재해·농지개량·질병 등 대통령령으로 정하는 정당한 사유 없이 그 농지를 주말·체험영농에 이용하지 아니하게 되었다고 시장·군수 또는 구청장이 인정한 경우

⑤ 농지전용허가를 받거나 농지전용신고를 하고 농지를 취득한 자가 취득한 날부터 2년 이내에 그 목적사업에 착수하지 아니한 경우

⑥ 농림축산식품부장관과의 협의를 마치지 아니하고 농지를 소유한 경우

⑦ 소유한 농지를 한국농어촌공사에 지체 없이 위탁하지 아니한 경우

⑧ 농지 소유상한을 초과하여 농지를 소유한 것이 판명된 경우

⑨ 자연재해·농지개량·질병 등 대통령령으로 정하는 정당한 사유 없이 농업경영계획서 또는 주말·체험영농계획서 내용을 이행하지 아니하였다고 시장·군수 또는 구청장이 인정한 경우

(2) 농지의 처분통지

시장·군수 또는 구청장은 농지의 처분의무가 생긴 농지의 소유자에게 농림축산식품부령으로 정하는 바에 따라 처분 대상 농지, 처분의무 기간 등을 구체적으로 밝혀 그 농지를 처분하여야 함을 알려야 한다(법 제10조 제2항).

2 처분명령 및 매수청구

(1) 처분명령

시장·군수 또는 구청장은 다음의 어느 하나에 해당하는 농지 소유자에게 6개월 이내에 그 농지를 처분할 것을 명할 수 있다(법 제11조 제1항).

① 거짓이나 그 밖의 부정한 방법으로 농지취득자격증명을 발급받아 농지를 소유한 것이 판명된 경우
② 처분의무 기간에 처분 대상 농지를 처분하지 아니한 경우
③ 농업법인이 「농어업경영체 육성 및 지원에 관한 법률」을 위반하여 부동산업을 영위한 것으로 시장·군수 또는 구청장이 인정한 경우

(2) 처분명령의 유예

① 시장·군수 또는 구청장은 처분의무 기간에 처분 대상 농지를 처분하지 아니한 농지 소유자가 다음의 어느 하나에 해당하면 처분의무 기간이 지난 날부터 3년간 처분명령을 직권으로 유예할 수 있다(법 제12조 제1항).

> ㉠ 해당 농지를 자기의 농업경영에 이용하는 경우
> ㉡ 한국농어촌공사나 그 밖에 대통령령으로 정하는 자와 해당 농지의 매도위탁계약을 체결한 경우

② 시장·군수 또는 구청장은 처분명령을 유예받은 농지 소유자가 처분명령 유예 기간에 처분명령의 유예사유에 해당하지 아니하게 되면 지체 없이 그 유예한 처분명령을 하여야 한다(법 제12조 제2항).

③ 농지 소유자가 처분명령을 유예받은 후 처분명령을 받지 아니하고 그 유예 기간이 지난 경우에는 처분의무에 대하여 처분명령이 유예된 농지의 그 처분의무만 없어진 것으로 본다(법 제12조 제3항).

(3) 매수청구 등

① **매수청구**: 농지 소유자는 처분명령을 받으면 「한국농어촌공사 및 농지관리기금법」에 따른 한국농어촌공사에 그 농지의 매수를 청구할 수 있다(법 제11조 제2항).

② **매수가격**: 한국농어촌공사는 매수청구를 받으면 「부동산 가격공시에 관한 법률」에 따른 공시지가(해당 토지의 공시지가가 없으면 개별 토지 가격을 말한다)를 기준으로 해당 농지를 매수할 수 있다. 이 경우 인근 지역의 실제 거래 가격이 공시지가보다 낮으면 실제 거래 가격을 기준으로 매수할 수 있다(법 제11조 제3항).

③ **자금의 지원**: 한국농어촌공사가 농지를 매수하는 데에 필요한 자금은 「한국농어촌공사 및 농지관리기금법」에 따른 농지관리기금에서 융자한다(법 제11조 제4항).

3 이행강제금

(1) 부과사유

시장·군수 또는 구청장은 다음의 어느 하나에 해당하는 자에게 해당 「감정평가 및 감정평가사에 관한 법률」에 따른 감정평가법인등이 감정평가한 감정가격 또는 「부동산 가격공시에 관한 법률」에 따른 개별공시지가(해당 토지의 개별공시지가가 없는 경우에는 표준지공시지가를 기준으로 산정한 금액을 말한다) 중 더 높은 가액의 100분의 25에 해당하는 이행강제금을 부과한다(법 제63조 제1항).

① 처분명령을 받은 후 매수를 청구하여 협의 중인 경우 등 대통령령으로 정하는 정당한 사유 없이 지정기간까지 그 처분명령을 이행하지 아니한 자
② 원상회복 명령을 받은 후 그 기간 내에 원상회복 명령을 이행하지 아니하여 시장·군수·구청장이 그 원상회복 명령의 이행에 필요한 상당한 기간을 정하였음에도 그 기한까지 원상회복을 아니한 자
③ 시정명령을 받은 후 그 기간 내에 시정명령을 이행하지 아니하여 시장·군수·구청장이 그 시정명령의 이행에 필요한 상당한 기간을 정하였음에도 그 기한까지 시정을 아니한 자

(2) 부과절차

① 시장·군수 또는 구청장은 이행강제금을 부과하기 전에 이행강제금을 부과·징수한다는 뜻을 미리 문서로 알려야 한다(법 제63조 제2항).
② 시장·군수 또는 구청장은 이행강제금을 부과하는 경우 이행강제금의 금액, 부과사유, 납부기한, 수납기관, 이의제기 방법, 이의제기 기관 등을 명시한 문서로 하여야 한다(법 제63조 제3항).

(3) 부과횟수

시장·군수 또는 구청장은 최초로 처분명령을 한 날을 기준으로 하여 그 처분명령이 이행될 때까지 이행강제금을 매년 1회 부과·징수할 수 있다(법 제63조 제4항).

(4) 부과의 중지

시장·군수 또는 구청장은 처분명령을 받은 자가 처분명령을 이행하면 새로운 이행강제금의 부과는 즉시 중지하되, 이미 부과된 이행강제금은 징수하여야 한다(법 제63조 제5항).

(5) 이의신청

① 이행강제금 부과처분에 불복하는 자는 그 처분을 고지받은 날부터 30일 이내에 시장·군수 또는 구청장에게 이의를 제기할 수 있다(법 제63조 제6항).
② 이행강제금 부과처분을 받은 자가 이의를 제기하면 시장·군수 또는 구청장은 지체 없이 관할 법원에 그 사실을 통보하여야 하며, 그 통보를 받은 관할 법원은 「비송사건절차법」에 따른 과태료 재판에 준하여 재판을 한다(법 제63조 제7항).

(6) 강제징수

이의신청 기간에 이의를 제기하지 아니하고 이행강제금을 납부기한까지 내지 아니하면 「지방행정제재·부과금의 징수 등에 관한 법률」에 따라 징수한다(법 제63조 제8항).

> **예제**

농지법령상 농업경영에 이용하지 아니하는 농지의 처분의무에 관한 설명으로 옳은 것은?

제25회

① 농지 소유자가 선거에 따른 공직취임으로 휴경하는 경우에는 소유농지를 자기의 농업경영에 이용하지 아니하더라도 농지처분의무가 면제된다.
② 농지 소유상한을 초과하여 농지를 소유한 것이 판명된 경우에는 소유농지 전부를 처분하여야 한다.
③ 농지처분의무 기간은 처분사유가 발생한 날부터 6개월이다.
④ 농지전용신고를 하고 그 농지를 취득한 자가 질병으로 인하여 취득한 날부터 2년이 초과하도록 그 목적사업에 착수하지 아니한 경우에는 농지처분의무가 면제된다.
⑤ 농지 소유자가 시장·군수 또는 구청장으로부터 농지처분명령을 받은 경우 한국토지주택공사에 그 농지의 매수를 청구할 수 있다.

해설 ② 농지 소유상한을 초과하여 농지를 소유한 것이 판명된 경우에는 소유상한을 초과하는 면적에 해당하는 농지를 처분하여야 한다.
③ 농지처분의무 기간은 처분사유가 발생한 날부터 1년이다.
④ 농지전용신고를 하고 그 농지를 취득한 자가 질병으로 인하여 취득한 날부터 2년이 초과하도록 그 목적사업에 착수하지 아니한 경우에는 해당 농지를 처분하여야 한다.
⑤ 농지 소유자가 시장·군수 또는 구청장으로부터 농지처분명령을 받은 경우 한국농어촌공사에 그 농지의 매수를 청구할 수 있다.

▶ 정답 ①

제3장 농지의 이용

01 농지의 대리경작 제28회, 제32회

농지의 대리경작의 체계

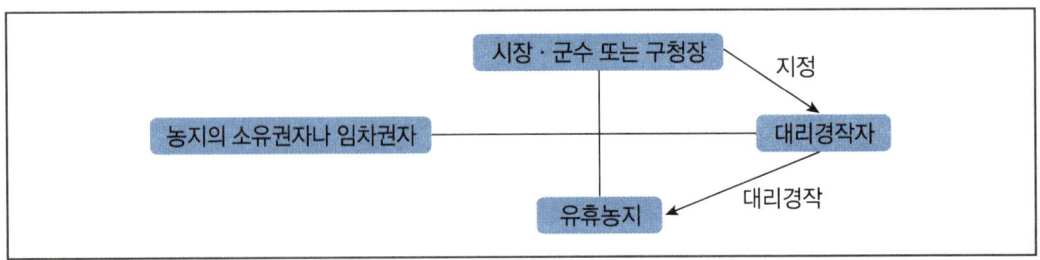

(1) 대리경작자의 지정

시장·군수 또는 구청장은 유휴농지(농작물 경작이나 다년생식물 재배에 이용되지 아니하는 농지로서 대통령령으로 정하는 농지를 말한다)에 대하여 대통령령으로 정하는 바에 따라 그 농지의 소유권자나 임차권자를 대신하여 농작물을 경작할 자(이하 '대리경작자'라 한다)를 직권으로 지정하거나 농림축산식품부령으로 정하는 바에 따라 유휴농지를 경작하려는 자의 신청을 받아 대리경작자를 지정할 수 있다(법 제20조 제1항).

> **넓혀 보기**
>
> **유휴농지의 범위에서 제외되는 농지**(영 제18조)
> 1. 지력의 증진이나 토양의 개량·보전을 위하여 필요한 기간 동안 휴경하는 농지
> 2. 연작으로 인하여 피해가 예상되는 재배작물의 경작 또는 재배 전후에 지력의 증진 또는 회복을 위하여 필요한 기간 동안 휴경하는 농지
> 3. 농지전용허가를 받거나 농지전용협의(다른 법률에 따라 농지전용허가가 의제되는 협의를 포함)를 거친 농지
> 4. 농지전용신고를 한 농지
> 5. 농지의 타용도 일시사용허가를 받거나 협의를 거친 농지
> 6. 농지의 타용도 일시사용신고를 하거나 협의를 거친 농지
> 7. 그 밖에 농림축산식품부장관이 정하는 위 1.부터 6.까지의 농지에 준하는 농지

(2) 지정절차

① **지정의 예고**: 시장·군수 또는 구청장은 대리경작자를 지정하려면 농림축산식품부령으로 정하는 바에 따라 그 농지의 소유권자 또는 임차권자에게 예고하여야 하며, 대리경작자를 지정하면 그 농지의 대리경작자와 소유권자 또는 임차권자에게 지정통지서를 보내야 한다(법 제20조 제2항).

② **이의신청**
  ㉠ 대리경작자의 지정예고에 대하여 이의가 있는 농지의 소유권자나 임차권자는 지정예고를 받은 날부터 10일 이내에 시장·군수 또는 구청장에게 이의를 신청할 수 있다(영 제20조 제1항).
  ㉡ 시장·군수 또는 구청장은 이의신청을 받은 날부터 7일 이내에 이를 심사하여 그 결과를 신청인에게 알려야 한다(영 제20조 제2항).

(3) 대리경작자의 지정요건

① 시장·군수 또는 구청장은 대리경작자를 직권으로 지정하려는 경우에는 다음의 어느 하나에 해당하지 아니하는 농업인 또는 농업법인으로서 대리경작을 하려는 자 중에서 지정하여야 한다(영 제19조 제1항).

> ㉠ 농지 처분의무를 통지받고 그 처분 대상 농지를 처분하지 아니한 자(처분의무가 없어진 자는 제외)
> ㉡ 농지의 처분명령을 받고 그 처분명령 대상 농지를 처분하지 아니한 자
> ㉢ 징역형의 실형을 선고받고 그 집행이 끝나거나 집행이 면제된 날부터 1년이 지나지 않은 자
> ㉣ 징역형의 집행유예를 선고받고 그 유예기간 중에 있는 자
> ㉤ 징역형의 선고유예를 받고 그 유예기간 중에 있는 자
> ㉥ 벌금형을 선고받고 1년이 지나지 아니한 자

② 시장·군수 또는 구청장은 대리경작자를 지정하기가 곤란한 경우에는 「농업·농촌 및 식품산업 기본법」에 따른 농업생산자단체, 「초·중등교육법」 및 「고등교육법」에 따른 학교나 그 밖에 해당 농지를 경작하려는 자를 대리경작자로 지정할 수 있다(영 제19조 제2항).

(4) 대리경작 기간

대리경작 기간은 따로 정하지 아니하면 3년으로 한다(법 제20조 제3항).

(5) 대리경작자의 의무

대리경작자는 수확량의 100분의 10을 대리경작농지에서 경작한 농작물의 수확일부터 2월 이내에 토지사용료를 해당 농지의 소유권 또는 임차권을 가진 자에게 지급하여야 한다. 이 경우 수령을 거부하거나 지급이 곤란한 경우에는 토지사용료를 공탁할 수 있다(법 제20조 제4항, 규칙 제18조 제1항).

(6) 지정의 해지

① **기간만료에 의한 해지**: 대리경작 농지의 소유권자 또는 임차권자가 그 농지를 스스로 경작하려면 대리경작 기간이 끝나기 3개월 전까지, 그 대리경작 기간이 끝난 후에는 대리경작자 지정을 중지할 것을 농림축산식품부령으로 정하는 바에 따라 시장·군수 또는 구청장에게 신청하여야 하며, 신청을 받은 시장·군수 또는 구청장은 신청을 받은 날부터 1개월 이내에 대리경작자 지정 중지를 그 대리경작자와 그 농지의 소유권자 또는 임차권자에게 알려야 한다(법 제20조 제5항).

② **기간만료 전의 해지**: 시장·군수 또는 구청장은 다음의 어느 하나에 해당하면 대리경작 기간이 끝나기 전이라도 대리경작자 지정을 해지할 수 있다(법 제20조 제6항, 영 제21조).

⊙ 대리경작 농지의 소유권자나 임차권자가 정당한 사유를 밝히고 지정해지 신청을 하는 경우
⊙ 대리경작자가 경작을 게을리하는 경우
⊙ 대리경작자로 지정된 자가 토지사용료를 지급 또는 공탁하지 아니하는 경우
⊙ 대리경작자로 지정된 자가 대리경작자의 지정해지를 신청하는 경우

02 농지의 임대차 등 제24회, 제27회, 제31회, 제34회

1 농지의 임대차·사용대차

다음의 어느 하나에 해당하는 경우 외에는 농지를 임대하거나 무상사용하게 할 수 없다(법 제23조 제1항).

(1) **경자유전의 예외**

① 국가 또는 지방자치단체가 농지를 임대하거나 무상사용하게 하는 경우
② 상속(상속인에게 한 유증을 포함)에 의하여 취득한 농지를 임대하거나 무상사용하게 하는 경우
③ 8년 이상 농업경영을 하던 자가 이농하는 경우 이농 당시 소유하고 있던 농지를 임대하거나 무상사용하게 하는 경우
④ 담보농지를 임대하거나 무상사용하게 하는 경우
⑤ 농지전용허가를 받거나 농지전용신고를 한 자가 그 농지를 임대하거나 무상사용하게 하는 경우
⑥ 농지전용협의를 마친 농지를 임대하거나 무상사용하게 하는 경우
⑦ 개발사업지구에 있는 농지로서 대통령령으로 정하는 $1,500m^2$ 미만의 농지나 「농어촌정비법」에 따른 농지를 취득하여 임대하거나 무상사용하게 하는 경우
⑧ 한계농지 중 최상단부부터 최하단부까지의 평균경사율이 15% 이상인 농지로서 대통령령으로 정하는 농지를 임대하거나 무상사용하게 하는 경우

(2) **다음의 농지를 임대하거나 무상사용하게 하는 경우**

① 한국농어촌공사가 농지를 취득하여 소유하는 경우
② 「농어촌정비법」에 따라 농지를 취득하여 소유하는 경우
③ 「공유수면관리 및 매립에 관한 법률」에 따라 매립농지를 취득하여 소유하는 경우
④ 토지수용으로 농지를 취득하여 소유하는 경우
⑤ 농림축산식품부장관과 협의를 마치고 「공익사업을 위한 토지 등의 취득 및 보상에 관한 법률」에 따라 농지를 취득하여 소유하는 경우

⑥ 공공토지비축심의위원회가 비축이 필요하다고 인정하는 토지로서 「국토의 계획 및 이용에 관한 법률」에 따른 계획관리지역과 자연녹지지역 안의 농지를 한국토지주택공사가 취득하여 소유하는 경우

⑦ 농지이용증진사업 시행계획에 따라 농지를 임대하거나 사용대하는 경우

(3) 부득이한 사유 – 위탁경영 가능 사유(법 제23조 제1항 제3호, 영 제24조 제1항)

① 질병·징집·취학·선거에 의한 공직취임
② 부상으로 3개월 이상의 치료가 필요한 경우
③ 교도소·구치소 또는 보호감호소에 수용 중인 경우
④ 3개월 이상 국외여행을 하는 경우
⑤ 농업법인이 청산 중인 경우
⑥ 임신 중이거나 분만 후 6개월 미만인 경우

(4) 고령의 장기 영농자의 임대

60세 이상인 사람으로서 대통령령으로 정하는 사람이 소유하고 있는 농지 중에서 자기의 농업경영에 이용한 기간이 5년이 넘은 농지를 임대하거나 무상사용하게 하는 경우

(5) 주말·체험영농 목적의 임대

① 개인이 소유하고 있는 농지 중 3년 이상 소유한 농지를 주말·체험영농을 하려는 사람에게 임대하거나 무상사용하게 하는 경우, 또는 주말·체험영농을 하려는 사람에게 임대하는 것을 업(業)으로 하는 자에게 임대하거나 무상사용하게 하는 경우
② 농업법인이 소유하고 있는 농지를 주말·체험영농을 하려는 자에게 임대하거나 무상사용하게 하는 경우

(6) 한국농어촌공사 등에 위탁 임대

개인이 소유하고 있는 농지 중 3년 이상 소유한 농지를 한국농어촌공사나 그 밖에 대통령령으로 정하는 자에게 위탁하여 임대하거나 무상사용하게 하는 경우

(7) 소유상한 초과 농지의 위탁 임대

다음의 어느 하나에 해당하는 농지를 한국농어촌공사, 그 밖에 대통령령으로 정하는 자에게 위탁하여 임대하거나 무상사용하게 하는 경우

> ① 상속으로 농지를 취득한 사람으로서 농업경영을 하지 아니하는 사람이 소유상한을 초과하여 소유하고 있는 농지
> ② 8년 이상 농업경영을 한 후 이농한 사람이 소유상한을 초과하여 소유하고 있는 농지

(8) **이모작을 위해 임대하는 경우**

자경 농지를 농림축산식품부장관이 정하는 이모작을 위하여 8개월 이내로 임대하거나 무상사용하게 하는 경우

(9) 대통령령으로 정하는 농지 규모화, 농작물 수급 안정 등을 목적으로 한 사업을 추진하기 위하여 필요한 자경 농지를 임대하거나 무상사용하게 하는 경우

2 임대차 계약방법

(1) **서면계약**

임대차 계약(농업경영을 하려는 자에게 임대하는 경우만 해당한다)과 사용대차계약(농업경영을 하려는 자에게 무상사용하게 하는 경우만 해당한다)은 서면계약을 원칙으로 한다(법 제24조 제1항).

(2) **대항력**

임대차 계약은 그 등기가 없는 경우에도 임차인이 농지소재지를 관할하는 시·구·읍·면의 장의 확인을 받고, 해당 농지를 인도받은 경우에는 그 다음 날부터 제3자에 대하여 효력이 생긴다(법 제24조 제2항).

3 임대차 계약기간

(1) 자경 농지를 농림축산식품부장관이 정하는 이모작을 위하여 8개월 이내로 임대하거나 무상사용하게 하는 경우를 제외한 임대차 기간은 3년 이상으로 하여야 한다. 다만, 다년생식물 재배지 등 대통령령으로 정하는 다음의 어느 하나에 해당하는 농지의 경우에는 5년 이상으로 하여야 한다(법 제24조의2 제1항, 영 제24조의2 제1항).

> ① 농지의 임차인이 다년생식물의 재배지로 이용하는 농지
> ② 농지의 임차인이 농작물의 재배시설로서 고정식온실 또는 비닐하우스를 설치한 농지

(2) 임대차 기간을 정하지 아니하거나 위 (1)에 따른 기간 미만으로 정한 경우에는 위 (1)에 따른 기간으로 약정된 것으로 본다. 다만, 임차인은 위 (1)에 따른 기간 미만으로 정한 임대차 기간이 유효함을 주장할 수 있다(법 제24조의2 제2항).

(3) 임대인은 위 (1) 및 (2)에도 불구하고 질병, 징집 등 대통령령으로 정하는 불가피한 사유가 있는 경우에는 임대차 기간을 위 (1)에 따른 기간 미만으로 정할 수 있다(법 제24조의2 제3항).

(4) 위 (1)~(3)의 규정에 따른 임대차 기간은 임대차 계약을 연장 또는 갱신하거나 재계약을 체결하는 경우에도 동일하게 적용한다(법 제24조의2 제4항).

4 묵시의 갱신

임대인이 임대차 기간이 끝나기 3개월 전까지 임차인에게 임대차 계약을 갱신하지 아니한다는 뜻이나 임대차 계약 조건을 변경한다는 뜻을 통지하지 아니하면 그 임대차 기간이 끝난 때에 이전의 임대차 계약과 같은 조건으로 다시 임대차 계약을 한 것으로 본다(법 제25조).

5 임대인의 지위승계

(1) 임대 농지의 양수인은 이 법에 따른 임대인의 지위를 승계한 것으로 본다(법 제26조).

(2) 이 법에 위반된 약정으로서 임차인에게 불리한 것은 그 효력이 없다(법 제26조의2).

6 국·공유농지의 임대차 특례

「국유재산법」과 「공유재산 및 물품 관리법」에 따른 국유재산과 공유재산인 농지에 대하여는 서면계약·임대차 기간·묵시적 갱신 및 임대인의 지위승계의 규정을 적용하지 아니한다(법 제27조).

예제

농지법령상 농지의 임대차에 관한 설명으로 틀린 것은? (단, 농업경영을 하려는 자에게 임대하는 경우를 전제로 함) 제31회

① 60세 이상 농업인은 자신이 거주하는 시·군에 있는 소유 농지 중에서 자기의 농업경영에 이용한 기간이 5년이 넘은 농지를 임대할 수 있다.
② 농지를 임차한 임차인이 그 농지를 정당한 사유 없이 농업경영에 사용하지 아니할 때에는 시장·군수·구청장은 임대차의 종료를 명할 수 있다.
③ 임대차계약은 그 등기가 없는 경우에도 임차인이 농지소재지를 관할하는 시·구·읍·면의 장의 확인을 받고, 해당 농지를 인도받은 경우에는 그 다음 날부터 제3자에 대하여 효력이 생긴다.
④ 농지의 임차인이 농작물의 재배시설로서 비닐하우스를 설치한 농지의 임대차 기간은 10년 이상으로 하여야 한다.
⑤ 농지임대차조정위원회에서 작성한 조정안을 임대차계약 당사자가 수락한 때에는 이를 당사자 간에 체결된 계약의 내용으로 본다.

해설 ④ 농지의 임차인이 농작물의 재배시설로서 비닐하우스를 설치한 농지의 임대차 기간은 5년 이상으로 하여야 한다. ▶ 정답 ④

제4장 농지의 보전

01 농업진흥지역 제31회

1 농업진흥지역의 지정

(1) 지정권자

시·도지사는 농지를 효율적으로 이용하고 보전하기 위하여 농업진흥지역을 지정한다(법 제28조 제1항).

(2) 농업진흥지역의 구분

농업진흥지역은 다음의 용도구역으로 구분하여 지정할 수 있다(법 제28조 제2항).

① **농업진흥구역**: 농업의 진흥을 도모하여야 하는 다음의 어느 하나에 해당하는 지역으로서 농림축산식품부장관이 정하는 규모로 농지가 집단화되어 농업 목적으로 이용할 필요가 있는 지역

> ㉠ 농지조성사업 또는 농업기반정비사업이 시행되었거나 시행 중인 지역으로서 농업용으로 이용하고 있거나 이용할 토지가 집단화되어 있는 지역
> ㉡ 위 ㉠에 해당하는 지역 외의 지역으로서 농업용으로 이용하고 있는 토지가 집단화되어 있는 지역

② **농업보호구역**: 농업진흥구역의 용수원 확보, 수질 보전 등 농업환경을 보호하기 위하여 필요한 지역

(3) 지정대상지역

농업진흥지역 지정은 「국토의 계획 및 이용에 관한 법률」에 따른 녹지지역·관리지역·농림지역 및 자연환경보전지역을 대상으로 한다. 다만, 특별시의 녹지지역은 제외한다(법 제29조).

(4) 지정절차

① **심의·승인**: 시·도지사는 「농업·농촌 및 식품산업 기본법」에 따른 시·도 농업·농촌및식품산업정책심의회(이하 '시·도 농업·농촌및식품산업정책심의회'라 한다)의 심의를 거쳐 농림축산식품부장관의 승인을 받아 농업진흥지역을 지정한다(법 제30조 제1항).

② **협의**: 농림축산식품부장관은 「국토의 계획 및 이용에 관한 법률」에 따른 녹지지역이나 계획관리지역이 농업진흥지역에 포함되면 농업진흥지역 지정을 승인하기 전에 국토교통부장관과 협의하여야 한다(법 제30조 제3항).

③ **고시·열람**: 시·도지사는 농업진흥지역을 지정하면 지체 없이 이 사실을 고시하고 관계 기관에 통보하여야 하며, 시장·군수 또는 자치구구청장으로 하여금 일반인에게 열람하게 하여야 한다(법 제30조 제2항).

2 농업진흥지역 등의 변경

(1) 변경·해제사유

시·도지사는 다음에 해당하는 사유가 있으면 농업진흥지역 또는 용도구역을 변경하거나 해제할 수 있다. 다만, 그 사유가 없어진 경우에는 원래의 농업진흥지역 또는 용도구역으로 환원하여야 한다(법 제31조 제1항, 영 제28조 제1항).

① **다음의 어느 하나에 해당하는 경우로서 농업진흥지역을 해제하는 경우**

> ㉠ 「국토의 계획 및 이용에 관한 법률」에 따른 용도지역을 변경하는 경우(농지의 전용을 수반하는 경우에 한한다)
> ㉡ 미리 농지의 전용에 관한 협의를 하는 경우
> ㉢ 해당 지역의 여건변화로 농업진흥지역의 지정요건에 적합하지 않게 된 경우. 이 경우 그 농업진흥지역 안의 부지의 면적이 3만m^2 이하인 경우로 한정한다.

② 해당 지역의 여건변화로 농업진흥지역 밖의 지역을 농업진흥지역으로 편입하는 경우

③ **다음의 어느 하나에 해당하는 경우로서 용도구역을 변경하는 경우**

> ㉠ 해당 지역의 여건변화로 농업보호구역의 전부 또는 일부를 농업진흥구역으로 변경하는 경우
> ㉡ 해당 지역의 여건변화로 농업진흥구역 안의 3만m^2 이하의 토지를 농업보호구역으로 변경하는 경우
> ㉢ 다음의 어느 하나에 해당하는 농업진흥구역 안의 토지를 농업보호구역으로 변경하는 경우
>   ⓐ 저수지의 계획홍수위선(計劃洪水位線)으로부터 상류 반경 500m 이내의 지역으로서 「농어촌정비법」에 따른 농업생산기반 정비사업이 시행되지 않은 지역
>   ⓑ 저수지 부지

(2) 변경·해제절차

농업진흥지역 또는 용도구역의 변경 절차, 해제 절차 또는 환원 절차 등에 관하여는 지정절차를 준용한다. 다만, 위 (1)의 단서에 따라 원래의 농업진흥지역 또는 용도구역으로 환원하거나 농업보호구역을 농업진흥구역으로 변경하는 경우 등 대통령령으로 정하는 사항의 변경은 대통령령으로 정하는 바에 따라 시·도 농업·농촌및식품산업정책심의회의 심의나 농림축산식품부장관의 승인 없이 할 수 있다(법 제31조 제2항).

3 용도구역 안에서의 행위제한

(1) 농업진흥구역 안에서의 행위제한

① **원칙적 허용행위**: 농업진흥구역에서는 농업생산 또는 농지개량과 직접적으로 관련된 행위로서 대통령령으로 정하는 행위 외의 토지이용행위를 할 수 없다(법 제32조 제1항 본문).

> **넓혀 보기**
>
> **농업생산·농지개량과 직접 관련된 행위**(영 제29조 제1항)
> 1. 농작물의 경작
> 2. 다년생식물의 재배
> 3. 고정식온실·버섯재배사 및 비닐하우스와 농림축산식품부령으로 정하는 그 부속시설의 설치
> 4. 축사·곤충사육사와 농림축산식품부령으로 정하는 그 부속시설의 설치
> 5. 간이퇴비장의 설치
> 6. 농지개량사업 또는 농업용수개발사업의 시행
> 7. 농막·농촌체류형 쉼터·간이저온저장고 및 간이액비저장조 중에서 농림축산식품부령으로 정하는 시설의 설치
> 8. 농림축산식품부령으로 정하는 지역, 지구 또는 구역 안에서 수직농장·식물공장의 설치

② **예외적 허용행위**: 다음의 토지이용행위의 경우에는 농업생산 또는 농지개량과 직접적으로 관련되지 아니하는 행위라도 이를 할 수 있다(법 제32조 제1항 단서).

> ㉠ 대통령령으로 정하는 농수산물(농산물·임산물·축산물·수산물을 말한다)의 가공·처리 시설의 설치 및 농수산업(농업·임업·축산업·수산업을 말한다) 관련 시험·연구시설의 설치
> ㉡ 어린이놀이터, 마을회관, 그 밖에 대통령령으로 정하는 농업인의 공동생활에 필요한 편의 시설 및 이용 시설의 설치
> ㉢ 대통령령으로 정하는 농업인 주택, 어업인 주택, 농업용 시설, 축산업용 시설 또는 어업용 시설의 설치
> ㉣ 국방·군사 시설의 설치
> ㉤ 하천, 제방, 그 밖에 이에 준하는 국토 보존 시설의 설치
> ㉥ 국가유산의 보수·복원·이전, 매장 유산의 발굴, 비석이나 기념탑, 그 밖에 이와 비슷한 공작물의 설치
> ㉦ 도로, 철도, 그 밖에 대통령령으로 정하는 공공시설의 설치
> ㉧ 지하자원 개발을 위한 탐사 또는 지하광물 채광(採鑛)과 광석의 선별 및 적치(積置)를 위한 장소로 사용하는 행위
> ㉨ 농어촌 소득원 개발 등 농어촌 발전에 필요한 시설로서 대통령령으로 정하는 시설의 설치

(2) 농업보호구역 안에서의 행위제한

농업보호구역에서는 다음 외의 토지이용행위를 할 수 없다(법 제32조 제2항, 영 제30조).

① 농업진흥구역에서 허용되는 토지이용행위

② 농업인의 소득 증대에 필요한 시설로서 대통령령으로 정하는 다음의 건축물·공작물, 그 밖의 시설의 설치

> ㉠ 「농어촌정비법」 규정에 따른 관광농원사업으로 설치하는 시설로서 그 부지가 3만m^2 미만인 것
> ㉡ 「농어촌정비법」 규정에 따른 주말농원사업으로 설치하는 시설로서 그 부지가 3천m^2 미만인 것
> ㉢ 태양에너지 발전설비로서 농업보호구역 안의 부지면적이 1만m^2 미만인 것

③ 농업인의 생활 여건을 개선하기 위하여 필요한 시설로서 대통령령으로 정하는 다음의 건축물·공작물, 그 밖의 시설의 설치

㉠ 다음의 시설로서 그 부지가 1,000m^2 미만인 것

> ⓐ 단독주택
> ⓑ 제1종 근린생활시설 중
>   ⅰ) 식품·잡화·의류·완구·서적·건축자재·의학품·의료기기 등 일용품을 판매하는 소매점
>   ⅱ) 의원·치과의원·한의원·침술원·접골원, 조산원, 안마원, 산후조리원
>   ⅲ) 탁구장, 체육도장으로서 같은 건축물에 해당 용도로 쓰는 바닥면적의 합계가 500m^2 미만인 것
>   ⅳ) 지역자치센터·파출소·지구대·소방서·우체국·방송국·보건소·공공도서관·건강보험공단 사무소
>   ⅴ) 마을회관·마을공동작업소·마을공동구판장
> ⓒ 제2종 근린생활시설 중
>   ⅰ) 공연장(극장, 영화관, 연예장, 음악당, 서커스장, 비디오물감상실, 비디오물소극장, 그 밖에 이와 비슷한 것을 말한다. 이하 같다)으로서 같은 건축물에 해당 용도로 쓰는 바닥면적의 합계가 500m^2 미만인 것
>   ⅱ) 종교집회장[교회, 성당, 사찰, 기도원, 수도원, 수녀원, 제실(祭室), 사당, 그 밖에 이와 비슷한 것을 말한다. 이하 같다]으로서 같은 건축물에 해당 용도로 쓰는 바닥면적의 합계가 500m^2 미만인 것
>   ⅲ) 서점(제1종 근린생활시설에 해당하지 않는 것)
>   ⅳ) 총포판매소
>   ⅴ) 사진관, 표구점

ⅵ) 청소년게임제공업소, 복합유통게임제공업소, 인터넷컴퓨터게임시설제공업소, 가상현실체험 제공업소, 그 밖에 이와 비슷한 게임 및 체험 관련 시설로서 같은 건축물에 해당 용도로 쓰는 바닥면적의 합계가 500㎡ 미만인 것
   ⅶ) 장의사, 동물병원, 동물미용실, 동물위탁관리업을 위한 시설, 그 밖에 이와 유사한 것
   ⅷ) 학원(자동차학원·무도학원 및 정보통신기술을 활용하여 원격으로 교습하는 것은 제외), 교습소(자동차교습·무도교습 및 정보통신기술을 활용하여 원격으로 교습하는 것은 제외), 직업훈련소(운전·정비 관련 직업훈련소는 제외)로서 같은 건축물에 해당 용도로 쓰는 바닥면적의 합계가 500㎡ 미만인 것
   ⅸ) 독서실, 기원
   ⅹ) 테니스장, 체력단련장, 에어로빅장, 볼링장, 당구장, 실내낚시터, 놀이형시설(관광진흥법에 따른 기타유원시설업의 시설을 말한다. 이하 같다) 등 주민의 체육 활동을 위한 시설[위 ⓑ의 ⅲ)의 시설은 제외]로서 같은 건축물에 해당 용도로 쓰는 바닥면적의 합계가 500㎡ 미만인 것
   ⅺ) 금융업소, 사무소, 부동산중개사무소, 결혼상담소 등 소개업소, 출판사 등 일반업무시설로서 같은 건축물에 해당 용도로 쓰는 바닥면적의 합계가 500㎡ 미만인 것

 ⓒ 다음의 시설로서 그 부지가 3,000㎡ 미만인 것: 제1종 근린생활시설 중 양수장·정수장·대피소·공중화장실, 그 밖에 이와 비슷한 것

(3) **농업진흥구역과 농업보호구역에 걸치는 토지에 대한 행위제한의 특례**

① **농업진흥구역과 농업보호구역에 걸치는 경우**: 한 필지의 토지가 농업진흥구역과 농업보호구역에 걸쳐 있으면서 농업진흥구역에 속하는 토지 부분이 330㎡ 이하이면 그 토지 부분에 대하여는 행위제한을 적용할 때 농업보호구역에 관한 규정을 적용한다(법 제53조 제1항, 영 제73조).

걸쳐 있는 상황	법 적용
한 필지(1,000㎡)	한 필지(1,000㎡)
농업진흥구역 (300㎡) / 농업보호구역 (700㎡)	농업보호구역 (1,000㎡)

② **한 필지의 토지 중 일부가 농업진흥지역에 걸치는 경우**: 한 필지의 토지 일부가 농업진흥지역에 걸쳐 있으면서 농업진흥지역에 속하는 토지 부분의 면적이 330㎡ 이하이면 그 토지 부분에 대하여는 농업진흥구역과 농업보호구역의 행위제한 규정을 적용하지 아니한다(법 제53조 제2항, 영 제73조).

걸쳐 있는 상황		법 적용
한 필지(1,000m²)		한 필지(1,000m²)
농업진흥지역 (300m²)	非농업진흥지역 (700m²)	非농업진흥지역 (1,000m²)

4 농업진흥지역의 농지매수청구

(1) 농업진흥지역의 농지를 소유하고 있는 농업인 또는 농업법인은 「한국농어촌공사 및 농지관리기금법」에 따른 한국농어촌공사에 그 농지의 매수를 청구할 수 있다(법 제33조의2 제1항).

(2) 한국농어촌공사는 매수청구를 받으면 「감정평가 및 감정평가사에 관한 법률」에 따른 감정평가법인등이 평가한 금액을 기준으로 해당 농지를 매수할 수 있다(법 제33조의2 제2항).

(3) 한국농어촌공사가 농지를 매수하는 데에 필요한 자금은 농지관리기금에서 융자한다(법 제33조의2 제3항).

02 농지의 전용 제23회, 제24회, 제29회

1 농지전용의 의의

'농지의 전용'이란 농지를 농작물의 경작이나 다년생식물의 재배 등 농업생산 또는 대통령령으로 정하는 농지개량 외의 용도로 사용하는 것을 말한다. 다만, 토지의 개량시설, 농축산물 생산시설의 용도로 사용하는 경우에는 전용으로 보지 아니한다(법 제2조 제7호).

2 농지의 전용허가

(1) **농지전용허가의 대상**

농지를 전용하려는 자는 다음의 어느 하나에 해당하는 경우 외에는 대통령령으로 정하는 바에 따라 농림축산식품부장관의 허가를 받아야 한다. 허가받은 농지의 면적 또는 경계 등 대통령령으로 정하는 중요 사항을 변경하려는 경우에도 또한 같다(법 제34조 제1항).

> **농지전용허가의 예외**
> 1. 「국토의 계획 및 이용에 관한 법률」에 따른 도시지역 또는 계획관리지역에 있는 농지로서 협의를 거친 농지나 협의 대상에서 제외되는 농지를 전용하는 경우
> 2. 농지전용신고를 하고 농지를 전용하는 경우
> 3. 「산지관리법」에 따른 산지전용허가를 받지 아니하거나 산지전용신고를 하지 아니하고 불법으로 개간한 농지를 산림으로 복구하는 경우

(2) **허가절차**

① **허가신청서의 제출**: 농지전용의 허가 또는 변경허가를 받으려는 자는 농지전용허가신청서에 농림축산식품부령으로 정하는 서류를 첨부하여 해당 농지의 소재지를 관할하는 시장·군수 또는 자치구구청장에게 제출하여야 한다(영 제32조 제1항).

② **농지전용허가의 심사**

㉠ 시장·군수 또는 자치구구청장은 농지전용허가신청서 등을 제출받은 때에는 일정한 심사기준에 따라 심사한 후 농림축산식품부령으로 정하는 서류를 첨부하여 그 제출받은 날(신청서류의 보완 또는 보정을 요구한 경우에는 그 보완 또는 보정이 완료된 날을 말한다)부터 10일 이내에 시·도지사에게 보내야 하며, 시·도지사는 10일 이내에 이에 대한 종합적인 심사의견서를 첨부하여 농림축산식품부장관에게 제출해야 한다(영 제33조 제1항).

㉡ 농림축산식품부장관은 심사기준에 적합하지 아니한 경우에는 농지의 전용허가를 하여서는 아니 된다(영 제33조 제2항).

🏠 **농지전용 허가절차**

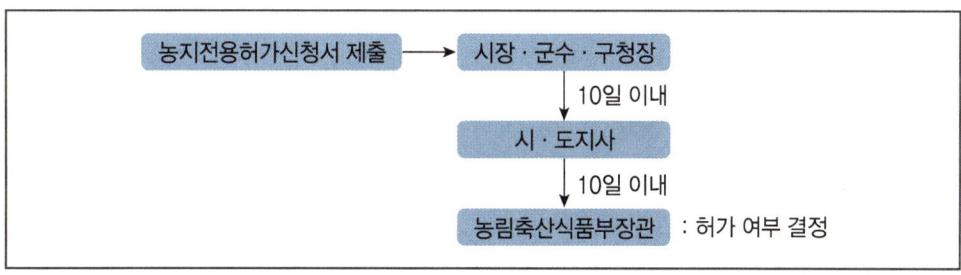

3 농지의 전용신고

(1) **농지전용신고의 대상**

농지를 다음에 해당하는 시설의 부지로 전용하려는 자는 대통령령으로 정하는 바에 따라 시장·군수 또는 자치구구청장에게 신고하여야 한다. 신고한 사항을 변경하려는 경우에도 또한 같다(법 제35조 제1항).

① 농업인 주택, 어업인 주택, 농축산업용 시설(농지의 개량시설과 농축산물 생산시설은 제외), 농수산물 유통·가공시설
② 어린이놀이터·마을회관 등 농업인의 공동생활 편의시설
③ 농수산 관련 연구 시설과 양어장·양식장 등 어업용 시설

◆ 농지전용신고 대상시설의 범위·규모(영 제36조 관련)

시설의 범위	설치자의 범위	규모
1. 농업진흥지역 밖에 설치하는 제29조 제4항에 해당하는 농업인 주택 또는 어업인 주택	제29조 제4항 제1호의 어느 하나에 해당하는 무주택인 세대의 세대주	세대당 660m² 이하
2. 제29조 제5항 제1호에 해당하는 시설 및 같은 항 제4호에 해당하는 시설 중 농업용 시설	제29조 제4항 제1호의 어느 하나에 해당하는 세대의 세대원인 농업인과 농업법인	• 농업인: 세대당 1,500m² 이하 • 농업법인: 법인당 7,000m² (농업진흥지역 안의 경우에는 3,300m²) 이하
3. 농업진흥지역 밖에 설치하는 제29조 제5항 제2호·제3호에 해당하는 시설 또는 같은 항 제4호에 해당하는 시설 중 축산업용 시설	제29조 제4항 제1호의 어느 하나에 해당하는 세대의 세대원인 농업인과 농업법인	• 농업인: 세대당 1,500m² 이하 • 농업법인: 법인당 7,000m²
4. 자기가 생산한 농수산물을 처리하기 위하여 농업진흥지역 밖에 설치하는 집하장·선과장·판매장 또는 가공공장 등 농수산물 유통·가공시설(창고·관리사 등 필수적인 부대시설을 포함)	제29조 제4항 제1호의 어느 하나에 해당하는 세대의 세대원인 농업인과 이에 준하는 임·어업인세대의 세대원인 임·어업인	세대당 3,300m² 이하
5. 구성원(조합원)이 생산한 농수산물을 처리하기 위하여 농업진흥지역 밖에 설치하는 집하장·선과장·판매장·창고 또는 가공공장 등 농수산물 유통·가공시설	「농업·농촌 및 식품산업 기본법」에 따른 생산자단체, 「농어업경영체 육성 및 지원에 관한 법률」에 따른 영농조합법인 및 영농회사법인, 「수산업협동조합법」에 따른 어촌계·수산업협동조합 및 그 중앙회 또는 「농어업경영체 육성 및 지원에 관한 법률」에 따른 영어조합법인	단체당 7,000m² 이하

6. 농업진흥지역 밖에 설치하는 법 제32조 제1항 제2호에 해당하는 농업인의 공동생활에 필요한 편의시설 및 이용시설	제한 없음	제한 없음
7. 제29조 제2항 제2호에 해당하는 농수산업 관련 시험·연구시설	비영리법인	법인당 7,000m²(농업진흥지역 안의 경우에는 3,000m²) 이하
8. 농업진흥지역 밖에 설치하는 양어장 및 양식장	제29조 제4항 제1호의 어느 하나에 해당하는 세대의 세대원인 농업인 및 이에 준하는 어업인세대의 세대원인 어업인, 농업법인 및 「농어업경영체 육성 및 지원에 관한 법률」제16조에 따른 영어조합법인	세대 또는 법인당 1만m² 이하
9. 농업진흥지역 밖에 설치하는 제29조 제5항 제5호에 해당하는 어업용시설 중 양어장 및 양식장을 제외한 시설	제29조 제4항 제1호의 어느 하나에 해당하는 세대의 세대원인 농업인 및 이에 준하는 어업인세대의 세대원인 어업인, 농업법인 및 「농어업경영체 육성 및 지원에 관한 법률」제16조에 따른 영어조합법인	세대 또는 법인당 1,500m² 이하

▷ 비 고
1. 위 1.에 해당하는 시설은 해당 설치자가 생애 최초로 설치하는 시설로 한정한다.
2. 위 2.부터 9.까지에 해당하는 시설에 대하여 규모를 적용할 때에는 해당 시설의 설치자가 농지전용신고일 이전 5년간 그 시설의 부지로 전용한 면적을 합산한다.

(2) 농지전용신고의 절차

① **신고서의 제출**: 농지전용의 신고 또는 변경신고를 하려는 자는 농지전용신고서에 농림축산식품부령으로 정하는 서류를 첨부하여 해당 농지의 소재지를 관할하는 시장·군수 또는 자치구구청장에게 제출하여야 한다(영 제35조 제1항).

② **신고증의 발급**: 시장·군수 또는 자치구구청장은 농지전용신고서 등을 제출받은 때에는 신고내용이 규정에 적합한지의 여부를 검토하여 적합하다고 인정하는 경우에는 농림축산식품부령으로 정하는 바에 따라 농지전용신고증을 신고인에게 내주어야 하며, 적합하지 아니하다고 인정하는 경우에는 그 사유를 구체적으로 밝혀 제출받은 서류를 반려하여야 한다(영 제35조 제4항).

4 농지의 전용협의

주무부장관이나 지방자치단체의 장은 다음에 해당하면 대통령령으로 정하는 바에 따라 농림축산식품부장관과 미리 농지전용에 관한 협의를 하여야 한다(법 제34조 제2항).

> ① 「국토의 계획 및 이용에 관한 법률」에 따른 도시지역에 주거지역·상업지역·공업지역을 지정하거나 같은 법에 따른 도시지역에 도시·군계획시설을 결정할 때에 해당 지역 예정지 또는 시설 예정지에 농지가 포함되어 있는 경우. 다만, 이미 지정된 주거지역·상업지역·공업지역을 다른 지역으로 변경하거나 이미 지정된 주거지역·상업지역·공업지역에 도시·군계획시설을 결정하는 경우는 제외한다.
> ② 「국토의 계획 및 이용에 관한 법률」에 따른 계획관리지역에 지구단위계획구역을 지정할 때에 해당 구역 예정지에 농지가 포함되어 있는 경우
> ③ 「국토의 계획 및 이용에 관한 법률」에 따른 도시지역의 녹지지역 및 개발제한구역의 농지에 대하여 개발행위를 허가하거나 「개발제한구역의 지정 및 관리에 관한 특별조치법」에 따라 토지의 형질변경허가를 하는 경우

5 전용허가 등과 농지보전부담금의 납입

농림축산식품부장관이나 시장·군수 또는 자치구구청장은 농지전용의 허가 또는 농지전용의 신고수리를 하려는 때에는 농지보전부담금(이하 '농지보전부담금'이라 한다)의 전부 또는 일부를 미리 납부하게 하여야 한다(영 제45조 제1항).

6 농지의 타용도 일시사용허가 등 제35회

1. 타용도 일시사용허가

농지를 다음의 어느 하나에 해당하는 용도로 일시 사용하려는 자는 대통령령으로 정하는 바에 따라 일정 기간 사용한 후 농지로 복구한다는 조건으로 시장·군수 또는 자치구구청장의 허가를 받아야 한다. 허가받은 사항을 변경하려는 경우에도 또한 같다. 다만, 국가나 지방자치단체의 경우에는 시장·군수 또는 자치구구청장과 협의하여야 한다(법 제36조 제1항, 영 제38조 제3항).

> ① 「건축법」에 따른 건축허가 또는 건축신고 대상시설이 아닌 간이 농수축산업용 시설(개량시설과 농축산물 생산시설은 제외)과 농수산물의 간이 처리시설을 설치하는 경우
> ② 주(主)목적사업(해당 농지에서 허용되는 사업만 해당)을 위하여 현장 사무소나 부대시설, 그 밖에 이에 준하는 시설을 설치하거나 물건을 적치하거나 매설하는 경우
> ③ 대통령령으로 정하는 토석과 광물을 채굴하는 경우

④ 「전기사업법」의 전기사업을 영위하기 위한 목적으로 설치하는 「신에너지 및 재생에너지 개발·이용·보급 촉진법」에 따른 태양에너지 발전설비(이하 '태양에너지 발전설비'라 한다)로서 다음의 요건을 모두 갖춘 경우
  ㉠ 「공유수면 관리 및 매립에 관한 법률」에 따른 공유수면매립을 통하여 조성한 토지 중 토양 염도가 일정 수준 이상인 지역 등 농림축산식품부령으로 정하는 지역에 설치하는 시설일 것
  ㉡ 설치 규모, 염도 측정방법 등 농림축산식품부장관이 별도로 정한 요건에 적합하게 설치하는 시설일 것
⑤ 「건축법」에 따른 건축허가 또는 건축신고 대상시설이 아닌 작물재배사(고정식온실·버섯재배사 및 비닐하우스는 제외한다) 중 농업생산성 제고를 위하여 정보통신기술을 결합한 시설로서 대통령령으로 정하는 요건을 모두 갖춘 시설을 설치하는 경우

2. 타용도 일시사용허가의 기간

(1) **원칙**(영 제38조 제1항)

  ① **허가와 협의**
    ㉠ 「건축법」에 따른 건축허가 또는 건축신고 대상시설이 아닌 간이 농수축산업용시설(개량시설과 농축산물 생산시설은 제외)과 농수산물의 간이 처리시설을 설치하는 경우 ⇨ 7년 이내
    ㉡ 주(主)목적사업을 위하여 현장 사무소나 부대시설, 그 밖에 이에 준하는 시설을 설치하거나 물건을 적치하거나 매설하는 경우 ⇨ 그 주목적 사업의 시행에 필요한 기간 이내
    ㉢ 위 ㉠ 및 ㉡ 외의 경우 ⇨ 5년 이내

(2) **연장**(영 제38조 제2항 제1호)

시장·군수 또는 자치구구청장은 위 (1)에 따른 농지의 타용도 일시사용기간이 만료되기 전에 다음의 기간을 초과하지 않는 범위에서 연장할 수 있다.

> ① 「건축법」에 따른 건축허가 또는 건축신고 대상시설이 아닌 간이 농수축산업용시설(개량시설과 농축산물 생산시설은 제외)과 농수산물의 간이 처리시설을 설치하는 용도로 일시사용하는 경우 ⇨ 5년
> ② 위 1.의 ④의 용도(태양에너지 발전설비)로 일시사용하는 경우 ⇨ 18년. 이 경우 1회 연장 기간은 3년을 초과할 수 없다.
> ③ 위 1.의 ⑤의 용도(작물재배사시설)로 일시사용하는 경우 ⇨ 9년. 이 경우 1회 연장기간은 3년을 초과할 수 없다.
> ④ 위 ①부터 ③ 외의 경우 ⇨ 3년

3. 타용도 일시사용신고

(1) 타용도 일시사용 신고대상

농지를 다음의 어느 하나에 해당하는 용도로 일시사용하려는 자는 대통령령으로 정하는 바에 따라 지력을 훼손하지 아니하는 범위에서 일정 기간(6개월 이내) 사용한 후 농지로 원상복구한다는 조건으로 시장·군수 또는 자치구구청장에게 신고하여야 한다. 신고한 사항을 변경하려는 경우에도 또한 같다. 다만, 국가나 지방자치단체의 경우에는 시장·군수 또는 자치구구청장과 협의하여야 한다(법 제36조의2 제1항).

① 썰매장, 지역축제장 등으로 일시적으로 사용하는 경우
② 건축법에 따른 건축허가 또는 건축신고 대상시설이 아닌 간이 농수축산업용 시설과 농수산물의 간이 처리 시설을 설치하는 경우나 주목적사업을 위하여 현장 사무소나 부대시설, 그 밖에 이에 준하는 시설을 설치하거나 물건을 적치하거나 매설하는 시설을 일시적으로 설치하는 경우

(2) 조건부 협의

시장·군수 또는 자치구구청장은 주무부장관이나 지방자치단체의 장이 다른 법률에 따른 사업 또는 사업계획 등의 인가·허가 또는 승인 등과 관련하여 농지의 타용도 일시사용 협의를 요청하면, 그 인가·허가 또는 승인 등을 할 때에 해당 사업을 시행하려는 자에게 일정 기간 그 농지를 사용한 후 농지로 복구한다는 조건을 붙일 것을 전제로 협의할 수 있다(법 제36조의2 제2항).

(3) 복구비용의 예치

시장·군수 또는 자치구구청장은 위 (1)에 따른 신고를 수리하거나 위 (2)에 따른 협의를 할 때에는 대통령령으로 정하는 바에 따라 사업을 시행하려는 자에게 농지로의 복구계획을 제출하게 하고 복구비용을 예치하게 할 수 있다. 이 경우 예치된 복구비용은 사업시행자가 사업이 종료된 후 농지로의 복구계획을 이행하지 않는 경우 복구대행비로 사용할 수 있다(법 제36조의2 제3항).

(4) 통지기간

① 시장·군수 또는 자치구구청장은 위 (1)에 따른 신고를 받은 날부터 10일 이내에 신고수리 여부를 신고인에게 통지하여야 한다(법 제36조의2 제4항).
② 시장·군수 또는 자치구구청장이 위 ①에서 정한 기간 내에 신고수리 여부 또는 민원처리 관련 법령에 따른 처리기간의 연장을 신고인에게 통지하지 아니하면 그 기간(민원 처리 관련 법령에 따라 처리기간이 연장 또는 재연장된 경우에는 해당 처리기간을 말한다)이 끝난 날의 다음 날에 신고를 수리한 것으로 본다(법 제36조의2 제5항).

7 농지전용허가 등의 제한

(1) 농지전용허가의 금지

농림축산식품부장관은 농지전용허가를 결정할 경우 다음의 어느 하나에 해당하는 시설의 부지로 사용하려는 농지는 전용을 허가할 수 없다. 다만, 「국토의 계획 및 이용에 관한 법률」에 따른 도시지역·계획관리지역 및 개발진흥지구에 있는 농지는 다음의 어느 하나에 해당하는 시설의 부지로 사용하더라도 전용을 허가할 수 있다(법 제37조 제1항).

① 「대기환경보전법」에 따른 대기오염물질배출시설로서 대통령령으로 정하는 시설
② 「물환경보전법」에 따른 폐수배출시설로서 대통령령으로 정하는 시설
③ 농업의 진흥이나 농지의 보전을 해칠 우려가 있는 시설로서 대통령령으로 정하는 시설

(2) 농지전용허가 등의 제한

농림축산식품부장관, 시장·군수 또는 자치구구청장은 농지전용허가 및 협의(다른 법률에 따라 농지전용허가가 의제되는 협의를 포함)를 하거나 농지의 타용도 일시사용허가 및 협의를 할 때 그 농지가 다음의 어느 하나에 해당하면 전용을 제한하거나 타용도 일시사용을 제한할 수 있다(법 제37조 제2항).

① 전용하려는 농지가 농업생산기반이 정비되어 있거나 농업생산기반 정비사업 시행예정지역으로 편입되어 우량농지로 보전할 필요가 있는 경우
② 해당 농지를 전용하거나 다른 용도로 일시사용하면 일조·통풍·통작에 매우 크게 지장을 주거나 농지개량시설의 폐지를 수반하여 인근 농지의 농업경영에 매우 큰 영향을 미치는 경우
③ 해당 농지를 전용하거나 타용도로 일시사용하면 토사가 유출되는 등 인근 농지 또는 농지개량시설을 훼손할 우려가 있는 경우
④ 전용 목적을 실현하기 위한 사업계획 및 자금 조달계획이 불확실한 경우
⑤ 전용하려는 농지의 면적이 전용 목적 실현에 필요한 면적보다 지나치게 넓은 경우

8 농지전용허가 등의 취소

(1) 농지전용허가 등의 취소사유

농림축산식품부장관, 시장·군수 또는 자치구구청장은 농지전용허가 또는 농지의 타용도 일시사용허가를 받았거나 농지전용신고, 농지의 타용도 일시사용신고 또는 농지개량행위의 신고를 한 자가 다음의 어느 하나에 해당하면 농림축산식품부령으로 정하는 바에 따라 허가를 취소하거나 관계 공사의 중지, 조업의 정지, 사업규모의 축소 또는 사업계획의 변경, 그 밖에 필요한 조치를 명할 수 있다. 다만, 다음의 ⑦에 해당하면 그 허가를 취소하여야 한다(법 제39조 제1항).

① 거짓이나 그 밖의 부정한 방법으로 허가를 받거나 신고한 것이 판명된 경우
② 허가 목적이나 허가 조건을 위반하는 경우
③ 허가를 받지 아니하거나 신고하지 아니하고 사업계획 또는 사업 규모를 변경하는 경우
④ 허가를 받거나 신고를 한 후 농지전용 목적사업과 관련된 사업계획의 변경 등 대통령령으로 정하는 정당한 사유 없이 최초로 허가를 받거나 신고를 한 날부터 2년 이상 대지의 조성, 시설물의 설치 등 농지전용 목적사업에 착수하지 아니하거나 농지전용 목적사업에 착수한 후 1년 이상 공사를 중단한 경우
⑤ 농지보전부담금을 내지 아니한 경우
⑥ 허가를 받은 자나 신고를 한 자가 허가취소를 신청하거나 신고를 철회하는 경우
⑦ 허가를 받은 자가 관계 공사의 중지 등 이 조 본문에 따른 조치명령을 위반한 경우(필수적 취소)

(2) 농지전용허가의 취소요청

농림축산식품부장관은 다른 법률에 따라 농지의 전용이 의제되는 협의를 거쳐 농지를 전용하려는 자가 농지보전부담금 부과 후 농지보전부담금을 납부하지 아니하고 2년 이내에 농지전용의 원인이 된 목적사업에 착수하지 아니하는 경우 관계 기관의 장에게 그 목적사업에 관련된 승인·허가 등의 취소를 요청할 수 있다. 이 경우 취소를 요청받은 관계 기관의 장은 특별한 사유가 없으면 이에 따라야 한다(법 제39조 제2항).

9 농지보전부담금

(1) 납입의무자

다음의 어느 하나에 해당하는 자는 농지의 보전·관리 및 조성을 위한 부담금(이하 '농지보전부담금'이라 한다)을 농지관리기금을 운용·관리하는 자에게 내야 한다(법 제38조 제1항).

① 농지전용허가를 받는 자
② 농지전용협의를 거친 지역 예정지 또는 시설 예정지에 있는 농지(같은 호 단서에 따라 협의 대상에서 제외되는 농지를 포함)를 전용하려는 자
③ 농지전용에 관한 협의를 거친 구역 예정지에 있는 농지를 전용하려는 자
④ 농지전용협의를 거친 농지를 전용하려는 자
⑤ 다른 법률에 따라 농지전용허가가 의제되는 협의를 거친 농지를 전용하려는 자
⑥ 농지전용신고를 하고 농지를 전용하려는 자

(2) **부과금액**

① 농림축산식품부장관은 다음의 어느 하나에 해당하는 사유로 농지보전부담금을 한꺼번에 내기 어렵다고 인정되는 경우에는 대통령령으로 정하는 바에 따라 농지보전부담금을 나누어 내게 할 수 있다(법 제38조 제2항, 영 제50조 제1항).

> ㉠ 「공공기관의 운영에 관한 법률」에 따른 공공기관과 「지방공기업법」에 따른 지방공기업이 「산업입지 및 개발에 관한 법률」 제2조 제8호에 따른 산업단지의 시설용지로 농지를 전용하는 경우
> ㉡ 「도시개발법」에 따른 사업시행자(국가와 지방자치단체는 제외)가 같은 법에 따른 도시개발사업(환지방식으로 시행하는 경우에 한한다)의 부지로 농지를 전용하는 경우
> ㉢ 「관광진흥법」에 따른 개발사업시행자(지방자치단체는 제외)가 같은 법에 따른 관광지 또는 같은 법에 따른 관광단지의 시설용지로 농지를 전용하는 경우
> ㉣ 「중소기업기본법」에 따른 중소기업을 영위하려는 자가 중소기업의 공장용지로 농지를 전용하는 경우
> ㉤ 「산업집적활성화 및 공장설립에 관한 법률」의 규정에 따라 공장설립 등의 승인을 받으려는 자가 공장용지로 농지를 전용하는 경우

② 농지를 전용하려는 자는 농지보전부담금을 분할납부하려는 경우에는 납부하여야 할 농지보전부담금의 100분의 30을 해당 농지전용허가 또는 농지전용신고(다른 법률에 따라 농지전용허가 또는 농지전용신고가 의제되는 인가·허가·승인 등을 포함) 전에 납부하고, 그 잔액은 4년의 범위에서 농림축산식품부령으로 정하는 바에 따라 분할하여 납부하되, 최종납부일은 해당 목적사업의 준공일 이전이어야 한다. 다만, 농림축산식품부장관은 국가 또는 지방자치단체가 농지를 전용하는 경우로서 농지보전부담금 분할 잔액을 납부기한에 납부하기 어려운 사유가 있다고 인정되면 해당 목적사업의 준공일까지의 범위에서 그 납부기한을 연장할 수 있다(영 제50조 제2항).

③ 한국농어촌공사는 납부의무자가 농지보전부담금 분할 잔액을 분할 납부기한까지 내지 않는 경우에는 분할 납부기한이 지난 후 10일 이내에 분할 납부기한으로부터 20일 이내의 기간을 정한 독촉장을 발급하고 그 사실을 농림축산식품부장관에게 보고해야 한다(영 제50조 제3항).

④ 농림축산식품부장관은 납입보증보험증서 등을 예치하게 하는 경우에는 분할납입할 농지보전부담금에 대하여 농지보전부담금의 수납업무를 대행하는 한국농어촌공사를 수취인으로 하여 발행한 보증서 등을 농림축산식품부령으로 정하는 바에 따라 예치하게 하여야 한다. 이 경우 보증서 등의 보증기간은 분할 납입하는 농지보전부담금의 각각의 납입기한에 30일을 가산한 기간을 기준으로 한다(영 제50조 제4항).

(3) 납입보증보험증서의 예치

농림축산식품부장관은 농지보전부담금을 나누어 내게 하려면 대통령령으로 정하는 바에 따라 농지보전부담금을 나누어 내려는 자에게 나누어 낼 농지보전부담금에 대한 납입보증보험증서 등을 미리 예치하게 하여야 한다. 다만, 농지보전부담금을 나누어 내려는 자가 국가나 지방자치단체, 그 밖에 대통령령으로 정하는 자인 경우에는 그러하지 아니하다(법 제38조 제3항).

(4) 농지보전부담금의 환급

농지관리기금을 운용·관리하는 자는 다음의 어느 하나에 해당하는 경우 대통령령으로 정하는 바에 따라 그에 해당하는 농지보전부담금을 환급하여야 한다(법 제38조 제5항).

> ① 농지보전부담금을 낸 자의 허가가 취소된 경우
> ② 농지보전부담금을 낸 자의 사업계획이 변경된 경우
> ③ 법 제38조 제4항에 따라 농지보전부담금을 납부하고 허가를 받지 못한 경우
> ④ 그 밖에 이에 준하는 사유로 전용하려는 농지의 면적이 당초보다 줄어든 경우

(5) 농지보전부담금의 감면

농림축산식품부장관은 다음의 어느 하나에 해당하면 대통령령으로 정하는 바에 따라 농지보전부담금을 감면할 수 있다(법 제38조 제6항).

> ① 국가나 지방자치단체가 공용 목적이나 공공용 목적으로 농지를 전용하는 경우
> ② 대통령령으로 정하는 중요 산업 시설을 설치하기 위하여 농지를 전용하는 경우
> ③ 농지전용 신고대상의 시설이나 그 밖에 대통령령으로 정하는 시설을 설치하기 위하여 농지를 전용하는 경우

(6) 농지보전부담금의 부과금액

① 농지보전부담금은 「부동산 가격공시에 관한 법률」에 따른 해당 농지의 개별공시지가의 범위에서 대통령령으로 정하는 부과기준을 적용하여 산정한 금액으로 하되, 농업진흥지역과 농업진흥지역 밖의 농지를 차등하여 부과기준을 적용할 수 있으며, 부과기준일은 다음의 구분에 따른다(법 제38조 제7항).

> ㉠ 법 제34조 제1항에 따라 농지전용허가를 받는 경우: 허가를 신청한 날
> ㉡ 법 제34조 제2항에 따라 농지를 전용하려는 경우: 대통령령으로 정하는 날
> ㉢ 다른 법률에 따라 농지전용허가가 의제되는 협의를 거친 농지를 전용하려는 경우: 대통령령으로 정하는 날
> ㉣ 법 제35조나 제43조에 따라 농지전용신고를 하고 농지를 전용하려는 경우: 신고를 접수한 날

② 농지보전부담금의 m²당 금액은 법 제38조 제7항 각 호의 부과기준일 현재 가장 최근에 공시된 「부동산 가격공시에 관한 법률」에 따른 해당 농지의 개별공시지가에 다음의 구분에 따른 비율을 곱한 금액으로 한다(영 제53조 제1항).

> ⊙ 농업진흥지역의 농지: 100분의 30
> ⓒ 농업진흥지역 밖의 농지: 100분의 20

(7) 가산금 부과

농림축산식품부장관은 농지보전부담금을 내야 하는 자가 납부기한까지 부담금을 내지 아니한 경우에는 납부기한이 지난 날부터 체납된 농지보전부담금의 100분의 3에 상당하는 금액을 가산금으로 부과한다(법 제38조 제9항).

(8) 중가산금 부과

농림축산식품부장관은 농지보전부담금을 체납한 자가 체납된 농지보전부담금을 납부하지 아니한 때에는 납부기한이 지난 날부터 1개월이 지날 때마다 체납된 농지보전부담금의 1천분의 12에 상당하는 가산금(이하 '중가산금'이라 한다)을 위 (7)에 따른 가산금에 더하여 부과하되, 체납된 농지보전부담금의 금액이 100만원 미만인 경우는 중가산금을 부과하지 아니한다. 이 경우 중가산금을 가산하여 징수하는 기간은 60개월을 초과하지 못한다(법 제38조 제10항).

(9) 강제징수

농림축산식품부장관은 농지보전부담금을 내야 하는 자가 독촉장을 받고 지정된 기한까지 부담금과 가산금 및 중가산금을 내지 아니하면 국세 또는 지방세 체납처분의 예에 따라 징수할 수 있다(법 제38조 제11항).

(10) 결손처분

농림축산식품부장관은 다음의 어느 하나에 해당하는 사유가 있으면 해당 농지보전부담금에 관하여 결손처분을 할 수 있다. 다만, 다음의 ①, ③ 및 ④의 경우 결손처분을 한 후에 압류할 수 있는 재산을 발견하면 지체 없이 결손처분을 취소하고 체납처분을 하여야 한다(법 제38조 제12항).

> ① 체납처분이 종결되고 체납액에 충당된 배분금액이 그 체납액에 미치지 못한 경우
> ② 농지보전부담금을 받을 권리에 대한 소멸시효가 완성된 경우
> ③ 체납처분의 목적물인 총재산의 추산가액(推算價額)이 체납처분비에 충당하고 남을 여지가 없는 경우
> ④ 체납자가 사망하거나 행방불명되는 등 대통령령으로 정하는 사유로 인하여 징수할 가능성이 없다고 인정되는 경우

| 한눈에 보기 | 농지보전부담금 정리하기 |

1. **납입사유**
   ① 농지전용허가를 받는 자
   ② 농지전용협의를 거친 지역 예정지 또는 시설 예정지에 있는 농지를 전용하려는 자
   ③ 농지전용협의를 거친 농지를 전용하려는 자
   ④ 농지전용신고를 하고 농지를 전용하려는 자
   ⑤ 다른 법률에 따른 농지전용허가가 의제되는 협의를 거친 농지를 전용하려는 자
2. **부과·징수권자**: 농림축산식품부장관 ⇨ 한국농어촌공사가 수납업무 대행
3. **감면사유**
   ① 공용·공공용 목적의 전용
   ② 중요 산업시설 설치
4. **환급**(의무사항)
   ① 허가가 취소된 경우
   ② 사업계획이 변경된 경우
   ③ 농지보전부담금을 납부하고 허가를 받지 못한 경우
   ④ 전용하려는 농지의 면적이 당초보다 줄어든 경우
5. **분할납부**: 농지전용허가 또는 농지전용신고 전에 농지보전부담금의 100분의 30을 납부하고, 그 잔액은 4년의 범위에서 분할하여 납부 ⇨ 납입보증보험증서예치의무(국가, 지방자치단체는 제외)
6. **강제징수**: 국세·지방세 체납처분에 따른 강제징수

10 농지의 지목변경제한

(1) 지목변경사유

다음의 어느 하나에 해당하는 경우 외에는 농지를 전·답·과수원 외의 지목으로 변경하지 못한다(법 제41조 제1항).

① 농지전용허가(다른 법률에 따라 농지전용허가가 의제되는 협의를 포함)를 받거나 전용협의에 따라 농지를 전용한 경우
② 「산지관리법」에 따른 산지전용허가를 받지 아니하거나 산지전용신고를 하지 아니하고 불법으로 개간한 농지를 산림으로 복구하는 경우 또는 「하천법」에 따라 하천관리청의 허가를 받고 농지의 형질을 변경하거나 공작물을 설치하기 위하여 농지를 전용하는 경우
③ 농지전용신고를 하고 농지를 전용한 경우
④ 「농어촌정비법」에 따른 농어촌용수의 개발사업이나 농업생산기반 개량사업의 시행으로 토지의 개량 시설의 부지로 변경되는 경우
⑤ 시장·군수 또는 구청장이 천재지변이나 그 밖의 불가항력의 사유로 그 농지의 형질이 현저히 달라져 원상회복이 거의 불가능하다고 인정하는 경우

(2) 지목변경신청

토지소유자는 지목변경사유로 토지의 형질변경 등이 완료·준공되어 토지의 용도가 변경된 경우 그 사유가 발생한 날부터 60일 이내에 지적소관청에 지목변경을 신청하여야 한다(법 제41조 제2항).

예제

농지법령상 농지의 전용에 관한 설명으로 옳은 것은? 제29회

① 과수원인 토지를 재해로 인한 농작물의 피해를 방지하기 위한 방풍림 부지로 사용하는 것은 농지의 전용에 해당하지 않는다.
② 전용허가를 받은 농지의 위치를 동일 필지 안에서 변경하는 경우에는 농지전용신고를 하여야 한다.
③ 산지전용허가를 받지 아니하고 불법으로 개간한 농지라도 이를 다시 산림으로 복구하려면 농지전용허가를 받아야 한다.
④ 농지를 농업인 주택의 부지로 전용하려는 경우에는 농림축산식품부장관에게 농지전용신고를 하여야 한다.
⑤ 농지전용신고를 하고 농지를 전용하는 경우에는 농지를 전·답·과수원 외의 지목으로 변경하지 못한다.

해설 ② 전용허가를 받은 농지의 위치를 동일 필지 안에서 변경하는 경우에는 농지전용허가를 받아야 한다.
③ 산지전용허가를 받지 아니하고 불법으로 개간한 농지를 다시 산림으로 복구하려는 경우에는 농지전용허가를 받지 않아도 된다.
④ 농지를 농업인 주택의 부지로 전용하려는 경우에는 시장·군수·구청장에게 농지전용신고를 하여야 한다.
⑤ 농지전용신고를 하고 농지를 전용하는 경우에는 농지를 전·답·과수원 외의 지목으로 변경할 수 있다.

▶ 정답 ①

부록

제36회 기출문제

부록 제36회 기출문제

01 국토의 계획 및 이용에 관한 법령상 광역도시계획의 내용에 해당하지 <u>않는</u> 것은?
① 광역계획권의 교통 및 물류유통체계에 관한 사항
② 광역계획권의 문화·여가공간 및 방재에 관한 사항
③ 광역계획권의 교육시설 확충 및 부동산가격 안정화에 관한 사항
④ 경관계획에 관한 사항
⑤ 광역계획권의 녹지관리체계와 환경 보전에 관한 사항

> **해설** ③ 광역계획권의 교육시설 확충 및 부동산가격 안정화에 관한 사항은 광역도시계획의 내용에 해당하지 않는다.

02 주민 甲은 기반시설의 설치에 관한 사항에 대해서, 주민 乙은 지구단위계획구역의 지정에 관한 사항에 대해서 각각 도시·군관리계획의 입안을 제안하려고 한다. 국토의 계획 및 이용에 관한 법령상 甲과 乙의 제안에 필요한 토지소유자의 동의요건의 기준으로 옳은 것은? (단, 동의 대상 토지 면적에서 국·공유지는 제외)
① 甲: 대상 토지 면적의 3분의 2 이상,
  乙: 대상 토지 면적의 3분의 2 이상
② 甲: 대상 토지 면적의 3분의 2 이상,
  乙: 대상 토지 면적의 5분의 3 이상
③ 甲: 대상 토지 면적의 5분의 3 이상,
  乙: 대상 토지 면적의 5분의 4 이상
④ 甲: 대상 토지 면적의 5분의 4 이상,
  乙: 대상 토지 면적의 3분의 2 이상
⑤ 甲: 대상 토지 면적의 5분의 4 이상,
  乙: 대상 토지 면적의 5분의 4 이상

> **해설** ④ 기반시설의 설치에 관한 사항에 대해서는 대상 토지 면적의 5분의 4 이상의 동의를 받아야 하고, 지구단위계획구역의 지정에 관한 사항에 대해서는 대상 토지 면적의 3분의 2 이상의 동의를 받아야 한다.

03 국토의 계획 및 이용에 관한 법령상 도시·군관리계획의 입안을 위한 기초조사를 실시하지 아니할 수 있는 경우에 해당하지 <u>않는</u> 것은?

① 해당 도시·군계획시설의 결정을 해제하려는 경우
② 해당 지구단위계획구역 안의 나대지면적이 구역면적의 3퍼센트인 경우
③ 해당 지구단위계획구역이 도심지(상업지역과 상업지역에 연접한 지역을 말한다)에 위치하는 경우
④ 기존의 용도지구를 폐지하고 지구단위계획을 변경하여 그 용도지구에 따른 건축물이나 그 밖의 시설의 용도·종류 및 규모 등의 제한을 그대로 대체하려는 경우
⑤ 해당 지구단위계획구역의 지정목적이 해당 구역을 정비하고자 하는 경우로서 지구단위계획의 내용에 너비 12미터 이상 도로의 설치계획이 없는 경우

> 해설 ② 해당 지구단위계획구역 안의 나대지면적이 구역면적의 2퍼센트에 미달하는 경우에 기초조사를 실시하지 아니할 수 있다.

04 국토의 계획 및 이용에 관한 법령상 용도지역 또는 용도지구와 그에 관한 설명이 바르게 연결된 것은?

① 일반상업지역: 도심·부도심의 상업기능 및 업무기능의 확충을 위하여 필요한 지역
② 제2종 일반주거지역: 중고층주택을 중심으로 편리한 주거환경을 조성하기 위하여 필요한 지역
③ 보호취락지구: 야생동식물서식처 등 생태적으로 보존가치가 큰 지역의 보호와 보존을 위하여 필요한 지구
④ 특화경관지구: 산지·구릉지 등 자연경관을 보호하거나 유지하기 위하여 필요한 지구
⑤ 자연방재지구: 토지의 이용도가 낮은 해안변, 하천변, 급경사지 주변 등의 지역으로서 건축 제한 등을 통하여 재해 예방이 필요한 지구

> 해설 ① 중심상업지역: 도심·부도심의 상업기능 및 업무기능의 확충을 위하여 필요한 지역
> ② 제3종 일반주거지역: 중고층주택을 중심으로 편리한 주거환경을 조성하기 위하여 필요한 지역
> ③ 생태계보호지구: 야생동식물서식처 등 생태적으로 보존가치가 큰 지역의 보호와 보존을 위하여 필요한 지구
> ④ 자연경관지구: 산지·구릉지 등 자연경관을 보호하거나 유지하기 위하여 필요한 지구

Answer 1. ③ 2. ④ 3. ② 4. ⑤

05 국토의 계획 및 이용에 관한 법령상 공동구가 설치된 경우 공동구에 수용하기 위하여 공동구협의회의 심의를 거쳐야 하는 시설은?

> ㉠ 열수송관　　㉡ 하수도관　　㉢ 가스관
> ㉣ 쓰레기수송관　㉤ 중수도관

① ㉣
② ㉡, ㉢
③ ㉠, ㉣, ㉤
④ ㉠, ㉡, ㉢, ㉤
⑤ ㉠, ㉡, ㉢, ㉣, ㉤

해설 ② 가스관과 하수도관은 공동구협의회의 심의를 거쳐야 한다.

06 국토의 계획 및 이용에 관한 법령상 도시지역에서 도시·군관리계획의 결정 없이 설치할 수 있는 시설에 해당하지 않는 것은?

① 공항 중 「공항시설법 시행령」에 의한 도심공항터미널
② 폐기물처리 및 재활용시설 중 재활용시설
③ 옥외에 설치하는 변전시설
④ 「신에너지 및 재생에너지 개발·이용·보급 촉진법 시행규칙」에 따른 연료전지 설비
⑤ 「산업입지 및 개발에 관한 법률」에 따른 산업단지 내에 설치하는 대지면적이 1천 제곱미터인 도축장

해설 ③ 옥외에 설치하는 변전시설은 도시·군관리계획의 결정 없이 설치할 수 있는 시설에서 제외된다.

07 국토의 계획 및 이용에 관한 법령상 건축위원회와 도시계획위원회의 공동위원회의 심의를 거쳐야 하는 지구단위계획 변경 사항에 해당하는 것은? (단, 조례는 고려하지 않음)

① 획지(구획된 한 단위의 토지) 면적의 25퍼센트의 변경
② 층수변경이 수반되는 경우로서 건축물높이의 15퍼센트의 변경
③ 건축물의 배치·형태의 변경
④ 용도지역 변경을 포함하는 경우로서 지구단위계획구역 면적의 4퍼센트의 변경
⑤ 「건축법」 등 다른 법령의 규정에 따른 건폐율 완화 내용을 반영하기 위한 지구단위계획의 변경

해설 ⑤ 「건축법」 등 다른 법령의 규정에 따른 건폐율 완화 내용을 반영하기 위한 지구단위계획의 변경은 건축위원회와 도시계획위원회의 공동위원회의 심의를 거쳐야 하는 지구단위계획 변경 사항에 해당한다.

08 국토의 계획 및 이용에 관한 법령상 도시혁신구역에서 다른 법률 규정에도 불구하고 도시혁신계획으로 따로 정할 수 있는 사항이 아닌 것은?

① 「도시공원 및 녹지 등에 관한 법률」에 따른 도시공원 또는 녹지 확보기준
② 「문화예술진흥법」에 따른 건축물에 대한 미술작품의 설치
③ 「주차장법」에 따른 부설주차장의 설치
④ 「학교용지 확보 등에 관한 특례법」에 따른 학교용지의 조성·개발 기준
⑤ 「체육시설의 설치·이용에 관한 법률」에 따른 사업계획의 승인

해설 ⑤ 「체육시설의 설치·이용에 관한 법률」에 따른 사업계획의 승인은 도시혁신구역에서 도시혁신계획으로 따로 정할 수 있는 사항에 해당하지 않는다.

09 국토의 계획 및 이용에 관한 법령상 시가화조정구역에서 관할 행정청의 허가를 받아 할 수 있는 행위는? (단, 도시·군계획사업이 아니며, 주어진 조건 외의 것은 고려하지 않음)

① 농업을 영위하는 자가 행하는 건축으로서 100제곱미터인 관리용건축물의 건축
② 증축 면적이 150제곱미터인 주택의 증축
③ 새로운 대지조성을 수반하는 종교시설의 증축
④ 공장·주택 등 시가화조정구역 안에서의 신축이 금지된 시설의 용도를 동물병원으로 변경하는 행위
⑤ 시가화조정구역 지정 당시 이미 관계 법령의 규정에 의하여 설치된 공장의 부대시설의 설치로서 새로운 대지조성을 수반하는 건축

해설 ① 농업을 영위하는 자가 행하는 건축으로서 33제곱미터 이하인 관리용건축물의 건축은 허가를 받아 할 수 있다.
② 증축 면적이 100제곱미터 이하인 주택의 증축은 허가를 받아 할 수 있다.
③ 새로운 대지조성을 수반하지 아니하는 종교시설의 증축은 허가를 받아 할 수 있다.
⑤ 시가화조정구역 지정 당시 이미 관계 법령의 규정에 의하여 설치된 공장의 부대시설의 설치로서 새로운 대지조성을 수반하지 아니하는 건축은 허가를 받아 할 수 있다.

Answer 5. ② 6. ③ 7. ⑤ 8. ⑤ 9. ④

제36회 기출문제

10 국토의 계획 및 이용에 관한 법령상 용도지역 안에서의 건폐율의 범위로 틀린 것은? (단, 조례는 고려하지 않음)

① 자연녹지지역에 지정된 개발진흥지구: 30퍼센트 이하
② 수산자원보호구역: 40퍼센트 이하
③ 「자연공원법」에 따른 자연공원: 60퍼센트 이하
④ 계획관리지역에 지정된 산업·유통개발진흥지구: 40퍼센트 이하
⑤ 공업지역에 있는 「산업입지 및 개발에 관한 법률」에 따른 준산업단지: 80퍼센트 이하

해설 ④ 계획관리지역에 지정된 산업·유통개발진흥지구: 60퍼센트 이하로 한다.

11 국토의 계획 및 이용에 관한 법령상 도시·군계획시설사업의 시행에 관한 설명으로 옳은 것은?

① 광역도시계획과 관련되는 경우에는 도지사가 관계 시장 또는 군수의 의견을 들어 직접 도시·군계획시설사업을 시행할 수 있다.
② 「한국철도공사법」에 따른 한국철도공사가 도시·군계획시설사업의 시행자로 지정을 받으려면 도시·군계획시설사업의 대상인 토지로서 면적의 3분의 2 이상에 해당하는 토지를 소유하여야 한다.
③ 도시·군계획시설사업의 시행자인 「지방공기업법」에 의한 지방공사는 도시·군계획시설사업으로 비탈면에 조경을 할 필요가 있는 경우에는 이행보증금을 예치하여야 한다.
④ 도시·군관리계획결정을 고시한 경우에는 국공유지로서 도시·군계획시설사업에 필요한 토지는 그 도시·군관리계획으로 정하여진 목적 외의 목적으로도 양도할 수 있다.
⑤ 도시·군계획시설사업의 시행자인 시·도지사는 도시·군계획시설사업의 공사를 마친 때에는 국토교통부장관의 준공검사를 받아야 한다.

해설 ② 「한국철도공사법」에 따른 한국철도공사가 도시·군계획시설사업의 시행자로 지정을 받으려면 도시·군계획시설사업의 대상인 토지로서 면적의 3분의 2 이상에 해당하는 토지를 소유하지 않아도 된다.
③ 도시·군계획시설사업의 시행자인 「지방공기업법」에 의한 지방공사는 도시·군계획시설사업으로 비탈면에 조경을 할 필요가 있는 경우에는 이행보증금을 예치하지 않아도 된다.
④ 도시·군관리계획결정을 고시한 경우에는 국공유지로서 도시·군계획시설사업에 필요한 토지는 그 도시·군관리계획으로 정하여진 목적 외의 목적으로도 양도할 수 없다.
⑤ 도시·군계획시설사업의 시행자인 시·도지사는 도시·군계획시설사업의 공사를 마친 때에는 준공검사를 받지 않아도 된다.

12 국토의 계획 및 이용에 관한 법령상 용도지역별 용적률의 최대한도가 큰 순서대로 나열한 것은? (단, 조례, 기타 강화·완화조건은 고려하지 않음)

㉠ 준주거지역	㉡ 일반공업지역
㉢ 준공업지역	㉣ 생산녹지지역

① ㉠ - ㉡ - ㉢ - ㉣
② ㉠ - ㉢ - ㉡ - ㉣
③ ㉡ - ㉢ - ㉠ - ㉣
④ ㉢ - ㉠ - ㉣ - ㉡
⑤ ㉢ - ㉣ - ㉠ - ㉡

해설 용도지역별 용적률의 최대한도는 다음과 같다.
㉠ 준주거지역 : 500%
㉡ 일반공업지역 : 350%
㉢ 준공업지역 : 400%
㉣ 생산녹지지역 : 100%

13 도시개발법령상 도시개발구역의 지정에 관한 설명으로 틀린 것은? (단, 특례는 고려하지 않음)

① 국토교통부장관은 천재지변, 그 밖의 사유로 인하여 도시개발사업을 긴급하게 할 필요가 있는 경우 도시개발구역을 지정할 수 있다.
② 지정권자는 도시지역 외의 지역에 도시개발구역을 지정할 때에는 도시개발구역을 지정한 후에 개발계획을 수립할 수 있다.
③ 도시개발구역을 둘 이상의 사업시행지구로 분할하는 경우 분할 후 각 사업시행지구의 면적은 각각 1만제곱미터 이상이어야 한다.
④ 도시개발구역 지정대장은 전자적 처리가 불가능한 특별한 사유가 없으면 전자적 처리가 가능한 방법으로 작성·관리하여야 한다.
⑤ 환지 방식의 도시개발사업에서 환지처분의 공고가 이루어진 경우 그 도시개발구역에 대한 용도지역 및 지구단위계획구역은 해당 도시개발구역 지정 전의 용도지역 및 지구단위계획구역으로 각각 환원되거나 폐지된 것으로 본다.

해설 ⑤ 환지 방식의 도시개발사업에서 환지처분의 공고가 이루어진 경우 그 도시개발구역에 대한 용도지역 및 지구단위계획구역은 해당 도시개발구역 지정 전의 용도지역 및 지구단위계획구역으로 각각 환원되거나 폐지된 것으로 보지 않는다.

Answer 10. ④ 11. ① 12. ② 13. ⑤

14 도시개발법령상 특별자치도지사·시장·군수 또는 구청장에게 도시개발구역의 지정을 제안할 수 있는 자를 모두 고른 것은?

> ㉠ 「한국공항공사법」에 따른 한국공항공사
> ㉡ 「지방공기업법」에 따라 설립된 지방공사
> ㉢ 「한국철도공사법」에 따른 한국철도공사

① ㉠
② ㉢
③ ㉠, ㉡
④ ㉡, ㉢
⑤ ㉠, ㉡, ㉢

해설 ㉠ 「한국공항공사법」에 따른 한국공항공사, ㉡ 「지방공기업법」에 따라 설립된 지방공사, ㉢ 「한국철도공사법」에 따른 한국철도공사는 특별자치도지사·시장·군수 또는 구청장에게 도시개발구역의 지정을 제안할 수 있다.

15 도시개발법령상 도시개발사업 조합에 관한 규정의 일부이다. ( )에 들어갈 숫자로 옳은 것은?

> • 조합을 설립하려면 도시개발구역의 토지 소유자 (㉠)명 이상이 정관을 작성하여 지정권자에게 조합 설립의 인가를 받아야 한다.
> • 의결권을 가진 조합원의 수가 (㉡)인 이상인 조합은 총회의 권한을 대행하게 하기 위하여 대의원회를 둘 수 있다.
> • 조합의 설립인가를 받은 조합의 대표자는 설립인가를 받은 날부터 (㉢)일 이내에 주된 사무소의 소재지에서 설립등기를 하여야 한다.

① ㉠: 7, ㉡: 50, ㉢: 14
② ㉠: 7, ㉡: 50, ㉢: 30
③ ㉠: 7, ㉡: 100, ㉢: 14
④ ㉠: 10, ㉡: 50, ㉢: 14
⑤ ㉠: 10, ㉡: 100, ㉢: 30

해설 • 조합을 설립하려면 도시개발구역의 토지 소유자 (7)명 이상이 정관을 작성하여 지정권자에게 조합 설립의 인가를 받아야 한다.
• 의결권을 가진 조합원의 수가 (50)인 이상인 조합은 총회의 권한을 대행하게 하기 위하여 대의원회를 둘 수 있다.
• 조합의 설립인가를 받은 조합의 대표자는 설립인가를 받은 날부터 (30)일 이내에 주된 사무소의 소재지에서 설립등기를 하여야 한다.

16 도시개발법령상 환지 예정지에 관한 설명으로 옳은 것은?

① 종전의 토지의 소유자는 환지 예정지 지정 이후에도 환지처분이 공고되는 날까지 종전의 토지를 사용하거나 수익할 수 있다.
② 환지 예정지가 지정되면 종전의 토지의 임차권자는 환지 예정지 지정의 효력발생일부터 환지처분 공고일까지 환지 예정지에 대하여 종전과 같은 내용의 권리를 행사할 수 없다.
③ 환지 예정지 지정의 효력이 발생하는 경우에 해당 환지예정지의 종전의 소유자는 환지처분 공고일의 다음날까지 이를 사용하거나 수익할 수 있다.
④ 시행자가 환지 예정지를 지정할 때 종전의 토지에 대한 임차권자등이 있으면 해당 환지예정지에 대하여 해당 권리의 목적인 토지 또는 그 부분을 아울러 지정하여야 한다.
⑤ 체비지의 용도로 환지 예정지가 지정된 경우 시행자는 도시개발사업에 드는 비용을 충당하기 위하여 이를 사용하게 할 수 있으나 처분할 수는 없다.

해설 ① 종전의 토지의 소유자는 환지처분이 공고되는 날까지 종전의 토지를 사용하거나 수익할 수 없다.
② 환지 예정지가 지정되면 종전의 토지의 임차권자는 환지 예정지 지정의 효력발생일부터 환지처분 공고일까지 환지 예정지에 대하여 종전과 같은 내용의 권리를 행사할 수 있다.
③ 환지 예정지 지정의 효력이 발생하는 경우에 해당 환지예정지의 종전의 소유자는 환지처분 공고일까지 이를 사용하거나 수익할 수 있다.
⑤ 체비지의 용도로 환지 예정지가 지정된 경우 시행자는 도시개발사업에 드는 비용을 충당하기 위하여 이를 처분할 수 있다.

17 도시개발법령상 환지 방식에 의한 사업시행에 관한 설명으로 틀린 것은? (단, 시행자는 행정청이 아님)

① 시행자는 입체 환지를 시행하는 경우 건축 계획이 포함된 환지 계획을 작성하여야 한다.
② 환지 설계를 평가식으로 하는 경우 평균부담률은 '[총사업비/(권리가액의 합계+체비지 평가액의 합계)]×100'의 계산식에 따른다.
③ 환지 계획에서 환지를 정하지 아니한 종전의 토지에 있던 권리는 그 환지처분이 공고되고 소유권이전등기를 마친 때에 소멸한다.
④ 시행자는 토지 면적의 규모를 조정할 특별한 필요가 있으면 면적이 작은 토지는 과소 토지가 되지 아니하도록 면적을 늘려 환지를 정하거나 환지 대상에서 제외할 수 있다.
⑤ 평면 환지는 환지 전 토지에 대한 권리를 도시개발사업으로 조성되는 토지에 이전하는 방식이다.

해설 ③ 환지 계획에서 환지를 정하지 아니한 종전의 토지에 있던 권리는 그 환지처분이 공고된 날이 끝나는 때에 소멸한다.

Answer 14. ⑤ 15. ② 16. ④ 17. ③

18 도시개발법령상 도시개발채권에 관한 설명으로 옳은 것은?
① 시·도지사가 도시개발채권을 발행하는 경우에는 국토교통부장관의 승인을 받아야 한다.
② 도시개발채권의 상환은 3년부터 10년까지의 범위에서 지방자치단체의 조례로 정한다.
③ 도시개발채권은 무기명으로 발행할 수 없다.
④ 도시개발채권의 소멸시효는 상환일부터 기산하여 원금은 3년, 이자는 1년으로 한다.
⑤ 도시개발채권 매입필증을 제출받는 자는 매입자로부터 제출받은 매입필증을 5년간 따로 보관하여야 한다.

해설 ① 시·도지사가 도시개발채권을 발행하는 경우에는 행정안전부장관의 승인을 받아야 한다.
② 도시개발채권의 상환은 5년부터 10년까지의 범위에서 지방자치단체의 조례로 정한다.
③ 도시개발채권은 무기명으로 발행할 수 있다.
④ 도시개발채권의 소멸시효는 상환일부터 기산하여 원금은 5년, 이자는 2년으로 한다.

19 도시 및 주거환경정비법령상 도시·주거환경정비기본계획(이하 "기본계획")에 관한 설명으로 틀린 것은?
① 국토교통부장관은 기본계획에 대하여 5년마다 타당성을 검토하여 그 결과를 기본계획에 반영하여야 한다.
② 도지사가 대도시가 아닌 시로서 기본계획을 수립할 필요가 없다고 인정하는 시에 대하여는 기본계획을 수립하지 아니할 수 있다.
③ 기본계획에는 건폐율·용적률 등에 관한 건축물의 밀도 계획이 포함되어야 한다.
④ 기본계획의 내용 중 정비사업의 계획기간을 단축하는 경우에는 주민공람 절차를 거치지 아니할 수 있다.
⑤ 기본계획의 내용 중 공동이용시설에 대한 설치계획을 변경하는 경우에는 지방의회의 의견청취 절차를 거치지 아니할 수 있다.

해설 ① 국토교통부장관이 아니라 기본계획 수립권자인 특별시장·광역시장·특별자치시장·특별자치도지사 또는 시장이 기본계획에 대하여 5년마다 타당성을 검토하여 그 결과를 기본계획에 반영하여야 한다.

20 도시 및 주거환경정비법령상 정비구역에 관한 설명으로 옳은 것은?

① 관리처분계획을 수립하는 경우 정비구역의 지정은 이전 고시가 있은 날에 해제된 것으로 본다.
② 준공인가에 따라 정비구역의 지정이 해제되면 조합도 해산된 것으로 본다.
③ 신탁업자인 지정개발자는 토지등소유자 과반수의 동의를 받아 지정권자에게 정비구역의 지정을 제안할 수 있다.
④ 정비구역에서는 「주택법」에 따른 지역주택조합의 조합원을 모집해서는 아니 된다.
⑤ 정비구역의 지정권자는 정비구역을 직권으로 해제하려는 경우 15일 이상 주민에게 공람하여 의견을 들어야 한다.

해설 ① 관리처분계획을 수립하는 경우 정비구역의 지정은 이전 고시가 있은 날의 다음날에 해제된 것으로 본다.
② 준공인가에 따라 정비구역의 지정이 해제되더라도 조합은 해산된 것으로 보지 않는다.
③ 신탁업자인 지정개발자는 지정권자에게 정비구역의 지정을 제안할 수 없다.
⑤ 정비구역의 지정권자는 정비구역을 직권으로 해제하려는 경우 30일 이상 주민에게 공람하여 의견을 들어야 한다.

21 도시 및 주거환경정비법령상 사업시행자가 사업시행계획인가를 받은 때에 의제될 수 있는 인·허가등에 해당하지 <u>않는</u> 것은?

① 「공공주택 특별법」에 따른 주택건설사업계획의 승인
② 「사도법」에 따른 사도개설허가
③ 「농지법」에 따른 농지전용허가
④ 「하수도법」에 따른 개인하수처리시설의 설치신고
⑤ 「유통산업발전법」에 따른 대규모점포등의 등록

해설 ② 「사도법」에 따른 사도개설허가는 사업시행계획인가를 받은 때에 의제될 수 있는 인·허가등에 해당하지 않는다.

Answer 18. ⑤ 19. ① 20. ④ 21. ②

22 도시 및 주거환경정비법령상 주민대표회의에 관한 설명으로 틀린 것은?

① 주민대표회의는 토지등소유자의 과반수의 동의를 받아 구성하며, 시장·군수등의 승인을 받아야 한다.
② 주민대표회의는 사업시행자가 정비사업비의 부담에 관하여 시행규정을 정하는 때에 의견을 제시할 수 있다.
③ 주민대표회의에는 위원장 1명, 부위원장과 감사 각 2명을 둔다.
④ 시장·군수등 또는 토지주택공사등은 주민대표회의의 운영에 필요한 경비의 일부를 해당 정비사업비에서 지원할 수 있다.
⑤ 주민대표회의의 위원의 선출·교체 및 해임에 필요한 사항은 주민대표회의가 정한다.

해설 ③ 주민대표회의에는 위원장 1명, 부위원장 1명, 1명 이상 3명 이하의 감사를 둔다.

23 도시 및 주거환경정비법령상 임시거주시설의 설치 등에 관한 규정의 일부이다. ( )에 들어갈 내용으로 옳은 것은?

> • 사업시행자는 주거환경개선사업 및 (㉠)사업의 시행으로 철거되는 주택의 소유자 또는 세입자에게 해당 정비구역 안과 밖에 위치한 임대주택 등의 시설에 임시로 거주하게 하거나 주택자금의 융자를 알선하는 등 임시거주에 상응하는 조치를 하여야 한다.
> • 사업시행자는 정비사업의 공사를 완료한 때에는 완료한 날부터 (㉡)일 이내에 임시거주시설을 철거하고, 사용한 건축물이나 토지를 원상회복하여야 한다.

① ㉠: 재건축, ㉡: 20
② ㉠: 재건축, ㉡: 60
③ ㉠: 재개발, ㉡: 20
④ ㉠: 재개발, ㉡: 30
⑤ ㉠: 재개발, ㉡: 60

해설
• 사업시행자는 주거환경개선사업 및 (재개발)사업의 시행으로 철거되는 주택의 소유자 또는 세입자에게 해당 정비구역 안과 밖에 위치한 임대주택 등의 시설에 임시로 거주하게 하거나 주택자금의 융자를 알선하는 등 임시거주에 상응하는 조치를 하여야 한다.
• 사업시행자는 정비사업의 공사를 완료한 때에는 완료한 날부터 (30)일 이내에 임시거주시설을 철거하고, 사용한 건축물이나 토지를 원상회복하여야 한다.

24. 도시 및 주거환경정비법령상 조합에 관한 설명으로 옳은 것은?
① 조합 정관의 기재사항 중 정비사업비의 부담 시기 및 절차를 변경하려는 경우에는 조합원 과반수의 찬성으로 시장·군수등의 인가를 받아야 한다.
② 법인인 토지등소유자가 조합원일 경우 법인의 대리인은 조합임원으로 선임될 수 없다.
③ 조합장은 선임일부터 정비사업의 준공인가 시까지는 해당 정비구역에서 거주하여야 한다.
④ 조합의 전문조합관리인의 임기는 5년의 범위에서 시·도 조례로 따로 정한다.
⑤ 조합의 대의원회는 총회의 의결사항 중 사업완료로 인한 조합 해산에 관한 사항에 대하여 총회의 권한을 대행할 수 있다.

해설 ① 조합 정관의 기재사항 중 정비사업비의 부담 시기 및 절차를 변경하려는 경우에는 조합원 3분의 2 이상의 찬성으로 시장·군수등의 인가를 받아야 한다.
② 법인인 토지등소유자가 조합원일 경우 법인의 대리인은 조합임원으로 선임될 수 있다.
③ 조합장은 선임일부터 관리처분계획인가를 받을 때까지 해당 정비구역에서 거주하여야 한다.
④ 조합의 전문조합관리인의 임기는 3년으로 한다.

25. 주택법령상 리모델링주택조합이 공동주택의 리모델링 허가를 받기 위한 동의비율에 관한 내용이다. ( )에 들어갈 숫자로 옳은 것은?

> 주택단지 전체를 리모델링하는 경우에는 주택단지 전체 구분소유자 및 의결권의 각 (㉠)퍼센트 이상의 동의와 각 동별 구분소유자 및 의결권의 각 (㉡)퍼센트 이상의 동의를 받아야 하며, 동을 리모델링하는 경우에는 그 동의 구분소유자 및 의결권의 각 (㉢)퍼센트 이상의 동의를 받아야 한다.

① ㉠: 50, ㉡: 50, ㉢: 75
② ㉠: 50, ㉡: 75, ㉢: 50
③ ㉠: 75, ㉡: 50, ㉢: 50
④ ㉠: 75, ㉡: 50, ㉢: 75
⑤ ㉠: 75, ㉡: 75, ㉢: 50

해설 주택단지 전체를 리모델링하는 경우에는 주택단지 전체 구분소유자 및 의결권의 각 (75)퍼센트 이상의 동의와 각 동별 구분소유자 및 의결권의 각 (50)퍼센트 이상의 동의를 받아야 하며, 동을 리모델링하는 경우에는 그 동의 구분소유자 및 의결권의 각 (75)퍼센트 이상의 동의를 받아야 한다.

Answer 22. ③ 23. ④ 24. ⑤ 25. ④

26 주택법령상 분양가상한제가 적용되는 토지임대부 분양주택에 관한 설명으로 옳은 것은?

① 토지임대부 분양주택 입주자의 거주의무기간은 10년이다.
② 토지임대부 분양주택의 건축물의 공용부분·부속건물 및 복리시설은 토지임대부 분양주택 건설사업을 시행하는 자와 분양받은 자들이 공유한다.
③ 토지임대부 분양주택의 분양가격은 건축비로 구성한다.
④ 토지임대부 분양주택의 입주자는 해당 주택의 최초 입주가능일부터 3년 이내에 입주하여야 한다.
⑤ 토지임대부 분양주택의 토지에 대한 임대차기간은 50년 이내로 한다.

해설 ① 토지임대부 분양주택 입주자의 거주의무기간은 5년 이내이다.
② 토지임대부 분양주택의 건축물의 공용부분·부속건물 및 복리시설은 분양받은 자들이 공유한다.
④ 토지임대부 분양주택의 입주자는 해당 주택의 최초 입주가능일에 입주하여야 한다.
⑤ 토지임대부 분양주택의 토지에 대한 임대차기간은 40년 이내로 한다.

27 주택법령상 공동주택 품질점검단에 관한 설명으로 옳은 것은?

① 품질점검단은 시장·군수·구청장이 설치·운영한다.
② 사업주체가 품질점검단의 점검에 따르지 아니하거나 기피 또는 방해한 경우 과태료 부과의 대상에 해당한다.
③ 품질점검단은 품질점검을 실시한 후 점검 종료일부터 3일 이내에 점검결과를 사용검사권자에게 제출하여야 한다.
④ 사용검사권자는 품질점검단으로부터 제출받은 점검결과를 사용검사가 있은 날부터 3년 이상 보관하여야 한다.
⑤ 공무원으로서 공동주택 관련 지도·감독 및 인·허가업무 등에 종사한 경력이 4년인 사람은 품질점검단의 위원이 될 수 있다.

해설 ① 품질점검단은 시·도지사가 설치·운영한다.
③ 품질점검단은 품질점검을 실시한 후 점검 종료일부터 5일 이내에 점검결과를 사용검사권자에게 제출하여야 한다.
④ 사용검사권자는 품질점검단으로부터 제출받은 점검결과를 사용검사가 있은 날부터 2년 이상 보관하여야 한다.
⑤ 공무원으로서 공동주택 관련 지도·감독 및 인·허가업무 등에 종사한 경력이 5년 이상인 사람은 품질점검단의 위원이 될 수 있다.

28. 주택법령상 모집주체가 지역주택조합의 조합원을 모집하기 위하여 광고를 하는 경우 포함되어야 하는 내용을 모두 고른 것은?

> ㉠ "지역주택조합의 조합원 모집을 위한 광고"라는 문구
> ㉡ 주택조합의 설립 인가일
> ㉢ 조합임원의 대표권을 제한하는 경우에는 그 내용
> ㉣ 주택건설대지의 사용권원 및 소유권을 확보한 비율

① ㉠, ㉡
② ㉠, ㉣
③ ㉠, ㉡, ㉢
④ ㉡, ㉢, ㉣
⑤ ㉠, ㉡, ㉢, ㉣

해설 ㉠ "지역주택조합의 조합원 모집을 위한 광고"라는 문구와 ㉣ 주택건설대지의 사용권원 및 소유권을 확보한 비율은 모집주체가 지역주택조합의 조합원을 모집하기 위하여 광고를 하는 경우 포함되어야 하는 내용에 해당하고, ㉡ 주택조합의 설립 인가일과 ㉢ 조합임원의 대표권을 제한하는 경우에는 그 내용은 모집주체가 지역주택조합의 조합원을 모집하기 위하여 광고를 하는 경우 포함되어야 하는 내용에 해당하지 않는다.

29. 주택법령상 주택건설사업의 등록과 주택건설사업자에 관한 설명으로 옳은 것은?

① 지방자치단체가 30호의 단독주택을 건설하는 주택건설사업을 시행하려면 국토교통부장관에게 등록하여야 한다.
② 지방공사가 20세대의 도시형 생활주택을 건설하는 주택건설사업을 시행하려면 국토교통부장관에게 등록하여야 한다.
③ 등록사업자는 등록사항에 변경이 있으면 변경 사유가 발생한 날부터 60일 이내에 국토교통부장관에게 신고하여야 한다.
④ 세대수를 증가하지 않는 리모델링주택조합이 그 구성원의 주택을 건설하는 경우에는 한국토지주택공사와 공동으로 사업을 시행하여야 한다.
⑤ 거짓으로 주택건설사업을 등록하여 그 등록이 말소된 후 2년이 지나지 아니한 자는 주택건설사업의 등록을 할 수 없다.

해설 ① 지방자치단체가 30호의 단독주택을 건설하는 주택건설사업을 시행하려면 국토교통부장관에게 등록하지 않아도 된다.
② 지방공사가 20세대의 도시형 생활주택을 건설하는 주택건설사업을 시행하려면 국토교통부장관에게 등록하지 않아도 된다.
③ 등록사업자는 등록사항에 변경이 있으면 변경 사유가 발생한 날부터 30일 이내에 국토교통부장관에게 신고하여야 한다.
④ 세대수를 증가하지 않는 리모델링주택조합이 그 구성원의 주택을 건설하는 경우에는 한국토지주택공사와 공동으로 사업을 시행할 수 없다.

Answer 26. ③ 27. ② 28. ② 29. ⑤

30 주택법령상 사용검사에 관한 설명으로 틀린 것은?
① 한국토지주택공사가 사업주체인 경우 시장·군수·구청장의 사용검사를 받아야 한다.
② 사업주체가 파산 등으로 사용검사를 받을 수 없는 경우에는 해당 주택의 시공을 보증한 자 또는 입주예정자는 대통령령으로 정하는 바에 따라 사용검사를 받을 수 있다.
③ 사용검사는 그 신청일부터 15일 이내에 하여야 한다.
④ 사업주체는 구획별로 공사가 완료된 대지조성사업의 경우로서 사용검사권자의 임시 사용승인을 받은 경우에는 사용검사를 받기 전에 대지를 사용하게 할 수 있다.
⑤ 사용검사권자가 임시사용을 승인하는 경우 임시 사용승인의 대상이 공동주택인 경우에는 세대별로 임시 사용승인을 할 수 있다.

해설 ① 한국토지주택공사가 사업주체인 경우 국토교통부장관에게 사용검사를 받아야 한다.

31 주택법령상 주택상환사채에 관한 설명으로 옳은 것은?
① 주택상환사채의 납입금은 주택건설자재의 구입을 위하여 사용할 수 있다.
② 주택상환사채는 무기명증권으로 한다.
③ 등록사업자의 등록이 말소된 경우에는 등록사업자가 발행한 주택상환사채의 효력도 소멸한다.
④ 등록사업자가 발행할 수 있는 주택상환사채의 규모는 최근 5년간의 연평균 주택건설 호수 이내로 한다.
⑤ 주택상환사채의 상환기간은 5년 이내로 한다.

해설 ② 주택상환사채는 기명증권으로 한다.
③ 등록사업자의 등록이 말소된 경우에도 등록사업자가 발행한 주택상환사채의 효력에는 영향을 미치지 아니한다.
④ 등록사업자가 발행할 수 있는 주택상환사채의 규모는 최근 3년간의 연평균 주택건설 호수 이내로 한다.
⑤ 주택상환사채의 상환기간은 3년 이내로 한다.

32 건축법령상 승강기에 관한 설명으로 옳은 것을 모두 고른 것은? (단, 특례는 고려하지 않음)

> ㉠ 연면적이 3천제곱미터인 7층 건축물을 건축하려면 승강기를 설치하여야 한다.
> ㉡ 고층건축물에는 승용승강기 중 1대 이상을 피난용승강기로 설치하여야 한다.
> ㉢ 피난용승강기의 승강장의 바닥면적은 승강기 1대당 8제곱미터 이상으로 하여야 한다.
> ㉣ 높이 21미터를 초과하는 건축물에는 승용승강기뿐만 아니라 비상용승강기를 추가로 설치하여야 한다.

① ㉠
② ㉠, ㉡
③ ㉡, ㉢
④ ㉢, ㉣
⑤ ㉠, ㉡, ㉣

해설 ㉠, ㉡은 옳은 내용이다.
㉢ 피난용승강기의 승강장의 바닥면적은 승강기 1대당 6제곱미터 이상으로 하여야 한다.
㉣ 높이 31미터를 초과하는 건축물에는 승용승강기뿐만 아니라 비상용승강기를 추가로 설치하여야 한다.

33 건축법령상 자연환경이나 수질을 보호하기 위하여 도지사가 지정·공고한 구역에 건축하는 3층 이상인 건축물로 시장·군수가 건축허가를 하려면 미리 도지사의 승인을 받아야 하는 용도의 건축물이 아닌 것은?

① 공장
② 공동주택
③ 위락시설
④ 숙박시설
⑤ 제2종 근린생활시설 중 일반음식점

해설 공장은 자연환경이나 수질을 보호하기 위하여 도지사가 지정·공고한 구역에 건축하는 3층 이상인 건축물로 시장·군수가 건축허가를 하려면 미리 도지사의 승인을 받아야 하는 용도(위락시설, 숙박시설, 공동주택, 제2종 근린생활시설 중 일반음식점, 일반업무시설)에 해당하지 않는다.

Answer 30. ① 31. ① 32. ② 33. ①

34 건축법령상 건축 관련 입지와 규모의 사전결정에 관한 설명으로 틀린 것은?

① 건축허가 대상 건축물을 건축하려는 자는 건축허가를 신청하기 전에 허가권자에게 건축허가를 받기 위하여 신청자가 고려하여야 할 사항에 대한 사전결정을 신청할 수 있다.
② 사전결정신청자는 건축위원회 심의와 「도시교통정비촉진법」에 따른 교통영향평가서의 검토를 동시에 신청할 수 있다.
③ 허가권자는 사전결정이 신청된 건축물의 대지면적이 「환경영향평가법」에 따른 소규모 환경영향평가 대상사업인 경우 환경부장관(기후에너지환경부장관)이나 지방환경관서의 장과 소규모 환경영향평가에 관한 협의를 하여야 한다.
④ 허가권자는 사전결정을 하려면 미리 관계 행정기관의 장과 협의하여야 하며, 협의를 요청받은 관계 행정기관의 장은 요청받은 날부터 10일 이내에 의견을 제출하여야 한다.
⑤ 사전결정신청자가 사전결정을 통지받은 날부터 2년 이내에 건축허가를 신청하지 아니하면 그 사전결정의 효력이 상실된다.

해설 ④ 허가권자는 사전결정을 하려면 미리 관계 행정기관의 장과 협의하여야 하며, 협의를 요청받은 관계 행정기관의 장은 요청받은 날부터 15일 이내에 의견을 제출하여야 한다.

35 건축법령상 피난층 또는 지상으로 통하는 직통계단을 2개소 이상 설치하여야 하는 건축물이 아닌 것은? (단, 각 시설이 위치한 층은 피난층이 아니며, 특례 및 주어진 조건 외의 것은 고려하지 않음)

① 장례시설의 용도로 쓰는 층으로서 그 층에서 해당 용도로 쓰는 바닥면적의 합계가 220제곱미터인 건축물
② 업무시설 중 오피스텔의 용도로 쓰는 층으로서 그 층의 해당 용도로 쓰는 거실의 바닥면적의 합계가 350제곱미터인 건축물
③ 제2종 근린생활시설 중 공연장의 용도로 쓰는 층으로서 그 층에서 해당 용도로 쓰는 바닥면적의 합계가 400제곱미터인 건축물
④ 숙박시설의 용도로 쓰는 3층 이상의 층으로서 그 층의 해당 용도로 쓰는 거실의 바닥면적의 합계가 150제곱미터인 건축물
⑤ 수련시설 중 유스호스텔의 용도로 쓰는 3층 이상의 층으로서 그 층의 해당 용도로 쓰는 거실의 바닥면적의 합계가 250제곱미터인 건축물

해설 ④ 숙박시설의 용도로 쓰는 3층 이상의 층으로서 그 층의 해당 용도로 쓰는 거실의 바닥면적의 합계가 200제곱미터 이상인 건축물은 건축법령상 피난층 또는 지상으로 통하는 직통계단을 2개소 이상 설치하여야 한다.

36 건축법령상 허가권자가 가로구역별로 건축물의 높이를 지정·공고할 때에 고려하여야 할 사항이 아닌 것은?

① 도시·군관리계획 등의 토지이용계획
② 해당 가로구역이 접하는 도로의 교통량
③ 해당 가로구역의 상·하수도 등 간선시설의 수용능력
④ 도시미관 및 경관계획
⑤ 해당 도시의 장래 발전계획

해설 ② 해당 가로구역이 접하는 도로의 교통량은 허가권자가 가로구역별로 건축물의 높이를 지정·공고할 때에 고려하여야 할 사항에 해당하지 않는다.

37 건축법령상 용어의 정의로 틀린 것은?

① "불연재료"란 불에 잘 타지 아니하는 성능을 가진 재료로서 국토교통부령으로 정하는 기준에 적합한 재료를 말한다.
② "내화구조"란 화재에 견딜 수 있는 성능을 가진 구조로서 국토교통부령으로 정하는 기준에 적합한 구조를 말한다.
③ "방화구조"란 화염의 확산을 막을 수 있는 성능을 가진 구조로서 국토교통부령으로 정하는 기준에 적합한 구조를 말한다.
④ "초고층 건축물"이란 층수가 50층 이상이거나 높이가 200미터 이상인 건축물을 말한다.
⑤ "증축"이란 기존 건축물이 있는 대지에서 건축물의 건축면적, 연면적, 층수 또는 높이를 늘리는 것을 말한다.

해설 ① "불연재료"란 불에 타지 아니하는 성능을 가진 재료로서 국토교통부령으로 정하는 기준에 적합한 재료를 말한다. "난연재료"가 불에 잘 타지 아니하는 성능을 가진 재료로서 국토교통부령으로 정하는 기준에 적합한 재료를 말한다.

38 건축법령상 건축법의 적용 제외 건축물이 아닌 것은?

① 고속도로 통행료 징수시설
② 철도의 선로 부지에 있는 플랫폼
③ 이동이 쉬운 컨테이너를 이용한 임시숙소
④ 「하천법」에 따른 하천구역 내의 수문조작실
⑤ 「문화유산의 보존 및 활용에 관한 법률」에 따른 임시지정문화유산

해설 ③ 이동이 쉬운 컨테이너를 이용한 임시숙소는 건축법을 적용하는 건축물에 해당한다.

Answer 34. ④ 35. ④ 36. ② 37. ① 38. ③

39 농지법령상 농지 소유자가 소유농지를 위탁경영할 수 있는 경우로서 옳은 것을 모두 고른 것은?

> ㉠ 농업법인이 청산 중인 경우
> ㉡ 「병역법」에 따라 징집된 경우
> ㉢ 3월 이상의 치료가 필요한 부상으로 자경할 수 없는 경우
> ㉣ 6개월간 국내 여행 중인 경우

① ㉠, ㉡
② ㉢, ㉣
③ ㉠, ㉡, ㉢
④ ㉡, ㉢, ㉣
⑤ ㉠, ㉡, ㉢, ㉣

해설 ㉠ 농업법인이 청산 중인 경우, ㉡ 「병역법」에 따라 징집된 경우, ㉢ 3월 이상의 치료가 필요한 부상으로 자경할 수 없는 경우에는 위탁경영할 수 있다.

40 농지법령상 농지를 개량하기 위하여 성토를 하려는 자가 농지개량행위의 신고를 하지 않아도 되는 경미한 행위에 관한 내용이다. ( )에 들어갈 숫자로 옳은 것은? (단, 조례는 고려하지 않음)

> • 면적(성토가 이루어지는 해당 필지의 총면적을 말한다) (㉠)천제곱미터 이하인 농지에 대한 성토
> • 높이(성토가 이루어지는 해당 필지에서 최근 1년간 성토한 높이를 합산한 것을 말한다) (㉡)센티미터 이내의 성토

① ㉠: 1, ㉡: 50
② ㉠: 1, ㉡: 60
③ ㉠: 3, ㉡: 50
④ ㉠: 3, ㉡: 60
⑤ ㉠: 3, ㉡: 70

해설 • 면적(성토가 이루어지는 해당 필지의 총면적을 말한다) (1)천제곱미터 이하인 농지에 대한 성토
• 높이(성토가 이루어지는 해당 필지에서 최근 1년간 성토한 높이를 합산한 것을 말한다) (50)센티미터 이내의 성토

Answer 39. ③ 40. ①

MEMO

INDEX

찾아보기

INDEX 찾아보기

ㄱ

가로구역에서의 높이 제한	390
가설건축물	348
간선시설	421
간선시설의 설치 및 비용의 상환	452
감가보상금	223
감독	405
개발계획의 공모	169
개발계획의 내용	171
개발계획의 변경	169
개발계획의 수립 동의(환지방식)	170
개발계획의 수립기준	172
개발계획의 수립시기	169
개발계획의 작성 기준	172
개발밀도관리구역	25, 147
개발제한구역	91
개발진흥지구 안에서의 건축제한	88
개발행위의 소급제한 등	250
개발행위허가의 기준	137
개발행위허가의 절차	134
개발행위허가의 제한	138
거실	314
건강친화형 주택	424
건축 관련 입지와 규모의 사전결정	336
건축	321
건축구조기술사와의 협력	372
건축면적	385
건축물 내진능력 공개	372
건축물 내진등급의 설정	372
건축물	314
건축물대장 기재내용 변경신청	331
건축물의 건축제한	67
건축물의 공사감리	353
건축물의 구조내력	371
건축물의 높이	388
건축물의 사용승인	355
건축물의 설계	351
건축물의 용도	314
건축물의 유지와 관리	358
건축법 적용의 완화	333
건축법의 일부규정을 적용하지 않는 지역	333
건축분쟁전문위원회	408
건축선에 따른 건축제한	370
건축선의 지정	367
건축설비	320, 379
건축시공	352
건축위원회	334
건축제한에 관한 특별규정	75
건축제한의 예외	91
건축주	315
건축허가 및 착공의 제한	341
건축허가서 발급	339
건축허가의 거부	341
건축허가의 필수적 취소	342
건축협정	398
건폐율 제한	76
건폐율	381
결합건축	315, 403
경관지구 안에서의 건축제한	86
경미한 사항의 변경	132
경자유전의 예외	495
경자유전의 원칙	495
고도지구 안에서의 건축제한	88
고층건축물	315
고층건축물의 안전관리	373
공간재구조화계획 결정의 효력	62
공간재구조화계획	24
공간재구조화계획의 결정	61
공간재구조화계획의 내용	61
공간재구조화계획의 입안권자	59
공간재구조화계획의 입안제안	60
공개공지등의 확보	362
공공시설 등의 위탁시행	187
공공시설	25

공공시설의 귀속	143
공공시설의 용지에 대한 환지	212
공공재개발사업 및 공공재건축사업	307
공공택지	422
공구	424
공구별 분할건설·공급	442
공급계획의 작성·승인	206
공급질서 교란행위	478
공동구	25
공동구의 관리·운영 등	104
공동구의 관리비용	104
공동구의 설치	103
공동사업주체	429
공동이용시설	236
공동주택	323, 419
공동주택성능 등급의 표시	457
공사감리자	315
공사시공자	315
공용건축물에 대한 특례	344
공장	328
공청회의 개최	35
관계전문기술자	315
관광휴게시설	329
관련 인·허가 등의 의제	140
관리자의 비용부담	306
관리주체	423
관리처분계획 고시의 효과	298
관리처분계획 작성 시 재산평가방법	292
관리처분계획의 공람 및 인가	296
관리처분계획의 내용	291
관리처분계획의 수립기준	294
관리처분의 방법	292
광역계획권의 지정	30
광역도시계획	23
광역도시계획의 내용	32
광역도시계획의 수립 및 승인절차	34
광역도시계획의 수립기준	33
광역도시계획의 조정	33
광역시설	25
광역시설의 설치 및 관리	105
교육연구시설	326
구조안전 확인서류의 제출	371
국·공유농지의 임대차 특례	510
국·공유재산의 처분	306

국가계획, 광역도시계획 및 도시·군계획의 관계	26
국가계획	25
국공유지 등의 우선매각 및 임대	453
국공유지의 처분제한	113
국민주택	420
국민주택사업특별회계	440
국방·군사시설	329
국토의 용도구분	27
귀속시기	144
규모별 건설비율	454
규약 또는 시행규정의 작성	184
규정의 준용	331
기간시설	421
기득권 보호	56
기반시설	24
기반시설부담구역	26, 149
기반시설설치비용	26, 150
기반시설의 기부채납	443
기반시설의 설치	101
기반시설의 종류	101
기본계획 및 정비계획 수립 시 용적률 완화	245
기존의 건축물 등에 관한 특례	333
기초조사 등에 대한 보조	121
기초조사	34

ㄴ

노유자시설	327
노후·불량건축물	235
농업경영	494
농업경영계획서의 작성	498
농업법인	494
농업보호구역 안에서의 행위제한	514
농업인	493
농업진흥구역 안에서의 행위제한	513
농업진흥지역 등의 변경	512
농업진흥지역의 농지매수청구	516
농업진흥지역의 지정	511
농지	492
농지보전부담금	524
농지의 대리경작	504
농지의 소유상한	496
농지의 위탁경영	500

농지의 임대차·사용대차	507
농지의 전용	494
농지의 전용협의	520
농지의 지목변경제한	528
농지의 처분의무	500
농지전용신고의 대상	517
농지전용신고의 절차	519
농지전용허가 등의 제한	523
농지전용허가 등의 취소	523
농지전용허가의 대상	516
농지취득자격증명	497

ㄷ

다른 법률에 따른 도시·군관리계획의 변경 제한	28
다른 법률에 따른 토지 이용에 관한 구역 등의 지정 제한 등	27
다른 법률의 인가·허가 등의 의제	283
다중이용 건축물	316
단계별 집행계획의 수립	106
단독주택	322, 418
대수선	321
대의원의 수	276
대의원의 자격 및 권한	276
대의원회 설치	276
대의원회 소집 및 의결	277
대의원회(의결대행기관, 임의기관)	192
대지 및 건축물에 대한 권리의 확정	303
대지 안의 공지	383
대지	236, 314
대지가 지역·지구 또는 구역에 걸치는 경우	380
대지면적	385
대지와 도로의 관계	366
대지의 분할제한	382
대지의 소유권 확보	340
대지의 안전	360
대지의 조경	361
도로의 지정	365
도로의 폐지·변경	365
도시 및 주거환경정비 기본방침	238
도시·군계획	23
도시·군계획사업 시행자	25
도시·군계획사업	25
도시·군계획시설	24
도시·군계획시설결정의 실효	117
도시·군계획시설결정의 해제신청	119
도시·군계획시설부지에서의 개발행위	139
도시·군계획시설사업	25
도시·군계획시설사업의 보조·융자	121
도시·군계획시설사업의 시행자	107
도시·군계획시설의 관리	102
도시·군계획시설의 설치기준	102
도시·군계획시설의 설치기준과 보상	102
도시·군계획시설입체복합구역	99
도시·군계획의 수립 및 운영에 대한 감독 및 조정	161
도시·군관리계획 입안의 기준	46
도시·군관리계획 입안의 제안	47
도시·군관리계획	24
도시·군관리계획의 결정	53
도시·군관리계획의 입안 및 결정절차	49
도시·군관리계획의 입안	45
도시·군관리계획의 정비	57
도시·군기본계획	23
도시·군기본계획의 내용	39
도시·군기본계획의 수립·확정(승인)절차	41
도시·군기본계획의 수립	39
도시·군기본계획의 수립기준	40
도시·군기본계획의 정비	43
도시·주거환경정비기본계획(기본계획)	238
도시개발구역 지정·고시의 효과	177
도시개발구역에서의 행위제한	178
도시개발구역의 분할 및 결합	173
도시개발구역의 지정권자	172
도시개발구역의 지정규모	174
도시개발구역의 지정요청	174
도시개발구역의 지정절차	175
도시개발구역의 지정제안	185
도시개발구역의 해제의제	180
도시개발사업의 대행	186
도시개발조합의 설립	188
도시개발채권의 발행	228
도시의 지속가능성 및 생활인프라 수준 평가	23
도시자연공원구역	92
도시혁신계획	24
도시혁신구역	96
도시형 생활주택	420

도지사의 사전승인	338	복합용도지구에서의 건축제한	87
동물 및 식물 관련 시설	328	부기등기	469
동의자 수의 산정방법	170	부대시설	421
둘 이상의 용도지역 등에 걸치는 대지에 대한 행위제한	100	부문별 계획의 기준	26
		분양가상한제 적용 지역의 지정 및 해제	466
등록사업자	426	분양가상한제 적용주택	464
		분양가심사위원회	467
		분양받을 권리의 산정기준일	295
		분양신청의 절차	290

ㄹ

리모델링 기본계획의 수립 및 고시	484	분양통지 및 공고	289
리모델링	315, 423	비상용 승강기의 설치	379
리모델링에 대비한 특례	334	비용부담	226, 305
리모델링의 허가기준	481	비용의 부담	120

ㅁ

ㅅ

막다른 도로	365	사업계획승인 대상	440
매도청구 등	340	사업계획승인·고시	443
묘지 관련 시설	329	사업계획승인권자	442
묵시의 갱신	510	사업계획승인의 취소	447
문화 및 집회시설	326	사업계획승인의 효과	444
민영주택	420	사업계획의 변경승인	443
		사업계획의 통합심의	444
		사업시행계획서의 작성	279

ㅂ

바닥면적	387	사업시행계획의 동의	280
반자높이	389	사업시행계획의 인가	280
발전시설	329	사업시행계획인가의 특례	284
발코니	316	사업시행방식의 변경	199
방송통신시설	329	사업시행자	237
방재지구 안에서의 건축제한	90	사업의 분할시행	112
방재지구의 재해저감대책	86	사업의 시행방식	198
방화에 장애가 되는 용도의 제한	377	사업주체	423
방화지구 안의 건축물	374	사업주체의 매도청구	447
벌칙	161	사업주체의 종류	425
범죄예방기준	378	사용·수익의 정지	217
법률규정의 완화 적용	127	사용검사 후 매도청구 등	470
변경에 대한 동의요건	266	사용검사	459
보호지구 안에서의 건축제한	87	사용자	423
복리시설	421	서류의 공시송달	112
복합기능의 도시	172	서류의 무료 열람	112
복합용도계획	24	서류의 열람	453
복합용도구역	98	선수금	203
		설계도서	315
		설계자	315

성장관리계획	146
성장관리계획구역	145
성장관리계획구역에서의 개발행위	146
세대구분형 공동주택	419
세대수 증가형 리모델링의 시기조정 등	485
세입자 등을 위한 주거안정대책	200
소유권이전고시	302
소유자의 확인이 곤란한 대지 등에 대한 처분	449
소음방지를 위한 경계벽	377
소음방지를 위한 층간바닥	377
손실보상에 관한 협의	290
수련시설	327
수립권자	32
수산자원보호구역	96
수익금 사용제한	144
숙박시설	327
순환개발방식의 개발사업	199
승용승강기의 설치	379
승인 여부의 통보	442
시가화조정구역	92
시공자 선정	261
시범도시 지정절차	156
시범도시사업계획의 수립·시행	157
시범도시사업의 평가·조정	158
시범도시의 공모	156
시범도시의 지원	158
시범도시의 지정기준	155
시행자의 변경	184
시행자의 지정	182
신고대상 건축물	343
신고대상 공작물	320
신청 또는 동의에 의한 환지부지정	210
신탁계약에 의한 사업시행	188
실시계획 고시의 효과	195
실시계획	109
실시계획의 내용	194
실시계획의 인가	194
실시계획의 작성	194

ㅇ

안전관리예치금	347
야영장 시설	330
업무시설	327
에너지 친환경주택의 건설기준	455
에너지절약형 친환경주택	424
연면적	388
용도구역	25
용도변경	322
용도변경의 허가·신고	331
용도지구	25
용도지구의 세분	84
용도지구의 종류	83
용도지역 미지정 또는 미세분 지역에서의 행위제한	81
용도지역	25
용도지역에서의 행위제한	67
용도지역의 세분	64
용도지역의 종류	63
용도지역의 지정절차	65
용도폐지되는 공공시설	212
용익권자의 권리조정	216, 224
용적률 완화 및 국민주택규모 주택 건설의무	282
용적률 제한	79
용적률	382
운동시설	327
운수시설	326
원형지 공급가격	205
원형지 공급계약의 해제	205
원형지 공급승인의 취소	205
원형지개발자의 선정방법	205
원형지의 공급	204
원형지의 공급계획	204
원형지의 매각금지	204
위락시설	327
위반건축물 등에 대한 조치	405
위반자에 대한 조치	142
위탁경영	494
위험물 저장 및 처리시설	328
의결권 행사방법	190, 275
의료시설	326
이전등기 및 다른 등기의 제한	303
이주대책	203
이행강제금	502

이행보증금 예치	136
일조 등의 확보를 위한 높이 제한	390
임대인의 지위승계	510
임대주택 건설 및 용적률의 완화	449
임대주택 및 규모별 건설비율	245
임대주택 인수의무	297
임대차 계약기간	509
임대차 계약방법	509
임시거주시설 설치	286
임시상가의 설치	287
임원선출의 위탁	272
임원의 결격사유	191
임원의 겸직금지	190
임원의 구성 및 선임	190
임원의 자격상실	191
임원의 직무	191
임원의 퇴임	274
임차인 자격 등	297
입안의 특례	52
입주자 모집조건 등	297
입주자	423
입체환지	211
입체환지에 따른 주택공급 등	211

ㅈ

자경	494
자동차 관련시설(건설기계 관련 시설 포함)	328
자원순환 관련 시설	329
잔여분에 대한 처리	297
잔여주택의 공급	298
장기미집행 도시·군계획시설부지의 매수청구	115
장례시설	330
장수명 주택 건설기준 및 인증제도	456
장수명 주택	424
장애물 등의 이전 및 제거	218
재개발·재건축사업의 대행자	258
재개발사업·재건축사업의 공공시행자	256
재개발사업·재건축사업의 지정개발자	257
재개발사업의 동의요건	265
재건축사업의 동의요건	265
재건축사업의 매도청구	287
재건축진단 결과보고서 제출	242
재건축진단의 대상	241
재건축진단의 실시	241
저당권설정 등의 제한	468
저당권자의 물상대위	304
적용대상물	318
전매제한 대상	475
전매제한 위반의 효과	477
전매제한의 특례와 부기등기	476
전매행위 제한기간	476
전면적 적용	333
전문조합관리인의 선정	274
전부 환지방식의 시행자	183
전용허가 등과 농지보전부담금의 납입	520
정관 등	237
정관의 기재사항	271
정관의 변경	271
정비계획의 내용	243
정비계획의 입안절차	244
정비계획의 입안제안	246
정비구역	234
정비구역등의 해제	251
정비구역에서의 행위제한	248
정비구역의 지정	247
정비기반시설	236
정비사업	234
정비사업의 시행방법	254
정비사업의 시행자	254
정비사업의 준공인가	300
제1종 근린생활시설	323
제2종 근린생활시설	324
조건부 승인	204
조건부 허가	135
조례로 정하는 용도지구	85
조성된 대지 등의 처분	297
조성토지등의 가격평가	206, 213
조성토지등의 공급기준 및 방법	207
조정대상지역	473
조합설립추진위원회	262
조합원 공동소유인 토지	289
조합원의 경비부담	191
조합원의 권리와 의무	190
조합원의 자격	190, 270
조합원의 지위 양도	270
조합의 법인격	269
조합의 법적 성격	189

조합의 임원	272
조합의 해산	302
조합임원 또는 전문조합관리인의 결격사유	273
조합임원의 선출방법	273
조합임원의 수	272
조합임원의 임기	272
조합임원의 직무	273
조합임원의 해임	274
종교시설	326
주거환경개선사업의 특례	287
주말·체험영농	494
주민대표회의	278
주요구조부	314
주택건설의 기준 등	455
주택건설절차	454
주택단지	237, 422
주택상환사채	438
주택의 감리	457
주택의 공급요건	463
주택의 설계 및 시공	454
주택의 정의	418
주택조합	429
준공검사 등	219
준공검사의 대상	142
준다중이용 건축물	316
준주택	421
중앙도시계획위원회	153
증축형 리모델링의 안전진단	482
증환지·감환지	210
지구단위계획	24
지구단위계획구역에서의 건축	130
지구단위계획구역의 실효	129
지구단위계획구역의 지정	123
지구단위계획의 내용	126
지구단위계획의 수립	126
지구단위계획의 실효	129
지능형 건축물의 인증	379
지방도시계획위원회	154
지방의회와 지방자치단체의 의견청취	36
지방의회의 해제권고	118
지분형주택의 공급	298
지하층	314
지형도면의 작성 및 고시	56

ㅊ

차량통행이 불가능한 도로	364
착공신고 등	352
착공신고	446
착수기간	446
창고시설	328
처마높이	388
처분명령 및 매수청구	501
청문	160
청산금	303
체비지·보류지	212
체비지의 처분	223
초고층 건축물	315
총회(최고의결기관, 필수기관)	192
총회의 소집	274
총회의 의결사항	275
총회의 의결정족수	275
총회의 출석요건	276
취락지구 안에서의 건축제한	89
취락지구에 대한 지원	121
층고	389
층수	389

ㅌ

타용도 일시사용신고	522
타용도 일시사용허가	520
타용도 일시사용허가의 기간	521
타인토지에의 출입 등	158, 451
토지 굴착 부분에 대한 조치	361
토지 등의 수용 또는 사용	201
토지 등의 수용 및 사용	113
토지 등의 수용·사용	451
토지등소유자 전체회의	279
토지등소유자	237
토지등소유자의 동의방법	267
토지매수 업무 등의 위탁	187
토지매수업무 등의 위탁	452
토지상환채권	202
토지의 관리	217
토지임대부 분양주택	462
토지임대부 분양주택의 전환	298
토지주택공사등	237

통행도로	364
퇴임 전 행위의 효력	274
투기과열지구	471
특별건축구역	393
특수구조 건축물	316
특정용도제한지구 안에서의 건축제한	90

ㅍ

판매시설	326
표준정관	271
품질점검단의 설치 및 운영 등	459
피난시설 등의 설치	374
피난용승강기 설치	379

ㅎ

해제의제 효과(용도지역 등의 환원 및 폐지)	180
허가 또는 불허가처분	135
허가(신고)에 따른 인·허가 등의 의제사항	346
허가·신고사항의 변경	345
허가권자	338
허가대상 개발행위	131
허가를 요하지 아니하는 개발행위	132
허가신청서 제출	339
환지계획의 내용	209
환지계획의 인가	214
환지계획의 작성	209
환지등기	223
환지방식에 의한 도시개발사업으로 조성된 대지의 활용	453
환지예정지 지정의 효과	216
환지예정지의 지정	215
환지지정 등의 제한	214
환지처분의 절차	220
환지처분의 효과	221
효력발생 시기	56

방송
시간표

방송대학TV

▶ 기본이론 방송
▶ 문제풀이 방송
▶ 모의고사 방송

※ 본 방송기간 및 방송시간은 사정에 의해 변동될 수 있습니다.

TV방송 편성표

방송대학TV 방송기간 2026. 1. 12 ~ 7. 1
방송시간 - 본방송: 월~수 오전 7시 ~ 7시 30분
         - 재방송: 토 오전 6시 ~ 7시 30분(3회 연속방송)

기본이론 방송 (1강 30분, 총 75강)

순서	날짜	요일	과목
1	1. 12	월	부동산학개론 1강
2	1. 13	화	민법·민사특별법 1강
3	1. 14	수	공인중개사법·중개실무 1강
4	1. 19	월	부동산공법 1강
5	1. 20	화	부동산공시법령 1강
6	1. 21	수	부동산학개론 2강
7	1. 26	월	민법·민사특별법 2강
8	1. 27	화	공인중개사법·중개실무 2강
9	1. 28	수	부동산공법 2강
10	2. 2	월	부동산공시법령 2강
11	2. 3	화	부동산학개론 3강
12	2. 4	수	민법·민사특별법 3강
13	2. 9	월	공인중개사법·중개실무 3강
14	2. 10	화	부동산공법 3강
15	2. 11	수	부동산공시법령 3강
16	2. 16	월	부동산세법 1강
17	2. 17	화	부동산학개론 4강
18	2. 18	수	민법·민사특별법 4강
19	2. 23	월	공인중개사법·중개실무 4강
20	2. 24	화	부동산공법 4강
21	2. 25	수	부동산공시법령 4강
22	3. 2	월	부동산세법 2강
23	3. 3	화	부동산학개론 5강
24	3. 4	수	민법·민사특별법 5강
25	3. 9	월	공인중개사법·중개실무 5강
26	3. 10	화	부동산공법 5강
27	3. 11	수	부동산공시법령 5강
28	3. 16	월	부동산세법 3강
29	3. 17	화	부동산학개론 6강
30	3. 18	수	민법·민사특별법 6강
31	3. 23	월	공인중개사법·중개실무 6강
32	3. 24	화	부동산공법 6강
33	3. 25	수	부동산공시법령 6강
34	3. 30	월	부동산세법 4강
35	3. 31	화	부동산학개론 7강
36	4. 1	수	민법·민사특별법 7강
37	4. 6	월	공인중개사법·중개실무 7강
38	4. 7	화	부동산공법 7강
39	4. 8	수	부동산공시법령 7강
40	4. 13	월	부동산세법 5강
41	4. 14	화	부동산학개론 8강
42	4. 15	수	민법·민사특별법 8강
43	4. 20	월	공인중개사법·중개실무 8강
44	4. 21	화	부동산공법 8강
45	4. 22	수	부동산공시법령 8강
46	4. 27	월	부동산세법 6강
47	4. 28	화	부동산학개론 9강
48	4. 29	수	민법·민사특별법 9강
49	5. 4	월	공인중개사법·중개실무 9강
50	5. 5	화	부동산공법 9강
51	5. 6	수	부동산공시법령 9강
52	5. 11	월	부동산세법 7강
53	5. 12	화	부동산학개론 10강
54	5. 13	수	민법·민사특별법 10강
55	5. 18	월	공인중개사법·중개실무 10강
56	5. 19	화	부동산공법 10강
57	5. 20	수	부동산공시법령 10강
58	5. 25	월	부동산세법 8강
59	5. 26	화	부동산학개론 11강
60	5. 27	수	민법·민사특별법 11강
61	6. 1	월	부동산공법 11강
62	6. 2	화	부동산세법 9강
63	6. 3	수	부동산학개론 12강
64	6. 8	월	민법·민사특별법 12강
65	6. 9	화	부동산공법 12강
66	6. 10	수	부동산세법 10강
67	6. 15	월	부동산학개론 13강
68	6. 16	화	민법·민사특별법 13강
69	6. 17	수	부동산공법 13강
70	6. 22	월	부동산학개론 14강
71	6. 23	화	민법·민사특별법 14강
72	6. 24	수	부동산공법 14강
73	6. 29	월	부동산학개론 15강
74	6. 30	화	민법·민사특별법 15강
75	7. 1	수	부동산공법 15강

과목별 강의 수
부동산학개론: 15강 / 민법·민사특별법: 15강
공인중개사법·중개실무: 10강 / 부동산공법: 15강 / 부동산공시법령: 10강 / 부동산세법: 10강

TV방송 편성표

방송대학TV
방송기간 문제풀이: 2026. 7. 6 ~ 8. 19 모의고사: 2026. 8. 24 ~ 9. 30
방송시간 ┌ 본방송: 월~수 오전 7시 ~ 7시 30분
         └ 재방송: 토 오전 6시 ~ 7시 30분(3회 연속방송)

문제풀이 방송 (1강 30분, 총 21강)

순서	날짜	요일	과목	순서	날짜	요일	과목
1	7. 6	월	부동산학개론 1강	12	7. 29	수	부동산세법 2강
2	7. 7	화	민법·민사특별법 1강	13	8. 3	월	부동산학개론 3강
3	7. 8	수	공인중개사법·중개실무 1강	14	8. 4	화	민법·민사특별법 3강
4	7. 13	월	부동산공법 1강	15	8. 5	수	공인중개사법·중개실무 3강
5	7. 14	화	부동산공시법령 1강	16	8. 10	월	부동산공법 3강
6	7. 15	수	부동산세법 1강	17	8. 11	화	부동산공시법령 3강
7	7. 20	월	부동산학개론 2강	18	8. 12	수	부동산세법 3강
8	7. 21	화	민법·민사특별법 2강	19	8. 17	월	부동산학개론 4강
9	7. 22	수	공인중개사법·중개실무 2강	20	8. 18	화	민법·민사특별법 4강
10	7. 27	월	부동산공법 2강	21	8. 19	수	부동산공법 4강
11	7. 28	화	부동산공시법령 2강				

과목별 강의 수
부동산학개론: 4강 / 민법·민사특별법: 4강
공인중개사법·중개실무: 3강 / 부동산공법: 4강 / 부동산공시법령: 3강 / 부동산세법: 3강

모의고사 방송 (1강 30분, 총 18강)

순서	날짜	요일	과목	순서	날짜	요일	과목
1	8. 24	월	부동산학개론 1강	10	9. 14	월	부동산공법 2강
2	8. 25	화	민법·민사특별법 1강	11	9. 15	화	부동산공시법령 2강
3	8. 26	수	공인중개사법·중개실무 1강	12	9. 16	수	부동산세법 2강
4	8. 31	월	부동산공법 1강	13	9. 21	월	부동산학개론 3강
5	9. 1	화	부동산공시법령 1강	14	9. 22	화	민법·민사특별법 3강
6	9. 2	수	부동산세법 1강	15	9. 23	수	공인중개사법·중개실무 3강
7	9. 7	월	부동산학개론 2강	16	9. 28	월	부동산공법 3강
8	9. 8	화	민법·민사특별법 2강	17	9. 29	화	부동산공시법령 3강
9	9. 9	수	공인중개사법·중개실무 2강	18	9. 30	수	부동산세법 3강

과목별 강의 수
부동산학개론: 3강 / 민법·민사특별법: 3강
공인중개사법·중개실무: 3강 / 부동산공법: 3강 / 부동산공시법령: 3강 / 부동산세법: 3강

MEMO

연구 집필위원

김희상	이석규	박희용	이경철
이유종	정원표	박종철	이형철
김용철	김광석	신세명	

제37회 공인중개사 시험대비 **전면개정**

2026 박문각 공인중개사
기본서 2차 부동산공법

초판발행 | 2025. 10. 25.　**2쇄발행** | 2025. 10. 30.　**편저** | 김희상 외 박문각 공인중개사연구소
발행인 | 박 용　**발행처** | (주)박문각출판　**등록** | 2015년 4월 29일 제2019-000137호
주소 | 06654 서울시 서초구 효령로 283 서경빌딩 4층
팩스 | (02)584-2927　**전화** | 교재주문·학습문의 (02)6466-7202

판 권
본 사
소 유

이 책의 무단 전재 또는 복제 행위는 저작권법 제136조에 의거, 5년 이하의 징역 또는 5,000만원 이하의 벌금에 처하거나 이를 병과할 수 있습니다.

정가 41,000원　ISBN 979-11-7519-291-1 / ISBN 979-11-7519-289-8(2차 세트)

박문각 출판 홈페이지에서 공인중개사 정오표를 활용하세요!

보다 빠르고, 편리하게 법령의 제·개정 내용을 확인하실 수 있습니다.

2 / 5

 자격증 동영상강의 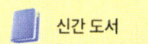 무료제공! CBT 모의고사 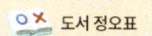 신간 도서 도서 정오표

홈페이지 하단

CBT 모의고사
박문각 출판이 제공한 CBT 모의고사로 실전와 동일한 시험 문제를 미리 풀어 보세요.

PC로 모의고사 풀기

모바일로 모의고사 풀기
QR코드 찍고 이동

학습 자료실
도서 및 시험에 관련된 자료를 받아 가세요.

도서 정오표   학습 자료실   수험뉴스

[클릭]

박문각 공인중개사 정오표의 장점

- ✓ 공인중개사 1회부터 함께한 박문각 공인중개사 전문 교수진의 철저한 제·개정 법령 감수
- ✓ 과목별 정오표 업데이트 서비스 실시! (해당 연도 시험 전까지)
- ✓ 박문각 공인중개사 온라인 "교수학습 Q&A"에서 박문각 공인중개사 교수진에게 직접 문의·답변

합격까지 박문각

수험생이 꿈꾸는 합격,
박문각의 노하우와 실력으로
빠르게 완성됩니다.

김제시 '공무원 준비반'	공무원 'TS반 수강생'	이준현 채움팀 수강생	교원임용
67명 중 26명 공무원 합격	30명 중 24명 공무원 합격	2명 중 1명 법원/등기직 합격	최고/최대 합격률 및 적중률

법무사	감정평가사	공인중개사/주택관리사	경찰공무원
10년간 9회 수석 합격자 배출	9년 연속 수석 합격자 배출	1회 시험부터 최초 합격자 배출	47% 수강생 2차 필기합격